國際關係理論

包宗和 **主編**

蔡政文、明居正、包宗和、鄭端耀
曾國祥、徐斯勤、宋學文、林炫向
陳牧民、莫大華、黃競涓、汪宏倫 **合著**
洪鎌德、姜家雄、石之瑜、袁　易
吳玉山、林碧炤、朱雲漢、曹俊漢

序

多年前五南同我洽談出版一本有關國際政治方面的書，去年上半年中正大學戰略暨國際事務研究所宋所長學文兄提及國內很少有專門針對國際關係理論的書籍，如果能邀集國際政治學界鑽研此一領域的學者撰寫專章，編輯成冊，將是美事一樁，我當時非常同意學文兄的看法。我隨後想到在臺大政治學系大學部及研究所碩博士班開授國際政治理論多年的蔡政文老師今年適逢七十壽辰，而目前在國內國際關係領域任教的教授也頗多是蔡老師的門生故舊，若能在老師生日前夕舉辦一場國際關係理論學術研討會，將是獻給老師最好的壽禮，同時若能將會議論文編輯成書，對學界欲窺國關理論堂奧之妙的莘莘學子，或許會有一些幫助。學文兄也很支持我此一構想，在徵得蔡老師同意的情況下，我乃邀請幾位學界老友和蔡師共議整個研討會的架構，並由我一一敦請論文發表人和評論人。令我感動的是受邀學界先進在百忙中均慨允為研討會執筆或擔任評論，使會議規畫得以順利進行。討論過程中蔡老師提供不少寶貴意見，使我們這些執教多年的老學生獲益良多。

研討會於今年 5 月 21 日、22 日兩天在臺大社會科學院國際會議廳舉行，除了請蔡老師以「國際關係理論與當前台灣國際關係應有的研究方向」為題發表專題演講外，一天半的會議共分五個場次進行。第一場至第五場的主題分別是現實主義、自由主義、反思主義、社會學批判性理論發展以及現實主義與自由主義的延伸及超越，共計有論文 18 篇，不同理論間也有不少難得的對話，展現出國際關係理論豐富的內涵。研討會最後在蔡老師感性的致辭氛圍中結束。

「國際關係理論」一書包含蔡政文老師的專題演講文字稿及研討會所有發表的論文。第一章為蔡老師撰寫的「國際關係理論與當前台灣國際關係應有的研究方向」，文中分為兩個部分，前半段簡要介紹國際社會的本質、國際政治的內涵、國際關係理論的種類以及未來研究的方向。蔡老師認為主觀與客觀，反思與理性，後實證與實證間之爭辯將會持續下去，新現實主義與新自由主義有許多相通之處，惟後者有理想主義的色彩。蔡老師認為現實主義、新自由制

度主義及身為中介理論的社會建構主義將是國際關係理論中三個最重要的理論。文中後半段論及台灣當前的處境，並將其與國際關係理論結合，為理論應用於實際建立論述典範。蔡老師認為若欲以理論來析論台灣的國際背景和未來外交方向，應從現實主義的角度思考，再輔以新自由制度主義及社會建構論。

第二章「古典現實主義之反思」由明居正教授執筆，文中論及古典現實主義的核心概念，如人性、自然狀態、主權、國家、國家利益、權力平衡等。其中國家利益依明教授之見，可分為三類，生存安全、獨立自主為一類，政經利益為一類，意識形態或價值觀利益為一類。明教授認為理想主義與現實主義間的辯論有助於吾人對國際關係知識的了解。古典現實主義雖受到批評，但其歷經兩次世界大戰與冷戰，有其存續的背景，也發揮了認識國際關係的正面功能。

第三章為包宗和教授撰寫的「結構現實主義的論點、辯述與反思」，全文首先論及結構現實主義與古典現實主義之關係和彼此間的對照，接著闡述結構現實主義的主要觀點，如能力決定結構（即大國數目），結構又決定國家行為。結構現實主義以 Waltz 的論述為代表，其所勾勒出的從無政府狀態到相對利得，到追求安全，到加入弱勢一方，乃至於造就權力平衡，標示出 Waltz 嚴謹的邏輯推論架構。而他有別於攻勢現實主義「權力極大化」的觀點，使其被歸類為守勢現實主義，主張的是「安全極大化」。惟不論守勢或攻勢現實主義，均以追求國家安全為目標，都歸屬於結構現實主義這個大家庭。而囚徒困境賽局中之相互對抗結果正表現出結構現實主義國家追求安全所形成的安全困境。包教授在文中也提及新自由主義對結構現實主義的挑戰以及後者在後冷戰時期所面對的實證壓力。而結構現實主義對批評者的主要反駁是國家內部的變化無法轉為國際政治結構的轉變，以及只要無政府狀態存在，結構現實主義就是主流理論。

第四章「搶救權力平衡理論」由鄭端耀教授撰寫，重點在描述權力平衡理論在冷戰結束後所遭逢的困境。為了挽救權力平衡理論，鄭教授主張從國際體系理論面、「權力」面以及制衡面等三個層面著手，即思考如何界定權力平衡，使其能轉型再生。鄭教授在文中提及新古典現實主義強調決策者認知這個因素，認為能否推動制衡政策應將國內因素納入思考，而非僅單純地專注於國際權力結構的影響。鄭教授並首度提及軟性制衡這個概念，即協助二等強權制衡美國，並認為權力平衡已從結構現實主義中鬆綁，走向多元。

第五章為曾國祥教授撰述的「古典自由主義：政治思想與國際關係的對

話」，文中提及現實主義／國家理性／反社會性與理想主義／自由主義／社會性間的辯論。古典自由主義人性論有兩個支柱，即殖民主義（或擴張主義）與懷疑主義（或自我安全），也正因為 Hobbes 有關自利及反社會的觀點同時構成自由主義人性論的重要內涵，故對 Hobbes 做為現實主義起源的說法提出了反思。曾教授認為 Hobbes 以恐懼、自保為基礎的人性論固然被視作現實主義的源頭，但也對自由主義有所啟發，即主權者之權威須經公民的同意。古典自由主義與現實主義似乎均從 Hobbes 承繼了什麼，但卻有不同的思維導向。譬如在現實主義的眼光中不和諧將導致衝突，甚至戰爭。古典自由主義者則認為可能邁向世界公民體制，而戰爭只要正當（如符合公義原則），則是無妨的。古典自由主義的確較現實主義多一層理想主義色彩。

　　第六章「新自由主義與新自由制度主義」由徐斯勤教授撰寫。文中首先提及新自由主義乃胎源自個人主義與自由主義，自由主義之內涵包括國際社會秩序，如國際法、國際規則。全文深入剖析新自由主義，並釐清其內容，特重國際制度。新自由主義接受無政府狀態觀點，但認為除結構外，要納入過程，因而也重視國內因素。事實上，對個人主義的重視使國家內部因素抬頭，國家間的差異因此是存在的。徐教授認為新自由主義兼顧了新現實主義之體系因素及古典自由主義之國內因素。至於新自由制度主義則是新自由主義結合制度主義之結果，強調合作、制度、絕對利得、經濟及對對手意圖而非能力之考量。國際制度之功效在能維繫囚徒困境賽局中相互合作的局面，試圖擺脫因無政府狀態所造成的相互對抗安全困境。新自由制度主義一方面與新現實主義有其共同之處，但又和社會建構論有其扣合的地方。

　　第七章為宋學文教授撰寫的「新自由制度主義之過去、現在與未來」，文中除詳細論述新自由制度主義的特質和重要觀點外，特別強調新自由制度主義對新現實主義所具有的補充功能，兩者之間異中有同，相互對話。宋教授認為新自由制度主義乃現實主義和自由主義的結合，有中介功能，重視「過程」而非「簡約」。本章的一大特色是列出現實主義與自由主義之間的理論光譜，使理論和理論間的關係位置得以清晰呈現。宋教授對新自由制度主義的評價是此一理論將導致全球治理概念的抬頭，使國際政治邁向法制化。

　　第八章「國際關係規範理論」由林炫向與陳牧民兩位教授共同撰述，文中首先述及規範理論受制於實證主義及國際政治國家生存至上的概念，而始終無法佔據國際政治理論中的顯著地位。迨後實證主義，如批判理論、女性主義、後現代主義等興起後，規範理論的地位乃日漸提升。而國內政治重要性日增，

使國際關係倫理學逐漸受到重視，國際關係理論乃朝向多元化方向發展。林教授與陳教授提及規範研究以社群主義與世界大同主義為兩大傳統，表現在國際政治為義戰、人道干預及預防性攻擊。將正義原則從國內社會擴及國際社會的結果，就是對道德懷疑論與國家道德的抗拒。文中也介紹了國際關係學界之規範研究成果，惟對於規範理論試圖將國際關係帶入後西發里亞時代的企圖心提出了如何實踐的質疑，不啻提醒實證仍有其重要性。

第九章為莫大華教授撰述的「國際關係後現代建構主義理論的知識論立場」，文章重點在敘述後現代主義是一種知識論，也是一種方法論，它質疑國際關係的主流理論，排斥實證主義，提倡反基礎主義及多元論述。後現代主義學者將建構主義引進國際關係理論，並試圖解除諸如現實主義、自由主義等主流理論的正當化敘述。莫教授歸納出建構主義之中介理論特質，即它被定位為理性選擇理論與後現代主義間之理論，主流理論與批判理論間之理論，實證與後實證主義間之理論，以及理性主義與反思主義間之理論。莫教授直指後現代主義為激進建構主義，是以主觀意識形態主導理論，並進一步指出後現代主義應與建構主義結合為後現代建構主義，以避免無謂的爭執。莫教授也承認後現代主義受到批判，譬如此一理論缺乏實證主張，只是製造出另一種迷思。此外，後現代主義迄今仍未對國際關係學者產生深刻影響，也未對主流理論產生重大衝擊。

第十章則是黃競涓教授撰寫的「女性主義／國際關係理論：若即若離抑或各行其道？」文中指出女性主義因受制於陽性特質主導的國關理論，長期受到排擠，被視為非正統的思維。1980 年代中期女性主義富批判性與多樣性，對當下權力關係進行反思，提倡正義、平權等觀念。黃教授認為女性主義對國際關係的貢獻在於它揭開了國關的陽性特質，女性連結概念諸如少數族裔等常受到貶抑。女性主義試圖解構並批判主流理論，但其觀點又往往坐實女性為弱者的形象，顯現出其欲擺脫國關陽性特質的困境。黃教授認為女性主義應思考究竟應在國際關係中問一些女性主義問題，抑或應在女性主義領域中問一些國際關係問題。黃教授並主張在冷戰結束後，主流理論應與女性主義對話，但也承認女性主義在批判主流理論之際，仍無法與主流理論完全切割。黃教授對女性主義未來的發展仍寄予厚望。

第十一章「國家與戰爭：歷史社會學與國際關係理論的邂逅」由汪宏倫教授撰寫。汪教授首先指出歷史社會學受主流社會學排擠，此反使其能自成一家之言。而新現實主義的危機使歷史社會學有了發展的機會。本章的歷史社會

學是以新韋伯學派為主軸。汪教授提及身為第二波歷史社會學的新韋伯學派將「社會」概念擴及國際，視國家為合法暴力壟斷者。此派論述被國關學者評為傾向現實主義。汪教授指出國際關係與歷史社會學的交集是國家與戰爭，後者使國關學者開始重視國內政治對外交、軍事的影響。相對於新現實主義，歷史社會學對國際關係的貢獻在於否定國家為「同樣的單位」，主張國內政治與國際關係密不可分，無政府與國際階層體系可以併存，體系與社會之關係是可以探討的。汪教授同時提及國關理論是以工具化方式解讀當前的歷史，因而形成理論隨事實轉變而互有起落的結果。歷史社會學則拒絕以工具化解釋當下歷史，而是將國關理論的預設問題化。歷史社會學將「歷史」和「社會」概念帶入國際關係，成為論述上的補充，而主流理論的非歷史預設前提是有問題的。歷史社會學為國關理論帶來了跨學科的刺激。

第十二章「馬克思主義與國際關係的理論：歷史的回顧與當前的論述」由洪鎌德教授撰寫。在文章中，洪教授回顧了馬克思主義的歷史發展，對馬克思主義的主要觀點如唯物論、唯物史觀、階級論、國家消亡論均有所著墨。洪教授認為馬克思對國際關係理論的貢獻在於對資本主義及其衍生行為的批判，而正統與官方馬克思主義又推演出西方馬克思主義、新馬克思主義和批判理論。新馬克思主義依據洪教授的分析包含了歷史唯物主義、世界體系論與批判理論，並進一步發展出依賴理論。由於馬克思主義欲推翻現實主義和自由主義所賴之資本主義，故被主流國關理論視為異數。惟馬克思主義透過反思主義的崛起，有死灰復燃的趨勢。

第十三章為姜家雄教授撰寫的「英國學派」。文中首先敘明英國學派重點在研究「國際社會」，重視理性主義、道德、秩序、正義，為規範性之國際關係理論，它拒絕行為主義，依賴社會學方法。在英國學派眼中，國際社會是國際法，外交行為與國際組織的結合，行為受共同規則的約束。姜教授指出，英國學派的三個傳統是現實主義、理性主義與革命主義，其核心概念為國際社會，這包含國際體系與世界社會，前者接近新現實主義，後者則是以人類而非國家為本體，故國際社會與現實主義的權力政治及理性主義的秩序均有關聯。英國學派不啻等同理性主義加上國際社會，其指涉的理論聯結包括詮釋學、實證主義方法論及批判理論。姜教授認為英國學派與現實主義、建構主義及反思主義間之異與同應是值得探究的議題，Wendt 曾認為英國學派是建構主義的先驅，即為一例。姜教授指出英國學派如何建立自己理論的特色，將是未來的挑戰。

　　第十四章為石之瑜教授撰寫的「文明與國際關係理論：亞洲學派的不／可行性」。石教授首先提到建構亞洲學派的構想，是源自英國學派的啟發。全文羅列出日本學派、中國學派、印度學派、澳洲學派、韓國學派、台灣學派、東盟學派等地方學派。日本學派以京都學派為代表，另有東京學派，特色為脫亞論與興亞論間之論辯。中國學派的根源則是天下觀，與西方主權觀形成對立和競爭。印度學派則兼具寬容與猜疑，耐性和謀略，試圖超越主權國家相互對立之二分法。澳洲學派關注的不僅在主權國家，也包含次國家基層社會。韓國學派則藉分裂問題及與中、日、美大國之關係探討文明的衝突與融合，在本體論上擺脫了主流國際關係理論。台灣學派則借用亞洲主義、自由主義、儒家思想、多元文化主義、和平主義及現實主義等不同話語，在主權外尋找身分。東盟學派則強調和諧、在地中心主義、不干涉主義及交往，將國際關係個人化、非正式化。石教授也致力探求這些地方性學派有無普遍適用性、相互類比性或啟發性。亞洲國際關係的共同選項是文明，惟石教授也承認對地方學派的未來發展尚難做出樂觀的期待。

　　第十五章「社會建構論：Onuf、Kratochwil 和 Wendt 的建構主義世界」則是由袁易教授撰寫。袁教授認為建構論從社會學吸取養分，與現實主義、自由主義鼎足而三，強調規則、規範和身份，主張國際系統本質上是一個社會結構，不只在物質方面，也包含觀念本體。袁教授在文中也介紹了建構論三位代表人物的主要觀點。Onuf 認為國際關係理論與國際法不可分，應建立起實證主義與後實證主義間之橋樑，國際政治的本質為他治，而非無政府。Kratochwil 則認為規則在決策中有其角色，應重視日常語言，並強調語言行為、規範及國際建制間之關係。Wendt 則將建構論體系化，認為無政府乃國家所造成，英國學派是社會建構論的先行者。袁教授進一步指出，社會建構論指出了實證主義的侷限，並自我定位為「中間道路」，調和了理性主義與後現代主義之間的矛盾，視國際社會是一個有秩序的社會，認為國際關係學者錯誤解讀了 Hobbes 的「自然法則」。社會建構論重視國際性，對物質注入了理念。袁教授在文中也指出社會建構論與主流學派不同，它走出後結構主義的死胡同，並與理想主義做出區隔。它將國際關係議程加以重設，將國關理論帶入哲學面，形成本體論、知識論與方法論的轉向。

　　第十六章為吳玉山教授所撰寫的「權力轉移理論：悲劇預言？」。吳教授首先指出 A.F.K. Organski 有關支配性強權、一般強國、中等國家與小國的論述勾勒出權力移轉理論的架構，而霸權存在有助於國際體系的穩定。對霸權的挑

戰則將造成不穩定的局面，此與權力平衡理論剛好相反。吳教授認為權力移轉理論與霸權穩定論非常近似。前者強調新舊霸權交替所產生的結構性衝突；後者則著墨霸權如何提供公共財以穩定國際經濟秩序。前者強調新舊強權之間的關係，後者則著重霸權與第二級強權間之關係。吳教授的一項重要論點是「意圖」將決定權力移轉理論的可信度，若二級強權無意挑戰霸權的地位，則即使實力接近，亦無損於穩定。譬如中國強調和平崛起，絕不稱霸，則不啻使其成為支持現狀強權，因而不會破壞國際秩序。將意志論帶入權力分析，將對權力移轉理論提供另類的思考。

第十七章為林碧炤教授撰寫的「外交政策理論與制定過程的分析」。文中指出外交決策理論的十一個學派，它們分別是外交決策分析、心理學、官僚政治、政府部門、危機處理、國內政治、國關理論、社會建構論、多元啟發理論、經濟外交決策及各國外交政策。林教授指出冷戰時期現實主義之主導地位使外交決策不受重視，如今情勢已然改觀，十一項學派凸顯出外交決策所涉及的層面相當廣泛，它甚至包含了認知與神經科學之跨領域研究。近年來多元啟發論（PH 理論）的提出，使外交決策理論各學派間出現局部整合的現象。林教授指出外交政策的本質也在變，如從傳統安全擴及非傳統安全，且與內政無法切割，高層政治雖仍存在，但從硬實力到軟實力到巧實力，均在變動中。此外，和公共政策的結合，決策的透明化、資訊化使得外交思維在改變，而共同治理則樹立了決策分享共享的概念，政治安全雖仍居主要地位，但議題已朝多元化方向發展。而整個決策研究已包含相當廣泛的層面，如個人生理、心理、知識、觀念、角色，它如決策精英、知識社群、遊說團體、媒體、非營利組織、社會、行政體系、政治外交文化等，均成為研究的標的。

第十八章為朱雲漢教授撰述的「邁向二十一世紀的國際政治經濟學：超越與突破」。朱教授首先指出國際政治經濟（IPE）研究走向高度學院化與抽象化的結果，使其與實際政策的隔閡日增，也深化了美歐間的鴻溝。而 IPE 所遭遇的危機在於它已無法詮釋當今的國際現象，亟須超越「歐洲中心論」或「西方中心論」的思維。IPE 屬意實證主義研究，忽視理念，朱教授認為美國經濟衰退，霸權地位動搖，中國的崛起，使得開放經濟體的政治（OPE）無法處理當前的國際政治，而必須建構全球性，跨文化的 IPE 理論。換言之，IPE 理論須走出西發利亞情結，脫離無政府狀態的前提假設，朝向英國學派所指引的方向發展，即維持內涵的多樣性。朱教授也特別提醒非西方學者應避免學術上被西方理論殖民，應尋求建構非西方國際關係理論的可能性。朱教授認為 IPE 不

能迴避國際正義問題，故不應排斥規範性 IPE 理論。西方思維不能複製，中國「天下」所指涉的「無外」思想或許是解決西方敵我內外分裂模式的一種途徑。

第十九章「全球治理下國際關係的新思維：多元治理角色運作機制的分析」由曹俊漢教授執筆。全文強調國家以外因素日漸重要，並分從國家、跨國公司（MNCs）、非政府組織（NGOs）及政府間組織（IGOs）四個角色來分析全球治理。曹教授認為國家在全球治理中之角色在於如何達成協議任務；IGOs 則為全球治理的啟動者及議題設定者；NGOs 在全球治理中擁有可觀的發言權，可對國家內部造成影響。NGOs 可對 IGOs 及國家進行遊說，並草擬協議，監測協議執行。跨國公司及典則也均在全球治理中有其重要地位。曹教授同時指出全球治理乃約束性與非約束性規範之結合，區域治理則是全球治理中的重要一環，如歐盟、經濟合作發展組織（OECD）、APEC 等。

全書十九章中，第一章可視為導論，第二章至第四章歸屬於現實主義之範疇，第五章至第七章則歸屬自由主義範疇，第八章至第十一章則屬反思主義範疇，第十二章至第十五章則屬社會學派批判性理論發展範疇，第十六章至第十九章則屬現實主義與自由主義的延伸及超越範疇。

國際關係理論的主要功能在於提供知識的傳遞，工具的運用、研究的內涵及教學的素材。不同理論間有其共通之處，也有截然不同的地方。在論辯過程中，往往也是一種跨學科，跨領域間的激盪，譬如這些理論背後都有政治、經濟、社會、歷史、哲學，甚或自然科學的思維背景。而透過實證經驗及理論間的理性與建設性對話，可以發覺彼此之不足，進而增刪補遺，為學術社群帶來更多創見與精闢的論述。

本書之完成，要感謝蔡政文老師的精神領導及為本書撰寫導論，感謝宋所長學文兄的初始提議以及所有在繁重教研工作下慨允參與討論及執筆之學界好友。也要感謝臺灣大學政治學系、中華民國國際關係學會、中央研究院政治學研究所籌備處、政治大學國際關係研究中心以及中正大學戰略暨國際事務研究所對研討會的鼎力支持。在行政支援方面則要感謝臺大行政副校長室盧曼珍秘書，臺大政治學系王辰元助教的協助，以及五南圖書出版公司的允諾出書和悉

心編校。最後，至盼這本兼具教學與研究雙重功能的專書能在國際關係理論界激起漣漪，使更多學者能投入這片豐盈而有待繼續灌溉耕耘的領域。

包宗和

識於國立臺灣大學

中華民國 99 年 9 月 12 日

作者簡介
（依章節順序排列）

蔡政文
現職：中國文化大學政治學系教授
　　　臺灣大學政治學系名譽教授
學歷：比利時魯汶大學社會科學研究所博士

明居正
現職：臺灣大學政治學系教授
學歷：美國聖母大學政治學博士

包宗和
現職：臺灣大學政治學系教授兼副校長
學歷：美國德州大學奧斯汀校區政治學博士

鄭端耀
現職：政治大學國際關係研究中心研究員
學歷：美國喬治亞大學政治學博士

曾國祥
現職：中山大學政治學研究所教授
學歷：英國倫敦政經學院政府學系政治學博士

徐斯勤
現職：臺灣大學政治學系副教授
學歷：美國丹佛大學政治學博士

宋學文
現職：中正大學戰略暨國際事務研究所教授兼所長
學歷：美國匹茲堡大學公共事務與國際事務學博士

林炫向
現職：佛光大學政治學系助理教授
學歷：美國丹佛大學國際研究博士

陳牧民
現職：中興大學國際政治研究所副教授
學歷：美國丹佛大學國際研究博士

莫大華
現職：國防大學政戰學院政治學系副教授
學歷：政治作戰學校政治研究所博士

黃競涓
現職：中山大學政治學研究所副教授
學歷：美國馬里蘭大學政治學博士

汪宏倫
現職：中央研究院社會學研究所副研究員
學歷：美國芝加哥大學社會學博士

洪鎌德
現職：臺灣大學國家發展研究所兼任教授
學歷：維也納大學政治學博士

姜家雄
現職：政治大學外交學系副教授
學歷：美國密西根州立大學政治學系博士

石之瑜
現職：臺灣大學政治學系講座教授
學歷：美國丹佛大學國際研究博士

袁　易
現職：政治大學國際關係研究中心研究員
學歷：美國威斯康辛大學麥迪遜分校政治學博士

吳玉山
現職：臺灣大學政治學系教授
　　　中央研究院政治學研究所籌備處特聘研究員兼主任
學歷：美國加州大學柏克萊分校政治學博士

林碧炤
現職：政治大學外交學系教授兼副校長
學歷：英國威爾斯大學政治學類博士

朱雲漢
現職：臺灣大學政治學系教授
　　　中央研究院政治學研究所籌備處特聘研究員
學歷：美國明尼蘇達大學政治學博士

曹俊漢
現職：中國文化大學政治學系特聘教授兼社會科學院院長
學歷：美國奧克拉荷馬大學政治學研究所政治學博士

目錄

第一章　國際關係理論與當前台灣國際關係應有的研究方向

蔡政文

　　國際關係理論係國際政治的研究架構，沒有理論架構將會使國際政治的研究呈現鬆散不嚴謹的現象，所以，國際關係理論在國際關係學門係必讀、必研究的課題。

　　當前國際關係理論主要是西方國家所研擬出來的理論，雖然第三世界國家也基於自己本國或區域情勢研擬一套不同的理論，但總是無法與西方理論並駕齊驅，更不用說要超越。可是在西方國家所建構的理論，在 1945 年以後，發展最快、最多元的還是在美國，主要原因是第二次世界大戰後，美國成為超級強國，在無政府狀態及美國國家利益的驅使下，必須負起維持世界秩序的責任，當然這個世界秩序必須符合美國的世界觀及國家安全的保障。美國學者 Stanley Hoffmann 曾在 1977 年所寫的一篇文章指出美國國際關係學門快速成長有三項原因：（1）有利的學術條件；（2）有利的政治環境；（3）有利的制度提供機會。（Hoffmann, 1977: 45-51）事實上，大多數歐洲國家在二次世界大戰後已淪為次級強國，沒有必要再如第二次大戰前扮演主要強國的角色，很自然的，國際關係理論的發展還是停滯在戰前的傳統方向，即理想主義與現實主義。不過，在後冷戰時期，歐洲國家國際關係理論的研究受到美國學派的影響，也有一些學者從事新理論的建構及檢證，德國、法國、英國都有學界人士致力於這方面構思。總之，國際關係理論在戰後引發的辯論還是在美國。

　　今天我們國際關係理論研討會主要探討的理論還是以西方國家理論，甚至可以說以美國學界所研擬的理論為主要分析焦點，其中也夾雜一點其他的理論。相信在這次研討會後，大家將會有較有系統的整體國際關係理論概貌的了解。

　　我今天所要談的問題可區分為兩部分，第一部分簡單介紹國際關係理論的建構及種類：主要探討（1）國際社會本質的認知；（2）國際政治內涵的觀察；（3）理論的種類；（4）評估。第二部分當前我國國際關係研究應有的方向：主要研析（1）台灣面對的內外環境；（2）台灣在全球體系的定位；

（3）研究方向的建議。

第一節　當前國際關係理論的建構與種類

國際社會本質、國際政治的內涵、理論的種類及評估係本部分主要討論的焦點。

一、國際社會本質的認知

一般研擬國際關係理論大多以國際社會本質的認知為起點。在 1980 年代以前，基本上都認為國際社會客觀存在，它的本質就是無政府狀態或有秩序狀態。但在 1980 年代中期也就有所謂反思主義及社會建構論引起學界的注意，他們主要是認為國際社會並非客觀存在，而是透過人的主觀建構的，只要你認定是有秩序，大家也都共享這種看法，它就是有秩序。但如果你認定是無政府狀態，而大家也都共享這種見解，國際社會也就成為無政府狀態。今天國際社會之所以被視為無政府狀態，就是因為長期以來，大家視它為客觀存在的自然事實，導致國際社會的行為者為權力鬥爭，因而產生衝突。所以，反思學派的學者就致力於人們對國際社會的觀點，從主觀去改變它，如此大家就會走向合作與和平。

此外，主張國際社會客觀存在的人士比較強調價值中立的看法，認為研究方向應採客觀、科學、理性的途徑，盡量不要參雜個人的價值立場。換言之，這一派人士係實證主義，科學中立的研究方法。相反的，強調國際社會本質係由主觀建構的人士則反對前項科學中立主張的人士，認為任何研究都不可能脫離研究人士的主觀價值理念。

從這些對國際社會本質的認知差異也就建構國際關係的不同典範。簡單的分類則可區分為實證學派（positivism）或理性學派（rationalist theories），後實證學派（post-positivism）或反思主義（reflectivist theories）（Baylis and Smith, 2001: 224-228）。這二大類學派內，其實還各自包含不同的理論，甚至還有一類屬中介理論，它希望能做為這兩類學派的中間橋樑，連結雙方，這類學派被稱為社會建構理論（social constructivism）。

假如用簡單的說法，這三類的哲學觀，應該是心物及心物合一之爭，主張客觀存在的觀點係物的觀念，強調主觀建構的觀點係心的理念，而堅持連結主

客觀理論的看法則是心物合一論。可見從古至今，人類的思維還是沒有脫離老祖宗的思維模式。

二、國際政治內涵的觀察

我們可以從三方面來加以說明：（1）行為者（actors）；（2）高層政治（high politics）；（3）低層政治（low politics）。

（一）國際體系的行為者

上述不同學派對於國際社會行為者有哪些，也有不同的觀察。就主張無政府狀態的客觀存在說而言，主權國家或民族國家是唯一或至少是主要行為者，但主張有秩序的客觀存在說而言，則認為除主權國家以外，還有非國家行為者，例如國際政府間組織（intergovornmental organizations, IGO）、國際非政府組織（non-govermental organizations, NGO）、跨國公司（transnational corporations, TNC）、國際恐怖團體（international terrorism）等。至於主張國際社會本質係主觀建構的看法而言，雖然認為國家為主要行為者，但他們所關心的，則在於國家的形成及其演進。同時，他們有些認為國際體系的行為者應以個人或社會團體為焦點，社會力量是國際政治的動力。換言之，他們重視非國家行為者。

簡言之，雖然各學派對於國際體系行為者有不同的觀點，但對於主權國家係主要行為者都無不同的意見，倒是對非國家行為者的角色有不同的看法。

（二）高層政治

國際政治的議題中，政治、安全、軍事、外交等屬高層政治的焦點。原則上，理性觀點中的無政府狀態說，聚焦於高層政治的議題，而比較忽略非政治性議題。至於主觀建構說則傾向於低層政治的非政治性議題。嘗試分析非政治性議題的重要性，但並非忽視高層政治的議題。

（三）低層政治

國際政治中的非政治議題如經濟、文化、人權、環保、婦女、氣候變遷等皆屬低層政治的內容。客觀存在論的無政府狀態說比較忽略低層政治議題的重要性，而聚焦於軍事、安全、外交等地緣政治關心的議題。相反的，客觀存在論的有秩序說則降低高層政治議題的重要性，強調低層政治議題在全球化的世界所佔有的地位。他們甚至認為軍事力量在議題的層級中不再重要，同時，議題的連結將使弱國有牽制強國的機會。此外，掌握主導議程的能力越強，權力

也就越大。最後，國際制度的重要性不能忽略，跨國關係與跨政府關係不能漠視，而且多管道的接觸及溝通相當重要。（Keohane and Nye, 1989: 24-37）

　　至於主觀建構說，多少也著重低層政治的議題，但並不完全忽視高層政治的議題。

　　簡單來說，高層政治議題著重衝突與和平的課題，而低層政治的議題較聚焦於相互依存與跨國合作的課題。

三、國際關係理論的種類

　　就從對國際社會本質做出發點，不同的認知與本體也就建構出不同理論。在美國國際關係理論歷經幾個階段的辯論：（1）1919 年至 1939 年現實主義與理想主義；（2）1945 年至 1969 年傳統學派與行為科學派；（3）1970 年至 1990 年新現實主義與新自由主義或全球主義；（4）1990 年至目前，主流辯論係新現實主義與新自由制度主義，外加新馬克思主義。另外有主流與非主流之辯論，也就是實證主義學派與後實證主義學派之辯論。就典範而言，1945 年到 1969 年的辯論被視為方法上的辯論，而非典範的辯論，因此有人認為國際關係理論的辯論應有二個階段，即 1919 年至 1939 年，1970 年至 1990 年，至於 1990 年以後主流與非主流的辯論應視為第三次辯論。可是就我個人而言，主流與非主流的辯論相當侷限，主要是新現實主義學者並不太理會非主流學派，反而是新自由主義或新自由制度主義學者比較對後實證學派有反應，並與之辯論。所以，第三次辯論算不算真的有掀起像「新新辯論」（新現實主義與新自由制度主義）一樣的辯論值得探討。

　　不過，從上述辯論去歸納當前國際關係理論可以區分為三大類：（1）實證主義學派或理性主義學派；（2）後實證主義學派或反思主義；（3）中介理論。

（一）實證主義學派或理性主義學派

　　這一類學派屬客觀存在論，認為國際社會、國家皆是客觀存在，可經由科學的價值中立去挖掘法則、規律，國家皆採理性的行為。大致上，這一類包含新現實主義、新自由主義或新自由制度主義以及新馬克思主義。其實從第一次辯論迄今，現實主義與理想主義都在辯論，只是理想主義在第二次大戰後變更名詞，稱為全球主義、多元主義、新自由主義、新自由制度主義，甚至演進到新國際法制化，不管用什麼名詞，相對於現實主義，它們都比較傾向理想。

1. 新現實主義（neorealism）

現實主義是一最古老的理論，它可追溯到西元前 500 多年，古希臘史學家修昔底西斯的《伯羅奔尼撒戰爭史》一書（Thucydides, *The History of the Peloponnsion War*, New York: Penguin, 1954），以後的馬奇維里（Niccalo Machiavelli）、霍布斯（Thomas Hobbes）、盧梭（Jean-Jacques Rousseau）等都是古典現實主義的代表人物。到近代，被視為傳統現實主義的學者則有摩根索（Hans Morgenthau）、卡爾（E. H. Carr）、阿弘（Raymond Aron）、霍夫曼（Stanley Hoffmann）、季辛吉（Henry Kissinger）等，現代新現實主義則有 Kenneth Waltz、John Mearsheimer、Robert Gilpin 及 Joseph Grieco 等。

其實不論古典、傳統或新現實主義，他們的典範並沒改變，主要在於理論建構的嚴謹度以及對 Waltz 所說的國際政治三個面貌（three images）的著重點有不同而已。

原則上，新現實主義在理論建構比較嚴謹，並著重在第三面貌的國際結構上，而較不強調第一、第二面貌。可是就內涵上，還是相同，只有些微不同。他們都強調：

（1）國際社會是無政府狀態（anarchy），缺少一「合法暴力的壟斷者」；
（2）國家中心論（state-centric approach），也就是說民族國家（nation-state）是國際社會的唯一或至少是主要的行為者；
（3）強調權力（power）的重要性，國家皆在追求權力的極大化，為權力而鬥爭，所以，無政府狀態下充滿衝突。至於權力的評估，則採權力單一結構的解釋，有多少資源就會產生多少影響力；
（4）採理性假設（rationality assumption）的觀點，國家行為繫於對國家利益的評估，國家一般會追求國家利益的極大化，而權力越大，國家利益的實現機會也就越大，所以，權力就是國家利益；
（5）國際體系的維護，依賴權力平衡（balance of power）；
（6）忽視國際公法、國際道義的重要性。

當然除了這六點之外，還有其他內容，不過，這幾點是主要重點，引起辯論的焦點也都在這些觀點的引申。

最後必須一提的是，現實主義也在演進，尤其冷戰結束後，合作、相互依存、全球化概念甚囂塵上，也就有一些人對現實主義的解釋力加以擴大，因而有 Glasser 的條件現實主義（Contingent realism）；Barry Buzan 的「成熟無

政府狀態」（mature anarchy），攻勢或守勢現實主義等，這些擴大現實主義解釋力的努力，並沒改變上述六項基本內涵。不過，其實所有其他國際關係理論可以說對現實主義理論的反應，都在批判現實主義，但它二千多年來屹立不搖，這是我們不能忽視的。

2. 新自由制度主義（neo-liberal institutionalism）

對現實主義的第一反應的理論莫過於具有理想性的自由主義理論，因為，他們不認為國際社會一直在暴力中生存，相反的，戰爭並非常態，國家並非隨時都想發動戰爭，反而盡量要避免戰爭，所以國家之間大多傾向合作，而非衝突，國際社會還是有相當長的時間維持穩定和平。

雖然自古以來有許多哲學家或思想家都曾提出建立和平的計畫或觀點，但是一套比較有系統的觀點還是在 17 世紀開始，Hugo Grotius 從法律觀點做出發點去闡明國際公法的內容及重要性，他也被稱為國際法之父。至於自由主義對現實主義的批判，也可追溯到這個時期，古典自由主義有 John Locke、Adam Smith、Jeremy Bentham 及 Immanuel Kant 等。至於新自由主義在國際政治方面，則有 Robert O. Keohane、Joseph Nye、Karl Deutsch、Richard Falk（全球主義）、Kenneth Oye、Robert Axelrod 及 Helen Milner 等。

不過，Robert Keohane 在 1986 年哈佛大學的一次演講中，自己調整自己的觀點，而不像在他與 Joseph Nye 合著的《權力與相互依存》（*Power and Interdependence*）一書中，那麼強調有秩序狀態的說法，他甚至認為無需另外建構新典範，只需把結構現實主義加以修正即可（Keohane, 1986）。其後，他自己強調不喜歡被稱為新自由主義者，而是制度主義者，不過，他自己也承認他的觀念有許多自由主義的要素，所以自由制度主義是以自由主義為基礎（Keohane, 2002: 2-3）。他也曾在《國際制度與國家權力》一書中分析新自由主義與新自由制度主義不同之處（Keohane, 1989）。

原則上，從 1970 年開始，新自由主義與全球主義結合在一起與新現實主義辯論，到 1980 年則以新自由主義面貌與新現實主義辯論。到 1990 年則以新自由制度與新現實主義對話。可是到 2000 年，Keohane 原來打算以新國際法制化（neo-liberal international legalization）與新現實主義辯論，但後來發現不適合走回理想主義時期的法學家觀點，所以自己不再推動，而由法律學者自己去進行研究，他還是留在新自由制度主義的觀點上。

至於新自由主義或新自由制度主義主要內涵如下：

1. 國際社會係有秩序狀態，但新自由制度主義則接受現實主義的無政府狀態，可是它強調在無政府狀態下國家間是可以合作的。
2. 國際體系的行為者，雖然主要是民族國家，但非國家行為者如 NGO、IGO、TNC 等也扮演重要角色。
3. 權力也是國家追逐的目標，但權力可以區分為權力資源（power resources）與權力能力（power capability），相同的資源不一定會在不同議題上產生相同的影響力（能力），絕對不是現實主義所說的權力單一結構的解釋。同時，國家也不會追求權力的極大化，而是只要能保障安全就會停止追求權力。
4. 理性假設也是自由制度主義或自由主義的內涵，這是與現實主義一樣的觀點，但它雖然強調國家的行為以國家利益為依歸，可是卻非追求國家利益的極大化，一般以能夠達到滿足層次（satisfactory level）即可。同時，國家所追求的利益並非如現實主義所說的相對利益（relative gains），而是絕對利益（absolute gains），也就因為追求絕對利益，所以國家能夠合作。透過相互依存關係與合作，也就在互惠的基礎上制訂國際典則（international regime）。
5. 集體安全制度（collective security）是維持國際體系和平的機制。由於權力平衡本身就是不穩定、不確定的機制，唯有透過建立集體合作對抗未來的侵略者，才能穩定國際體系的和平。
6. 著重國際法與國際道德。新自由主義或新自由制度主義者既然認為國際社會係有秩序狀態或在無政府狀態下可以合作並制訂國際典則，當然重視國際法與國際道德的重要性；法制的存在，代表秩序的存在。

　　從上所述，基本上，新自由主義與現實主義差別較大，但是新自由制度主義則有三項與現實主義相同的假設，即無政府狀態、權力及理性假設，可是他們也指出與現實主義不同的地方。

3. 馬克思主義（Marxism）

　　馬克思本身並沒提出國際關係理論，可是他的三項基本概念（唯物史觀、階級鬥爭論及資本主義自我毀滅論）卻是其後來追隨者建構國際關係理論的基石。

　　其實，馬克思以經濟社會因素解釋國際政治係一具有創意的觀點。他與現實主義的重商主義「零和遊戲規則」及與自由主義的自由商務主義的「非零和

遊戲規則」不同。此外，馬克思主義者提出國際政治體系內在不平等可以從經濟角度去觀察。相對於現實主義平衡理論及自由主義的靜態比較制度理論，他們提出一套世界政治的動態研究，他們著重於解釋改變與發展的模式。

至於國家間的戰爭與和平，除了它們所處狀態外，其實是由於階級間的衝突與團結所產生的現象。它們既非國家，也非憲法或個人層次所發生的，最重要的是資產階級與勞工階級（後來改為「資產階級與無產階級」、「剝削階級與被剝削階級」）鬥爭。他們的戰爭與和平會跨越國界，而非只發生於國內，同時世界政治地圖是一種平行線的聯盟，也就是世界資產階級聯盟與世界無產階級聯盟的對抗（Doyle, 1997: 320-321）。

本來馬克思主義者依正統的馬克思觀念，認為國家內部與國際社會的行為者是階級或稱為社會力量。但是對於已經存在的國家，他們並未加以否定，只是認為未來世界無產階級革命成功後，國家會逐漸枯萎，只剩提供服務的行政人員。換言之，他們也是接受民族國家客觀存在的事實，並認為國家是馬克思主義者的立即政治舞台，也是一國內部勞工階級的鬥爭舞台，只是他們的鬥爭目標是國際性的。簡單的說，儘管馬克思主義者以經濟社會因素來觀察國際政治，但他們還是承認無政府狀態以及國家的重要性。只是他們用經濟及階級鬥爭來解釋和平與衝突的現象。

對於理性假設，馬克思主義者並不懷疑，因為國家是階級用以剝削其他階級的工具，它的對外行為當然是以有利於剝削階級（資產階級）的利益為決定的準繩，在資本主義社會中，資產階級的利益就是國家利益，當然國家對外行為的理性決策必以符合資產階級利益為依歸。

至於權力的觀念，馬克思主義者雖然以社會力量為評估標準，但幾次社會主義國際運動的失敗，單靠無產階級的力量並不足以達成馬克思國際勞工階級解放的目標，所以，他們也認為軍事力量係依賴生產方式來提供戰爭所需的物資及組織；他們並不排除國防的準備。換言之，他們的權力觀念與現實主義相差不大。

馬克思主義的另一基本觀念是資本主義社會自我毀滅論，這是指資本主義社會的內在矛盾（資產階級與無產階級的對抗）終將導致無產階級革命，達到無產階級專政，俟世界無產階級掌權後，就會走向共產主義社會。這就是所謂災難式的樂觀論，經由辯證過程達到和平的建立。列寧特別強調資本主義國家經由資本集中、壟斷、擴張、劃分勢力範圍、爭奪殖民地，終將因無法和平分治世界而發生帝國主義戰爭，這就是列寧所說的「資本主義發展的最高階段就

是帝國主義」。

其實馬克思主義與其他兩種理論各有連結，值得注意，馬克思與盧梭很相似，著重第二面貌（Image Ⅱ）國內社會，而列寧與霍布斯、康德相似，著重第三面貌（Image Ⅲ）國際結構。此外，馬克思較傾向於自由主義所看到的戰爭與和平之異質性，而列寧則傾向於現實主義所看到的主權國家間戰爭狀態的同質性。

馬克思主義的發展大致上可區分為：（1）蘇聯共產主義；（2）中國共產主義；（3）歐洲共產主義；（4）第三世界主義包含依賴理論與世界資本主義體系論。它們彼此之間有各自不同的觀點，但都沒有脫離上述三項基本觀念。在後冷戰時期，馬克思主義的發展，除依賴理論、世界資本主義體系論面對全球化繼續發展外，也有另類全球化（alterglobalization）運動將左派運動結合在「世界社會論壇」（World Social Forum）的旗幟下。從 2001 年開始，以巴西愉港（Porto Alegre）為基地，原則上每年 1 月間與 Davos 的「世界經濟論壇」（World Economic Forum）同一時間舉行論壇會議，具有社會主義對抗資本主義的意義。（Fougier, 2004: 11）不過，目前另類全球主義主要是對新自由主義全球化加以批判，認為是造成國際 M 型社會的原因，而要提出另一種全球化的選擇。可是迄今這類運動並非統一的，而是有很多派系：（1）改革派；（2）管制派；（3）反全球化派；（4）另類派及（5）反帝國主義派（fougier, 2004: 11）。所以需要透過世界社會論壇協調理念與行動，例如 2003 年 1 月 23-28 日的第三屆論壇就決定：（1）動員和平主義運動者；（2）反美國帝國；（3）擴大另類全球主義的地理與社會層次（所以，第四屆 2004 年 1 月在印度孟買舉辦）（Fougier, 2004: 11）。這種現象有如 18、19 世紀資本主義興起，工業化國家內部產生貧富懸殊、分配不公的情形，使社會主義各派獲得革命、反資、反帝的地盤一般，我們可以密切注意其發展。

從上所述，實證主義學派的現實主義、自由主義或自由制度主義及馬克思主義基本上是客觀存在說的理性主義學派，他們都承認國際社會客觀存在，其本質原則上是無政府狀態，國家是主要行為者（對馬克思主義者而言，至少有一段相當長時期是如此），追逐權力以實現國家目標或利益是必要的。至於其他各點卻有不同的觀點。它們之間的辯論可以視為主流辯論，而且到今日，新現實主義與新自由或新自由制度主義仍辯論不休。

（二）後實證學派

後實證學派或稱為反思主義主要在批判理性主義中，新現實主義與新自

由或新自由制度主義的客觀存在的說法，而主張應該從主觀去建構國際社會。這些學派包含規範理論（normative theory）、批判理論（critical theory）、後現代主義（post-modernism theory）、女性主義（feminist theory）及歷史社會學（historical sociology）（Baylis and Smith, 2001: 229-242），不過 John Baylis 與 Steve Smith，在其所著《世界政治的全球化》一書的第四版做了一些調整，他們把後實證主義改為另類研究途徑（alternative approaches），同時把原來的批判理論及規範理論排除，再加上後殖民主義（post-colonialism），換言之，改變為歷史社會學、後現代主義、女性主義理論及後殖民主義（Baylis, Smith and Owens, 2008: 174-190）。不論如何調整，基本上，這些理論大多傾向批判理性主義的理論，而且大多主張規範及價值的觀點。批判理論之所以被排除，係因其使用馬克思主義的批判途徑，而馬克思主義已擺在理性主義學派。此外，大家目前也都承認各種理論中皆有規範要素存在，所以，規範理論也被排除但另列一章。此外，Smith 不再強調反思主義及後實證主義，改為另類研究途徑，大概係因各種理論很難區隔主觀、客觀，除了一些理論如後現代主義是比較清楚之外，在分類上的確有困難。

　　儘管有這些改變，我們的研討會主題還是囊括上述相關的理論，甚至以文化途徑分析西方帝國主義持續控制前殖民地的後殖民主義，也包含在這次的研討會中討論。下列將簡單扼要說明各種理論要點。

1. 規範理論

　　規範理論其實是一相當長久的理論，只是在 1945 年以後，國際關係理論受行為科學派的影響，追求價值中立的研究途徑，而把規範理論暫時冷淡，因為它滿載價值觀及不科學。直至 20 年前，大家才又重視規範理論，尤其政治學中，規範理論又被重視，國際關係理論與政治學相連結，當然會受影響。再加上國際關係理論的辯論，使規範理論復甦。目前大家都接受所有理論都有規範性的假設，不論他是公開的或暗示性的。

　　所謂規範性理論，根據 Chris Brown，是指研究國際關係的道德面向（moral dimension）以及有關學門中對廣泛問題的意涵及解釋，他所重視的基本觀點，是各種國際層面的倫理性質（ethical nature）（Brown, 1992: 3-4）。他認為當代規範理論的辯論焦點是在國家的自主性、使用武力的倫理及國際正義。

2. 批判理論

批判理論也是一具有長期傳統的理論，法蘭克福學派（Frankfurt School）、馬克思主義等都屬於這個學派，他們在 1980 年代早期就開始變得相當重要。國際關係的批判理論以 Andrew Linklater、Robert Cox 為代表人物。

Cox 在 1981 年曾撰寫一篇文章〈社會力量、國家與世界秩序：超越國際關係理論〉（Cox, 1986）主要在批評新現實主義的假設。他認為新現實主義是一種保守的理論，它只是一種「解決問題的理論」（problem-solving theory）。現實主義者認為「世界本來就存在」，而且強調既存權力的分配，因此，只要一有問題，立即加以解決，也就是回到既存的權力分配狀態。換言之，問題解決理論就是接受及承認既存的世界，他們就在處理如何使這個世界中的社會、權力關係及制度能夠順利運作，而完全不去顧慮已經存在的制度及權力關係模式是否有問題。所以，新現實主義問題解決取向的效果就是重申及合法化已經存在的秩序，而從來不去研究這種權力分配狀態或現存秩序是如何形成的，批判理論研究的焦點就是要去研究其形成的原因。Cox 認為理論是從特殊的社會、政治立場來觀察世界，而非獨立、中立的，所以理論總是為某人或某一目的而建構的，理論絕非客觀存在。

其次，批判理論認為社會結構的影響是真的，不過，社會結構並不能直接觀察到，而是透過人們主觀的觀察及建構的。Cox 就認為社會結構是相互主觀建構的（intersubjective construction），意思是社會性建構（socially constructed），他指出，國家或個人是歷史及社會力量所產出的，所以，國家並非永遠相同的國家，經由不同的歷史時期，它就會呈現不同的面貌。他強調國家絕非傳統理論所說一成不變的國家，所以，研究國際關係也應注意單位層次的變化。Cox 特別著重如何超越或克服社會結構的影響，因而把他的研究焦點放在霸權的本質上。

最後，除了 Cox 以外，還有一些批判理論學者如 Linklater 及其他著重於國際安全研究學者，他們所關心的是現在的秩序如何演進，因此，批判理論並不限制在國際體系的分析，也放在所有主要權力及支配模式的探討，這種作法有助於研究在全球化的世界內，所有關於支配特徵的問題，而不會把國家視為是自然的行為者。

3. 後現代主義

後現代主義是對超級論述（metanarrative）的質疑，它否認可以從外在的論述去建構論述的真理（truth），換言之，無法從客觀實體去找真理。

後現代主義者如 J. Derrida 指出世界像一篇文章，不能只是去了解，而是要去解釋它，以便了解其建構的真相。Derrida 提出兩種方法來挖掘一篇文本的真相：（1）解構（deconstruction）；（2）重讀（double reading）（Derrida, 1976）。解構的目的是要把平常看起來是自然的理念和關係加以解析，找出其實際上是相當人為的建構，其內涵常是具有層級支配關係存在。所以像貧富（rich/poor）、好壞（good/bad）、強弱（powerful/powerless）、對錯（right/wrong）都會有對立與支配關係存在。

至於重讀的方法，第一次是先依主流的說法去閱讀，以便了解論述的一致性及和諧性。但第二次閱讀時，則去看文本中，看起來自然穩定觀念內部矛盾之處。Richard Ashley 就是使用這種方法去看有關無政府狀態的問題，結果他發現原來在第一讀大家公認很自然的無政府狀態與主權之間的對立觀念，（Ashley, 1998: 227-262）在第二次讀時發現這種對立是錯誤的。他指出傳統假設的論述根本不對，而在這些假設中國家行動的要求都是有問題的。

其實 Ashley 在其批判現實主義的文章〈The Poverty of Neorealism〉中，特別強調主觀因素對於國際體系改變的影響力。他認為知識份子對國際政治想法的改變也就會導致體系的改變，而且對權力平衡產生的原因及其延續與改變條件有必要從主觀因素探討。（Keohane, 1986）

在國際關係理論中，後現代主義論者認為沒有客觀實際的世界存在，除了透過我們主觀的解釋外，根本就不存在。一般對後現代主義論覺得比較有爭議性，認為他們對實際世界沒說什麼，但也有人認為他們的論點適合用在全球化世界的理論。

4. 女性主義的理論

女性主義理論在國際關係中，大多是在爭取與男性在各方面平等的地位與機會，並對國際政治提出女性的觀點。目前國際關係的女性主義理論有很多派系，有些學者區分為八派，有些六派，大體上歸納起來有四派：（1）自由女性主義（liberal feminism）；（2）社會主義／馬克思主義的女性主義（socialist/marxist feminism）；（3）後現代女性主義（post-modernist feminism）及（4）女性主義立場的理論（standpoint feminism）。

自由女性主義發現婦女在國際關係雖有重要貢獻但都被忽視，在以男性為中心的國際社會，女性都被排除在權力核心之外，甚至沒有參與國際政治扮演角色的機會，所以，她們都在爭取與男性相同的機會。這些學者例如 Cynthia Enloe、M. Zalewski 等。（Enloe, 1993; Zalewski, 1993）

　　馬克思主義的女性主義認為女性在國際社會沒有地位，是受到物質、經濟力量的決定，尤其在資本主義社會體制是造成婦女處於不平等地位的原因，唯有推翻資本主義社會體制，才能獲得解放。至於社會主義的女性主義認為除了資本主義社會體制外，早在資本主義社會形成之前，女性就因以男性為中心的父權制度遭到歧視與迫害。所以，國際關係理論應該研究改變資本主義及父權主義的結構。

　　後現代主義的女性主義所關切的問題不是女人的問題，而是性別（gender）的問題。他們認為男性與女性角色是經由社會建構才會有區別，所以，主要的議題應該是在於男性與女性角色是由什麼世界政治的結構及過程所建構的。換句話說，我們不應該一開始就認為男性適合當兵，女性不應該當軍人，而是應先決定什麼條件可以當兵，然後再去徵召符合條件願意當兵的男性與女性。

　　女性主義立場的理論認為世界政治及觀念都是以男人為出發點的觀點，完全沒有女性觀點存在，甚至今天的知識其實是男人的知識，結果我們所了解的世界只是局部的世界。所以她們主張國際政治理論應有女性的論點，例如 J. Ann Tickner 就把摩根索六項客觀原則重新加以分析，加上欠缺女性觀點的部分（Tickner, 1992）。

　　女性主義的這些理論在實務上確實影響到各國國內對女性地位及就業機會等各方面有影響。而在國際政治上，女性運動帶動許多改革措施的採納，值得我們注意。

5. 歷史社會學

　　歷史社會學的定義相當困難，有些作者會強調歷史的部分，有些則強調社會學的部分，所以有人就界定「歷史社會學是一個學門試著以研究社會如何運作與改變來使過去和現在具有意義（Smith, 1991: ix）。」簡單的說，主要在探討在一段時間內，社會如何去發展它們的社會制度。也就是說歷史社會學有二個要素：時間與社會變遷。（Hobden, 1998: 22）

　　當前歷史社會學研究焦點在從中世紀以來，國家是怎麼發展出來的，它基本上是有關國家、階級、資本主義及戰爭的互動關係研究。代表性學者有 Charles Tilly、Michael Mann 等。

　　歷史社會學對國家如何形成的研究，對新現實主義 Kenneth Waltz 所說單位層次的國家功能都是一樣的說法有很大的衝擊。新現實主義認為國家是既存的實體，可是歷史社會學認為國家形成非常複雜，其內涵會因社會力量的不同

而呈現不同的面貌。新現實主義認為國家的功能都是一樣的，但歷史社會學認為每一個不同形式的國家之間，其功能是不一致的，也是不同的。新現實主義堅持單位層次不必去探討，但歷史社會學認為國內政治與國際社會是連結在一起不應分開。Waltz 認為國際體系的存在，可是歷史社會學不認為國際體系的存在，所以不會有體系結構對行為者的制約狀況。歷史社會學強調國家是國際與國內力量所創造出來，而國際性就是國家本質的因素之一。

從上述可以看出歷史社會學並非如其他後實證主義學派，強調主觀建構，但因其研究最後走向反對現實主義的看法，讓學者把它列入反思主義的學派中。

（三）中介理論

社會建構理論（social constructivism）是介於實證學派與後實證學派之間，它嘗試連結兩派的論點，擔任中間橋樑。社會建構主義有很多學者，但比較被接受的是 Alexander Wendt，他的觀點較周全，也被大家較能接受。

對於無政府狀態，Wendt 一方面承認它的存在，但另一方面又承認無政府狀態來自於國家的主觀判斷所造成的，這種趨向理性主義學派與反思主義學派的說法，是使它能做橋樑的理由，他自己在 1992 年刊登的一篇文章〈無政府狀態是許多國家所造成的〉（Wendt, 1992: 391-425）中，便表示要做這種橋樑。他一方面承認新自由主義的主張，認為國際制度可以改變國家利益及身分（identity）；同時，他反對無政府狀態使國家必須自助（self-help）。他認為今天我們之所以會在一個自助的世界乃是因為過程（process）所造成的，而非結構，自助與權力政治是制度，而非無政府狀態的基本特徵。

此外，Wendt 認為無政府狀態並非固定不變，它是有各種不同形式的文化；霍布斯的自然狀態文化、洛克的憲政文化，及康德的國際主義文化。這三種無政府狀態，行為者間的關係是從敵對到競爭再到和諧友好，可以是演進的過程，也可以同時存在（Wendt, 1999）。所以，無政府狀態是由國家間的互動及判斷所形成。

至於權力結構，社會建構主義者反對新現實主義完全以物質力量為依歸。他們主張結構是社會關係的產物，主要包含三個要素：知識的共享、物質資源及實務（practice）。一個國家的物質能力（capability）只有透過各國共享的知識結構去觀察才有意義。所以，現實主義者的權力政治及現實政治係由各國自我實踐的共享知識所形成的。建構主義者承認權力政治是一種觀念，影響國家的行為，但它並不是可以描述國家所有的行為，因為國家也受到其他觀念的

影響，例如法治、制度性的合作及限制等。

　　雖然結構可以透過三個要素加以改變，但有些人認為一旦結構形成，限制行動的力量很強大，以至於改變的策略變成無法實踐，像 Wendt 就持這種觀點。不過，也有些人認為只要共享的知識改變，也就使結構改變，例如戈巴契夫觀念改變，提出冷戰已經結束的知識，成為大家所共享的知識，冷戰就結束了。這派樂觀主義者認為國際體系有足夠的彈性，讓各個國家去推行和平改變的政策，而不必從事永無停止的權力鬥爭。

　　至於國家的身分（identity）與利益（interest），是經國家互動而產生的。建構主義者特別強調主觀實體間的了解也就會自動永續的存在。所以，行為者的身分與利益不是像理性主義者認為客觀存在。簡單的說，建構主義論及反思主義學派把焦點放在兩個主觀的行為者的身分及利益。新現實主義者把無政府狀態的自助本質視為是體系的邏輯。可是 Wendt 指出集體的意涵界定結構，然後組織我們的行動。行為者是在參與集體目標才獲得身分及利益，而且身分與利益是相關的，也是由我們所界定的，自助是一種制度，所以，不能把身分與利益混合在無政府狀態的觀察。

　　總之，建構主義者提出一套連結理性主義與反思主義的理論，儘管有人批評它永遠做不到，不過，社會建構論發展至今，已漸漸被接受成為一種典範，並被運用以研究國際關係問題。

四、評估

　　從上面大致介紹相關理論的內容，我們可以了解國際關係理論基本上是西方的理論，主流的觀念還是美歐人士所建構的，以 Cox 所說所有理論皆是為某人或某目的所建構的，當然也就可以了解各種理論背後都隱藏有目標。就我們國家的處境，假如有辦法建構一新的理論有利於我們國家，又能被大家所接受，是最上乘的作法。可是假如我們暫時沒有能力做到，那就在現存的理論選擇對我國有利的理論來做為研究工具仍不失為嚴謹的研究。

　　基本上，以我國目前處境，如果要選擇理論來做分析工具，則以現實主義、新自由制度主義及社會建構主義較能尋求有利於我國突破困境的務實策略。事實上，目前國際上各國所共享的知識是無政府狀態，而且是客觀存在的無政府狀態，同時，各國還是處於自助體系，儘管大家可以合作，可是解決爭端的終極手段還是戰爭。不過，無政府狀態下的國際社會同時存在三種文化：霍布斯自然狀態文化、洛克憲政主義文化及康德國際主義文化。

　　新現實主義的典範還是觀察國際政治的基石，縱然我們也可用新自由制度主義觀察國際制度內的合作，可是制度內的折衝還是可以看到各國以權力、國家利益為決策的準繩，同時，各國的身分及利益雖是互動過程所形成，但那無礙已經存在的身分及利益的事實。不過，建構主義所提出的共享知識的說法，有助於我們尋求改變的途徑，只是以我們國家的力量及身分，想要實現有利知識的傳播以達到自己的身分的改變，的確不簡單，可是也非毫無機會。

　　至於想要以後現代主義的理論來追求我國外交的突破，絕非方便可行的途徑，例如陳水扁總統當年發動防衛性公投，就是創造一個主觀的論述，認為台灣面臨中共立即威脅，有必要預為防衛，可是不論國內或國際都沒有這種認知，換言之，沒有共享陳總統的主觀知識，因此，陳總統遭到國內與國際壓力甚鉅，最後公投沒成功，反而造成台海情勢的緊張。不過，最近有一些西方國家學者善用後現代主義及建構主義的理論從事國際政治的分析，並嘗試傳播新的觀念，例如國際社會本質是有秩序的觀念，所以，主張各國合作建立和平的安全環境，這種努力能否成功，還需一段很長時間才能觀察到。

　　此外，歷史社會學其實都可運用到各種研究之中，同時，女性主義、規範理論或批判理論也可做為輔助的理論。但是馬克思主義的理論則是另類典範用以研究國際關係。

第二節　當前我國國際關係的研究方向

　　要探討台灣有關國際關係學門的研究方向，除上述應採用的理論外，必須先了解台灣當前所面對的內外環境，其次，再界定台灣在全球體系的定位，最後，提出研究方向的建議。

一、台灣面對的內外環境

　　我們可以從全球、區域及國內三個層面來觀察其主要特徵。

（一）全球趨勢的主要特徵
1.相互依存在全球化下更為加強，區域合作及整合蓬勃發展並競爭。
2.新自由主義全球化積極大步邁進，但也遭遇頓挫。
3.自由民主的浪潮從不間斷。
4.和解及和平係各國追求的目標，但區域衝突仍然不斷。

5.國際所得分配不平均強化，國際 M 型社會突出，將提供左派再起的機會。

6.恐怖主義、宗教衝突、文明對抗層出不窮。

7.准許次強、國際制度、不結盟國家扮演角色的柔性單極體系是國際體系的特徵，美國霸權透過自我節制及結構的制約盡量避免採行單邊主義的行為。

　　原則上，以全球層面而言，除了一些衝突及對抗的趨勢對台灣不利外，其他皆提供相當不錯的環境，有助於台灣藉此推動國內外發展。

（二）區域情勢的主要特徵

1.東亞區域的權力結構在後冷戰時期發生改變，由四方形（美、蘇、中、日）改變成三角形（美、中、日），如果把做為潤滑的東南亞國協包含進去，勉強增為四方形，但是美日安保條約仍是東亞安全的主要力量。

2.中國的崛起，一方面提供市場機會給鄰國，他方面，加強軍備力量威脅區域各國的安全，所謂中國威脅論興起。

3.海峽兩岸緊張情勢緩和，有助區域安全穩定及和平。

4.冷戰時期未解決的歷史問題仍然存在，日俄四小島爭端、韓半島、台海問題、南海爭端等都是潛在的危機。

5.區域經濟快速發展提供經濟合作及整合的運動，例如 ASEAN+1、ASEAN+3、P4、APEC 等。

6.區域內族群問題存在於各國，同時，民主政治仍未普遍實施。

　　基本上，區域情勢呈現稍微不利的趨勢，尤其在經濟方面，在東協主導下，台灣被排除在自由貿易區外，不利台灣的經濟發展，也不利台灣在區域內的活動空間，而主要原因在於中共的壓力。在 1990 年代初期，台灣經濟繁榮，各國需要台灣投資，中國經濟尚在初步的起飛階段，區域內各國的支持，再加上美日的力挺，台灣與中國同時加入 APEC，但 2000 年以後，台灣經濟停滯，中國大陸經濟快速成長，提供廣大市場，區域內各國都需要中國大陸市場以及軍事戰略考量下，都自我節制，不再力挺台灣，使台灣日益孤立。因此，從區域角度觀察，台灣有必要考量對中國的策略，才能有機會參與區域經濟合作及整合，避免被邊緣化。

（三）台灣國內環境情勢的主要特徵

　　假如從國際政治角度來看台灣國內環境情勢，我們發現台灣高層政治（high politics）能力弱化以及台灣低層政治（low politics）的能力壯大。造成

這種現象，當然有國際結構及環境因素，但更重要的在國內因素。

1.台灣高層政治能力弱化的原因

（1）台灣政治發展的僵化與對抗（藍綠對抗，過多爭奪權力的權謀，民粹運動的濫用，扭曲主權在民的內涵等）；

（2）台灣社會共識的分裂；

（3）台灣經濟力緩慢復甦，競爭力有待提升；

（4）台灣國內外投資比率下降，失業率增加；

（5）台灣意識形態鬆散，不利提振士氣；

（6）台灣軍備力量老舊，有待更新。

2.台灣低層政治能量壯大的理由

（1）台灣民間公益力量活力強大；

（2）參與跨國活動的非政府組織及非營利組織積極活躍；

（3）民間文化創意產業及文化活動蓬勃發展

（4）推動民主、人權的民間團體快速成長；

（5）人民捐贈及參與慈善公益活動熱心積極；

（6）民間團體及個人的自我期許與認同。

　　從上述國內因素看來，台灣從 2000 年以來，的確因國內資源、制度及無形因素的弱化，使國家政策難以推動，除了軍備力量外，許多因素都可以加強，只要政治人士能夠以台灣政治穩定，創造有利於國內和諧及經濟發展的環境為念，學習西方國家當年肇造民主先賢的胸襟，為台灣建立民主政治的憲政傳統及政治互動行為，掃除政治暴戾氣氛，則台灣未來的發展不可限量。我們不能再滿足於民主政治發展的初期階段，而需要進一步朝向深化民主、鞏固民主的成熟階段邁進。此外，台灣民間力量的強大，有目共睹，如何善用這些力量有待政府規劃一有效、務實、可行的政策。

二、台灣在全球體系的定位

　　從上面大致分析台灣所面臨的國內外環境，我們也可對自己的身分加以界定，然後，再探討我們的研究方向。

（一）定位

　　雖然社會建構理論認為身分是由各國之間的互動過程所形成，但是台灣的

存在或中華民國的存在也有近百年，尤其中華民國在台灣也有 65 年。在這段時間中華民國從聯合國會員國變成非會員國，有邦交國家也從 60 多個減成今天的 23 個國家。可是台灣在其他非邦交國也派駐有代表處，他們也派駐代表處或辦事處到台灣。事實上，台灣與 140 國左右維持官方與非官方關係。派駐非邦交國家有 93 個代表處，而外國派駐台北總共 77 個，其中 19 個邦交國，58 個無邦交。至於國際政府間組織，台灣以會員身分參與 30 個，加上觀察員身分有 51 個，國際非政府組織參與 2,163 個。所以，台灣或中華民國實際上在全球體系中已經由互動過程建立其身分，也有我們的國家利益。

　　不過，台灣的人民總覺得自己的身分不定，也覺得面對要統一台灣的中國感到不安全，世界各國在現實主義的考量下，也不敢觸怒中國。除了美國積極支持台灣以外，其他國家也只能道義上的支持，因此，台灣的身分及尊嚴受到相當大的傷害，尤其在正式官方的國際活動空間屢屢受挫。到底台灣或中華民國的定位為何？這是台灣人民最確切想要界定的。

　　儘管台灣人民難以確實把握自己的身分，但是中華民國的身分及台灣的地緣政治環境，我們可以確定的是：
（1）中華民國在台灣是主權獨立自主的國家；
（2）中華民國的經濟實力不容忽視，它已經成為資本輸出國、技術轉移國、無外債的國家。它不是開發中國家，它還是提供技術援助及經濟援助的國家。它的貿易總額名列世界第 16 名、外匯存底第 4 名、世界競爭力第 8 名，可見中華民國在台灣絕非弱小的經濟實體；
（3）中華民國在台灣的軍備力量，雖已老舊，但在世界排行榜也列入第 16 名，以軍事力量而言，也非弱國，面對世界其他國家則非弱小國家；
（4）台灣的人口名列第 50 名，地理面積名列 135 名；不算小，就人口而言，比西方許多先進國家還多。

　　綜合上述的分析，我們可以界定自己在國際體系的身分，應該是「小國但實力中級的國家」，問題是在於如何把實力發揮出來，讓世界各國與我們的互動中，肯定台灣的身分。

（二）台灣對外政策的選擇

　　假如我們觀察西歐小國之所以被尊重，除了經濟實力、軍備力量、政治民主、外援及技援他國、資本輸出外，最重要的是他們屬於數個集團的成員國，包含歐洲聯盟（European Union, EU）、歐洲理事會（Council of Europe）、

歐洲安全及合作組織（Organization for Security and Cooperation in Europe, OSCE）、經濟合作及發展組織（Organization for Economic Cooperation and Development, OECD）、北大西洋公約組織（North Atlantic Treaty Organization, NATO），在集團內參與各種軍、經、社、科技、文化等合作，使他們擁有個別的身分外，還有集體身分。儘管集體身分帶來許多承諾的制約，但也帶來許多獲利的機會，更加強其政治地位，不論荷、比、盧、北歐國家、奧地利等皆是如此。可見參與區域組織將可加強自己的地位及身分。此外，參與何種集團或集體組織也會決定你的身分加強與否，例如歐洲國家選擇參加歐盟、北約，與參加華沙公約組織就不一樣。冷戰時期，西德曾在東向與西向有點猶疑，但最後還是先鞏固西方，才面向東方（東歐）。

　　台灣屬於海島，海島國家對外政策的選擇有四項：（1）閉關自守；（2）嚴守中立；（3）向大陸發展及（4）向海洋發展。

　　以目前台灣內外環境不可能採行閉關自守的政策，尤其台灣的外貿導向，參與世界貿易組織（World Trade Organization, WTO）、各種 NGO 及海外投資等都不可能走閉關自守的政策。

　　至於中立，曾經有人認為美中建交將使台灣成為東方的瑞士，由美國及其他國家保障台灣的中立地位。甚至有人在 2010 年《外交事務》季刊（*Foreign Affairs*）提出台灣芬蘭化的看法。雖然這是一種選項，但絕非台灣可以自己選擇的路線，何況它需要大國的保證及保障，以中國一貫對台政策根本不可能做這種妥協。同時，面對崛起的中國力量，其他強國也不能忽視中國的意志，除非中國讓步。

　　台灣向大陸發展，這是一條選項。日本在明治維新以後，先向大陸發展，擬征服中國，遇到挫折，又改向海洋發展，又受到英美兩國的抵制，終於無功而返。可是在二次大戰後，日本選擇向海洋發展，緊密靠向美國及西方，不再以軍事為手段，也不以爭奪土地為目標，完全發揮海洋貿易精神，終於創造貿易帝國。可是日本在美國總統尼克森（Richard Nixon）於 1972 年訪問北京後，立即採取行動，由田中角榮首相訪問北京，並於當年 9 月即與中國建交，換言之，採取向大陸發展的路線，但因中國仍處落後國家狀態，再加上中共乃威權政權，日本還是採海洋路線，向全球發展貿易及投資，與西方國家、美國緊密團結。自從中國大陸採取改革開放措施，經濟快速成長，成為亞洲最大市場，日本基於貿易及投資的考量，如同西方國家向中國大陸發展，加強與中國政經關係，但它仍堅決的維持與美國的軍事同盟，並與西方國家維持密切關

係。台灣本應採取日本戰後的路線，向海洋發展，再走向大陸，因為中國一直要兼併台灣，對台灣具有立即明顯的威脅，尤其在 2008 年以前，兩岸關係一直處於敵對緊張的狀態，所以，中華民國政府雖開放民間與中國大陸交流，但政府戒慎恐懼，不敢太快開放鬆綁。可是民間企業界卻走在政府的前面，大量前往大陸投資，使政府的戒急用忍、有效管理都沒辦法阻止民間的交流。儘管大陸從未中止對台敵對狀態，這種民間自動自發的走向，也就減少向海洋發展的動力，但兩岸實際上還處於敵對狀態，這也就是台灣無法像日本或其他國家一樣，立即全面開放、鬆綁的原因，但在人民的力量推動下，政府也不能不面對。2005 年當兩岸關係因中國大陸通過「反分裂法」呈現緊張狀態，連戰先生前往中國大陸訪問，進行和平之旅，並與胡錦濤先生達成連胡五項願景，緩和雙邊關係，國民黨與共產黨並每年舉辦兩岸經貿文化論壇；中國在前四次論壇結束時發布對台有利的措施。直至 2008 年 5 月 20 日，國民黨重新執政，在馬英九總統主導下，兩岸關係快速解凍。海峽交流基金會與海峽兩岸關係協會復談，並已舉行 4 次會談，達成 12 項協議、1 項共識，目前第五次會議也即將在 6 月舉行，盼能簽署兩岸經濟合作協議（Economic Cooperation Framework Agreement, ECFA）。雖然兩岸關係快速緩和，雙方貿易額也高達 1,000 多億美元，台灣有多達 200 億美元的貿易順差，但是台灣內部民進黨及一部分人民還是對大陸持保留、甚至反對的態度，而不主張與大陸快速正常化。在此全世界皆看重中國大陸廣大市場之際，台灣民間企業也積極登陸的狀況下，台灣人民及政府依然不敢全面開放，主要在於兩岸敵對關係沒有解除。台灣人民還是怕被中國兼併。所以，儘管以海洋的經商精神向中國大陸發展的政策是正確的，但鑑於兩岸政治敵對關係尚未終止，中華民國政府採取漸進開放的措施乃是必然的。無論如何，兩岸目前加緊推動功能交流乃是有利於兩岸的和平發展，緩和兩岸可能發生的緊張關係。

最後，向海洋發展的政策，對台灣在冷戰時期是完全正確的路線。當中國大陸還在共產極權體制，並採威脅解放台灣的政策，台灣向世界各國發展經貿、文化實質關係，並與美國、西方國家緊密團結、保障台灣安全。事實上，這個路線使台灣經濟發展成為經濟奇蹟的範例，因為有安全的國際環境，使台灣才能穩定的建設，而台灣的產品能向歐、美、東南亞、日本輸出，創造經濟榮景。可是在冷戰結束後，台灣面臨其他國家的挑戰，尤其加工業受到強大的競爭對手，除了產品必須升級外，也必須為勞力密集的工業找出路，中國大陸同文同種較易於轉移，也就一窩蜂往大陸跑，而不再像 70 年代、80 年代那麼

辛苦往世界各地跑。不過，台灣企業界也不會那麼短視，他們還是持續向海洋發展，美、歐、日及東協國家是他們的出口及投資市場，只是不像過去為唯一市場。面對中國的可能威脅，中華民國政府還是需要選擇向海洋發展的路線，因為它不會有危險，沒有被兼併的恐懼，換言之，還是需鞏固與西方的團結，以確立安全感，然後也向大陸發展。

　　總之，認同西方、鞏固根本、再走向大陸擴大市場、緩和敵對立場，漸進謀求兩岸和平的方案。

三、研究方向

　　既然了解台灣面對的國內外環境因素決定台灣的定位以及台灣應走的發展方向，我們就可以在目前大多致力於美歐、俄、中及日本等大國的研究方向外，以我們是地理小國，實力中級國家的定位，同時鞏固海洋發展成果以及擴大到大陸發展的構思，我們可以在研究國際關係的方向：

1.探討小國及中級國家的生存策略及外交取向；
2.致力於區域研究，謀求我國參與區域整合過程的策略；
3.重視歷史研究，需要從中外歷史汲取經驗及教訓；
4.研究中外政治思想，了解國際關係理論的根源，並嘗試建構新理論。

　　綜合所有前述，國際關係理論的建構是從對國際社會本質的認知，到底是客觀的存在，還是主觀的建構做出發點，而有理性主義學派、反思主義學派（或其他理論學派）及中介理論的區分。理性主義學派係主流國際關係理論，它們包含新現實主義、新自由主義或新自由制度主義及馬克思主義，「新一新辯論」是 1970 年以來的主流辯論，馬克思主義或新馬克思主義是批判理論之一，以社會經濟角度來分析國際關係，有其創見，但它不能完全解釋所有國際政治現象，唯有在國際體系大框架下去看經濟體系的問題，才能了解國家間互動關係的真貌。至於反思主義主要認為只有透過主觀互動，才能建構國際社會的本質。國家並不是客觀存在，而且不同時期的國家有不同的面貌。國家的身分及利益是互動過程形成的，所謂知識就是權力，只要透過共享知識的改變也就會使國際體系改變。這一類的學派包含規範理論、後現代主義、批判理論、女性主義、歷史社會學及後殖民主義。最後，中介理論則係社會建構論，它主張無政府狀態包含三種文化：霍布斯文化（敵對文化）、洛克文化（競爭文化）、康德文化（合作文化），它們可以是演進的過程，也可以同時存在。國

家的身分及利益是國家間互動過程所界定的。而結構不是由物質力量單獨來決定，它強調是由社會結構來決定，而社會結構包含三個要素：共享知識、物質力量及實務。簡言之，三類學派的理論可以說是心、物及心物合一論之間的辯論，理性主義是物質決定論，反思主義大多傾向唯心論，而社會建構論則屬心物合一論。我們在選擇理論做為我們的研究工具，則以目前台灣處境及國際政治現勢而言，以現實主義為基礎，而以新自由制度主義及社會建構論為輔將比較實用。

　　至於今後台灣國際關係的研究方向，在檢討當前台灣所面對的國內外環境因素後，界定台灣在全球體系的地位是地理小國，實力中級國家，以此對外政策的選擇應以鞏固向海洋發展的成果，逐漸擴大對大陸的發展方向。所以，今後研究方向，除研究大國外交外，應朝中小國家研究、區域研究、歷史研究及政治思想研究等四方向邁進。

參考書目

Ashley, Richard. 1998. "Untying the Sovereign State: A Double Reading of the Anarchy Problematique," *Millennium* 2(17)：227-262.

Baylis, John and Steve Smith. 2005. *The Globalization of World Politics*, 2nd edition. Oxford, UK: Oxford University Press, 2001.

Baylis, John, Steve Smith and Patricia Owens. 2008. *The Globalization World Politics*, 4th edition. Oxford, UK: Oxford University Press.

Brown, Chris. 1992. *International Relations Theory: New Normative Approaches*. Hemel Hempstead: Harvester Wheatsheaf.

Cox, Robert. 1986. "Social Forces, States and World Orders: Beyond International Relations Theory", Keohane, Robert O. ed., *Neorealism and Its Critics*. New York, NY:Columbia University Press.

Derrida, J. 1976. Of *Grammatology*. Baltimore, MD: John Hopkins University Press.

Doyle, Michael W. 1997. *Ways of War and Peace*. New York, NY: W. W. Norton & Co., Inc.

Enloe, Cynthia. 1993. *The Morning After: Sexual Politics at the End of the Cold War*. Berkeley, CA: University of California Press.

Fougier, Eddy. 2004. *Altermondialism, le nouveau movement d' emancipation*. Paris, FRA: Lignes de Repéres.

Hobden, Stephen. 1998. *International Sociology*. London: Routledge.

Hoffmann, Stanley. 1977. "An American Social Science: International Relations.", *Daedalus*, pp.45-60.

Keohane, Robert O. 1986. *The Study of International Regimes and the Classical Tradition in International Relations*. Harvard University, June, 1986. Manuscript non published.

Keohane, Robert O. 1989. *International Institutions and State Power-Essays in International Relations Theory*. Boulder, CO: Westview Press.

Keohane, Robert O. 2002. *Power and Governance in a Partially Globalized World*. London, UK: Routledge.

Keohane, Robert O. and Joseph S. Nye. 1989. *Power and Interdependence*, 2nd edition. U.S.A: Harper Collins Publishers.

Smith, D. 1991. *The Rise of Historical Sociology*. Cambridge, UK: Polity Press.

Tickner, J. Ann. 1992. *Gender in International Relations*. New York, NY: Columbia University Press.

Wendt, Alexander. 1992. "Anarchy is what states make of it: The social construction of power politics" *International Organization* 46(2): 391-425

Wendt, Alexander. 1999. *Social Theory of International Politics*. Cambridge, UK: Cambridge University Press.

Zalewski, M. 1993. "Feminist Theory and International Relations." in M. Bowker and R. Brown eds. *From Cold War to Collapse: Theory and World Politics in the 1980's*. Cambridge: Cambridge University Press.

Part 1

現實主義

第二章　古典現實主義之反思

明居正

第一節　前　言

不論古今中外，國際關係一直是一個引人入勝的領域。這是因為國家間存在著各種各樣的互動形式，一方面我們會看到：示好、交流、貿易、朝貢、交質、結盟甚至聯姻等；而另一方面我們又會看到：變盟、背叛、演習、示威、恐嚇、封鎖、突襲、戰爭、滅國、屠城乃至滅種等等。除了它的豐富性外，這些變化不但可能會牽動國家的命運，更與身居其中的個人的身家性命息息相關。國際關係因此而引人關切。

雖說國際關係如此重要，但是在學術界中對於如何看待國際關係卻始終沒有定論。眾所皆知，近代以來針對這個題目曾經有過三次大的辯論：現實主義對抗理想主義，行為科學派對抗傳統學派以及新現實主義學派對抗全球主義學派。（蔡政文，1989：39-108）不難注意到，在這三次辯論當中，現實主義或者新現實主義都是辯論的主角之一，這個現象說明了泛現實主義的重要性。大體說來，泛現實主義內部存在著三個分支：古典現實主義、新現實主義以及新古典現實主義。為了避免與他文重複，本文將專注於對古典現實主義的討論。

古典現實主義成為一個學派是第二次大戰以後的事情，而它之所以成為一個學派最主要的原因就是對於理想主義的不滿與批評。（蔡政文，1989：342-45）經過數十年的發展，它已儼然成為國際關係領域的主流。今日國際關係學界的發展十分蓬勃，各種門派各種學說廣為盛行，然而如果要將眾多學者做個分類的話，恐怕被歸類為現實主義的學者人數最多，他們仍是主流。其中，若以古典現實主義學派而論，二次大戰以來比較具有代表性人物包括：尼布爾（Reinhold Niebuhr）、卡爾（Edward H. Carr）、史派克曼（Nicholas Spykman）、布爾（Hedley Bull）、魏特（Martin Wight）、摩根索（Hans Morgenthau）、肯楠（George F. Kennan）、沃爾弗斯（Arnold Wolfers）、亞

洪（Raymond Aron，或譯亞隆）以及季辛吉（Henry Kissinger）等人。[1]（蔡政文，1989：42-55；高德源，2002：38-41；倪世雄，2003：63-106；Dougherty and Pfaltzgraff, 1981: 94-124）

　　第二次大戰以來現實主義學派的興起主要是源於與理想主義作思想上的爭辯，他們在領域開拓上投注了極大的心力，面向十分廣闊。當然他們彼此間的分歧也相當巨大，這導致使用一般的架構對他們進行分類不但會有困難，恐怕也會失焦。而且由於古典現實主義是任何人研讀國際關係時最基本的入門知識，單純的介紹已經不具意義。所以本文的寫作方式必須另闢蹊徑，我們選擇了幾個特別重要的核心概念，包括：人性、自然狀態、主權、國家、國家利益和權力平衡等，於其中再針對相關學者的重要學說加以介紹從而開展必要的討論。

第二節　人性與國際關係

　　前面指出，現實主義的出現是起源於對理想主義的不滿。它們爭論的根本焦點之一就是人性與國際政治的關係。

　　有些理想主義者認為人性本善，他們強調我們只要發揮這種善良本性，則國際政治上的各種衝突、對抗以至戰爭都可以避免。另一些理想主義者認為，人性當中同時具有善惡兩端，而決定人類行為的善或惡其實在於環境。有些人更進一步認為，即使人性如此，但是我們只要在後天給予適當的教育，則人性可以得到改造，人世社會中的負面現象亦可減少甚至消除。（Couloumbis and Wolfe, 1990: 8-10）

　　但是在現實主義學者當中，多數人不是認為人的本性是善惡並存就是根本認為人的本性是惡的。（Genest, 2003: 46-48）於此，他們和性惡論的理想主義之間的差別僅僅在於：他們不認為人性可以改造或教育，他們只同意如果透過某些特定的安排，則人性為惡的可能性可以減少或受到控制，而人性為善的可能性可以增加。

　　關於人性的問題，攻讀神學出身的現實主義大師尼布爾認為人對於權力的

---

[1] 以上部分名單參考：高德源，2002：38-41。當然更早期的代表人物還包括 Thucydides、Machiavelli 與 Hobbes 等。

追求其實是來自他的原罪：

> Man is tainted by original sin and is therefore capable of evil....Man's effort to usurp God's position inevitably subordinates other life to its will and thus does injustice to other life. Moreover, humans have a will-to-live which leads to a will-to-power. (Dougherty and Pfaltzgraff, 1981: 94)

大陸學者倪世雄針對尼布爾的人的原罪觀點則有如下觀察：

> 他（尼布爾）把人的罪惡分為驕傲和縱慾兩種形式。他指出驕傲之罪是萬惡之源⋯⋯人的驕傲可以有幾種，包括權力的驕傲、知識的驕傲和自我德行的驕傲。對權力的驕傲使人試圖去獲得自我滿足，同時保證自己的安全。由於人的不安全感既可以來自於自然也可以來自於社會，因此，權力慾便表現為人們對自然和他人的控制的企圖⋯⋯（倪世雄，2003：77）

美國學者 Kenneth Thompson 更進一步指出：

> To overcome social anxiety, man seeks power and control his fellows, endeavoring to subdue them lest they come to dominate him. The struggle for power is merely an example of rivalry at every level of human life. (Thompson, 1980: 29)

其他在二戰前後成名的現實主義大師如英國的卡爾（Edward H. Carr）及移民美國的摩根索（Hans Morgenthau）亦皆深受尼布爾性惡論的影響，從而建立了他們的國際關係理論。在其後的現實主義以及其他派別的國際關係學者當中，關於人性與國際政治關係的討論漸漸地不再是一個重要的話題，這可能是因為最後大家其實都接受了這個看法：人性是善惡並存的。性善論的觀點在國際關係領域當中由此式微。

其實，光從常識上我們就可以知道，人性當然是有善有惡的。然而現實主義學者高舉性惡論的作法在分析國際政治及推演國關領域的知識上是有其價值的。這種作法與個體經濟學當中假設人性是貪婪且自私自利的有異曲同工之妙。因為人性當中當然有其慷慨與利他的一面，但是從慷慨與利他的前提出發去探索人的經濟行為，其所獲得的知識必然少於當我們假設人性是貪婪而自私自利時所獲得的知識。換句話說，我們在推演知識時所使用的假設不在於其對

錯而在於其是否有用或者說有多大的用處。現實主義中對於人性本惡的觀點當
然亦可做如是觀。

第三節　自然狀態

　　在中國和西方的思想史當中不乏對於人類社會的自然狀態（state of
nature）的想像，但是中國的思想家們對於這個問題的興趣似乎有限，他們充
其量只是將這些想像做個描述而已，沒有多少人會再將其大加發揮成為其他推
論的前提。西方的思想家們就不一樣了。他們不但詳細地討論人類社會的自然
狀態，設想其各方面的特徵以及運作方式，而且他們往往把這個自然狀態當作
是其他推論的重要出發點。

■ 關鍵詞

・自然狀態：政府未出現前人類社會的狀態。

　　大體說來，西方思想家對於自然狀態的見解可以分成三大派別[2]：第一派
的代表人物為 16 世紀到 17 世紀的英國思想家霍布斯。他認為，在自然狀態下
人是自私自利的。他們為了生存、自保、滿足私慾而相互仇視、爭鬥，每個人
對待別人就像狼一樣，所以在自然狀態中的人類社會總是處於一種「一切人
反對一切人的戰爭狀態。」（Thomas Hobbes, 1975: 183-188；莊皓雲，2010：
47-51）

　　半個世紀後，出現了另一位英國思想家洛克，他對於自然狀態的看法與霍
布斯大異其趣。他主張：「人類是由全能的、無比智慧的造物主所創造的……
人類的理性——即自然法——正是上帝意志的體現……人是同種同類的創造
物，不加區分地生來就具有同樣的自然優勢和同樣的官能，也應彼此平等，而
不應相互間有隸屬或從屬關係。在這種自然狀態中，人人都是自由的，人人都
可以用自己認為合適的方法決定自己的行動。在這樣的一種自然狀態下，人人
都是平等的，任何人都不享有多於他人的權力……」所以洛克心目中的自然

2　學界關於「自然狀態」的分派方式存在著不同的見解，例如 Hedley Bull 就將其分為
　　Hobbes、Kant 以及 Grotius 等三派。（Art and Jervis, 1985: 29）

狀態是一種人人平等而且秩序井然的田園狀態，每個人所享有的權利就是他的「自然權利」（natural rights）。（Locke, 1689）

　　第三派的代表人物是 18 世紀的法國思想家盧梭。與霍布斯的「人人為敵」和洛克的「井然有序」觀點相比，盧梭所設想的自然狀態充滿了濃厚的浪漫主義色彩。他認為，自然狀態中的野蠻人是孤獨的，他們在森林中離群索居，沒有貪婪、嫉妒、野心及競爭等我們今日文明社會中司空見慣的慾望和觀念；他們沒有語言、沒有社會聯繫、沒有農業，沒有工業，當然更沒有戰爭。後來我們眼中的的文明進步，在他看來反而是人性墮落後的產物。後來，盧梭這種對於自然狀態的觀點被稱為「人類的黃金時代」，而他眼中的自然人則被稱為「高貴的野蠻人」。

　　這三派對於人類社會自然狀態的看法對於後世的國際關係思想家有著不同程度的影響，其中對於本文所要討論的現實主義學派影響最大的乃是霍布斯的觀點。

　　古典現實主義學者接受了霍布斯的「人人為敵」的觀點加以擴充到國際社會上形成了一種「國與國為敵」的狀態。因為他們在所有國家之上看不到一個「壟斷合法暴力的行為者」（蔡政文，1977：5），所以每一個國家就必須為自己的生存而奮鬥，我們將這種「國與國為敵」的自然狀態稱之為「無政府狀態」（anarchy）。（Art and Jervis, 1985: 8-41）

　　建基於這個「無政府狀態」的前提之上，現實主義學者推演出他們大部分的理論。但是也正是因為這個「無政府狀態」的前提及其相關的衍生，古典現實主義學派受到了猛烈的批評。理想主義學派認為，古典現實主義學派的這種觀點誤讀了國際關係的本質，在國際關係中其實是合作大於競爭。建構論者認為，國家間的善意與敵意都是透過人的主觀認知所建構出來的，而古典現實主義學者所建構出來的國際圖像是有所偏失的。新自由制度主義者認為，就是因為合作大於競爭，所以在國際上經貿、文教、體育以及金融等交流與合作才有可能，而國際社會也因此而更加和平。

　　回顧過去這幾十年的論爭，我們可以公允地說，古典現實主義學者的看法或許失之偏頗。當然他們對於國際社會上的合作的現象並不是完全視而不見，例如摩根索在他的著作中就用了超過一半的篇幅討論諸如道德、國際輿論、裁軍、國際法、國際組織甚至世界政府等問題，（Morgenthau, 1985: 241-560）如果國際間完全沒有合作的話則這些問題都不可能開始進行，更遑論實現了。但是受限於他們的歷史與現實經驗，古典現實主義學派的確將更多的比重置於

國家間的衝突與對抗之上。從另一個角度來看，他們所描述的可以視為是國際
社會處於衝突最嚴重的狀態之下的理想型（ideal type）。當然我們這麼說就意
味著這種觀點難免失之偏頗。就拿古典現實主義學者最關切的美蘇對抗來說，
我們看見即使在冷戰達到最高峰的時候美國和蘇聯還簽訂了「限武談判協定」
（SALT I），而這就是尖銳對抗的雙方透過合作以促進各自的和共同利益的最
佳案例。

　　最後，我們還要針對「無政府狀態」（anarchy）這個概念做些討論。有
些人認為，國際社會從來不是像現實主義者所宣稱的「無政府狀態」，在國際
社會當中，由於存在著各種各樣的國際典則（international regimes），所以它
的本質是有秩序的，而不是混亂不堪的。（Krasner, 1983）

　　這種批評其實是出於對現實主義者所說的「無政府狀態」的某種誤解。
他們將現實主義者所說的「無政府狀態」等同於「無秩序狀態」。其實當現實
主義者在使用這個概念時他們並不是說國際社會時時刻刻都處於「無秩序狀
態」。他們其實是說：在國際社會當中由於不存在一個「壟斷合法暴力的行為
者」，是故在這個社會當中既不存在具有最高最後權威的法律體系，也不存在
執行這套法律的最高最後的執法者。所以當不正義發生時，可能不一定會有人
起而主持正義；即使有人出面，它的動機也可能是因為此舉除了有利他的成分
外更有利己的考量。這種現象和國內政治的情況相比有著本質上的不同，因為
當國內的各級公權力機關起而干預社會不正義的時候，促使它們行動的動力主
要來自於履行法律賦於它們的職責而不是來自於利己的考量。此外，在現實主
義者看來，正是因為我們此處所分析的原因，所以新自由主義者所說的由各種
國際典則所組成的國際秩序是有其局限的；而這種國際秩序的侷限性又恰恰好
為現實主義者所說的「無政府狀態」做了有力的補充。

第四節　主　權

　　主權在國際關係學中並不是一個新的觀念。早在 16 世紀時，法國的思想
家布丹在其發表的《國家六論》（或譯《共和國六書》）中，就對國家主權的
觀念做了系統地論述。他認為：主權是國家的主要標誌，是對其轄下公民及臣
民的不受法律約束的最高權力。國王被賦予制定、解釋以及執行法律的權力，
不受所有人世間權威的限制。他只臣服於上帝的律法以及臣服於譬如遵守約定

以及對私有財產的尊重等基本律法。主權對內至高無上，對外與他國的主權間相互獨立而平等。（Couloumbis and Wolfe, 1990: 68）

■ 關鍵詞

· **主權**：一個國家的最高權力，它對內至高無上，對外與他國的主權間相互獨立而平等

　　布丹的主權觀念被其後的霍布斯大加發揮，也被大多數古典現實主義學者們承接，這些發展基本奠定了我們今日習見的主權觀念。例如法國的現實主義大師亞洪對於國家主權就抱持了如下的觀念：

> Sovereignty can be considered as the basis both of inter-state order or of intra-state order. A state is sovereign in the sense that on its territory, with the reservation of customary rules obligatory for all "civilized states" and of the commitments made by convention or treaty, the legal system it dictates or with which it is identified is the final word.....
>
> Sovereignty belongs to the authority that is both legitimate and supreme. Thus the search for sovereignty is, at the same time or alternately, the search for the conditions in which an authority is legitimate and of the place, men and institutions in which it resides. (Aron, 1970: 738-739)

美國學者摩根索對於主權的觀念發揮得更加透徹：

> 主權……（是指）在一定的領土內，出現了一個集中的權力，它在該領土內行使立法權和法律執行的權力。這一權力那時主要——但並非必然——寄託在一個專制君主身上，它高於那塊領土內的一切其他力量。百年之內，它成了不容挑戰的權力，故不容其境內任何其他力量的挑戰，也不容其領土外的任何力量的挑戰。換言之，它成了至高無上的權力……
>
> 每一個個別國家是最高的立法權威。除去個別國家經由其同意為它自己創立的法律外，沒有任何國際法規則對它具有拘束力。個別國家之上並沒有立法的權威，因為沒有任何其他的國家或國家的團體能夠為它立法……

對於司法和執行法律的功能言……個別國家仍然是它自己的最高權威，唯一有權決定是否要把一項國際糾紛提交司法解決，並且在什麼條件下提交（者）。任何其他國家未經其同意均無法把一個國家召喚至一個國際法庭之前……

國家是否採取以及如何採取一項法律執行行動，最後的決定權，操諸個別的國家。另一方面，作為一項法律執行行動的對象，國家的主權表現為所謂國家的「不能透入性」。這也就是說，在一塊特定的領土內，只有一個國家擁有主權——最高的權力——任何其他國家若未得其允許，均無權在它的領土上執行政府的行為。（摩根索，1976：440-443）

但是，被現實主義者所強調的國家主權的觀念引發了後來一些學者的強烈批評與挑戰。綜合而言，對於現實主義學派主權觀的質疑主要表現在以下三個方面[3]：國際間政府組織（IGO）——如聯合國及其附屬組織——對於傳統國家主權的挑戰，國際間非政府組織（NGO）——如紅十字會——的挑戰，和規模巨大的跨國公司或企業（MNC）的挑戰。

我們首先討論國際間政府組織。國際間最大的政府組織不外乎聯合國及其附屬組織。即以國際上最尖銳的武裝衝突為例，在這半個多世紀以來，聯合國所處理的案子有成功的也有不成功的。進一步分析顯示，成功的案例通常來自兩個原因：大國的支持，如出錢、出力甚至出兵；另一個原因就是當事國之一方無力量或意願對抗，聯合國的處理因而成功。例如聯合國處理印尼侵略東帝汶的案例。而處理不成功也不外乎幾個原因：最主要通常是因為大國的支持不力，或者因為這個事件牽涉到大國本身的利益，例如美國當年介入越戰或是蘇聯介入阿富汗戰爭；或者當大國認為事不關己而不願介入，例如盧安達的種族內戰；或者由於當事國一方強力反抗而大國有所顧忌導致處理不成，例如目前北韓的核武問題以及伊朗的核能問題等。以上分析清楚的點出了聯合國處理國際問題時成敗的關鍵：它不擁有一般國家所擁有的主權，因而也缺少必要的執法機關、軍隊、經費以致最高最後的權威。

其次是國際間非政府組織的案例。如果在國際政治上具備了一定權威的聯合國及其相關組織，在國際關係操作上都還有這麼大的限制，那麼放眼目前國

---

[3]　關於這個問題，Joseph Grieco 的文章作了很好的綜合，參見 Charles Kegley, Jr. 2004.

際現存的非政府組織，我們實在看不到有任何組織其力量會比聯合國及其相關組織更大。也就是說，它們在國際政治上的影響力遠不及聯合國，在任何案件中它們對於國家主權所形成的挑戰也不會比聯合國的更大，而它們對於國家主權的反抗就只可能是更加無力了。

　　第三個挑戰來自於巨大的跨國公司或企業。不可否認地，第二次大戰以來由於國際間經濟和貿易的發達，許多跨國公司日益壯大，他們的財政規模甚至超過了許多中小型國家[4]。因此，有許多新自由主義學派的理論家就宣稱，由於跨國公司的實力雄厚，傳統的國家主權已經日漸衰弱，甚至可能無法有效的管制這些跨國公司。有的人甚至進而宣稱，國家主權的時代已經過去，取而代之的就是這些巨大的跨國公司。（Gilpin, 1987）

　　誠然，在許多案例中跨國公司無論在財力或影響力上都十分巨大，但是我們仍然必須看見，再強大的跨國公司也還在絞盡腦汁規避其母國以及投資國的各種法令規章和稅務的規定。它們當然可以設法影響這些政策與規定，但是當國家主權態度強硬不願讓步時，這些跨國公司也只好在遵守法律或者另謀發展當中作一抉擇了。這種現象不就說明了國家主權的力量在許多方面仍然大於跨國公司嗎？

　　以上分析的目的既不在於重申中世紀以來的國家主權神聖的觀念，也不在捍衛主權觀念的完美，我們只是想指出，和其他的權威相比，國家主權依然是最強大的。當然我們也看見，和中世紀的理想相比，今天的國家主權的地位與崇高性已經因為上述的各種挑戰而受到了極大的限制，而且以目前趨勢看來，國家主權的地位在將來恐怕還會繼續下滑。然而最後我們還想提醒，即便就如最樂觀的理想主義者的設想，國際社會上真的出現了一統天下的世界政府，這個世界政府應該仍然會擁有主權，而且它的主權應該會比目前世界上最強有力的國家主權還要強大。這個設想清楚地點出了一個事實：在可預見的未來，國家主權在國際關係上仍然會扮演一定的角色。

第五節　國　家

　　以上有關於主權的討論——特別是關於國家主權相對於國際關係其他行為

---

[4]　關於此點另請參閱本書曹俊漢教授一文。

者的部分——基本上也適用於國家。也就是說由於主權是國家所獨有的，作為國際關係上的行為者，國家的角色因此而超越了國際組織、國際非政府組織以及跨國公司。（Russett and Starr, 1981: 47-59）

　　然而，關於國家還有兩個假設需要進一步討論：國家是一元化的及國家是理性的行為者。凡是對於政治學和國際關係有一定研究的人都會明白，這兩點其實都是非常強的假設。也就是說，這兩者在現實政治生活上很不容易成立。以研究決策模式著名的美國學者艾利森就用決策的三個模式說明了這個觀察。（Allison, 1971）

　　我們先討論關於一元化的問題。只要對任何國家的政治做個基本的觀察，我們就可以明白，國家絕對不是一元化的。在民主國家的政治領域當中，除了常見的行政、立法與司法三權外，我們可以看到黨派、派系、利益團體和新聞媒體等政治力量。在非民主國家的政治領域當中，即便它是個一黨專政的政體，在它的政治領域中仍然可能有派系、家族、地方勢力、軍隊乃至其他的政治力量。現在問題是，如果政治的真實面貌是如此的話，那麼我們為什麼要說國家是一元化的呢？其實道理很簡單，這是在研究過程中必要的簡化。在生活以及研究當中，如果沒有特別的需要，通常我們會用簡化的方式來處理資訊。例如當我們談到兩個車站之間的距離時，除非真的需要十分精確的數字，否則我們通常會說大約六百公尺或六百二十公尺等等，而不會動不動就說六百一十三公尺五公寸又七公分。研究國際關係時亦然。例如一般我們會說在二次大戰時日本侵略中國，除非有特別需要，否則我們不會很詳細地區分日本海軍或日本陸軍，或日本文人內閣或是日本軍部等。

　　總之，當有學者批評古典現實主義者將國家視為一元化的行為者，他們的批評基本上是正確的，因為國家本來就不是一元化的行為者。但是，我們既可以用簡化的方式來處理國家，也可以用細部分析的方式來處理國家，其間的分別完全取決於研究的需要。

　　其次是關於理性的問題。對於理性學術界一般的定義是：決策者知道自己的偏好，他能夠將這些偏好加以排序，而且這些偏好的排序是可以遞移的。同樣的，對於國家來說這也是一個很強的假設。國家不可能是完全理性的，這可以從很多方面加以論證。第一，就像我們剛剛所說的，如果國家不是一元化的話，則我們很容易想像在國家內部不同的單位、不同的部門、不同的黨派都可能有不同的偏好，而這些偏好很可能是無法統一甚至是相互衝突的，如此即與理性的前提衝突了。其次，理性決策要求完整的資訊，但是在現實生活中這

是極端困難。而且資訊的取得需要成本與時間，一旦成本或時間出現變動，就必然會衝擊到資訊的獲取以及我們所獲得的資訊。這也就是說完全的理性決策有其實際的困難。第三，理性決策要求決策者明白自己的偏好，這同樣是個很強的假設，因為決策者未必時時都很清楚自己的偏好。例如在面對納粹德國屠殺猶太人時，周邊的國家就必須在人道干涉與保衛國家安全兩個問題上做出排序，而這時的排序必然會和面對一個不涉及國家安全時的議題有所不同。最後，當人們在對偏好加以排序時，他們常常會受到價值觀或是意識形態的左右，也就是說人在做選擇時往往是主觀的，而純粹的客觀理性是不存在的。這也就是為什麼後來社會科學家發展出「有限理性」（bounded rationality）這個概念的原因了。

既然在多數時候國家都不可能是完全理性的，那麼我們為什麼還說國家是理性的呢？此處的答案和我們前面討論人性的善惡是一樣的。也就是說，當假設國家是理性時，我們由此所推演出來的知識多於當我們假設國家是不理性時，所以我們就用了這個較強的假設。

第六節　國家利益

第二次大戰結束後，現實主義學者起而挑戰理想主義學派，它們爭論的焦點之一就是：究竟國家利益這個概念是否能夠成立？或更進一步追問：在國際社會中，不同的國家是否擁有共同利益？抑或它們會有不同的國家利益？

現實主義學派當中最早發難的就是英國學者卡爾（Edward H. Carr），他對於理想主義學派所提倡的「國家利益和諧論」，亦即不同的國家會擁有共同利益，提出了尖銳的批判。他的看法是：

> 國家利益和諧論之所以會出現是因為，佔有優勢的勢力，由於在社會或社會團體中已經處於支配的地位，要把自己的利益說成是群體的利益。因此，國家利益和諧論是服務於占有優勢的集團的道德觀念，其目的是為了保護這些人的地位和已經有的利益。國家利益和諧論給人以錯誤的觀念，似乎對這些利益獲得者的批判就是對整個集團的批判，對這些人的利益分歧，就是對所有團體的分歧。（倪世雄，2003：76）

法國學者亞洪呼應了他的觀點，但是亞洪進一步提出了他對於國家利益這個觀念的保留：

> Collectivities are composed of individuals and groups, each of which seeks its own objectives, seeks to maximize its resources, its share of the national income or its position within the social hierarchy. The interests of these individuals or of these groups, as they express themselves in actual behavior, are not spontaneously in accord with each other, and added together they do not constitute a general interest....
>
> A fortiori, the national interest is not reducible to private interests or private-collective interests. In a limited sense this concept is useful, it rouses the citizens to an awareness of the political unit of which they are temporary members, which has preceded them and will survive them. It reminds present-day leaders that security and greatness of the state must be the objectives of "diplomatic man", whatever their ideology. (Aron, 1970: 92)

相對於亞洪的保留，摩根索對於國家利益的看法就明確得多：

> 幫助政治現實主義了解國際政治現象的主要路標，就是（國家）利益的觀念，利益的定義，以權力為基礎……
>
> 我們認定政治家的思想和行動，一以利益為準，而利益則以權力為準，歷史的事實，證明了這一假定的正確。這一假定是我們可以追溯並預計一個政治家——過去的、現在的或將來的——在政治舞台上已採取了或將採取一些什麼步驟……從利益——利益的定義就是權力——的觀點去思想，我們的思想就正和政治家的思想一樣，作為利害不涉及自身的旁觀者，我們對於政治家思想和行動的了解，或許甚至優於政治舞台上充當演員的政治家對於他們自己思想和行動的了解。（摩根索，1976：6-7）

簡單的說，摩根索認為所謂的國家利益就是國家對於政治權力的追求。摩根索的概念雖然簡潔，但是也招來了很大的批評。後起的國際關係學者庫倫比斯和沃爾夫（Theodore Couloumbis and James Wolfe）企圖為摩根索辯護。他們指出，學界對於國家利益這個概念的使用可以分為兩派：柏拉圖派於與亞里斯多

德派。簡單地說，柏拉圖派認為一位哲君或是一小批菁英憑藉著他們的經驗與智慧就可以為國家的發展方向作出最好的選擇。而亞里斯多德派不同意這種看法。他們認為：由於國家內部有多種不同的政治或社會團體，他們對於國家利益的看法各不相同，所以要達到國家利益的最好辦法就是透過民主以及協商的機制進行決策。庫倫比斯和沃爾夫指出，歷史經驗顯示，亞里斯多德派的看法似乎佔優勢。接著，在肯定了意識形態對於國家定義其利益時所可能具有的重要影響下，他們列出了十組多數國家用來界定其國家利益時所可能使用的標準：

1. Operational-Philosophy Criteria,

2. Ideological Criteria,

3. Moral and Legal Criteria,

4. Pragmatic Criteria,

5. Professional-Advancement Criteria,

6. Partisan Criteria,

7. Bureaucratic-Interest Criteria,

8. Ethnic/Racial Criteria,

9. Class-Status Criteria,

10. Foreign-Dependency Criteria (Couloumbis and Wolfe, 1990: 107-112)

此外，學者牛克特林（Donald Nuechterlein）依照重要性將國家利益區分為四類：最高等級是生存利益（survival interest），當國家生存面臨敵人立即而明顯的軍事威脅，任何相關決策皆屬之。其次是緊要利益（vital interest），指的是任何關係到國家重大安全、政治經濟與人民福祉之事件。再其次是主要利益（major interest），即會影響國家的經濟利益、政治穩定與人民福祉者。最後則是周邊利益（peripheral interest），無關國家福祉者均屬之。（李登科、林文程、林正義、劉德海與鄧中堅，1996：73）

至此，國際關係學者們對於國家利益的研究似乎達到了一個瓶頸。筆者不敏，在此嘗試將國家利益的概念作如下的分類並設法排序：

甲組：（1）生存安全；（2）獨立自主；

乙組：政治經濟利益；

丙組：意識形態或價值觀利益

在甲組的選項當中，我們認為國家的生存安全與獨立自主有著本質上的不同，

而且從歷史案例中我們看到許多國家在面對這兩個選項的時候的確會作出不同的排序選擇，所以我們將它們分為兩個概念。譬如說：第二次大戰的時候，面對蘇聯侵略的芬蘭喪失了它的獨立自主，但是它還能維持最基本的生存與安全；然而波羅的海三小國以及面對納粹的捷克就連國家的生存都喪失了。關於乙組中的政治經濟利益，我們指的是一個國家在國際或區域事務上擁有國際地位、尊嚴、發言權、主導權、否決權，或者是取得領土、商業利益、石油以及原材料等。關於丙組中的選項，我們指的是一個國家在意識形態或價值觀利益上特殊的堅持，比如說自由平等博愛、民主人權、一黨專政或特定的宗教信仰等等。

　　他們之間的優先順序我們大概可以做如下的排列：

（1）甲組優先於乙組；亦即：國家對生存安全與獨立自主的排序會超過政治經濟利益；

（2）甲組優先於丙組；亦即：國家對生存安全與獨立自主的排序會超過意識形態或價值觀利益；

（3）至於乙組和丙組間的優先順序，則會依照不同國家、不同決策者、不同時機而會有不同的排列方式，難以一概而論；

（4）在甲組內部，則是甲（1）生存安全優先於甲（2）獨立自主。

我們必須指出，即使我們將國家利益的概念作了上述的分類及排序，目前的成果仍有不足，它並未將所有的問題全部解決。但是關於這個問題，我們仍然作出了一定程度的推進。而且在未來的案例中，畢竟每一次決策最後都會是當事決策者的主觀排序。

第七節　權力平衡（權力均衡、權力均勢、BOP）

　　如果我們要求一群國際關係學者指認國際關係領域中最古老、影響力最大的理論，權力平衡理論應該會是首選。當然，隨著國際關係這個領域的發展，權力平衡理論已經經過多次的修正與發展，今天學者們可能更願意討論「平衡威脅」（Balance of Threat）理論[5]而不太願意再繼續談權力平衡理論。但是權

5　參考 Stephen M. Walt, "Alliance Formation and the Balance of World Power," *International Security*, 1985, (Vol.9, No. 4)

力平衡理論——尤其是凱普蘭版——流傳十分廣泛，其影響力至今未衰，而且其中包含了一些較大的不足，尚未被一般人所認識，所以我們認為還有加以討論的必要。

凱普蘭（Morton Kaplan）是芝加哥大學的政治學教授，著述十分豐富，其中最有名的應該就是他的權力平衡理論。凱普蘭的理論要點如下：

1. All states act to increase capabilities but negotiate rather than fight.
2. All states fight rather than pass up an opportunity to increase their capabilities.
3. All states stop fighting rather than eliminate an essential state.
4. All states act to oppose any coalition or single state which tends to assume a position of predominance within the system.
5. All states act to constrain states who subscribe to supranational organizing principles.
6. All states permit defeated or constrained essential national states to re-enter the system as acceptable role partners or to pact to bring some previously inessential state within the essential state classification. Treat all essential states as acceptable role partners. (Kaplan, 1957, 1969)

在他的理論體系當中，我們首先需要談論第三點：如果面臨消滅主要大國時，所有的國家會停止戰爭。由於凱普蘭的靈感來自於拿破崙時代的歐洲體系，所以這點指的就是當拿破崙戰敗後歐洲各國為了保持體系的權力平衡，他們並沒有進而消滅法國的這段歷史。我們想要指出的是，這是歷史上的真實經過，但是理論的建立雖然可以參考歷史卻也不能完全受到歷史事實的束縛。也就是說，在邏輯上我們完全可以想像，在有些狀況下其他國家必須消滅這個戰敗的大國才能保持體系的權力平衡，這時其他大國就會去消滅這個戰敗的大國而不是去保全它，甚至接納它重返國際體系。例如在第一次世界大戰的時候，奧匈帝國和鄂圖曼帝國就被消滅了，其中奧匈帝國就是我們所說的多元國際體系的一個重要的行為者。

凱普蘭理論的第四點和第六點的重點是國家之間藉著組成同盟和變換盟友來維持整個體系的安定。我們注意到，在一個各國意識形態基本相同的體系中，組成同盟和變換盟友相對容易，然而一旦將意識形態的因素納入考量，問題就會複雜化。也就是說，如果國際體系當中存在著不同的甚至相互對抗的意識形態時，各國在選擇盟友、組成同盟時，意識形態的因素往往是最優先的考

量——這種現象在國內政治左右政黨之間的合縱連橫中也經常出現。當然，這並不是說跨越意識形態的同盟絕對不會出現，但是在歷史上這種現象畢竟是很少的，在外交史中我們通常舉的例子就是：1941 年以美國為首的西方各國和蘇聯共產政權為了對抗納粹德國而組成的同盟。這種同盟關係通常時間短暫，而且往往只有在國家面臨了生死存亡關頭時才有可能出現。從另外一個角度來看，這個現象說明了：在國際關係當中意識形態是真實的而且是有意義的，忽略了這個因素就會導致重大的誤判。凱普蘭的權力平衡理論對於這個因素就沒有給予必要的重視。

最後，我們要討論的就是凱普蘭理論的一個隱藏性前提：他的理論假設，一個權力平衡體系如果要成立並且順利運作，至少需要五個或更多的主要行為者。為什麼必須是五個或五個以上呢？我們認為，這是因為他一方面受到了拿破崙時代歐洲國際政治經驗的束縛，一方面他應該是認為如果這個體系要依靠變換同盟來維持穩定的話，那麼在「五等於三加二，或變成為二加三」的情況下，變換同盟比較容易想像，從而滿足了他理論上的可能性。

這個「五」的迷思在學術界維持了很長的時間，直到華爾茲教授的理論出現後才被打破。華爾茲觀察到有時雖然沒有五個以上的主要行為者，國際體系仍然可以達到權力平衡。華爾茲心目中的模型是二次大戰後陷入冷戰對峙的美國與蘇聯兩大強國。（Waltz, 1979: 194-210; 2008: 99-122）如果國際體系當中只有兩個強國，顯然組成同盟和變換盟友就不可能了。那麼這兩個大國用什麼方式達成權力平衡呢？華爾茲的答案是：靠著他們各自的內部努力，譬如說發展經濟，科技突破或設計出色的戰略等等。換句話說，在國際體系當中達成權力平衡可以有外部的與內部的兩種方式。

在討論了凱普蘭與華爾茲的理論後，我們還要對國際上權力平衡的現象作進一步的探討。第一，凱普蘭的理論隱含了另一個重要的前提：權力平衡是各國的政策目標。然而，這個前提在國際外交史中並非經常成立。我們注意到，在國際社會中，如果可能的話，國家追求的政策目標通常是優勢（preponderance）而非權力平衡。那麼，既然人人都在追求優勢，那麼國際上又怎麼會出現權力平衡呢？其實答案很簡單：雖然人人都在追求優勢，但是當它們力量相當、沒有任何一個國家力量足以達到優勢而出現了國與國之間「犄角相牴」的局面時，權力平衡就出現了。也就是說，權力平衡未必是各國心目中的「政策目標」，但是卻在他們不情願的情況下成為國際政治的「結果」，或者說現狀。

第二，如果多數時間國家都在追求優勢而非權力平衡，那麼什麼時候權力平衡才會變成一個或多個國家的政策目標呢？證諸歷史，我們發現當這些國家自認無力追求優勢的時候，權力平衡就會變成他們的目標，而且當這種情況出現的時候就是最吻合凱普蘭理論原來的假設的時候。此外，可能由於凱普蘭過度強調了他的權力平衡體系，導致一些學者誤以為權力平衡可以長期維持，亦即權力平衡不容易破壞。這個看法其實也是不正確的。歷史上每一次的重大國際戰爭其實就說明了權力平衡是會被破壞的。

那麼，誰會去破壞國際上的權力平衡？依照密西根大學奧干斯基教授的大國爭霸理論，只有兩種可能：當第二強國企圖挑戰現存國際秩序而對第一強國發動戰爭時或是當第一強國懍於第二強國的快速發展而展開先發制人的攻擊時。（Organski and Kugler, 1980）

在深入討論了關於權力平衡理論的各個面向後，我們可以試圖整合凱普蘭與華爾茲的觀點，並將權力平衡理論重寫如下：

1. 國際體系處於無政府狀態；於其中，各國使用各種和戰手段以促進其國家利益；
2. 當國際體系中有一個國家或國家集團對他國形成重大威脅時，其他國家起而對抗的機會大於屈從；亦即：在一個三國體系中，若甲國的威脅最大，則乙丙同盟以對抗甲的機會大於甲乙同盟或甲丙同盟；這說明了當年冷戰時期雖然蘇聯的整體國力不及美國，我們卻看見美國與中共關係正常化以制衡蘇聯的過程；
3. 當體系中只有兩個主要的行為者時，國家依靠內部的努力增強國力，以平衡「外來」威脅；
4. 當體系中存在著三個以上主要的行為者時，則國家還可以藉由組織同盟或者變換同盟的方式以平衡這種威脅；（亦即：這將凱普蘭理論中重新准入以及強行提拔的二種可能性包含在內。又，對抗強國或強國集團的「眾弱同盟」仍有破裂的可能性；一旦破裂，若不盡快重組則眾弱國將會面臨被強國各個擊破的命運。）
5. 意識形態的相同性是國家選擇盟友的首要考量；除非國家面臨生死存亡的威脅，否則跨越意識形態的同盟不易組成。

權力平衡理論經過修正後，它對於國際關係有如下的意涵：
1. 在國際體系中，權力均衡比較常見；

2.大規模戰爭或是單一霸權的出現比較少見；單一霸權即便出現，但是除非它
　對其他國家形成重大威脅，否則其他國家不會組成同盟以對抗之；這說明了
　後冷戰時期至今為何不見多國聯盟以制衡美國這個獨強的原因[6]；
3.小規模戰爭不時會出現，它們有助於維持國際體系的均勢。

這個改寫過的權力均衡模式比起凱普蘭的原版有更大的適用空間與彈性，其蘊
含的潛力尚有待進一步的發揮。不過限於篇幅，此處就只能做個簡介了。

第八節　結　語

　　在本文起首處我們曾經指出，在國際關係學界的三次辯論中現實主義都是
主角，受到了來自各個方面的猛烈批評與攻擊。雖然如此，現實主義對於國際
關係這個領域仍然有其不可磨滅的貢獻。第一，古典現實主義是國際關係領域
的開創者。它發展了截至目前為止本領域所仍然使用的一些核心概念，例如：
人性、自然狀態、主權、國家、權力、國家利益和權力平衡等，當然這些概念
也蒙受了相當的批評與修正。第二，透過與理想主義之間的爭辯，古典現實主
義推進了人類對於國際關係的知識；它使得我們的知識更加系統化、更貼進國
際社會。第三，相對於理想主義而言，現實主義不但增進了我們對於外交政策
的理解，而且在指導各國外交政策時，它的幫助遠遠大於理想主義。

　　當然，在國際關係這個領域超過半個世紀的發展當中，我們可以看到古典
現實主義有其缺陷。首先，後來的行為科學派批評古典現實主義精確度不足。
憑心而論，這個批評是有道理的。因為古典派的開創人物的訓練背景除了尼布
爾是研究神學出身之外，其他多數人不是研究哲學、法律就是研究政治的。
他們的訓練比較傳統，對於精確度要求不高，歷史、政治人物傳記或是個案往
往是他們研究的主要題材，所以他們所得到的知識很多來自於個人的觀察與洞
見。古典派這方面的缺陷在經過與行為科學派多年的論戰後才有所彌補，前述
的華爾茲教授在 1970 年代末期發表了他的《國際政治理論》一書中對這個現
象作了說明。在他的書中，他明確指出，國際關係理論也可以像自然科學一般
地命題化，也就是說我們分析國際關係可以抽離、辨認並且相對精確的界定我
們要處理的變項。我們可以辨認自變項、中間變項、因變項以及它們之間的各

6　當然，這裡還可能會有 underbalancing 的問題，請參閱 R. Schweller, 2004.

種相關關係。如此一來與過去相比，國際關係理論可以更加精確，而我們所獲得的國際關係知識也會更加豐富、更具系統性。

第二，全球學派或新自由主義學派對於現實主義批評是：太過關注例如政治、外交、軍事、安全與戰爭等高政治性議題（high politics），而太過輕忽經貿、性別、人權、環保與南北差異等低政治性議題（low politics）[7]。這個批評也是正確的，但是我們必須看見古典派之所以會如此是因為他們受到了所處的時代背景的限制。古典派理論家經歷了第一次大戰、第二次大戰、美蘇冷戰以及其間的各次戰爭，例如：中國內戰、韓戰、越戰以及中東戰爭等等。在他們的人生經驗中，戰爭和意識形態對抗構成了很主要的部分，這些因素在他們的研究中當然會很突出的反映出來。1960 年代以來，一方面美蘇兩國陷入冷戰，一方面歐日等國經濟恢復，大國之間熱戰的機率大幅下降，國際上經貿活動空前活絡，這些現象自然會要求國際關係的研究作出回應。回應的結果就是以研究國際經貿互動為主軸的全球主義或新自由主義學派的出現。

對於古典派而言，經濟和貿易並非不重要，只是在他們的研究期間似乎並非國際關係的主題。在他們看來，經貿只是我們計算國家國力時的一項因素而已。不過，如果說到國際關係的全貌，則我們除了討論國際上的政治、外交、軍事、安全與戰爭等高政治性議題外，如果不討論包括經貿、性別、人權、環保與南北差異等低政治性議題的話，則我們的探討始終是有缺陷的。學者尼寇森（Michael Nicholson）對於這個問題——特別是國際經濟的部分——有如下的看法：

> 在這整本書的寫作過程裡，我不斷提示讀者一件事，為求得一個全面性的國際關係理論，我們便不應該將焦點全部都集中在國家及其所屬權力與安全上。將國際關係所關注的主題僅界定在這些問題上，則是一種過度自我設限的作法……現在人們更加的相信經濟體系與政治及國際體系是密不可分的，而將他們視為某種單一的體系而非分離的體系，才是更適當的作法……我將把全球政治經濟視為一種自成體系的國際關係特徵而加以思考，正如同它是全球互動中的一個重要面向，一旦少了這個面向，其他的政治互動也無法適當的被理解。（袁鶴齡、宋義宏、梁書寧，2006：22）

---

[7] Viotti and Kauppi, 1987: 60-66

　　最後，古典派也被批評為「太過客觀」而致「主觀性」不足。因為政治——無論是國內還是國際——畢竟是情感性很強的話題，也就是說它必然帶了很強的主觀性，如果在研究時「太過客觀」，我們很可能反而忽視了它的真貌。古典派的這個缺陷被後起的學派，例如：後現代主義、建構理論、女性主義學派、和平研究等學派所補足。（Goldstein and Pevehouse, 2010: 84-151）

　　綜合而論，因為在國際關係研究的這個領域中有各種不同學派的相互爭辯與對話，才使得國際關係變得多元而豐富，這也大幅推進了人們對於國際關係的理解。古典派現實主義以素樸的面貌出現，最接近一般人的認知，而且在實際政策的分析與制訂時以及新聞領域中影響最大，所以即便它的理論體系中仍然存在著許多明顯的不足，但是這麼多年來它在國際關係研究的領域中還一直佔有關鍵的一席之地。

參考書目

李登科、林文程、林正義、劉德海與鄧中堅，1996，《國際政治》，台北：國立空中大學。

倪世雄，2003，《當代國際關係理論》，台北：五南書局。

高德源譯，2002，《現實主義與國際關係》，台北：弘智文化。譯自 Jack Donnelly. *Realism and International Relations*. 2002.

袁鶴齡、宋義宏、梁書寧譯，2006，《國際關係的基礎》，台北：韋伯文化。譯自 Michael Nicholson. *International Relations: A Concise Introduction*. Palgrave Macmillan.

莊皓雲譯，2010，《國際關係理論》，台北：時英出版社。譯自 Scott Burchill, Andrew Linklater, Richard Devetak, Jack Donnelly, Terry Nardin, Mathew Paterson, Christian Reus-Smit and Jacqui True. *Theories of International Relations*.

歐信宏與陳尚懋譯，1999，《國際政治新論》，台北：韋伯文化。譯自 Barry Hughes. *Continuity and Change in World Politics*. New Jersey: Prentice Hall, Inc.

張自學譯，1976，《國際政治學》，台北：幼獅書局。譯自 Hans Morgenthau, *Politics Among Nations*.

蔡政文，1977，《核子時代國際關係的特質》，台北：三民書局。

蔡政文，1989，《當前國際關係發展及其評估》，台北：三民書局。

Allison, Graham. 1971. *Essence of Decision: Explaining the Cuban Missile Crisis*. Boston: Little, Brown, and Co.

Aron, Raymond. 1970. *Peace and War: Theory of International Relations*. Third edition. New York: Doubleday and Co.

Art, Robert and Robert Jervis. 1985. *International Politics: Anarchy, Force, Political Economy, and Decision-Making*. Boston: Little, Brown, and Co.

Couloumbis, Theodore and James Wolfe. 1990. *Introduction to International Relations*. New Jersey: Prentice Hall.

Dougherty, James and Robert Pfaltzgraff. 1981. *Contending Theories of International Relations*. New York, Harper and Row, Publishers.

Genest, Marc A.. 2003.《衝突與合作：演進中的國際關係理論》，*Conflict and Cooperation: Evolving Theories of International Relations*. 北京：北京大學出版社。

Gilpin, Robert. 1987. *The Political Economy of International Relations*. New Jersey: Princeton University.

Goldstein, Joshua and Jon Pevehouse. 2010. *International Relations*. 9th edition. New York: Longman.

Hobbes, Thomas. 1975. *Leviathan*. Baltimore: Penguin Books.

Kaplan, Morton A.. 1969. Variants on Six Models of International System, in *International Politics and Foreign Policy*, ed. James Rosenau, New York: The Free Press, 291- 303.

Kaplan, Morton A.. 1957. *System and Process in International Politics*. New York.

Kegley, Charles, Jr.. 2004.《國際關係理論論爭：現實主義與新自由主義的挑戰》，*Controversies in International Relations Theory: Realism and the Neoliberal Challenge*. 北京：北京大學出版社。

Krasner, Steven. 1983. ed. *International Regimes*. Ithaca, NY: Cornell University Press.

Locke, John. 1689. *Second Treatise on Civil Government*.

Morgenthau, Hans J.. 1985. *Politics Among Nations*. New York: Alfred A. Knopf, Inc.

Organski, A.F.K. and Jacek Kugler. 1980. *The War Ledger*. Chicago: The University of Chicago Press.

Russett, Bruce and Harvey Starr. 1981. *World Politics: The Menu for Choice*. San Francisco: W. H. Freeman, and Co.

Schweller, Randall. Fall 2004. "Unanswered Threats: A Neoclassical Realist Theory of Underbalancing", *International Security* 29(2): 159-201.

Thompson, Kenneth. 1980. *Masters of International Thought*. Baton Rouge and London: Louisiana State University Press.

Viotti, Paul and Mark Kauppi. 1987. *International Relations Theory*. New York: MacMillan Publishing Co.

Waltz, Kenneth. 1979. *Theory of International Politics*. Massachusetts: Addison-Wesley Publishing Co.

Waltz, Kenneth. 2008. *Realism and International Politics*. New York: Routeledge.

第三章　結構現實主義的論點、辯述與反思

第一節　前言：結構現實主義與古典現實主義的關聯和對照

　　結構現實主義（Structural Realism）又稱新現實主義（Neorealism），其代表人物有 Kenneth Waltz、Robert Gilpin、David Baldwin、Robert Lieber、Stephen Krasner、Robert Tucker、George Modelski、Charles Kindleberger 及 John Mearsheimer，而又以 Kenneth Waltz 為首（倪世雄，2003：179）。結構現實主義基本上為古典現實主義（Classical Realism），或稱傳統現實主義（Traditional Realism）之延續，但亦有其分歧之處（Linklater, 1995: 244）。古典現實主義之代表人物有 Thucydides、Machiavelli、Thomas Hobbes 及 Hans J. Morgenthau。若欲完全了解結構現實主義者 Waltz 之觀點，則必須了解 Morgenthau 所致力建構的國際政治理論（Keohane, 1986: 10）。Morgenthau 認為人性是政治現象的根源，而人性是本惡的。利益是了解國際政治現象的指標，利益的定義就是權力。利益沒有固定永久的意義，普遍道德原則不適用於國家行為（倪世雄，2003：88-89）。其重要假設為：（1）以國家為中心的假設（state-centric assumption）；（2）理性假設（rationality assumption）；（3）權力假設（power assumption）；（4）國際政治問題有階層高低之分，其中又以「軍事安全」為最重要（Kohane, 1986: 164-165）。Morgenthau 的古典現實主義是一種悲觀主義，主張國與國之間的互動為一種惡性循環，容易形成「安全困境」（security dilemma）（Nicholson, 1998: 91）。

　　結構現實主義繼承了古典現實主義的理性假設與權力假設（Keohane, 1986: 167），但其關鍵論述又與 Hobbes 及結構主義（Structuralism）之觀點息息相關。Hobbes 對人性及國際政治無政府狀態賦予相同之重視，他認為自然狀態（state of nature）導致全體對抗全體的戰爭（Donnelly, 2005: 32-34）。結構主義則主張時勢造英雄，國際結構決定誰主浮沉，決定國家行為，決定歷史

結果，而結構現實主義者可以說是結構主義者（Nicholson, 1998: 166）。

　　結構現實主義與傳統現實主義最基本的不同在於前者是以準確界定之結構體系來思考國際政治概念（Waltz, 2008: 74）。傳統現實主義認為國際關係是以國家為主單元互動的結果；結構現實主義則認為國際關係是單元層級（unit-level）加上結構層級（structure-level）所形成的結果（倪世雄，2003：165），而國際政治中所看到的現象非源自人性原罪，而是無政府狀態（anarchy），此為解釋國家行為的重要因素。換言之，國際體系的結構呈現為一種沒有階層（hierarchy）的狀態（Keohane, 1986: 166）。無政府狀態對傳統現實主義而言，是國家需要處理的一個問題，對結構現實主義而言，則是國家置身其中的一種國際結構（Waltz, 1995: 80）。

第二節　結構現實主義的觀點

　　一如傳統現實主義，結構現實主義視國家為國際政治的主角（Sens & Stoett, 1998: 13）。所不同的是傳統現實主義認為國家間之行為及其結果之所以不同是因為其各自之組成特性不同（Waltz, 1995: 81），故國內政治對國家行為有相當大的影響。結構現實主義則將國際體系的特性界定為有相似功能單元間的互動，故國家功能都是類似的，所不同的是能力（capabilities）（Waltz, 1995: 80）。跨國能力分配界定了結構，做為跨國指導原則（ordering principle）的「無政府狀態」則決定了結構的本質。結構限制國家採取某些行動，也促使其採取某些行動。在無政府狀態下，結構由主要單元來界定，也就是由大國數目有意義之變動（即跨國能力分配之變化）來界定。大國數目改變會造成國家估算與行為的改變，使國與國間互動所產生之結果也產生變動（Waltz, 2008: 74）。故結構現實主義不重視單元之國家屬性（Linklater, 1995: 25），而一以體系結構為依歸。

　　如結構現實主義所言，國家能力決定了國際體系結構，結構又影響國家行為。理性則是連接體系結構與國家行為的主要因素（Keohane, 1983: 508-510）。在一個無政府狀態之體系結構下，國家沒有辦法依賴中央權威（central authority）保護，只有靠自助（self-help）來求取生存（survival），正因為安全沒有保障，故國家不免視他國為對其國家安全具有威脅之潛在敵人。此種不信任及恐懼導致安全困境（Lamy, 2005: 210），使得國與國之間無

法合作（Grieco, 1993: 119）。在自助體系下，國家不僅在意自己獲得多少利益，也關切他國獲得多少利益，因他國既然為自己的潛在敵手，其任何力量的增長均會增加自己的不安全感（insecurity），特別是當任何一個國家都無法確定其他國家之未來意圖與行動時。此即形構成結構現實主義「相對利得」（relative gains）的概念，即在「安全極大化」的戰略目標下，國家彼此間對對方任何獲益都是非常敏感的，相互合作也就變得相當困難（Waltz, 1979: 105）。此與新自由主義（Neoliberalism）主張國家只在乎自己獲益與否的「絕對利得」（absolute gains）概念是有所不同的。

　　在結構現實主義的思維中，權力本身不是目的，而是實現國家目標的手段。國家追求的最終目標是安全，而非權力，此與傳統現實主義國家以權力為追求目標是顯然不同的。結構現實主義認為無政府狀態之體系結構特性鼓勵國家追求安全極大化，而非權力極大化，國家在乎的是維持其在體系中的地位。在「相對利得」的思考下，國家尋求的是權力平衡。國家若追求權力，則會加入強勢一方，因而造就霸權（hegemony）。但就保障自身安全而言，強勢一方終究會對自己形成威脅，故應加入弱勢一方，以確保權力平衡（Waltz, 1979: 126）。結構現實主義者認為在一個無政府狀態下的體系結構中，國家採取平衡（balancing）策略是必然的，因為失去平衡即意味失去安全。反之，在一個階層體系結構下，採取扈從（bandwagoning）策略則是可以理解的，因為失去平衡並不會危及自身安全[1]（Donnelly, 2005: 35）。故從某個角度而言，平衡策略與扈從策略均可做為國家生存之道，端視在何種體系架構下而定（Waltz, 2008: 222）。此亦為體系結構決定國家行為的一項推論性佐證。

　　對結構現實主義者而言，最穩定的權力分配體系是兩極體系（Dunne & Schmidt, 2005: 166）。二元之優於多元，依據 Waltz 觀點，在於兩極體系下雙方警覺性提升，特別是對過度反應（over-reaction）之警覺。多元架構下行為者較不具責任感，對危險有不確定性，重大利益也較不明確。Mearsheimer 就認為二元因超強與非超強間之權力不對等，故後者任何背叛（defection）前者之行為並不會對超強造成影響。但在多元體系下，任何一國之背叛行為均

---

[1] 在以平衡為導向的國際體系中，國家安全是依賴權力間之相互制衡，故一旦權力失衡，安全就成為問題。反之，在一個階層體系下，國家安全理論上是依賴階層最高階權威的保護，這個權威可以是一個超級大國，也可以是一個類似世界政府的組織，故權力失衡不僅不會危及自身安全，甚至是自身安全之所繫。

會危及他國，且容易造成誤算（miscalculation）（Linklater, 1995: 246-247）。故兩極體系的明確性（certainty）是其優於多元之處。Waltz 與 Mearsheimer 均認為二元體系若再加上核武這個因素，將使得體系更為穩定（Linklater, 1995: 247）。Mearsheimer 並舉二次世界大戰後的國際體系為例，認為此一核子二元體系是高度穩定的，而二元之崩解將為國際社會帶來新的危險與不安（Linklater, 1995: 241）。Waltz 也認為二元與核武結合可以導致和平（Waltz, 1986: 343; Waltz, 2008: 63）。

　　事實上，Waltz 與 Mearsheimer 推崇核子二元體系尚基於如下幾項觀點。首先，Waltz 認為在一個多元體系下，國家往往被盟友綁在一起，使得政策缺乏彈性，二元體系則不必如此。譬如 1956 年的蘇彝士運河危機，美國可以自由脫離英、法，退出聯盟。故兩極體系下兩大超強的戰略均具彈性，決定的自由度也高（Waltz, 2008: 60-61），不會受盟友之拖累而捲入戰禍。1914 年德國因受盟邦奧匈帝國之牽絆而走向戰爭，即為多元體系下的困擾。其次，二元體系固然有過度反應這個問題，但多元則有誤算問題，已如前述。而前者頂多消耗金錢、武器，或進行有限戰爭（limited war），但這些都是可以矯正的（Waltz, 2008: 62），不若多元下的誤算，因忽視了潛在威脅而形成無可彌補的損失。故誤算較過度反應更為有害（Waltz, 2008: 62）。

　　Waltz 認為在二元體系下，沒有所謂的邊緣地帶（peripheries），兩大超強間是一種零和賽局（zero-sum game），形成一種兩極平衡。在此種架構下，任何改變都可能與自己有關，壓力乃成為一種常態，危機因而不斷發生。國家必須集中心力做危機處理，以消弭戰禍於無形。重大危機總好過日後發生小型戰爭，小型戰爭又好過爆發大型戰爭（Waltz, 2008: 100-101）。換言之，兩極體系責任清楚，重大利益明確，注意集中，以危機處理取代戰爭（Waltz, 2008: 102）。Waltz 更進一步指出，由於核武之存在，使得超強不敢輕易動武，即使使用傳統武器也投鼠忌器，因為任何衝突均可能升高為毀滅性之戰爭。而國家因忌憚使用核武，因而使核子效力銳減，使用武力（use of force）的機率也就大幅下降（Waltz, 2008: 140-142）。

　　Mearsheimer 曾提及二元崩解將帶來危險與不穩，Karen R. Adams 即指出，美國在 1999 年聯合北大西洋公約組織（NATO）介入南斯拉夫內戰，即因美國在後冷戰時期不必顧忌俄國態度而逕行對南發動戰事（Adams, 2006: 23-24）。就 Waltz 而言，權力不平衡是危險的，美國在冷戰結束前後的狀況即如此。他認為 1989 年美國入侵巴拿馬即因缺乏制衡聯盟（counter balancing coalition）所造成的（Ray, 1995: 347）。Waltz 指出國際體系在兩極化狀況下更具支配力（Waltz, 2008:114）。二元體系不僅穩定，且可能持續下去（Waltz, 1979: 95, 183），因為冷戰後的俄國、日本、中國或歐盟，均可能成為美國之外另一方強權（Waltz, 2008: 172, 178, 185）。

　　結構現實主義強調相對利得，認為此阻礙了國與國之間的合作。這種論點在兩極體系中更具有合理性，因為兩極必然為一種零和關係，一方之得必為另一方之失，相對利得之觀念乃變得異常重要。但在一個多元體系中，一方之得並不必然為另一方之失，甚至有利於另一方，譬如當此兩方有隱然聯合共同對抗某強勢一方之時。故 Duncan Snidal 認為相對利得與絕對利得有時並非能夠明確區分（Baldwin, 1993: 6），多元架構下國與國間的互動即為一例。故 Waltz 相對利得概念或與其鍾情二元體系之思維有密切關係。

■ 關鍵詞

- **安全困境**（security dilemma）：在缺乏互信，擔心被對方出賣的情況下，捨較佳之相互合作，而維持較差之相互對抗局面。
- **無政府狀態**（anarchy）：缺乏政治領導中心，但並不意味混亂（chaos）。
- **能力**（capabilities）：指人口、領土大小、資源、經濟力、軍力及競爭力。
- **自助**（self-help）：指在無政府狀態下，國家無法假定包含盟邦在內之他國會協防其安全，每一個國家均必須自己照顧自己。
- **相對利得**（relative gains）：國家主要關切的不是自己獲得多少利益，而是他國所得是否會多過自己。此限制了國家合作的意願。
- **絕對利得**（absolute gains）：國家主要關心的是自己得到多少利益。
- **霸權**（hegemony）：指對他國能形成支配性影響力的強權。
- **權力平衡**（balance of power）：指國與國之間的一種平衡（equilibrium）狀態，它可以是傳統現實主義者所主張的透過外交（diplomacy）達成一種精心設計的平衡（contrived balance），也可以是結構現實主義者所主張的體系自然平衡（natural or fortuitous balance）。
- **相互依存**（interdependence）：一國行動會對他國造成影響的狀態，這可以是戰略相互依存，也可以是經濟相互依存。現實主義者常將相互依存等同脆弱性（vulnerability）。

（續）

■ 關鍵詞（續）

- 守勢現實主義（defensive realism）：視國家為安全極大化者（security maximizer）。
- 攻勢現實主義（offensive realism）：視國家為權力極大化者（power maximizer）。

資料來源：Baylis & Smith, 2005: 180.

第三節　守勢現實主義與攻勢現實主義

　　與結構現實主義密切相關的兩個當代現實主義（Modern Realism），即守勢現實主義（Defensive Realism）與攻勢現勢主義（Offensive Relism），Waltz理論常被視作守勢現實主義（Dunne & Schmidt, 2005: 170），即追求「安全極大化」，避免產生有利他方之差距（gaps），但不必然追求有利己方之差距極大化（Dunne & Schmidt, 2005: 170; Donnelly, 2005: 43）。另兩位守勢現實主義者 Robert Jervis 及 Jack Snyder 則認為在相互依存（interdependence）及全球化（globalization）時代，大多數國家領導人均拒絕以軍事力量從事征服與擴張。從他們的觀點中，可以看出守勢現實主義有時會和新自由主義混淆，不過守勢現實主義雖然同情新自由主義的看法，如戰爭可藉由建立諸如聯盟、軍備管制、條約等制度來減少安全困境，但不認為制度為避免戰爭最有效的方式。他們以為侵略擴張的國家是始終存在的，並且挑戰世界秩序，且由於國家追求國家利益，故與他國發生衝突是無可避免的。守勢現實主義者認為衝突只有在經濟關係中是不必要的，而擴張（expansion）與預防性政策（preventive policy）有時很難區分，他們雖然承認有所謂共同和相互利益的存在，但更關切不順從（non-compliance）與欺騙（cheating）的行為（Lamy, 2005: 211），而這些負面因素均使得制度建構無從發揮其應有的功能。

　　攻勢現實主義以 John Mearsheimer 為代表，他認為國家在無政府狀態下，藉著極大化其權力以求取生存（Donnelly, 2005: 43）。國際體系的結構迫使國家必須自助，國家不僅須具備攻擊性之軍事能力，且不確定他國意向為何，故沒有國家是滿足現狀的。國家因而尋求機會以犧牲他國方式獲取權力。通往和平的方式是累積較他國更多的權力。對個別國家而言，理想狀況是成就全球霸權，但因不可行，這個世界乃呈現為無止境的大國競爭（Dunne & Schmidt,

2005: 170）。而大國都是針對現狀的修正主義者（revisionist）。攻勢現實主
義主張的是「權力極大化」（Snyder, 2002: 155-156），其安全政策是削弱潛
在敵人的權力，增加對所有其他國家之相對權力（Lamy, 2005: 210）。

　　守勢現實主義與攻勢現實主義的主要差別在於前者認為一個國家與他國之
關係端視這些國家為敵為友而定，如果對抗的是侵略擴張者，守勢現勢主義與
攻勢現實主義間就鮮有差別（Lamy, 2005: 210）。如為友好國家，守勢現實主
義基於安全極大化之考量，會在權力的獲取上適可而止；但對攻勢現實主義而
言，由於仍對對方之意圖抱持疑慮，故在權力獲得上不會輕易停止。基本上，
攻勢現實主義接受大部分 Waltz 之概念及一些傳統現實主義的假設，並基於國
家對自身安全之考量及對他國意圖之高度懷疑，因而強調權力極大化，但又
與傳統現實主義從人性觀點追求權力有別，而是在無政府狀態下的一種自助行
為，故仍將權力視為維護自身安全之手段，而非目的，但又與守勢現實主義有
敵友之別有所不同。攻勢現實主義即使對友國也缺乏信任，故表現為較守勢現
實主義更注重權力這個因素。攻勢現實主義較守勢現實主義悲觀，但又較傳統
現實主義樂觀。

　　守勢現實主義論述可以下圖示之：

　　無政府狀態 → 自助 → 維護國家生存 → 安全極大化 → 重視權力 →
　　對潛在敵國意圖懷疑 → 避免產生有利他方之權力差距（相對利得）
　　→ 加入弱勢，制衡強勢 → 權力平衡 → 永無止境的相互防備

　　這也是結構現實主義最具代表性的推論結構。至於 Mearsheimer 之攻勢現
實主義的推論架構則與 Waltz 有若干不同：

　　無政府狀態 → 自助 → 維護國家生存 → 重視安全 → 對他國（含友
　　國）意圖懷疑 → 建立有利己方之權力差距極大化（相對利得）→ 權
　　力極大化 → 加入強勢一方 → 追求霸權 → 永無止境的相互競爭

　　故 Waltz 與 Mearsheimer 雖均為結構現實主義者，雖同樣重視相對利得，
但前者是防止對方獲益比自己多，實力強過自己；而後者則在使自己獲益比對
方多，使自己實力儘量強過對方。兩者雖均為確保國家安全，但 Mearsheimer
顯然比 Waltz 更懷疑他國之意圖，更重視權力。兩者論述都有嚴謹的邏輯性，
內涵均充滿了個別利益和衝突對抗色彩。

■ 核心概念

- 無政府狀態對傳統現實主義而言，是國家需要處理的一個問題，對結構現實主義而言，則是國家置身其中的一種國際結構。
- 結構現實主義與傳統現實主義的一大差異是後者論述為歸納式（inductive），而前者為演繹式（deductive）。
- 在無政府狀態下，結構以主要單元為界定依據，也就是以大國數目有意義之變動（即跨國能力分配之變化）界定之。
- 結構現實主義不重視單元之國家屬性，而一以體系結構為依歸。
- 在結構現實主義的思維中，權力本身不是目的，而是實現國家目標的手段。國家追求的最終目標是安全，而非權力，此與傳統現實主義國家以權力為追求目標是顯然不同的。
- 對結構現實主義者而言，最穩定的權力分配體系是兩極體系。
- Waltz 理論常被視作守勢現實主義，即追求「安全極大化」，避免產生有利他方之差距，但不必然追求有利己方之差距極大化。
- 攻勢現實主義主張的是「權力極大化」，以確保自身安全。其安全政策是削弱潛在敵人的權力，增加對所有其他國家之相對權力。

第四節　新自由主義的挑戰

　　結構現實主義所遭遇的主要理論層面挑戰來自新自由主義[2]，後者又以 Robert Keohane 及 Joseph Nye 為代表。結構現實主義與新自由主義之主要不同之處為結構現實主義認為國際社會是以國家為中心，新自由主義則認為國家固有其重要性，但其他角色如跨國公司、國際組織等在國際關係中的作用應受

---

[2] 結構現實主義所遭遇到的理論層面挑戰除了新自由主義（或稱新自由制度主義）外，尚有建構主義（Constructivism）、女性主義（Feminism）、後現代主義（Postmodernism）等，惟因新自由主義與結構現實主義之間的論辯最具代表性，且從這兩大理論之論辯中也最能獲得結構現實主義者的進一步觀點，故本文選擇以新自由主義做對照來做為探討結構現實主義的重要一環。

到更大程度的重視（倪世雄，2003：171）。結構現實主義與新自由主義均同意國際體系呈現為無政府狀態（Lamy, 2005: 215），但後者認為前者對此過度強調，而低估了相互依存、全球化及典則（regime）之重要性。基本上結構現實主義較新自由主義強調國際體系對國家行為之影響（倪世雄，2003：174；Lamy, 2005: 215）。

新自由主義與結構現實主義的一項重要差異即對國際合作與國際制度、典則的看法。結構現實主義的觀點是國際無政府狀態使得國家基於生存與安全的需求而重視相對利得，國家實力乃變得非常重要。在相對利得概念下，國際合作很難成功，即使成功也很難維持（倪世雄，2003：174-175，177）。結構現實主義認為在無政府狀態下，國家須有相對權力，方能在一個競爭的國際體系中獲致安全，確保生存。國家能力因而較國家意圖更為重要，能力事關國家安全與獨立，因為他國意圖是不明的，唯有自身能力才是可信的。國際合作除非由國家促成，否則不會發生。換言之，合作很難產生與維持，合作有賴國家權力的支持。在結構現實主義的眼光中，國家最有效的工具是武力及威脅使用武力，典則與制度的影響力是有限的。國家只有在制度和典則符合其國家利益（絕對利得）的狀況下才會同意建立，且必須在不會造成不利於己而嘉惠他國（相對利得）的前提下才會繼續給予支持（Lamy, 2005: 215）。

新自由主義則不同意結構現實主義所主張制度因無政府狀態而無法起有效作用的說法，而認為基於理性原則，制度是解決無政府問題之有效手段。新自由主義主張在國際社會中，國家注重的是絕對利得而非相對利得，只要於己有利的作法均可採納，而不必太在意對方獲得多少利益。國家應重視的是意圖而非實力（倪世雄，2003：175，177）。國際合作在國家之間有共同利益時是很容易發生的，有共同利益的行動者會試圖將絕對利益極大化。結構現實主義因重相對利得，即使從事國際合作，目標也是避免他國獲得更多利益，故很難將體系成員整體利益（total amount of gains）列入考慮。新自由主義則欲將上述整體利益極大化。新自由主義更關心經濟福利、國際政治經濟及其他非軍事議題，如國際環境、人權等，故不若結構現實主義注重安全與軍事等高階政治（high politics）議題，而較著重上述低階政治（low politics）議題。新自由主義認為國家及其他行為者若能相信所有國家均會遵守規範，均認為合作會獲致絕對利得，則合作意願是不成問題的。新自由主義重視制度和典則，認其有助於國際合作（Lamy, 2005: 215, 217-218）。結構現實主義關心相對利得，新自由主義則認為對方之意圖很重要，故應更關心敵人而非盟邦之相對利

得（Baldwin, 1993: 7）。結構現實主義認為相對利得阻礙了合作，Snidal 則認為此除非發生在二元關係，因為在兩極體系下必然是一種相對利得的關係。Snidal 指出相對利得與絕對利得並非明確可以區分，Keohane 也持相同看法（Baldwin, 1993: 6）。Keohane 認為結構現實主義未能動態說明國際政治的主要變化，且忽視國家內部因素（Keohane, 1986: 17）。

不過，儘管結構現實主義與新自由主義有相當的差異，但一般認為兩者之間非兩極化的辯論，它們分享認識論，集中在相似的問題，共同支持國際政治中的一些假設，故為模式內的辯論（intra-paradigm debate）（Lamy, 2005: 217）。兩者也都同意衝突與合作為國際政治中應被研究的對象，無法截然劃分（Baldwin, 1993: 9）。

新自由主義的理論架構可歸納如下：

無政府狀態 → 建立制度和典則 → 絕對利得 → 相互合作 → 整體利益極大化

第五節　囚徒困境賽局與兩大理論

囚徒困境賽局（Prisoner's Dilemma game; PD game）常被用來詮釋結構現實主義與新自由主義的理論（Lamy, 2005: 211; Donnelly, 2005: 36; Baldwin, 1993: 5）。此一賽局的架構如下：

（數字代表偏好順位）

賽局中甲、乙雙方的優勢戰略（dominant strategy）均為對抗，故賽局的

結果（亦即均衡點）是相互對抗，即（3，3）。但相互合作之（2，2）卻是一個對彼此而言均為更佳之結果，問題是若雙方協議相互合作，一旦被對方出賣，則將落於對己最為不利的狀況，對甲而言是（4，1），對乙而言是（1，4），故形成難予合作的局面，相互對抗因而持續下去。此種情形非常類似結構現實主義的思維。結構現實主義認為由於國際無政府狀態之存在，國家不只怕被欺騙，且擔心被他國支配或摧毀。國家唯有重視相對利得以維持自助體系下之安全和獨立（Grieco, 1993: 303）。PD game 下相互對抗之結果詮釋了結構現實主義國家間無止境競爭與衝突的論述。

為了擺脫 PD game 的困局，學者提出了不少解決之道，其中一項頗具代表性者即此一賽局非一次完結，而是不斷進行（repeated game），如此被出賣一方有機會在下一回合以制裁手段來懲罰對方前一回合之不合作行為，因而迫使賽局之兩方一旦相互合作，就必須維持此種關係（Powell, 1993: 213）。此即著名之「以牙還牙，以眼還眼」（TIT-for-TAT）策略。新自由主義即主張以制度來增加國際之間互動的機會，認為制度將有助於保證國際追求「TIT-for-TAT」之有條件合作戰略。在制度框架下，欺騙對方對自己沒有幫助，相互合作更有吸引力（Grieco, 1993: 303）。

事實上，結構現實主義者認為合作只有在能同時解決欺騙及相對利得問題才得以獲致（Grieco, 1993: 303）。上述「TIT-for-TAT」戰略可以大致解決欺騙問題，即以報復來製造維繫「相互合作」之恐怖平衡。而報復後面之基礎則為權力。新自由主義則是藉制度中對不合作行為的懲罰來維繫「相互合作」，被出賣一方得以遂行報復，基本上不是依賴自身權力，而是制度後面的規範與典則。至於前述結構現實主義中相互對抗的情勢固可經由 TIT-for-TAT 戰略解決欺騙問題，但只要相對利得之概念未獲解決，相互合作仍因顧及對方利得之大小而變得異常脆弱，故恐怕仍是一個相互對抗的局面。

第六節　實證層面的挑戰

結構現實主義除了面對理論層面之挑戰外，也面臨實證層面之挑戰。其中最大衝擊即冷戰後歐洲共同體（Eropean Community; EC）之快速成長。結構現實主義由於不看好制度之功效，故一向認為歐洲共同體會衰微，此與新

自由制度主義（Neoliberal Insititutionalism）的看法剛好相反[3]（Baldwin, 1993: 5）。Waltz 認為歐洲之能維持合作乃因二元體系所造成，若二元崩解，則歐洲合作也會隨之式微。然而，冷戰結束後，歐洲共同體並未因二元體系之瓦解而走下坡，反而呈現聲勢上漲之趨勢，此也反映出制度的重要性上升（Grieco, 1993: 328-329）。歐洲共同體的合作展現在貿易、決策、高科技、經濟與貨幣事務方面（Grieco, 1993: 329）。以決策為例，則官僚政治、團體活力及個人決策日益重要，故決策所帶動的國家行為分析不止限於國際體系，也涉及到其他不同的層級（levels），此被目為對結構主義論述的一大挑戰（Holsti, 1995: 48, 56, 58）。

　　結構現實主義者被批評未預期到蘇聯的瓦解、軍備的持續裁減、民主成為國際社會主流、全球合作日漸興盛、國際整合持續進行、跨國相互依存更見上升、戰爭日漸減少、福利持續增加等國際現象（Kegley, 1995: 6）。此外，冷戰結束後，威爾遜概念（Wilsonian idea）與自由概念（liberal idea）亦隨之勃興（Ray, 1995: 351）。故冷戰結束使結構現實主義面臨以相互依存、整合及典則為主模式的崛起及其未能通過實證檢驗的質疑（Kegley, 1995: 7）。結構現實主義在冷戰時期即被批評在因應系統轉變（system change）方面有其弱點，此一不足之處在後冷戰時期似乎更為明顯（Holsti, 1995: 57）。當現實政治應被檢閱甚至重構（Kegley, 1995: 9）的呼聲不斷時，結構現實主義在實證面向無疑地正面臨著沉重的壓力。

第七節　結構現實主義的辯述與反思

　　面對理論與實證上之壓力和挑戰，結構現實主義者提出反駁。首先，在國際無政府狀態下，由於缺乏共同政府來執行國際承諾，國際合作仍相當困難，更何況無政府狀態所衍生出來的相對利得觀念不免形成利己不利人的想法，使

3　二次世界大戰後的新自由主義可以分為新自由制度主義（Neoliberal Institutiona-lism）、社會自由主義（Social Liberalism）及法律自由主義（Legal Liberalism），其中新自由制度主義最為著名。事實上，新自由制度主義在與新現實主義的論辯和日後發展過程中，均將新自由主義當作新自由制度主義的另一種稱謂（譚偉恩，2009：51）。更何況二戰後新自由主義的代表人物 Robert Keohane 及 Joseph Nye 亦為新自由制度主義之代表人物，故新自由主義與新自由制度主義兩個名詞常被交互使用。

得相互合作更加困難（Powell, 1993: 230）。

　　新自由主義主張以制度解決欺騙問題，結構現實主義則認為此並未正視「相對利得」這個問題，並且忽略了無政府狀態下的戰爭威脅。在戰爭威脅下，國家會擔心今天的朋友可能成為明天的敵人，故只強調絕對利得是有問題的（Grieco, 1993: 118）。Waltz 又進一步指出，國際制度事實上是由強國依據其認知或錯誤認知之利益所組成的，譬如北大西洋公約組織（Waltz, 2008: 208）。Waltz 認為北約在冷戰結束後之所以能夠繼續存在並且東擴，非因制度發揮功能，而是因為美國欲其如此，故國際制度是由國家決定的（Waltz, 2008: 212）。Keohane 相信冷戰後歐洲得以避免衝突有賴未來制度合作型態能否繼續存在。Waltz 認為關鍵在誰支持「制度合作型態」，而現實主義者知道答案（Waltz, 2008: 212）。或謂制度會影響國家，Waltz 則舉 Bretton Woods System 為例，認為該體系剛成立時的確如此，但當美國發覺此一體系不合自己利益後，1971 年的尼克森震撼（Nixon shocks）改變了這個體系。此外，國際法在大多時均被遵守，但當強國選擇不奉行時，並沒有力量能夠攔阻（Waltz, 2008: 213）。

　　對於新自由主義所青睞的相互依存觀點，Waltz 認為它模糊了國家能力不平等這個事實（Waltz, 2008: 161）。Waltz 甚至認為相互依存會使得國與國間的接觸更趨頻繁，這也導致衝突增加，戰爭機率因而提高（Waltz, 2008: 204）。

　　Waltz 承認理論往往因情勢變遷而需要更換，但吾人所看到的世局變化是國際政治體系改變所造成的。此一改變是體系變動（change of the system），而非體系內之變動（change in the system）所形成，即使核武也未改變體系所具有之無政府狀態特質。他認為體系結構的改變不同於單元層次之改變。譬如體系由二元趨於多元，並未改變體系之本質，只是權力分配有所變化而已（Waltz, 2008: 197）。

　　冷戰結束後，美國似乎成為唯一的超級大國，權力平衡論述在實證上岌岌可危。Waltz 認為權力平衡不在今朝，而俟諸他日（Waltz, 2008: 213）。他認為歐盟、德國、中國、日本、俄國均可在未來扮演權力平衡中之強權角色（Waltz, 2008: 216）。中、日、韓，甚至包括美國，均為東亞新權力平衡中之成員，且可能形塑成未來世界中新權力平衡中的一部分（Waltz, 2008: 220）。Waltz 斷言美國致力於單極（unipolar）終究是徒勞的，因為這將超過美國經濟、軍事、人力與政治資源的負荷。多元將以平衡之姿出現，美國不可能阻止

新權力平衡的出現（Waltz, 2008: 220-222）。

　　針對批評者認為結構現實主義忽略了很多東西，Waltz 辯稱，理論建構本就必須略去大部分事務，特別是涉及實際利益之事務。理論並非用來陳述國際政治生活中的每項層面，而是做簡要敘述。增加實務面向的分析將使結構現實主義回到傳統現實主義的老路（Waltz, 2008: 75-76）。Waltz 所崇尚的顯然是理論的簡約性（parsimony）。Waltz 並指出他是在提出解決問題之理論（problem-solving theory），而非使問題更為複雜。他了解國家追求許多目標，且目標間不盡一致，內部官僚體系也有其影響，但他所分析的是國際政治，而非國內政治，除非將來有人能將兩者整合成一種理論（waltz, 2008: 339-340）。

　　面對實證方面的壓力，Waltz 也提出它個人的辯解。他承認歐洲共同體不可能回頭，但認為也可能無法走更遠（Waltz, 2008: 184）。Waltz 顯然對歐盟進一步整合是持保留與懷疑的態度。對民主和平論，Waltz 以為此乃建立在政府形式與國際結果之上。福山（Francis Fukuyama）聲稱從未有民主國家與民主國家作戰的例子。Jack S. Levy 也附和此種看法，認為此乃最接近經驗法則的觀察。換言之，此意味戰爭的原因全來自國家內部，當國家轉變為民主型態後，無政府狀態下也能獲致和平，無政府狀態因此並不等同於戰爭（Waltz, 2008: 199）。Waltz 認為此不啻將結構從結構理論中移除了（Waltz, 2008: 1990），因為福山等將本質（i.e. 無政府狀態）未變之國際體系中的和平現象歸因於國家內部因素（i.e. 民主），而不從體系結構變化探討。Waltz 認為民主國家之人民也可能因粗劣判斷（bad judgement）而使國家走向戰爭。即使所有國家都民主了，國際體系仍呈現為無政府狀態。國家內部轉變無法轉為國際政治結構的改變。Waltz 一再重申，在缺乏外部權威的狀況下，一個國家無法確認今天的朋友不會成為明天的敵人，衝突就會如影隨形（Waltz, 2088: 2000-201）。

　　針對民主國家不會與民主國家爭戰的觀點，Waltz 提出他個人的一套見解。他認為 1914 年是民主英、法戰民主德國（Waltz, 2008: 201），故民主國家間一樣會發生戰爭。民主國也會對非民主國發動戰爭，使後者民主。Waltz 認為民主國較少戰爭並不足以支持民主和平論，且如果和平是目標，則可不計一切代價為之，甚至包含使用武力。戰爭源自國家及國家體系，對此康德早有定論，民主和平論者卻加以漠視（Waltz, 2008: 202-203）。

　　Waltz 認為蘇聯瓦解導致國際政治結構的重整，形成單極體系。冷戰結

束並非因民主、互賴或國際制度所造成。他否認結構現實主義未能預料此種情勢的發生，反而認為此乃預期的狀況。Waltz 認為冷戰植基於二戰後的國際政治結構，只要結構不變，冷戰就會持續下去。冷戰之結束是因為二元結構的消失，是結構轉變影響了國家行為及國家互動所產生的結果（Waltz, 2008: 222-223）。

結構現實主義者承認全球化挑戰了國家的權威與控制力，但政治仍是「國際」的。他們關注全球化下不平等和衝突所帶來的新安全挑戰。Waltz 重申建構國際政治的是國家能力，而非全球化（Lamy, 2005: 218）。Waltz 特別指出蘇聯崩解後，國際政治即呈現為世界權力之大幅不平衡。911 事件使得美國權力更加擴張，美國以反恐為由，廢除了反彈道飛彈條約（ABM），而核武也呈垂直擴散之態勢。911 後美國積極投入反恐，這也增加了國際政治危機的散布（Waltz, 2008: 248-250）。結構現實主義中所描繪的國際政治現象並未因冷戰結束而消失。

誠然，結構現實主義者也提供了若干反思，譬如 Waltz 即不否認國際關係一些結果是在個別單元這個層級產生的。從事個別單元層級之分析也可了解為何在體系中居相同地位之單元會有不同的行為（Waltz, 1979: 72）。國家與體系間之影響是相互的，譬如在多元架構下，單元對體系之影響就相對大於在二元架構下。Waltz 也同意結構影響可能被成功地抵制（Linklater, 1995: 251-252）。

■ 核心概念

- 在結構現實主義的眼光中，國家最有效的工具是武力及威脅使用武力，典則與制度的影響力是有限的。
- 新自由主義主張在國際社會中，國家注重的是絕對利得而非相對利得，只要是於己有利的作法均可採納，而不必太在意對方獲得多少利益。國家應重視的是意圖而非實力。
- Waltz 認為國際制度事實上是由強國依據其認知或錯誤認知之利益所組成的，故國際制度是由國家決定的。
- Waltz 認為即使所有國家都民主了，國際體系仍呈現為無政府狀態。國家內部轉變無法轉為國際政治結構的改變。

（續）

■核心概念（續）

- Waltz 認為冷戰植基於二戰後的國際政治結構，只要結構不變，冷戰就會持續下去。冷戰之結束是因為二元結構的消失，是結構轉變影響了國家行為及國家互動所產生的結果。
- Waltz 認為只要無政府狀態仍是國際體系之主要特徵，結構現實主義就仍是國際關係的主流理論。

第八節　結　論

　　Waltz 當年提出結構現實主義，或稱新現實主義，主要目的有五（Waltz, 1986: 322）：

一、發展更嚴謹的國際政治理論；

二、尋求如何區分單元層級與結構因素，並找出兩者之間的連結；

三、說明由內而外（inside-out）形式之分析並不適當；

四、顯示當體系發生變化時，國家行為如何轉變，期望的結果又如何與過去不同；

五、建議一些可供測試理論的途徑，提出一些主要在軍經議題上可供實際應用的例證。

　　結構現實主義被公認對現實主義做出最精細的防衛，也對權力平衡做出最有力的辯護（Evans & Newnham, 1998: 365）。結構現實主義與傳統現實主義的一大差異是後者論述為歸納式（inductive），而前者為演繹式（deductive）（Waltz, 1995: 77）。Waltz 希望建立一個解決問題之國際結構理論，這個理論準確而簡約，避免考量太多變數（Keohane, 1986: 21）。 Waltz 也不認為國際與國內政治可以整併在一個理論當中（Keohane, 1986: 23）。

　　即使是新自由主義者如 Robert O. Keohane 及 Joseph Nye 等也推崇 Waltz 的貢獻。Keohane 認為 Waltz 使得國際政治研究概念化，促使國際政治學界思考系統理論之角色以及結構模式的解釋力和透過推論方式思索為何權力平衡會反覆出現。Waltz 之論點使吾人了解國際體系建構了國家行為，而反之亦然。結構現實主義雖與古典現實主義的基本假設一致，但 Waltz 不啻將現實主義加以重構並予以系統化（Keohane, 1986: 174-175）。Nye 也同意這樣的看法，認

為 Waltz 為現實主義提供了更有力的理論基礎（倪世雄，2003：161）。結構現實主義修補了 Morgenthau 將國際經濟邊緣化的態勢，使國際政治經濟這個領域抬頭，並認定政治加上經濟才能反映出國際現實主義（倪世雄，2003：162）。Waltz 自己也認為結構現實主義建立了國際政治的自主性，使國際政治理論的建立成為可能（Waltz, 2008: 74）。

　　雖然國際環境在冷戰結束後有重大轉變，但 Charles W. Kegley 指出現實主義仍有其屹立不搖的理由。首先，戰爭並未真的退場，多元衝突仍有導致戰爭的可能。巴爾幹半島的紛擾仍挑戰著福山歷史終結論的樂觀看法。全球化下各國也只有少數人種具有同質性。換言之，國家內部多呈現為多元種族的狀況，此亦挑戰民族自決的主張。雖然歐盟正在崛起，但進一步政治整合與經濟協調仍不樂觀。而大規模毀滅性武器的擴散正導致全球軍力的重組。保護主義仍蠢蠢欲動，在外交實務上則常常看不到自由主義色彩（Kegley, 1995: 15-16）。

　　Waltz 在為結構現實主義辯解時指出，由於國家併存在一個自助體系當中，它們關心的不是如何使集團獲利（collective gain）極大化，而是關心如何減少、保有或擴大彼此之間的利益強度差距。此雖不會使合作及制度建立不可能，但卻限制了此種努力的成就。Waltz 認為新自由制度主義者開始檢閱結構現實主義是對的，但除非國際體系發生根本的轉變（transformation）[4]，結構現實主義仍將是國際政治的基本理論（Waltz, 2008: 224）。以結構現實主義與新自由主義之爭為例，只要無政府狀態仍是國際體系之主要特徵，結構現實主義就仍是主流理論（Grieco, 1993: 335）。

　　國際政治理論除了供作學術氛圍之探討外，詮釋國際政治現象也是一項重要功能。強而有力的理論除須具備內在嚴謹的邏輯一致性外，也須具備外在實證上的解釋力和預測力。值此國際政治理論百家爭鳴的今天，Keohane 曾語重心長的表示，如以新現實主義或新自由主義做預測，都可能因看到某些國際現象而感到尷尬[5]。但希望我們不完美的努力將不僅提供同儕間有趣的對話，且能幫助學術社群獲致更好的研究成果（Keohane, 1993: 297-298）。Jack Donnelly 也指出，現實主義必然是國際關係研究者的分析工具，但如是唯

---

[4]　Waltz 心目中的國際體系根本轉變應指無政府狀態的消失，因為這是結構現實主義最重要的假設，也是所有推論的基礎。

[5]　譬如當結構現實主義者看到歐盟日漸壯大時，或當新自由主義者看到 911 事件爆發時。

一的，或主要的，則吾人之分析必然是不完整的，我們的視野必然是狹窄的（Donnelly, 2005: 54）。結構現實主義對國際政治理論研究的貢獻是毋庸置疑的，但在面對其他理論時，則應抱持相互切磋的態度，共同為追求學術真理而努力。Keohane 的評語或許已為國際關係理論間的爭辯下了最佳註腳。

參考書目

倪世雄，2003，《當代國際關係理論》，台北：五南。

譚偉恩，2009，〈國際關係理論 II：（自由主義）〉，包宗和主編，《國際關係辭典》，台北：五南。

Adams, Karen R., 2006, "Structural Realism: The Consequences of Great Power Politics," in Sterling-Folker.

Baldwin, David A., (ed.), 1993a, *Neorealism and Neoliberalism: The Contemporary Debate*. N.Y.: Columbia University Press.

Baldwin, David A., (ed.), 1993b, "Neoliberalism, Neorealism and World Politics," in Baldwin, 1993a.

Baylis, John & Steve Smith, (eds.), 2005, *The Globalization of World Politics: An introduction to international relations*. 3rd ed. Oxford: Oxford University Press.

Booth, Ken and Steve Smith, (eds.), 1995, *International Relations Theory Today*. Oxford: Blackwell Publishers.

Burchill, Scott, Andrew Linklater and others, (eds.), 2005, *Theories of International Relations*. 3rd ed., N.Y.: Palgrave Macmillan.

Dunne, Tim and Brian C. Schmidt, 2005, "Realism," in Baylis & Smith.

Donnelly, Jack, 2005, "Realism," in Burchill, Linklater and others.

Evans, Graham & Jeffrey Newnham, 1998, *The Penguin Dictionary of International Relations*. N.Y.: Penguin Books.

Grieco, Joseph M., 1993a, "Anarchy and the Limits of Cooperation: A Realist Critique of the Newest Liberal Institutionalism," in Baldwin, 1993a.

Grieco, Joseph M., 1993b, "Understanding the Problem of International Cooperation: The Limits of Neoliberal Institutionalism and the Future of Realist Theory," in Baldwin, 1993a.

Holsti, Ole R., 1995, "Theories of International Relations and Foreign Policy: Realism and Its Challenges" in Kegley, 1995a.

Kegley, Charles W., Jr., (ed.), 1995a, *Controversies in International Relations Theory: Realism and Neoliberal Challenge*. N.Y.: St. Martin's Press.

Kegley, Charles W., Jr., (ed.), 1995b, "The Neoliberal Challenge to Realist Theories of World Politics: An Introduction," in Kegley, 1995a.

Keohane, Robert O., 1993, "Institutional Theory and the Realist Challenge after the Cold War," in Baldwin, 1993a.

Keohane, Robert O., (ed.), 1986a, *Neorealism and Its Critics*. N.Y.: Columbia University Press.

Keohane, Robert O., 1986b, "Realism, Neorealism and the Study of World Politics," in Keohane, 1986a.

Keohane, Robert O., 1986c, "Theory of World Politics: Structural Realism and Beyond," in Keohane, 1986a.

Lamy, Steven L., 2005, "Contemporary Mainstream Approaches: Neo-realism and Neo-liberalism," in Baylis & Smith.

Linklater, Andrew, 1995, "Neo-realism in Theory and Practice," in Booth and Smith.

Nicholson, Michael, 1998, *International Relations: A Concise Introduction*. London: Macmillan Press Ltd.

Powell, Robert, 1993, "Absolute and Relative Gains in International Relations Theory," in Baldwin, 1993a.

Ray, James L., 1995, "Promise or Peril? Neorealism, Neoliberalism and the Future of International Politics," in Kegley, 1995a.

Sens, Allen & Peter Stoett, 1998, *Global Politics: Origins, Currents, Directions*. Toronto: ITP Nelson.

Snyder, Glenn H., 2002, "Mearsheimer's World -Offensive Realism and the Struggle for Security: A Review Essay," *International Security*, Vol. 27, No. 1, Summer.

Sterling-Folker, Jennifer (ed.), 2006, *Making Sense of International Relations Theory*. Boulder: Lynne Rienner Publishers.

Waltz, Kenneth N., 2008, *Realism and International Politics*. N.Y.: Routledge.

Waltz, Kenneth N., 1995, "Realist Thought and Neorealist Theory," in Kegley, 1995a.

Waltz, Kenneth N., 1986, "Reflections on Theory of International Politics: A

Response to my Critics," in Keohane, 1986a.

Waltz, Kenneth N., 1979, *Theory of International Politics*. Mass: Addison-Wesley Publishing Company.

第四章　搶救權力平衡理論

鄭端耀

第一節　前　言

　　權力平衡（balance of power）是國際關係最持久不墜的概念，也是現實主義的核心理論。長期以來，一般對權力平衡視為理所當然。權力唯有在相互制約和均衡狀態，才有助國家生存維繫，若權力過度集中或遭致流失，則容易造成安全威脅。歷史經驗也再再顯示，不論是古時期的希臘雅典、印度的邦國和中國春秋戰國時期，或者是從近代 17 世紀以來的歐洲歷史發展，或者是更近的 20 世紀兩次世界大戰和冷戰的經歷，皆顯現出權力平衡的作用與運作。

　　1979 年新現實主義（neo-realism）宗師 Kenneth Waltz 將權力平衡納入到該理論中，成為新現實主義的核心理論。[1]根據該理論主張，以權力分配為主導的國際無政府狀態中，權力平衡是維繫國際體系運作的穩定力量，以及指引國家行動的法則。由於國際權力會持續變化發展，國家必須隨國際權力變化進行因應調整，俾使權力分配回復到平衡穩定狀態，以避免造成權力失衡而危及到該國安全。國家追求權力平衡有兩種方法，其一是透過自身內部調節，包括增加軍費、強化國防武力或進行全民動員；其二是向外尋求奧援，包括締結軍事聯盟、對抗同盟或聯合行動等。但不論是內部調節和爭取外援，其目的都是在平衡權力，一旦權力平衡又產生新變化，將又會進行重新的調整。Waltz 以為不同國際權力結構會形成不同權力穩定狀態，兩極結構中權力平衡最為穩定，多極結構則較為複雜與多變化，而單極則最不穩定，此乃因權力不平衡總會威脅他國安全，不論單極強權如何自我克制，但沒有誰能保證它將能永遠克制，此不可避免的會引發權力制衡的波動或衝突，次級強權必然會採取制衡行動，以重新回復到權力平衡的狀態。

　　新現實主義在 1980 年代冷戰期間曾達鼎盛狀態，此乃因 Waltz 的理論邏

1　新現實主義亦稱結構現實主義（structured-realism），代表性著作 Kenneth Waltz, *Theory of International Politics* (New York: Addison-Wesley, 1979).

輯清晰、結構嚴謹簡約，獲得高度的肯定和評價，而且該理論主張符合冷戰時期的國際經驗。權力平衡理論也連帶受惠，隨著水漲船高，權力平衡亦盛極一時。然而，在冷戰結束和後冷戰時期，由於新現實主義主張無法有效解釋國際關係的變化，再加上多種國際關係理論興起和對新現實主義的撻伐，導致新現實主義趨於下跌，甚至還被人譏諷為「退化」（degenerative）理論，[2]在此情況下，權力平衡理論亦無可避免的受到影響。

　　實際上，權力平衡理論所遭遇的衝擊應該更大、更直接，因為新現實主義的國際體系權力結構主張，存在相當模糊空間，至少還有些伸縮餘地，但是權力平衡運作的主張卻相當明確，亦即國際社會會依照權力平衡法則自動進行調節，此屬規律性的國際行為，不受限於任何時空範圍和國家，只要權力分配形成不平衡狀態，國際社會就會進行權力平衡調整，如果未能回復到平衡狀態，國際社會將趨向不穩定，容易形成紛爭和衝突。

　　然而，後冷戰以來的國際社會發展和權力平衡主張卻顯現不一致的現象。冷戰結束迄今已近二十年，國際體系呈現單極權力結構，但是該單極結構並未如 Waltz 所說的將產生不穩定狀態，實際上國際社會大致和平穩定。另外，作為單極超強的美國，至今並未遭到其他強權的制衡。依照權力平衡理論說法，超強美國必然會對其他強權構成安全威脅，他們必定會進行權力制衡行動，讓權力回復到平衡狀態。然而，事實發展卻顯示，美國不但未受到強權的制衡，而且權力基礎還在增長中。美國的軍事花費遙遙領先各國，以 2008 年為例，美國在該年軍事費用計 6,070 億美元，占全世界比例 41.5%，較接下來的前十二個國家的軍費總和還要多，比排名第二的中國軍事花費（849 億美元）多七倍有餘。[3]美國在世界各地的軍事聯盟繼續增長，歐洲的北大西洋公約組織（NATO）不但未因冷戰結束而削弱，反而不斷的擴充，至今已有二十八個會員國；亞洲的雙邊聯盟體系仍然持續運作，雖然和南韓與日本經歷一些組織架構調整，但是聯盟的功能和戰力繼續增強。此外，美國和各區域多數國家維持良好關係，未見任何區域中有反美國家的組合，亦未見有任何反美國家聯盟的正式建立，而且多數歐洲和亞洲國家都歡迎美軍續留該區。

2　Jeffrey W. Legro and Andrew Moravcsik, "Is Anybody Still a Realist?" *International Security*, Vol. 24, No. 2 (Autumn 1999), pp. 5-55.

3　*Military Expenditure: SIPRI Yearbook 2008: Armaments, Disarmament and International Security* (Oxford University Press: Oxford, 2008), Appendix 5A.

　　由於權力平衡理論主張與事實發展不符，而且如前文提及，從後冷戰之後新現實主義就成為眾矢之的，不論在理論和經驗上都廣被質疑，而權力平衡又是新現實主義的核心理論，影響所及，新現實主義的地位更是一落千丈。

　　為挽救新現實主義，或更廣義的說，為挽救現實主義（realism）的生存，勢必須對權力平衡進行搶救，它不僅是新現實主義的核心理論，而且也是現實主義權力政治的核心概念和運作原則。如果權力平衡證明不適用、不符合現狀、無法解釋國際關係運作，此不僅權力平衡理論面臨崩潰，同時也將造成整個現實主義的瓦解，其關鍵重要性可想而知。

　　是故，為搶救權力平衡，過去一段時間，目睹許多現實主義學者從多種不同方式來重新解釋、定義或建構權力平衡，試圖合理化權力平衡在當前國際關係的不運作，或不同形式的運作型態。大體而言，該些方式可以歸納成三種主要途徑。第一，從國際體系理論層面著手，重新探討說明權力平衡運作；第二，從權力平衡的「權力」面，進行概念或理論的解釋和建構；以及第三，從權力平衡的「制衡」面，探討制衡策略的運用。

　　本文目的即是針對現實主義學者所做「如何搶救權力平衡」的努力，進行有系統的分析，文中首先對三種搶救途徑提出說明，其次對該些途徑成效進行評估，以及最後對權力平衡理論發展做綜合性分析和前瞻。

第二節　搶救權力平衡

一、國際體系層面

　　新現實主義是國際體系層次的代表性理論，雖然在後冷戰時期承受最多批判和貶抑，但是新現實主義並沒有妥協，仍極力為自己辯護。Waltz 表示每當國際政治處於和平時期，就有人認為現實主義過時，但是國際政治本質並沒有因為是和平而發生轉變。後冷戰時期只是國際權力結構轉變，這是屬於國際體系內的變化，而不是國際體系本身的轉型，國際權力結構改變會影響國家的行為，但不會改變國際體系運作的基本原則。[4]

　　有關權力平衡部分，Waltz 指出現實主義「只能告知權力平衡將會發生，

---

[4]　Kenneth N. Waltz, "Structural Realism after the Cold War," *International Security*, Vol. 25, No. 1 (Summer 2000), p. 39-40.

無法預測何時會發生」。[5]國際政治恐懼權力不平衡,因為當權力不平衡時,它將不可避免的會對其他國家形成安全威脅,縱然權力大國可能會心存善意,但今日的善意並無法保證明日仍將持續,只要存在權力不平衡,「未來陰影」(shadow of the future)威脅就無法消除。因此,當權力發生失衡時,自然會產生催化恢復權力平衡的動力,對國家形成壓力。雖然現實主義無法預計或期待每個國家都會採取制衡策略,但是無疑的制衡是國家維持生存和保障安全的重要依賴。Waltz 強調現實主義只能告知一個新的權力平衡將會出現,但無法告知它將何時出現,以及將經歷多長時間。他表示或許站在當下的感覺,權力平衡的產生和浮現是緩慢的,但是從歷史的角度觀之,那是非常的短暫。[6]實際上,在歷史的長河中,權力失衡和平衡反覆循環出現,已對權力平衡理論提供充份實證。

Waltz 再次表示單極權力結構在國際體系中最不穩定、最不易持續,因為單極強權很容易攬事多管、過度延伸,最終走向衰落,而且不論單極強權是否屬於善霸,未來陰影威脅總會促使他國尋求權力制衡。就 Waltz 而言,針對後冷戰美國的單極結構,權力制衡趨向正在進行中。[7]

攻勢現實主義(offensive realism)亦屬於國際體系層次理論,提倡國家會不斷在國際社會追逐權力、壯大實力,國際權力競爭永不休止。不過,攻勢現實主義接受「地理」因素的限制,以為國際社會不存在全球性霸權,最多僅能成為區域霸權,難以跨越地理區域阻隔。[8]美國無疑是美洲區域霸權,也是當今唯一區域霸權,因受兩大洋阻隔,長期以來對其他區域行使「近海制衡」(offshore balancing)策略,防止任何單一國家在該區域形成主導。所以,美國雖然在後冷戰成為國際單極強權,但是並沒有改變無法在其他區域成為霸權的事實(美國也無意在其他區域成為霸權),也不會構成對其他區域強權的安全威脅,因此區域強權沒有必要對美國進行權力制衡。相對的,美國的近海制衡策略仍持續在進行中,只要區域權力分配不發生失衡,美國沒有必要採取區域權力制衡的行動。是故,從攻勢現實主義的觀點,權力平衡並非不發生作

---

5   *Ibid.*, p. 27.

6   *Ibid.*, p. 30.

7   *Ibid.*, p. 27.

8   John j. Mearsheimer, *The Tragedy of Great Power Politics* (N.Y.: W.W. Norton & Company, 2001), pp. 40-42.

用，而是當前沒有必要對美國進行權力制衡。

新古典現實主義（neo-classical realism）亦屬於國際體系層次的理論，它試圖結合新現實主義和古典現實主義的主張，也就是揉合國際體系的權力結構和國家層次的外交政策決定。它接受國際權力結構對國家行為具有重大影響，但是國際權力結構要影響國家行為並非自動發生，而必須透過國家決策的傳達轉換，亦即國家決策者的認知和決策過程在這當中將會發揮影響作用。[9]換言之，新古典現實主義有意將國內政治因素納入到國際政治權力運作的考量。

新古典現實主義者以為國際權力平衡為不易達到的目標，因為國家不是可以隨意調節權力的個體。新古典現實學者 Randall L. Schweller 即認為國際權力經常處於失衡狀態，因為權力平衡受制於決策者認知和國內諸多政治因素的影響，無法自動進行調節，還常出現諸多不調和現象，例如：有些國家是制衡過度（overbalancing）；有些是制衡不足（underbalancing）；也有制衡適度（appropriate balancing）和不制衡（nonbalancing）的。[10]Schweller 特別對制衡不足提出說明，他表示制衡對國家決策者言，不是件容易處理的事情，具有高度政治代價和不確定政策風險，此涉及到政治資源重新分配、國家利益和目標再確立，以及決策個人政治判斷與賭注。更甚者，不同決策者對外來威脅和制衡的必要性可能有非常不同的看法，同時決策過程可能將面對重重關卡和各種不同聲音和阻撓。Schweller 舉出有四項國內因素會影響制衡行動：（一）菁英共識——對制衡行動有否共識；（二）菁英和諧——菁英間能否遵循決策程序、相互尊重；（三）社會和諧——社會成員能否接受社會規範、和平相處；（四）政府合法性——政府是否有合法統治基礎。[11]上述任何一項因素如果發生分歧現象，都會產生困擾一國制衡決策行動，並容易導致制衡不足問題。

雖然 Schweller 並沒有直接回應為何權力平衡未對美國發生作用，不過從他的「制衡不足」論述中已間接回答權力平衡的限制，縱然國際體系的權力失

9　Gideon Rose, "Neoclassical Realism and Theories of Foreign Policy," *World Politics*, Vol. 51 (October 1998), pp. 144-172.

10　Randall L. Schweller, *Unanswered Threats* (Princeton, N.J.: Princeton University Press, 2006), p. 10.

11　此處「政府合法性」的原文是 government vulnerability，如果依照字面直譯，應該翻成「政府脆弱性」，但如此直譯法恐讀者無法理解，同時和前後文意形成不一致困擾，因此在這採取意譯，特此說明。參閱 *Ibid.*, pp. 49-50.

衡會導引國際成員進行權力調整，但是否能做有效的回應，在相當程度上還須決定在國內政治因素。

二、權力層面

　　權力平衡不以國際體系層面的觀點為限，它至少還應包括權力和制衡策略部分。基本上，權力平衡是從權力基礎出發，如果權力發生變化，或者對權力認知有不同看法，權力平衡的意義也會改變。同時權力平衡調整需要依賴制衡策略的運用，如果制衡策略起了變化，或者對制衡形式有新的認識，權力平衡可能有新的面貌。本節先討論權力平衡中權力層面的論述，下一節則討論制衡策略。

　　對於權力平衡為何不對美國發生作用，從權力層面言，近來至少有下列三項觀點主張。首先，以 William C. Wohlforth 為首提出美國權力超強論（preponderance of American power），美國強大到足以挫折任何國家的反制行動。[12]他認為美國是全方位的強權，當代國際社會前所未見的強大國家，該雄厚國力確立國際單極權力結構（但權力尚未集中到成為世界帝國型態）。在此單極結構下，國際社會和平穩定，不存在霸權爭奪，因為沒有任何次級強權可以挑戰美國；也不會引發權力平衡作用，因為次級強權既沒有能力，也不願意遭致美國敵意而付出代價，所以不但無意籌組對抗聯盟，還會紛紛扈從美國領導，甚至搭乘美國安全保護便車。美國的單極結構不是暫時現象，至少可持續數十年，除非底層權力分配發生變化，次級強權將不易對美國進行制衡。[13]

　　Wohlforth 強調單極權力結構是穩定的，此和 Waltz 的看法正好相反，兩者之間最主要差別在於，Wohlforth 從權力面切入，認為當權力差距達到一定程度時，會形成權力的壓制和主導效應；而 Waltz 則從體系的整體角度觀察，當權力不平衡時，則會產生回復平衡的動能，而形成權力調節的不穩定過程。Wohlforth 同時指出另一項重點，制衡對國家言不是件容易的事情，特別要制衡權力超強的美國。絕大多數國家畢竟都從各自角度思考安全而非國際整體，除非自身安全受到威脅，實在沒有必要去挑戰那個超強大國。

---

[12] William C. Wohlforth, "The Stability of A Unipolar World," *International Security*, Vol. 24, No. 1 (Summer 1999), pp. 5-41.

[13] *Ibid.*, p. 37.

　　其次，類似霸權穩定理論（hegemonic stability theory）的主張，[14]但不僅限在物質的權力，同時也強調權力的作用和價值，如果能善於運用權力，從事國際社會正面的角色功能，霸權可以成為善霸（benign hegemon），能創造公共財，有助國際社會穩定運作，此將獲得國際成員的支持。在此種情形下，霸權不但不是問題和威脅，反而成為正面資產，自然不會發生制衡權力的情形。

　　論者以為，在後冷戰時期，雖然美國是國際單極霸權，但是美國不但未對他國構成安全威脅，而且還是維護區域安全和經濟發展。美國受兩大洋隔離的地理位置，減少對區域國家產生直接威脅；美國在歐、亞區域的安全聯盟體系，成為該區域安全基石，不只防止區域強權興起，而且協助解決區域衝突；美國開放型經濟體制有助區域國家經濟發展，促進貿易自由化，提供廣大市場吸納出口商品，創造經濟成長的明顯利益；同時美國還能帶動區域國家的互動與合作，協助推動區域制度化的安排，形成區域整合的有利條件。從另外一個角度觀之，如果美國被其他強權所取代，是否能如同今日美國所扮演的正面良性角色，恐怕並不樂觀，既然如此，實在沒有必要制衡美國。[15]

　　再其次，另有學者從權力認知的角度來探討該問題，Stephen Walt 在 1980年代末期即提出「威脅平衡論」（balance-of-threat theory），[16]他認為權力平衡理論並不完備，權力僅是影響國家制衡的一項因素，而非唯一因素。權力本身不具特定意義，它的意義建立在權力的可能使用和外界認知。亦即權力增加雖然會引起警戒，但它是否會形成外界反應，還決定在它是否對他國構成威脅。Walt 以為國家籌組聯盟的目的是為制衡威脅，而非制衡權力。不過 Walt表示測量權力威脅並不是件容易的事，沒有特定客觀標準，有時很難確定那些因素具有決定性作用，但是整體而言至少可包括權力、距離（proximity）、攻勢能力（offensive power）、攻勢意圖（offensive intentions）和外交政策等。[17]

---

[14] Robert Gilpin, *War and Change in World Politics* (Cambridge, UK: Cambridge University Press, 1981).

[15] Michael Mastanduno, "Incomplete Hegemony and Security Order in the Asia-Pacific," in edited by G. John Ikenberry, *America Unrivaled: The Future of the Balance of Power* (Ithaca, NY: Cornell University Press, 2002), pp. 181-212.

[16] Stephen M. Walt, *The Origins of Alliances* (Ithaca, N.Y.: Cornell University Press, 1987).

[17] Stephen M. Walt, "Keeping the World Off-Balance: Self-Restraint and US Foreign Policy," in *America Unrivaled* (Ithaca, NY: Cornell University Press, 2002), pp. 121-155.

在該些因素中，權力增加是構成威脅的基本要素，但是否構成充份威脅條件，還決定在其他因素上。距離遠近具相當影響作用，距離遠者較不感受到威脅，但若近在咫尺則直接面對威脅。攻勢能力包括軍事武力和政治意識形態，如果具有長程、高度投射能量的武力，結合擴張性主義思潮與主導性強的政府型態，則極具威脅能力。攻勢意圖簡單來說就是指侵略擴張意圖，如果一國呈現明顯攻勢意圖，國際上較容易形成對抗性聯盟組合。至於外交政策作為，此會影響到國際對該國認知，和可能產生的回應行動，不論是正面或者負面。

就美國而言，Walt 認為雖然美國國力超強，國際權力結構成為單極，但是美國並未對其他強權國家構成威脅。美國受兩大洋分隔的地理位置，較不易對其他區域強權形成直接威脅，而美國在歐洲和亞洲所部署軍隊，概屬防禦性質，既不會對該區國家構成威脅，而且還是協助穩定區域的力量。另外，很明顯的，美國沒有侵略他國領土野心，也沒有控制他國意圖，外交政策上大多數時候展現交往和促進合作的作為。因此，不構成他國安全威脅，自然不會產生對抗性的權力制衡，所以從「威脅平衡論」觀點解釋，可以理解為何至今尚未發生制衡美國的國際行動。[18]

三、制衡策略

權力平衡另外一個部分乃是有關制衡策略，與前者論述不同的是，此方面論者以為制衡美國的行動已經發生和進行中，特別是在布希總統任內，只是採取不同的策略形式而已。傳統上，權力平衡的制衡策略以軍事手段為主，Waltz 所提出的「內部制衡」（internal balancing）——增加軍費、強化軍力，或者「外部制衡」（external balancing）——締結軍事聯盟，都屬軍事行動的制衡策略，但是除了軍事策略之外，應還可以包括其他策略形式。近來現實主義的學者陸續提出像「軟性制衡」（soft balancing）和「防範」（hedging）策略，此不僅可適用在超強美國身上，也可應用在區域強權。

軟性制衡是指不以軍事手段直接挑戰強權，但卻以非軍事手段來延宕、阻撓和破壞強權的行動和政策，迫使其付出代價而停止行動或改變政策。[19]軟性制衡的手段有很多，例如：拒絕強權過境，包括陸路、領海和領空，不同

---

[18] *Ibid.*, pp. 133-141.

[19] Robert A. Pape, "Soft Balancing against the United States," *International Security*, Vol. 30, No. 1 (Summer 2005), p. 10.

意提供後勤補給支援，透過國際組織延緩、阻止或否決強權片面行動，排除強權參與區域經濟組織，減少或停止使用強權貨幣，展現外交議題的相互合作，以及顯現制衡強權的決心和行動力。[20]簡言之，軟性制衡是硬性制衡（hard balancing）的前期階段，如果軟性制衡不發生效用，則可能朝向傳統軍事手段的硬性制衡方向發展。

論者以為軟性制衡在國際單極結構的環境下是有現實的必要性，因為硬性制衡所採取的強化軍力和軍事結盟都有實際的困難。[21]在多極結構下，自我強化軍力還有可行性，但是在單極形勢中，則不具可行性，無法達到制衡的目的，因此唯一的選擇就是軍事結盟，而且還必須是集體性的軍事結盟，若只是少數的兩或三個國家組成的軍事結盟，制衡力量仍然有限，而且可能被各別擊破。然而，集體行動不容易實現，它有難以克服的協調困難，沒有國家願意公然挑戰超強，以免招致報復，而且超強會在集體行動可能發生前，採取各別擊破的策略。是故，在此環境下，軟性制衡成為既能促使二等強權合作行使集體行動，但又不致於和超強公然對抗的緩衝選項。如果超強願意妥協，雙方可以回復到過去友好關係，但如果超強不願意調整行為或改變政策，則軟性制衡行動可以協助二等強權公然轉化成為硬性制衡的集體行動。

實際上，論者表示軟性制衡在後冷戰時期，已成為二等強權和國際社會成員制衡美國的重要運用策略。[22]不論在 1999 年的科索夫危機和 2002-2003 年伊拉克戰爭中，雖然國際社會無法阻止美國的干涉行動，但卻在相當程度上影響了整個事件的進行和後續安排工作，特別是在伊拉克戰爭中，前述的軟性制衡策略幾乎都發揮作用，讓布希政府付出慘重的代價，也迫使美國不得不重新調整政策，停止單邊主義的論述而回歸到多邊主義的主張。

基本上，「防範」也可稱得上是一種軟性制衡策略，不過它制衡的針對性較不顯著，預防和警戒的意義多一些，所以一般把它視為保險策略，多方壓注減低風險的作法。不過，防範仍有明確的目標對象和實際的政策措施，在對目

---

20 *Ibid.*, pp. 36-37.

21 *Ibid.*, pp. 13-18.

22 T.V. Paul, "Soft Balancing in the Age of U.S. Primacy," *International Organization*, Vol. 30, No. 1 (Summer 2005), pp. 46-71; and Javier Corrales, "Using Social Power to Balance Soft Power: Venezuela's Foreign Policy," *Washington Quarterly*, Vol. 32, No. 4 (2009), pp. 97-114.

標國未來動向不確定和不安心的情況下──或者維持友好、或者轉向威脅──當事國必須經營和其他相對應的強權友好關係，甚至是密切合作關係以作為防範因應。

雖然防範對單極超強的壓力有限，也沒有立即針對性的行動，但是它可以向超強傳達明確訊息，要求自我行為和政策的克制，否則會招來反對力量和可能代價的付出。所以，就針對性的行動言，防範可以說是軟性制衡的前期階段，或者是預防準備階段，在平時就著手經營和相關國家密切合作關係，包括建立國際議題的共同政策立場，和透過國際組織決議確立國際共同原則和規範，到了必要採取行動時，能立即獲得國際回應。

防範可說是後冷戰時期以來各國最常採取的策略，不只是國際強權間，而且區域小國也是如此。[23]各國願意傾向防範策略，主要是因為它具有彈性空間和選擇機會，既可以預為防備潛在威脅國家，但仍能維持交往，而且既可建立和強化與他國友好關係，又不須刻意疏遠潛在威脅國；同時適當運用防範策略可以達到和平制衡作用，亦即在維持和平現狀下，相互約制各國外交政策和行為。不過防範仍有其條件的限制，首要是不存在立即安全威脅，否則一切都沒有必要；同時雙方之間不存在重大意識形態隔離，不然會形成對峙；另外雙方對未來仍抱有和平交往的期待，否則防範也就沒有意義。

簡言之，從制衡策略的角度觀之，權力平衡並沒有對美國不發生作用，只是在美國並未對二等強權和極大多數國際成員產生直接威脅前，硬性制衡沒有啟動的必要，但是軟性制衡和防範都曾經發生或在進行中。

第三節 分析評論

根據前述的討論和分析可得到初步結論，現實主義學者對後冷戰時期權力平衡不發生作用持否定態度，以最具挑戰性的單極超強美國未遭遇制衡的議題而論，現實主義學者紛紛從不同層面和角度提出辯護和反駁，綜合前文探討，可歸納成為三項論點：（一）沒有必要──攻勢現實主義以為美國受地理因素限制，不會在其他區域稱霸，沒有制衡必要；美國權力超強論以為美國國力過

---

[23] Kuik Cheng-Chwee, "The Essence of Hedging: Malaysia and Singapore's Response to a Rising China," *Contemporary Southeast Asia*, Vol. 30, No. 2 (2008), pp. 159-85.

於強大，任何制衡都沒有必要；善霸論者表示美國在國際扮演正面良性角色，不需要制衡美國；以及威脅平衡論者認為美國不對二等強權構成威脅，因此亦不需要制衡美國。（二）需要時間──新現實主義以為單極結構所造成的權力失衡將會引發權力平衡的動能，但是該過程需要時間；以及新古典現實主義指出因受國內政治因素影響，權力平衡的過程會受波折，有時需要時間。（三）已經發生──不論是軟性制衡和防範的主張者，都認為權力平衡已經發生和正在進行中。

　　暫且不論上述論點是否合理和具有說服力，在此卻非常驚訝的發現兩個現象，其一幾乎所有不同派別和觀點的現實主義學者，皆跳出來為權力平衡辯護，此種難得一見的盛況實屬少見，大概是現實主義者都明瞭權力平衡是現實主義的核心內容，如果權力平衡遭到否決，現實主義也將面臨生存危機，所以搶救權力平衡，也就是搶救現實主義。其二在此搶救的過程中可以目睹權力平衡理論不斷被鬆綁。基本上，自新現實主義提出權力平衡理論的主張後，權力平衡似乎被新現實主義定於一尊，權力平衡屬於新現實主義，而新現實主義的主張就是權力平衡的主張，但是在近來重新詮釋的過程中，似乎為了達到挽救的目的，不得不將嚴謹的新現實主義主張鬆綁，俾能搭配多方觀點的解釋和辯護，結果權力平衡理論形成多元化發展的面貌。

　　前文在探討過程中，已經發現搶救權力平衡是經由三個層面的努力，即體系層面、權力層面和制衡策略層面，也就是把權力平衡一分為三，它的好處是化整為零、各別因應，不需要承擔整個理論的是非成敗，但是它可能的壞處則是將權力平衡理論拆成三部分，讓識者認知原來權力平衡的內容是如此繁複，至少可以分成三個或更多理論。Daniel H. Nexon 在論及近來權力平衡理論發展時，就認為可以分成三個理論：[24]第一，權力平衡理論（balance of power theory），此即是體系層面的理論，如新現實和新古典現實主義所屬的。第二，平衡權力理論（theories of power balances）[25]，主要是作為解釋體系內權

---

[24] Daniel H. Nexon, "The Balance of Power in the Balance," *World Politics*, Vol. 61, No. 2 (April 2009), pp. 330-59.

[25] Theories of power balances 依照字面的涵義應該翻譯成「權力平衡理論」，但如此一來就會與平常慣用的「權力平衡理論」（balance of power theory）發生重覆的問題，因此為了避免該困擾，並取其文字和意義的權宜考量，將其翻譯為「平衡權力理論」，讀者若有不清楚處，敬請參閱原文含義。Nexon, *Ibid*., pp. 338-340.

力平衡形成的理論，包括歷史制度經驗、規範運作、霸權興衰和滿足現狀與不滿足現狀成員的影響因素等。第三，制衡理論（theories of balancing），解釋國際成員採取制衡的原因和策略。

　　無論是本文提及的權力平衡三個層面的論述，還是 Nexon 所指出的三種權力平衡理論，兩者皆標示相同的發展方向，亦即權力平衡理論正從新現實主義鬆綁而出，走向多元化的理論建構，而且不僅於此，在每個層面的理論論述中，似都有朝擴大的解釋。舉例來說，在體系層面上，從原本的國際體系擴充至國內政治；在權力層面上，從原本權力基礎擴充到權力的性質、認知和意圖；以及制衡策略上，從軍事制衡延伸到外交、從直接延伸至間接。

　　然而，現在問題來了，此種擴大解釋是否有超越範圍之嫌？此種延伸說法是否有過度延伸或濫用之疑？權力平衡是否已失掉原意或甚至遭至曲解？簡言之，如果前文論述都成立的話，權力平衡就變得有好多種、權力面貌有好多樣，以及制衡策略有好多類，這當中到底哪一個能具有代表性？如此的作法是否將權力平衡增添得更加複雜和混亂、讓權力平衡變成一個大雜燴？在此情況之下，要如何評估權力平衡運作以及它的作用？此代表理論發展的進步或是倒退？是否需要為搶救權力平衡而付出這麼高的代價？

　　1990 年代末期，現實主義的批評者就曾經因為現實主義理論過度擴充，逐漸喪失核心理論主張，而指責現實主義者開倒車，現實主義理論乃退化理論。[26]如今同樣的情況似乎又將發生在權力平衡理論身上，以軟性制衡為例，評論者以為軟性制衡既不存在理論根據，也缺乏經驗應證，完全是空洞的假設。[27]首先，制衡必須放在權力平衡安全威脅的理論基礎架構中，而不是關注國家間的外交爭議；其次，國家間本就存在政策爭議和討價還價，即使盟國間都會發生，不能因此就歸類為軟性制衡；再其次，美國在外交上經常面臨挫折，但不會因此而影響美國安全威脅的能力。是故，依照上述評論說法，如果軟性制衡都不具權力平衡的理論根據，那麼防範則更加缺乏，更屬於空洞的假說。

　　國際關係學者 Inis L. Claude 在 1960 年代曾經表示權力平衡是個非常模糊

---

[26] Jeffrey W. Legro and Andrew Moravcsik, "Is Anybody Still a Realist?" *International Security*, Vol. 24, No. 2 (Autumn 1999), pp. 5-55.

[27] Stephen G. Brooks and William c. Wohlforth, "Hard Times for Soft Balancing," *International Security*, Vol. 30, No. 1 (summer 2005), pp. 72-108.

的概念，它可作為「均衡」、「權力分配」「外交工具」、「安全目標」和
「國際制度」等多種解釋，因此呼籲學界應試圖努力釐清該概念，進行理論化
工作。[28]1970 年代末期 Waltz 建立新現實主義理論，將權力平衡納入其中，建
立完整的體系化理論架構。冷戰結束後，因國際環境變化，現實主義面臨適用
的困難，權力平衡被迫要掙脫體系化理論的束縛，期能以較寬鬆角度來爭取理
論解釋的空間和與時並進的發展能力。無疑的，這是一個兩難的抉擇，理論期
待精進，但也期盼適用於現象。很明顯的，Waltz 堅持前者，至今未曾在新現
實主義和權力平衡的理論主張中稍做妥協，至於本文所論及的搶救權力平衡論
者則傾向後者，試圖開發可行的途徑。無論如何，目前兩者看似位居伸展線的
兩端，都存在過猶不及的困擾，是否有中間地帶可作為開關的空間，是接下來
值得探討的問題。

第四節 結 論

　　本文目的是在闡釋權力平衡理論求生的奮鬥，以及剖析該理論發展將面對
的挑戰。本文研究結果發現，為適應當前國際發展情勢，增加理論適用能力，
權力平衡理論正朝向鬆綁方向發展，而且該理論從既定的單一理論朝多元理論
轉型，此種發展取向或許能暫時解除權力平衡生存危機，但是恐將付出重大代
價，過度鬆綁將會失掉理論的嚴謹性，過度擴充將會喪失理論的特色與內涵。

　　國際關係環境在冷戰結束後確實經歷重大變化，不僅國際權力結構轉變，
而且國際間關係因全球化擴張已大幅轉型，同時國際安全的概念與認知也都與
過去不再相同，如果還要以傳統的國家主權和軍事安全為主軸所建構的權力平
衡作為解釋依據，實在和現實狀況格格不入。Waltz 認為國際體系本質和運作
規則都沒有改變，所以權力平衡理論不需調整，然而 Waltz 卻忽略國際關係的
關係、國際關係的思維已經發生重大變化，今日如果還期待會再爆發像 19 世
紀或 20 世紀的強權權力爭霸戰，將被視為不可思議，而且事實上也不需要花
這麼大力氣，非傳統戰爭豈不是正在取代傳統戰爭嗎？

　　雖然如此，權力平衡仍有它不可抹煞的價值，國際關係運作仍存在不同
形式和型態的權力平衡，制衡也一直是各國外交政策重要的指標和工具。所以

---

[28] Inis L. Claude, Jr., *Power and International Relations* (New York: Random House, 1962).

現在的問題不是權力平衡的存廢，而是權力平衡的轉型和再生。本文闡述的搶救權力平衡，許多展現此方面的努力和用心，但是另一方面也暴露出過於釋放的理論危機。因此，要如何尋求適當的途徑，調整當前多方搶救的主張，在不脫離以安全為本位的範圍，重新整合權力平衡理論，應可作為下階段努力的目標。

參考書目

Acharya, Amitav, "Will Asia's Past Be Its Future," *International Security*, Vol. 28, No. 3 (Winter 2003/04), pp. 149-164.

Brooks, Stephen G. and Wohlforth, William C., "Hard Times for Soft Balancing," *International Security*, Vol. 30, No.1 (Summer 2005), pp. 72-108.

Corrales, Javier, "Using Social Power to Balance Soft Power: Venezuela's Foreign Policy," *Washington Quarterly*, Vol. 32, No. 4 (2009), pp. 97-114.

Foot, Rosemary, "Chinese Strategies in a US-hegemonic Global Order: Accommodating and Hedging", *International Affairs*, Vol. 82, No. 1(2006), pp. 77-94.

Hurrell, Andrew, "Hegemony Liberalism and Global Order: What Space for World-be Great Powers?" *International Affairs*, Vol. 82, No.1 (2006), pp1-19.

Ikenberry, G. John ed., *America Unrivaled: The Future of the Balance of Power* (Ithaca, New York: Cornell University Press, 2002).

Kuik Cheng-Chwee, "The Essence of Hedging: Malaysia and Singapore's Response to a Rising China", *Contemporary Southeast Asia*, Vol. 30, No.2 (2008), pp159-85.

Lieber, Keir A. and Alexander, Gerard, "Waiting for Balancing: Why the World Is Not Pushing Back", *International Security*, Vol. 30, No 1 (Summer 2005), pp. 109-139.

Little, Richard, *The Balance of Power in International Relations: Metaphors, Myths and Models* (New York: Cambridge University Press, 2007).

Nixon, H. Daniel, "The Balance of Power in the Balance," *World Politics*, Vol. 64, No. 2 (April 2009), pp 330-359.

Pape, Robert A., "Soft Balancing against the United States," *International Security*, Vol. 30, No. 1 (Summer 2005), pp.7-45.

Paul, T.V., "Soft Balancing in the Age of U.S. Primacy," *International Organization*, Vol. 30, No. 1 (Summer 2005), pp. 46-71.

Paul, T.V., Wirtz, James J., and Fortmann, Michel ed., *Balance of Power: Theory and Practice in the 21ˢᵗ Century* (Stanford, California: Stanford University Press, 2004).

Roy, Denny, "Southeast Asia and China: Balancing or Bandwagoing", *Contemporary Southeast Asia*, Vol .27, No. 2 (2005), pp. 305-322.

Schweller, Randall L., *Unanswered Threats: Political Constraints on the Balance of Power* (Princeton, New Jersey: Princeton University Press, 2006).

Walt, Stephen M., "Alliances in a Unipolar World", *World Politics*, Vol. 61, No. 1 (January 2009), pp. 86-120.

Waltz, Kenneth N., "Structural Realism after the Cold War," *International Security*, Vol. 25, No. 1 (Summer 2000), pp. 5-41.

Wohlforth, William C., "The Stability of a Unipolar World", *International Security*, Vol. 24, No. 1 (summer 1999), pp. 5-41.

Wohlforth, William C. and Brooks, Stephen G., *World Out of Balance: International Relations and the Challenge of American Primacy* (Princeton, New Jersey: Princeton University Press, 2008).

Part 2

自由主義

第五章 古典自由主義：政治思想與國際 關係的對話

曾國祥

第一節　前　言

　　在國際關係的理論版圖中，現實主義與理想主義儼然代表著兩個對立的論述典範。[1]按照一般教科書的解釋，由卡爾（E. H. Carr）與莫根索（H. J. Morgenthau）所開啟的現實主義之中心信條包括：以國家為國際舞台的主要演員，將分析焦點定繫在權力政治與國家利益之上，以及假定國際關係是處於無政府的戰爭狀態。相較與此，始至威爾遜（Woodrow Wilson）「十四點和平計畫」的理想主義之根本信念則是：重視國際聯盟如國聯與聯合國在維持世界秩序上的功能，試圖提出一套普遍的道德理想如和平、民主與人權等作為國家行動的指引，以及對國際社會中的各種合作關係抱持樂觀肯定的態度。

　　進一步看，一般認為兩派陣營在國際政治學說上的各持己見，適巧反映出了近代政治思想史的基本分野。就思想淵源而言，現實主義的源頭可以上溯到馬基維利的國家理性與霍布斯的戰爭狀態；而理想主義則是緊密貼近自由主義的論述傳統，尤以康德永久和平論的影響最為深遠。循此，更就人性預設而言，現實主義著重利益對峙與權力衝突，理想主義則傾向於強調倫理規範的普遍價值，換言之，現實主義通常認真對待人的反社會性（anti-sociability），而理想主義則是立足於較高的道德視域來申述人的社會性（sociability）。關於這點，莫根索在其名著《國家間政治》（*Politics among Nations: the Struggle for Power and Peace*, 1948; 引自王逸舟，1999：61）裡，曾有如此的評述：

---

[1]　關於現實主義與理想主義（自由主義）國際關係理論的介紹，請參見：王逸舟，1999：第二章；Nardin and Mapel, eds., 1992: chaps. 4, 5, 7, 10; Smith, Booth, and Zalewski, eds., 1996: chap. 2, see esp. p. 57; Weber, 2001: chaps. 2-3, see esp. pp. 15-38; Sutch and Elias, 2007: chaps. 3-4, see esp. pp. 46, 70; Baylis, Smith and Owens eds., 2008: chaps. 5-6, see esp. pp. 103, 120.

現代政治思想的歷史，講敘的是這兩大學派在有關人性、社會和政治問題上的根本區別。第一種學派相信，產生於普遍有效的抽象原則的某種理性和道德的政治秩序，可以在現實中奏效。它以人性的善良為前提，責備社會制度在建立理性標準上的失敗；相信教育制度、改良方式和偶爾的使用武力能夠醫治各種社會痼疾。而第二種學派認為，世界產生於人性固有的暴力傾向，從理性的觀點看它必然是不完美的。為了改善這種世界，人們必須學會與各種武力打交道而不是單純地拋棄它們。在利益對立、彼此衝突的世界上，道德原則絕不可能充分實現，它充其量是透過利益的暫時平衡和衝突的不穩定協調得以表現。後一種學派在制衡的體系中發現了適用於所有多元社會的普遍原理，它求助的不是抽象的美妙言詞，而是歷史的經驗和智慧；它尋求得到的並非絕對完美的好處，而是不那麼糟糕的現實結果。後面這種注重人性真實和歷史啟示的學派，名字就叫「現實主義」。

在本文中，筆者將試著從政治思想史的角度，對此二元分類方式：「現實主義／國家理性／反社會性」vs.「理想主義／自由主義／社會性」，提出反省與檢討。筆者的主要論證大致如下：

第二節　主要論證

首先，有別於國際關係是「二十世紀的新興科學」（王逸舟，1999：35）的看法，本文的出發點是：在理論上，國際關係與政治思想是密不可分的思想合體；在歷史上，它們則有相同的思想根源。進言之，由於在近代「新政治學」興起的同時，西方諸強正展開著他們強權掠奪與海外殖民的歷史霸業，當時主要的政治作家如格老秀斯、霍布斯與洛克的政治思想，實際上都蘊藏著豐富的國際關係元素，尤其是涉及歐洲人與新世界原住民之文化接觸（cultural encounters）所產生的問題（如土地的使用權）。因此所致，這些作家對於個人行動性與人類處境的哲學假設，著實吸納了他們從當時國際現勢中所得到的經驗觀察。換句話說，在近代自然法的轉折過程中，推導自由主義進程的知名作家，在描述自然狀態中自然人的屬性時，其實已將國家的殖民活動投射於其中。也就是說，在他們的著述裡，自然狀態中的自由行動者（the liberal agent）大抵上是類比於國際社會中獨立的主權國家。[2]因此，光從近代作家對於自然狀態中人性傾向的爭辯（自利或他利、反社會性或社會性），並無法正確地評估他們政治思想與國際政治理論的定位（專制主義或自由主義、現實主義或理想主義）。

　　事實上，從思想史的視野來看，我們今天所泛稱的古典自由主義，在人性議題上，存在著一條比一般認知還要長遠的敘述傳統。依據塔克（Richard Tuck）的研究，從格老秀斯、霍布斯，經由洛克、孟德斯鳩、瓦代爾（Emmerich de Vattel）、盧梭，延續到康德的人性論傳統，主要源自文藝復興後期的新人文主義（new humanism），其組成元素除了懷疑主義（skepticism）之外，還添加上了斯多葛主義（stoicism）和國家理性觀念（Tuck, 1993, 1999）。從歷史的後見之明來看，這一可統稱為人文懷疑主義（humanist skepticism）的論述典範之最為顯著的特質，是以個人的「自我保全」（或簡稱「自保」）（self-preservation）取代亞里斯多德及其中古代言人阿奎納的理性體系，作為道德生活與道德論證的起點，從而開創出了深深影響著現代政治世界的「道德極簡主義」（moral minimalism），也就是提出一套「最低限度之道德規範」，作為公共生活的共同基礎。

　　在此轉折過程中，格老秀斯與霍布斯的主要貢獻，即是引入傳統自然法的語言，並將其改造成一套以自保為核心的「自然權利」體系；如此，他們不但衝決了前現代社會的目的論基礎，並且為古典自由主義的個人自主問題，提供了一個必要的理論起點。換言之，從格老秀斯與霍布斯以降，因為人的自利與自保所產生的價值衝突與利益矛盾，不但意味著「現代世界」的來臨，同時也構成了現代政治哲學的主要課題：異中求同。就此而言，誠如我們稍後所將看到的，即便是號稱理想主義導師的康德之政治思想，並不是一開始就假定了人的社會性，剛好相反，康德所設想的自然狀態與國際自然狀態都是霍布斯的戰爭狀態。嚴格地講，康德與霍布斯的不同，不在於康德漠視人的邪惡本質，而在於他對於消解「政治邪惡」，亦即脫離戰爭狀態的作法，與霍布斯有所不同。

　　綜上所述，形塑古典自由主義人性論的兩根支柱是：殖民主義（或擴張

2　因此，論者有謂：恰如「自主」（autonomy）一詞的希臘原文是指「擁有自己法律」（having one's own laws）的城邦，近代政治思想對於個人自主，亦即享有獨立道德能力之主體的理解，也是根植於個人與國家之間的某種類比關係（Tuck, 1999: 226）。

主義）與懷疑主義。就此而言，一般有關現實主義與理想主義的二元分類，
或有可能是建立在兩個值得檢討的政治思想「史觀」之上：（一）在對現實
主義的詮釋上，主流史觀貶低了霍布斯對於自由主義之歷史發展所帶來的影響
與衝擊；而 20 世紀以來，美國行為主義革命對於價值問題的揚棄，不但深化
了霍布斯作為一位科學唯物論者的刻板印象，更擴大了政治思想與國際關係
之間的研究鴻溝：規範世界與經驗世界的斷裂；（二）在對自由主義的詮釋
上，主流史觀誤以為康德的永久和平論，完全是以個人尋求相互尊重的（道
德）行動性與彼此合作的社會性為其基礎，從而漠視了康德對於霍布斯以來
西方自由主義試圖從自我利益與反社會性出發，尋求「最低限度之社會性」
（minimalist sociability）的論述傳統。事實上，對康德而言，人類社會的基
本構成指向「社會性與反社會性的對立」（the antagonism of the social and the
anti-social），而這正是霍布斯政治哲學的基本命題所在。

　　囿於篇幅，後文的討論將盡量集中在反思自由主義的主流史觀，而暫不論
及一般對於霍布斯政治思想所存在的偏見。[3]在筆者看來，沾染擴張主義與懷
疑主義色彩的古典自由主義，不但同時影響現實主義與理想主義的歷史起源，
也根本性地注定了現實主義與理想主義爾後盤根錯節的交錯發展。以下，筆者
將扣住人性論題與殖民經驗，簡介格老秀斯、霍布斯、洛克與康德的國際政治
思想。而在文章的開始，筆者則有必要先行略述西方懷疑主義的思想概況。

第三節　懷疑主義

　　基本而言，西方懷疑主義有兩條傳統[4]：皮羅主義（Pyrrhonism）與學
院派懷疑主義（the Academic scepticism）。除了少數例外，整個懷疑主義傳
統幾乎銷聲匿跡於中古時期。然而，從 16 世紀以來新懷疑主義（*nouveau
Pyrrhonism*）的復甦，尤其是經由蒙田（Michel de Montaigne）的提倡，不僅
直接成為宗教改革論戰的主要哲學武器，甚至扭轉了近代哲學的整體走向，

3　關於第一道議題，尤其是霍布斯自由主義思想的詮釋，是筆者在其他地方的研究重
　　點。請參見：曾國祥（2009）。

4　有關古典懷疑主義的簡介，請參照：曾國祥，2009: 73-77。關於這一主題之更翔實的
　　探討，則請參見：Tuck, 1993: chaps. 1-3.

也就是觸發了所謂的「懷疑主義危機」（*crise pyrrhonienne*）。[5]因為，在最根本的意義上，懷疑主義所挑起的議論，恰恰指向人類理性的正確意義。雖然如此，近代懷疑主義並沒有因而走向棄置人類生活意義的虛無主義，相反地，不論古典或近代懷疑主義的最大旨趣，其實都是想要消除人類為了追求知識與信念所引起的焦慮，以便達到心靈的平靜，得到人生最大的「智慧」（wisdom），過著懷疑主義的生活方式。若以本文的題旨來說，則懷疑主義的重要性在於，透過挑戰亞里斯多德主義的知識傳統與道德體系，懷疑主義不僅逐漸鬆動了經院哲學的影響，並轉而與斯多葛主義結合，提出自我保全（self-preservation）的觀念，作為公共生活新的道德基準。

更清楚地說，懷疑主義可謂是文藝復興後期所興起的一種文化流風，而隨著懷疑主義的復甦，文藝復興前後時期的人文主義學者之間於是出現了重要的歧見。[6]若以政治思想而言，則兩者之間最大的差別在於下列三點（Tuck, 1993: chaps. 1-3）：（一）舊人文主義學者的道德論述基本上仍是遵從西賽羅的訓誡，新人文主義學者則是搬出泰西塔斯（Tacitus）作為楷模；（二）比起前者，新人文主義學者更加重視商業與經濟議題，從而成為國家理性的辯護者；（三）新人文主義學者推導出國家理性的哲學配備，正是懷疑主義與斯多葛主義。就此而言，馬基維利雖是 16 世紀國家理性論述的開創人物，但從新人文主義的立場來看，與馬基維利同時代的 Francesco Guicciardini 反而更有資格被當作國家理性觀念的開山祖師。因為嚴格地講，馬基維利縱使在《君王

5　根據 Richard Popkin（1979, 2003）的研究指出：*nouveau Pyrrhonism* 主要是因為宗教改革所引發的知識危機而重現於近代舞台，換言之，因為新教領袖如 Luther 與 Calvin 基本上是訴諸理性作為個人通往上帝之路，所以，*nouveau Pyrrhonism* 對於理性的質疑，乃成為天主教徒用來攻擊新教之信仰基礎的邏輯武器，亦即，主張「中止理性判斷」以便讓位給「信仰」（faith）。雖然皮婁主義者與天主教徒的結盟（the alliance of Pyrrhonists and Catholics）與提倡「fideistic Christianity」，可以上源自 Erasmas 與 Castellio，中間經過 Montaigne 與 Pierre Charron 的轉化，而迄於 Vernon；不過，隨著辯論的進行，懷疑主義慢慢成為新教徒與天主教攻擊對方的策略。如此，原本有關「信仰之判準」的爭議，遂逐漸演變成有關「知識之判準」的爭議，從而引發「懷疑主義危機」。

6　若以蒙田著手撰寫其論文集的 1572 年為分界點，則我們可以說，16 世紀前面四分之三的時光，是「舊人文主義」蓬勃發展的年代，16 世紀後面二、三十年的尾聲，則是「新人文主義」崛起的時刻。

論》中仍然延續西賽羅主義的路線，強調共和自由的價值以及愛國心的道德意義；相對地，Guicciardini 不但將「利益」的詞彙引進政治論述之中，並強調國家的暴力起源，而且正是在他的著作裡，我們首次看到了「國家理性」這個概念的出現（Tuck, 1993: 38-39）。

　　事實上，懷疑主義與斯多葛主義在後期文藝復興的邂逅，與蒙田的論著有著極大的關連。限於題旨，此處我們僅需留意這兩派學說所共有的一個特點：強調自我保全的觀念。申言之，從前文有關懷疑主義的定義可知，不論古典或近代懷疑主義原則上都包含兩層內涵：在知識論上，質疑理性可以為我們建立有關知識與信念的客觀基礎；在道德上，則是要求我們「擱置判斷」以追求「懷疑主義的生活方式」，亦即獲得人生的智慧。同樣地，斯多葛主義也主張我們應該排除情感與慾望，以追求自保的智慧。以此論之，這兩派學說的合流意味著人必須藉著控制自我的信念或慾望，方能獲取最有利於自我的東西：秩序。不僅如此，受到泰西塔斯著作的啟發，新人文主義學者同時認為政府具有類似於自我的特質，因此，國家的統治者必須透過馴服與教化人民，來確保國家最大的利益，亦即安全（see esp. Tuck, 1993: xiii-xiv; 1999: 5-6）。至此，近代思想史上的國家理性論述雛形，大抵確立。

　　當然，新人文主義並非沒有競爭對手，而當時強力的反撲力量，主要來自依然深受亞里斯多德與經院哲學所洗禮的教士與神學家（Tuck, 1993: chap. 4）。順此發展，西方國際關係理論於是在 16 世紀末業展開了一次重要的會戰：以 Alberico Gentili 為代表的（新）[7]人文主義學派，對抗以 Luis de Molina 為代表的經院哲學作家。這兩派陣營在國際政治思想上的立場大致如下（Tuck, 1999: chap. 1）：對人文主義學者而言，（一）由於真理與道德的客觀基礎並不可信，「懷疑主義的生活方式」因而意味著個人的自我保全，才是

---

[7] 值得注意的是（Tuck, 1999: 10-11）：雖然 Gentili 屬於後期文藝復興的人物，但是他並未從西賽羅主義轉向泰西塔斯主義。換言之，在國際政治思想上，前述新舊人文主義的區別似乎較不顯著。簡而言之，這主要是因為西賽羅與泰西塔斯對於共和體的道德屬性以及公民的相互關係存有異見，但即便西賽羅也僅止於強調個人在必要時必須為國家犧牲自我利益，並未主張一個共和體的利益應該屈從於其他更大的人類社群。所以，特別在國際戰爭的問題上，西賽羅主義實際上仍可提供國家理性論述有用的歷史資源。

道德與政治生活的重點；（二）在轉向羅馬作家（如西賽羅）[8]尋求思想啟發時，人文主義學者進而認為，國家生存的重要性高過一般所設想的道德限制，例如我們可以依據共同體的利益（the interests of *respublica*）來證成戰爭的合理性；他們甚至認為，在可能引發戰爭的關鍵時刻裡，國家可以基於恐懼的理由，擁有「先發制人」的權利（the right to pre-emptive strike）；（三）就此而言，國家已然被看成是自主的行動者（an autonomous agent），可以根據一組單薄的道德要求，來從事其活動。

　　相較於此，對經院學者而言（Tuck, 1999: chap. 2），（一）我們可以在多瑪斯主義（Thomism）的基礎上，找到放諸四海皆準的一套名為自然法的道德標準，而國家的角色與功能則是聯繫著由自然法所提供的廣泛的道德義務；（二）藉著這套標準，我們可以正確判斷戰爭的必要性，而當時的經院學者，大體上正是靠著這套標準，批評歐洲強權的軍事入侵，尤其是征服美洲大陸。換言之，西方近代理想主義或和平主義的思想，其實是源自於一個更為古老與守舊的傳統：那些企圖維持亞里斯多德主義與多瑪斯主義的傳教士與（傳統）自然法學家。然而，除了 17 世紀的普芬道夫（Samuel Pufendorf）是個顯著的例外，這條傳統之後乃慢慢地被人文主義的國家理性、自我利益與反社會性論述所取代；（三）在多瑪斯主義的支持下，經院學派反而具有更強烈的世界主義思想（cosmopolitanism）。

■ 關鍵詞

- **懷疑主義**：根據 Sextus Empiricus 所留下的文本，懷疑主義的標誌是：「對於每一個論證，都有一個相反的論證可以提出」（PH 1.203）。因此，懷疑主義試圖對所有正反兩面的論證提出「平衡解消」（"equipollence"; *isostheneia*），以便說明「兩個相互衝突的論證沒有任何一方比另一方更為可信」（PH 1.10）。同時，懷疑主義者還發展「轉義」（tropes）策略，例如著名的「十種模式」（Ten Modes）來說明事物之真實本質（the real nature of things）的不可理解。

（續）

8　注意：是西賽羅，而非泰西塔斯。請參見前一註腳。

■ 關鍵詞（續）

• 懷疑主義生活方式：由於質疑理性論證的可信度以及真實本質的可知性，懷疑主義進而主張對所有問題「中止判斷」或「擱置判斷」（"suspend judgment"; *epoche*），亦即，擺脫來自獨斷論的一切焦慮，以獲得心靈上的「平靜」（"tranquillity"; *ataraxia*）。如此，所謂的「懷疑主義生活方式」（the sceptical "way of life"; *agoge*）（PH 1.1, 1.4, 1.21-2），包括以下四者：（1）自然的指導；（2）情感的驅策；（3）法律與習俗的傳統；（4）各種生活技藝的指引（PH 1.23-24; cf. 1. 231）。

• 後懷疑主義政治思想（post-sceptical political thought）：在此，後懷疑主義基本上是指若干近代哲學家因身處「懷疑主義危機」中，所不斷面臨的此一特殊的「知識困境」（epistemic predicament）：由於人類認知（與行動能力）的不完美性，我們似乎無法完全駁斥懷疑主義的挑戰，找到客觀無誤的道德與知識基礎，進而建立永不出錯的世界秩序；但我們若因此之故就全盤否決人類理性的作用，卻也有不妥之處，因為這樣一來我們勢將陷入沒有良知與缺乏生活指引的虛無主義陷阱之中。因此，哲學的主要任務，即是在獨斷的理性主義（dogmatic rationalism）與極端的懷疑主義（total scepticism）兩者之間找到一個適當的中間立場，以便平衡人類判斷的無盡衝突與人類能力的必然限制。

第四節　格老秀斯

順此而論，在追溯近代政治思想與國際關係的聯繫上，格老秀斯具有舉足輕重的地位。因為，根本而言，格老秀斯正是將前述人文懷疑主義的自保觀念、國家理性與近代自然法理論予以重新連結的創始者，而藉著將自保理解成建構一套「普遍的自然權利」（universal natural rights）的核心要素，格老秀斯於是著實影響了霍布斯、甚至於自由主義的後續發展（Tuck, 1993: chap. 5; 1999: chap. 3）。

更具體地說，格老秀斯可被看成是後懷疑主義政治思想（post-sceptical political thought）的開創者：試圖為公共生活尋找新的道德基礎，來回應源自

後期文藝復興的「懷疑主義危機」。據此，我們或不妨說，格老秀斯的獨到之處在於，他精巧地將懷疑主義作為一套知識理論與懷疑主義作為一種生活方式這兩種觀點加以區隔。換言之，對格老秀斯而言，懷疑主義的生活方式，亦即藉著排除信念的衝突而成為一位「智者」的道德心理趨力，是具有說服力的，因為，如前所述，這恰恰意味著自保是人類行為的基本動機。然而，與蒙田不同的是，格老秀斯進一步將自保定義成最基本的自然權利，並以科學（數學）思維的方式（see esp. Tuck, 1993: 171），從這一最基本的自然權利推論出一套最低限度的自然法（minimalist natural law），也就是一套自然權利體系，從而改變了近代自然法的歷史發展方向：從自然目的論到自然權利論。藉著自然權利體系的建立，格老秀斯於是避開了極端懷疑主義的挑戰，並免除了相對主義的侵蝕，因為這些權利是「普遍」的。儘管如此，我們卻又不能低估懷疑主義在這裡面所起的作用，因為相較於傳統自然法，這套自然權利體系實際上是非常簡約與單薄的：事實上，以自保作為原點，[9]格老秀斯所推論出來的人類義務原型大抵如此：除非為了自保之故，否則不要隨意傷害別人，也不要任意奪取別人的財富（Tuck, 1993: 173）。

　　前文提及：近代國家在國際舞台上的競爭角色與懷疑主義對於普遍真理與客觀道德的揚棄，是本文詮釋古典自由主義人性論的兩大依據。在說明了格老秀斯依然帶著部分懷疑主義色彩的自保觀念後，我們現在可以轉向探討其對當時歐洲擴張主義的看法。事實上，就外部的現實環境而言，格老秀斯同樣清楚地意識到了在一個現代國家逐漸成形，並積極經營海外活動的時代，人們對於財產權的看法已經無法遵循原先自然法的論述規模。在這方面，年代稍早於格老秀斯的西班牙自然法學家索瑞芝（Francesco Suares）的看法最具代表性。索瑞芝認為，只要人沒有自甘墮落犯下罪刑，背棄上帝的恩寵，其自由便應受到保障，不受權威的強制約束。

　　然而，對格老秀斯來說，索瑞芝所繼承的自然法傳統，忽略了一個重要的問題，亦即，社會生活的首要任務不僅是維護個人自由，更需容許私有財產的存在。因此，自然法雖然是上帝智慧的結晶，而人也可以透過理性來認識自

9　在 *Prolegomena to De Indis* 中，格老秀斯列出了兩條最基本的自然法則：「First, that *It shall be permissible to defend [one's own] life and to shun that which threatens to prove injurious*; secondly, that *It shall be permissible to acquire for oneself, and to retain, those things which are useful for life*」(quoted in Tuck, 1993: 173).

然法的內容，但為了因應時代新局，我們同時需將自然法轉化成一套自然法則與自然權利，以作為支架社會生活的正當基礎。因此，在著名的《戰爭與和平的權利》（*The Rights of War and Peace*）中，格老秀斯指出：「依據人的社會性，……，或吻合人類理性的方式來維持社會的運作，即足以構成私有財產最適當的基礎」（WP: xvii）。

　　不僅如此，由於身處列強競逐海外商業利益的年代，格老秀斯同時認為，在國際社會中，國家為求自保應該擁有包括宣戰在內的廣泛權利，以維持自身安全。故此，在國際政治方面，格老秀斯傾向於接受「處罰的國際權利」（an international right to punish），並主張國家擁有佔領與開墾未被新世界之原住民族所適當使用之土地的權利，因為這些原住民族只是土地之使用者（users）而非所有者（owners）。而此處，值得特別強調的是：格老秀斯基本上正是從他對國際社會之現實狀況的觀察，來界說自然人的行動性。換言之，格老秀斯比原先的人文主義學者更往前跨進一步的地方是：他還把個人與國家的類比及其複雜的行動性，帶進近代政治思想的討論脈絡之中。

　　事實上，正是在對國際局勢的觀察中，格老秀斯注意到了這一事實：單憑自然法的力量，並無法創造出穩定的社會秩序，因為個人就像國家一樣，不但具有社會性，也同時具有侵略與爭奪的反社會性。基於他對國際現實的深刻體悟，格老秀斯於是得出了這一心得：就像國家為求生存，必須擁有一套國際權利，人們如果想要建立一個足以保護個人自由與財產的社會，也應該以自保為核心價值，建立一套自然權利體系。換言之，既然處在公民社會中的個體，就像處在國際社會中的國家一般，擁有一套不可被任意剝奪的權利，以追求自我利益，因此，我們道德論證的起點，必須從這一核心價值出發。

　　如一般所知，這正是西方人權思想的濫觴。但說來有些弔詭，不管是格老秀斯或是稍後的洛克，其思想中的自然權利體系，原先並不是被用來追求今天理想主義者所談論的國際基本人權與平等尊重。相反地，他們的著眼點主要還是集中在個人自保與國家利益。

第五節　霍布斯

　　和格老秀斯比較起來，當代讀者應該比較熟悉霍布斯的著述。然而，基於本文的題旨，此處只想指出以下要點：首先，與傳統教科書的科學唯物形象有

所不同，晚近霍布斯研究的重點，主要在於爬梳霍布斯思想中源自後期文藝復興的懷疑主義思維。此外，論者也注意到了霍布斯的政治著作其實深受當時英國殖民主義及其相關辯論的影響，尤其是 John Seldon 之傾向於格老秀斯的立場（Tuck, 1999: 109-126）。最後，從本文的寫作理路來看，霍布斯有關「人與人相互為敵」的人性描寫，並不宜單純地被看成是現實主義的思想起源，因為有關自利與反社會性的思考，實際上也構成了（一般所謂的）自由主義之人性論的重要內涵。

更具體地說，霍布斯在其主要著作中有關自然狀態的描述，並非是毫無現實經驗基礎的歷史空想。就以成熟時期的《利維坦》為例，其中有一段話是這麼寫的：

> 就具體的個人來說，人與人相互為敵的狀態雖然在任何時代都沒有存在過，然而在所有的時代中，國家和最高主權者由於具有獨立地位，始終是互相猜忌的，並保持著宛如羅馬競技場裡勇士們（Gladiators）那般的狀態和姿勢。他們的武器指向對方，他們的目光相互注視，也就是說，他們在國土邊界上建築碉堡、派出邊防與架設槍砲。（LT: 90）

根據塔克的研究，這段文字恰恰可以被當成是霍布斯把國際現勢的衝突寫進自然狀態中的一個明證。換言之，霍布斯基本上接受格老秀斯的觀點，將個人的行動性類比於國家在國際舞台上的活動特質。

不僅如此，霍布斯同時受到懷疑主義的思想感染，接受其對於理性所提出的嚴峻挑戰，顯著的例證包括：反對理性主義神學，亦即認為上帝存在的問題，不是理性可以理解的；強調人類情感的驅力及其與動物之間所存在的若干相似性；攻擊亞里斯多德主義（如《論公民》）與中古主流的經院神學（亦即多瑪斯主義）；以及否定事物之自然本質的存在及其可理解性。[10]事實上，正

---

[10] Gianni Paganini（2003, 2004）在最近的研究中於是指出：霍布斯的著作，尤其是《論物體》（De Corpore），所常使用的字眼如「appearance」，「fancy」，「phantasmata」和「phenomena」，其實都可以在蒙田所繼承的皮裹主義傳統中，找到相關的出處與相應的內涵；就此而言，霍布斯的唯物主義實際上受到蒙田與皮裹主義的影響，甚至可以被看成是皮裹主義反對「實在」與「表現」之區分的「現象主義」（phenomenalism）的一種翻版。

因為霍布斯認為理性的使用有其界限，因此，在從理性角度追溯政治共同體的
「形成原因」之後，霍布斯乃轉而為人類政治活動另外開闢一個新的領域，此
即「意志」（will）。誠如論者所言：「就政治哲學而言，伴隨著懷疑主義質
疑理性推理之基本教義而來的，即是以意志取代理性作為政治權威的基礎」
（Franco, 2000: ix-x）。

　　如此看來，比起格老秀斯，霍布斯儼然受到了蒙田更多的啟發。因此，
論者指出：正如蒙田的懷疑主義鼓勵我們放棄信念的爭執以求自保，並依據法
律與習俗而生活，霍布斯同樣認為，為求自身的安全，我們應該割捨自我的判
斷，而依據主權者所頒布的法律來生活（Tuck, 1993: xvii, 346）。換言之，為
了避免公民因對知識與宗教問題出現重大歧異而引發內戰，亦即杜絕極端懷疑
主義的危害，霍布斯於是搬出「主權者」的絕對權威，作為化解社會紛爭的
「知識裁決力」（epistemic power）（Tuck, 1991: xv, xvii）。

　　雖然如此，從後懷疑主義的觀點來看，霍布斯的立場卻又與蒙田有所區
隔，因為，我們不要忘了，霍布斯同時是現代「政治科學」的創始者。換言
之，霍布斯的歷史地位正是在於他成功地將政治科學、自然權利、自然法的語
言與原先人文懷疑主義的自我保全、國家利益、權力爭奪等陳述扣連起來，並
從而開創了現代政治理論的歷史格局。但從前文的討論可知，在這個意義上，
霍布斯的學術成就實須歸功於格老秀斯稍早的努力（Tuck, 1993: 347）：很明
顯地，霍布斯實際上是追隨格老秀斯的腳步，以自保為自然權利的首要原則。
關於這點，霍布斯在解釋自然法之性質時，即已顯露無遺：

> 自然法是理性所發現的誡律或一般法則。藉此法則，人們被禁止去做
> 損毀自己生命或奪取保全自己生命之手段的事，並避免不去做自己認
> 為最有利於生命保全的事。（LT: 91）

持平而論，霍布斯與格老秀斯最大的差別在於，對霍布斯而言，自保的核心意
義在於避免死亡這一「至惡」的發生。因此，為了一勞永逸地避開政治共同體
的死亡，亦即內戰的危機，霍布斯嚴正地主張，當時的英國必須建立一位絕對
的主權者。要之，「利維坦」正是霍布斯對於「懷疑主義危機」的最終回應。

　　由此看來，立足於國際處境的現實考量以及知識論上的懷疑主義，[11]霍布

11　從前文討論可知，與格老秀斯不同，霍布斯同時嚴肅對待懷疑主義的知識論後果。之
　　後英國哲學的發展（如洛克、休謨與密爾），基本上依循著霍布斯而非格老秀斯的問

斯對於人性，乃至於政治活動的本質，一概抱持戒慎恐懼之心。然而，霍布斯以恐懼和自保為基礎的人性理論，不但是現實主義的源頭，同時也左右了自由主義的後續發展。表面上看，霍布斯（與格老秀斯）對於自由主義發展所提供的最大啟發是：主權者的權威必須經由公民的同意。但進一層看，由於霍布斯認為人們用以判斷真理與道德的客觀理性標準並不存在，因此，從人性的自利與自保所推論出來的政治道德（political morality），只能是一組最低限度的道德，亦即，確保公民的「和平與安全」（peace and safety）。[12]縱在今天，這裡面所蘊涵的「道德極簡主義」，依然主導著主流自由主義的哲學論證方向，羅爾斯即是顯著的例證。

　　然而，正也因為受到了懷疑主義更大的制約，霍布斯並不認為我們可以在國際社會中找到一個更高的制裁力量，作為國家以外的權威基礎，換言之，對霍布斯而言，我們不可能從人性的根本結構及其預設推論出「國際利維坦」（international Leviathan）。相反地，由於個人自保的落實，必須依靠一個「和平與安全」的政治共同體，因此，主權者對於威脅該共同體的外部武力威脅，可以基於「和平與安全」的理由，發動戰爭，予以排除。

第六節　洛　克

　　我們的篇幅不允許我們更深入地探索霍布斯的思想。在簡單說明霍布斯於自由主義思想系譜中所應佔有的地位之後，我們必須轉向洛克這位普受世人推崇的古典自由主義大師，尋找他思想中的懷疑主義身影以及他對英國殖民主義

題意識：同時回應懷疑主義的知識危機與道德危機。
[12] 依據歐克秀（Michael Oakeshott）的詮釋，霍布斯因此不但是公民結社的理論導師，同時也是自由主義之哲學根源的奠基者。因為，在懷疑主義、個人主義、唯名論與唯意志論所構成的思想系譜中，對個人自由造成嚴重威脅的，不是絕對的主權者，而是古典的理性概念以及那些被假定為「知道至善」或「知道如何進行最佳統治」的統治者。因此，歐克秀為霍布斯做出了此一著稱的辯解：「對個體性造成破壞的，是理性，而非權威」；就此而言，「霍布斯不是一位專制主義者（an absolutist），正因為他是一位權威主義者（an authoritarian）」：霍布斯，雖然沒有自稱為自由主義者，卻比許多自由主義的辯護者，有著「更多的自由主義哲學」（Oakesbott, 1991: 282-283）。

的正面評價。

　　就像霍布斯一樣，懷疑主義也是晚近洛克研究的重點之一。雖然我們沒有直接證據可以確定洛克對於懷疑主義的繼受，但根據唐恩（John Dunn）的詮釋：

> 洛克對於政治的看法，是遲疑的、**懷疑論式的**；他眼中的政治包括一系列因時制宜的實際成就，但絕大多數卻非常明顯是失敗的；他認為政治是一種不完美的，且往往十分粗暴的競爭過程，若以**經得起考驗的信任**為基礎，也許會出現較好的結果，但常見的情況則是因背信或暴力壓迫而導致災難。由此觀之，洛克稱得上是所有偉大政治思想家中最不烏托邦的，在某些方面甚至比馬基維利或霍布斯還不烏托邦。洛克沒有政治上的解決方案，也拒絕提供一個明確的政治終點（一個先驗的政府形式，如民主）。他深知政治絕不可能進行地非常好，而且總有可能變得非常可怖。（Dunn，蔡孟翰譯，2006：65-66；黑體部分為作者所加）

　　不僅如此，洛克對於政治的遲疑態度似乎和他（溫和的）知識論懷疑主義有關；（單就這點而言，洛克處理懷疑主義的方式反而比較接近霍布斯而非格老秀斯）。換言之，如何面對理性與人性的不確定性，儼然是洛克終身所煩憂的心智問題。更具體地說，洛克基本上認為，人的自由表現在其思考與判斷之中，[13]而作為自由之行動者的人們，唯有在充分理解什麼是其行為過程所追求之目標的前提下，才有必要為其發動行為的信念徹底負責。然而，從洛克的知識理論來看，「完全理解」與「徹底負責」並無法奠基在人類不完美的認知與行動能力之上。[14]故此，對洛克而言，如何找尋政治生活的共同道德基礎，乃

---

[13]　引述洛克的一段原文：「Man is put under a necessity by his constitution, as an intelligent Being, to be determined in *willing* by his own Thought and Judgment, what is best for him to do: else he would be under the determination of some other than himself, which is the want of liberty」（HU: 264）.

[14]　引述《人類理解論》（*An Essay Concerning Human Understanding, 1689*）中的兩段話來說：人沒有固有觀念（innate ideas），「一切的推理都是在探索與尋覓，需要付出勞苦和勤勉」；因此，「所有人都易於錯誤（Error），而多數人在多數場合中，受到激情與利益的誘惑，更有犯錯的原因」（HU: 52, 718）。加上人類語言的不完美性與不確定性、模糊與分歧，時常像「一片迷霧」（a mist）（HU: 488）那樣地蒙蔽我們

是一個棘手的難題。

　　話雖如此，從後懷疑主義的歷史架構來看，洛克的時代背景已經不再是蒙田懷疑主義的鼎盛時期，而洛克親身所面臨的 17 世紀英國政治風暴，更促使了他力圖在理性（人類用以認識自然的能力）之外，尋求行為之可靠的理據，從而避開極端懷疑主義的糾纏。在唐恩看來，關於這個嚴肅而迫切的實踐問題，洛克在其心中經年累月所醞釀成形的答案，其實始終環繞著新教倫理。換言之，作為一位虔誠的新教徒，洛克自始自終都沒有忘掉，人類的知識、道德、乃至於政治活動的真正基礎，無一不是繫於上帝的意志。也就是說，洛克雖然質疑人具有通透理解自然之深奧的能力，卻從未質疑人必須聽從上帝揭示給人類的指令與義務。[15]而為了說明包括政治活動在內的人類行為終究可以找到較為穩固的磐石，洛克最終的解答，其實是搬出喀爾文新教的「使命」或「志業」觀念，來充當人類活動的最高指引。

　　藉此，洛克於是達成了如此的結論：我們如欲有效地實現自己的欲求與目標，就必須相信（to believe in）、而且只能相信上帝允許我們去做的事情。換言之，「人必須畏懼上帝的神威」（Dunn, 1985: 49），因為人類存在的終極價值，歸根究底地說，「是依靠著宗教的真理」（Dunn, 1969: 263）。[16]故此，當洛克說：「根植於我們心中的上帝燭光，足以照亮我們生命所有的目的」時，[17]他的意思是說：真正的「救贖」是可能實現的，因為藉著對上帝恩典的領悟、對神恩的信任，人們終究可以達到真理的境界，並完成對人類存在

的理解，光憑哲學的探索，我們實在很難保證，人類的理性可以替我們獲取關於自然的普遍真理，進而有效地控制、改進自然，創造人類文明的極致顛峰。

[15] 事實上，正因為洛克承認人類自然才能有其侷限，他才會主張我們從事實踐活動的根據，不在於正確地認識如何生活這回事，而在於堅定地信任上帝要求我們服從的義務。依此，唐恩於是指出：「在洛克思想的中心點，存放著懷疑主義與信仰的絕佳平衡」（Dunn, 1984: 65）：恰恰由於在理性是否可以充分理解自然的這個知識論問題上，洛克清楚地設下了一道懷疑主義的界限，所以，對洛克而言，人類只能藉著信仰而將自己所達不到的這種透徹的理解能力，歸給全知全能的上帝。

[16] 在此，容我引用洛克的一句原文來做補充說明：「promises, covenants, and oaths, which are the bond of human society, can have no hold upon or sanctity for an atheist; for the taking away of God, even only in thought, dissolves all」（quoted in Dunn, 1985: 55）.

[17] 原文如下：「[t]he candle that is set up in us shrines bright enough for all our purposes」（quoted in Dunn, 1980: 62）.

之最高義務的履行。由此看來，洛克基本上是藉著將信仰放在理性之上，來解決人類應該如何生活的根本問題。換言之，對洛克而言，信仰不但不是反對理性的，甚且是高於理性的，所以，在人類的現實生活中，信仰與判斷足以取代理性知識，提供行為所需的理由。

　　順此而論，誠然洛克的懷疑主義思緒曾經讓他猶疑過人類是否真的可以理解自然法的內容，從而經由彼此的同意進入政治社會，選擇服從合理的政治權威，但可以確定的是：在《政府論二講》的完稿中，這一猶疑已被哲學家自己給克服了。因此，在這本自由主義的經典中，洛克乃一改他早年著作的觀點，不再直接訴諸「上帝的法律與意志」來規定公民有被動地服從國家法律的義務，而是透過個人的信仰與判斷，來處理當時罷黜危機所引發的政治義務問題。對洛克而言，人雖然並非時時與上帝同在，可以完全掌握知識的真理與法律的義務，然而，人亦非化外之民，永遠無法得到救贖。因此，真正的問題是：人如何靠著自己的力量，來勇敢地面對人類處境的種種缺陷，從而在這個世界中去相信、去體驗上帝所規定給人類的最高義務。如果說這個義務的政治意涵，就是去維持一個井然有序的政治社會，那麼政治義務的基礎，因而就在於每個人（成年的公民）必須自己去認真地思索「什麼是上帝期待我們過的生活？」以及「什麼是上帝期待我們建立的社會？」等問題。從此，洛克政治思想所引申出來的一個激進內涵，即是表明人民可以基於上帝希望人類過著和平生活的理由，來反抗不義的政權。

　　照此說來，《政府論二講》的核心問題無非是在說明公民擁有反抗權的宗教基礎。若然，則洛克在《政府論次講》中陳述個人權利、立憲原理與政府分權等自由主義立場的真實企圖，毋寧是為了表明人類有追求符合上帝意旨之社會生活方式的義務。因此，洛克的寬容理念，不但是一種政治權利，因為政府沒有控制人民靈魂的權力；它同時更是一種宗教義務，也就是在接受基督教為唯一合法宗教的前提下，允讓個體擁有某種自由，可以透過不同的教會儀式與實踐，來尋求自我的救贖。

　　基於上述宗教理由的考量，在《政府論二講》中洛克於是大膽地把自主判斷的權利直接交給個人來履行，而其結果便是我們今天所熟知的自由與平等的自然狀態：

> 自然狀態由約束著每一個人的自然法所支配：而理性，也就是自
> 然法，教導有意遵從理性的全體人類這一事實：既然所有人都是

平等和獨立的，沒有人應當傷害他人的生命、健康、自由或財產（possessions）。……因為每一個人都必須保存他自己（*preserve himself*），不能擅自改變他的地位，所以，基於同樣理由，當他的自我保全（his own Preservation）不受到競爭威脅時，他就應該盡其所能地保存其餘的人類，除非為了對一個罪犯做出正義的處置，他也不應該奪去或損害另一個人的生命以及一切有助於保全另一個人的生命、自由、健康、肢體或物品的事物。（TT: 271）

　　直接觀諸這段著名的文字，我們的確很容易得到這樣的印象，認為洛克完完全全信任人性，也就是從人的社會性，推論出權威的起源及其正當的目的，從而確立自由主義的論述版圖。換言之，如一般教科書所記載的，自然人之所以選擇進入政治社會的主因，在於自然狀態中缺乏處罰侵犯他人之生命、自由與財產的法律，如此，政府存在的目的因而指向「法秩序」的建構，亦即提供個人權利一套適當的保障機制。然而，從本文所採取的詮釋觀點來看，不但洛克對於政治與人性的看法沒有一般所想的那麼天真與樂觀，而且其背後還存在著一段更為複雜的思想史歷程：尋找後懷疑主義時代的道德根基與政治方案。

　　沿著本文的線索前進，上段引言值得我們注意的另一要點是：洛克雖然是以信仰、志業和判斷作為政治論述的道德依託，但他實際上並沒有放棄格老秀斯與霍布斯以自保和財產作為自然權利之首要原則的論述傳統。更重要的是：如果這個時候的洛克，真如唐恩所言，是以信仰來克服極端懷疑主義的挑戰，那麼洛克自由主義所留下的兩個難題是：第一，對於生活在非基督教世界中的人類及其生命、自由與財產等權利，洛克是否會一視同仁地給予平等的對待？第二，對於世俗化已然成為歷史事實的當前處境而言，洛克的人權學說是否依然管用？

　　第一個問題涉及殖民主義與擴張主義在洛克人性論中所扮演的角色。在《政府論次講》第五章〈論財產〉中，洛克提出他著名的「財產移交的勞動理論」（the labor theory of impropriation），認為上帝雖然將世上的土地與物資交給全體人類共有，但由於他這麼做的目的是為帶給人們「生活最大的方便」，因此嚴格地講「他是把世界交給勤勞和理性的人們使用（勞動使他取得對它的權利），而不是交給吵鬧與紛爭的人們，讓他枯坐幻想或從事巧取豪奪」（TT: 291）。換言之，根據洛克的財產理論，「勤勞和理性的人們」透過勞動的付出，可以使得土地及物資脫離人類共有的狀態，成為他自己的私有

財產。藉此陳述，洛克於是得到了一個支持英國殖民政策的重要結論：既然人類應該保全自己以及其他人類的生計，因此面對美洲大陸未被妥善使用的廣大領土，「勤勞和理性的歐洲人」可以在不經當地印地安人同意的情況下予以佔領，從而遵循上帝的意志及自然法的規定，達到物盡其用的目標。

　　第二項問題再度涉及自由主義的人性論傳統，或更寬廣地說，自由主義的進步史觀：根據一般教科書的說法，洛克（與康德）的政治理論是以人的社會性以及共同福祉為出發點，而其結論則是推導出一個重視個人自由權利的公民社會。然而，在作者來看，洛克的自然權利理論著實預設殖民主義的歷史背景，而洛克的人性論，如前所述，則是以新教倫理來平衡其思想深處的懷疑主義因子。但，若果如此，在一個世俗化的社會裡，懷疑主義者將不免重新提出如此的詰問：當文明衝突已然成為我們今天討論國際政治與普遍人權所不可避免的一項歷史條件時，人的反社會性真的可以在一個欠缺宗教基礎的理性論述中被完全解除嗎？人真的可以單憑理性創造出普遍義務嗎？

第七節　康　德

　　無疑地，在洛克之後對於這一詰問所提出的最有力回應，即是康德哲學。雖然一般認為康德定錨在理性之上的批判哲學，是從人的道德性與社會性出發，通過法治國家的建立，從而到達永久和平的世界主義（cosmopolitanism）理想。[18]但在本文中，作者將試著指出：當代自由主義者對於康德的詮釋往往低估了其思想中的霍布斯主義成分，也就是漠視了康德對於人性中的反社會性傾向的苦思歷程。

　　進言之，誠然康德的政治哲學與國際政治思想必須被放在其批判哲學的整個體系中來做閱讀；誠然延續《純粹理性批判》的基本論調，康德認為人類的終極目的是依據理性實現他／她作為一個人的全部自然稟賦；誠然在道德的意義上，這意味著人類必須透過理性的自我立法，進入目的王國的領界；誠然在政治的觀點上，這因而意指政治的最高目的，是迎向道德的歸途，也就是在公民社會中落實法治、保障人權，在國際社會中，消弭戰爭、和平共處，進而以

---

[18] 關於康德世界主義或自由主義國際政治思想的詮釋，請參閱：Nardin and Mapel, eds., 1992: chap. 7; Nardin and Mapel, eds., 1998: chaps. 5-6.

世界公民的身分，友好地相互「訪問」，攜手邁向世界大同。但，康德從來沒有否認，這是一個由外而內的歷史進程，而「政治」則是這一艱辛且漫長之進程能否順利完成的關鍵所在。

更清楚地說，由於在《純粹理性批判》中康德已經把自由與必然性看成一組「二律背反」，認為人的自由意志並不直接受到自然法則所支配，因此，對康德而言，人的自由，亦即理性的展現，若要能按照自然的本意朝往人類的終極目的發展，那麼，人群之間因為自由選擇所出現的衝突與對抗，將是影響人類整體歷史發展之不可避免的負面因素。就此而言，政治是通往道德的必經之路，不是因為政治在一開始就是道德的，而是因為唯有解決政治所帶來的自利、矛盾、甚至邪惡，人類才能逐次邁向道德生活。所以，康德實際上追隨格老秀斯[19]與霍布斯以來的近代傳統，認為政治是人類活動中最受個人私利、慾望與經驗所牽制的領域。引用康德的一句名言來說：「從造就人類那麼曲折的材料裡，截取不出徹底筆直的東西」（PW: 46）。[20]也因此，政治世界若要完全與道德的規範世界結合，不但需要人性在歷史中的成熟發展，同時必須依靠哲學的正確指引。

順此，我們可以進一步指出，對康德而言，人類政治的路途之所以如此崎嶇難行，無非是因為這個「霍布斯難題」所致：個人乃至於國家之間在自然狀態中所出現的爭相交戰情形，究竟能否在人性的發展以及理論的指導中被完全導正？縱使康德對於這個問題的解答，比霍布斯有著更強的信心，但從本文的寫作理路來看，我們如果據此而完全忽略康德對於整個古典自由主義之人性論傳統的繼受，那麼，我們不但無法展視其思想全貌，同時容易產生一個嚴重的誤解，以為自由主義（理想主義）與現實主義有關人性與社會的看法，是完全對立的。由於康德的政治學說（權利理論）主要分成國家、國際以及世界公民三個不同的敘述脈絡，因此，以下將沿著此一線索，簡述康德思想中「現實主

---

[19] 值得注意的是：根據 18 世紀後期的看法，霍布斯是「反社會性」論述的代表人物，而格老秀斯、普芬道夫、Vattle 與洛克等人則是被看成「社會性」論述的領導人物，因此，康德在《永久和平論》中甚至揶揄他們是「令人遺憾的慰藉者」（sorry comforters）：「雖然他們以哲學或外交手法所造就的法典，並沒有而且也不可能有絲毫法律效果（legal force），因為如其所描述的國家根本就不會受到一種共同的外在強制力之左右，但他們的論著卻還是被忠實地引述來論證軍事侵略的正當性」（PW, 103）。

[20] 這正是柏林（Isaiah Berlin）的 *The Crooked Timber of Humanity* 一書之書名的根源。

義與理想主義」的緊張關係。

首先，值得注意的是：康德在《純粹理性批判》中，便將獨斷論的論戰描述成霍布斯的戰爭狀態（Tuck, 1999: 214）。換言之，當康德抱怨傳統形上學的各行其道宛如一個人類知性的「醜聞」時，他實際上是從懷疑主義的立場，重述了人們關於知識基礎的分歧意見。而批判哲學的主要志業，正是要在理性法庭之前，確立人類理性的合法界限。循此，在《世界公民觀點下的普遍歷史理念》（*Idea of a Universal History with a Cosmopolitan Purpose*, 1784）中，康德於是以「社會性與反社會性的對立」（the antagonism of the social and the anti-social）作為人們從自然狀態進入社會狀態的思考焦點：

> 自然用來觸發內在能力發展的手段是社會中的對立（antagonism within society），就此而言，此一對立終究將是出現一個法律統治之社會秩序的原因。我所謂的對立在此語境中是指人的非社會的社會性（the unsocial sociability），也就是說，人們一方面具有共同進入社會的傾向，然而，在另一方面，這一傾向卻同時伴隨著一個持續性的反抗力量，具有解組社會的經常性威脅。（PW: 44）

從這段文字觀之，康德對於我們正在討論中的問題：「人的反社會性是否真有可能完全屈服於社會性的支配？」並非抱持獨斷論的樂觀態度。

這再度顯示說，康德事實上追隨著霍布斯的這一洞見：個人自主意味著信念與判斷的衝突，解決此一衝突因而成了人類進入政治社會的主要考量。因此，就像霍布斯一樣，康德明確指出：「人們共同生活的和平狀態不是自然狀態，因為自然狀態毋寧是戰爭狀態」（PW: 98）。在此，康德乃與「普魯士傳統」（普芬道夫與沃爾夫）的和平主義思想決裂，並吸納從文藝復興以來的懷疑主義路線，認為深植在人性中的邪惡力量：戰爭與暴力，是大自然用來迫使人類脫離自然狀態走向和平之公民社會與國際社會的主要推力。

以上關於人性與政治的界說，在相當程度上，適足以說明康德為何會在《道德形上學》（*The Metaphysics of Morals*）中嚴格區別德行（倫理）與權利（正當）的不同基礎：德行與權利都是立基於「定言令式」（categorical imperatives），但前者意在處理「內在法律」（internal law），後者則是「由法律所提供的關於權利的責任概念（a duty of Right），而這一概念是落在倫理領域之外的」（MM: 193）。換言之，對康德而言，正因為當下的人性並非已然臻於完善，所以我們經營公共生活的合理準則，必然指向外在法律所蘊含

的權利概念。換言之，康德認為，公民社會與自然狀態的差別在於，野蠻人所享有的只是「沒有法律的自由」（lawless freedom）（PW: 102），而在一個完美憲法所指導的公民社會中，其公民體制則應該是共和制：作為一個人，其成員是自由的；作為一位臣民，其成員從屬於一套共同的立法原則；作為一位公民，其成員在法律之前人人平等（PW: 99）。此即著名的永久和平的第一條正式條款。

雖然如此，假使國際社會中的主要民族仍然沒有脫離自然狀態，那麼其窮兵黷武的侵略，勢將對採用共和制的民族造成嚴重威脅。因此，康德主張永久和平的第二條正式條款是：國際權利應該以自由國家的聯邦制度為基礎，亦即，透過民族之間的和平聯盟，來轉化國際自然狀態的暴力本質。換言之，對康德而言，正如自然狀態中的個人，處於國際自然狀態中的國家同樣擁有「條件式權利」（provisional rights），並因而形成了永無止境的戰爭狀態。在《人類歷史起源的猜測》（*Conjectures on the Beginning of Human History*, 1786）中，康德明白地說：

> 我們必須承認：壓迫文明國家的最大邪惡是戰爭——與其說是過去或現在實際發生的戰爭，還不如說是不斷的戰爭，更明白地說，對於未來可能發生之戰爭的持續擴大準備。……只要人類文化繼續停留在它現在的階段，戰爭因此是促進文化向前發展的一種不可或缺的手段；而且，唯有當文化到達其完全發展的階段（只有上帝知道這何時將會來臨），永久和平才有可能成真，並嘉惠我們。（PW: 232）

如此甚明，正如社會性與反社會性的對立是建立政治社會所需面對的根本問題，戰爭與和平的對立，是國家決定走出國際自然狀態接受一套共同法律體系的主要考量。若從本文的詮釋立場來看，則這意味著說：延續格老秀斯以來的寫作傳統，康德有關國際自然狀態的描寫，蘊含著他對國家之間的權力衝突的實際理解，而即便是他對自然狀態中人性之邪惡一面的揭露，也和他對國際政治之戰爭本質的如此理解有關。

固然如此，我們無法否認，在戰爭與和平的對立中，康德的理性主義使其相信，和平將是人類之道德目的的最後實現，雖然自然時常是「通過人類的不和諧，甚至與他們意願相違背的方式，來達成和諧的目的性計畫」（PW: 108）。隨著和平的國際社會的逐步來臨，導向永久和平的第三條正式條款是：世界公民權利「在普遍友好條件限制之下」的體現（limited to the conditions of universal hospitality）（PW: 105）。換言之，由於人類共同佔有地球表面，因此，一旦人們通過人性的試煉與啟蒙，不再彼此仇恨與相互敵視，那麼，來自不同民族的成員便將享有「訪問的權利」，進而邁向一個世界公民體制，也就是以世界公民權利為全體人類所共同享有的普遍權利。

第八節　永恆的困境

　　若然，我們不禁要問：人類社會的永久和平、人類追求的終極目的，究竟何時能夠完全體現？對康德而言，這並不是哲學家可以直接回答的問題。相對地，誠如他在〈何謂啟蒙？〉（"What is the Enlightenment?" 1784）這篇名著中所說的，在一個啟蒙運動狂飆的年代裡，哲學家的職責是以學者的身分「公開使用理性」，來說服、教導大眾如何正確地透過其自由意志，來實現自然交付給人類的所有目的。

　　然而，弔詭的是：只要永久和平這一天還沒有到來，人類的邪惡本質就無法被理性所完全根除，人類的反社會性就無法在社會生活中被徹底導正，而面對人性的邪惡與反社會性，遺留在康德思想中的懷疑主義，同時令其接受了這一來自霍布斯的政治鐵則：由於人性的基本構成使然，人們永遠有重返自然狀態的可能。換言之，康德從來沒有全面拒絕過戰爭的「相對合法性」：只要戰爭能夠提升人類文明與道德生活的持續進步，發動戰爭即是正當的。就此而言，康德的理想主義實際上是以現實主義的人性與社會論題為基礎的，而這條現實主義傳統則是根源於文藝復興以來的懷疑主義論述，並在歷史源流中沾染上了西方列強的殖民經驗。

　　從政治懷疑主義的眼界來看，現代政治的本質因而涉及一場「永恆的困境」（a permanent predicament）。在霍布斯的例子裡，這個困境基本上是來自恐懼與秩序的動態辯證，而在康德的例子裡，（再一次地追隨霍布斯），這個困境則是進一步地被展現為「永久戰爭」與「永久和平」的「永久對抗」：只有全知全能的上帝適合知道「永恆是什麼？」。

原典縮寫

PH

Sextus Empiricus, *Outlines of Pyrrhonism*, translated by R. G. Bury. NY: Prometheus Press, 1990.

WP

Hugo Grotius, *The Rights of War and Peace*, trans. Jean Barbeyrac, three books, ed. Richard Tuck. Indianapolis: Liberty Fund, 2005(1625).

LT

Thomas Hobbes, *Leviathan*, ed. Richard Tuck. Cambridge: Cambridge University Press, 1991(1651).

HU

John Locke, *An Essay Concerning Human Understanding*, ed. Peter N. Nidditch. Oxford: Oxford University Press, 1975(1689).

TT

John Locke, *Two Treatises of Government*(Student Edition), ed. Peter Laslett. Cambridge: Cambridge University Press, 1988(1689).

PW

Immanuel Kant, *Political Writings*(Second Enlarged Edition), ed. & trans. Hans Reiss. Cambridge: Cambridge University Press, 1991.

MM

Immanuel Kant, *The Metaphysics of Morals*, ed. & trans. Mary Gregor. Cambridge: Cambridge University Press, 1991(1797).

參考書目

王逸舟，1999，《國際政治學：歷史與理論》。台北：五南圖書出版公司。

曾國祥，2009，〈原因與理由：霍布斯公民哲學的二元體系〉，《政治與社會哲學評論》，第三十期，頁 61-116。

John Dunn 著，蔡孟翰譯
2006〈追蹤狡猾的非理性〉，《思想》，第二期，頁 53-61。

Baylis, John, Smith, Steve, and Owens, Patricia, (eds.) 2008 *The Globalization of World Politics: An Introduction to International Relations* (Fourth Edition). Oxford: Oxford University Press.

Berlin, Isaiah, 1991 *The Crooked Timber of Humanity*. London: Fontana Press.

Dunn, John, 1969 *The Political Though of John Locke*. Cambridge: Cambridge University Press.

Dunn, John, 1980 *Political Obligation in Its Historical Context*. Cambridge: Cambridge University Press.

Dunn, John, 1984 *Locke*. Oxford: Oxford University Press.

Dunn, John, 1985 *Rethinking Modern Political Theory*. Cambridge: Cambridge University Press.

Franco, Paul, 2000 "Forward" to Oakeshott's *Hobbes on Civil Association*, pp. vii-xi.

Nardin, Terry and Mapel, David (eds.) 1992 *Traditions of International Ethics*. Cambridge: Cambridge University Press.

Nardin, Terry and Mapel, David (eds.) 1998 *International Society: Diverse Ethical Perspectives*. New Jersey: Princeton University Press.

Oakeshott, Michael, 1991 *Rationalism in Politics and Other Essays* (New and Expanded Edition). Indianapolis: Liberty Press.

Paganini, Gianni, 2003 "Hobbes Among Ancient and Modern Sceptics: Phenomena and Bodies," in *The Return of Scepticism from Hobbes and Descartes to Bayle*, edited by Paganini, pp. 3-35. Dordrecht: Kluwer.

Paganini, Gianni, 2004 "Hobbes and the Continental Tradition of Scepticism," in *Scepticism in Renaissance and Post-Renaissance Thought*: New Interpretations, edited by J. Maia Neto and R. Popkin, pp. 65-105. NY: Humanity Books.

Popkin, Richard, 1979 *The History of Scepticism from Erasmus to Spinoza*. Berkley: University of California Press.

Popkin, Richard, 2003 *The History of Scepticism from Savonarola to Bayle*. Oxford: Oxford University Press. (Revised and Expanded Edition)

Smith, Steve, Booth, Ken, and Zalewski, Marysia (eds.) 1996 *International Theory: Positivism and Beyond*. Cambridge: Cambridge University Press.

Sutch, Peter and Elias, Juanita, 2007 *International Relations: The Basics*. London and New York: Routledge.

Tuck, Richard, 1991 "Intriduction," in *Leviathan*, ed. R. Tuck. Cambridge: Cambridge University Press.

Tuck, Richard, 1993 *Philosophy and Government: 1572-1651*. Cambridge: Cambridge University Press.

Tuck, Richard, 1999 *The Rights of War and Peace: Political Thought and the International Order from Grotius to Kant*. Oxford: Oxford University Press.

Weber, Cynthia, 2001 *International Relations Theory*. London and New York: Routledge.

第六章　新自由主義與新自由制度主義

徐斯勤

第一節　緒　論

　　本文之目的，在於梳理國際關係理論中新自由主義與新自由制度主義的核心內涵與論旨，以及近年來的研究議程發展。現有中文文獻（包括繁體與簡體中文）對於本文主題，已有不少詳細的介紹（郭承天，1996；鄭端耀，1997；盧業中，2002；秦亞青，2005；2008）。因此，本文對於這些文獻已經討論過的部分，將儘量扼要析述，撙節篇幅，而將重點放在和這些文獻相容且互補，但在這些文獻中相對稀缺的介紹方式與相關背景，來討論本文主題。之所以採取此一論述策略，理由之一是本文並非提供入門性的介紹，但也非針對主題之下的少數特定議題，深入剖析和批判，而是將論述層次定位在此二者之間。本文第二節將介紹新自由主義，指出在自由主義的傳統上，當代國際關係的主要英文文獻其實對於新自由主義的內涵，有各種不盡相同的理解與界定。經由比較與歸納這些文獻的觀點，本文認為，在研究對象與概念主軸上，新自由主義係以國際制度為其特色，而和以互賴、整合、民主為主軸的古典自由主義途徑不同，並以此來定義新自由主義，進入新自由制度主義的脈絡。順著此一脈絡，本文第三節將先討論新自由制度主義的理論緣起與基本概念及主張，而後聚焦於賽局理論中囚徒困境賽局的推論邏輯，來展開討論關於國際制度角色與功能的核心論點。第三節後半段，則集中討論新自由制度主義近年來，在理論與經驗研究議程上的新發展。這部分的討論，也同時反映出：對於新自由制度主義之批評及其回應、國際制度運作之經驗研究上的進展、新自由制度主義與其他國際關係理論典範之間融合匯流的趨勢。

第二節　新自由主義的基本概念

一、自由主義的傳統

　　國際關係中的新自由主義（neoliberalism），其基本性質是一種建構國際關係理論（亦即「理論化」theorizing）的途徑（approach）。此種途徑所從事的理論化工作，以實證性、解釋性重於規範性的理論為主，而和帶有濃厚規範性、診斷性色彩的古典自由主義途徑有所不同。[1]但另一方面，新自由主義則承襲了政治哲學以及國際關係中自由主義的主要理念與思想傳統，作為其基本假設或分析前提。這些理念與思想，最核心的元素，厥為個人主義（individualism），強調個人的價值、權利、自由，以及個體之間的平等，乃是國內與國際政治生活的終極目標，同時將國家、集體視為追求保障個人價值的手段，而非政治的目的。這個基本原則，通常以英國政治哲學家 John Locke 的觀點作為典型代表。而從個人主義的基礎上，則衍生出許多自由主義的其他基本信念，其中與國際關係有關者至少包括（Arblaster, 1984: 15, 55-91; Viotti and Kauppi, 1993: 230-31; Doyle, 1986: 1151-52; 秦亞青，2008：3-30）：

　　（一）個人是自利的，而最有利於使其在經濟上達到自利目的之方式，是自由市場。Adam Smith 指出，為使得自由市場能發揮其功用，政府應儘量減少干預。反映在國際關係上，則是自由主義理論認為，國家之間的經濟關係，應減少國家所設置的各種違反市場機制的經濟障礙，儘量讓彼此間進行經濟交換與商業往來。

　　（二）自利的個體，如同 19 世紀英國的功利主義（utilitarianism）學派之 Jeremy Bentham 以及 John Stuart Mill 等人所稱，具有能夠計算本身利益，尋找最佳手段達成利益的這種理性，這些手段包括彼此間的合作行為在內，而不需要國家去干預個體所採取的自利行為。延伸到國際關係上，則是將作為行為單元以及由個人所構成的國家，也視為具有理性，且能在必要時採取合作行為。

　　（三）猶如 Hugo Grotius 所說，國家之間可以形成具有一定秩序的國際社會，就像個人之間能在契約關係的基礎上，共同締造國內秩序一般。而國際社

---

[1]　國際關係中的古典自由主義，以理想主義（idealism）最具代表性。理想主義對於國家的行為與政策，基於特定的道德準則與判斷，而提出指向性、規範性的命題和理論，例如：戰爭與違反公義的情形，「應該」在國際關係中儘量降低，以及各國「應該」儘量消除國際無政府狀態（Kegley, 1995: 4）。

會與秩序的基礎，便在於主權國家之間基於契約關係，彼此同意共同遵守國際法和國際規則，使其對於各國的行為產生拘束力。而主權國家同意締結這種契約與接受這種拘束，是因為符合其尋求自利的終極目的。

（四）上述這些因素的共同影響之一，是 18 世紀德國哲學家 Immanuel Kant 所說的國家之間的「永久和平」（perpetual peace）。他認為永久和平若能實現，有賴於三個決定性條件：每個國家都是崇尚民主自由的共和政體、這些共和政體國家之間締結聯盟來奠定國際法的基礎、普世而平等的世界公民權利（包括國家之間相互評論對方政治生活的言論自由，以及國家之間自由貿易的權利與由此產生的商業精神）。第一個條件，也就是自由主義要求國家尊重個人權利與自由的具體實現；第二個條件，則指國際制度與規則對於主權國家的約束；第三個條件，包含了國家之間藉由經貿來往而建立彼此相互依賴的關係。

這些自由主義的傳統，在當代國際關係的專業領域中，最具體的研究綱領（research program）之一，乃是 Bruce M. Russett 與 John R. Oneal 提出的，研究國內民主、國際互賴、國際組織三者，如何來促進國際和平。事實上，從古典自由主義到當代的新自由主義文獻，多年的理論與經驗研究結果顯示，這三個條件不僅在狹義層面上有利於和平，而且在廣義層面上也指出了其有利於國家之間進行不同議題上的各種合作，減少衝突。

■ 核心概念

- 自由主義傳統，以個人主義作為核心元素，而衍生出下列反映在國際關係理論中的基本信念：

　　（一）個人是自利的，而最有利於使其在經濟上達到自利目的之方式，是自由市場。

　　（二）自利的個體，具有能夠計算本身利益，尋找最佳手段達成利益的理性特質，延伸到國際關係上，則是將國家也視為具有此種理性，且能在必要時採取合作行為。

　　（三）國家之間可以形成具有一定秩序的國際社會，而國際社會與秩序的基礎，便在於主權國家之間彼此同意共同遵守的國際法和國際規則。

（續）

■ 核心概念（續）

（四）上述這些因素的共同影響之一，是德國哲學家康德所說的國家之
間的「永久和平」。

二、新自由主義的綜合性界說

當我們談到「新自由主義」（neoliberalism）的概念時，如果仔細檢視現
有相關文獻，不難發現，如同許多其他的社會科學概念一般，不同的主要理
論家與文獻，對此概念的內涵界定，一方面存在著基本的共同點，另一方面
卻也存在著某些差異。在國際關係領域中，將新自由主義概念，放在具有理
論典範位階來討論的，以 David A. Baldwin 最廣為人知。當他使用此一名詞，
用來與「新現實主義」（neorealism）相互對照時，他指的新自由主義，基本
上限定在他所謂的「自由制度主義」（liberal institutionalism）範圍內，也就是
具有自由主義的某些基本屬性，但特別強調國際制度角色者。Baldwin 認為，
其所以「新」，是因為與既有的三種自由主義原型有所不同：商業自由主義
（commercial liberalism）、共和自由主義（republican liberalism）、社會學自
由主義（sociological liberalism）。對他而言，商業自由主義衍生的理論，著重
探討自由貿易如何促進國際和平；共和自由主義衍生的理論，著重探討國內的
民主政體如何有利於國際和平；社會學自由主義衍生的理論，著重探討跨國的
互動與國際整合之間的關係（Baldwin, 1993: 4）。這些在他看來，屬於古典自
由主義，有別於特別注重國際制度作用的新自由主義。

Baldwin 的這個分類，基本上是借鏡了比他更早的 Joseph Nye 與 Robert
Keohane 的觀點，但又與他們的觀點有所區別。在一篇討論新現實主義與新
自由主義之間相對得失的論文中，Nye 綜合了 Keohane 與他本人的觀點，認
為國際關係領域中的古典自由主義包括四種：商業自由主義、民主自由主義
（democratic liberalism，強調共和型政府傾向追求和平）、管制性自由主義
（regulatory liberalism，強調以規則和制度來規範與影響國家之間的關係）、
社會學制度主義（Nye, 1988: 245-46）。Nye 並未明確指出，在這四種被他歸
類為古典自由主義者之外，究竟他所指的新自由主義，是否另外有一個不同於
商業、民主、制度、跨國互賴的主軸，或者據以另有一個獨特的名稱。對 Nye
而言，他所謂的新自由主義，重點不在於去尋覓一個新的概念主軸，而在於如
何去綜合他歸類的四種古典自由主義概念之後，從理論的「應用」層面，在

解釋國際關係的現實變化上，展現下列幾點創新之處，來補充新現實主義的不足：（一）新自由主義應用於解釋經驗世界時，未必不能作為一種體系層次的理論化途徑。而出發點之一，則是接受新現實主義關於國際無政府狀態的體系層次分析前提，但不是帶有決定論的唯一前提，如此，一方面和新現實主義有相容之處，一方面又能在理論效力上更為豐富；（二）除了國際體系的「結構」（structure）因素之外，還要納入其「過程」（process）因素，以避免新現實主義理論過於靜態的問題，而能解釋動態變化；（三）在體系過程面的因素中，應從各國相互溝通與合作能力之普遍性變化，以及那些與權力分配或權力變化無關的國家行為誘因變化兩種方向，來尋找適當的解釋變項；（四）除了體系層次因素之外，國家層次（unit-level）的因素——例如國內政治的民主程度——也應加以考慮；（五）最重要的，是考慮上述兩種體系過程面的因素，尤其是國家之間溝通與合作的能力，會如何影響各國重新界定其利益、偏好，以及相應的行為，這與新現實主義將國家利益與偏好視為既定而不變的假設，有根本性區別（Nye, 1988: 246-51）。[2]

　　Baldwin 與 Nye 的上述觀點，有二大區別。其一是前者以概念主軸來區分古典自由主義和新自由主義，後者則是以理論的應用性與解釋能力程度來作區分。其二是前者將側重國際制度的自由制度主義等同於新自由主義，但後者將其稱為管制性自由主義，劃歸在古典自由主義範圍內。而後者所稱的社會學自由主義，比前者所稱的社會學自由主義，範圍更廣，多出了互賴、合作、整合如何去轉變單位行為者偏好的這一層理論關注，同時後者也將這層關注作為定義新自由主義的主要特質之一。整體來看，兩種觀點，針對何謂新自由主義，其實界定頗為不同。

　　而最近幾年來，新自由主義陣營的另一位主要學者 Andrew Moravcsik，則又是以概念主軸來區分，但他對於自由主義本身的內涵，採取了比較狹義的界定方式，和前述二人的界定也有所不同。他認為自由主義的國際關係理論，主要有三個理論傳統：理念性自由主義（ideational liberalism，強調國內的集體認同與價值等理念性因素，作為國家偏好的基礎）商業自由主義（與前二者的商業自由主義概念相同，強調國內社會所尋求的商業利益）、共和自由主義（強調前兩個傳統分別注重的理念性利益與物質性利益，如何由民主共

2　關於國家之間的互動和合作如何改變國家內在的偏好，此一論點，在 Nye 之前所提出的社會學自由主義類別中，也有所提及。

和性質的「國內」制度來匯聚和表達，成為國家對外政策）（Moravcsik, 2003: 167-176）。可以看出，Moravcsik 的理念性自由主義與共和自由主義，綜合起來大約相當於前二人所稱的共和自由主義或民主自由主義。其商業自由主義，與前二人使用的同一名詞，概念也大約相同。至於前兩種觀點提到的管制性自由主義和社會學制度主義，這兩種側重國際制度並構成新自由主義某些主要元素的傳統，Moravcsik 則將其劃歸在自由主義理論（liberal theory）範圍之外，另行稱為制度主義（institutionalism），而和現實主義與「不屬於理性主義的途徑」（nonrational approaches）（意指建構主義、反思主義等不以工具理性為焦點的途徑）並列。之所以如此劃分，是因為渠認為這些不同的途徑，都各蘊含一個終極而不可再化約的概念或前提，而不宜彼此混淆：自由主義的核心是公民個人以及由公民構成的國內社會，如何決定國家對外行為的偏好；現實主義的核心，是國家如何運用強制性權力資源；制度主義的核心，在於「資訊」在各國之間的分配型態，以及如何交換與處理資訊等；不屬於理性主義的途徑，則是探討國家如何形成其目的、偏好、利益等，以及如何形成其關於手段和目的之間聯結關係的信念（Moravcsik, 2008: 235）。

在這種概念劃分的基礎上，Moravcsik 提出「新型態的自由主義」（the new liberalism）的說法，其界定方式類似於 Nye，同樣將重點放在理論如何解釋現實的應用層面上，而且應用的方向也與 Nye 遙相呼應。Moravcsik 指出，自由主義途徑，在國際關係理論中所逐漸累積出來的下列三種意涵與趨勢，展現出這種途徑的新型態：使用該途徑相關變項時在經驗解釋和預測中的獨特性、自由主義作為一種體系層次的理論、自由主義與其他途徑結合而產生多種因果關係的綜合性解釋（mutilcausal synthesis）（Moravcsik, 2008: 246-51）。

總結上述的討論，我們大致上可以依據這些觀點，整理出彼此之間有明顯交集之處，將新自由主義的定義，用三個環環相扣的層面來概括：首先，國際關係領域中的新自由主義，在基本假設與前提的層面上，承襲了古典自由主義對於個人本質的下列特色，將其延伸到國家層次：自由、平等、自利、理性、自願性合作。其次，在經驗研究對象的層面上，新自由主義主要以國際制度、國際建制作為焦點，而不同於理念性、商業性、共和性自由主義。最後，在理論的目的與功能層面上，新自由主義同時兼顧古典自由主義著重的國內層次因素，以及新現實主義著重的體系層次因素，納入解釋變項中，這也使其所要解釋的對象，同時包括了體系現象和個別的國家政策與行為。

■ 關鍵詞

· **國際關係領域中的新自由主義定義**：承襲了古典自由主義中自由、平等、自利、理性、自願性合作等個人層次的前提，延伸到國家層次，而主要以國際制度、國際建制作為經驗性研究的對象。當其引導的經驗性研究回饋到實證理論的建構時，則顯現出兼重國內層次因素和體系層次因素作為自變項，以及納入體系現象與個別國家行為作為依變項的特性。

三、新自由主義內涵的新發展及評析

　　近年來，被歸類為新自由主義陣營的主要學者中，逐漸出現一些針對新自由主義指涉內涵的不同說法，值得略作介紹並予以評析。基本上，這些新發展其實並未完全超出本文前述的相關理論淵源。首先，Keohane 強調，所謂新自由制度主義，其實與新現實主義共享了一些重要的分析前提：國家被視為一種類似個人而本身具有理性和目的（通常是追尋利益的極大化）之行為者、國際無政府狀態、此種狀態所形成的基本結構對於國家行為的制約等（Keohane, 2000: 125）。基於這些共通處，Keohane 甚至提出過新自由制度主義和新現實主義之間，可以被視為「同父（母）異母（父）的手足關係」（a half-sibling）之說法（Keohane and Martin, 2003: 81）。在這種觀點下，他將既有的新自由制度主義理論，改稱為「制度理論」（institutional theory）（Keohane and Martin, 2003: 71-107），而凸顯出與他所理解的自由主義有所差異。顯然，這種將制度概念與自由主義概念相互區分的調整，對於我們理解何謂新自由主義，似乎帶來了重新審視的必要。

　　其次，與 Keohane 這種觀點相互呼應的是前述的 Moravcsik 觀點，不過 Moravcsik 將為何要進行這種區分的邏輯，闡釋得可以說更為清晰。他的主要論點可以大致整理為：第一，將自由主義的精髓，界定在行為者之「偏好」如何形成，以及偏好如何形塑行為者之間的互動此一主軸上。第二，國家作為行為者的偏好，是由其國內的個人和團體所匯聚和塑造的。第三，這些根源於國內的國家偏好，同時包括了物質性福利（material welfare）以及理念性福利（material welfare）的層面。第四，國家的偏好及其衍生的外交政策，事實上要透過政府相關部門的官員來代為表達與行使，這種代理過程往往導致實際結果未必與個人或團體原有的偏好與利益完全一致，從而使得某些個人或團體比他者獲益更多。第五，由於多數國家的偏好都是依循這種由國內根源所決定

的，因此每個國家都可說是在其他國家既定的偏好，或者說在所有國家各有偏好所構成的國際體系當中偏好的分配之下，來尋求其本身偏好所界定的利益（Moravcsik, 1997: 513-553; Moravcsik, 2003: 161-167）。

本文認為，要理解 Keohane 和 Moravcsik 這種對於新自由主義內涵的新觀點，關鍵在於把握「個人」與「國家」之間的關係；基本上 Keohane 與 Moravcsik 主要是凸顯新自由制度主義對此二者之間進行的不當「類比」之後，所造成違反自由主義傳統中注重個體的問題。這種不當類比，源於將國家視為如同個人般理性而追求自利的行為者時，並沒有去認真討論究竟國家本身如何界定其利益和偏好，而其實是以所有國家都共同追求的，諸如戰略安全、經濟利得等，屬於物質性的利益，在分析外交政策互動的個案時，當作每個國家所必然追尋的利益。這種界定偏好與利益的方式，其實是讓國際制度得以解釋為何國家之間有合作行為的必要條件；某種程度上，這裡似乎存在著循環論證（tautology）的問題。這種把所有國家視為同質行為者的界定方式，不啻與結構現實主義認為所有國家的主要目標和利益都在於求取無政府狀態下的生存（survival）與自助（self-help），如出一轍，這也是為何 Keohane 提到 half-sibling 的原因。新自由制度主義與新現實主義的解釋邏輯，都奠基於所有國家共通的工具理性和物質性利益上，這種共通性使得國際制度有促進國際合作的空間，另一方面，國際制度能促進合作的事實，又可以被看作證實了這種共通性存在的前提。

但是，如果回歸到自由主義中個人主義的傳統，那麼任何在個人層次之上的行為者，其偏好與利益，終極而言應該是去反映作為其構成單元的個人或團體之偏好和利益（這近似於前述 Nye 所提到的，應重視國內層次的解釋因素），而非以類比途徑，設定出一個虛擬的單一偏好和利益。因此，不同的國家之間，其利益與偏好表現在外交政策中的實際內涵，便會由於各國國內的個人與團體本身所擁有的偏好不同、如何表達和匯聚這些單元之偏好的制度與過程不同，以及外交政策相關部門和官員認知與表達國內匯聚後利益之程度的不同等諸多因素，而存在差異。尤其，國內單元的利益與偏好，不可避免地涉及歷史、文化、價值、規範、集體認同、集體記憶和情感等理念性因素，這些因素在每個國家都有其獨特性，遠大於各國間的共通性。所以，如果堅守個人主義這個自由主義的核心原則，那麼國家之間的偏好與利益，必然來自其構成單元，並同時兼具物質性和理念性層面，二者相互構成與相互影響，從而使得各國間的偏好，在許多議題和個案中，存在明顯差異，而不同於新現實主義或是

新自由制度主義的假設。同時，在理念因素影響之下，仰賴工具理性作用的國際制度，其能否帶來國際合作，也就面臨更大的不確定性（例如：歷史記憶所引發的情感好惡，有可能壓倒從合作中產生的物質性利得之作用，而決定國家是否採取合作行為）。這也使得我們較易理解，為何 Moravcsik 強調每個國家面臨其他國家偏好型態的制約時，好像並未將國際制度視為處理各國偏好歧異的解釋性出路。

　　綜合來看，這種將制度理論和新自由主義加以區分的觀點，顯現出一種在學科層次的特色：讓原本在國際關係學科中，具有獨特強調重點的自由主義概念（與政治哲學與比較政治學科中的自由主義強調重點不同），逐漸與後兩種學科產生匯流統合。Keohane 與 Moravcsik 所界定的自由主義，可以說主要是前面提到的，Moravcsik 所區分三種自由主義中，理念性自由主義（在「本體」上強調以個人與團體的偏好作為基礎）和共和自由主義（在「方法」上強調要透過一定的制度和程序，才能讓這種基礎落實反映在國家的偏好上）的內涵。而彼等之所以認為國際關係中的自由主義必須和制度論分開，我們如果仔細思考，不難發現，關鍵在於如果在邏輯上推到極致，結果就是：如果國家偏好必然被國內構成單元的理念性與物質性偏好所形塑，那麼國際制度的功能和意義就顯得只有次要地位，反之，如果國際制度在絕大多數情況下都能決定國家間策略互動的結果，那麼國家本身的偏好看來就淪為大同小異，缺乏深入分析的價值了。最後，究竟這種關於自由主義的新觀點，日後能否成為多數國際關係學者共同接受的概念前提，可能還有待學界本身更多的對話和辯論來決定，而這也是自由主義國際關係理論未來主要的知識議程之一。

第三節　新自由制度主義

一、理論緣起與基本概念及主張

　　新自由制度主義，以國際制度為主要研究對象，結合了新自由主義的固有理念，以及制度主義的研究重心。就前者而言，國際制度之形成與發展，被視為主權國家之間，基於本文第二節所述，各種新自由主義觀點下「個人」的主觀與客觀特質，而共同締造的結果。這些從個人層次延伸至國家層次的特質包括：以追尋個體本身的自我利益作為行為目標、個體間的利益與相關決策之間是相互依賴的、個體能依據工具理性在這種互賴下進行合作而找到滿足彼此

利益的解決問題方式、此種方式主要是基於個體的自願行為來共同達成。就後者而言，國際關係學科中對於國際制度的研究，無論是國際社會中的法律、慣例、規範、規則、組織等，除了歷史途徑與法制途徑的傳統外，在 1947 年所創立的《國際組織》（*International Organization*）期刊，六十多年來逐步由靜態研究走向實證與動態的分析，使制度的內涵與應用範圍不斷充實，促成相關學者彼此對話借鑑，而形成了制度分析的主要理論陣地。

　　奠基於這兩個知識來源，新自由制度主義在國際關係中之所以興起，成為實質的研究綱領，狹義而言，主要來自對於既有典範新現實主義（neorealism）的修正；[3]廣義而言，則是新自由主義和現實主義兩者的整體演進過程中，彼此交錯起伏的一環。這種交錯的大致輪廓是：國際關係學門在經過現實主義和理想主義之間，以及傳統主義與行為主義的兩次辯論後，[4]到了1970 年代，則是本文之前所述，同屬新自由主義傳統的新功能主義、整合理論、互賴理論，從 1950 到 1970 年代嶄露頭角的時期。但 1970 年代後半期，以 Kenneth Waltz 為代表的新現實主義（結構現實主義），在多年孕育發展後趨於成熟，提出一組具有明確經驗指涉的概念——國際無政府狀態、國家之間權力分配、國際結構、個別國家在國際結構中的位置、國家的國際行為類型——並具體陳述變項之間的因果關係。[5]其在主要關注議題（武力與軍事安全）上的聚焦性、概念的實證性、變項間的邏輯性、分析層次上的一致性、理論的簡約性（parsimony）等，實際上彰顯了第二次大辯論中行為主義所追尋的知識典範特質，有助於國際關係的實證性研究與理論化進程，因而成為一時顯學。然而，繼承了整合論與互賴論理路的新自由制度主義學者，例如Robert O. Keohane、Stephen D. Krasner、Arthur Stein、Duncan Snidal、Helen V. Milner、Charles Lipson 等人，在六個議題上，其核心主張與新現實主義不同：
（一）國際無政府狀態的本質與後果：新自由制度主義也不否認無政府狀態的存在，但認為這不必然導致國家的行為只有尋求生存與零和性互動的本質，而

---

[3]　Joseph Nye 最早將國際關係學門中對於新現實主義的所有批評，綜合性地以「新自由主義」的名稱加以統整，間接促成了新自由制度主義作為研究綱領的顯著性，參見Nye（1988）。

[4]　關於這兩次辯論的內涵與相關之文獻研究，參見莫大華（2000）。

[5]　參見 Waltz（1979）。關於新現實主義的完整內涵，限於篇幅而無法在此全盤詳述，請參照本書第二章明居正教授之論文。

是包括了在利益和行為抉擇上都相互依存的其他互動類型；（二）國際合作的可能性：新自由制度主義比新現實主義，更傾向認為這不完全由國家間的權力分配來決定，國際制度有其值得重視的作用，使合作更容易達成；（三）相對利得與絕對利得之分：新自由主義者與新現實主義者兩者比較下，前者相對而言更重視國家本身由國際合作當中獲得的絕對利益，這種分析前提使得國際制度由於能幫助獲取絕對利得，而顯得重要。但後者較為傾向認為，每個國家更在乎其利得相對於其他國家時，比他國更多或更少，這便限制了國際制度促進合作的功能；（四）國家所要達成各種目標之間的先後排序：新現實主義認為關係到國家根本存在與否的武力與安全，是主導國家行為的首要目標和議題。新自由制度主義認為經濟福利與跨國性議題，多數時候在國家之間的互動關係上，是更為重要的國家目標，這也是其理論發軔之初，特別注重非軍事安全性議題的原因之一；（五）意圖與能力間的區分：新現實主義者認為，各國對於其他國家的行為和意圖有所預期時，重點在於：能力會決定意圖；能力是可觀察而確定的，意圖卻很難捉摸。但新自由制度主義認為，意圖與偏好有其獨立與能力之外的一面，而且會反過來決定各國對於其他國家的能力變化（例如：其他國家的相對利得），是否會加以阻止或制衡；（六）國際制度與國際建制的影響力：新自由制度主義批評新現實主義太注重國際無政府狀態的結構性作用，忽略了國際制度與建制在促進國際合作上十分可觀的影響力，但後者卻認為這種影響力無法超越無政府狀態的根本性制約（Baldwin, 1993: 4-11）。[6]

作為此一研究綱領的基本概念，「國際制度」在相關學者論述中，有一些共通的基本內涵、屬性和經驗性指涉，反映在兩種最常被引用的定義當中。Keohane 將其定義為「持續作用且彼此關聯的一套正式或非正式規則，用以規定行為所表現出的角色、制約行為者的活動，以及形塑期望」（Keohane, 1988: 383）。而 Stephen Krasner 則將與國際制度概念十分接近，但較為廣泛的「國際建制」（international regimes）概念，[7]界定為「在一個特定的議

---

[6] Baldwin 原文使用的字眼，是新自由主義（neoliberalism）與新現實主義之間的辯論，但實際上其討論的新自由主義內容和相關學者，只限於新自由制度主義，而不包括本文所談的另外兩個新自由主義的研究綱領。

[7] 當國際建制的概念，在國際關係研究中趨於成熟之後，Keohane 在討論國際制度與國際建制時，雖然也指出後者的經驗指涉範圍比前者稍廣，但實際上是將此二概念交替使用，並未嚴格區分，參見 Keohane（1995）。

題領域中，讓各行為者產生共同期望的原則、規範、規則，以及決策程序」
（Krasner, 1983a: 2）。如果綜合這兩種最具有代表性的定義，那麼可以說國
際制度的概念大致上具備下列幾個特質：（一）拘束力：這是國際制度的核心
價值所在，使得國家的行為不是完全依照權力大小與權力分配的邏輯而決定，
而必須遵循一定的原則和規範；（二）可預期性：由於國家的行為受到拘束，
所以能預期其行為落在一定的類型與範圍中，這也使得國際合作成為可能；
（三）兼具正式與非正式制度：有形的正式規則、程序，與作為其基礎的非正
式規範、原則都包括在內；（四）議題專屬性：特定制度的效力，多半以特定
的相關議題領域為限。

　　在這樣的界說之下，國際制度在經驗世界中的內涵，主要包括三種型態：
（一）國際慣例：即非正式制度，其由各國遵循的規則和共同理解，是默示
（implicit）而非明文規定的，最常見的例如外交豁免權，以及國際間的互惠
性原則；（二）國際建制：即正式制度，具體而言就是一套明示（explicit）的
規則，由成員國以特定議題為範圍，例如國際金融中的布瑞頓森林（Bretton
Woods）體系，以及由聯合國所背書的海洋法公約歷次談判過程與結果等。
而國際建制，通常是以一系列相關的國際慣例與規範作為制訂規則的基礎；
（三）國際組織：是指具有明確目的、官僚式組織、明文規則、成員之權利
與義務之具體規定的有形組織團體，包括跨國的政府間組織以及非政府組織。
國際組織的成立和運作，通常必然依循一套正式制度和非正式的規範，但其
不同於國際慣例與國際建制之處，在於其屬於實體的行為者，有其成員、資
源、行為目標，以及行動的能力，例如聯合國、國際貨幣基金、世界銀行等
（Keohane, 1989: 3-4）。

■ 核心概念

・新自由制度主義所界定國際制度的特質：（一）拘束力；（二）可預期
　性；（三）兼具正式與非正式制度；（四）議題專屬性。
・國際制度的型態和種類：（一）國際慣例；（二）國際建制；（三）國際
　組織。

二、主要邏輯與論點

　　如前所述，新自由制度主義接納了與新現實主義同樣的分析起點——國際

無政府狀態。在這種狀態下，主權國家作為具有工具理性，極大化本身利益的行為者，彼此之間在現實世界中的互動，最常見的型態，可以用「囚徒困境」（Prisoner's Dilemma, PD）的賽局理論來描繪。國際制度在理論上被推導出的促進合作之功用，能緩和新現實主義者所標舉的國家之間零和性衝突，基本上是從此種賽局型態中經由演繹而得到的邏輯推論（Axelrod, 1981; Axelrod and Keohane, 1985）。在 PD 賽局中（如圖 6-1 所示），兩個行為者 A 國與 B 國，各自可以選擇與對方合作（C）或背叛對方（亦即與對方衝突，D）的策略。如果以新自由制度主義早期較常提及的經貿議題為例，典型的合作策略是採取自由開放的貿易政策，而典型的衝突策略則是貿易保護主義。圖 6-1 中所顯示的報酬結構（payoff structure），每個括號中所顯示的在該種行動策略組合下，A 和 B 所分別獲得的報酬或效用，在 A 和 B 各自所面臨的四種策略組合中，相對於其他三種情況時所獲得報酬的「排序」。排序越高，表示其所獲得的報酬或效用也越大。例如，A 和 B 都採取合作策略時的組合（亦即（C, C）的組合），其報酬結構為（2, 2）。這表示 A 在這種組合下所得到的報酬，乃是 A 在面臨（C, C），（C, D），（D, C），（D, D）四種可能組合，所可能得到的四種不同報酬中，排序居於第二的次佳情況。對 A 而言，最佳的報酬是排序第一的（D, C），也就是當 A 採取衝突策略而 B 採取合作策略的情況。

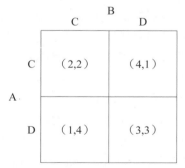

圖 6-1　囚徒賽局（Prisoner's Dilemma）

　　當 A 和 B 各自的每個排序，可能落在矩陣的任何一格中時，不同的組合便形成了不同的賽局型態，而 PD 賽局則是指圖 6-1 中的這種特定組合型態。圖 6-1 中，從 A 的角度來看，B 採取 C 時，則 A 的優勢策略（dominant strategy）是 D（此時對 A 而言，採用 D 時其所獲得之報酬，排序要比採用 C

時所獲得之報酬高，故此時採用 D 相對於採用 C 而言，稱為優勢策略），B
採取 D 時，則 A 的優勢策略是 D；而從 B 的角度來看，A 採取 C 時，則 B 的
優勢策略是 D，A 採取 C 時，則 B 的優勢策略是 D。按照賽局理論的邏輯，
如果某個策略組合，同時是兩個行為者的優勢策略，那麼此一組合便是該
賽局的納許均衡解（Nash equilibrium），也就是該賽局最可能出現的結局，
此時兩個行為者都沒有誘因偏離這個組合，去採用其他的策略（Ordeshook,
1986: 118）。而 PD 賽局的這種結局，最值得探討的，就在於 A 和 B 雖然也
面臨著可以同時讓兩者都有更高報酬的（C, C）組合，但其自利邏輯卻使得
兩者都更可能同時選擇衝突策略，造成（D, D）。從「帕瑞圖最適」（Pareto
Optimum）標準來看，（C, C）比（D, D）更符合讓所有行為者（也就是整個
國際社會）效用極大化的目標，但卻不是 PD 賽局的均衡解。

　　上述這種無法達到帕瑞圖最適的情況，乃是許多國際關係議題領域中的現
實問題，雙邊或多邊的經貿關係上是如此（例如：雖然所有行為者都了解相互
開放自由貿易比相互訴諸貿易保護要更有利於本身經濟，但卻未必能做到），
雙邊或多邊的安全關係上是如此（例如：雖然所有行為者都了解彼此同時裁減
核武這種合作策略，比相互上核武競賽這種衝突策略，要更有利於本身的整
體國防安全，但卻未必是其最本能的反應），區域或全球的環境保護上也是如
此（例如：雖然所有行為者都了解彼此同時限制國內碳排放量這種合作策略，
比大家都不去限制國內排放這種衝突策略，要更有利於本身和集體的長期環境
安全，但卻未必能同時都選擇合作策略）。這些實例顯示，之所以未必能達到
（C, C），關鍵在於：單一國家無法確定，當本身採取合作策略時，其他國家
也會如此。換言之，因為每個行為者都擔心本身選擇合作，他國卻選擇背叛，
所以大家都不願面對可能出現的（C, D）結果，於是都寧願選擇衝突策略來規
避風險。當然，這也是 PD 的原始模型中，兩個囚徒彼此的考量。

　　賽局理論及其實際應用的研究成果，指出了許多解決的可能途徑，而所有
解決的方法，其共同點便在於，如何提高每個行為者預期當本身採取合作策略
時，其他行為者也會如此做，而不致背叛的機率。這些理論層面的解決途徑，
都一一反映在國際制度的實際功能當中，從而顯示出國際制度何以能促進國際
合作，也構成了新自由制度主義的核心論點。如果我們將現有文獻中的這些論
點，按照如何在賽局中獲取合作的理路來看，則可將這些論點大體梳理為：

　　（一）國際制度有利於行為者之間彼此表達意圖與溝通訊息：PD 賽局中
的兩個囚徒，在不確定對方較可能採取合作或衝突策略時，傾向採用衝突策

略。但如果彼此之間能先向對方表達，如果對方也採取合作策略，那麼自己也將如此做，或者讓對方知道，自己完全了解（C, C）結果優於（D, D），並希望如此，則此時雙方都採取合作策略的機率，會比完全缺乏這種溝通時要高。而國際制度的主要功能之一，正在於提供其成員一個彼此溝通對話，相互提供訊息以及告知本身意圖想法的共同場域，來提高這種機率。這種溝通，除了透過國際組織中的具體活動與國家間對話來實現之外，各國對於既定的國際建制等的加入或承諾，也同樣屬於明確的意圖表達。

（二）國際制度有利於提高行為者所提供訊息以及所做承諾的可信度（credibility）：即使行為者之間有訊息與意圖溝通，但仍然存在一個問題：囚徒甲怎能確定囚徒乙聲稱其將不會向警方吐實招供的說法是真的？國家之間如何確定他國聲稱將採取合作策略的承諾，真的會實現，而值得採信，讓本身也願意採取合作策略？國際制度在此透過幾種途徑來解決這個關於可信度的問題。首先，國際組織或國際建制對於其成員允諾遵守的規則和承擔的義務，通常有一套監督其是否恪遵的相關機構與操作程序及措施，來保證制度規則得以執行。例如 WTO 之下有針對各國的貿易與投資政策作法，定期披露公開，使其透明化，讓其他成員充分知悉的機制。又如冷戰期間美蘇的軍備裁減，或後冷戰時期的國際多邊核不擴散條約，都有前往各國進行實地查核的機制，來發揮監督功能。

其次，經常與監督機制相互搭配的，是一套懲罰機制。對於違反承諾、違背制度規則的行為者，國際組織或建制能透過此一機制，使其付出一定的成本。究其意義，並不在於背約行為發生後讓其受罰，而是在背約行為發生前，就讓各成員知悉背約的後果，因而降低其背約（亦即採取衝突策略）的機率，同時使得每個成員都預期其他成員比較可能恪遵義務與規則，採取合作策略，最後也提高本身採取合作策略的機率。例如，WTO 之所以比 GATT 更能保證其會員遵守 WTO 下的各領域之自由貿易協定，就是因為前者有懲罰機制（以及確定是否發生背約事實的爭端解決與調查機制）。

（三）國際制度有利於促使合作成為行為者之間的長期穩定互動型態：就 PD 的原始模型來說，兩個囚徒就算具備了上述兩個機制，但仍未完全擺脫對方可能背叛的風險。因為，兩者間只有一次互動，如果一方告知對方本身將採取合作策略，但卻背信，那麼就算有外在的懲處機制，對方可能也無法讓背信者受罰。這也就是說，互動的次數多寡，是另一個影響雙方是否遵守合作承諾，以及預期對方會否遵守承諾的重要因素。就此而言，國際制度的存在，是

讓其成員一旦加入該制度後，必然在相關議題領域中長期持續地重複進行互動（例如：在 NAFTA 當中，成員國彼此間共同信守相關的自由貿易承諾，乃是日復一日不斷重複的）。如此，則所有成員都不至於想要在一次互動中背叛對方，獲取短期利益，而必須考慮未來長時期當中，持續採用合作行為，來換取其他成員的合作行為，這也就是所謂「考量未來的影響」（shadow of the future）。

　　而由於互動時間持續，不斷重複進行，又會產生另一種類似但在概念上不完全相同的影響，促進合作。Robert Axelrod 經由針對個人之間互動而作的實驗，發現在行為者之間長期重複互動的過程中，最常出現的穩定結果，乃是彼此之間相互採取「以牙還牙，以眼還眼」（tit-for-tat）的行為策略。也就是說，如果一方在上一回合互動中採取合作（衝突）行為，那麼另一方在下回合互動中也會採取相同的行為，這種「相互性」（reciprocity）是在重複賽局中最常見的自然演化趨勢（Axelrod, 1984）。所以，在一個議題領域中，如果有國際制度存在，使得國家間初始互動時便能由於上述這些機制而相互展現合作行為，則根據相互性的趨勢法則，長期的穩定合作便得以鞏固。

　　（四）國際制度有利於緩解單一議題中難以達成合作的僵局：學者指出，當國家之間在國際制度的實際運作中，某個議題上難以同時採取合作行為時，常使用所謂「輔助性給付」（side payment）的方式，來解決僵局。此種方式，是指在陷入僵局的議題之外，另外尋找其他議題，由一方給予另一方補償性的實質利益，換取後者在原來議題上的讓步，這使得兩個行為者在兩個不同的議題上各有所得。換言之，這其實是將單一賽局中無法達成合作的難題，藉由將此賽局連結到另一個賽局的方式，在兩個賽局中各自找到一組可以同時被參與行為者都接受的結果來突破僵局。而國際制度之所以在這點上有用，是因為特定功能領域中的國際建制或組織（例如：聯合國氣候變化綱要公約），多半在相關領域中同時處理許多不同的議題（例如：該公約中各國所應完成的碳減排量，以及工業化國家對於發展中國家的低污染能源技術轉移）。而這些議題之間，往往存在著採取輔助性給付的可能（例如：給予發展中國家該技術轉移，換取其接受高於其原來可接受標準的減排量）。此時，在同一個國際制度場域中來連結這些賽局，由於種種理由（例如：因為同屬一個功能領域而使得議題之間有關連性、建制的相關活動自然提供了談判的時間與機會、共享的訊息與知識降低資訊不對稱性等），更利於降低輔助性給付的交易成本，使這種行動更便於實施。

■ 核心概念

‧國際制度的功能包括：（一）有利於行為者之間彼此表達意圖與溝通訊息；（二）國際制度有利於提高行為者所提供訊息以及所做承諾的可信度；（三）國際制度有利於促使合作成為行為者之間的長期穩定互動型態；（四）國際制度有利於緩解單一議題中難以達成合作的僵局。

三、理論與經驗研究議程的新發展

　　新自由制度主義在 1990 年代中期以來，經過與新現實主義正面的對話和辯論（Mearsheimer, 1995-96; Jervis, 1999; Waltz, 2000），確定其主流的理論典範地位之後，原有的一些理論闡發重點，像是國際制度究竟重要與否、有無作用、能否補充新現實主義解釋力的不足等，開始被新的理論研究和經驗研究議程所取代。這些新的研究議程之所以出現，有的是回應對於新自由制度主義之批評，有的是提昇對於國際制度本身如何運作的認識，有的則是反映不同理論典範之間融合匯流的自然趨勢，其內容之間也有些許交集和重疊。對於這些新議程的驅動力和內涵，在此簡要介紹如下：

（一）國際制度的設計

　　上述的四種國際制度功能，總括來說就是降低國家之間進行合作的各種交易成本（transaction cost）。由於行動的成本大小是工具理性角度的重點考量，因此國際制度在多大程度上滿足「理性設計」（rational design）的要求十分重要。相關的面向包括：如何規定制度成員資格、制度涵蓋的議題範圍、制度運作時發布資訊與促進談判以及執行規則的權力集中程度、涉及如何控制制度運作的投票規則（例如：是否每個成員有相等的投票權）、客觀環境變化時制度規則能允許例外或修改規則的彈性（Koremenos et al., 2001:1-13; Simmons, 2001）。在制度本身的整體內涵之外，也有集中討論制度本身設計如何影響其特定功能者（例如：能否使談判、議價、議題聯結更便利，參見Young, 2000），或者探討實際案例中制度設計如何處理合作的利得在國家間的分配問題（Oatley, 2001）、將強制型態或獎勵型態的行動使用於相互性原則中（Mitchell, 1994; Mitchell and Keilbach, 2001）、處理資訊不足帶來的不確定性問題（Rosendorff and Milner, 2001）等。這些由工具理性概念出發，實際上是強調國際制度何以能發揮效率的研究，基本上回應了新現實主義者認為國

際制度最終不過是國家權力分配下的附帶現象，本身不能成為有獨立作用的自變項之批評（Mearsheimer, 1994-1995）。

（二）國際制度的法制化

　　不同的國際制度之間有所差異，除了因為上述的設計層面因素外，也受到其法制化（legalization）程度的影響。判斷此種程度的標準主要有三：成員國對於遵守制度規則有多大的義務性（obligatory）程度、制度規則有多大的精確性（precision）、在多大程度上將制度的詮釋、監督、執行等功能授權（delegation）給一個（相對公正的）第三方來運作。根據這些標準，在不同功能領域以及不同地區的國際制度，包括歐盟、NAFTA、亞太地區的區域合作、國際貨幣合作、貿易自由化、拉美的國際人權法律與實踐，都各自顯現出不同特色。就這個研究主題目前的取向來看，大致是沿著工具理性的主軸，探究國際制度在何種條件下更能達成工具理性預設前提下所尋求的嚴謹和效率，能夠在多大程度上促成參與國家之間的行為一致性和相互合作。對於在法制化的三個標準上相對於歐洲或其他地區較低的亞洲地區制度，例如 ASEAN、ARF、APEC 等，尤其是持續抵制法制化的 APEC，法制化研究學者對其所給予的評價也較低（Kahler, 2000a）。同樣的，Botcheva 與 Martin 認為，國際建制的制度設計是否嚴密，促使國家行為趨同之程度將有所不同，這也呼應了法制化研究的基本指向。在針對 WTO、NAFTA、APEC 三者所做的比較中，他們宣稱，由於前二者比後者的論壇制度在設計上更嚴謹，因此對於對會員更有拘束力，也較能使國家行為趨同。如果制度本身較為鬆散，加上參與國家間異質性較高，則國家間行為分歧性將較大（Botcheva and Martin, 2001）。

（三）國際合作之利得如何分配

　　對於新自由制度主義的一個有力批評，是前述的相對利得觀點；如果國家之間更在乎的不是本身是否由國際合作中收取絕對獲益，而是相對於其他國家的獲益，本身獲益較多或較少，那麼國際合作將面臨多一層阻礙（Grieco, 1993, 1993a）。這個論點，其實也就是說，國際合作不僅要考慮所有行為者總體福利水準的增加，還要考慮福利如何「分配」的問題。從賽局理論的角度來看，則是指當一個賽局，同時有許多組均衡點，而這些均衡點所反映的所有行為者福利水準總和都相等（在同一個帕瑞圖效用邊界線 Pareto frontier 上）時，不同均衡點造成不同行為者所分配到的福利所得，有明顯差異。在這種「協調性賽局」（coordination game）當中，如何選擇其中一個均衡點，達成

所有行為者都接受的福利分配，就不再是一個簡單而理所當然的結果了。國家之間的權力差距、資訊獲取、相互感知、談判策略、議題連結等許多因素，都會左右最後產生的結果。Krasner 指出，能否產生大家同意的分配，才是檢驗國際制度能否真正有效的關鍵問題（Krasner, 1993）。沿著這種方向，許多後續的實證研究發現，如果國際制度具有健全的資訊記錄與存取功能，例如提供詳細的指標與數字，足以推算出各國從大家接受的協議或規則中，各自獲取了多少利得，或是將歷次交易或談判當中，各國達到協議的過程（包括所做的妥協以及有哪些議題連結等），那麼比較有利於根據已往的這些資料，適時調整協議結果或規則的細節，使得利益分配也隨之變化，較為平均，而使得大家容易接受。在經貿性國際制度中，例如巴塞爾銀行委員會（The Basle Banking Committee）（Simmons, 2001），以及歐盟的內部經貿制度網絡（Pollack, 1997），都是如此。

（四）國內政治因素的角色

　　新現實主義在冷戰結束之後受到愈來愈多挑戰與批評，促使現實主義陣營進行自我調整，因而繁衍出攻勢現實主義、守勢現實主義、新古典現實主義等型態。其中新古典現實主義之特色，乃是注重研究微觀、個別的外交政策和國際行為，而非宏觀的多數國家之國際行為所顯現的共同類型或規律性。由於其依變項外交政策是單位層次的現象，所以也因此注重研究國內因素如何作為自變項來發揮影響。[8]相形之下，新自由制度主義一開始就並非著重抽象而宏觀的行為類型，而是反其道而行。例如，Keohane 與 Nye 在介紹互賴與國際建制概念的初期，便具體而微地以個別議題領域中不同的國際建制內容、個別建

8　關於新現實主義受到的各類批評（尤其是無法解釋冷戰何以結束、國際權力結構何以會改變，以及為何會出現某些影響冷戰結束的關鍵性外交政策決定），以及新古典現實主義在因應這些批評時所顯現的內涵與特色，參見鄭端耀（2005）。本文認為，Kenneth Waltz 從 1980 年代，其實便不斷強調，新現實主義所要解釋的，不是個別國家的個別外交政策或行為，而是屬於體系層次現象的大多數國家行為之行為「類型」。由於依變項是體系層次，所以使用同為體系層次的國際體系結構（國家之間的權力分配）作為自變項。所以，我們可以說，從理論的內部效度（internal validity）而言，新現實主義沒有太大問題，而且始終有其簡鍊與一致的優點。然而，從外部效度（external validity）來看，其能普遍適用的被解釋項太過狹窄，無法處理現實世界中國際關係最重要的變化之一。

制的過程與決策機制等，作為依變項，從事中觀與微觀層次的分析（Keohane and Nye, 1977）。既然無須側重解釋體系層次的現象，新自由制度主義也就不必只注重體系因素，而能將更多注意力放在國內因素。在討論國內政治如何影響國際制度時，多數的研究問題都植基於一個假設：接受國際制度的規則束縛，事實上意味著國內行為者放棄了一部分決策權力，自動將其交給超國家的權威，而行為者之所以願意如此做，必然是因為這樣做符合其重要利益。所以，在哪些議題領域、國內制度、國內權力聯盟型態等條件下，會使行為者的利益傾向如此，乃成為相關研究的重點所在。例如，當國家之間解決領土邊界爭議的談判結果，送到國內立法部門去通過時，大多數社會群眾雖然受惠於這種和平性質的協議，但通常不太關心。而受到邊界改變而影響其利益的少數社會群體，卻往往積極動員，進行立法遊說，使得協議不容易獲得國內通過（Simmons, 1998）。他們寧願將此種議題的決定權，保留在國內，而非交給超國家的權威。同樣地，在美加自由貿易協定下，國內生產廠商多半鼓吹將貿易爭端的裁決權保留在國內，同時大力組織影響立法與行政部門的活動。但美國總統受到多數選民付託，其利益所在是儘量讓更多選民享有自由貿易的福利，以爭取更多支持，因此拒絕只保護少數國內生產者，最後同意將美國與加拿大的貿易爭端，以雙邊解決方式來處理（Goldstein, 1996; Gilligan, 1997）。

（五）國際制度本身的變遷

在研究前述的國際制度肇造之初，如何依據工具理性原則來進行設計之外，國際制度本身也往往因為環境變化而在其工作與目標上，經過歷史演進過程而出現變遷。例如，IMF 在創建之初，制度設計上被賦予的角色十分有限，也因此鮮少成就。但在 1960 年代後半期，許多工業化大國開始揚棄固定匯率制度後，IMF 開始逐步強化其穩定各國相對匯率與國際貨幣體系的角色，而與其原始設計大相逕庭（Pauly, 1999）。又如，許多國際組織長期而言，會傾向愈來愈正式化，NATO 便是如此，而與其原始制度設計有明顯差異（Wallander, 2000）。尤其，大多數國際制度，其對於國家行為的管制範圍，以及強制拘束力，傾向逐漸擴大，歐盟可能是最明顯的例子，由純粹的經濟整合終而邁入政治整合，並且實際上對各國的內政議題，有其影響力。學者認為，外國的觀察團透過並非以政治議題為主的國際制度來監督國內選舉，而且日益成為一種廣為各國接受的作法，正是國際制度的這種干預性影響上昇的證明（Santa-Cruz, 2005; Beaulieu and Hyde, 2009）。這些帶有普遍性的國際制度

變遷，何以朝向某些特定路徑而非其他路徑，其原因與過程，正受到越來越多學者的關注。

（六）多層次治理（multilevel governance）

國際制度數十年來不斷增長茁壯的結果之一，是使得許多功能領域中，存在著全球、區域、雙邊等不同層次的制度，其所處理的議題範圍或則有所重合，或則相互織巢（nesting），形成所謂「多層次治理」整體現象中的一環（Rosecrance and Stein, 2001）。例如，在貿易自由化的領域中，各國可以在同樣都追求此種目標的雙邊自由貿易協定、區域貿易協定、全球性協定（WTO）當中，選擇最有利於其利益的制度載體來採取行動，這就是所謂「選擇場域」（forum shopping）的現象。這種現象，在例如涉及貿易爭端與裁決，這種不同的制度及場域會明顯帶來不同的具體利益得失之情形中，特別明顯。而各國去選擇不同場域的原因、過程、後果、規範性意義等，因而成為新的重要研究議題（Alter and Meunier, 2006; Busch, 2007）。

（七）與其他主要典範融合的發展趨勢

新自由制度主義在理論內涵與理論應用方面，近年來有愈來愈多與建構主義相互參照融合的發展趨勢。事實上，Keohane 本人很早就將包括了建構主義的反思主義（reflectivism），視為和理性主義並列的兩種有關國際制度之主要研究途徑之一。Keohane 也承認，後者對於理性主義途徑的批評，值得用以作為補充理性主義的成分：理性主義忽視了制度所反映的規範、理念、利益、偏好等是如何形成的，以及這些理念性因素是否與如何產生變化，而將其看作是固定不變的，過度簡化了事實（Keohane, 1988: 391-392）。而其他新自由制度主義學者，也十分注重社會建構論中所謂的「共享知識」（shared knowledge），如何在國際制度所設定的行為規範上來產生效果。此種觀點，可說是在國際建制理論的三種主要研究途徑——以權力為基礎（power-based）、以利益為基礎（interest-based）、以知識為基礎（knowledge-based）——當中的最後一種（Hasenclever, Mayer and Rittenberger, 1997: 6-8）。Hasenclever 以及 Mayer 與 Rittenberger 等學者指出，前兩種基於理性主義的途徑，將國家的身分與利益視為外生於制度，或可說是先驗的加以設定。在此前提下，便相應的只注重人為設計的規範以及手段與目的之間的因果關係。實際上，如何界定身分與利益的基礎，在於必須了解國家如何在認知層面上，將個別國際建制所制訂的規則，視為是鑲嵌在更寬廣的規範結構當中。而此種規

範結構，基本上屬於國際建制所管理的參與行為者之間的共享知識之一部分（Hasenclever, Mayer and Rittenberger, 1997: 39-77）。唯有透過個別國際建制與周遭環境的這種鑲嵌關係，才能深入理解建制內的參與國家，實際上是如何界定其自身的身分與利益，以及為何國際建制所制訂的特定規則，在其成員看來具有正當性。也唯有在了解這層關係後，才能充分解釋為何國際制度的成員，能夠將必須恪遵建制規則和對其他成員的「責任感」，予以內化。換言之，在上述共享知識的前提下，才存在「以同意為基礎」的規範和對於建制規則及習慣的遵守（Wendt, 1994: 385-387）。質言之，基於社會建構論的觀點，國際建制與其說是被動完成預設目標的工具，不如說更大程度上乃是一種賦予行為者互為主觀能動性的「意義結構」。此種意義結構的基礎，則是眾多行為者間的共同理解，根據這種理解，個別行為者從事其本身利益和身分的建構。所以，在這種觀點之下，任何國際建制，終極而言，屬於一種「對值得嚮往與可以接受的社會行為形式，以及有原則性和共享的理解」（Kratochwil and Ruggie, 1986: 764）。

在現實世界與相關的經驗研究中，最能反映這種和建構主義融合觀點的，主要是亞洲地區的國際制度，而與歐洲顯然有別。例如，在安全領域當中，東亞的區域制度的實踐以及學者的相關詮釋，相較於西方，反映出社會建構論所強調的「認同」與「理念」因素，比工具理性觀點更能解釋其特色。Amitav Acharya 與 Yuen Foong Khong / Nesadurai 均指出，以東亞到目前為止最持久而有成效的多邊安全制度——東南亞國協組織（ASEAN）以及東協區域論壇（ASEAN Regional Forum, ARF）——為例，ASEAN 之所以產生，並非由於創始成員國要建立一個具有能用物質力量強制約束會員國安全行為的組織，從而自願讓渡出其部分主權，而主要是為了尋求建立起一個對於東南亞的集體認同。這個認同的重要基礎之一，乃是創始會員國基於其歷史與發展經驗，而彼此共享的一套國際行為規範，大體上包括對於西發利亞式主權的高度堅持、避免干預他國主權與內政、注重非正式原則的制度設計與制度決策、強調自願性順服而避免強制性的制度規則等。這些規範，延伸到 ARF 當中，便衍生出預防性外交（preventive diplomacy）、信心建立（confidence building）之相關對話與措施、相互尊重他國領土完整、不使用武力解決爭端等規範。當 ASEAN 與 ARF 所容納的行為者漸次擴大到包含了美國與中國大陸這些區域強權後，其既有的規範與其蘊含的價值觀，乃開始對於這些大國產生影響，逐步轉變其對於自我利益的認知，並改變其相應的行為目標與偏好，使其與制度內的

規範有更多相容性。基本上，此時區域制度更多是在發揮社會建構論所謂的「社會化」（socialization）作用，透過此種作用來建構集體認同。簡言之，此時國際制度是透過「塑造」國家的偏好和利益，而非依循工具理性觀點的「制約」其利益和偏好，來影響國家之間的互動行為（Acharya, 2004; Khong and Nesadurai, 2007）。與安全制度類似的，則是在經濟領域中的亞太經濟合作組織（Asia Pacific Economic Cooperation, APEC），同樣地在其制度形式與內涵上，很少採取強制執行、課予統一規則、監控嚴密等建制設計，而以成員的自願性順服以及共識決等為主。這也說明了 APEC 的規範能否被其成員接受，根本上還是要看彼此間的共享理解和知識，以及對於身分和利益的界定，在亞太地區的特定格局內究竟著落於何處。

■ 核心概念

· 新自由制度主義理論與經驗研究議程的新發展：（一）國際制度的設計；（二）國際制度的法制化；（三）國際合作之利得如何分配；（四）國內政治因素的角色：（五）國際制度本身的變遷；（六）多層次治理；（七）與其他主要典範融合的發展趨勢。

參考書目

秦亞青，2005，〈國際制度與國際合作—反思新自由制度主義〉，秦亞青，《權力、制度、文化》，北京：北京大學出版社。

秦亞青，2008，〈自由主義國際關係理論的思想淵源〉，秦亞青主編《理性與國際合作：自由主義國際關係理論研究》，北京：世界知識出版社。

郭承天，1996，《國際建制與國際組織》，臺北：時英出版社。

莫大華，2000，〈國際關係理論大辯論研究的評析〉，《問題與研究》，39(12)：65-90。

鄭端耀，1997，〈國際關係「新自由制度主義」理論之評析〉，《問題與研究》，36(12)：1-22。

鄭端耀，2005，〈國際關係新古典現實主義理論〉，《問題與研究》，44(1)：115-140。

盧業中，2002，〈論國際關係理論之新自由制度主義〉，《問題與研究》，

41(2)：43-67。

Acharya, Amitav. 2004. "Regional Institutions and Asian Security Order." In *Asian Security Order: Instrumental and Normative Features*, ed. Muthiah Alagappa. Stanford, CA: Stanford University Press, 210-241.

Alter, Karen J. and Sophie Meunier. 2006. "Nested and Overlapping Regimes in the transatlantic Banana Trade Dispute." *Journal of European Public Policy* 13(3): 362-82.

Arblaster Anthony. 1984. *The Rise and Decline of Western Liberalism*. Oxford: Basil Blackwell.

Axelrod, Robert, 1981. "The Emergence of Cooperation among Egoists," *American Political Science Review* 75(2): 306-318.

Axelrod, Robert, 1984. *The Evolution of Cooperation*. New York: Basic Books.

Axelrod, Robert and Robert O. Keohane. 1985. "Achieving Cooperation under Anarchy: Strategies and Institutions." *World Politics* 38(1): 226-54.

Baldwin, David A. 1993. "Neoliberalism, Neorealism and World Politics." In *Neorealism and Neoliberalism: The Contemporary Debate*, ed. David A. Baldwin. New York: Columbia University Press.

Beaulieu, Emily, and Susan D. Hyde. 2009. "In the Shadow of Democracy Promotion: Strategic Manipulation, International Observers, and Election Boycotts." *Comparative Political Studies* 42(3): 392-415.

Botcheva, Liliana and Lisa L. Martin. 2001. "Institutional Effects on State Behavior: Convergence and Divergence." *International Studies Quarterly* 45(1): 1-26.

Busch, Marc. 2007. "Overlapping Institutions, Forum Shopping, and Dispute Settlement in International Trade." *International Organization* 61(3): 735-6.

Doyle, Michael W. 1986. "Liberalism and World Politics." *American Political Science Review* 80(4): 1151-69.

Gilligan, Michael. 1997. *Empowering Exporters*. Ann Arbor, MI: University of Michigan Press.

Goldstein, Judith. 1996. "International Law and Domestic Institutions: Reconciling North American 'Unfair' Trade Laws." *International Organization* 50(3): 541-64.

Grieco, Joseph M. 1993. "Anarchy and the Limits of Cooperation: A Realist Critique of the Newest Liberal Institutionalism." In *Neorealism and Neoliberalism: The Contemporary Debate*, ed. David A. Baldwin. New York: Columbia University Press.

Grieco, Joseph M. 1993a. "Understanding the Problem of International Cooperation: The Limits of Neoliberal Institutionalism and the Future of Realist Theory." In *Neorealism and Neoliberalism: The Contemporary Debate*, ed. David A. Baldwin. New York: Columbia University Press.

Hasenclever, Andreas, Peter Mayer, and Volker Rittenberger. 1997. *Theories of International Regimes*. New York: Cambridge University Press.

Jervis, Robert. 1999. "Realism, Neoliberalism and Cooperation: Understanding the Debate." *International Security* 24(1): 42-63.

Kahler, Miles. 2000. "Conclusion: The Causes and Consequences of Legalization." *International Organization* 54(3): 661-83.

Kahler, Miles. 2000a. "Legalization as Strategy: The Asia-Pacific Case." *International Organization* 54(3): 549-71.

Kegley, Charles W. 1995. "The Neoliberal Challenge to Realist Theories of World Politics: An Introduction." In *Controversies in International Relations Theory: Realism and the Neoliberal Challenge*, ed. Charles W. Kegley. New York: St. Martin's Press.

Keohane, Robert O. 1988. "International Institutions: Two Approaches." *International Studies Quarterly* 32(4): 379-96.

Keohane, Robert O. 1989. *Institutional Institutions and State Power: Essays in International Relations Theory*. Boulder, Colorado: Westview Press.

Keohane, Robert O. 1995. "The Analysis of International Regimes: Toward a European-American Research Programme." In *Regime Theory and International Relations*, ed. Volker Rittenberger. Oxford: Clarendon Press.

Keohane, Robert O. 2000. "Ideas Part-way Down." *Review of International Studies*, 26(1):

Keohane, Robert O. and Joseph S. Nye, Jr. 1977. *Power and Interdependence: World Politics in Transition*. Boston: Little Brown.

Keohane, Robert O. and Lisa L. Martin. 2003. "Institutional Theory as a Research Program," In *Progress in International Relations Theory: Appraising the Field*, eds. Colin Elman and Miriam Fendius Elma. Cambridge, MA: MIT Press, 71-107.

Khong, Yuen Foong and Helen E. S. Nesadurai. 2007. "Hanging Together, Institutional Design, and Cooperation in Southeast Asia: AFTA and the ARF." In *Crafting Cooperation: Regional International Institutions in Comparative Perspective*, eds. Amitav Acharya and Alastair Iain Johnston. New York: Cambridge University Press, 32-82.

Koremenos, Barbara, Charles Lipson, and Duncan Snidal. 2001. "The Rational Design of International Institutions." In *The Rational Design of International Institutions*, eds., Barbara Koremenos, Charles Lipson, and Duncan Snidal. New York: Cambridge University Press.

Krasner, Stephen D., ed. 1983. *International Regimes*. Ithaca, New York: Cornell University Press.

Krasner, Stephen D. 1983a. "Structural Causes and Regime Consequences: Regime as Intervening Variable." In *International Regimes*, ed. Stephen D. Krasner. Ithaca, New York: Cornell University Press.

Krasner, Stephen D. 1983b. "Regimes and the Limits of Realism: Regimes as Autonomous Variable." *In International Regimes*, ed. Stephen D. Krasner. Ithaca, New York: Cornell University Press.

Krasner, Stephen D. 1993. "Global Communications and National Power: Life on the Pareto Frontier." In *Neorealism and Neoliberalism: The Contemporary Debate*, ed. David A. Baldwin. New York: Columbia University Press.

Kratochwil, Friedrich and John Gerard Ruggie. 1986. "International Organization: A State of the Art on an Art of the State." *International Organization* 40(4): 753-75.

Mearsheimer, John J. 1994-1995. "The False Promise of International Institutions." *International Organization* 19(3): 5-49.

Mearsheimer, John J. 1995-1996. "A Realist Reply." *International Security* 20(1): 82-93.

Mitchell, Ronald B. 1994. "Regime Design Matters: International Oil Pollution and Treaty Compliance." *International Organization* 48(3): 425-58.

Mitchell, Ronald B., and Patricia M. Keilbach. 2001. "Situation Structure and

Institutional Design: Reciprocity, Coercion, and Exchange." In *The Rational Design of International Institutions*, eds., Barbara Koremenos, Charles Lipson, and Duncan Snidal. New York: Cambridge University Press.

Moravcsik, Andrew. 1997. "Taking Preferences Seriously: A Liberal Theory of International Politics." *International Organization* 51(4): 513-53.

Moravcsik, Andrew. 2003. "Liberal International Relations Theory: A Scientific Assessment." In *Progress in International Relations Theory*, eds. Colin Elman and Miriam Fendius Elman. Cambridge, MA: MIT Press.

Moravcsik, Andrew. 2008. "The New Liberalism." In *The Oxford Handbook of International Relations*, eds. Christian Reus-Smit and Duncan Snidal. New York: Oxford University Press.

Nye, Joseph S. 1988. "Review: Neorealism and Neoliberalism." *World Politics* 40(2): 235-51.

Oatley, Thomas. 2001. "Materializing Trade and Payments in Postwar Europe." In *The Rational Design of International Institutions*, eds., Barbara Koremenos, Charles Lipson, and Duncan Snidal. New York: Cambridge University Press.

Ordeshook, Peter C. 1986. *Game Theory and Political Theory*. New York, NY: Cambridge University Press.

Pauly, Louis W. 1999. "Good Governance and Bad Policy: The Perils of International Organizational Overextension." *Review of International Political Economy* 6(3): 401-424.

Pollack, Mark A. 1997. "Delegation, Agency, and Agenda Setting in the European Community." *International Organization* 51(1): 99-134.

Rosecrance, Richard, and Arthur Stien. 2001. "The Theory of Overlapping Clubs." In *The New Great Power Coalition: Toward a World Concert of Nations*, eds. Richard Rosecrance. Lanham, MD: Rowman and Littlefield.

Rosendorff, B. Peter, and Helen V. Milner. 2001. "The Optimal Design of International Trade Institutions: Uncertainty and Escape." In *The Rational Design of International Institutions*, eds., Barbara Koremenos, Charles Lipson, and Duncan Snidal. New York: Cambridge University Press.

Santa-Cruz, Arturo. 2005. "Constitutional Structures, Sovereignty, and the Emergence of Norms: The Case of International Election Monitoring." *International*

Organization 59(4): 663-93.

Simmons, Beth A. 1998. "See you in 'Court?' The Appeal to Quasi-Judicial Legal Processes in the Settlement of Territorial Disputes." In Paul F. Diehl, ed., *A Roadmap to War: Territorial Dimensions of International Conflict*. Nashville, TN: Vanderbilt University Press.

Simmons, Beth A. 2001. "The International Politics Harmonization: The Case of Capital Market Regulation." *International Organization* 5(3): 589-620.

Viotti, Paul R., and Mark V. Kauppi. 1993. *International Relations Theory: Realism, Pluralism, Globalism*. New York: MacMillan.

Wallander, Celeste A. 2000. "Institutional Assets and Adaptability: NATO after the Cold War." *International Organization* 54(4): 705-35.

Waltz, Kenneth N. 2000. "Structural Realism after the Cold War." *International Security* 25(1): 5-41.

Wendt, Alexander. 1994. "Collective Identity Formation and the International State," *American Political Science Review* 88(2): 384-396.

Young, Oran R. 2000. "Review: Institutional Designs for a Complex World: Bargaining, Linkages and Nesting." *American Political Science Review* 94(2): 501-2.

第七章　新自由制度主義之過去、現在與未來

宋學文

第一節　前　言

　　國際關係理論雖繁浩龐雜，但大致上可以分為現實主義（realism）及自由主義（liberalism）兩大主軸。在這兩大主軸中，現實主義陣營中以強調「結構」（structure）之新現實主義（neo-realism）最為學術界所重視；而自由主義陣營中，則以強調「制度」（institution）之新自由制度主義（neo-liberal institutionalism）最具代表性。傳統上，學術界傾向將現實與自由兩大陣營視為對立、相反或相互攻訐之兩種不同學說；但國際關係之實務及理論在晚近二、三十年的發展卻見證著，現實與自由兩大陣營之對話、互補，甚至「異中有同」及整合之研究發展方向。[1] 這種強調理論整合的趨勢，對國際關係之實

---

[1] 關於國際關係朝理論整合之文章，在 1990 年代初期主要為對單一理論之不足性，及對「理論整合」之必要性之「概念性」文章居多；2000 年後，國際關係理論整合之研究由「概念性」的呼籲，逐漸朝實務與理論之結合發展，其中以「國際法制化」（international legalization）及「國際與國內議題跨層次分析」之研究導向，對國際關係理論整合之影響最為巨大與深遠。相關文章請參考： John Ruggie, "Continuity and Transformation in the World Polity: Toward a Neorealist Synthesis," in Robert Keohane ed., *Neorealism and Its Critics* (New York: Columbia University Press, 1986), pp. 131-157; Andrew Moravcsik, "Introduction: Integrating International and Domestic Theories of International Bargaining," in Peter B. Evans, Harold K. Jacobson and Robert D. Putnam eds., *Double Edged Diplomacy: International Bargaining and Domestic Politics* (California: University of California Press, 1993), pp. 5-17; John K. Setear, "An Iterative Perspective on Treaties: A Synthesis of International Relations Theory and International Law," *Harvard International Law Journal*, Vol. 37 (1996), pp. 139-229; Helen V. Milner, "Rationalizing Politics: The Emerging Synthesis of International, American, and Comparative Politics," *International Organization*, Vol. 52, No. 4 (Autumn 1998), pp. 759-786; Kenneth W. Abbott,

務及理論皆有深遠且重大的影響。譬如在 1990 年代之後，聯合國各種專門組
織，如 WTO 及 IMF 之職能日見彰顯，[2]晚近有關人權與環境保護的國際組織

Robert O. Keohane, Andrew Moravcsik, Anne-Marie Slaughter and Duncan Snidal, "The Concept of Legalization," *International Organization*, pp. 401-419; Frederick M. Abbott, "NAFTA and the Legalization of World Politics: A Case Study," *International Organization*, Vol. 54, No. 3 (Summer 2000), pp. 519-547; Beth A. Simmons, "The Legalization of International Monetary Affairs," *International Organization*, Vol. 54, No. 3 (Summer, 2000), pp. 573-602; Robert O. Keohane, and Kenneth N. Waltz, "Correspondence: The Neorealist and His Critic," *International Security*, Vol. 25, Iss. 3 (2000/2001), pp. 204-205; Andrew Moravcsik, "Theory Synthesis in International Relations: Real not Metaphysical," *International Studies Review*, Vol. 5, No. 1 (2003), pp. 131-136; Steve Smith, "Are Dialogue and Synthesis Possible in International Relations?," *International Studies Review*, Vol. 5 (2003), pp. 123-153; Michael C. Williams, "Why Ideas Matter in International Relations: Hans Morgenthau, Classical Realism, and the Moral Construction of Power Politics," *International Organization*, Vol. 58, No. 4 (Autumn 2004), pp. 633-665; Beate Jahn, "Kant, Mill, and Illiberal Legacies in International Affairs," *International Organization*, Vol. 59, No. 1 (Winter 2005), pp. 177-207; John Gerring and Strom C. Thacker, "Do Neoliberal Policies Deter Political Corruption?," *International Organization*, Vol. 59, No. 1 (Winter 2005), pp. 233-254; Alexandra Gheciu, "Security Institutions as Agents of Socialization? NATO and the 'New Europe'," *International Organization*, Vol. 59, No. 4 (Autumn 2005), pp. 973-1012; Jon Pevehouse and Bruce Russett, "Democratic International Governmental Organizations Promote Peace," *International Organization*, Vol. 60, No. 4 (Autumn 2006), pp. 969-1000; Thomas Diez, Stephan Stetter and Mathias Albert, "The European Union and Border Conflicts: The Transformative Power of Integration," *International Organization*, Vol. 60, No. 3 (Summer 2006), pp. 563-593; Peter J. Katzenstein, and Robert O. Keohane, "Anti-Americanisms," Policy Review, Iss. 139 (2006), pp. 25-37; Mark L. Haas, "The United States and the End of the Cold War: Reactions to Shifts in Soviet Power, Policies, or Domestic Politics?," *International Organization*, Vol. 61, No. 1 (Winter, 2007) , pp. 145-179; Robert O. Keohane, Peter A. Gourevitch, Stephen D. Krasner, and David Laitin, et al., "The Political Science of Peter J. Katzenstein," *Political Science & Politics*, Vol. 41, Iss. 4 (2008), pp. 893-899.

[2]　Martha Finnemore, "International Organizations as Teachers of Norms: The United Nations Educational, Scientific, and Cultural Organization and Science Policy," *International Organization*, Vol. 47, No. 4 (Autumn 1993), pp. 565-597; Eric Reinhardt and Edward Mansfield, "Multilateral Determinants of Regionalism: The Effects of GATT/WTO on the

與非政府組織（NGOs）亦愈來愈受到國際社會之重視，皆直接或間接地與國際關係理論中有關制度及制度規範之研究有密切關係。[3]事實上，近年來，在國際政治之實務中，我們看到現實主義所強調的國家權力及權力平衡與自由主義所主張的國際合作及制度規範，同時在上述之國際組織與非政府組織之實務政治運作中，有某種看似相剋卻又相生之「二律背反」的關係。[4]特別是，在

Formation of Preferential Trading Arrangements," *International Organization*, Vol. 57, No. 4 (2003), pp. 829-862; Elaine Hartwick and Richard Peet, "Neoliberalism and the Nature: The Case of the WTO," *Annals of the American Academy of Political and Social Science*, Vol. 590, No. 1 (November 2003), 188-211; Iida Keisuke, "Is WTO Dispute Settlement Effective?," *Global Governance*, Vol. 10, No. 2 (Apr.-Jun. 2004), pp. 207-225; Ralf J. Leiteritz and Catherine Weaver, "'Our Poverty is a World Full of Dreams': Reforming the World Bank," *Global Governance*, Vol. 11, No. 3 (July 2005), pp. 369-388; Randall W. Stone, "The Scope of IMF Conditionality," *International Organization*, Vol. 62, No. 4 (Fall 2008), pp. 589-620; Edward D. Mansfield and Eric Reinhardt, "International Institutions and the Volatility of International Trade," *International Organization*, Vol. 62, No. 4 (Fall 2008), pp. 621-652.

3 Thomas G. Weiss and Leon Gordenker eds., *NGOs, the UN and Global Governance* (Boulder: Lynne Rienner, 1996); Kal Raustiala, "States, NGOs, and International Environmental Institutions," *International Studies Quarterly*, Vol. 41, No. 4 (1997), pp. 719-740; P. J. Simmons, "Learning to Live With NGOs," *Foreign Policy*, No. 112 (1998), pp. 82-96; Peter Willetts, "From 'Consultative Arrangements' to 'Partnerships': The Changing Role of NGOs in the Diplomacy at the UN," *Global Governance*, Vol. 6, No. 2 (2000), pp. 191-212; Alex Cooley and James Ron, "The NGO Scramble," *International Security*, Vol. 27, No. 1 (Summer 2002), pp. 5-39; Jutta Joachim, "Framing Issues and Seizing Opportunities: The UN, NGOs, and Women's Rights," *International Studies Quarterly*, Vol. 47, No. 2 (2003), pp. 247-274.

4 Kal Raustiala, "States, NGOs, and International Environmental Institutions," *International Studies Quarterly*, Vol. 41, No. 4 (1997), pp. 719-740; Jutta Joachim, "Framing Issues and Seizing Opportunities: The UN, NGOs, and Women's Rights," *International Studies Quarterly*, Vol. 47, No. 2 (2003), pp. 247-274; Amitav Acharya, "How Ideas Spread: Whose Norms Matter? Norm Localization and Institutional Change in Asian Regionalism," *International Organization*, Vol. 58, No. 2 (Spring 2004), pp. 239-275; Judith L. Goldstein, Douglas Rivers and Michael Tomz, "Institutions in International Relations: Understanding the Effects of the GATT and the WTO on World Trade," *International Organization*, Vol.

核子武器及恐怖主義可能在戰爭中為人類帶來浩劫的陰影下，各國政府在處理
國際衝突時，盡量以有限戰爭（limited war），或以非戰爭之途徑來替代第二
次大戰前之零和式的軍事衝突，以避開大規模毀滅戰爭中之「相互保證毀滅」
（Mutual Assured Destruction, MAD）惡夢，[5]亦在國際關係之實務中，見証了
現實與自由兩大陣營之對話、互補及整合趨勢。因此，當代國與國之矛盾與衝
突，常轉為「既衝突又合作」之弔詭現象，除非不得已，才會透過戰爭之手段
來解決國際之紛爭與衝突。在這種「既衝突又合作」的國際政治中，最具開發
潛能之國際關係理論，就以新自由制度主義最具潛力與代表性。秉乎此，吾人
在探討新自由制度主義之特性時，不宜因一些文章論述強調現實與自由兩大陣
營之相異性而忽略了新自由制度主義在本質上，亦有不少可以與現實主義學派

61, No. 1 (Winter 2007), pp. 37-67; Randall W. Stone, "The Scope of IMF Conditionality," *International Organization,* Vol. 62, No. 4 (Fall 2008), pp. 589-620; Edward D. Mansfield and Eric Reinhardt, "International Institutions and the Volatility of International Trade," *International Organization*, Vol. 62, No. 4 (Fall 2008), pp. 621-652; Jeffrey Kucik and Eric Reinhardt, "Does Flexibility Promote Cooperation? An Application to the Global Trade Regime," *International Organization*, Vol. 62, No. 4 (Fall 2008), pp. 477-505; Marc L. Busch, "Overlapping Institutions, Forum Shopping, and Dispute Settlement in International Trade," *International Organization*, Vol. 62, No. 4 (Fall 2008), pp. 735-761.又有關「二律背反」之介紹，請參考：宋學文，「全球化與全球治理之互動之模型分析：以人文與社會科學之『科技整合』為例」，理論與政策，第 17 卷，第 3 期（2004 年），頁 59-75；Webster's Ninth New Collegiate Dictionary (Springfield: Merriam-Webster Inc., Publishers, 1987).

5　有關以軍事手段或戰爭處理國際衝突之討論，在 1990 年代有一些頗具參考價值之文獻，請參考：Carl Kaysen, "Is War Obsolete?: A Review Essay," *International Security*, Vol. 14, No. 4 (Spring 1990), pp. 42-64; Stephen M. Walt, "The Renaissance of Security Studies?," *International Studies Quarterly*, Vol. 35, No. 2 (1991), pp. 211-239; Edward Luttwak, "Toward Post-Heroic Warfare," *Foreign Affairs* (May/June 1995), pp. 109-122; Richard K. Betts, "Should Strategic Studies Survive," *World Politics*, Vol. 50, No. 1 (1997), pp. 7-33; Stephen Van Evera, "Offense, Defense, and the Causes of War," *International Security*, Vol. 22, No. 4 (1998), pp. 5-43; Colin S. Gray, "Strategic Culture as Context: The First Generation of Theory Strikes Back," *Review of International Studies*, Vol. 25, No. 1 (1999), pp. 49-69.

「相容不悖」（compatible）之屬性。[6]

第二節　新自由制度主義之起源

　　新自由制度主義，顧名思義，與自由主義及制度主義（institutionalism）有一定之淵源或傳承的關係。從自由主義陣營之角度來看，新自由制度主義之主張或學說之淵源包括：一、1910 年代古典自由主義（classical-liberalism）；[7]二、1950 年代之區域整合主義（regional integration theory）；[8]三、1960 年代之功能主義（functionalism）；[9]四、1970 年代之相互依賴理論（power and interdependence theory）；[10]五、1980 年代之建制理論（regime theory）及制度主義。[11]上述這些與自由主義相關主張之淵源奠定了新自由

---

[6] 有關現實主義與自由主義之「相容不悖」在理論間之本質之論證，特別有關制度之功效及合作可能上，有兩篇極值得參考之精采文章，請參考：Randall L. Schweller, and David, Priess, "A Tale of Two Realisms: Expanding the Institutions Debate," *Mershon International Studies Review*, Vol. 41, No. 1 (1997), pp. 1-32; Robert Jervis, "Realism, Neoliberalism, and Cooperation: Understanding the Debate," *International Security*, Vol. 24, No.1 (Summer 1999), pp. 42-63.

[7] 此時期的自由主義思想以 Immanuel Kant 主張的永久和平(perpetual peace)以及當時的美國總統 Woodrow Wilson 於 1918 年所提出的十四點和平原則為代表性，請參考：Immanuel Kant, *Perpetual Peace: A Philosophical Essay*, 1795; Michael W. Doyle, "Liberalism and World Politics," *American Political Science Review*, Vol. 80, No. 4 (December 1986), pp. 1151-1169.

[8] Ernst Haas, *The Uniting of Europe: Political, Social, and Economic Forces, 1950-1957* (Stanford: Stanford University Press, 1958).

[9] Ernst Haas, *Beyond the Nation-State: Functionalism and International Organization* (Stanford: Stanford University Press, 1964).

[10] Robert O. Keohane and Joseph S. Nye, *Power and Interdependence: World Politics in Transition* (Boston: Little, Brown and Company, 1977); Richard Cooper, "Economic Interdependence and Foreign Policy in the seventies," *World Politics*, Vol. 24, No. 2, (Jan. 1972), pp. 168-170; Edward Morse, "The Transformation of Foreign Policy: Modernization, Interdependence, and Externalization," *World Politics*, Vol. 22, No. 3 (1970), pp. 371-392.

[11] Stephen Krasner, *International Regimes* (Ithaca, N.Y.: Cornell University Press, 1983); Oran Young, "International Regimes: Toward a New Theory of Institutions," *World Politics*, Vol.

制度主義之基本主張，這些基本主張大致上包含下列特色：一、相對於現實
主義陣營，自由主義陣營較嚮往以和平或非戰爭的方式（如外交談判或經貿
制裁）處理國際衝突；二、國際間不斷增加的相互依賴將使得政治與經濟問
題犬齒交錯，且不易在議題間區分所謂之高階政治（high politics）與低階政
治（low politics）；三、國際間縱然有競爭與衝突（conflict），但透過互惠
（reciprocity）之原則，國與國間可跳脫因「相對利得」（relative gains）而產
生的「零和」（zero-sum）競爭，從而在「絕對利得」（absolute gains）上，
提升合作之動機；四、戰爭不再是解決國際衝突之最好或最重要手段；五、透
過「制度」之規範與機制可以降低、減少國家之欺騙及搭便車（free-rider）之
投機心態從而促進國際合作。以上這五點為新自由制度主義源於自由主義陣營
之主張。假如我們進一步去探索上述新自由制度主義之五個特色，我們發現
除了第五點「制度之規範與機制可以促進國際合作」之主張外，其餘四點皆
在 1970 年代有關「相互依賴」及「複合式互賴」（complex interdependence）
中已有不少相關闡述。其中最具代表性的主張，即為相互依賴中所強調的
「互惠原則」及複合互賴中所強調的三大主張：一、國家將不會是國際社會
中唯一的成員（actor），其他成員如 NGOs、MNCs，甚至個人皆將促使國
際社會中具有更多成員，從而使國際政治之處理可以有更多元之溝通管道
（multiple channels of communication）；二、高階政治與低階政治之間的位階
性（hierarchy）愈來愈模糊，致使「議題聯結」（issue-linkage）之情形愈來愈

39 (1986), pp. 104-122; Robert Keohane, *Neorealism and Its Critics* (New York: Columbia
University press, 1986); James G. March and Johan P. Olsen, *Rediscovering Institutions:
The Organizational Basis of Politics* (New York: Free Press/Macmillan, 1989); Ronald
Jepperson, "Institutions, Institutional Effects, and Institutionalism," in Walter W. Powell
& Paul J. DiMaggio eds., *The New Institutionalism in Organizational Analysis* (Chicago:
University of Chicago Press, 1991), pp. 1-38; Peter Mayer, and Volker Rittberger, *Regime
Theory and International Relations* (New York: Oxford Uni. Press, 1993); Mark Levy,
Oran Young, and Michael Zurn, "The Study of International Regimes," *European Journal
of International Relations*, Vol. 1, No. 3 (1995), pp. 267-330; Peter and Taylor, "Political
Science and the Three New Institutionalism" *Political Studies*, Vol. 44 (1996), pp. 936-957;
Guy Peters, *Institutional Theory in Political Science: The New Institutionalism* (New York:
Pinter, 1999).郭承天，國際建制與國際組織（台北：時英出版社，1996）。

普遍及深化；[12]三、軍事手段將不再是解決國際衝突之唯一或最重要手段，未來國際衝突之解決，將更多依賴非軍事之手段。[13]換句話說，新自由制度主義從「相互依賴」、「複合互賴」及「制度論」中，承襲了自由主義陣營的正統思想，成為其理論基礎與理論淵源之重要依據。

　　除了上述自由主義之淵源外，新自由制度主義亦有一部分主張是受到現實主義與新現實主義之「批判」、「刺激」或影響而來。這些由現實主義借鏡或參考而來，並融入新自由制度主義之主張與學說，包括：一、國際社會乃為「無政府狀態」（anarchy）；[14]二、國際體系之「結構」對體系內之「單元」（unit）有相當程度之「約制」（constrain）作用；[15]三、國家之行為是理性的（rational）；[16]四、國家追求權力（power）是其「目的」

---

[12] James Rosenau, *Linkage Politics: Essays on the Convergence of National and International Systems* (New York: Free Press, 1969)；宋學文，「議題聯結與兩岸關係之研究」，問題與研究，第 37 卷，第 2 期（1998 年），頁 21-35；宋學文，「全球化與全球治理對我國公共政策研究之影響：並兼論此影響在兩岸關係研究之意涵」，中國大陸研究，第 44 卷，第 4 期（2001 年），頁 1-31。

[13] Robert O. Keohane and Joseph S. Nye, Jr., *Power and Interdependence: World Politics in Transition* (Boston: Little Brown, 1977), pp. 23-29, 255-257.

[14] Hans J. Morgenthau, *Politics Among Nations* (New York: McGraw Hill, 1948); Kenneth Waltz, *Theory of International Politics* (Mass.: Addison-Wesley, 1979); Kenneth Waltz, "Structural Realism after the Cold War," *International Security*, Vol. 25, No. 1 (2000), pp. 5-41.林碧炤，「國際關係的新現實主義與新自由主義」，政治學報，第 17 期（1989），頁 129-181。石之瑜，「現實主義國際政治學的知識脈絡」，問題與研究，第 39 卷，第 7 期（2000），頁 37-53。包宗和，「現實主義之自我論辯及其與批判理論間之解構與建構」，國際關係學報，第 18 期（2003），頁 1-18。鄭端耀，「國際關係新古典現實主義理論」，問題與研究，第 44 卷，第 1 期（2005），頁 115-140。

[15] Kenneth Waltz, *Theory of International Politics* (Mass.: Addison-Wesley, 1979); Robert Gilpin, *War and Change in World Politics* (New York: Cambridge University Press, 1981); Robert Gilpin, "The Richness of the Tradition of Political Realism," in Robert Keohane ed., *Neorealism and Its Critics* (New York: Columbia University Press, 1986), pp. 301-321; John J. Mearsheimer, "The False Promise of International Institutions," *International Security*, Vol. 19, No. 3 (Winter 1994-95), pp. 5-49; John J. Mearsheimer, *The Tragedy of Great Power Politics* (N.Y.: W.W. Norton & Company, 2001).

[16] Hans J. Morgenthau, *Politics Among Nations* (New York: McGraw Hill, 1948); Kenneth Waltz, *Theory of International Politics* (Mass.: Addison-Wesley, 1979); Kenneth Waltz,

（ends）也是「手段」（means），在國家是理性假設之前提下，各國皆追求權力的結果，會帶來國際政治中之權力平衡（balance of power）；[17]五、結構現實主義對簡約理論（reductionist theory）之批判及重視理論研究方法上強調「簡潔」（parsimonious）之主張。新自由制度主義對上述五點帶有現實主義之主張雖有不少批判與挑戰，但並非全面性的否認或排斥（whole scale rejection）；且主流之新自由制度主義學者，並不主張以新自由制度主義「取代」（substitute）現實主義，而是以一種「補充」（complementary）的立場來改善現實主義。[18]事實上，本文主張，新自由制度主義對現實主義雖有不少批判，但亦有一定程度之「贊同」或「默認」；不過這種「贊同」或「默認」並非一成不變地囫圇吞棗，而是有所選擇或修正地將這些現實主義的主張融入新自由制度中。譬如，新自由制度主義學者針對上述原本源於現實主義陣營之五大主張作如下之修正並將之納入其主張之中。今為方便說明，以表 7-1 陳述之：

"Structural Realism after the Cold War," *International Security*, Vol. 25, No. 1 (2000), pp. 5-41.

[17] Hans J. Morgenthau, *Politics Among Nations* (New York: McGraw Hill, 1948); Kenneth Waltz, *Theory of International Politics* (Mass.: Addison-Wesley, 1979); Kenneth Waltz, "Structural Realism after the Cold War," *International Security*, Vol. 25, No. 1 (2000), pp. 5-41.

[18] Robert O. Keohane, "Theory of World Politics: Structural Realism and Beyond," in Robert O. Keohane, ed., *Neorealism and Its Critics* (New York: Columbia University Press, 1986), pp. 158-203; Robert O. Keohane, *International Institutions and State Power: Essays in International Relations Theory* (Boulder, Colorado: Westview Press, 1989); Robert Jervis, "Realism, Neoliberalism, and Cooperation: Understanding the debate," *International Security*, Vol. 24, No. 1 (Summer 1999), pp. 42-63; Robert O. Keohane and Joseph S. Nye, Jr., *Power and Interdependence: World Politics in Transition*, 3rd ed. (NY: Longman, 2001), pp. 7-8.

■ 表 7-1

新自由制度主義對現實主義主張之修正與引入[19]

現實主義主張	新自由制度主義之修正	說明
一　視國際社會為無政府狀態，因此國家須「自求多福」，在此前提下，各國之間的合作極難達成。	同意國際體系具有「去中央化」（decentralized）之特色，亦即國際社會在本質上不存在一個共有的中央政府，國際秩序亦將因而充滿諸多不確定性；因此，國際間的確存在著衝突的可能，但透過國際建制（international regimes）、國際合作與維持國際秩序，卻是可以期待的。因此，不必悲觀地認為「無政府狀態」下，國家無合作的可能。	對「無政府狀態」採同意現實主義之作法，但不同意其對國際合作之悲觀態度。
二　結構現實主義對國際體系之「結構」對體系內之「單元」有相當程度之「約制」作用之主張	雖承認結構對單元有約制之作用，但也強調結構與單元之「互動」（interaction）的重要性；由於強調「互動」，故新自由制度主義相對於結構現實主義，更能將研究重心置於國際體系以外之層次分析，從而促進國際關係之研究偏重國內層次及個人或決策層次之分析。	同意「結構」對「單元」有約制力量；但亦強調「結構」與「單元」互動的過程（process）可以賦予「單元」脫離永遠被「結構」約制之困境。

（續）

---

[19] Robert O. Keohane, *After Hegemony: Cooperation and Discord in the World Political Economy* (Princeton, N.J.: Princeton University Press, 1984); Robert O. Keohane, *International Institutions and State Power: Essays in International Relations Theory* (Boulder: Westview, 1989); Robert O. Keohane and Joseph S. Nye, Jr., *Power and Interdependence* (New York: Harper Collins, 1989).

表 7-1（續）

新自由制度主義對現實主義主張之修正與引入

現實主義主張	新自由制度主義之修正	說明
三 國家之行為是理性的，且國家以理性之方式追求權力，國際社會可達權力平衡。	基本上同意國家行為是理性的假設；但亦提出在許多情況或議題領域（issue-areas），國家之行為乃為有限理性（bounded rationality），在此種有限理性之情況下，國際間之平衡不能單賴國家之理性來達成，須更仰賴制度之規範與機制，才能達到國際間之權力平衡與秩序。	基本上新自由制度主義對國家是「理性的」之假設，並未提出太多的反駁，但強調國際間之「偶發」（contingency）之不可預測性會進一步使國家更朝有限理性（bounded rationality）上發展。
四 認為國家追求權力是其存在之目的，亦是手段，即追求權力是國家最高之目的。	同意國家會追求權力，但追求權力並非是國家存在之唯一目的或手段；對許多國家而言，追求「利益」比追求「權力」更為務實，故提出以國家追求「利益」取代國家追求「權力」之主張。	新自由制度主義以「利益」取代「權力」之研究觀點，使新自由制度主義可跳脫國際衝突之零和遊戲。
五 結構現實主義對簡約理論之批判及理論研究方法強調簡潔之主張	基本上，早期之新自由制度主義同意在研究國際關係理論時，理論之簡潔有其必要性；但由於新自由制度主義強調結構與單元之互動關係及互動「過程」（process）之分析，故在研究方法上，逐漸揚棄太過追求「簡潔」之研究導向，而朝多元主義與整合理論之研究途徑發展。	新自由制度主義雖捨棄了理論之「簡潔性」，但卻增加了其理論之實用性及動態性，從而使新自由制度主義更能符合國際政治演化之解釋、分析與預測能力。

資料來源：作者製表

　　但很不幸的在許多國家（包括台灣）不少學者卻太過強調新自由主義對現實主義的批判，甚至視新自由制度主義與現實主義為水火不容，以致令許多國際關係的學子，迷失於現實主義與自由主義為一相反、對立及不相容的迷思之中。

　　由上述的分析看來，新自由制度主義之成份或原料實源自於自由主義與現實主義兩大陣營。為方便說明起見，今以圖 7-1 表示新自由制度主義之理論淵源。

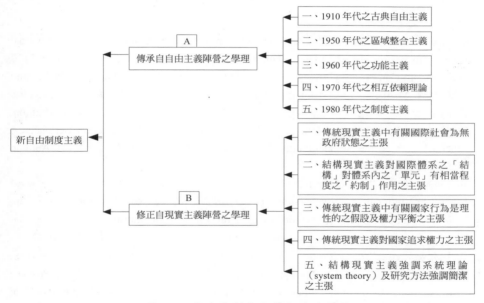

圖 7-1　新自由制度主義之理論淵源

資料來源：作者繪圖

　　從圖 7-1 中，我們可以很清楚地看出新自由制度主義之理論源自於自由主義與現實主義兩大陣營之學說及主張。新自由制度主義這種「包容性」（inclusive）及「多元性」（pluralistic）的本質，在理論本身與所涉及之研究方法上引來不少嚴苛的批判。事實上，有不少人批評新自由主義為一「研究導向」（approach）[20]或「缺乏正典之基礎」（lacks canonical foundations），甚

---

[20] 相關文獻請參閱：Michael W. Doyle, "Liberalism and World Politics," *American Political*

至 Keohane 都認為自由主義「缺乏一個具野心（ambitious）及『簡潔』的結構理論」。甚至有一些學者批判整個自由主義陣營，包括新自由制度主義之主張，有許多是以「修正現實主義而來」，而其「本身缺乏自己的本體論」。[21]目前國際關係的主流學派認為上述的批判並不公允。其理由大致上可歸納為下列三點：第一，雖然早期國際關係的理論是由 Thucydides 的 Peloponnesian War 所奠定，其後並由 E. H. Carr 及 Hans Morgenthau 等古典現實主義者所闡揚，但這並不代表自由主義之思想或學理早期不存在或源自於對現實主義之批判。[22]第二，從「理論進步」（theory progress）之角度來看，依據 Lakatos 及

Science Review, Vol. 80, No. 4 (December 1986), p. 1152; Robert O. Keohane, "International Liberalism Reconsidered," in John Dunn, ed., *The Economic Limits to Modem Politics* (Cambridge: Cambridge University Press, 1990), pp. 166, 172-73; Mark W. Zacher and Richard A. Matthew, "Liberal International Theory: Common Threads, Divergent Strands," Paper presented at the 88th Annual Meeting of the American Political Science Association, September, 1992, Chicago, III, pp. 2; Andrew Moravcsik, "Taking Preferences Seriously: A Liberal Theory of International Politics," *International Organization*, Vol. 51, No. 4 (Autumn 1997), p. 515.

[21] Joseph M. Grieco, "Anarchy and the Limits of Cooperation: A Realist Critique of the Newest Liberal Institutionalism," *International Organization*, Vol. 42, No. 3 (Summer 1988), pp. 485-507; Joseph M. Grieco, "Understanding the Problem of International Cooperation: The Limits of Neoliberal Institutionalism and the Future of Realist Theory," in David A. Baldwin, ed., *Neorealism and Neoliberalism: The Contemporary Debate* (New York: Columbia University Press, 1993), pp. 302-312; John J. Mearsheimer, "The False Promise of International Institutions," *International Security*, Vol. 19, No. 3 (1995), pp. 5-49; Ole Wæver, "The Rise and Fall of the Inter-Paradigm Debates," in Steve Smith, Ken Booth, and Maryasia Zalewski, eds., *International Relations Theory: Positivism and Beyond* (Cambridge: Cambridge Uni. Press, 1996), pp. 149-185; Steve Smith, "New Approaches to International Theory," in John Baylis and Steve Smith, eds., *The Globalization of World Politics* (NY: Oxford Uni. Press, 1997), pp. 183-188; Alexander E. Wendt, *Social Theory of International Politics* (Cambridge: Cambridge University Press, 1999), pp. 1-138; Robert O. Keohane and Kenneth N. Waltz, "Correspondence: The Neorealist and His Critic," *International Security*, Vol. 25, No. 3 (Winter 2000/01), pp. 204-205.

[22] 最原始、最早期之自由主義思想可以追溯到洛克、盧梭和康德。請參考：John Locke, *Two Treatises Of Government*, 1690; Jean-Jacques Rousseau, *The Social Contract: or Principles of Political Right*, 1762; Immanuel Kant, *Perpetual Peace: A Philosophical Essay*, 1795.

Elman 等人之見解，理論之進步或創新往往奠基於先前理論之批判與改進，而並非在於理論的歷史之一成不變。[23] 第三，新自由制度主義雖有許多主張是由批判與修正現實主義而來，但新自由制度主義是一個與國際事務之實際運作或研究其功能（function）導向之實用理論，故新自由制度主義一直嘗試與國際政治之實務結合（如 GATT、WTO、IMF、UN），故其理論在務實考量下，須不斷演變才能適應國際政治中日新月異的變化；由此點看來，新自由制度主義因「務實」而導致其理論遭遇上述之批判，實情有可原，甚至為一個「有用的理論」（useful theory）在理論「簡潔性」上所必須承擔之「惡」。[24]

第三節　新自由制度主義之本質

如前所述，新自由制度主義之淵源有源自於自由主義陣營之「自由」（liberal）思維，但亦有源自現實主義陣營之「權力」思維；故新自由制度在「自由」與「權力」之光譜中，雖承認國際社會為無政府狀態，但強調國際合

---

[23] 關於透過研究方法及理論進步之相關文章，請參考：Imre Lakatos and Alan Musgrave, *Criticism and the Growth of Knowledge* (New York: Cambridge University Press, 1970); Imre Lakatos, *The Methodology of Scientific Research Programmes* (New York: Cambridge University Press, 1978); Imre Lakatos and Paul Feyerabend, *For and Against Method* (Chicago: The University of Chicago Press, 1999); Colin Elman and Miriam Fendius Elman, "Lakatos and Neorealism: A Reply to Vasquez," *The American Political Science Review*, Vol. 91, No. 4 (Dec., 1997), pp. 923-926; Colin Elman and Miriam Fendius Elman, "How Not to be Lakatos Intolerant: Appraising Progress in International Relations Theory," *International Studies Quarterly*, Vol. 46, No. 2 (June 2002), pp. 231-262; Colin Elman, "Cause, effect, and consistency: A response to Kenneth Waltz," *The Security Studies*, Vol. 6, No. 1 (Autumn, 1996), pp. 58-61.

[24] 有關理論為實務而修正或演化，及理論不宜拘泥於簡潔性而犧牲其實用性，請參考：Alexander L. George, *Bridging the Gap: Theory and Practice in Foreign Policy* (Washington, D.C.: United States Institute of Peace, 1993); Peter Haas, "Introduction: Epistemic Communities and International Policy Coordination," *International Organization*, Vol. 46, No.1 (Winter 1992), pp. 1-35; Robert O. Keohane and Kenneth N. Waltz, "Correspondence: The Neorealist and His Critic," *International Security*, Vol. 25, No. 3 (Winter 2000/01), pp. 204-205.

作，並追求國際秩序。而這個既有合作，又有秩序之理想，必須透過「國際制度」才能達成。[25]此外，新自由制度主義在提供國家在衝突之外的合作空間之同時，[26]更意味著一套透過「衝突」且「多元」之制度設計以達「管理互賴關係的模式」。[27]因此，「國際制度」所從事的學理與實務研究，即成為新自由制度之核心命題。

　　學術界在制度論研究上，大多強調「國際制度」的重要性及其對國際合作的影響。國際制度所指為何？雖有各家不同之見解與定義，[28]但學界大多認為以 Keohane 於 1989 年的著作 International Institutions and State Power 中對於國際制度之定義最為完整。Keohane 認為「制度」是「……某種『行為』或者是由人類所建構的正式或非正式的『規範』之通則模式（general pattern）或是分類（categorization）」，並具有下列形式：[29]

　　一、「正式的政府間或者是跨國非政府組織」：二戰結束後，此類國際組織大量出現，唯傳統的政府間國際組織持續在日趨複雜的當代國際社會中位居要角外，早期較不被重視的多國籍公司（MNCs）及非政府組織（NGOs）在 21 世紀亦逐漸在國際事務管理過程中崛起；二、「國際建制」：Keohane

---

[25] Robert O. Keohane, *After Hegemony: Cooperation and Discord in the World Political Economy* (Princeton, N.J.: Princeton University Press, 1984), pp. 55, 63-64.

[26] Robert O. Keohane, *International Institutions and State Power: Essays in International Relations Theory* (Boulder: Westview, 1989), p. 159.

[27] Paul R. Viotte and Mark V. Kauppi, *International Relations Theory: Realism, Pluralism, Globalism* (New York: Macmillan Publishing Company, 1993), p. 244.

[28] Stephen Krasner, *International Regimes* (Ithaca, N.Y.: Cornell University Press, 1983); Oran Young, "International Regimes: Toward a New Theory of Institutions," *World Politics*, Vol. 39 (1986), pp. 104-122; Robert O. Keohane, *International Institutions and State Power: Essays in International Relations Theory* (Boulder: Westview, 1989); Peter Mayer, and Volker Rittberger, *Regime Theory and International Relations* (New York: Oxford Uni. Press, 1993); Mark Levy, Oran Young, and Michael Zürn, "The Study of International Regimes," *European Journal of International Relations*, Vol. 1, No. 3 (1995), pp. 267-330; Guy Peters, *Institutional Theory in Political Science: The New Institutionalism* (New York: Pinter, 1999).

[29] Robert O. Keohane, *International Institutions and State Power: Essays in International Relations Theory* (Boulder: Westview, 1989), pp. 1, 3-4, 162.

認為「建制是種制度，其具有由政府所同意之明示（explicit）規則，[30]並附著在國際關係中某特別議題領域內」；[31]三、「國際慣例」（conventions）：國際慣例是一種「基於潛在規則或認知的非正式制度」；[32]此種以「默示」為基礎的規則及諒解，有利於國家間形成共同期望，進而為跨國互動提供共通或可共同接受之行為準則。事實上，新自由制度主義對「國際建制」之研究極為重視，並為國際建制奠立相當不錯的輔助理論（Auxiliary theory），以增加新自由制度主義之深度與廣度。譬如，國際建制的四大主張包括：（一）建制使得國家合作機會增加；（二）建制有利於共同利益之建構；（三）霸權國（hegemon）往往透過雙邊或多邊協議，以促進國際建制，而霸權國的支持最有利於建制的運作；（四）建制旨在促進某種自由的世界秩序。[33]而上述有關國際建制之四大主張更進一步奠定新自由制度主義中有關「制度」研究之深度與廣度。

　　Keohane 將這種強調制度論觀點之新自由主義稱之為「新自由制度主義」以有別於傳統之自由主義與新自由主義。[34]在此要特別指出，儘管新自由制度主義常被一些學者歸類為「自由主義」；但本文認為新自由制度主義實為「現實主義」與「自由主義」之整合，旨在能為國際合作提供一個既務實地考量國家之權力及利益，又可促進國家間合作之機制，而其實踐方式係透過制度之設計與規範，此種制度之設計與規範不但可存在於自由主義陣營中，亦可存在於

---

[30] Robert O. Keohane, *International Institutions and State Power: Essays in International Relations Theory* (Boulder: Westview, 1989), pp. 4, 175.

[31] 該定義與廣為學界接受之 Krasner 定義類似。本文認為 Keohane 與 Krasner 對國際建制之定義相異之處，在於 Keohane 較強調國際建制必須隨著「議題領域」不同而作「調整」；但 Krasner 則較強調在一些已具有共識的議題上，加強建制之規範性。請參見：Stephen D. Krasner, *International Regimes* (Ithaca: Cornell University Press, 1984), pp. 1-2.

[32] Robert O. Keohane, *International Institutions and State Power: Essays in International Relations Theory* (Boulder: Westview, 1989), pp. 3-4.

[33] Richard Little, "International Regimes," *In The Globalization of World Politics: An Introduction to International Relations*, John Baylis and Steve Smith eds., (New York: Oxford University Press Inc, 1997), p. 233.

[34] Robert O. Keohane, *International Institutions and State Power: Essays in International Relations Theory* (Boulder: Westview, 1989); Robert Keohane, *Power and Governance in a Partially Globalized World* (London: Routledge, 2002), p. 3.

現實主義的陣營中；因此在自由主義與現實主義之光譜中，新自由制度主義所強調之制度論提供不但自由主義與現實主義之對話平台，更提供了此兩大陣營交匯之空間，從而扮演了自由與現實兩大陣營之「中介功能」（middle ground function）。（見圖 7-2）

	極端現實主義之主張	新自由制度主義適用之邊緣區域		新自由制度主義適用之核心區			新自由制度主義適用之邊緣區域			極端自由主義之主張
光譜位置	（1）	（2）	（3）	（4）	（5）	（6）	（7）	（8）	（9）	（10）	（11）
學者	E. H Carr J. Mearsheimer Niccolo Machiavelli	K. Waltz H. Kissenger H. Morganthau	R. Jervis D. Baldwin J. Snyder	S. Krasner C. Glaser S. Walt	L. Martin J. Goldstein J. Ikenberry	J. Nye, Jr R. Keohane J. Rosenau	H. Milner O. Young	E. Haas P. Haas	M. Doyle	W. Wilson	I. Kant
說明	極端的現實主義者，包括攻勢現實主義	守勢現實主義及以外交政策為主要考量的現實主義	國際安全之合作研究，雖涉及國際建制，但強調經貿性國際建制較安全性國際建制容易達成	國際建制研究，並強調可與守勢現實主義共容之國際建制	強調具有現實主義色彩的自由主義	強調相互依賴與制度功能	強調制度主義之執行與運作機制	強調區域整合與認知途徑之帶有功能主義色彩之自由主義思想	強調帶有理想色彩之民主和平論	帶濃厚理想色彩之國際聯盟的推動者	帶極端理想色彩之永久和平論

圖 7-2　新自由制度主義在自由與現實兩大陣營之中介功能

資料來源：作者製圖

　　新自由制度主義學者對於國際合作前景秉持相對樂觀的態度，並認為只要存在國際制度，則圖 7-2 中光譜位置由（2）至（10）皆為可能達成國際合作之區域。換言之，除了圖 7-2 中光譜位置（1）之極端現實主義及光譜位置（11）之極端理想色彩之自由主義，新自由制度主義者強調制度論，並強調認為圖 7-2 中之光譜位置由（2）至（10）皆為國與國可以合作之區域，其所持之理由如下：[35]

---

[35] Robert O. Keohane and Lisa L. Martin, "The Promise of Institutionalist Theory," In *Theories of War and Peace*, Michael E. Brown et al eds., (Massachusetts: The MIT Press, 1998), p. 387; Robert O. Keohane and Lisa L. Martin, "Institutional Theory as a Research Program," In *Progress in International Relations Theory: Appraising the Field*, Colin Elman and Miriam Fendius Elman eds., (Cambridge: MIT Press, 2003), pp. 71-107.

　　一、國際制度能夠促使資訊透明化。有許多國際建制以透過監督機制或法律規範以增加資訊透明度，以減少國家蒐集資訊之成本，從而提升國家參與國際建制之動機；[36]二、國際制度能實現合作利益，因為制度能藉著降低議事規則與議程設定之不確定性，而減少成員之間的彼此猜忌或疑慮。[37]在全球化效應衝擊下，國家將面臨跨國協調問題，而國際制度與更為健全的議事或議程設計，將有助國際間在此合作困局中的互動；[38]三、降低交易成本，增加有效規範，同時使國際承諾更可靠。因為，國家在制度架構內的合作或承諾，將在更具多邊主義（multilateralism）之約束力下，從而使得制度之規範將更為可靠。[39]特別在全球層次上，如地球暖化、人類安全及反恐等議題的重要性日趨顯著，國際制度之規範將能約制國家在處理這些與全人類或全球悠關之公共問題時之搭便車現象；[40]四、建構可以使國與國進行合作的焦點，並在互惠原則下運作國家間之合作。因為，當國家接受互惠原則，就算不在某種特定義務要求下，其亦會考量其信譽而犧牲短期利益，並期待「未來之美好樹影」（shadow of the future），以追求長期利益，從而突破現實主義所謂之「相對利得」之考量，而著眼「絕對利得」之考量，從而使國與國之合作成為可能。[41]

---

[36] Ronald B. Mitchell, "Source of Transparency: Information Systems in International Regimes," *International Studies Quarterly*, Vol. 42 (1998), pp. 109, 125.

[37] David A. Lake, "Beyond Anarchy: The Importance of Security Institutions," *International Security*, Vol. 26, No. 1 (2001), p. 156.

[38] Cary Coglianese, "Globalization and the Design of International Institutions," in Joseph S. Nye, Jr. and John D. Donahue eds., *Governance in a Globalizing World* (Washington D. C.: Brooking Institution Press, 2000), pp. 298-299.

[39] John Ruggie, "Multilateralism: The Anatomy of an Institution," *International Organization*, Vol. 46, No. 3 (1992), pp. 561-598; Miles Kahler, "Multilateralism with Small and Large Numbers," *International Organization*, Vol. 46, No. 3 (1992), pp. 681-708; James A. Caparaso, "International Relations Theory and Multilateralism: The Search for Foundations," *International Organizations*, Vol. 46, No. 4 (1992), pp. 599-632; Lisa L. Martin, "Interests, Power, and Multilateralism," International Organizations, Vol. 46, No. 4 (1992), pp. 765-792.

[40] Cary Coglianese, "Globalization and the Design of International Institutions," in Joseph S. Nye, Jr. and John D. Donahue eds., *Governance in a Globalizing World*, p. 300.

[41] Stephen D. Krasner, *International Regimes* (Ithaca: Cornell University Press, 1984), p. 3.

第四節　新自由制度主義之發展

　　從上述分析，我們可看到「制度論」在新自由制度主義之發展上，的確扮演著極為重要的角色。這強化「制度」之功能、執行及管理之機制，使得新自由制度之研究由早期之現實與自由兩大陣營之整合朝國際法制化的過程邁進，再朝全球治理之方向探索。（請參考圖7-3）

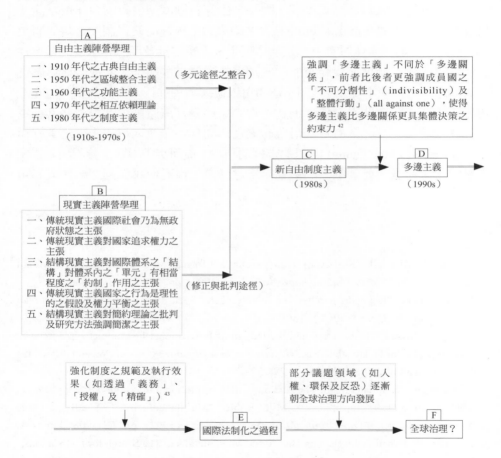

圖 7-3　新自由制度主義之淵源與演化過程

資料來源：作者繪圖。

　　從歷史之發展角度來說，新自由制度主義之研究可略分為七個時期。最早可追朔到 1950 年代，由 Ernst Haas 等人所從事的歐洲整合研究；[44]Haas 強調區域組織在區域整合過程中的重要角色及其對國家的影響，在學理上以功能主義與新功能主義（neo-functionalism）等傳統制度論為核心。[45]在此時期（第一及第二時期），學術界對國際制度的研究重點係在原則與規範上，並期望藉歐洲農業合作及經貿合作之整合之研究來建立制度論研究之理論基礎。

　　1970 年代中期以後，Keohane 與 Nye, Jr. 提出互賴理論，使得國際制度在國際互賴關係中成為關注焦點。[46]到了 1980 年代，在新自由主義的互賴理論日益受到重視之前提下，一方面有 Stephen D. Krasner 等人所從事的建制理

---

[42] John Ruggie, "Multilateralism: The Anatomy of an Institution," *International Organization*, Vol. 46, No. 3 (1992), pp. 561-598; Miles Kahler, "Multilateralism with Small and Large Numbers," *International Organization*, Vol. 46, No. 3 (1992), pp. 681-708; James A. Caparaso, "International Relations Theory and Multilateralism: The Search for Foundations," *International Organizations,* Vol. 46, No. 4 (1992), pp. 599-632; Lisa L. Martin, "Interests, Power, and Multilateralism," *International Organizations*, Vol. 46, No. 4 (1992), pp. 765-792.

[43] Judith Goldstein, Miles Kahler, Robert O. Keohane, and Anne-Marie Slaughter, "Introduction: Legalization and World Politics," *International Organization*, Vol. 54 , No. 3 (2000), pp. 385-399; Kenneth W. Abbott, Robert O. Keohane, Andrew Moravcsik, Anne-Marie Slaushter, and Duncan Sinidal, "The Concept of Legalization," *International Organization*, Vol. 54, No.3 (2000), pp. 408-417; Robert O. Keohane, Andrew Moravcsik, and Anne-Marie Slaughter, "Legalized Dispute Resolution: Interstate and Transnational," *International Organization*, Vol. 54, No. 3 (2000), pp. 457-488.

[44] David Mitrany, "The Functional Approach to World Organization," *International Affairs*, Vol. 24, No. 3 (1948), pp. 350-363; Ernst Haas, *The Uniting of Europe: Political, Social and Economic Forces, 1950-1957* (Stanford: Stanford University Press, 1958); Kingsley Davis, "The Myth of Functional Analysis as a Special Method in Sociology and Anthropology," *American Sociological Review*, Vol. 24 (1959), pp. 757-772.

[45] Ernst Haas, *Beyond the Nation State: Functionalism and International Organization* (Stanford: Stanford University Press, 1964); David Mitrany, *A Working Peace System* (Chicago: Quadrangle Books, 1966); David Mitrany, *The Functional Theory of Politics* (New York: St. Martin's Press, 1975).

[46] Robert O. Keohane and Joseph S. Nye, Jr., *Power and Interdependence* (New York: Harper Collins, 1989).

論研究；另一方面 Keohane 則以「新自由制度主義」為研究焦點，將國際間的「互賴與合作概念」進一步透過「制度論」來落實。[47]因此在第三與第四時期中，功能合作觀是主要焦點。到了第五時期，約在 1990 年代之初期，John Ruggie 等人期望以多邊主義（multilateralism）[48]的研究加強制度論的縱深，在「原則」（principle）與「規範」（norms）研究基礎上進一步朝「規則」（rules）與「決策過程」（decision-making procedure）[49]深入，並希冀此種聚焦在強制合作（coercive cooperation）的研究方向，能強化功能合作中最為人詬病的約束力薄弱困境。從第三時期到第五時期，制度論由傳統國際組織研究逐漸朝新制度論（new institutionalism）及社會建構主義（social constructivism）演進。到了第六時期，約在 2000 年，以 Kenneth Abbott、Robert O. Keohane 及 Lisa Martin 等人為首的國際法制化研究，嘗試循科際整合途徑結合國際法與國際關係，透過國際法制化的落實為制度論研究注入新的動能。[50]該時期係以法制化概念強化其合作觀，並強調規則與決策過程之研究課題，期望藉法制化之三個概念：義務（obligation）、授權（delegation）及精確（precision），來增進國際建制之規範力量。[51]目前，新自由制度主義之研究，大致上已進入第七個階段，在某些議題上，逐漸朝全球治理的方向邁進。從國際政治之實務發展來說，全球治理之發展與 2000 年代初期之反恐、環境、人權等議題之發展有互為因果的關係。事實上，2001 年發生震驚全球之 911 恐怖主義攻擊事件，美國在反恐及新保守主義（neo-conservatism）之外交政策上，對新自由制度主義在外交實務上運作，有了一個頗大的衝擊。[52]

---

[47] Stephen D. Krasner, *International Regimes* (Ithaca: Cornell University Press, 1984); Robert O. Keohane, *International Institutions and State Power: Essays in International Relations Theory* (Boulder: Westview, 1989).

[48] John Gerard Ruggie ed., *Multilateralism Matters: The Theory and Praxis of an Institutional Form* (New York: Columbia University Press, 1993).

[49] Stephen D. Krasner, *International Regimes* (Ithaca: Cornell University Press, 1984), pp. 1-21.

[50] Kenneth W. Abbott, Robert O. Keohane, Andrew Moravcsik, Anne-Marie Slaushter, and Duncan Sinidal, "The Concept of Legalization," *International Organization*, pp. 408-417.

[51] Kenneth W. Abbott, Robert O. Keohane, Andrew Moravcsik, Anne-Marie Slaushter, and Duncan Sinidal, "The Concept of Legalization," *International Organization*, pp. 408-409.

[52] Stefan A. Halper, and Jonathan Clarke, *America Alone*: *The Neo-Conservatives And The Global Order* (Cambridge, U.K.；New York：Cambridge University Press, 2004); Craig R.

其中最明顯的，即為進一步將「單邊主義」（unilateralism）及「布希原則」（Bush Doctrine）結合而成的某種新型式的「新美國霸權主義」。[53]這個「新美國霸權」主義，並非傳統之霸權穩定論，而是一種「演化型」之霸權穩定論。[54]此外，這種演化型的霸權穩定論，在某些特定議題上是否能發展出善治型的全球治理模式，將是新自由制度主義未來發展最令人關切的焦點。為方便說明，可由表 7.2 看出新自由制度主義之演化發展。

■ 關鍵詞

- **整合理論**：關於國際關係朝理論整合之文章，在 1990 年代初期主要為對單一理論之不足性，及對「理論整合」之必要性之「概念性」文章居多；2000 年後，國際關係理論整合之研究由「概念性」的呼籲，逐漸朝實務與理論之結合發展。

- **理論進步**：依據 Lakatos 及 Elman 等人之見解，理論之進步或創新往往奠基於先前理論之批判與改進，而並非在於理論的歷史之一成不變。

- **新自由制度主義**：新自由制度主義為「現實主義」與「自由主義」之整合，旨在能為國際合作提供一個既務實地考量國家之權力及利益、又可促進國家間合作之機制，而其實踐方式係透過制度之設計與規範。

（續）

Eisendrath, and Melvin A. Goodman, *Bush League Diplomacy: How the Neoconservatives Are Putting the World at Risk* (New York: Prometheus Books, 2004).

[53] Joseph S. Nye, Jr., *The Paradox of American Power: Why the World's Only Superpower Can't Go It Alone* (New York: Oxford University Press, 2002); John Ikenberry, "America's Imperial Ambition," Foreign Affairs, Vol. 81, No. 5 (September/October 2002), pp. 44-60; Robert Jervis, "Understanding the Bush Doctrine," *Political Science Quarterly*, Vol. 118, No. 3 (Fall 2003), pp. 365-388; Michael Cox, "Empire, Imperialism and the Bush Doctrine," *Review of International Studies*, Vol. 30, No. 4 (2004), pp. 585-608；吳玉山，「仍是現實主義的傳統：九一一與布希主義」，政治科學論叢，第 17 卷（2002 年），頁 1-31；宋學文，「從層次分析探討霸權穩定論：一個國際關係理論演化的研究方法」，問題與研究，第 43 卷，第 2 期（2004 年），頁 171-196。

[54] 宋學文，「從層次分析探討霸權穩定論：一個國際關係理論演化的研究方法」，問題與研究，第 43 卷，第 2 期（2004 年），頁 171-196。

關鍵詞（續）

- **制度論**：Keohane 認為「制度」是「某種『行為』或者是由人類所建構的正式或非正式的『規範』之通則模式（general pattern）或是分類（categorization）」。

- **國際建制**：Keohane 認為「建制是種制度，其具有由政府所同意之明示（explicit）規則，並附著在國際關係中某特別議題領域內」。其四大主張包括：1.建制使得國家合作機會增加；2.建制有利於共同利益之建構；3.霸權國（hegemon）往往透過雙邊或多邊協議，以促進國際建制，而霸權國的支持最有利於建制的運作；4.建制旨在促進某種自由的世界秩序。

- **現實主義**：1.傳統現實主義中有關國際社會為無政府狀態之主張；2.結構現實主義對國際體系之「結構」對體系內之「單元」有相當程度之「約制」作用之主張；3.傳統現實主義中有關國家行為是理性的之假設及權力平衡之主張；4.傳統現實主義對國家追求權力之主張；5.結構現實主義強調系統理論（system theory）及研究方法強調簡潔之主張。

■ 表 7-2

新自由制度主義中有關制度研究之演進階段

重要時期	I	II	III	IV	V	VI	VII
年代	1950	1960	1970	1980	1990	2000	2003 迄今
理論焦點	區域合作主義	功能主義與傳統制度論	新制度論 相互依賴理論	建制功能	多邊主義	全球化與全球治理 國際法制化	全球治理？
合作觀	合作	合作	功能合作		強制合作	法制化合作	
代表人物	Ernst Haas	Ernst Haas	Robert Keohane Joseph Nye Jr.	Ernst Haas Stephen Krasner Robert Keohane Robert Jervis Oran Young	John Ruggie James Caparaso Miles Kahler Robert Keohane Steve Weber	Andrew Moravcsik Anne-Marie Slaughter Judith Goldstein Kenneth Abbott Miles Kahler Robert Keohane	James Rosenau Robert Keohane John Ruggie Joseph Nye Jr.
研究重點	強調跨國合作。	國際建制中「原則」與「規範」之概念已見雛形。	由「原則」、「規範」朝「規則」、「決策過程」發展。			透過「規則」與「決策過程」之法制化以強化制度之功能。	進一步欲將制度化擴大為與全球議題相關之「善治」機制。
主要特色	透過強調歐洲農業合作，奠定跨國合作之基礎理論。	透過歐洲經貿合作及整合之研究，奠定國際建制之理論基礎。	強調議題聯結、相互依賴及國際組織等主張，為國際建制學派茁壯階段。	為國際建制之定義、種類及運作提出規範主張。	國際建制欲藉強調多邊主義之不可分割性、非歧視性或普遍性行為原則、以及擴散性互惠等特性，來增加國際建制在操作面之標準，並說明多邊主義與多邊關係之不同。	藉著法制化之三個概念：義務、授權、及精確，進一步增進國際建制之規範力量。	在某些議題領域，如：人權普世價值、環境與食品安全、反恐、全球暖化，建立一個超越國家主權之全球事務之治理機制。
重要相關理論	功能主義政府間主義超國家主義	功能主義	新自由主義互賴理論現代化理論	建制理論新自由制度主義	多邊主義[55]強制外交與合作	國際法制化新自由制度主義之強化	新保守主義[56]單邊主義[57]霸權穩定論新自由制度主義與現實主義榜樣
主要關心議題	歐洲農業合作與區域組織之發展	由歐洲農業合作逐漸朝歐洲經貿合作發展，並奠定制度論基礎	透過互賴之概念促進國際經貿合作	進一步將互賴概念發展到制度性之國際合作並將合作議題由經貿擴大到文化、政治等議題	將國際貿易合作擴大到政治及綜合安全之領域，並強調多邊主義之強制性合作	針對特定議題如經貿、人權、環境及反核等議題之國際合作，並建立獎懲制度	將國際合作之全球治理進一步擴大到反恐、地球暖化、食品安全、人類安全等議題

資料來源：作者製表，參考並修正自宋學文，「從層次分析（level-of-analysis）探討霸權穩定論：一個國際關係理論演化的研究方法」，問題與研究，第 44 卷第 2 期，2004 年，頁 180

第五節　結　論

　　國際關係錯綜複雜，沒有任何一個單一理論可以完全解釋、分析或預測所有國際事務之發展。現實主義與自由主義提供了我們在分析錯綜複雜之國際關係之一些基本依循，使我們的政策分析更具系統性或邏輯性。從國際關係理論及國際政治之實務發展來看，新自由制度主義，在過去半個世紀以來一直努力嘗試「整合」現實與自由兩大陣營的主張或學理，使其成為一個「可用的」（useful）且「動態的」（dynamic）的學理。新自由制度主義所採之研究途徑，雖然因此而降低了其理論之「簡潔性」，但卻為吾人在國際關係之分析帶來了更大的「廣度」（scope）及深度（depth）。

　　從本文中，我們可以清晰地追溯新自由制度主義在自由主義與現實主義兩大陣營之歷史傳承；我們也看到了新自由主義如何透過「制度」提供了自由與現實兩大陣營之對話及「中介的功能」，使得「國際無政府狀態」不必悲觀地朝國際衝突發展，而得以朝國際合作的方向邁進。近年來，新自由制度主義見證了其理論在國際政治之實用價值，從第一次世界大戰的國際聯盟到今日的 UN 及日益蓬勃的聯合國中各種專門委員會及 IGOs、NGOs 及 MNCs 等；從早

---

[55] Robert O. Keohane, "Multilateralism: An Agenda for Research," *International Journal*, Vol. 45, No. 4 (Autumn 1990), pp. 731-764; James A. Caporaso, "International Relations Theory and Multilateralism: The Search for Foundations," *International Organization*, Vol. 46, No. 4 (Summer 1992), pp. 599-632; John G. Ruggie ed., *Multilateralism Matters: The Theory and Praxis of an Institutional Form* (New York: Columbia University Press, 1993).

[56] George H. Nash, *The Conservative Intellectual Movement in America, Since 1945* (New York： Basic Book Inc., 1979); Irving Kristol, "American Conservatism 1945-1995," *Public Interest*, Issue 121 (Fall 1995), pp. 80-91; John Ehrman, *The Rise of Neoconservatism*: *Intellectuals and Foreign Affaires*, 1945-1994 (New Haven, Conn.: Yale University Press, 1995); Stefan A. Halper, and Jonathan Clarke, *America Alone*: *The Neo-Conservatives And The Global Order* (Cambridge, U.K.; New York; Cambridge University Press, 2004).

[57] Manfred Bertele and Holger H. Mey, "Unilateralism in Theory and Practice," *Comparative Strategy*, Vol. 17 (1998), pp. 197-207; Steven Holloway, "U.S. Unilateralism at the UN: Why Great Powers Do Not Make Great Multilateralists," *Global Governance*, Vol. 6 (2000), pp. 361-381; John Feffer ed., *Power Trip: U.S. Unilateralism and Global Strategy After September 11* (New York: Seven Stories Press, 2003).

期之「歐洲共同體」到今日的「歐盟」；從早期的 GATT 到今日的 WTO 等，我們不得不感佩新自由主義者先趨之遠見為國際政治之學理及其學理在國際政治實務中之應用及貢獻。但挑戰依然存在，如恐怖主義、全球暖化、人類安全等議題，進一步挑戰著新自由制度主義，也同時賦予新自由制度主義之未來發展具有更多無限的可能與契機。我們明日所面對的是一個「全球治理」的世界？或又回到「叢林法則」或多元分歧的世界，正是下一波研究新自由制度主義的重點。

■ 核心概念

- 新自由制度主義有一部分主張與學理基礎，乃源自於其對現實主義之批判、反思及修改。
- 新自由制度主義固有其源自於自由主義陣營之思想及理論依據；但亦有受到現實主義陣營刺激，並經修改後納入其理論主張之學理。
- 當代國與國之矛盾與衝突，常轉為「既衝突又合作」之現象，在這種「既衝突又合作」的國際政治中，最實用且亦具開發潛能之國際關係理論，就以新自由制度主義最具潛力與代表性。
- 新自由制度主義透過「制度」提供自由與現實兩大陣營之對話及「中介的功能」，使得「國際無政府狀態」不必悲觀地朝國際衝突發展，而得以朝國際合作的方向邁進。

參考書目

包宗和（2003），「現實主義之自我論辯及其與批判理論間之解構與建構」，國際關係學報，第 18 期，頁 1-18。

石之瑜（2000），「現實主義國際政治學的知識脈絡」，問題與研究，第 39 卷，第 7 期，頁 37-53。

吳玉山（2002），「仍是現實主義的傳統：九一一與布希主義」，政治科學論叢，第 17 期，頁 1-31。

宋學文（1998），「議題聯結與兩岸關係之研究」，問題與研究，第 37 卷，第 2 期，頁 21-35。

宋學文（2001），「全球化與全球治理對我國公共政策研究之影響：並兼論此影響在兩岸關係研究之意涵」，中國大陸研究，第 44 卷，第 4 期，頁 1-31。

宋學文（2004），「全球化與全球治理之互動之模型分析：以人文與社會科學之『科技整合』為例」，理論與政策，第 17 卷，第 3 期，頁 59-75。

宋學文（2004），「從層次分析探討霸權穩定論：一個國際關係理論演化的研究方法」，問題與研究，第 43 卷，第 2 期，頁 171-196。

林碧炤（1989），「國際關係的新現實主義與新自由主義」，政治學報，第 17 期，頁 129-181。

秦亞青（1998），「國際制度與國際合作─反思自由制度主義」，外交學院學報，第 1 期，頁 40-47。

郭承天（1996），國際建制與國際組織，台北：時英出版社。

蔡政文（2000），當前國際關係理論發展及其評估，台北：三民。

鄭端耀（1997），「國際關係『新自由制度主義』理論之評析」，問題與研究，第 36 卷，第 12 期，頁 1-22。

鄭端耀（2005），「國際關係新古典現實主義理論」，問題與研究，第 44 卷，第 1 期，頁 115-140。

Abbott, Frederick M. (2000), "NAFTA and the Legalization of World Politics: A Case Study," *International Organization*, 54: 3, 519-547.

Abbott, Kenneth W., Robert O. Keohane, Andrew Moravcsik, Anne-Marie Slaughter and Duncan Snidal (2000), "The Concept of Legalization," *International Organization*, 54: 3, 401-419.

Acharya, Amitav (2004), "How Ideas Spread: Whose Norms Matter? Norm Localization and Institutional Change in Asian Regionalism," *International Organization*, 58: 2, 239-275.

Bertele, Manfred and Holger H. Mey (1998), "Unilateralism in Theory and Practice," *Comparative Strategy*, 17, 197-207.

Betts, Richard K. (1997), "Should Strategic Studies Survive," *World Politics*, 50: 1, 7-33.

Busch, Marc L. (2008), "Overlapping Institutions, Forum Shopping, and Dispute Settlement in International Trade," *International Organization*, 62: 4, 735-761.

Caparaso, James A. (1992), "International Relations Theory and Multilateralism: The

Search for Foundations," *International Organizations*, 46: 4, 599-632.

Coglianese, Cary (2000), "Globalization and the Design of International Institutions," In Joseph S. Nye, Jr. and John D. Donahue eds., *Governance in a Globalizing World*, Washington D. C.: Brooking Institution Press, 297-318.

Cooley, Alex and James Ron (2002), "The NGO Scramble," *International Security*, 27: 1, 5-39.

Cooper, Richard (1972), "Economic Interdependence and Foreign Policy in the seventies," *World Politics*, 24: 2, 158-181.

Cox, Michael (2004), "Empire, Imperialism and the Bush Doctrine," *Review of International Studies*, 30: 4, 585-608.

Diez, Thomas, Stephan Stetter and Mathias Albert (2006), "The European Union and Border Conflicts: The Transformative Power of Integration," *International Organization*, 60: 3, 563-593.

Doyle, Michael W. (1986), "Liberalism and World Politics," *American Political Science Review*, 80: 4, 1151-1169.

Ehrman, John (1995), *The Rise of Neoconservatism: Intellectuals and Foreign Affaires, 1945-1994*, New Haven, Conn.: Yale University Press.

Eisendrath, Craig R., and Melvin A. Goodman (2004), *Bush League Diplomacy: How the Neoconservatives Are Putting the World at Risk*, New York: Prometheus Books.

Elman, Colin (1996), "Cause, effect, and consistency: A response to Kenneth Waltz," *The Security Studies*, 6: 1, 58-61.

Elman, Colin and Miriam Fendius Elman (1997), "Lakatos and Neorealism: A Reply to Vasquez," *The American Political Science Review*, 91: 4, 923-926.

Elman, Colin and Miriam Fendius Elman (2002), "How Not to be Lakatos Intolerant: Appraising Progress in International Relations Theory," *International Studies Quarterly*, 46: 2, 231-262.

Feffer, John ed., (2003), *Power Trip: U.S. Unilateralism and Global Strategy After September 11*, New York: Seven Stories Press.

Finnemore, Martha (1993), "International Organizations as Teachers of Norms: The United Nations Educational, Scientific, and Cultural Organization and Science Policy," *International Organization*, 47: 4, 565-597.

George, Alexander L. (1993), *Bridging the Gap: Theory and Practice in Foreign Policy*, Washington, D.C.: United States Institute of Peace.

Gerring, John and Strom C. Thacker (2005), "Do Neoliberal Policies Deter Political Corruption?," *International Organization*, 59: 1, 233-254.

Gheciu, Alexandra (2005), "Security Institutions as Agents of Socialization? NATO and the 'New Europe'," *International Organization*, 59: 4, 973-1012.

Gilpin, Robert (1981), *War and Change in World Politics*, New York: Cambridge University Press.

Gilpin, Robert (1986), "The Richness of the Tradition of Political Realism," in Robert Keohane ed., *Neorealism and Its Critics*, New York: Columbia University Press, pp. 301-321.

Goldstein, Judith L., Douglas Rivers and Michael Tomz (2007), "Institutions in International Relations: Understanding the Effects of the GATT and the WTO on World Trade," *International Organization*, 61: 1, 37-67.

Goldstein, Judith, Miles Kahler, Robert O. Keohane, and Anne-Marie Slaughter (2000), "Introduction: Legalization and World Politics," *International Organization*, 54: 3, 385-399.

Gray, Colin S. (1999), "Strategic Culture as Context: The First Generation of Theory Strikes Back," *Review of International Studies*, 25: 1, 49-69.

Grieco, Joseph M. (1988), "Anarchy and the Limits of Cooperation: A Realist Critique of the Newest Liberal Institutionalism," *International Organization*, 42: 3, 485-507.

Grieco, Joseph M. (1993), "Understanding the Problem of International Cooperation: The Limits of Neoliberal Institutionalism and the Future of Realist Theory," in David A. Baldwin, ed., *Neorealism and Neoliberalism: The Contemporary Debate*, New York: Columbia University Press, pp. 302-312.

Haas, Ernst (1958), *The Uniting of Europe: Political, Social and Economic Forces, 1950-1957*, Stanford: Stanford University Press.

Haas, Ernst (1964), *Beyond the Nation State: Functionalism and International Organization*, Stanford: Stanford University Press.

Haas, Mark L. (2007), "The United States and the End of the Cold War: Reactions to Shifts in Soviet Power, Policies, or Domestic Politics?," *International*

Organization, 61: 1, 145-179.

Haas, Peter (1992), "Introduction: Epistemic Communities and International Policy Coordination," *International Organization*, 46: 1, 1-35.

Hall, Peter and Rosemary Taylor (1996), "Political Science and the Three New Institutionalism," *Political Studies*, 44, 936-957.

Halper, Stefan A. and Jonathan Clarke (2004), *America Alone*: *The Neo-Conservatives And The Global Order*, Cambridge, U.K.; New York: Cambridge University Press.

Hartwick, Elaine and Richard Peet (2003), "Neoliberalism and the Nature: The Case of the WTO," *Annals of the American Academy of Political and Social Science*, Vol. 590: 1, 188-211.

Holloway, Steven (2000), "U.S. Unilateralism at the UN: Why Great Powers Do Not Make Great Multilateralists," *Global Governance*, 6, 361-381.

Ikenberry, John (2002), "America's Imperial Ambition," *Foreign Affairs*, 81: 5, 44-60.

Jahn, Beate (2005), "Kant, Mill, and Illiberal Legacies in International Affairs," *International Organization*, 59: 1, 177-207.

Jeppersonn, Ronald (1991), "Institutions, Institutional Effects, and Institutionalism," in Walter W. Powell & Paul J. DiMaggio eds., *The New Institutionalism in Organizational Analysis*, Chicago: University of Chicago Press, 1-38.

Jervis, Robert (1999), "Realism, Neoliberalism, and Cooperation: Understanding the Debate," *International Security*, 24: 1, 42-63.

Jervis, Robert (2003), "Understanding the Bush Doctrine," *Political Science Quarterly*, 118: 3, 365-388.

Joachim, Jutta (2003), "Framing Issues and Seizing Opportunities: The UN, NGOs, and Women's Rights," *International Studies Quarterly*, 47: 2, 247-274.

Kahler, Miles (1992), "Multilateralism with Small and Large Numbers," *International Organization*, 46: 3, 681-708.

Kant (1795), *Immanuel, Perpetual Peace: A Philosophical Essay*.

Katzenstein, Peter J., and Robert O. Keohane (2006), Anti-Americanisms, *Policy Review*, 139, 25-37.

Kaysen, Carl (1990), "Is War Obsolete?: A Review Essay," *International Security*, 14:

4, 42-64.

Keisuke, Iida (2004), "Is WTO Dispute Settlement Effective?," *Global Governance*, 10: 2, 207-225.

Keohane, Robert O. (1984), *After Hegemony: Cooperation and Discord in the World Political Economy*, Princeton, N.J.: Princeton University Press.

Keohane, Robert O. (1989), *International Institutions and State Power: Essays in International Relations Theory*, Boulder, Colorado: Westview Press.

Keohane, Robert O. (1990), "International Liberalism Reconsidered," in John Dunn, ed., *The Economic Limits to Modem Politics*, Cambridge: Cambridge University Press, 165-194.

Keohane, Robert O. (2002), *Power and Governance in a Partially Globalized World*, London: Routledge.

Keohane, Robert O. and Joseph S. Nye, Jr. (1977), *Power and Interdependence: World Politics in Transition*, Boston: Little Brown.

Keohane, Robert O. and Kenneth N. Waltz (2001), "Correspondence: The Neorealist and His Critic," *International Security*, 25: 3, 204-205.

Keohane, Robert O. and Lisa L. Martin (1998), "The Promise of Institutionalist Theory," in Michael E. Brown et al eds., *Theories of War and Peace*, Massachusetts: The MIT Press, 384-396.

Keohane, Robert O. and Lisa L. Martin (2003), "Institutional Theory as a Research Program," In Colin Elman and Miriam Fendius Elman eds., *Progress in International Relations Theory: Appraising the Field*, Cambridge: MIT Press, pp. 71-107.

Keohane, Robert O., Andrew Moravcsik, and Anne-Marie Slaughter (2000), "Legalized Dispute Resolution: Interstate and Transnational," *International Organization*, 54: 3, 457-488.

Keohane, Robert O., ed. (1986), *Neorealism and Its Critics*, New York: Columbia University Press.

Keohane, Robert O., Peter A. Gourevitch, Stephen D. Krasner, and David Laitin, et al. (2008), "The Political Science of Peter J. Katzenstein," *Political Science & Politics*, 41: 4, 893-899.

Krasner, Stephen (1983), *International Regimes*, Ithaca, N.Y.: Cornell University

Press.

Kristol, Irving (1995), "American Conservatism 1945-1995," *Public Interest*, 121, 80-91.

Kucik, Jeffrey and Eric Reinhardt (2008), "Does Flexibility Promote Cooperation? An Application to the Global Trade Regime," *International Organization*, 62: 4, 477-505.

Lakatos, Imre (1978), *the Methodology of Scientific Research Programmes*, New York: Cambridge University Press.

Lakatos, Imre and Alan Musgrave (1970), *Criticism and the Growth of Knowledge*, New York: Cambridge University Press.

Lakatos, Imre and Paul Feyerabend (1999), *For and Against Method*, Chicago: The University of Chicago Press.

Lake, David A. (2001), "Beyond Anarchy: The Importance of Security Institutions," *International Security*, 26: 1, 129-160.

Leiteritz, Ralf J. and Catherine Weaver (2005), "'Our Poverty is a World Full of Dreams': Reforming the World Bank," *Global Governance*, 11: 3, 369-388.

Levy, Mark, Oran Young, and Michael Zürn (1995), "The Study of International Regimes," *European Journal of International Relations*, 1: 3, 267-330.

Little, Richard (1997), "International Regimes," In John Baylis and Steve Smith eds., *The Globalization of World Politics: An Introduction to International Relations*, New York: Oxford University Press Inc, 231-248.

Locke, John (1690), *Two Treatises of Government*.

Luttwak, Edward (1995), "Toward Post-Heroic Warfare," *Foreign Affairs*, 74: 3, 109-122.

Mansfield, Edward D. and Eric Reinhardt (2008), "International Institutions and the Volatility of International Trade," *International Organization*, 62: 4, 621-652.

March, James G. and Johan P. Olsen (1989), *Rediscovering Institutions: The Organizational Basis of Politics*, New York: Free Press/Macmillan.

Martin, Lisa L. (1992), "Interests, Power, and Multilateralism," *International Organizations*, 46: 4, 765-792.

Mayer, Peter, and Volker Rittberger (1993), *Regime Theory and International Relations*, New York: Oxford Uni. Press.

Mearsheimer, John J. (1995), "The False Promise of International Institutions," *International Security*, 19: 3, 5-49.

Mearsheimer, John J. (2001), *The Tragedy of Great Power Politics*, N.Y.: W.W. Norton & Company.

Milner, Helen V. (1998), "Rationalizing Politics: The Emerging Synthesis of International, American, and Comparative Politics," *International Organization*, 52: 4, 759-786.

Mitchell, Ronald B. (1998), "Source of Transparency: Information Systems in International Regimes," *International Studies Quarterly*, 42, 109-130.

Mitrany, David (1966), *A Working Peace System*, Chicago: Quadrangle Books.

Mitrany, David (1975), *The Functional Theory of Politics*, New York: St. Martin's Press.

Moravcsik, Andrew (1993), "Introduction: Integrating International and Domestic Theories of International Bargaining," in Peter B. Evans, Harold K. Jacobson and Robert D. Putnam eds., *Double Edged Diplomacy: International Bargaining and Domestic Politics*, California: University of California Press, 5-17.

Moravcsik, Andrew (1997), "Taking Preferences Seriously: A Liberal Theory of International Politics," *International Organization*, 51: 4, 513-553.

Moravcsik, Andrew (2003), "Theory Synthesis in International Relations: Real not Metaphysical," *International Studies Review*, 5: 1, 131-136.

Morgenthau, Hans J. (1948), *Politics Among Nations*, New York: McGraw Hill.

Morse, Edward (1970), "The Transformation of Foreign Policy: Modernization, Interdependence, and Externalization," *World Politics*, 22: 3, 371-392.

Nash, George H. (1979), *The Conservative Intellectual Movement in America, Since 1945*, New York: Basic Book Inc.

Nye, Joseph S. (2002), *The Paradox of American Power: Why the World's Only Superpower Can't Go It Alone*, New York: Oxford University Press.

Peters, Guy (1999), *Institutional Theory in Political Science: The New Institutionalism*, New York: Pinter.

Pevehouse, Jon and Bruce Russett (2006), "Democratic International Governmental Organizations Promote Peace," *International Organization*, 60: 4, 969-1000.

Raustiala, Kal (1997), "States, NGOs, and International Environmental Institutions,"

International Studies Quarterly, 41: 4, 719-740.

Reinhardt, Eric and Edward Mansfield (2003), "Multilateral Determinants of Regionalism: The Effects of GATT/WTO on the Formation of Preferential Trading Arrangements," *International Organization*, 57: 4, 829-862.

Rosenau, James (1969), *Linkage Politics: Essays on the Convergence of National and International Systems*, New York: Free Press.

Rousseau, Jean-Jacques (1762), *The Social Contract: or Principles of Political Right*, Washington, DC: Gateway Edlitions.

Ruggie, John (1992), "Multilateralism: The Anatomy of an Institution," *International Organization*, 46: 3, 561-598.

Ruggie, John G. (1986), "Continuity and Transformation in the World Polity: Toward a Neorealist Synthesis," in Robert Keohane ed., *Neorealism and Its Critics*, New York: Columbia University Press, 131-157.

Ruggie, John G. ed. (1993), *Multilateralism Matters: The Theory and Praxis of an Institutional Form*, New York: Columbia University Press.

Schweller, Randall L., and David Priess (1997), "A Tale of Two Realisms: Expanding the Institutions Debate," *Mershon International Studies Review*, 41: 1, 1-32.

Setear, John K. (1996), "An Iterative Perspective on Treaties: A Synthesis of International Relations Theory and International Law," *Harvard International Law Journal*, 37, 139-229.

Simmons, Beth A. (2000), "The Legalization of International Monetary Affairs," *International Organization*, 54: 3, 573-602.

Simmons, P. J. (1998), "Learning to Live With NGOs," *Foreign Policy*, 112, 82-96.

Smith, Steve (1997), "New Approaches to International Theory," in John Baylis and Steve Smith, eds., *The Globalization of World Politics*, NY: Oxford Uni. Press, 165-190.

Smith, Steve (2003), "Are Dialogue and Synthesis Possible in International Relations?," *International Studies Review*, 5, 123-153.

Stone, Randall W. (2008), "The Scope of IMF Conditionality," *International Organization*, 62: 4, 589-620.

Van Evera, Stephen (1998), "Offense, Defense, and the Causes of War," *International Security*, 22: 4, 5-43.

Viotte, Paul R. and Mark V. Kauppi (1993), *International Relations Theory: Realism, Pluralism, Globalism*, New York: Macmillan Publishing Company.

Wæver, Ole (1996), "The Rise and Fall of the Inter-Paradigm Debates," in Steve Smith, Ken Booth, and Maryasia Zalewski, eds., *International Relations Theory: Positivism and Beyond*, Cambridge: Cambridge Uni. Press, 149-185.

Walt, Stephen M. (1991), "The Renaissance of Security Studies?," *International Studies Quarterly*, 35: 2, 211-239.

Waltz, Kenneth (1979), *Theory of International Politics*, Mass.: Addison-Wesley.

Waltz, Kenneth (2000), "Structural Realism after the Cold War," *International Security*, 25: 1, 5-41.

Webster's Ninth New Collegiate Dictionary (1987), Springfield: Merriam-Webster Inc., Publishers.

Weiss, Thomas G. and Leon Gordenker eds. (1996), *NGOs, the UN and Global Governance*, Boulder: Lynne Rienne.

Wendt, Alexander E. (1999), *Social Theory of International Politics*, Cambridge: Cambridge University Press.

Willetts, Peter (2000), "From 'Consultative Arrangements' to 'Partnerships': The Changing Role of NGOs in the Diplomacy at the UN," *Global Governance*, 6: 2, 191-212.

Williams, Michael C. (2004), "Why Ideas Matter in International Relations: Hans Morgenthau, Classical Realism, and the Moral Construction of Power Politics," *International Organization*, 58: 4, 633-665.

Young, Oran (1986), "International Regimes: Toward a New Theory of Institutions," *World Politics*, 39, 104-122.

Zacher, Mark W. and Richard A. Matthew (1995), "Liberal International Theory: Common Threads, Divergent Strands," in Charles W. Kegley Jr. ed., *Controversies in International Relations Theory*, New York: St. Martin's Press, 107-150.

Part 3

反思主義

第八章　國際關係規範理論

林炫向、陳牧民

第一節　規範理論的復興

　　Andrew Linklater 認為完整的國際關係研究應該包括規範的、社會學的以及實踐的（praxeological）分析，三者缺一不可（Linklater, 1998: 8-10）。按此說法，傳統的國際關係理論可以說片面地側重社會學的分析，而相對地較忽略規範分析，[1]至於實踐的分析就更不用說了。[2]這裡我們必須對國際關係的「規範理論」（normative theory）一詞的指涉對象與研究方式稍做說明。就其字面的意義而言，它可以用來指涉對於國際規範所做的解釋與說明。但是解釋與說明可以是「社會學式的」（sociological），也可以是「規範性的」（normative）。所謂「社會學式」，指的是對於國際規範的來源、形成過程與作用所做的解釋或說明，國際關係學中關於規範（norm）的理論多半屬於這一類型（例如 Finnemore and Sikkink, 1998），這類的規範理論在國際關係學中並不缺乏。但是對於國際規範，我們還可以做「規範性」的論證，也就是一般哲學上所謂的「證成」（justification）。廣義的規範理論，應該是要包括第一種意義的理解（Hurrell, 2002）。只不過因為第一種意義的規範理論已經為大多數國關學者所熟悉，因此本章所討論的規範理論將集中在第二種意義上。當我們說國際關係學相對地忽視規範分析，指的是第二種意義的規範理論。

　　規範理論在國際關係領域中長期受到忽視，可以說與此學門的發展歷程有很大的關係。國際關係學門的成立之時正值第一次世界大戰結束，[3]當時世人莫不期待和平，此一期待在國際關係學界的反映，自然就是以威爾遜

---

[1] 但這不是說傳統的國際關係學者從來不關心規範的問題，而只是說他們的關心不夠深入。

[2] Linklater（1998）可能是唯一的例外。因此對於實踐分析的強調，可以說是他的一家之言。稍後本文將說明，Linklater 這個主張應當得到更多的關注。

[3] 一般都追溯到 1919 年在英國 Aberystwith 所成立的第一個國關講座。

（Woodrow Wilson）為代表的「理想主義」思潮。然而威爾遜的理念缺少美國國會的支持，國際聯盟沒有發揮嚇阻侵略的作用，於是在 1939 年出版的《二十年危機》（*The Twenty Years' Crisis, 1919-1939*），E. H. Carr（1964）將「理想主義」說成是「烏托邦主義」（utopianism）。二次大戰結束後，冷戰隨之而起。在當時的政治氣氛下，「理想主義」當然難以引起共鳴。再加上行為主義抬頭，實證主義的研究方式幾乎主宰了當時的整個社會科學界，主流的國際關係學界也將研究限定在對實際政治現象的觀察與解釋，缺乏對倫理與道德問題的關懷。因此規範理論在國關學界被邊緣化，是實證主義當道的必然結果（Smith, 1996）。

除了行為主義與實證主義的影響之外，政治學內部的學科分化，也是造成規範分析在國際關係領域中長期受到忽視的重要因素。傳統上政治學系所一般都把政治理論、國際關係及比較政治視為不同的研究領域，此一學科分化的背後又有一種「國內／國際」的二分法作為支撐，這個二分法可以用 Martin Wight 的說法來加以說明。Wight 在其頗具影響力的〈為什麼沒有國際理論？〉（"Why Is There No International Theory?"）一文中指出，國際關係理論所使用的語言與政治理論和法學不同，因為「政治理論和法學是在正常關係以及可預測結果的領域內的經驗地圖或行動體系，是有關美好生活的理論，而國際理論是有關生存（survival）的理論。」「國際政治是一個事件不斷再現和重複的領域；在該領域中，政治行為大多是具有規律性的必然性（regularly necessitous）。」因此，「國際政治與國內政治的不同之處在於，前者比較不能做出進步主義的詮釋。」（Wight, 1995: 32, 25）按照這個說法，政治理論探索什麼是美好的生活，但只是適用於國內政治；國際政治在本質上不同於國內政治，因此不是政治理論適用的對象。這個「國內／國際」的二分法隨後又被 Kenneth Waltz（1979）的結構現實主義所強化，按照 Waltz 的說法，國內與國際分屬兩種不同的政治結構，前者為「階序式秩序」（hierarchy），後者為「無政府狀態」（anarchy）。政治結構的差異，決定了這兩個領域適用不同的規則。這無異於再次肯定 Hans Morgenthau 的著名宣稱：普遍的道德原則不適用於國際政治領域；不應把具體國家的道德擴展為普遍的標準（Morgenthau, 1985: 12-13）。換言之，「國內／國際」的二分法與現實主義

的學術霸權共謀，將規範論述從國際關係學中排除了。[4]

　　然而，這個局面在冷戰結束後已有改觀。首先，由於後實證主義的諸多理論（批判理論、女性主義、後現代主義等）如雨後春筍般出現，一方面挑戰了實證主義的學術霸權（Smith, 1996），另一方面也為政治理論與國際關係的重新結合開闢了道路。但多數後實證主義理論的論述重點是挑戰實證主義者理解國際政治本質的方式，因此僅把攻擊重點放在方法論及知識論的層次，以及檢討主權與無政府狀態等概念作為基本假設的合法性，而沒有擴及到「應然面」的價值論證——例如國際社會是否應該追求正義（Brown, 1997: 280）。[5]其次，伴隨著後實證主義挑戰而來的，是對於「國內／國際」二分法的的質疑（例如 Walker, 1993; Bartelson, 1995），甚至連實證主義陣營內部都出現了對「國內／國際」二分法的異議（例如 Wendt and Friedheim, 1995; Milner, 2000; Donnelly, 2006）。這個發展有利於國關學者不再把國際政治視為與國內政治截然不同的領域，從而把這兩個領域視為是政治在不同脈絡下的不同表現型態而已（Brown, 1992: 4; Jackson, 1996: 204）。[6]於是國關領域逐漸出現了與政治理論重新結合的呼聲（Schmidt, 2002）。這個結合有人稱之為「國際關係的政治理論」（international political theory, IPT）（Hutchings, 1999: xv-xvi; Brown, 2002），[7]也有人稱之為「國際關係倫理學」（ethics of international relation; international ethics）（Nardin, 2009: 285; 白云真與李開盛，2009：312）。後一個名稱的規範色彩十分明確；前一個名稱則不必然具有規範含意，但因為其所觸及的議題多半具有規範色彩，因此也往往與規範理論聯繫在一起。[8]

4　但這不是說現實主義就必然反對或缺少規範理論，這一點 Jack Donnelly（2000: ch. 6）已有討論。

5　部分後實證主義者其實也有倫理的關懷，特別是對主權國家所造成的包容／排他問題（例如 Walker, 1993），只是他們的討論比較集中在概念上，而較少觸及實質的規範議題，例如人道干預。David Campbell（1998）是例外。

6　關於這部分的進一步分析，可以參看林炫向（2005a）。

7　「國際關係的政治理論」這個譯名，是採納張旺（2006：53）的提議。張氏指出，如果將 international political theory 譯為「國際政治理論」，容易與 theory of international politics 混淆。作者認同張旺的主張，因此採納其譯名。

8　例如說，Kimberly Hutchings（1999: xv-xvi）就是將國際關係的政治理論等同於規範的國際關係理論（normative international relations theory）。

　　目前國際關係的規範研究已經有專門的機構出版專門的刊物，[9]美國的國際關係學會（International Studies Association）也已有國際倫理的組（division），網際網路上甚至還有一個「國際關係的政治理論」專屬的網站，[10]因此其次領域的地位應該已經無庸置疑。不僅如此，國際關係的規範研究還有各式各樣的理論立場與進路，例如 Mervyn Frost（1996）持的是「新黑格爾主義」的立場、Molly Cochran（1999）採取實用主義的進路，而 Richard Shapcott（2001）則運用哲學詮釋學，十分多元。此外，這個領域已有各種實質的研究議題，例如 Frost（1996: 76-77）就羅列了十三種議題。[11]可見國際關係規範研究已經有長足的發展，而且已經發展到不容忽視的地步。[12]以下論文將分為三部分：首先是對規範研究層次與傳統的說明；其次是介紹政治哲學界中對國際關係規範理論最具影響力的四位代表人物（Walzer, Beitz, Rawls, and Habermas）及其主張，這些大師的主張都可以作為規範理論與國關理論之間溝通的平台；第三部分是說明冷戰後國際關係學界本身的規範理論發展的過程，此部分著重在介紹國關學者研究規範理論的代表性著作。結論部分將說明國際關係學界各學派應建立自身的倫理立場與規範主張，並以國際政治的實質議題檢視現有的規範哲學與理論。

第二節　規範研究的層次與傳統

　　國際關係規範研究可以大致分為三個層次：（一）政治哲學層次；（二）

9　其中最有名的是 Carnegie Council for Ethics in International Affairs 所出版的 *Ethics and International Affairs* 期刊。

10　http://international-political-theory.net（最近瀏覽日期：2010/06/23）。

11　這裡無須詳述 Frost 所羅列的議題。稍後我們會對規範研究的實質議題稍做說明。

12　在中文語境中，關於這個次領域的介紹，可以參考張旺（2006）、石斌（2003）以及白云真與李開盛（2009）。台灣的中央研究院人文社會科學研究中心政治思想研究專題中心已經於 2009 年 12 月網羅一批國內研究此一領域的學者，舉辦一場「全球正義與世界秩序」研討會。大陸學界則在 2004 年 1 月於上海舉行一場「全球正義與跨文化對話」研討會，會後論文集合成《全球正義與文明對話》一書（許紀霖主編，2004）。目前國內國關學界較專注於研究規範理論的學者有葉浩、林炫向等，而大陸則有石斌、張旺、熊文馳等國關學者屬之。

理論層次（包括研究途徑）；（三）實質議題（例如正義戰爭、人道干預、分配正義、民族自決等）。第一個層次是政治哲學家的強項，也是國際關係學者較難發揮的場域。因此，在這個層次上國關學者可以吸收政治哲學家的思考，是非常自然、也是非常必要的工作。這個層次最著名的政治哲學家代表是羅爾斯與哈伯瑪斯等人。第二層次是國關學者借用政治哲學與政治理論來思考國際關係的規範問題，這方面的研究可以 Chris Brown、Mervyn Frost、Andrew Linklater 等人為代表。 至於第三個層次的研究國際關係學界本來就有，但屬於「研究」而非「理論」，故本文的討論著重在第一與第二層次。

　　必須說明的是，這兩個層次的研究比較偏向證成的論證與理論的分析。這種工作當然很重要，但對規範論證所提出的方案評估其實現的可能性也同樣重要，而這就是 Linklater 所謂的「實踐的分析」。唯有社會學式的、規範的及實踐的分析三者兼備，國際關係的研究才算完整。然而，如何進行實踐的分析呢？作者認為，我們可以前述第三層次的實質議題來測試、檢驗第一與第二層次的研究，也就是藉由探討第一層次的哲學與第二層次的理論或途徑是否有助於解決第三層次的實質議題，來作為評價它們是否成功的標準。這就要求規範研究與經驗研究有更多的接觸與交流，[13]而在這個交流中，國關學者可以扮演更吃重的角色，而不是只單方面地依賴政治哲學來提供解答。為了促進這種交流，國關學者其實可以從自身的傳統中擷取資源來進行規範論述。

■ 核心概念

國際關係規範研究的三個層次：

- **政治哲學層次**：政治哲學家對國際關係規範問題的論證。
- **理論與研究途徑的討論**：國際關係學者借用政治哲學來理解與研究國際倫理與道德問題。
- **實質議題**：涉及規範的國際問題之研究，例如正義戰爭、人道干預、分配正義、民族自決等。

---

[13] 關於這個論題的進一步申論，可以參考林炫向（2009）。Andrew Hurrell 也認為規範理論應與經驗理論溝通交流（Hurrell, 2002: 137）。

　　一般說來，談論「國際關係」的倫理或正義問題，有兩大傳統：社群主義（communitarianism）與世界大同主義（cosmopolitanism，以下簡稱世界主義）。社群主義者認為政治社群（例如國家）具有獨立於個人之外的道德地位；而比較極端的社群主義可能還會主張社群的道德地位高於個人，但今天多數的社群主義者並不採取這種極端的立場，而是只主張社群的道德地位不能化約為個人的道德地位的集合。這種立場以美國學者 Michael Walzer 為代表。世界主義者則認為個人才是道德關懷的主要對象，政治社群與其邊界的道德地位必須視其是否有助於個人權利的保障或自由的增長而定。換言之，如果一個政治體無法保障個人的自由與權利，它就不具道德地位。[14]前期的羅爾斯（John Rawls）可以算是世界主義的代表（後期的羅爾斯則稍微向社群主義靠攏）。此一爭論可以說是這個領域中歷久彌新的主題，因為研究者在這個爭論中所採取的立場，往往會影響到研究者在特定議題上的態度（例如對人道干預問題，世界主義者多半傾向於支持，而社群主義者則對之持保留態度），甚至使用的名詞（例如使用「國際」正義還是「全球」正義）。[15]換言之，規範理論學者對名稱的堅持並非只是名目上的，而是具有實質的政治意涵。因此，為了避免預設特定的立場，採取規範理論這個名稱，或許可以避免捲入世界主義與社群主義之爭。

---

[14] 按照 Thomas Pogge（1992: 48-49）的說法，世界主義有三個主要的特徵：強調個體性（individuality）、普遍性（universality）以及一般性（generality）。

[15] 社群主義與世界主義的爭論有點類似於政治哲學界中關於自由主義與社群主義的爭論，關於後面這個爭論對國際關係規範理論的影響，扼要的討論可以參考 Morrice（2000）。關於世界主義與社群主義的爭論本身，經典的討論可以參看 Brown（1992）。Molly Cochran（1999: ch.1）從三個方面（關於人的概念、國家的道德地位、以及普世主義／特殊主義）來對世界主義與社群主義之間的差別做出說明，認為關於人的概念世界主義採取原子論的立場而社群主義則採取構成論；關於國家的道德地位，社群主義採取肯定的立場，而世界主義則持否定的立場；關於普世主義還是特殊主義，世界主義採取普世主義的立場，而社群主義則持特殊主義的立場。Cochran 的表述方式影響極大，儼然有為此爭論定調的架勢（參看白云真與李開盛，2009：319）。但作者認為，社群主義雖然常表現出特殊主義的樣貌，但社群主義者並不必然反對所有的普世主義（例如 David Miller），而要視哪一種普世主義而定（梁文韜，2005）。而關於國家的道德地位的爭論，嚴格說來，還是衍生自關於人的概念的爭論。因此，作者認同許漢（2004）的作法，把世界主義與社群主義之間的區別，界定在究竟什麼（個人還是政治社群）才是道德考量的主要單元。

■ 核心概念

社群主義（communitarianism）與世界主義（cosmopolitanism）

- 社群主義者主張個人是通過政治社群（國家）所構成，社群具有獨立於個人之外的道德地位；社群的道德地位不能化約為個人的道德地位的集合；代表人物為 Michael Walzer 與 Mervyn Frost。
- 世界主義者認為個體的權利是先天存在的，且應該被平等對待。政治社群與其邊界的道德地位必須視其是否有助於個人的權利的保障或自由的增長而定。代表人物為 Habermas 與 Linklater。

第三節　政治哲學家的規範理論

一、Michael Walzer

　　在西方政治哲學界第一個在國際關係規範理論做出重大貢獻的人，首推 Michael Walzer。他的《正義與不正義的戰爭》（*Just and Unjust Wars*）出版於 1977 年，是一部反省越戰的作品。傳統上，正義戰爭的理論包括兩個部分：開戰的正義（*jus ad bellum*）與交戰的正義（*jus in bello*）。前者處理的問題是什麼情況下發動或參與戰爭才是合理的，後者則是關於戰爭行為應遵守的規範。[16]囿於篇幅，在此僅就 Walzer 關於開戰正義的討論。Walzer 的討論的起點是「法條主義典範」（legalist paradigm）[17]，這是由六個命題所構成的關於侵略的理論：（1）有一個由獨立國家所構成的國際社會存在，在這個社會中個人的權利可以被認可，但執行這種權利卻會挑戰這個社會的主要價值——分立的政治社群的生存與獨立；（2）國際社會透過法律確立其成員的權利，首先是維持領土完整與政治主權的權利；（3）一國對他國使用武力或威脅使用武力的行為都構成侵略，是犯罪行為；（4）侵略使兩種反應具有正當性：一是受害國的自衛戰爭，二是受害國與國際社會的任何其他成員國的執法戰爭；（5）除了反侵略之外，沒有任何事情可以為戰爭提供正當的理由；（6）一旦

---

[16] 扼要的說明可參考 Amstutz（1999: ch. 5）。

[17] 將 legalist paradigm 譯為「法條主義典範」，是參考任輝憲（Walzer 著、任輝憲譯，2008：70）的翻譯。

侵略者被擊退，它也能夠被懲罰，懲罰的目的是為了防止戰爭（Walzer, 1977: 61-63）。

　　Walzer 認為這個典範有很強的解釋力，但它依賴於將國際秩序與國內秩序做類比，也就是 Hedley Bull 所要批判的「國內類比」（domestic analogy）（Bull, 1977: ch.2）。Walzer 認為這個類比是有問題的，因為國家畢竟不同於個人，國家間的關係也不等同於人際關係，因此「法條主義典範」也必須做修正（Walzer, 1977: 72-73）。按照「法條主義典範」，正義的戰爭只能限於反侵略的戰爭。除了這種情形之外，國家應該嚴格遵守不干涉的原則。Walzer 的修正，首先是放寬侵略的定義，允許國家在敵人尚未採取軍事攻擊之前訴諸武力保衛自己；根據這個修正，以色列在 1967 年的六日戰爭發動先發制人的打擊可以被認為是正當的（Walzer, 1977: 80-85）。其次，他還對不干預原則做出修正，認為在三種情況下干預可以是正當的：（1）當國界內有兩個以上的政治團體，而其中一方正在進行追求分離（secession）或「民族解放」（national liberation）的戰爭時；（2）當一國的內戰中已有一外國進行干預，這時另一外國就有權進行反干預（counter-intervention）；（3）當嚴重違反人權的情況（例如奴役或屠殺）發生時（Walzer, 1977: 90）。

　　從 Walzer 對「法條主義典範」所做的修正來看，他允許國家在特定情形下進行預防性攻擊（preemptive strikes），顯示他十分重視國家本身的生存權。這與他賦予國家相當程度的道德地位有關（Walzer, 1980），而這個作法，使得他的立場接近於社群主義。[18]但是從他對干預原則的修正來看，他並沒有像有些現實主義者那樣賦予國家絕對的權利。事實上，Walzer 基本上還是認為國家權利源自個人權利，國家的正當性的基礎在於人民的同意（Walzer, 1977: 53-54）。在這一點上，Walzer 的立場與一般的自由主義者並沒有太大的不同。而且，就算 Walzer 的立場可以被定位為社群主義，他也不見得就要反對普遍主義。事實上，Walzer 說他的立場是一種重申式的普遍主義（reiterative universalism）（Walzer, 1990: 515）。因此，他與世界主義者之間的差別，是在於道德的「厚度」。按照他在《厚與薄》（*Thick and Thin*）一書中的說法，國內適用的道德觀是「厚的」或「最大的」（maximalist），而國際適用的則

---

[18] 在政治哲學上，Walzer 一般被視為是社群主義的代表人物（江宜樺，1998：71），雖然他自己並不喜歡這個標籤。在國際關係倫理學的領域中，Walzer 也被視為是社群主義的代表人物（Cochran, 1999: ch. 2; Sutch, 2001: ch. 6）。

是「薄的」或「最小的」（minimalist）（Walzer, 1994）。這個立場與許多政治理論家的國際關係倫理學主張有別，因為後者多半較偏向世界主義的「厚的」道德觀，而 Walzer 則是中間路線但稍偏於社群主義。

Walzer 偏向社群主義的立場，會讓部分學者認為他的理論在規範傳統中稍嫌保守，甚至會為美國冷戰後的對外軍事行動提供了合法性基礎，例如1991 年的第一次波斯灣戰爭與 1999 年的科索沃戰爭（Elshtain, 2001）。因此 Walzer 也逐漸修正其理論。在 "Triumph of Just War Theory (and the Dangers of Success)"（2002）一文中，Walzer 主張對兩個問題進行嚴肅思考：第一、由於科技的進步，使得美國這樣的國家能夠用遠程轟炸的方式來進行軍事行動，以此來降低本身戰鬥人員傷亡的風險。但這樣並不能真的遏制侵略行動，反而讓整個軍事行動背離義戰論者所強調的相稱性原則。第二、任何符合義戰原則的軍事行動不能只是將目標定為恢復原狀：侵略者必須受到懲罰，而進行人道干預的國家不能夠一走了之，必須在一定程度上協助受到戰爭蹂躪的社會進行重建（Walzer, 2002: 936-941）。

二、Charles Beitz

最能標誌國際關係規範理論這個領域正式誕生的著作，也許應屬 Beitz 於 1979 年出版的《政治理論與國際關係》（*Political Theory and International Relations*）。[19]此書一開始就展現出將政治理論與國際關係結合的雄心壯志，且討論的主題深入地處理國際關係學界廣被接受的基本信念，是一部既有深度又有開創性的作品。

Beitz 的討論以一種很有邏輯的方式分幾個步驟展開。首先，他指出討論國際關係規範理論最重要的一個障礙是「國際懷疑論」（international skepticism），這種觀點認為霍布斯式的自然狀態（Hobbesian state of nature）使所有國家將生存與追求利益作為首要考量，或者像馬基維利所說的，為了「國家的理由」（reasons of state）政治家可以不遵守一般人所遵守的道德規範（Beitz, 1999: 15-27）。為了反駁這種道德懷疑論，Beitz 深入地檢視霍布斯的自然狀態成立的條件，[20]並提出國際關係不符合這些條件的理由（Beitz,

---

[19] 本文所參考的版本是 1999 年出版的第二版。第二版只比第一版增加一個跋（afterword）。

[20] 這些條件包括（1）國家是國際關係的主要行為者；（2）國家力量大致相等；（3）

1999: 35-50）。Beitz 的討論不僅預示了後來國際關係學界所出現的某些辯論主題（例如國家是否是主要的行為者？國家間相互依賴的程度如何？以及無政府狀態下國家間合作的可能性如何？），因此為政治理論與國際關係的交流開闢了溝通的平台。更可貴的是，他的討論不是只談論抽象的政治哲學問題，而是大量引用了國際關係學界的經驗研究來支持他的論證。這為國際關係的規範研究樹立了一個好的典範。

其次，即使接受了 Beitz 的第一步論證，人們仍然可能會落入一種所謂「國家道德論」（morality of state）的「圈套」，並具體表現在不干預原則、民族自決、反殖民及反對經濟依賴等等主張。Beitz 並不是說這些原則或主張必然不對，而是說「國家道德論」是以「國家自主性」（state autonomy）的理念來證明這些原則或主張，而 Beitz 則認為這個理念有所不足，必須代之以更根本的正義原則。國家自主性的理念有所不足，是因為它源自國家與個人的類比（the analogy of states and persons），而 Beitz 認為國家缺少意識的統一性，不會像個人一樣思考與行動；而且國家權利的論據頂多只能視為是個人的結社自由（freedom of association）的一個特例（special case）（Beitz, 1999: 78）。但即使是這個論據也不夠堅實，因為國家往往是武力脅迫（coercion）造成的，而 Beitz 認為只有當一個政府按照適當的正義原則組成時才具有正當性（Beitz, 1999: 81）。也許是因為考慮到不同型態的社會可能有不同的正義原則，Beitz 並沒有明確界定他所謂的「適當的正義原則」的內涵，但他心目中的正義原則主要還是植根於西方的自由主義，這可以從他的一句話中看出來：「只有當個人自主（personal autonomy）的考慮恰當地被詮釋後，才構成國家的道德人格（moral personality）」（Beitz, 1999: 81）。

Beitz 將國家的道德性建立在個人自主性的基礎上的主張，與一般的自由主義的立場殊無二致。Beitz 的獨特之處在於，他試圖將國內正義的理念推及國際領域，而此一正義概念又涉及分配問題，因此 Beitz 的第三步是將「國際分配正義」（international distributive justice）納入國際關係的規範理論，從而擴大了這個領域的討論範圍。Beitz 的終極目標是要將羅爾斯關於分配正義的國內學說推展到國際層面，但他關心的重點不是在於如何付諸實行，而是為這個作法掃清理論障礙。羅爾斯的國內正義理論有兩個基本原則：（1）每

國家彼此間相互獨立；（4）在缺乏最高的執行權威下，國際合作難以預期（Beitz, 1999: 36）。

個人都擁有享受彼此相容的最大限度自由的平等權利；（2）社會經濟不平等
應當（a）盡可能地有利於從中得益最少的人，（b）權力和地位在機會均等
基礎上對每個人開放（Rawls, 1971: 302）。在 Beitz 寫作《政治理論與國際關
係》時，羅爾斯討論國際正義的著作還未出現。而在 1971 年的《正義論》（*A
Theory of Justice*）中，羅爾斯主張其正義兩原則的適用對象是「自給自足的」
（self-sufficient）國內社會，因為這種社會是一種「相互有利的合作事業」
（cooperative venture for mutual advantage）（Rawls, 1971: 4）。Beitz 卻認為，
羅爾斯的正義原則其實也可以適用於國際間。但反對者可能認為，國際社會並
未構成一個合作事業，因此不適用羅爾斯的正義原則，特別是其中第二原則
的差異原則（difference principle）具有太強烈的平等主義（egalitarianism）色
彩，會要求一種激進的全球財富再分配的政策。反對者最多只能接受一種「相
互援助的責任」（duty of mutual aid），而不是差異原則在全球層面的應用。
相較之下，Beitz 則認為相互援助的責任最多只能算是一種慈善原則（principle
of charity），而不是正義原則。於是，為了說明國際間也適用羅爾斯的分配
正義原則，Beitz 必須證明：國家間的相互依賴的程度已經使得國際體系也成
為一種社會合作事業，因此與國內社會沒有本質上的差別（Beitz, 1999: part
III）。

　　Beitz 的論證有一個明顯的弱點：依照他的論證，則發達國家間的互賴的
情形將遠比發達國家與發展中國家間的互賴還來得深，那麼發達國家間的分
配義務，豈不是比發達國家對發展中國家的分配義務來得強？（Brown, 1992:
116; Nardin, 2009: 302）這顯然違反直覺，當然也不是 Beitz 所樂見的結論。[21]
儘管如此，Beitz 對國際分配正義的關注，以及將羅爾斯的正義原則的應用範
圍從國內社會擴及國際間，這個作法成為後來許多論述全球正義的基本模式
（例如 Pogge, 1989; Tan, 2000）。後來的這些學者與 Beitz 一樣，都是持世界
主義的立場。他們不見得都是因為受 Beitz 的啟發而採取此立場，但他們的論
證的原型幾乎都可以在 Beitz 的著作中找到蹤跡，因此把 Beitz 視為當代國際
關係規範理論中的世界主義始祖亦不為過。有趣的是，Beitz 的主張雖然受到
羅爾斯的啟發，羅爾斯本人卻不贊同將他的理論作如此運用。以下我們將說明
羅爾斯本人的主張。

---

[21] 由於篇幅限制，這裡無法對 Beitz 的理論做一個全面的評論，有興趣的讀者可以參考
　　 Husan-Hsiang Lin（2008: chs. 3-4）。

三、John Rawls

　　羅爾斯《正義論》的出版一般被視為是當代政治哲學復興的里程碑，它所採取的「契約論式的」（contractarian）方法──即把正義的原則視為有關各方在自由達成的契約中所選出的，自然也啟發學者將之運用於思考國際正義的問題，其中最有名的當然是前述的 Beitz 與 Thomas Pogge（1989, 1994）。然而有趣的是，羅爾斯在他的正義論中關心的主要是國內的正義，因此只有簡短地觸及國際正義的問題。而 Beitz 與 Pogge 將他的理論應用在國際脈絡中，卻讓羅爾斯覺得他們太過於傾向世界主義的立場，背離了他本人的想法。於是羅爾斯本人在 1993 年發表題為〈萬民法〉（"The Law of Peoples"）的演講，首度對國際關係的規範問題提出較完整的說明。其後，在這個基礎上羅爾斯又在 1999 年出版了同名的專書《萬民法》中做出更全面的論述。

　　羅爾斯萬民法的制訂方式，是沿用他在《正義論》中所使用的「契約論」的方法。這種方法嚴格說來不是一種契約論，而是一種思想實驗：即讓參與社會合作的各方在一個「無知之幕」（veil of ignorance）之後選擇據以組織他們的社會的正義原則。這個無知之幕後的情境，稱之為「原初立場」（original position），在這個立場中，參與締約者彼此承認對方為自由與平等、並且是具有理性道德能力的個體。羅爾斯的想法是：在這種情境下，締約者會選擇之前提到的兩個正義原則（Rawls, 1971）。現在，羅爾斯把這個思考方式再次運用到國際正義的問題上，只是這回要分兩個階段來進行。第一階段仍舊是發生在自由人民（liberal people）內部，是由自由公民的代表選出適合國內社會的正義原則。第二階段的使用則要進一步細分為兩個階段：由於自由社會內部的正義性已經得到保障，因此這回由這些社會的代表參與原初立場，考慮他所列出的的八個原則是否可以接受。[22]然後，再將此八原則的適用範圍擴展到「非自由人民」（nonliberal peoples）。

　　羅爾斯所提出的這八個原則大多數都是傳統的國際法原則，他只是根據國際法學者 J. L. Brierly 與 Terry Nardin 的歸納而予以重新表述而已（Rawls,

---

[22] 這八個原則是：（1）人民要自由與獨立，其自由與獨立必須受到其他人民尊重；（2）人民要遵守條約與承諾；（3）人民是平等的，亦即平等地參與約束他們協議；（4）人民要遵守不干涉的義務；（5）人民要有自衛的權利，除為自衛之外人民無發動戰爭的權利；（6）人民要尊重人權；（7）人民在戰爭行為當中要遵守某些特定的限制；（8）人民有責任幫助其他生活於不利條件下的人民（Rawls, 1999: 37）。

1999: 37, fn. 42）。因此，就其理論的結果而言，似乎並無可觀之處。但由於羅爾斯名氣極大，他的國際正義理論自然引起學界的高度關注，從而也因起許多爭論。爭論的焦點主要集中在以下三部分：首先，羅爾斯要求自由人民容忍「合宜的層級制人民」（decent hierarchical people），[23]並允許後者在人民社會（the society of peoples）中享有合法地位（Rawls, 1999: 60-64）；其次，羅爾斯的基本人權清單不包括一些自由主義式的政治權利（Rawls, 1999: 65, 78-81）；其三，如前所述，羅爾斯只主張富裕國家對於「被不利條件所困的社會」（societies burdened by unfavorable condition）有援助的責任，但不贊成將《正義論》的差異原則應用到國際脈絡（Rawls, 1999: 105-120）。羅爾斯的這三個主張遭致許多世界主義思想家的批評，他們認為《萬民法》對非自由人民過於容忍、人權清單過於單薄、援助的責任過於保守，喪失了一個自由主義理論應有的理想與堅持，因此並未實現羅爾斯所希望達成的「現實的烏托邦」（realistic utopia）。[24]

　　世界主義者會有這樣的批評與不滿，其根本原因乃在於羅爾斯所採取的進路與思路與他們不同。由於這種差異具有深刻的政治意涵，我們必須對它稍作分析。首先，就進路而言，它牽涉到一個根本性的問題：究竟誰才應該是全球正義的主體？在羅爾斯的理論架構中，參與選擇國際正義原則的締約者是人民的代表而非個別的人。這代表羅爾斯是以人民（people），而不是個人（individuals）做為國際正義的主體。世界主義者之所以感到不滿，多半是因為他們主張個人才是全球正義的主體，或者說是道德考量的基本單位。對他們來說，羅爾斯這種「以人民為中心」的進路（people-centric approach），[25]等於賦予人民某種獨立的道德地位。應當注意的是，羅爾斯確實賦予某些人民或社會——特別是「合理的自由人民」（reasonable liberal peoples）與「合宜的

23　所謂的「合宜的層級制人民」指的是對外沒有侵略的意圖、對內尊重基本人權，並按照某種共同善的正義概念（common good idea of justice）而組織起來的人民或社會（Rawls, 1999: 65-67）。

24　這類的批評可以參考 Charles R. Beitz (2000), Simon Caney (2002), Andrew Kuper (2000), Thomas W. Pogge (1994), Kok-Chor Tan (1998, 2000), Fernando R. Teson (1995)等等。本段主要改寫自林炫向（2005b）一文的部分段落。

25　這個詞是 Caney（2002: 101）所創。

階層制人民」（decent hierarchical peoples）[26]──某種道德地位（Rawls, 1999: 25），但並非毫無條件地賦予（因為人民必須沒有侵略的意圖、尊重基本人權、按照某種正義觀組織起來，才能成為「人民社會」的合格成員）。這個作法與 Walzer 非常類似，也比較容易為國際政治學者所接受，但是對世界主義者而言卻是難以下嚥的苦藥片。後者多半認為國家或人民並沒有獨立的道德地位，它的道德地位取決於它是否保障個人自由與權利，而且國家的邊界在道德考量中也不應賦予太高的地位。

　　羅爾斯與世界主義者這兩種進路究竟孰優孰劣，這是一個聚訟紛紜的問題，[27]因此不是本文所能解決的。值得注意的是，這個爭論與國際關係學中的多元主義與社會連帶主義（pluralism and solidarism）之爭有頗多類似之處，[28]因此也是國際關係學與政治理論可以進一步交流與對話之處。其次，這個爭論牽涉到國內與國際是否分屬兩種不同的脈絡的問題，這個問題並不單是一個概念的問題，而同時是一個經驗的問題，因此也是國際關係學者可以參與討論的問題。這就又給國際關係與政治理論提供了另一個交流平台。最後，羅爾斯主張合理的自由人民應該容忍合宜的階層制人民，其實還有一個深層的理由，就是他認為後者具有道德學習能力（Rawls, 1999: 61），如果套用國際關係建構論的說法，就是說階層制人民有改變其身分或認同（identity）的可能性，而要求自由人民容忍合宜的階層制人民，目的就是要鼓勵（而不是強迫）他們朝向自由人民的方向改變。由此可見羅爾斯的主張與建構論其實頗有相通之處。[29]這也是國際關係與政治理論可以對話的又一平台。[30]

---

[26] 羅爾斯把這兩者合稱為「良序的人民」（well-ordered people）（Rawls, 1999: 4, 63）。

[27] 為世界主義的進路辯護最力的是 Tan（2000）；為羅爾斯的進路辯護者有 Reidy（2004）與 Lin（2008）。

[28] Terry Nardin 就認為，羅爾斯的理論與英國學派中的多元主義的精神一致（Nardin, 2009: 295）。

[29] 因此 Peter Sutch（2001: ch. 7）把羅爾斯的理論稱之為「發展式的社群主義」（developmental communitarianism）。

[30] 這一個對話的可能性，Lin（2008: 172-184）已有初步的探討。

四、Jürgen Habermas

近年來積極介入世界政治的討論的另一個重量級哲學家就是哈伯瑪斯。他曾經就北約（NATO）對科索沃（Kosovo）的軍事干預發表評論（Habermas, 1999），也曾為文反對 2003 年美國入侵伊拉克的行動（Habermas, 2003）。這兩件事都與戰爭的正當性有關，因此也屬於國際關係規範理論的範圍。但哈伯瑪斯介入深度遠超過正義戰爭的問題，因為他還討論了全球化對民族國家所形成的壓力（Habermas, 2002），主張歐洲應該有一部憲法（Habermas, 2001a），以形成一個超越民族國家體系、甚至邁入所謂「後民族格局」（the postnational constellation）（Habermas, 2001b）。不僅如此，他還進一步追隨康德的「永久和平」（perpetual peace）構想，主張將國際法或國際關係「憲政化」（constitutionalization），也就是透過將人權變成一種法律原則，進而對國家的特權施加限制，進而邁向「世界內政」（global domestic policy; world domestic policy）（Habermas, 1998: ch. 7; Habermas, 2006: ch. 8）。由於哈伯瑪斯的主張透過人權達到正當化（legitimation through human rights），在本體論上具有個體主義的色彩，再加上他認同普遍主義（universalism）與平等主義（egalitarianism），因此其世界主義的色彩是十分鮮明的。

不過，哈伯瑪斯的學說與一般世界主義的學說比起來，還是有一些細微的差異。首先，大多數的世界主義者是主張所謂的道德的世界主義（moral cosmopolitanism），也就是主張個人是道德考量的基本的、最終的單元，但不涉及具體的制度設計（例如是否要一個世界政府）；而涉及具體制度設計的世界主義，則被稱為制度的世界主義（institutional cosmopolitanism），例如 David Held 與 Daniele Archibugi 等人主張聯合國的改造（Archibugi and Held eds., 1995），就屬此類。但是不論是道德的還是制度的世界主義，都偏重於規範的論證，也就是只談什麼是應該的，卻不太考慮實現的可能性，或者用 Andrew Linklater 的術語來說，是缺少一種實踐的分析（praexiological analysis）（Linklater, 1998）。相較之下，哈伯瑪斯也許因為受到歷史唯物主義的影響，比較重視實踐的分析，這尤其表現在他對全球化對民族國家的壓力所做的分析上（Habermas, 2001b）。也就是說，他除了做出規範論證之外，還做出了「如何可能」的分析。這對於如何思考國際關係規範問題可以說做出了很好的示範，因此以下我們就將他的分析稍加整理。

哈伯瑪斯採取一種辯證法的方式，特別是透過「生活世界」（lifeworld）

的反覆開放與閉合（opening and closure）的動態過程來分析全球化。他說：「家庭組織、宗教團契、城市社區、帝國或國家，都可以向它的周邊世界進行開放和閉合。這種動態結構改變了生活世界的視界、社會統合的方法以及不同生活方式和個體生活設計的活動空間。」（Habermas, 2001b: 82）從社會學的角度來看，「開放的動力來自新的市場、新的傳播手段、新的交流途徑和文化網路等。」開放的結果是，它使人擺脫了權威的依附關係，因而增加了行為的自由度並創造出新的可能性；但另一方面，它也使人變得孤立，並且增加了犯錯的風險。用哈伯瑪斯的詞彙來說，這就是生活世界解體了。但這一解體的生活世界必須在一個擴大的視界（expanded horizons）中再度閉合起來。在這個新的閉合中，個人可以用比較反思的態度面對自己的傳統；在與他人的關係中以及面對社會規範時，他的自主性也增加了；並且他形塑自己生活的能力也擴大了（Habermas, 2001a: 83）。當然，在這個開放與閉合的過程中，有無數的生活方式經不起考驗而消失了。但成功的案例也不少，其中最重要的閉合就是法國大革命與美國獨立革命之後的自由主義式的民族國家。但是到了今天，全球化的動力再次迫使民族國家既對內（向多元文化）也對外（向國際組織）開放。借用 Karl Polanyi 的話語，全球化這個「大轉變」（great transformation）帶來的新挑戰是一個解除管制（deregulation）與再管制（re-regulation）的「雙向運動」（double movement）（Habermas, 2001b: 84-5）。面對這個挑戰，哈伯瑪斯認為新的閉合不應該是抗拒現代化，也不是回到「有組織的」（organized）或「第一的」現代性（其主要組成部分是由民族、階級和國家所形成的集體認同），更不是對開放抱持一種後現代式的慶祝心態。他主張正確的回應應該是在開放與閉合之間取得一種均衡，並認為歐盟整合是一個成功的例子（Habermas, 2001a: 86-9）。[31]

　　哈伯瑪斯的實踐分析的最終結果顯示，「世界社會的政治文化缺少共同的政治——倫理基礎，而這對於在全球實現共同體化和形成認同是很有必要的。……世界公民的普世政治共同體並沒有為一種世界內政提供一個堅實的基礎。」（Habermas, 2001b: 108-9）哈伯瑪斯後來在一篇討論康德式方案（Kantian project）的文章中更明言：目前我們還缺乏可以在全球範圍實現世界內政的行動者與協商程序（Habermas, 2006: 178）。因此，哈伯瑪斯無法完全接受 David Held、Daniele Archibugi 等人所倡議的世界主義民主

---

[31] 至於歐盟的案例是否可以成為其他地區模範的討論，可參考林炫向（2010）。

（cosmopolitan democracy）方案，而認為必須從國際協商體系的組織形式
（the organizational forms of an international negotiation system）中去尋找正當
性的基礎，並描繪一種在國家、國際與全球三個層次的政治過程相互滲透與
互動的動態圖像（Habermas, 2001b: 106-110），並將主權國家的自主性與特殊
性納入考慮（Habermas, 2001b: 56）。後來哈伯瑪斯更明確地區分超國家層次
（supranational level）與跨國層次（transnational level），前者指的是全球的層
次，特別是指聯合國、世界貿易組織（WTO），後者指的則主要是歐盟之類
的區域性組織，又稱為中間層次（intermediate level）。這個區分的要點是，
在超國家或全球層次，康德式方案的目標只限縮在維持和平與維護人權；而在
跨國或中間層次，強權國家（major powers）仍扮演重要的角色，因此國際關
係在這個層面上仍然存在，只是採取了修正的形式（Habermas, 2006: 136）。
從這裡我們可以看到，哈伯瑪斯的理想，不論是「世界內政」或「國際關係憲
政化」，其範圍是十分有限的。也就是說，如果要在全球範圍內實行，就只
能將議題限制在維護和平與人權，這與我們一般所理解的「內政」（至少應
包含再分配），其實還有一大段距離；而如果說「內政化」要實行得徹底一
些，那麼它的範圍就只能是區域性的（特別是只有在歐洲）。 而且由於在哈
伯瑪斯的方案中國家仍發揮重要的作用，實質上並不比「全球治理」（global
governance）學派走得更遠。[32]因此 Adam Lupel（2005）將哈伯瑪斯的立場稱
為「民主的區域主義」（democratic regionalism）。

　　與前幾個政治哲學家的著作相較，哈伯瑪斯的理論也比較能夠與國際關
係學產生對話。國際關係學界運用哈伯瑪斯的理論的方式大致上有兩種：一
是批判理論學派中的 Andrew Linklater（1998）藉用哈伯瑪斯的「商談倫理」
（discourse ethics）來談論邁向更具包容性的政治社群。另一種是借用「溝通
行動」（communicative action）理論來探討國際機制，或者認同或身分改變的
可能性等問題，因此與國際關係學中的新自由主義、建構論都有對話的空間
（特別是後者）。[33]由於第二種類型關注的比較偏向經驗性的問題，而本文關
心的則是規範性問題，因此下一節我們會進一步討論 Linklater 對哈伯瑪斯的
理論所做的應用，而不討論第二類型的應用。

32　因此，周明泉（2004）將哈伯瑪斯定位為「全球治理」的追隨者。
33　這方面的文獻極多，扼要的介紹可參考 Diez and Steans（2005）。

第四節　國際關係學界的規範研究

如前所述，國際關係學界本身雖然不乏規範議題的探討，但主流學派所關心的主要是國際規範是否具有約束力、規範的作用及規範的形成與變化的過程等，也就是著重在「社會性」而非「規範性」的層面。這種情況在冷戰結束後發生了變化，一些主要活躍於英國的國關學者開始將倫理的關懷帶入這個領域，從而出現了許多重要的著作。以下將逐一介紹。

1992 年對國際關係規範理論的發展是具有指標性的一年，因為有三本重量級的專書恰好同在這年出版。首先，Terry Nardin 與 David Mapel 所編輯的 *Traditions of International Ethics*（1992）一書集合了一批學者對國際關係的倫理傳統做了一個概覽，涵蓋的傳統包括現實主義、自由主義、理性主義、馬克思主義、契約論、功利主義等等，可以說非常全面，也代表國際關係學界（也許還包括國際法學界）第一個有系統的規範理論專書，其經典地位不容置疑。

Janna Thompson 的 *Justice and World Order: A Philosophical Inquiry* 與 Chris Brown 的 *International Relations Theory: New Normative Approaches* 兩本書則把討論的焦點圍繞在世界主義與社群主義的爭論，為後來規範理論的發展定下基調。這兩位作者中，Chris Brown 的影響尤其巨大。[34]他最重要的貢獻是倡議將國際政治理論看作是更大的政治、社會理論研究計畫的一部分（Brown, 1992: 4）。此一主張有助於國際關係學與政治理論的結合，對於「國際關係的政治理論」這個領域的出現，可以說貢獻良多（張旺，2006）。

在 1992 年之後出版的國際關係規範理論的專著中，多半都試圖超越世界主義與社群主義的二元對立，例如 Mervyn Frost 於 1996 年出版的著作 *Ethics in International Relations: A Constitutive Theory*。[35]他想超越二元對立的企圖心表現在他試圖調和人權與主權之間的矛盾（Frost, 1996: ch. 5），調和的方式是提出「個體性的構成式理論」（constitutive theory of individuality）。這種理論借用黑格爾的學說，認為權利不可能先於或外在於政治組織而存在；人只有生存在國家之中，其個體性才能得到充分的發展。由於個人的自由與國家的自由息息相關，Frost 認為只有當國家被其他國家承認為一個自主的實體時，個人

---

34 Brown 著作等身，其著作目錄可參考 http://www2.lse.ac.uk/researchAndExpertise/ Experts/c.j.brown@lse.ac.uk（最近瀏覽日期: 2010/06/23）。

35 這本書雖然出版於 1996 年，但是其前身在 1986 年已經出現。見 Frost（1986）。

的自由才能真正實現（Frost, 1996: ch. 4）。這個學說明顯地帶有社群主義的色彩，因此 Frost 往往也被視為是國際關係規範理論中的社群主義立場的代表人物之一（Sutch, 2001: ch. 5; 白云真與李開盛，2009：347）。Frost 最獨特之處是在方法論：他所採用的途徑是模仿法哲學家 Ronald Dworkin 用法律論證的方式來解決困難的案件（hard cases），這種途徑主張決策者必須從整體制度的背景證成（the background justification for the institution as a whole）作為探索的起點，為此他的論證必須從「人人所知」（what everyone knows）之處開始（Frost, 1996: 97）。這個途徑對於國際關係規範理論的意涵是：我們必須先找出一套前後一貫的（coherent）的背景證成。Frost 認為羅爾斯的「反思平衡法」（reflective equilibrium）[36]正好適合這個目的（Frost, 1996: 100）。因此，正如羅爾斯要求我們以國際的「公共政治文化」作為思考國際正義理論的起點（這體現在「萬民法」主要只考慮了現存的國際法中的基本原則），Frost 也要求我們以國際間已被確定的規範群（settled body of norms）作為思考國際關係規範理論的起點。Frost 列舉出四組、共十八條規範，其中前八條屬於主權相關的規範（例如反帝、不干預原則、民族自決等），其次四條屬於國際法相關規範（例如開戰正義與沙場守則的規範），另兩條屬於「現代化」的規範，最後兩條則是人權的規範。從主權與人權規範所佔的比重來看，Frost 的理論確實稍微偏向社群主義。但更重要的是，他的理論與羅爾斯的理論具有親緣性，而與羅爾斯的理論相較，Frost 更關注其理論是否有助於解決國際關係規範議題中的困難案例，例如他討論了非傳統暴力的使用的正當性，以及波士尼亞衝突中所體現的人權與主權的矛盾（Frost, 1996: chs. 6 & 7）。Frost 的理論是否能成功地處理這些難題並不重要，其可貴之處是這種努力在羅爾斯的理論中看不到。Frost 的重要性就在於他為這個新方向做出示範。

　　在 Frost 之後，陸續有學者繼續做出超越世界主義與社群主義二元對立的努力，包括 Andrew Linklater（1998）、Molly Cochran（1999）、Kimberly Hutchings（1999）、Richard Shapcott（2001）等。他們各自援用了哲學中的理論資源來思考國際關係的規範問題，例如 Cochran 吸收了 John Dewey 與

---

36 所謂「反思平衡法」指的是：在原初狀態下得出的正義原則，必須與我們日常的深思熟慮的判斷（considered judgments）相參證、相校正。當我們發現所選擇的原則與判斷相齟齬時，我們可以選擇修改我們的判斷，或選擇修改原初位置的限制與條件，以求兩者間最終可以達成一致（Rawls, 1971: 20）。

Richard Rorty 的實用主義（pragmatism），Hutchings 運用了黑格爾的現象學（phenomenology），Shapcott 則是應用伽德馬（Hans-Georg Gadamer）的詮釋學（hermeneutics），造成一片百花齊放的榮景。在這一波浪潮中，論影響力與知名度，無疑地 Andrew Linklater 當為首選，因此這裡我們只簡要地討論 Linklater 的論述。[37]

　　一般說來，Linklater 與 Robert Cox 被視為是國際關係學中的批判理論最重要的代表人物，雖然他們兩個的取徑十分不同（因為 Cox 偏向馬克思主義的政治經濟學，而 Linklater 則比較接近哲學式的批判理論）（Wyn Jones, 2001）。他們的共同點是對於「解放」（emancipation）旨趣的認同，並認為現存的秩序有必要改變。他們與主流國際關係學界之間有一個極大的差異，就是認為理論不僅是反映、描述或解釋現實，而且還參與創造現實，因此無可避免地具有規範的意涵（Devetak, 2009）。但 Linklater 的獨特之處在於，他不認為批判理論只侷限在規範的分析，而是必須同時包括社會學的與實踐的分析（Linklater, 1998: 8）。這個主張不啻於宣示國際關係學應該有更為平衡的發展，因此具有重大的理論意義。

　　在 Linklater 的論述中，世界主義與社群主義的二元對立被轉化為更抽象的普遍性（universality）與特殊主義（particularity）或差異（difference）的對立。在哲學與理論層面上，Linklater 對於啟蒙運動的遺產有高度的認同，因此也堅定地捍衛普遍主義。但是他同時也受到女性主義、後殖民主義與後現代主義思潮的影響，對於普遍主義的一體化（totalizing）傾向具有高度的警覺性，因此主張一種能夠包容差異的普遍主義。為了達到這個目的，他的具體作法是借用哈伯瑪斯的商談倫理來創造一個沒有排他性的對話空間。這個想法在哲學層面十分理想，但如何落實到國際關係呢？Linklater 把討論的重點放在「政治社群的轉化」，這就意味著他認為主權國家本身是差異的重要來源，而這種體制本身卻是一種既有普遍性、又有特殊性（或者既有包容性又有排他性）的矛盾混合體。因為相較於部落之類更初始的社群，國家顯然具有更大的包容性。但在國際關係的場域中，國家之間卻具有排他性。克服這種矛盾可以說是當代人類的歷史任務。Linklater 遵循黑格爾的思考方式，相信人類的歷史是朝著愈來愈具普遍性與包容性的方向發展。他在一系列愈來愈理性化的社會制度中發

---

[37] 1999 年 1 月分的 *Review of International Studies*（Vol. 25, No. 1）提供了一個論壇討論 Linklater 的 *The Transformation of Political Community*，其重要性由此可見。

現人類自由的發展軌跡，這一系列的社會制度從部落社會開始，然後進入國家，最後甚至達到他所謂的「後威伐里亞秩序」（Post-Westphalian order）。[38] 在這一個發展過程中，每一階段都具有相當程度的合理性，也都對人類自由的發展有所貢獻。然而前一階段畢竟還是有其侷限性或不足之處，必須向下一階段發展，因而後一個階段都比前一階段更具合理性（Linklater, 1990: ch. 9）。

Linklater 所說的超越主權國家體制進入「後威伐里亞秩序」，這種主張有點類似 Chris Brown 所說的「由血族而部落而城市而國家，最後進入『世界』」的線型模式發展。這種模式帶有鮮明的普遍主義與進步主義的色彩，容易被認為具有西方中心的傾向，甚至有文化帝國主義的嫌疑（Brown, 1995）。不過，Linklater 對於普遍主義中的一體化傾向並非毫無警覺，因此他謹慎地提出三種未來政治秩序的替代方案：由國家所構成的多元的社會（a pluralist society of states）、由國家所構成的連帶主義式的社會（a solidarist society of states），以及前述的後威伐里亞秩序（Linklater 1998: 166-7），[39]並對三種可能性都保持開放的態度。他甚至認為三種方案都對創造「普遍的溝通社群」（universal communication community）有貢獻，因此我們不應假設後威伐里亞秩序是所有政治社群的最後歸宿（Linklater, 1998: 176, 167）。儘管如此，他關於主權與公民身分的排他性的討論顯示，後威伐里亞秩序還是他心目中最值得追求的政治秩序（Linklater, 1998: ch. 6）。問題是，Linklater 自己也很清楚：「現代世界中的國家雖然能對多元主義式的國際社會的原則（the principles of a pluralist international society）達成協議，它們並沒有表現出要建立更加連帶主義式的安排的慾望。」（Linklater, 1998: 173）因此，Linklater 必須提出更充分的論據來說明為什麼後威伐里亞秩序是合理的、甚至是無可避免的。

我們也許無需認為「西方中心」一定是一個致命的缺陷，因為我們自己也可能陷入另外一種陷阱，例如「亞洲中心」的思維。但更重要的問題是：

---

[38] 所謂「後威伐里亞秩序」是這樣一個架構：在其中國家的概念已經不再與主權、領土、以及公民身份緊密聯繫在一起（Linklater, 1998: 168）。

[39] 一個由國家所構成的多元的社會是這樣的一個架構：其構成性原則是要尊重每個獨立的政治社群的自由與平等。一個由國家所構成的連帶主義式的社會是這樣的一個架構：在其中國家間已經對一些道德原則（例如人權、少數族群權利、環境權等）達成協議（Linklater, 1998: 166-167）。

就算「後威伐里亞秩序」是一個可欲的或正確的方向，其實現的動力在哪裡？對此，Linklater 提供了他的實踐的分析，並將分析的焦點放在「公民身分」（citizenship）的概念上。具體地說，他認為在部落社會中，人們的關係是基於親族血緣（kinship）與習俗。在這樣的關係中，人的自決能力（self-determination）受到相當的限制（例如人們不能決定自己的出身是貴族還是平民），而且社群具有極大的排他性。進入國家的階段後，法律取代了血緣關係與習俗，並引入了一個法律之前人人平等的公民身分的新概念。這個新概念不僅允許人們有更大的自決能力，而且也減輕了政治社群的排他性，因而現代國家的出現代表人類的自我意識已進入更高的階段（Linklater, 1990a: 182）。然而，現代國家還是有其侷限性，因為它有一種弔詭的特徵：「一方面，它是社會控制極端強化得以建立的場所；另一方面，它卻也是根絕不公正的排他的暴政的史無前例的努力所發生的背景。」（Linklater 1998: 146-7）Linklater 認為這種弔詭本身就是一個超越主權國家的動力來源，因為現代公民身分的概念本身就蘊含一種「普遍主義的合理性」（universal rationale），因此邁向「後排他性的國家」（post-exclusionary states）的運動就是對此一合理性的回應。他認為民族國家具有排他性的本質，這與現代公民身分概念中的普遍主義原則是相衝突的，這個衝突就給超越主權國家創造了可能性（Linklater, 1998: 191-193）。

Linklater 這種辯證法的思維似乎只把概念的衝突或矛盾當作歷史發展的動力，[40] 這個取徑比較接近黑格爾，但說服力還是比不上前述的哈伯瑪斯的辯證法，因為後者不僅注意到概念的衝突，還考慮到物質的可能性條件（這表現在哈伯瑪斯對全球化的分析上）。按理說，哲學家應該比較重視概念的分析，而社會科學家會比較重視社會學與實踐的分析。但在這個案例中，哈伯瑪斯反而比 Linklater 做出更好的社會學式與實踐的分析，可見國際關係學者進行規範論述時仍然有許多可以進一步完善的空間。

---

[40] 當然，Linklater 並不認為歷史演進的動力完全來自概念的衝突，這表現在他大量借用社會學家的著作來分析世界各文明的排他性，以及「現代國家的弔詭」（Linklater, 1998: chs. 4 & 5）。但是，他這個作法主要是表現在對過去發生的事情上，而不是表現在對未來的發展的分析上。

第五節　結語：作為實踐科學的規範研究

本文的開始曾經提到國際關係規範研究的三個層次。從本章的概覽來看，第一層次發展已經相對成熟，但因為其哲學性太強，國關學者能做的貢獻很有限。第二層次是國關學者可以持續耕耘的地帶，這部分目前的成果都比較依賴政治哲學，但事實上國際關係學界本身已有相當豐富的理論資源，各學派其實可以就本身已有的理論資源進一步提出規範立場。[41]與此同時，國關學者還可以拿第三層次的實質議題來檢驗第一層次的哲學與第二層次的理論或途徑。誠如亞里斯多德所言，政治學是一門實踐的科學（practical science），它需要我們不只運用理論理性，而且還要運用實踐的智慧（phronesis 或 practical wisdom），而這只有通過經驗才能獲得（Aristotle, 1985: 1142a）。因此，政治學最終必須回歸到實質問題的探討上，而在思考這些問題時，經驗研究是不可或缺的。這個主張也適用於國際關係的規範研究。因此國際關係學界不能指望引入哲學或政治理論就能完成規範研究。相反地，由於國際關係學界本身已經累積了相當多的經驗研究，而且各學派也都有自身的規範意涵或倫理立場，因此一個值得努力的方向是：各學派應當可以就各種實質議題，提出自身的倫理立場與規範主張。而當他們這樣做時，也決不只是單方面地套用哲學或政治理論，而是將經驗事實與政治現實納入考慮，並運用亞里斯多德所謂的實踐的智慧。[42]

■ 關鍵詞

• **正義戰爭理論**：包含開戰的正義（*jus ad bellum*, justice of war）與交戰的正義（*jus in bello*, justice in war）兩部分。前者是指發動或參與戰爭的正當性；後者為交戰雙方應遵守的行為規範。

（續）

---

[41] 例如英國學派就蘊含相當豐富的理論資源足以探討規範問題。參見石斌（2004）。

[42] 舉例而言，Walzer 的義戰論已經成為各界檢視後冷戰時期美國對外軍事行動具有正當性與否的標準；由義戰論所延伸出的人道干涉概念也是在過去十餘年來國際社會辯論是否介入區域衝突的主要內容。關於人道干預的道德考量，參見 Doyle（2006）、Abbott（2005）、Buchanan（1999）。此外，哈伯瑪斯針對全球化進程與歐盟憲法的主張、Frost 對非傳統暴力的使用的正當性，以及波士尼亞衝突中人權與主權的矛盾都是將經驗與現實納入規範理論的很好範例。

▪️ 關鍵詞（續）

- **國際分配正義**（international distributive justice）：Charles Beitz 將羅爾斯關於分配正義的觀點推展到國際層面，主張世界上每個人都有同等權利享受全體可用資源的份額（平等權利原則）；並盡可能讓最不利者獲得更多利益（差異原則）。
- **萬民法**（Laws of the Peoples）：羅爾斯認為在原初立場的情境中，自由人民與合宜人民的代表在理性與公平原則的導引下，所制定出的一系列正義原則。
- **國際關係的憲政化**（constitutionalization of international relations）：哈伯瑪斯的觀點，意思是透過將人權變成一種法律原則而對國家的特權施加限制，進而邁向世界內政。
- **實踐的分析**（praxeological analysis）：Andrew Linklater 認為完整的國際關係理論應該包括規範的、社會學的及實踐的分析三部分，實踐的分析意指對規範論證所提出的方案進行評估，並探討其實現的潛能。

　　何謂實質的問題？任何人都可以列舉出一長串的問題來。最常被提到的問題也許就是當個人權利與群體權利相衝突時所引發的問題，例如移民、難民、人道干預及人權等。另外，正義的戰爭、民族自決、貧富差距與全球資源與財富分配、經濟制裁的正當性等等，也都是傳統的國際關係規範理論會探討的議題。[43]國際關係的規範研究應該多以這些實質的議題來作為理論的試金石，我們認為這可以成為規範研究未來發展的新方向。

參考文獻

Michael Walzer 著，任輝憲譯，2008，《正義與非正義戰爭》，南京：江蘇人民出版社。

白云真與李開盛，2009，《國際關係理論流派概論》，杭州：浙江人民出版

---

[43] 這類議題的扼要討論可以參考 Mark R. Amstutz (1999)。

社。

石斌，2003，〈國際關係倫理學——基本概念、當代論題與理論分野〉，《國外社會科學》，2003 年第 2 期：8-14。

石斌，2004，〈權力、秩序、正義——「英國學派」國際關係理論的倫理取向〉，《國際政治經濟評論》，2004 年第 5 期：1-23。

江宜樺，1998，《自由主義、民族主義與國家認同》，台北：揚智出版社。

周明泉，2004，〈「未來的民主」或「議定的民主」？詮析德希達與哈伯瑪斯圖構「歐洲後民族格局」之途徑〉，《哲學與文化》，31(6): 81-104。

林炫向，2005a，〈如何整合國際關係與政治理論的研究？：以羅爾斯的《諸人民間的法律》為例〉，「中國政治學會年會暨學術研討會」論文（2005年 10 月），台北：中國政治學會。

林炫向，2005b，〈羅爾斯為什麼不贊成大同主義者的全球正義方案？：一個方法上的考察〉，《政治與社會哲學評論》，15: 1-48。

林炫向，2009，〈國際關係學與政治理論的重新結合：以羅爾斯的《萬民法》為鑑〉，《全球政治評論》，28: 1-38。

林炫向，2010，〈邁向一種中道的國際關係倫理學：哈伯瑪斯「世界內政論」的啟示〉，《國際政治研究》，2010 年第 1 期。

張旺，2006，〈國際關係規範理論的復興〉，《世界經濟與政治》，2006 年第 8 期：49-56。

梁文韜，2005，〈系絡、原則與社會正義——比較米勒及瓦瑟的多元主義正義論〉，《歐美研究》，35（3）：605-668。

許紀霖主編，2004，《全球正義與文明對話》，南京：江蘇人民出版社。

許漢，2004，〈全球化與疆界外的正義序論：合理政治多元主義〉，張世雄等著，《社會正義與全球化——福利與自由主義的反思》，台北：桂冠圖書公司：頁 103-163。

Abbott, Chris. 2005. "Rights and Responsibilities, the Dilemma of Humanitarian Intervention," *Global Dialogue* 7 (1/ 2): 1-15.

Amstutz, Mark R. 1999. *International Ethics: Concepts, Theories, and Cases in Global Politics*. Lanham, MD: Rowman & Littlefield Publishers, Inc.

Archibugi, Daniele and David Held, eds. 1995. *Cosmopolitan Democracy*. Cambridge, M.A.: Polity Press.

Aristotle. 1985. *Nicomachean Ethics*. Trans. Terence Irwin. Indianapolis: Hackett

Publishing Company.

Bartelson, Jens. 1995. *A Genealogy of Sovereignty*. New York: Cambridge University Press.

Beitz, Charles R. 1999. *Political Theory and International Relations, 2nd edition*. Princeton, NJ: Princeton University Press.

Beitz, Charles R. 2000. "Rawls's Law of Peoples," *Ethics* 110(4): 669-696.

Brown, Chris. 1992. *International Relations Theory: New Normative Approaches*. New York: Columbia University Press.

Brown, Chris. 1995. "International Political Theory and the Idea of World Community," in Ken Booth and Steve Smith, eds., *International Relations Theory Today*. University Park, P.A.: Pennsylvania State University Press, 90-109

Brown, Chris. 1997. "Review Article: Theories of International Justice," *British Journal of Political Science* 27(2): 273-297.

Brown, Chris. 2002. *Sovereignty, Rights and Justice: International Political Theory Today*. Malden, MA: Blackwell Publishers Inc.

Buchanan, Allan. 1999. "The Internal Legitimacy of Humanitarian Intervention," *The Journal of Political Philosophy* 7(1): 71-87.

Bull, Hedley. 1977. *The Anarchical Society: A Study of Order In World Politics*. New York: Columbia University Press.

Campbell, David. 1998. *National Deconstruction: Violence, Identity, and Justice in Bosnia*. Minneapolis, MN: University of Minnesota Press.

Caney, Simon. 2002. "Cosmopolitanism and the Law of Peoples," *Journal of Political Philosophy* 10 (1): 95-123.

Carr, E. H. 1964. *The Twenty Years' Crisis, 1919-1939*. New York: Harper & Row.

Cochran, Molly. 1999. *Normative Theory in International Relations: A Pragmatic Approach*. New York: Cambridge University Press.

Devetak, Richard. 2009. "Critical Theory," In *Theories of International Relations,* ed. Scott Burchill *et al*. New York: Palgrave Macmillan, 159-182.

Diez, Thomas and Jill Steans. 2005. "A Useful Dialogue? Habermas and International Relations," *Review of International Studies* 31 (1): 127-140.

Donnelly, Jack. 2000. *Realism and International Relations*. New York: Cambridge

University Press.

Donnelly, Jack. 2006. "Sovereign Inequalities and Hierarchy in Anarchy: American Power and International Society," *European Journal of International Relations* 12 (2): 139-170.

Doyle, Michael W. 2006. "The Ethics of International Intervention," *Theoria* (April): 28-48.

Elshtain, Jean Bethke. 2001. "The Third Annual Grotius Lecture, Just War and Humanitarian Tradition." Paper presented at American Society of International Law, Proceedings of Annual Meeting, Jan, 1, 2001.

Elshtain, Jean Bethke. 2006. "Jean Bethke Elshtain Responds," *Dissident*, Summer 2006 (a response to Walzer's Regime change and just war, same issue of Dissident)(http://www.dissentmagazine.org/article/?article=664)

Finnemore, Martha and Kathryn Sikkink. 1998. "International Norm Dynamics and Political Change," *International Organization* 54 (4): 887-917.

Frost, Mervyn. 1986. *Towards a Normative Theory of International Relations*. New York: Cambridge University Press.

Frost, Mervyn. 1996. *Ethics in International Relations: A Constitutive Theory*. New York: Cambridge University Press.

Habermas, Jurgen. 1998. *The Inclusion of Others: Studies in Political Theory*. Cambridge, M.A.: The MIT Press.

Habermas, Jurgen. 1999. "Bestiality and Humanity: A War on the Border between Legality and Morality," *Constellations* 6 (3): 263-272.

Habermas, Jurgen. 2001a. "Why Europe Needs a Constitution," *New Left Review* 11 (Sep./ Oct.): 5-26.

Habermas, Jurgen. 2001b. *The Postnational Constellation: Political Essays*. Cambridge, M.A.: The MIT Press.

Habermas, Jurgen. 2002. "The European Nation-State and the Pressures of Globalization," in Pablo De Grieff and Ciaran Cronin, eds., *Global Justice and Transnational Politics*. Cambridge, M.A.: The MIT Press, 217-234.

Habermas, Jurgen. 2003. "Interpreting the Fall of a Monument," *Constellations* 10 (3): 364-370.

Habermas, Jurgen. 2006. *The Divided West*, edited and translated by Ciaran Cronin.

Cambridge: Polity Press.

Hurrell, Andrew. 2002. "Norms and Ethics in International Relations," In *Handbook of International Relations*, ed. Walter Carlsnaes, Thomas Risse and Beth A. Simmons. London: SAGE Publications, 137-154.

Hutchings, Kimberly. 1999. *International Political Theory: Rethinking Ethics in a Global Era*. Thousand Oaks, CA: Sage Publications Inc.

Jackson, Robert H. 1996. "Is There a Classical International Theory," In *International Theory: Positivism and Beyond*, ed. Steve Smith, Ken Booth, and Marysia Zalewski. New York: Cambridge University Press, 203-218.

Kuper, Andrew. 2000. "Rawlsian Global Justice: Beyond the Law of Peoples to a Cosmopolitan Law of Persons," *Political Theory* 28(5): 640-74.

Lin, Hsuan-Hsiang. 2008. *Constructing a Genuine Realistic Utopia: Reconstructing John Rawls's The Law of Peoples*. Saarbrücken, Germany: Verlag Dr. Müller.

Linklater, Andrew. 1990. *Men and Citizens in the Theory of International Relations*. London: Macmillan.

Linklater, Andrew. 1998. *The Transformation of Political Community*. Columbia: The University of South Carolina Press.

Lupel, Adam. 2005. "Tasks of a Global Civil Society: Held, Habermas and Democratic Legitimacy beyond the Nation-State," *Globalizations* 2 (1): 117-133.

Milner, Helen V. 2000. "Rationalizing Politics: The Emerging Synthesis of International, American, and Comparative Politics," In *Exploration and Contestation in the Study of World Politics*, ed. Peter J. Katzenstein, Robert O. Keohane, and Stephen D. Krasner. Cambridge, M.A.: The MIT Press, 119-146.

Morgenthau, Hans. 1985. *Politics Among Nations: The Struggle for Power and Peace*, 6th edition. New York: Alfred A. Knopf.

Morrice, David. 2000. "The Liberal-Communitarian Debate in Contemporary Political Philosophy and Its Significance for International Relations," *Review of International Studies* 26: 233-251.

Nardin, Terry and David R. Mapel, 1992. *Traditions of International Ethics*. New York: Cambridge University Press.

Nardin, Terry. 2009. "International Political Theory," In *Theories of International Relations*, ed. Scott Burchill, Andrew Linklater, Richard Devetak, and Jack

Donnelly, 4th edition. New York: Palgrave Macmillan, 284-310.

Pogge, Thomas W. 1989. *Realizing Rawls*. Ithaca, NY: Cornell University Press.

Pogge, Thomas W. 1992. "Cosmopolitanism and sovereignty," *Ethics* 103(1): 48-75.

Pogge, Thomas W. 1994. "An Egalitarian Law of Peoples," *Philosophy & Public Affairs* 23(3): 195-224.

Rawls, John. 1971. *A Theory of Justice*. Cambridge, MA: Harvard University Press.

Rawls, John. 1993. "The Law of Peoples," *Critical Inquiry* 20: 36-68.

Rawls, John. 1999. *The Law of Peoples*. Cambridge, MA: Harvard University Press.

Reidy, David A. 2004. "Rawls on International Justice: A Defense," *Political Theory* 32(3): 291-319.

Schmidt, Brian C. 2002. "Together again: Reuniting Political Theory and International Relations Theory," *British Journal of Politics and International Relations* 4(1): 115-140.

Shapcott, Richard. 2001. *Justice, Community, and Dialogue in International Relations*. New York: Cambridge University Press.

Smith, Steve. 1996. "Positivism and Beyond," In *International Theory: Positivism and Beyond*, ed. Steve Smith, Ken Booth, and Marysia Zalewski. New York: Cambridge University Press, 11-44.

Sutch, Peter. 2001. *Ethics, Justice and International Relations: Constructing an International Community*. New York: Routledge.

Tan, Kok-Chor. 1998. "Liberal Toleration in Rawls's Law of Peoples," *Ethics* 108(2): 276-295.

Tan, Kok-Chor. 2000. *Toleration, Diversity, and Global Justice*. University Park, PA: Pennsylvania State University Press.

Tesón, Fernando R. 1995. "The Rawlsian Theory of International Law," *Ethics and International Affairs* 9: 79-99.

Thompson, Janna. 1992. *Justice and World Order: A Philosophical Inquiry*. New York: Routledge.

Walker, R. B. J. 1993. *Inside/Outside: International Relations as Political Theory*. New York: Cambridge University Press.

Waltz, Kenneth. 1979. *Theory of International Politics*. New York: Random House.

Walzer, Michael. 1977. *Just and Unjust Wars: A Moral Argument with Historical*

Illustrations. New York: Basic Books.

Walzer, Michael. 1980. "The Moral Standing of States: A Response to Four Critics. *Philosophy and Public Affairs* 9(3): 209-229.

Walzer, Michael. 1990. "Nation and Universe," In *The Tanner Lectures on Human Values XI*, ed. Grethe B. Peterson. Salt Lake City, UT: University of Utah Press, 507-556.

Walzer, Michael. 1994. *Thick and Thin: Moral Argument at Home and Abroad*. Notre Dame, IN: University of Notre Dame Press.

Walzer, Michael. 2002. "The Triumph of Just War Theory (and the Dangers of Success)," *Social Research* 69 (4): 925-944.

Wendt, Alexander and Daniel Friedheim. 1995. "Hierarchy under Anarchy: Informal Empire and the East German State," *International Organization* 49(4): 689-721.

Wight, Martin. 1995. "Why Is There No International Theory?" *In International Theory: Critical Investigations*, ed. James Der Derian. New York: New York University Press, 15-35.

Wyn Jones, Richard. ed., 2001. *Critical Theory and World Politics*, Boulder, USA, CO: Lynne Rienner Publishers.

第九章　國際關係後現代建構主義理論的知識論立場

莫大華

第一節　前　言

　　國際關係建構主義理論對國際關係研究的重要性與附加價值，就在它強調相互主體知識的本體真實（reality），以及此真實的知識論與方法論意含（Adler, 1997: 323-324）。知識論是指研究知識的定義、基礎與有效度，它關注的是我們如何獲得有關社會世界的知識。就知識論提供評斷科學知識的不同基準，知識論可區分為經驗（或解釋）的知識論與理性（reason）（或詮釋）的知識論，前者認為科學知識主要是以人類經驗為基礎，藉以解釋社會世界。即是人類觀察或其他感官所獲得的證據是建立科學知識的基礎，所有的科學假設都必須是可以此證據驗證的（verifiable）。相對地，後者主張先存的理性（a prior reason）在獲得知識的重要性，人類藉由理性思考而獲得知識，此知識是不限於人類經驗之內，它是以同理心的理解（sympathetic understanding），用以理解與詮釋人類的社會世界，人類知識的功能是在反映物體存在本身，以創造此物體的方式詮釋此認知過程。基本上，客觀的物質主義（objective materialism）的本體論是與經驗論者或解釋式的知識論有關聯，主觀的理念主義（subjective idealism）的本體論則是與理性論者或理解式的知識論有關聯。但也不必然如此，兩者亦可交會，這是個偉大的哲學辯論議題，至今仍無定論。國際關係建構主義理論也正爭論此議題，出現不同的知識論主張。

　　在本體論上，國際關係建構主義者絕大多數是主張主觀的理念主義（idealism）的本體論；在知識論上，建構主義學者也多是詮釋、理解的知識論。但學者的主張仍是有程度差異，甚至有極大的差異（莫大華，2006）。例如，Alexander Wendt 是溫和的理念主義，但卻不主張詮釋、理解的知識論，因為他並不認為理念主義的本體論意含著後實證主義的知識論，而是企圖以科

學實在論（scientific realism）結合理念本體論與實證主義知識論（Wendt, 1999: 39-40）。甚至以量子力學理論說明兩種知識論是可以互補，以了解國際社會生活（莫大華，2010）。

　　國際關係建構主義能成為當前國際關係理論成長最迅速的理論，其中的一項原因，就在於其內部知識論爭論或焦慮而發展出各種不同的知識論主張，豐富了其多樣性與多元性。但某種程度上，這樣的知識論多樣性與多元性也就使學者更難了解建構主義了。其中，反對知識論（anti-epistemological）或主張知識論無政府（epistemological anarchy）的後現代建構主義（postmodern constructivism），是以後現代主義理論或後結構主義理論[1]作為知識論基礎的建構主義，以激進的主觀「理念一路到底」（ideas all the way down.）否定科學知識或是知識基礎（foundations）的存在。後現代建構主義理論的知識論是建構主義理論中最混淆不清的知識論，也是最不容易理解的，遂引發國際關係理論廣泛的知識論爭論，讚許與批評皆有。尤其遭致「1990 年代知識論的大停頓」（The Great Epistemological Pause of the 1990's）（Holsti, 2001: 86）與「知識論的幻想症」（epistemological hypochondria）（Halliday, 1996: 320）的極端批評。然而，要徹底了解國際關係建構主義理論，有必要探索後現代主義或是後現代建構主義的知識論主張與內涵，以及其在國際關係理論發展的影響與關聯。尤其建構主義之所以這麼吸引許多國際關係學者，其原因之一是建構主義不是後現代主義，然而它是後現代主義學者的主張，是由後現代主義學者（Richard Ashley and Robert B. J. Walker）引進國際關係理論研究（Weber, 2010: 81）。

　　後現代主義理論是一種知識論與方法論的立場，源自於藝術而擴展到文學、社會思想、經濟學、建築學及宗教等領域，在 1980 年代末期也影響到國際關係理論研究。在當時盛行的「第三次大辯論」時尚潮流中，國際關係學者引用後現代主義理論批判國際關係主流理論（現實主義）而建立國際關係後現

---

[1] 本文雖是以後現代主義涵蓋後結構主義，但後現代主義理論與後結構主義之間是難以區分，有的學者偏好以後現代主義涵蓋後結構主義，有的學者相反，有的學者則是將兩者並稱（Devetak, 2009: 183-184）。但是 David Campbell 則是認為後結構主義被誤解為後現代主義，兩者是有不同，後現代主義是再呈現與詮釋冷戰世界的未定、多元與更全球化的文化，是現代性文化型式轉型為後現代性的文化型式，後結構主義則是一種詮釋分析，以批判地參與此轉型的結果與意涵（Campbell, 2010: 221-222）。

代主義理論（postmodernism IR），又隨著國際關係建構主義出現而被有些建構主義學者「建構」成後現代建構主義理論（postmodern constructivism IR）。這顯示出在國際關係研究系絡內，後現代主義的興起與其歷史發展可以視為是對抗科學專業的部分回應（reactions），的確科學的國際關係研究所傳遞理解戰爭、飢荒、不平等、族裔大屠殺、領土爭議等問題的方法與解決方案失敗了（Jarvis, 2002: 7）。接著也就是後現代主義學者 Jim George 所說，如何可能思考與行動超越正統（理論）（George, 1997: 13），如何建立更創新、更廣泛及較不危險的思考與行動的方式（Ibid, x）。隨著這些爭議仍然持續在世界發生，國際關係後現代建構主義理論不斷以其獨特的知識論與方法論解構背後的知識與權力、理論與實踐等結構，企圖「解除」（de）主流理論（現實主義與自由主義）的正當化敘述（legitimate narratives）。

　　本文的主旨在於探索國際關係後現代建構主義理論的知識論主張、影響與限制，進而提出批評。首先，分析國際關係學者對於建構主義理論內部的知識論差異的分類，進而提出個人依據不同的知識論主張分類的主流現代（傳統）（modern or conventional）建構主義，以及非主流的詮釋（批判）（interpretative or critical）建構主義與激進（後現代）（radical or postmodern）建構主義三類，以理解後現代建構主義理論在整體建構主義理論中的知識論定位。其次，探索國際關係後現代建構主義理論的本尊或是孿生兄弟[2]——國際關係後現代主義的知識論觀點，藉以理解後現代建構主義理論的知識論觀點，以及方法論的研究方法；最後，就其遭致的批判與讚許，探索其未來發展的可能方向。

第二節　建構主義內部的知識論分類

　　國內國際關係學者常是以 Alexander Wendt 的建構主義理論作為其理解

2　稱為本尊是因為在「建構主義」一詞尚未出現在國際關係學科之前，後現代主義或後結構主義即已經在本體論上強調理念（ideas）的構成作用。因此，建構主義學者才會將後現代主義納入建構主義而歸類為後現代建構主義；稱為孿生兄弟是由於後現代主義與建構主義在本體論的相同（而程度有異）主張，有些國際關係後現代主義學者並不同意被歸類於建構主義，甚至為避免後現代主義哲學觀點引起的爭論，寧願以後結構主義稱之不願稱為後現代主義，詳如後述。

建構主義理論的代表，誤以為所有的建構主義都是在尋求「中間道路」（via media），事實上，也有不尋求「中間道路」的建構主義學者（莫大華，2006）。即使尋求「中間道路」，國際關係學者也對建構主義有不同的設定位置，例如 Jeffery Checkel 是將建構主義置於理性抉擇理論（rational choice theory）與後現代主義之間（Checkel, 1998: 327），Ted Hopf 是置於主流理論與批判理論之間（Hopf, 1998），Wendt 則是實證主義與後實證主義之間（Wendt, 1992: 393-394），Emanuel Adler 是置於理性主義與詮釋主義之間（Adler, 1997: 322），Steve Smith 則是置於理性主義與反思主義之間（Smith, 1997b: 183-188）。誠如 Birgit Locher 和 Elisabeth Prugl 所言，歐洲學者在設定建構主義的中間道路的位置時，避免了美國學者對後現代主義的緘默，但描述建構主義是佔據一個共識的中間道路，這是冒險的描述，規避了許多知識論、本體論與價值論的基本問題（Locher and Prugl, 2001: 112）。因此，學者將某種建構主義「自動變形」為另一種建構主義的「變形特殊技術」（morphing），是忽略了國際關係建構主義理論內部的差異。[3]要理解建構主義內部的差異，就必須對於建構主義學者的主張進行分類，以不同的分類標準呈現出不同建構主義的差異。其實，對學者進行分類是極不科學的方法，究竟要以學者的什麼著作、多少著作作為分類依據？是否僅能就著作中的幾句話，就把學者歸類呢？學者的著作若是出現多種特質，加上各類別的區隔並不是那麼分明，要如何歸類呢？尤其是學者在被歸類時，其本人是否也同意這樣的歸類呢？其他學者是否也同意這樣的歸類呢？誠如 Friedrich Kratochwil 所言：問題不是某人是否說了，或相信他是一位建構主義者，而是這樣的指證或自我指證是否符合所界定的建構主義涵義（Kratochwil, 2000: 89）。但難也就難在學者對於建構主義的定義或是其組成特質也沒有共識（莫大華，2003：

---

3 Morphing 是電腦繪圖技術的一種，可將畫面的影像形狀自動轉變為另一種形狀的技術。這意指國際關係學者常是將自以為的建構主義「自動變形」為另一種的建構主義。不僅如此，關係理論的分類或是理論學派學者的歸類，常常困擾著研究者與學習者，不易理解國際關係理論的全貌。究竟國際關係有哪些或多少理論學派？研究者是依據什麼分類基準（criteria）？又是如何命名（labeling）各理論？同一學者在不同研究者的歸類下，卻是屬於不同的學派，而且研究者歸類的學派或類別名稱也會造成混淆，同一類別名稱卻指涉不同的內涵，例如英國（英格蘭）學派（English School）源自國際法自然法的「理性主義」（rationalism），就不同於現實主義與自由主義基於效用（utility）的「理性主義」（rationalism）。

91-107）。所以，學者為呈現理論內部脈絡的多元性與豐富性，仍不免根據其研究目的而運用分類方法來呈現學者的理論意涵。因此，為呈現出建構主義學者之間的知識論差異，研究者遂從知識論觀點對建構主義者進行分類，但必須理解建構主義較關注的是「怎會變成這樣」（how things became what they are）而不是「怎會這樣」（how things are）（Adler, 2002: 100-101）。

　　因此，對於不甚熟悉國際關係建構主義理論的研究者而言，建構主義理論內部的本體論、知識論與方法論歧異是遠遠超乎其想像，有些是程度差異，有些則是根本差異。這涉及國際關係建構主義理論的定義是什麼？又有哪些學者是屬於建構主義理論？建構主義理論內部學者又如何區分差異類型？不同的研究者依據不同的分類基準或性質，也就出現不同的建構主義理論類型（參閱表 9-1）。姑且不論，建構主義理論定義所引發的國際關係理論的本體論差異，單就建構主義理論內部的本體論差異是程度差異，即是都主張社會本體論（social ontology），但就「理念」（ideas）的重要作用而有程度差異。然而，建構主義理論的知識論差異是根本差異，即是以自然科學為基礎的實證主義與反對以自然科學為基礎的後實證主義，兩者之間難以出現相容，有些建構主義學者則是以實用主義（pragmatism）作為超越實證主義與後實證主義的知識論基礎，而稱為「實用建構主義」，它們主張真理共識論與反基礎論，強調實踐行動與實質問題的研究取向（莫大華，2010b）。國際關係學者依據建構主義內部的知識論差異而將建構主義區分為不同類型（variants），個人認為可以區分主流的現代（傳統）建構主義，以及非主流的詮釋（批判）建構主義與激進（後現代）建構主義（參閱表 9-2），但必須理解此分類是基於研究分析的目的（莫大華，2006），說明不同類型的建構主義運用多元的研究方法，企圖從經驗研究的角度，提出研究策略而強化其實務運用效能（莫大華，2009）。

■ 表 9-1

建構主義內部的知識論主張差異表

項目 ＼ 類型	現代（傳統）建構主義	詮釋（批判）建構主義	激進（後現代）建構主義
知識論立場	社會真實是主觀的，但仍能以自然科學的研究方法，追求因果解釋的科學知識。	社會真實是相互主觀的，只能藉由詮釋方法，追求解釋性的理解。	社會真實是完全主觀的意識理念活動，科學知識不存在，只能理解。
	最小基礎主義	反基礎主義	反基礎主義
哲學理論依據	實證論 科學實在論 實用主義	詮釋理論 批判理論 實用主義	後現代主義 後結構主義
中間道路	有	可有可無	無
學者	Wendt, Adler, Checkel	Onuf, Kratochwil, Schimmelfenning, Hopf, Guzzini	Ashley, Walker, Campbell, George

資料來源：修正自莫大華（2006：231）。

■ 表 9-2

學者對建構主義知識論差異的分類摘要表

作者	分類標準	類別	主張	學者
Ted Hopf	知識論差異與批判理論程度	傳統	知識論不一致、實證論方法、最小基礎論、重視認同體、中性分析權力、社會實踐重製權力關係	Kratochwil, Jepperson, Wendt, Katzenstein, Dessler, Kier, Price, Tannenwald, Finnemore, Herman, Berge, Todorov, Nandy

（續）

■ 表 9-2（續）

學者對建構主義知識論差異的分類摘要表

作者	分類標準	類別	主張	學者
Ted Hopf	知識論差異與批判理論程度	批判	知識論一致、詮釋論方法、反基礎論、推翻認同體、解放權力關係	Ashley, Campbell, Walker, Weber, Der Derian, Hoffman, Linklater, Escobar, Deudney, Doty, Geroge
Jeffrey Checkel	知識論取向、研究方法與理論引用來源	傳統	實證主義知識論、質化、過程追蹤的個案研究、社會學	Sikkink, Barnett, Finnemore, Wendt
		詮釋	後實證主義知識論、語言分析與研究、各種不同的語言技巧。	Hopf, Price, Reus-Smit, Neumann,
		批判	後實證主義知識論、語言分析、研究者本身在研究中的啟示、論述研究方法、維根斯坦及歐洲社會理論的語言研究途徑	Zehfuss, Diez, Waever, Eriksen, Fossum, Neyer, Hooghe
Ralph Pettman	科學推理方式	保守	嚴謹的科學推理	Ruggie, Katzenstein
		社會理論	系統的社會理論	Onuf
		常識	強調人的理解與感受	

（續）

■ 表9-2（續）

學者對建構主義知識論差異的分類摘要表

作者	分類標準	類別	主張	學者
Alexander Wendt	知識論差異	現代論	實證主義知識論	Ruggie, Kratochwil
		後現代論	後實證主義知識論	Ashey, Walker
		女性主義	女性主義知識論	Peterson, Tickner
John Ruggie	哲學基礎與社會科學可能性	新古典	實用主義、承諾社會科學	Hass, Kratochwil, Onuf, Adler, Finnemore, Katzenstein, Elshtain
		後現代論	後現代論、社會科學不可能成為科學	Ashley, Campbell, Der Derian, Walker, Peterson
		自然主義	科學實在論、自然科學式的社會科學	Wendt, Dessler
Richard Price and Christian Reus-Smit	批判理論的知識論	現代論	主客體的社會語言建構，又分系統與整體兩類，前者接受新現實主義，未指出變遷過程；後者重視動態變遷	系統：Wendt 整體：Kratochwil, Ruggie
		後現代論	權力與知識關係	Doty, Litfin, Price, Thomson, Weber.
David Campbell	認同體的運作性與構成	後結構論	認同體的運作構成、肯定認同體變遷與替代性、政治可能性	Campbell
		批判	認同體的相互構成、確保認同體某些面向、複製主流理論觀點	Buzan, Waever, Weldes, Laffey, Wendt

資料來源：修正自莫大華（2006：230）。

　　在各類型的建構主義中，強調「理念一路到底」（ideas all the way down）的激進（後現代）建構主義，常是學者忽視或混淆的建構主義類型，[4]尤其是其與國際關係後現代主義理論的關係。根據 Alexander Wendt 的說法，國際關係後現代主義學者是最先將建構主義社會理論引進國際關係理論的學者（Wendt, 1999: 32），即是他稱為後現代建構主義學者的 Richard Ashley 和 Robert B. J. Walker（Wendt, 1999: 4）。這些國際關係後現代主義學者或後現代建構主義學者的知識論根源是來自 Friedrich Nietzsche、Michael Foucault 和 Jacques Derrida，強調主體的語言建構，論述實踐（discursive practices）構成本體論的本源（primitives）或真實（reality）及分析的根本單位，正統的（legitimate）社會科學是希望渺茫，而是以霸權論述的強制（disciplinary）力量強加一個「真理準則」（regime of truth），其因果性也是妄想（Ruggie, 1998: 881）。簡言之，他們認為「沒有真理」（there is no truth.），「一切都是社會建構而成」（everything is social constructed.）。誠如 Richard Ashley 和 Robert B.J. Walker 所言：

　　　　真理的可能性是受到質疑的，每一個呈現並不是複製或恢復在其他時間或空間所真正出現的事物，而是呈現其他各種的呈現，沒有一個是原版的，每一個都是獨斷的，並且沒有一個能排除其他的各種呈現（Ashley and Walker, 1990b: 378-379）。

　　這些不同類型的建構主義也是一樣，「每一個都是獨斷的，並且沒有一個能排除其他的各種呈現。」都是學者所建構出來的，並沒有統一或定於一尊的共識，但已呈現出建構主義內部的知識論差異，特別是獨特的後現代建構主義本身是反對知識論的或反知識的基礎論。

4　另一個也受到忽視的建構主義類型，則是源自法蘭克福學派批判理論，強調批判詮釋（critical interpretation）的詮釋（批判）建構主義，仍待學者深入研究與探索。當然，這類型的建構主義常是以國際關係批判理論（critical international relations theory）方式歸類成一個學派，Richard Price 和 Christian Reus-Smit 以「第二代（國際關係）批判理論學者」稱述建構主義學者，認為建構主義能補強國際關係批判理論（critical international relations theory）在概念精緻化及經驗性研究的弱點。批判建構主義理論與後現代建構主義理論的區別，在於其承認社會科學的可能性，以及願意與主流理論（理性主義）公開進行學術辯論（Price and Reus-Smit, 1998; Katzenstein et al., 1998: 677）。

第三節　國際關係後現代主義理論的知識論

　　第二次世界大戰後，當時法國盛行存在主義哲學，後現代主義則是源自反對存在主義哲學而來。後現代主義可被視為是一種歷史範疇、文化範疇、心態和思維模式、生活方式、表達方式和論述策略，以及「去正當化」程序（高宣揚，1999）。它源自於藝術而擴展到文學、社會思想、經濟學、建築學及宗教等領域，在 1980 年代末期也影響到國際關係理論研究。國際關係後現代主義理論綜合運用了 Charles Pierce 與 Ferdinand de Saussure 的「符號學」（semiology），Ludwig Wittgenstein 的「語言遊戲」（language game），Claude Levi-Strauss、Jacques Lacan、Louis Althusser、Roland Barthes、Jean Baudrillard 與 Michael Foucault 的結構主義而形塑獨特的知識論（Burke, 2008: 362; Sterling-Folker, 2006: 157）。然而，國際關係學者對於後現代主義則是各有各的觀點與詮釋。Richard Ashley、Robert B. J. Walker、James Der Derian、David Campbell、Michael J. Shapiro 及 Jens Bartelson 等人的著作是探索國際關係後現代主義理論的關鍵，他們自稱是「異議思想」（dissident thought）、「放逐語言」（language of exile）（Ashley and Walker, 1990a: 259-268），但對國際關係理論研究則產生相當程度的影響。這些學者受到批判理論與後現代主義的哲學理論的影響，而逐漸運用於國際關係的研究，例如 Richard Ashley 受到法蘭克福學派與法國思想家的影響，使他的著作先是受到批判理論的影響，而逐漸轉為後現代主義的觀點（Brown, 1999: 60-61）。這也是由於國際關係後現代主義理論在運用哲學理論上，不僅是批判理論與後現代主義理論，也包括了後結構主義（poststructuralism）與後殖民主義（postcolonialism）理論（Abrahamsen, 2007: 112），尤其是前者常與後現代主義交互使用，但有些學者則認為「後現代主義」一詞太過廣泛而不適用於國際關係理論，而使用「後結構主義」（Campbell, 2007: 211-221）。因此，在探討國際關係後現代主義理論上常常也指涉了後結構主義與後殖民主義，可以稱為國際關係的「三後主義」（3Post-isms），[5]但必須理解這三種理論仍是國際關係的邊緣理論。而且，國際關係學者對於後現代主義理論發展向來就是敵對的（Sutch and Elias, 2007: 119-120）。當然，國內國際關係學者更是對後現代主義理解有限，更是

---

[5]　但本文仍以後現代主義與後結構主義為主要論述，後殖民主義則是留待日後研究。

忽視此邊緣理論的發展。

　　那國際關係後現代主義的定義是什麼呢？國際關係學者並沒有共識，Richard Devetak（2005: 1161）就指出：「（國際關係學者）不僅贊成者與批評者之間對於後現代主義的定義與意涵有所爭議，在贊成者之間亦有所爭議。如果關於後現代主義有任何明確的事，那就是其定義與意涵會是大辯論的源頭。」雖說如此，但不論後現代主義的國際關係研究學者在研究上有多大的差異，他們之間仍有共同的哲學方法與哲學觀，那就是後現代主義的哲學觀與方法了。國際關係後現代主義學者多引用 Jean-Francois Lyotard 的觀點，界定後現代主義為「對後設敘述的質疑」（incredulity towards metenarratives）（Lyotard, 1984: xxiii-xxiv）。[6]即是認為理論是敘述或後設敘述，是由理論者的立場與偏見所建立，藉由質疑與解構而揭示理論者的主觀臆測與意圖。Lyotard 認為敘述是藉由歷史正當化知識的方法，從 19 世紀以來，主宰的敘事形式是以德國唯心主義方式誕生，其假定有一根本（基礎）的真理（a fundamental truth）作為所有知識的基礎，以及人文主義（humanity）的責任與權利是發現此「精神」（spirit），也就是人類目的的目的論化身（the teleological embodiment of the purpose of man）（Ibid, 33-34）。

　　國際關係後現代主義理論拒絕客觀的真理，認為人類世界沒有永久擴展的知識。每一個理論為它自己決定什麼是事實，沒有中立、公正或獨立的論點（standpoint）在各種競爭的經驗主張之間做出決定。經驗理論是迷思，沒有客觀的真實，涉及人類的每件事都是主觀的。知識與權力是緊密相關聯，知識是無法免於權力的運作。理論（敘述或後設敘述）是由理論者所造，總是受到理論者的論點與偏見所玷污，因此可以藉由解構揭露理論的強詞奪理元素與偏見意圖（Jackson and Sorensen, 2009: 251）。國際關係後現代主義理論並常引用 Nietzsche 的觀點主義（perspectivism）[7]、Roland Bathes 的「作者已死」（The Death of the Author）與 Jacques Derrida 及 Foucault 的「閱讀文本」等觀點，說明其知識論的內容與主張。

　　Nietzsche 認為沒有真理，只有競爭的各種觀點（perspectives），而且只有一個觀察的（seeing）觀點，以及只有一個致知的（knowing）觀點。一個人

6　所謂後設敘述是指以大敘述（grand narrative）正當化自身的科學，即是現代性（modernity）。

7　國內亦有翻譯成「視角主義」與「透視主義」。

知道如何運用各種觀點與情感詮釋為知識而服務（Nietzsche, 1989: 119）。這意味著一個人必須先了解所謂的「知道」是什麼意思，才能知道所將要運用的觀點。換言之，觀點本身並不是知識而是致知的方法。他也說：「我們允許愈多的情感談及一件事物，我們就能使用愈多不同的眼睛觀察一件事物；我們對此事物的概念愈完整，我們的客觀性也就愈完整。（Ibid）」甚至 Roland Bathes 的「作者已死」觀點更能顯現後現代主義的開放觀點，其主張作品本身是存在於作者以外的獨立生命，在作品完成的瞬間，作者與作品的關係即宣告結束。自此作品並不存在什麼意義，重要的是讀者賦予了作品什麼意義，因為作品的解讀權已經釋回在讀者手中，這象徵了作者已死，而讀者則是再生了（Heath, 1977: 142-148）。[8]

　　Jacques Derrida 認為一切皆是文本，文本之外無他物。文本必須予以徹底解構，以使其清楚地顯露出其間的「邏各斯中心主義」（logocentrism）蹤跡，以避免語言陷入二元對立的封閉系統。現象是透過語言的論述意指（signification）關係而出現（presence），即是現象或事務並不會傳遞任何意義，而是人利用符號系統建構其意義（meanings）。意指分為「能指」（signifier）和「所指」（signified）兩種不同的因素，其實它們是同一個符號。當傳統文化用「能指」去指涉或表現「所指」的時候，其實是用某種呈現「出現」的「能指」，去指涉某種「未現」（absence）的「所指」。而當「所指」能夠「出現」的時候，原來用來間接指涉的「能指」，卻又不見了，變成「未現」了。傳統西方文化都是在利用語言的「能指」和「所指」的「出現／未現」的把戲。並且藉此把戲，進行各種知識和道德價值觀的建構，並且賦予某種典範的與標準化的意義系統。所以，必須徹底揭露「能指」和「所指」這種「出現／未現」的性質，以及這種把戲背後的虛假性和虛幻性，才能夠徹底解構其維護統治階級真理體系的詭計（高宣揚，1999；楊大春，1995）。[9]

　　Foucault 則是主張一個文本的最好的閱讀方法，是參照它的系絡（context）而閱讀，將它視為一系列構成知識特定空間和時間所建構之更大論

8　該篇法文 La mort de l'auteur 在 1968 年發表於 *Mantela* V，本文參考 Stephen Heath 翻譯的文本。

9　邏各斯（logos）概念出自古希臘時期哲學家 Heracleitus，認為在萬事萬物中存在著永恆的邏各斯，也就是讓萬物統一起來的最高法則。

述實踐的組成部分。Foucault 認為一切類型的文本，都是歷史和系絡所使然，這也就是論述的機制。Foucault 認為論述的機制是在權力關係中造就出論述的實踐。權力不是什麼制度，也不是什麼結構，也不是一些人擁有的什麼勢力，而是人們賦予某一個社會中，複雜的戰略形勢的名稱。論述與權力之間的關係是相互影響，權力的消長影響了論述的結構，論述的機制反映了權力的變化。其中「論述順序」（the order of discourse）更是重要，它是構成我們知識意願的規則、系統與程序，它也是由我們的知識意願所構成的。論述實踐界定了知識媒介（agent of knowledge）的合法性觀點，以及確定了各種概念與理論的規範（尚衡譯，1998；劉北成、楊遠嬰譯，1992）。

　　因此，本文認為國際關係後現代主義理論是一種知識論與方法論的立場（Bleiker, 1998: 478-479），它是社會研究的方法，強調的是反基礎論的知識論，以及詮釋的方法論。在知識論上，後現代主義涉及到國際關係理論知識論的基礎（foundation）問題，所出現「基礎論者」與「反基礎論者」的爭論。也就是我們是否相信世界能以中立或客觀的程序予以測試或評估，前者認為所有的真理主張皆可判定真偽，後者則認為真理主張是不能判定真偽，因為不存在客觀的立場來判定（Smith, 1995: 29-30; Doucet, 1998）。其實所謂的「基礎問題」乃是「知識論」的爭論，基礎論者是認為知識或真理可以判定真偽，反基礎論者則主張知識或真理無法判定真偽，因為各種理論各有其立場，沒有中立的根基來判定知識的真偽。基礎論者探究的是各種知識的「後設理論的根基」（metatheoretical ground），以判定知識的真偽；反基礎論者則不認為如此（Smith, 1997b: 167-168）。後現代主義是以反基礎論為基礎，質疑國際關係主流理論（特別是新現實主義）的後設理論敘述，重新解構或建構其本身的後設理論觀點。它所關切的是（國際關係）權力政治背後的文本交互作用（textual interplay behind power politics）（Der Derian, 1989: 6），甚至是權力政治內部的（within）文本交互作用（Devetak, 2005: 168）。

　　因此，在方法論上，國際關係後現代主義理論引進後現代主義詮釋論的研究方法，例如探源學（genealogy）、文本、相互文本、解構（deconstruction）、雙重閱讀（double reading）、敘述（narrative）、論述或論述實踐（discourse or discourse practice）作為研究國際關係的方法，藉以呈現後現代的國際關係本質。例如 James Der Derian 廣泛地以電視影像、噪音、模擬與電影等資料作為文本，運用相互文本方法批判分析美國的外交政策（Der Derian, 1992; 2009a）。Jutta Weldes 在 2003 年編輯的一本 *To Seek Out*

New Worlds: *Exploring Links between Science Fiction and World Politics*，書中以「銀翼殺手」（*Blade Runner*）、「潛行者」（*Stalker*）、「星際大戰」（*Star Trek*）和「魔法奇兵」（*Buffy the Vampire Slayer*）等科幻小說（後來都改編拍成電影）作為閱讀世界政治的相互文本，檢視世界政治與科幻小說之間複雜及矛盾的論述構成關係，以及挑戰兩者在我們常識開展的相互文本（Weldes, 2003）。Cynthia Weber（2010）也是運用文化、意識形態、神話與通俗電影說明國際關係理論使世界有意義（make sense）的過程與內容。最為常用的方法是論述分析法，亦即是解釋論述的相互主觀產生過程，其中主要是解釋國際關係主要論述如何運作的過程。例如 David Campbell（1993; 1998）研究外交政策與國際安全議題，Andrew P. Cortell 和 James W. Davis Jr.（2000: 71）甚至認為在研究國際規範上論述分析是非常重要的，不僅是因為它優於指出國際規範特質的其他變遷，也是因為它闡明違背國際規範的行為被排除的過程。Thomas Diez（2001）以論述分析探討歐洲的整合與治理，並創立了「論述節點」（discourse nodal points）的概念，藉由英國的歐洲政策為例，批判地理解歐洲整合的狀況。Peter Wennersten（1999）以論述分析研究波羅的海國家加入（inclusion）歐盟的過程，以呈現其加入過程的政治現實。Alexander Brand（2006）以論述建構主義（discursive constructivism）觀點探究媒體建構國際關係南北國家之間關係的權力競爭過程。誠如 Thomas Ditz 所說論述分析雖不代表主流，但已經被接受是分析國際政治的重要研究途徑（2001: 5），然而學者之間對於研究論述的最佳方式並沒有共同的理解（Milliken, 1999）。當然並不能就運用後現代主義理論的研究方法，就直接斷言這些學者就是後現代主義學者，而是要從學者的知識論主張較能分別歸類。

後現代主義在知識論與方法論上的主張，可以歸結出後現代主義具有拒絕實證主意、提倡反基礎主義、提倡多元論述（multi-vocal discourse）、對異同問題（the question of identity and difference）的語言分析等特性（Webb, 1998）。此外，根據 Jim George 指出，後現代主義國際關係學者研究環繞在四類關注：第一，強調開展對國際關係傳統與學科的偉大文本進行批判的質疑；第二，著重於挑戰基本的現實主義概念，例如主權、無政府狀態，以及異類性的建構（the construction of Otherness）；第三，關注於後現代主義學者所面對的後冷戰時期的戰略與安全議題；第四，簡略論述抵抗的後現代政治在國際關係研究的本質與展望。對於後現代主義的內涵有了初步的認識之後，即可理解後現代主義與建構主義的基本特質與研究關注，並無非常大的差異，只是後

現代主義對於方法論的重視，引進許多後現代主義詮釋論的研究方法；以及後現代主義強調國際關係反基礎論的知識論立場（George, 1994: 192）。因此，本文依據 Richard Devetak 的說法，指出國際關係後現代主義理論學者是任何人認為他們自己的著作是後現代主義，任何人的著作被認為是後現代主義，以及拒絕使用「後現代主義」一詞的後結構主義者或解構主義者等三種學者（Devetak, 2009: 161）。以這些學者的觀點作為探討國際關係後現代主義理論的文本，藉以呈現其知識論的獨特性與特殊性。

第四節　對國際關係後現代主義理論的批評與讚美

國際關係學者卻對於後現代主義理論的觀點，以及對國際關係研究的貢獻有著正反意見共存的評論。特別是對後現代主義的批評，使國際關係後現代主義理論面臨主流理論的反擊外，也引發其內部的爭論。尤其是在知識論上，國際關係後現代主義理論質疑國際關係主流理論的實證主義知識論觀點，但卻又沒由提出能進行實質研究的主張。即是國際關係後現代主義理論主張以「知識論的無政府狀態」解除（傳統主流理論）正當化（delegitimizing）（Dornelles, 2002），但國際關係後現代主義理論不能僅是指涉批判國際關係傳統主流理論，也不能認為後現代主義理論是一致的理論，更是因為國際關係後現代主義理論學者相互缺乏溝通，而遭到好爭論的指控，使國際關係研究更加混沌不清（muddying the waters）（Osterud, 1997: 337-338）。Fred Halliday 就指出：後現代主義以實質分析或特定分析為代價，而大大搬弄其方法論的關切。……結果常常是壞的國際關係研究與壞的社會科學哲學，……或「知識論的幻想症」（Halliday, 1996: 320）。

Oyvind Osterud（1996: 387）指出後現代主義的知識論與本體論是躲藏在濛霧之中（hidden in foggy formulations），在沒有哲學專業訓練學者所寫的國際關係著作，這濛霧尤為濃厚。Darryl S. L. Jarvis（2000: ix）認為後現代主義只有使國際關係學科所進行的議題、問題與爭論更加遲鈍。它是語意混亂而令人討厭的習作（exercise），並進一步遮蔽了國際關係的主題，使此主題迷失在一種（歐洲）大陸的專業行話（vernacular）。他更以「顛覆的後現代主義」（subversive postmodernism）稱述 Ashley 和 Walker 的著作，因為他們將國際關係學科帶至一條毀滅的意識形態道路上，並知識綁架了第三次大辯論所

證明的一個有生產力且高價值的習作，退化成一個專心於毀滅的沒有意義與分裂的習作（Ibid, xi-xii）。Fred Halliday1 就認為後現代主義是「理想主義者的遁辭」（idealist evasion）（Halliday, 1998）。Roger D. Spegele 更指出 Ashley 的後現代主義（後結構主義），第一，過於誇張、邏輯不精確與不一致；第二，詮釋法國後結構主義學者的著作有誤；第三，雖自稱不是烏托邦的思想家，卻又承諾於解放（emancipatory programs）；第四，雖自稱不是倫理相對主義者，但卻趨向於新尼采式的倫理相對主義；第五，對理性與真理的觀點不一致；第六，對其思想與啟蒙運動的關係交代不清。特別是未能考量與啟蒙運動激烈決裂的後果，致使其後結構主義觀點是烏托邦主義、相對主義與不理性主義（irrationalism）（Spegele, 1992; Jarvis, 2002: 91-126）。

　　從這些批評中，不難看出國際關係後現代主義理論所遭致的嚴厲批評，在 2002 年由 Darryl S. L. Jarvis 編輯的 *International Relations and the "Third Debate": Postmodernism and Its Critics* 一書，即使有幾篇嚴厲的批判文章，但作者們都歡迎國際關係後現代主義理論的到來，並看見它的價值，強化而非弱化此學科的理論綱領（compendium）而且是讚美多過失望（Jarvis, 2000: 9）。

　　國際關係學者對於國際關係後現代主義理論的讚美，可以用 Steve Smith 的看法作為說明。他是就 Oyvind Osterud 的批評提出回應，並以自己本身並非哲學專業人員而接受哲學專業訓練的經驗為例，指出國際關係後現代主義理論的貢獻：第一，深入分析認同體的性質；第二，藉由質疑知識論的假定而將國際關係理論與社會科學、政治理論和社會理論結合；第三，聚焦於國際關係研究所排除的議題；第四，揭露國際關係理論常識（common sense）是權力－知識關係的結果（Smith, 1997a: 333-334）。Lene Hansen 則稱許後現代主義（後結構主義）有助於安全概念的概念化，對安全研究的發展有很大貢獻（Hansen, 1997）。例如「批判性安全研究」（Critical Security Studies）即是以批判理論與後現代主義作為其後設理論的基礎，就傳統的國家軍事安全的面向、層次與參考體提出質疑和批評，並提出以人類安全（human security）為主的非傳統性安全理論（Krause and Williams, 1997; Keith, 1998; Burle, 2007）。還有批判性或後現代地緣政治（Critical or Postmodern Geopolitics）也是以後現代主義與國際關係後現代主義為基礎發展而來，強調地緣政治建構與解構過程中的權力與空間的關係（莫大華，2008）。從上可以發現後現代主義一方面遭致嚴厲的批評，一方面又獲致許多的讚美，尤其是拓展國際關係相關次領域的研究。在批評與讚美之間，後現代主義如何藉由與「流行時尚的」建構主義匯

合而成後現代建構主義，避免持續無謂的國際關係本體論的爭論，而聚焦於知識論與方法論的議題。

第五節　國際關係後現代主義與建構主義的未來發展方向

綜合上述分析之後，國際關係後現代主義理論的發展是與建構主義理論的發展息息相關的，尤其是相較於建構主義獲致國際關係學界較大的關注與重視，後現代主義是依附著建構主義的發展，何況是後現代主義將社會學的建構主義引進國際關係學界。因此，本文以國際關係後現代主義與建構主義的關係——匯合或分離？建構主義內部的知識論狀況——無政府狀態或威斯特伐利亞？後現代建構主義學者的知識論比較研究——物以類聚或奇怪陌生人？國際關係後現代（建構主義）的未來發展——國際關係迷思製造者或破除者？等四項研究議題，藉以深入分析國際關係後現代（建構）主義的知識論與方法論，以及探索其未來發展方向。

一、國際關係後現代主義與建構主義的關係——匯合或分離？

針對國際關係後現代主義理論所遭致的批評，有些學者就嘗試提議後現代主義與建構主義進行匯合，企圖藉由建構主義重新反思後現代主義的觀點。簡言之，也就是後現代主義理論是否能歸類成後現代（激進）建構主義呢？首先必須先行探究後現代主義是不是屬於建構主義？建構主義與後現代主義的匯合是否會是國際關係理論的新發展趨勢呢？對於國際關係理論研究又有何影響呢？尤其是在學者如何掌握國際關係理論的哲學論述與評析上，更要以「審慎態度」（prudent attitude）而不是以立場（position）探究國際關係的哲學基礎（Monteiro and Ruby, 2009）。

Richard Price 和 Christian Reus-Smit 為說明建構主義能補強國際關係批判理論，在概念精緻化及經驗性研究的弱點，就以批判國際理論的現代論與後現代論的知識論區別，將建構主義也分成現代論與後現代論兩類（Price and Reus-Smit, 1998: 267-270）。有些建構主義學者在面對後現代主義論者挑戰時，也明顯地企圖吸納（co-opting）後現代主義（Pettman, 2000: 12-25）。如同表 9-2 所示有些建構主義學者（Wendt、Ruggie、Price 和 Reus-Smit）甚

至將 Ashley 和 Walker 歸類為後現代論建構主義。Vincent Pouliot 則以「實用性邏輯」（the logic of practicality）說明後現代建構主義學者選用 Foucault 的「論述即實踐」（discourse as practice）觀點，以避免後現代主義理論「不切實際的分析」（armchair analysis）的趨勢（Pouliot, 2008）。Javier Lezaun 也認為建構主義應該探索權力與知識之間相互構成的過程，以及知識正當性及政治正當性與國際體系相互糾結的過程，這有些點後現代主義理論的觀點（Lezaun, 2002: 233）。即使是「英國學派」學者 Robert Jackson 也主張以反基礎論的後現代理論建立批判的國際社會理論（Jackson, 1996: 213）。引進「建構主義」一詞進入國際關係的 Nicholas Onuf 在建構其建構主義時，就曾以後現代主義（後結構主義）作為基礎，也多次引述 Ashley 的觀點（Onuf, 1989: 40-43）。這都說明了後現代主義與建構主義是可以匯合而成後現代建構主義。然而，後現代主義學者是否又同意這樣的匯合？例如 David Campbell 就認為其後結構主義是不同於建構主義，尤其是在回應主流理論（現實主義）多次「轉用」（appropriations）其他理論上的差異，尤其建構主義最重要的負面結果是誤將建構主義當作是哲學的理念主義（Campbell, 1998: 219-255）。個人認為後現代主義學者與建構主義學者都關注理念，前者關注的是理念在由論述（discourse）所形塑成的物質世界之角色，而後者則關注理念（ideas）的社會建構，只是後現代主義過於以 Wendt 的現代建構主義為批判的對象（Campbell, 1998: 219-220; Doty, 2000: 137-139）。當然 Wendt 就批評後現代主義對於外在世界的再呈現失敗或錯誤詮釋，並沒有提供深刻洞察的解釋，而是一併拒絕這問題（Wendt, 1999: 57）。若是以「後基礎的態度」（post-foundational attitude）而不是以「反基礎的態度」（anti-foundational attitude）處理科學哲學的基礎或知識論的基礎，後基礎的知識論態度是審慎的態度（Monteiro and Ruby, 2009），如此就能超越「知識基礎論」與「知識反基礎論」，而後現代主義與建構主義就能會合為後現代建構主義。

二、建構主義內部的知識論狀況——無政府狀態或威斯特伐利亞？

誠如上述，有些學者提議後現代主義與建構主義進行匯合，藉由建構主義重新反思後現代主義的觀點。這些都是目前國際關係理論研究所欠缺，而卻是必須探索的重要議題。從 Karin M. Fierke 和 Knud Erik Jorgensen 所編的 *Constructing International Relations: The Next Generation* 一書中，可以

觀察出這個趨勢，例如 Knud Erik Jorgensen 將建構主義區分成四個層次：哲學、後設理論、理論化及經驗研究，藉以釐清對建構主義的混淆及內部的差異（Jorgensen, 2001: 36-53）。此外，Valerie Marcel 也建議引用「詮釋學」（Hermeneutics）作為解決建構主義內部的知識論不一致，以及實證主義在（真實）構成與解釋的問題，還有後現代主義的主觀主義問題（Marcel, 2001）。當現代（溫和）建構主義理論學者 Wendt 以量子力學理論的「（知識論）非基礎論層面」（non-foundational aspect）說明實證主義的解釋與詮釋主義的理解所提供的知識都是部分的，而兩者必須互補，描述才能完整。因此，他提出「知識論的威斯特伐利亞」，兩者相互承認對方在了解社會生活的共同目標上之貢獻（Wendt, 2006: 216）。後現代建構主義學者是否也同意改變其反知識論的立場？或是否仍然堅持知識論的無政府狀態，主張任何方法都可以（anything goes）？依然接受知識論幻想症或虛無主義的批評嗎？

　　當然，不同的後現代主義學者會有不同程度的回應，就以 Walker、Campbell 和 Der Derian 為例，Walker 仍執著於其有關主權、領土與國界的質疑與批判，從現代主權國家的國界區分內外，維持與結構現代國際化政治秩序的納入（inclusion）和排除（exclusion）、普遍和特殊之關係（Walker, 2009）。David Campbell 最近的著作就聚焦於藉由不同型式的媒體再呈現與指示（signification）視覺文化與國際政治的方向（Griffiths et al., 2009: 264）。由此可見，後現代主義學者仍維持其知識論的無政府主義，Der Derian 就指出，他受到法國後結構主義學者 Roland Barthes 文學批判的影響，而且其更以「新全球異質極性」（new global heteropolarity）描述不同行為者藉由相互關聯性（interconnectivity）能產生深刻的全球效應，例如新全球行為者以資訊科技的廣大頻寬（bandwidth）獲取利得，非國家行為者藉由全球媒體已經成為國際政治上超級的被賦權者（super-empowered players），更要批判性研究全球媒體、全球安全與全球治理之間的關係，但此研究的成果較可能是經由 iPhone 而不是經由出版一本書傳遞（Der Derian, 2009b: 4-5）。由此可知，現代建構主義與後現代建構主義之間的知識論主張仍是南轅北轍、各自各調，不免有建構主義學者嘗試以實用主義作為知識論基礎，以實用建構主義的類型加入建構主義內部的知識論爭論。

三、後現代建構主義學者的知識論比較研究——物以類聚或奇怪陌生人？

誠如上述，後現代建構主義學者常是指涉國際關係後現代主義學者，例如 Richard Ashley、Robert B. J. Walker、James Der Derian、David Campbell、Michael J. Shapiro 及 Jens Bartelson 等人，但他們是否同意也被歸類於建構主義呢？姑且不論他們是否同意這樣的歸類，後現代主義與建構主義理論之間的關係是非常密切，何況後現代主義理論本身即已有不同的類型，是否隨著國際關係後現代主義理論學者引述不同的後現代主義理論而會有不同，這也是國際關係理論學派歸類的困難與現實，端賴學者分類標準而定。

國際關係後現代（建構）主義學者廣為引述的 Foucault 觀點，Jan Selby 就認為國際關係理論學者以三種方式運用 Michael Foucault 的後結構主義觀點：支持解構現實主義、分析國際政治的現代論述與實務，以及發展當代全球自由秩序的新解釋。但常是誤解了 Foucault 的後結構主義觀點，而是必須在馬克思主義的架構內，如此才能有效地運用（Selby, 2007）。換言之，國際關係後現代主義理論學者對於馬克思主義是否有不同的主張。還有其他如知識與權力之間的關係、研究方法的差異等等議題，例如由於傳統（現代、主流）建構主義致力於建立中間道路而忽略了語言在國際關係分析的重要性（Fierke, 2002），後現代建構主義學者遂強調論述分析的研究方法。論述分析是要展現文本（textual）程序與社會程序的交織互連過程，以及在特定系絡下描述這交織互聯過程對我們思考方式與在當代世界行動的啟示（George, 1994: 141）。例如 Jutta Weldes、Jame Der Derian 和 Cynthia Weber 以電視影集、科幻小學、電影等通俗文化（popular culture）的虛擬影像作為理解國際關係的「文本」（Weldes, 2003; Der Derian, 2009a; Weber, 2010），是否其他學者也同意呢？這些或許是程度差異也或許是根本差異，也就是他們是物以類聚有志一同，還只是一群一時暫處的奇怪陌生人？當然，這對接受國際關係主流理論訓練的學者而言，這些邊緣異類的後現代主義「文本」究竟是要製造迷思或是破除主流理論建立的迷思。

四、國際關係後現代（建構主義）的未來發展——國際關係迷思製造者或破除者？

國際關係後現代主義學者 Cynthia Weber 認為國際關係理論是國際政治世界的故事集，國際關係理論並不僅是呈現外在世界發生甚麼事，也將其外

在世界的觀點強加其中。我們運用國際關係理論使國際政治世界合理（make sense），其中國際關係理論蘊含國際關係迷思（myth）而使國際關係理論明顯會是真的（appear to be true），國際關係迷思常是以口號的方式表達一個明顯的真理（apparent truth），我們視之為理所當然，它是國際關係理論的「建築積木」（building blocks），國際關係理論要明顯會是真的，我們就也必須視之為理所當然（Weber, 2010: 2）。然而，在視之為理所當然中，後現代（建構）主義理論也藉由質疑與挑戰國際關係迷思而使國際關係理論研究更加豐富。但其本身難懂的反知識論主張，以及怪異的方法論（研究方法）是否在破除傳統主流迷思時，也是在製造另一個迷思？

　　國際關係後現代主義理論的發展端賴三項事情：第一，自我批判回顧其過去，並回應倫理、政治及知識等新挑戰的能力；第二，與其他批判理論及傳統理論建設性接觸的能力；第三，與意圖平息它的各種政治理論及實踐形式之間鬥爭的結果（Burke, 2008: 369-373）。國際關係後現代（建構）主義在前兩項事情上，似乎較為容易些，第三項事情則較難一些。然而，國際關係後現代（建構）主義身為邊緣理論或最受爭議理論，在國際關係理論的知識傳統系絡內，究竟獲得怎樣的地位呢？Richard Jordan 等人就曾經進行 10 個國家的國際關係學者調查，請受訪者列出 4 位過去 20 年國際關係領域最有影響力的學者中，在 24 位的總排名中，只有批判理論學者 Robert Cox 列名是第 10 名，後現代主義學者只有 Cynthia Enloe 列名第 24 名，反而是多位建構主義學者列名其中，Wendt 第 2 名、Peter Katzenstein 第 9 名、John Ruggie 第 14 名及 Martha Finnemore 第 23 名（Jordan et al., 2009: 43）。由此可見，後現代主義仍是國際關係學界的邊緣理論。它並未對主流理論產生重大的影響，而且也未對國際關係學者產生深刻的影響。因為在上述的調查中，10 國的國際關係學者也列出 4 位最影響他們研究的學者，在 24 位的總排名中，只有批判理論學者 Robert Cox 列名是第 10 名，後現代主義學者只有 Alexander George 列名第 19 名（Ibid, 47）。看來後現代主義歷經二十多年的努力，仍然是異議思想和放逐語言。

■ 核心概念

· 在本體論上，國際關係建構主義者絕大多數是主張**主觀的理念主義的本體論**；在知識論上，建構主義學者也多是**詮釋、理解的知識論**。但學者的主張仍是有程度差異，甚至有極大的差異。

（續）

◼ 核心概念（續）

- 後現代建構主義是以**後現代主義理論**或**後結構主義理論**作為知識論基礎的建構主義，以激進的主觀「理念一路到底」否定科學知識或是知識基礎的存在。

- 後現代建構主義學者受到**批判理論與、現代主義理論、後結構主義與後殖民主義**等理論影響。

- 在方法論上，國際關係後現代主義理論引進後現代主義詮釋論的研究方法，例如**探源學、文本、相互文本、解構、雙重閱讀、敘述、論述**或**論述實踐**等，藉以呈現後現代的國際關係本質。

- 國際關係學者卻對於後現代主義理論的觀點，以及對國際關係研究的貢獻有著正反意見共存的評論。

◼ 關鍵詞

- Jean-Francois Lyotard 界定**後現代主義**為「對後設敘述的質疑」。理論是敘述或後設敘述，是由理論者的立場與偏見所建立，藉由質疑與解構而揭示理論者的主觀臆測與意圖。

- 「**三後主義**」是指後現代主義理論、後結構主義與後殖民主義。

- **知識論**是指研究知識的定義、基礎與有效度，它關注的是我們如何獲得有關社會世界的知識。

- **經驗（或解釋）知識論**認為科學知識主要是以人類經驗為基礎，藉以解釋社會世界。即是人類觀察或其他感官所獲得的證據是建立科學知識的基礎，所有的科學假設都必須是可以此證據驗證的。

- **理性（或詮釋）知識論**主張先存的理性在獲得知識的重要性，人類藉由理性思考而獲得知識，此知識是不限於人類經驗之內，它是以同理心的理解，用以理解與詮釋人類的社會世界，人類知識的功能是在反映物體存在本身，以創造此物體的方式詮釋此認知過程。

參考書目

尚衡譯，1998，《性意識史第一卷：導論》，台北：桂冠圖書。

高宣揚，1999，《後現代論》，台北：五南圖書。

莫大華，2003，《建構主義國際關係理論與安全研究》，台北：時英。

莫大華，2006，〈國際關係建構主義理論內部的建橋計畫-知識論的對話與綜合〉，《復興崗學報》，87：221-250。

莫大華，2008，〈批判性地緣政治戰略之研究〉，《問題與研究》，47(2)：57-85。

莫大華，2009，〈國際關係建構主義理論內部的知識論差異與方法論多元〉，《問題與研究》，48(3)：63-95。

莫大華，2010a，〈國際關係建構主義理論的心物二元論-Alexander Wendt 量子社會科學理論的分析與批評〉，《問題與研究》，49(1)：29-58。

莫大華，2010b，〈國際關係實用建構主義理論的知識論立場：（手稿）。

楊大春，1995，《德希達》，台北：生智。

劉北成、楊遠嬰譯，1992，《規訓與懲罰：監獄的誕生》，台北：桂冠圖書。

Abrahamsen, Rita. 2007. "Postcolonialism." in Martin Griffiths, ed., *International Relations Theory for the Twenty-First Century: An Introduction*. New York: Routledge.

Adler, Emanuel. 1997. "Seizing the Middle Ground: Constructivism in World Politics." *European Journal of International Relations* 3(3): 319-363.

Adler, Emanuel. 2002. "Constructivism and International Relations." in Walter Carlsnaes, Thomas Risse, and Beth Simmons, eds., *Handbook of International Relations*. New York: Sage.

Ashley, Richard and Robert B. J. Walker. 1990a. "Introduction: Speaking the Language of Exile: Dissident Thought in International Studies." *International Studies Quarterly* 34(3): 259-268.

Ashley, Richard and Robert B. J. Walker. 1990b. "Conclusion: Reading Dissidence/ Writing the Discipline: Crisis and the Question of Sovereignty." *International Studies Quarterly* 34(3): 367-416.

Bleiker, Roland. 1998. "Retracting and Redrawing the Boundaries of Events: Postmodern Interferences with International Theory." *Alternatives* 23(4):

478-479.

Brand, Alexander. 2006. "Contested Media Power-Media in North-South Relations Through the Prism of Discursive Constructivism." Paper presented at the 47th Annual International Studies Association Convention "The North-South Divide and International Studies" San Diego/Ca., March 22-25.

Brown, Chris. 1999. "Critical Theory and Postmodernism in International Relations." in A. J. R. Groom and Margotn Light, eds., *Contemporary International Relations: A Guide to Theory*. London: Pinter Publishers.

Burke, Anthony. 2007. "What Security Makes Possible: Some Thoughts on Critical Security Studies." Department of International Relations, Australian National University Working Paper, No.04.

Burke, Antony. 2008. "Postmodernism." in Christian Reus-Smit and Duncan Snidal, eds., *The Oxford Handbook of International Relations*. Oxford: Oxford University Press.

Campbell, David. 1993. *Politics without Principles Sovereignty, Ethics, and the Narratives of the Gulf War*. Boulder: Lynne Rienner.

Campbell, David. 1998. *Writing Security: United States Foreign Policy and the Politics*. Minneapolis: University of Minnesota Press.

Campbell, David. 2007. "Poststructuralism." in Tim Dunne, Milja Kurki, and Steve Smith, eds., *International Relations Theories: Discipline and Diversity*. Oxford: Oxford University Press.

Checkel, Jeffrey. 1998. "The Constructivist Turn in International Relations Theory." *World Politics* 50(2): 324-348.

Cortell, Andrew P. and James W. Davis Jr. 2000. "Understanding the Domestic Impact of International Norm: A Research Agenda." *International Studies Review* 2(1): 65-87.

Der Derian, Jame. 1989. "The Boundaries of Knowledge and Power in International Relations." in James Der Derian and Michael J. Shapiro, eds., *International/ Intertextual Relations: Postmodern Readings of World Politics*. New York: Lexington Books.

Der Derian, Jame.1992. *Antidiplomacy: Spies, Speed, Terror, and War*. Oxford: Basil Blackwell Press.

Der Derian, Jame. 2009a. *Virtuous War: Mapping the Military-Industrial-Media-Entertainment Network*, 2nd edtion. New York: Routledge.

Der Derian, Jame. 2009b. *Critical Practices in International Theory: Selected Essays*. London: Routledge.

Devetak, Richard. 2005. "Postmodernism." in Scott Burchill et al., *Theories of International Relations*. New York: Palgrave Macmillan.

Devetak, Richard. 2009. "Post-Structuralism." in Scott Burchill, et al., *Theories of International Relations*, 4th edtion. New York: Palgrave Macmillan.

Diez, Thomas. 2001. "Europe as a Discursive Battleground: Discourse Analysis and European Integration Studies." *Cooperation and Conflict* 36(1): 5-38.

Dornelles, Felipe Krause. 2002. "Postmodernism and IR: From Disparate Critiques to a Coherent Theory of Global Politics." Global Politics Network. http://www.globalpolitics.net/essays/Krause_Dornelles.pdf

Doty, Roxanne Lynn. 2000. "Desire All the Way Down." *Review of International Studies* 26(1): 137-139.

Doucet, Marc G. 1998. "Standing Nowhere (?): Navigating the Third Route on the Question of Foundation in International Theory." *Millennium* 28(2): 289-310.

Fierke, K. M. 2002. "Links Across the Abyss: Language and Logic in International Relations." *International Studies Quarterly* 46(3): 331-354.

George, Jim. 1994. *Discourses of Global Politics: A Critical Reintroduction to International Relations*. Boulder, Co.: Lynne Rienner Publishers.

George, Jim. 1997. "Australia's Global Perspectives in the 1990s: A Case of Old Realist Wine in New (Neoliberal)Bottles." in R. Lever and D. Cox, eds., Middling, Meddling, Muddling: Issues in Australia Foreign Policy. St. Leonards: Allen & Unwin.

Griffiths, Martin, Steven C. Roach and M. Scott Solomon. 2009. *Fifty Thinkers in International Relations*, 2nd edition. London: Routledge.

Halliday, Fred. 1996. "The Future of International Relations: Fears and Hopes." in Steve Smith, Ken Booth, and Marysia Zalewski, eds., *International Theory: Positivism and Beyond*. Cambridge: Cambridge University Press.

Halliday, Fred. 1998. "State, Discourse, Classes: A Rejoinder to Suganmi, Forbes and Palan." *Millennium* 17(1): 77-80.

Hansen, Lene. 1997. "A Case for Seduction? Evaluating the Poststructuralist Conceptualization of Security." Cooperation and Conflict 32(4): 369-397.

Heath, Stephen. 1997. *Roland Bathes: Image-Music-Text*, trans. New York: Hill and Wang.

Holsti, Kalevi J. 2001. "Along the Road of International Theory in the Next Millennium: Four Travelogues." in Robert M. A. Crawford and Darryl S.L. Jarvis, eds., *International Relations: Still an American Social Science?* New York: SUNY Press.

Hopf, Ted. 1998. "The Promise of Constructivism in International Relations Theory." *International Security* 23(1): 171-200.

Jackson, Robert. 1996. "Is There a Classical International Theory ?." in Steve Smith, Ken Booth, and Marysia Zalewski, eds., *International Theory: Positivism and Beyond*. Cambridge: Cambridge University Press.

Jackson, Robert and Georg Sorensen. 2009. *Introduction to International Relations: Theories and Approaches*. Oxford: Oxford University Press.

Jarvis, Darryl S. L. 2000. *International Relations and the Challenge of Postmodernism: Defending the Discipline*. Columbia, South Carolina: University of South Carolina Press.

Jarvis, Darryl S. L. 2002. "Toward an Understanding of the Third Debate: International Relations in the New Millennium." in Darryl S. L. Jarvis, ed., *International Relations and the "Third Debate": Postmodernism and Its Critics*. Westport CT: Praeger Publishers.

Jordan, Richard et al. 2009. *One Discipline or Many? TRIP Survey of International Relations Faculty in Ten Countries*. Williamsburg: The College of William and Mary.

Jorgensen, Knud Erik. 2001. "Four Levels and a Discipline." in Karin M. Fierke and Knud Erik Jorgensen., eds., *Constructing International Relations: the Next Generation*. New York: M. E. Sharpe.

Katzenstein, Peter, Robert Keohane and Stephen Krasner. 1998. "International Organization and the Study of World Politics." *International Organization* 52(4): 645-685.

Kratochwil, Friedrich. 2000. "Constructing a New Orthodoxy? Wendt's 'Social

Theory of International Politics' and the Constructivist Challenge." *Millennium* 29(1): 73-101.

Krause, Keith and Michael C. Williams. 1997. *Critical Security Studies: Concepts and Cases*. Minneapolis: University of Minnesota Press.

Krause, Keith. 1998. "Critical Theory and Security Studies: The Research Programme of Critical Security Studies." *Cooperation and Conflict* 33(3): 298-333.

Lezaun, Javier. 2002. "Limiting the Social: Constructivism and Social Knowledge in International Relations." *International Studies Review* 4(3): 229-234.

Locher, Birgit and Elisabeth Prugl. 2001. "Feminism and Constructivism: World Apart or Sharing the Middle Ground?." *International Studies Quarterly* 45(1): 111-129.

Lyotard, Jean-Francois. 1984. *The Postmodern Condition: A Report on Knowledge*. Manchester: Manchester University press.

Marcel, Valerie. 2001. "The Constructivist Debate; Bringing Hermeneutics (Properly) In." Paper presented at the 2001 ISA Conference, 21 February.

Milliken, Jennifer. 1999. "The Study of Discourse in International Relations: A Critique of Research and Methods." *European Journal of International Relations* 5(2): 225-254.

Monteiro, Nuno P. and Keven G. Ruby. 2009. "IR and the False Promise of Philosophical Foundations." International Theory 1(1): 15-48.

Nietzsche, Friedrich. 1989. *On the Genealogy of Morals*, trans. W. Kaufmann and R. J. Hollingdale. New York: T. N. Foulis.

Onuf, Nicholas. 1898. *World of Our Making: Rule in Social Theory and International Relations*. Columbia: University Press.

Osterud, Oyvind. 1996. "Antinomies of Postmodernism in International Studies." *Journal Peace Research* 33(4): 385-390.

Osterud, Oyvind. 1997. "Focus on Postmodernisms: A Rejoinder." *Journal of Peace Research* 34(3): 337-338.

Pettman, Ralph. 2000. *Commonsense Constructivism: Or the Making of World Affairs*. New York: M. E. Sharpe.

Pouliot, Vincent. 2008. "The Logic of Practicality: A Theory of Practice of Security Communities," *International Organization* 46(2): 257-288.

Price, Richard and Christian Reus-Smit. 1998. "Dangerous Liaisons? Critical International Theory and Constructivism." *European Journal of International Relations* 4(3): 259-294.

Ruggie, John G.. 1998. "What Makes the World Hang Together? Neo-utilitarianism and the Social Constructivist Challenge." *International Organization* 52(4): 855-885.

Selby, Jan. 2007. "Engaging Foucault: Discourse, Liberal Governance and the Limits of Foucauldian IR." *International Relations* 21(3): 324-345.

Smith, Steve. 1995. "The Self-Image of a Discipline: A Genealogy of International Relations Theory." in Ken Booth and Steve Smith, eds., *International Relations Theory Today*. University Park: Pennsylvania University Press.

Smith, Steve. 1997a. "Epistemology, Postmodernism and International Relations Theory: A Reply to Osterud." *Journal of Peace Research* 34(3): 330-336.

Smith, Steve. 1997b. "New Approached to international Theory." in John Baylis and Steve Smith, eds., *The Globalization of World Politics: An Introduction to International Relations*. Oxford: Oxford University Press.

Spegele, Roger D. 1992. "Richard Ashley's Discourse for International Relations." *Millennium* 21(2): 147-182.

Sterling-Folker, Jennifer. 2006. "Postmodernism and Critical Theory Approaches." in Jennifer Sterling-Folker, *Making Sense of International Relations*. Boulder: Lynne Rienner.

Sutch, Peter and Juanita Elias. 2007. *International Relations: The Basics*. London: Routledge.

Walker, Robert B. J. 2009. *After the Globe, Before the World*. London: Routledge.

Webb, Keith. 1998. "Preliminary Questions about Postmodernism." http://www.ukc.ac/politics/publications/journals/kentpapers/webb4.html

Weber, Cynthia. 2010. *International Relations Theory: A Critical Introduction*. London: Rouledge.

Weldes, Jutta ed. 2003. *To Seek Out New Worlds: Exploring Links between Science Fiction and World Politics*. New York: Palgrave Macmillan.

Wendt, Alexander. 1992. "Anarchy Is What States Make of It: The Social Construction of Power Politics." *International Organization* 46(2): 393-394.

Wendt, Alexander. 1999. *Social Theory of International Politics*. Cambridge: Cambridge University Press.

Wendt, Alexander. 2006. "Social Theory' as Cartesian Science: An Auto-Critique from a Quantum Perspective." in Stefano Guzzini and Anna Leander, eds., *Constructivism and International Relations: Alexander Wendt and His Critics*. New York: Routledge.

Wennersten, Peter. 1999. "The Politics of Inclusion: The Case of the Baltic States." *Cooperation and Conflict* 34(3): 272-296.

第十章　女性主義／國關理論：若即若離抑或各行其道？

黃競涓

第一節　前　言

　　十五年前當初次在研究所入學考試考題中請學生回答女性主義對國際關係研究之影響時，幾乎無人應答。隨著歲月流逝，逐漸有類同補習班的制式答案陸續出現，首先有學生指出女性政治人物如 Margaret Thatcher 在國際政治舞台嶄露頭角即是女性主義影響國際關係之證明。[1]其後又開始有回答女性主義乃追求男女平等，並舉例說明國內公共政策應有之配套；同時間又有學生簡單介紹女性主義之重要流派如自由主義及基進主義女性主義等主張。這些作答內容雖然比完全空白有所進展，但仍對女性主義與國際關係之連結深感陌生與不知所措。近幾年已有少數學生可以舉出一兩位美國女性主義國關學者之名字，並稍微介紹她們的主張，但仍看出其中未經消化現背現寫之痕跡。這些現象多少可以說明女性主義在國際關係領域之發展與主張鮮為多數台灣學生知曉，但也緩步走進課堂與教科書中。

　　而在教書課堂上有時因現實世界某一事件之新聞報導或輿論趨向，便從女性主義視角提出簡短評論，立刻就看到班上某些男學生一抹詭譎的笑容與女學生面無表情之沈默。[2]日常生活隨處可見各種暴露的女體為資本主義社會各類商品代言且充滿性暗示，氾濫的「正妹」選拔早已成家常便飯，而富豪選妻如

1　殊不知 Thacher 被 Simone de Beauvoir 批判為比男性還要男性之女性，在其內閣中完全未晉用女性（Schwarzer, 2001）。

2　例如男女交往年齡上男大女小彷彿天經地義，但女大男小則被貼上標籤為「姊弟戀」，一旦有此標籤似乎就不被祝福，且隱約暗指有悖社會善良風俗，註定沒有好下場。但男大女小的交往卻從未被標籤為「兄妹戀」、「父女戀」（當男女年齡相差二十歲以上時）、甚或「祖父孫女戀」（當雙方年齡差距更巨大時），且並未被媒體或輿論篤定看衰，甚至還羨慕男方真有本事。

選妃並以鉅額獎金打賞能為其生兒子傳宗接代者。看似應該更加文明之 21 世紀，女性肉體依然是有權力異性戀男性性慾之投射，女性子宮繼續定義女性之所以為女性之天職。這些不勝枚舉的日常生活例子，在在說明社會長久鞏固之性別分工角色以及性別刻板印象不只是現實生活之常態，其更與女性主義在主流學術世界之負面形象（甚或被妖魔化）與不受重視息息相關。就因為在每日生活中我們早已習以為常之男女角色分工及刻板互動模式，使多數人（包括女性）完全不察其中權力所建構之性別關係，以為女性主義之主張只是吹毛求疵、憤世嫉俗、破壞男女和諧關係，經常得不到主流社會認同。[3]更有認為男女已然平等，有什麼好談已經過時的女性主義。

　　從以上簡述我們可以看到在台灣國關學界，女性主義學說相對是一陌生甚至不入流之「學術」[4]派別；另一方面日常生活中之性別分工角色以及性別刻板印象仍不斷侵蝕女性主義在學術世界之立足基礎，[5]使得其難成為多數人願意去了解並與之溝通對象。本論文試圖從西方女性主義在國際關係學界之歷史發展、代表人物及其主張、對國際關係理論之貢獻、與主流國關理論之關係、女性主義國關理論內部之反省及爭議，以及未來發展逐一做扼要之介紹與說明。論文題目「女性主義／國關理論：若即若離抑或各行其道？」一方面點出女性主義國關理論（拿掉兩者之間的斜槓）或許是可行且被接受的，但另一方面則可能有如斜槓所阻隔將女性主義與國關理論各自分開。這也帶出究竟兩者之間為何與如何若即若離？甚至為何可能各走各的路，不相往來？這些問題亦是本論文要嚴肅回答，並進一步探究其可能之意涵。

第二節　女性主義國際關係之歷史發展、貢獻與爭議

　　為了解女性主義國際關係理論究竟所指為何，其與女性主義本身究竟有何淵源，兩者之間究竟如何相互牽引與面對挑戰，此處有必要先論及女性主義之定義與主張。

---

[3]　許多人甚至覺得女性主義很可笑，是可揶揄之對象。

[4]　美國主流國關學界之論述常認為女性主義因充滿仇恨情緒與意識型態，所以根本不符合學術研究追求客觀真理之標準，稱不上真正的學術派別。

[5]　例如女人是用來觀賞的，而不是可與其論學問講道理的；且在情緒上一聽到女性主義，就感到嗤之以鼻，不屑聽也不想知道其主張，當然也遑論可能的對話。

一、何謂女性主義與女性主義理論？

一般人聽到「女性主義」（feminisms）[6]一詞，或感到陌生、不安、不解、懼怕，甚或鄙夷、不屑或厭惡。台灣政治學界似乎也對女性主義之相關研究投以某種程度之異樣眼光，常採取迴避或不接觸之策略。頗為常見之情況為在政治學術會議（如中政會或台政會年會）所發表微量之與女性主義相關論文，主辦單位總是安排女性主義學者擔任評論人，甚少有非女性主義學者願意與女性主義研究者對話，也鮮見非女性主義政治學者對女性主義相關研究做分析、批判甚或採納部分見解。

女性主義泛指探索造成女性被宰制地位之種種原因並思改善解放之論述，[7]而女性主義研究與理論則關注與批判「霸權式陽性特質」（hegemonic masculinity）與性別層級（gender hierarchy）所造成種種權力宰制關係與悲劇。[8]從古至今人類一直都被深具性別意涵之社會生活所規範，Sandra Harding 將之分為三個層面：性別象徵主義（gender symbolism）、性別結構（gender structure）與個別性別（individual gender）；此三種層面所指涉之「陽性特質」（masculinity）與「陰性特質」（feminity）之內容可隨文化不同而有不同之內涵，而在同一個文化內三種層面則緊密接合（Harding, 1986: 17-18），且隨外在時空之演變而產生不同之「霸權式陽性特質」及其與其他從屬（subordinate）或邊緣化（marginalized）陽性特質間的關係（Hooper, 2001: 3-5; 1998）。[9]

在個別性別層面，所謂的「陽性特質」與「陰性特質」之理想雛形（ideal type）內容可以粗分為具體的個性特質，如將好動、粗心、勇敢、冷靜等特質

---

[6] 此處英文顯示出女性主義是複數之指稱，主因其學派多元分歧，主張亦同異參雜，從來沒有一所謂統一之女性主義內涵。

[7] 因主張之原因不同，提出之對策也不同，而有自由主義、馬克思主義、社會主義、精神分析、存在主義、基進主義等十餘種學派。

[8] 亦有定義女性主義理論為針對女性如何成為知識主體而非只是知識客體之研究與運動（Griffiths, O'Callaghan, and Roach, 2008: 110）。

[9] 例如在冷戰期間「霸權式陽性特質」主要指如軍人或美國西部牛仔所擁有之陽性特質，陽剛果決、堅持原則絕不妥協，其他類別之陽性特質則被邊緣化。當冷戰結束，資本主義全球化時代來臨，前述之「霸權式陽性特質」開始讓位給如跨國公司之執行長所代表西裝筆挺、理性思考與冷靜掠奪之陽性特質。

歸屬於陽性特質，而將相對應的文靜、細心、膽小、情緒化等特質歸屬於陰性特質。在象徵主義層面，又可以分為抽象的概念，如將客觀（objectivity）、理性（reason）、心靈（mind）、文化（culture）、自我（self）、自主（autonomy）、求知（knowing）、公共（public）等概念歸屬於陽性特質，而將相對應的主觀（subjectivity）、感情（emotion）、身體（body）、自然（nature）、他者（other）、關係（relatedness）、存在（being）、私人（private）等概念歸屬於陰性特質（Tickner, 1995: 56-57）。在性別結構層面，則依據前述二元對立之性別特質做性別之社會分工，規範出適合男性與女性之工作與各自角色扮演。因此性別結構所塑造出男性適合在公領域開疆闢地，女性則適合在私領域犧牲奉獻，從而制約個人職業選向、婚姻中角色扮演、對待子女態度等。又因屬於陽性特質之一系列抽象概念遠高於屬於陰性特質一系列之抽象概念，[10]使得男性被定義成為社會生活中有能力與強勢者，女性則只是從屬與弱勢者。乍看之下這種性別分工與刻板印象似乎符合男女生理差異，遵從自然法則且符合人性，但此卻完全忽略文化與社會所建構充滿權力宰制意涵之性別層級，因而無法對症下藥，追求公平正義。

在每一個文化裡，性別差異是生活在其中的人們產生自我身分認同之基礎。

藉由此社會與文化建構二元對立之特質，並同時賦予陽性特質遠高於陰性特質之價值，使得無論在思想價值之思辯、制度法律之設計都相對有利於男性的利益。例如，西方從 17 世紀以降漸次發展之自由主義傳統與民主理論之基本分析單元：理性自主的原子個人與公民，都充滿了濃厚之性別意涵，但卻為大多數之學者所忽略與漠視；而連帶對將政治的場域（公領域）與個人的生活（私領域）加以區分之主張，亦難脫性別之偏見。人類學者 Sherry B. Ortner 指出原本男女在生物上的差異並不產生大問題，但不幸地是幾乎各個文化均賦予此種不同以高下（男尊女卑），並在制度與象徵意涵上將女性與自然及私領域（家庭）連結，將男性與文化及公領域連結（Ortner, 1998），使得公、私領域之二分與男女之性別分工角色畫上等號，且被視為天經地義，不需改變，不能改變之自然規範。

由上述三個層面所建構之性別秩序，深刻規範及鞏固每一個文化與社會之性別關係，並經由百年甚至千年之制度結構化後，確立了公領域（尤其是政治

10　例如認為理性遠優於感情，客觀遠優於主觀，自主遠優於關係。

領域）男性主導當家之理論與實踐基礎。男性總是各個文化與社會之決策者與資源分配者，女性則以私領域中的家庭為重，不管是提供男性之性慾滿足（女性必須呈現美麗身軀與面容），或是供應廉價與無償之「愛之勞務」，在社會中一直扮演從屬之角色。男性雖亦因種族與階級等差異而有不同之社會地位與權力，但只要能證明自己是個「男子漢」，便能滿足與肯定自我認同。[11]現代國家之公民身分與資格都與擔任保家衛國之軍人身分密不可分，而因女性向來被摒除於政治軍事領域之外，自然也不可能與男性享有平等的公民資格與權利。

性別秩序之關鍵在於其「霸權式陽性特質」之內容及其與其他從屬或邊緣化陽性特質之關係，及所有陽性特質與陰性特質之關係。總而言之，現代西方性別秩序之內容及其建制與外在環境之發展變化密不可分，其中「霸權式陽性特質」充滿科技理性結合暴力之身影，雖然也受到資本主義專業商人特質之挑戰，但終究成為 20 世紀末與 21 世紀初之主導思維，成為西方（尤其是美國）打擊第三世界各式「敵人」，以及對付本國內男同性戀及其他「敵人」之理念。

陽性特質更是主導國際關係理論與實踐之關鍵，在理論思維層次主權國家就是主權男人（遵從陽性特質）之放大版本，定義安全時將主權疆界內之有秩序（將之歸諸於陽性特質）對應疆界外國際無政府狀態之天然暴力（將之歸諸於不可捉摸之陰性特質）；國際關係理論的「始祖」（founding fathers）如霍布斯與馬基維里所建構之國際關係空間，女性幾乎缺席，只存在英雄男性自我奮鬥征服狂野、危險與本質上屬於陰性特質的無政府狀態（Hooper, 2001: 2）。

在簡短說明女性主義理論揭露與批判充滿宰制意涵之性別秩序與層級後，我們有必要進一步說明女性主義理論之特質與內生之困境並以此對照女性主義國關理論在國關學界之發展。V. Spike Peterson 指出女性主義理論有以下幾個特點（Peterson, 2004: 36）：具高度批判性，揭發知識與權力相互建構之關係；具政治性，追求一更平權與正義之社會關係；具多樣性，女性主義陣營內是多元喧嘩，甚至多元分歧；採跨領域之研究方法，打破學科界線與擴大研究議程。

女性主義所具備的批判性、政治性與多樣性能夠提供有別於傳統理論的批

---

[11] 自然也伴隨必須時時證明自己陽性特質之焦慮。

判進路與政治價值。任何理論與知識的產生不可能脫離當下的社會脈絡與權力關係，然而部分理論與知識的前提或預設，卻有意無意地消除這些社會脈絡或權力關係的痕跡，從而偽裝或佯稱成為一種普世皆然的真理或是公正客觀的知識。

女性主義研究深知性別層級之制約對知識生產所造成的影響，故而標榜消除性別偏見的價值信念，能夠提醒我們不斷對當下權力關係進行反思，暴露出以前所未見的偏差與壓迫所在。

然而，並沒有充分的論據能夠證明「女人」比「男人」更具道德客觀與公正性，所以女性主義的研究進路不免也遭受質疑；更甚者，女性主義所論及的「女人」是否能當成一種普遍、同質，甚至於本質的知識主體，對女性主義來說，這也是必須釐清與解決的課題。Sandra Harding 針對這些質疑表示，女性主義的研究進路乃是一種由弱勢者（他者）出發的知識觀點，因此某個程度上比起強勢者更具強客觀性（strong objectivity）（Harding, 1991: 270-271）另方面，Harding 也指出，不可能除去階級、種族、文化、性傾向等複雜糾結之面向，妄想獨立出性別關係做為單一的分析軸線（Harding, 1991: 179）。由此可知，女性主義在關懷受壓迫的他者之時，也意識到女人之間也具有層級差異，而不可能具備一種普遍同質的女性利益。此種自覺使得女性主義不斷地進行自我省思與批判。是故，女性主義的研究進路不僅能夠豐沛政治理論以及國際關係理論，打破單一、同質的分析視角；而且能夠藉由性別、階級、種族、文化、性傾向等交錯的差異觀點所產生的激盪與衝突，持續地激發我們對正義與平權等概念進行更進一步的深思與反省。

承接上述女性主義理論之特點，除少數仍採取主流理論之實證主義認識論與方法論之女性主義研究以外，多數女性主義研究面臨以下之挑戰：（1）因質疑且批判現存知識與權力之關係而遭到排擠，亦即不被主流學界認為具有正當性；（2）因具有政治目標與計畫而遭到忽略，亦即被主流學視為不具有學術客觀性；（3）因女性主義陣營內部多元分歧，所以沒有統一、一致之見解與研究議程，有時甚至相互衝突與抵銷影響力；（4）因跨越領域與學科，且採用各種研究方法，所以不被認可為正統研究。

女性主義國際關係研究亦具有前述女性主義理論之特點以及面臨類似之挑戰，以下將針對女性主義國際關係之歷史起源與發展、女性主義國關理論對主流國際關係之貢獻、以及國際關係學界不重視性別／女性主義之原因做扼要介紹及說明。

二、女性主義國際關係之歷史起源與發展

從零星出現到「制度化現身」（institutionalized presence）

　　女性主義分析途徑進入西方國際關係學科要更晚於其進入政治學領域之時間，一直要到 1980 年代中期以後[12]才陸續有女性主義學者以性別做為主要視角著書來探討國際關係議題。其中有兩本書最具有代表性與影響力，其一為探討女性與戰爭之關係，試圖藉豐富之歷史資料來顛覆傳統有關戰爭之性別刻板印象，亦即批判連結男性為「正義戰士」（just warriors）、女性為「美麗靈魂」（beautiful souls）二元對立之謬誤（Elshtain, 1987）。另一本書則詢問國際關係中的女性都到哪裡去了？藉重現外交部門大批女性事務人員、外交官妻子與美國海外駐軍之妻子、美軍海外駐紮基地附近滿足美國大兵性需求之女性性工作者、開發中國家所設加工出口區大批女性作業員、服務國際觀光客之飯店女清潔工等女性參與日常國際事務之各種經驗，提供一明顯有別於傳統主流國際關係所刻畫分析之國際世界（Enloe, 1990）。

■ 關鍵詞

Cynthia Enloe

　　女性主義國際關係學者，生於 1938 年。於美國康乃狄克學院（Connecticut College）完成其大學教育，並在加州大學柏克萊分校獲得政治學碩士與博士學位。現任職於美國克拉克大學（Clark University）之國際發展、社群與環境學系（the Department of International Development Communit），同時亦是克拉克大學女性研究計畫的研究員。Enloe 致力於挖掘與考察在斥陽剛氣質的國際政治中被掩蓋與隱沒的女性視角，並且以陽剛對照陰柔氣質之二元建構做為線索，探討性別歧視、種族、宗教與國家認同……等議題。而 *The Curious Feminist: Searching for Women in a New Age of Empire* 是其早年較知名的著作，於此書中 Enloe 關注全球化如何影響與

（續）

---

[12] 此起源背景剛好也對應美國社會與學界「認同政治」（identity politics）開始盛行之時期，同時也與國際關係後實證主義各學派對主流學派批判反思同時並進。

■ 關鍵詞（續）

of Empire 是其早年較知名的著作，於此書中 Enloe 關注全球化如何影響與形塑女性勞工的低薪資結構，並且呈現出 Enloe 敏銳的觀察視角：強調女性的日常生活經驗是緊緊扣連著世界經濟市場運作、衝突與權力政治分配，欲往往不在後者的學術討論中被重視，女性總是沉默而不被瞧見的。然而，在美國的政府部門與軍事體系中，充斥著陽剛氣質所建構出來的父權文化與行為準則，影響著所有行政政策與外交手段，並且深入每個人的生活細節與社會角落中。Enloe 在書中侃侃而談其成為女性主義者的心路歷程，並且認為女性主義者的重要特質之一就是必須具備好奇心，以此熱切地關注生活的每一個細節，並重新省視之。

　　國關學術社群第一次以「性別與國際關係」（gender and IR）做為學術關注焦點乃始於英國倫敦政經學院 1988 年所開設的一門研討課程，以及同年該校主編之國關學術期刊 *Millennium: Journal of International Studies* 所舉辦之研討會主題（Peterson, 1998: 581）。該研討會重要論文經篩選後以專刊刊登於 *Millennium* 第 17 卷第 3 期（1988 年），並於 1991 年再經篩選後將該期重要論文集結成一本專書（Peterson, 1998: 581; Wibben, 2004: 98-99; Grant and Newland, 1991）。隨後美國之國關學界也陸續開展以「性別與國際關係」為主題之學術研討會，如 1989 年在美國南加大與 1990 年在 Wellesley 所召開之研討會（Wibben, 2004: 98-99）。

　　做為國際關係研究學術社群之龍頭老大——「國際關係研究學會」（the International Studies Association, ISA）前 30 年歷史中幾乎完全無女性主義之蹤影，直到 1990 年才設立「女性主義理論與性別研究小組」（the Feminist Theory and Gender Studies section, 簡稱 FTGS）（Pettman, 2002: 301）。同時間類似之研究小組亦成立於「英國國際關係研究學會」（the British International Studies Association）（Sylvester, 2002: 9）。女性主義國關研究社群要到 1999 年才發行跨越國關研究、政治與婦女研究領域之期刊 *International Feminist Journal of Politics*（簡稱 IFjP）（Pettman, 2002: 302）。

　　過往二十餘年間女性主義國關研究從草創時期的篳路藍縷，直到現今女

性主義國關學者積極著書[13]、發表期刊論文[14]，參與各類學術會議（以最近幾年 ISA 年會為例，在平均四五百場次 panels 中，與 FTGS 有關之 panels 總有三四十個），可以看出女性主義研究途徑在國際關係學科中已有其小塊之立足之地。

三、女性主義對國際關係之貢獻

V. Spike Peterson 認為女性主義國際關係一方面既是國際關係研究中之前緣或尖端（cutting edge），但另一方面也同時遭到主流國際關係[15]所切割（cutting）（Peterson, 2002）。其所以具有研究前緣或尖端位置，乃因其在分析上跨學科與跨領域，重視身分認同（identity）建構所產生之種種影響，而在政治上企圖轉變不公義之現狀。正因此種不同於主流國際關係之認識論、方法論與對現狀之看法，也同時遭到主流國際關係之拒絕與切割。

對女性主義國關學者而言，性別（gender）不只是一個經驗分析之變數，更是一個分析範疇（analytical category）。性別做為一分析範疇，特別關注象徵符號、語言、各種再現、文化以及檢視一系列抽象概念如權力、安全、理性、發展、暴力等（Peterson, 2004: 40），藉此凸顯「性別層級秩序」（gendered hierarchical order）之內容及其各種深遠影響。[16]

因此女性主義對國際關係之重要貢獻在於（Peterson, 2004: 40-41）：（1）帶入性別身分認同之探討──女性主義不只是了解女性與陰性特質

---

[13] 書的數量驚人，較具代表性有 Tickner（1992）、Sylvester（1994）、Peterson and Runyan（1993）、Tickner（2001）、Enoloe（2004）、Zalewski and Parpart（1998）、Weber（1999a）等。

[14] 相關之期刊論文多不勝枚舉，且散佈在英美各類國關研究期刊。

[15] 此處所謂之主流國際關係並非指其為鐵板一塊，事實上主流國際關係理論也有多元喧嘩之現象，但仍共享實證主義本體論、認識論，甚至方法論之主張，強調研究主體可以自外於研究客體，因此有研究之客觀性與呈現事實真相之可能，並同時主張採取科學研究方法與提出可以經得起否證之研究計畫（research program），以主權國家為基本分析單元，並應用理性經濟人之假設來擬人化國家之算計與行為。主要以結構現實主義（或新現實主義）與新制度主義（或新自由主義）兩大學派為代表。

[16] Peterson 即指出所有社會生活都是性別化的產物（"All of social life is gendered."）（Peterson, 2004: 39）。例如 Carol Cohen 即以其自身參與一群由核子武器戰略專家組成之工作坊，結果驚訝發現這些男性戰略專家對核子武器之暱稱、核彈攻擊過程之描述、專業術語之使用，在在充滿性暗示以及陽性中心思維（Cohn, 1987）。

（femininity），其同時也因之而對照出男性與陽性特質（masculinity）之內容，揭露國關學門內核心概念與理論之陽性中心思維；（2）進一步突顯出陽性特質如何取得特權與權力，並相應對陰性特質之貶抑；（3）在各種生活層面上，任何被陰性特質所聯結者如自然（nature）、種族上的少數族裔（racialized minorities）、陰性化之男性（effeminate men）、被殖民之他者（colonized 'others'），都可以如同女性一樣被貶抑。因此要批判任何形式之宰制（domination）都必須要融合女性主義對學界與現實世界不斷貶抑陰性特質之批判。換言之，女性主義國際關係揭露國關學科中充滿陽性特質之思維與理解世界的知識內容是如何取得優越地位。主因以性別做為分析與結構上之範疇可以看出國關概念、理論或多或少都有陽性特質之影子——強調客觀的（objective）、理性的（rational）、現實主義的（realist）、計量分析的（quantitative）、嚴謹的（rigorous）、簡潔的（parsimonious）、正式的（formal）、科學的（scientific）、要求的（demanding），而這些特質使得主流國關理論取得認可與佔據優勢地位（Peterson, 2004: 41）。

　　Annick T. R. Wibben 指出女性主義質疑知識之客觀性，強調情境化之知識（situated knowledge），此種認識論可以帶給國際關係學習接納與樂觀詮釋「不確定性」（ambivalence）、「模糊性」（ambiguity）與「多樣性」（multiplicity），[17]並反省原本非要藉由武斷與宰制之手段來追求秩序與維持現有結構之缺失（Wibben, 2004: 106-109; Cochran, 1999）。

四、性別與女性主義不受國關學界重視之原因

　　儘管女性主義國關學者宣稱女性主義可以提供主流國關研究重要之新視野，但其也同樣面臨類似前述女性主義研究所遭遇之挑戰。主流國際關係不重視性別與女性主義之原因主要可歸納以下幾種：（1）國際關係是性別中立（gender neutral）之學科，對男性與女性之分析與影響相同，所以與性別無涉；或是認為國際關係之學術研究與實踐的確是屬於男性之事業，所以沒有必要帶進女性主義之分析（Pettman, 2002: 303）；（2）對「性別」

---

[17] 從主流國關角度來看，最不樂見的即是不確定性、模糊性以及多樣性。相對地，其根本思維在於不確定性即是危險與威脅，因此希望掌控任何不確定；其亦認為要建立客觀普遍之知識是不容許有模糊空間，且同時需要馴化各種差異與異端。此種認識論恰好是造成霸權宰制與形成各種人間悲劇之重要原因。

（gender）用之於國際事務分析之不解，以為其只適用於男女之間的私人關係（Tickner, 1997: 613）；（3）質疑女性主義學者所問的問題常與國際關係無關（Zalewski, 2002: 336; Tickner, 1997: 613），所以不屬於正統國際關係之研究；（4）因女性主義在學術分析上與政治意圖上都具有顛覆現狀之特質，所以常被主流國際關係視為充滿情緒化之異端，而不具有學術正當性（Zalewski, 2002: 336; Peterson, 2004: 42）；（5）女性主義在知識論與方法論上與主流國關嚴守學科界線，重視科學與理性主義，強調客觀中立之立場格格不入，因此被質疑能否提出服人的理論，從而不被認可為具有學術價值之研究途徑（Tickner, 1997: 613）。[18]

■ 關鍵詞

J. Ann Tickner

女性主義國際關係學者。於倫敦大學（University of London）取得歷史學學士學位，後於耶魯大學（Yale University）完成國際關係之碩士學位，並於布蘭迪斯大學（Brandeis）獲得政治學博士學位，現任職於南加州大學（University of Southern California）之國際關係學系（school of International Relations）。Tickner 以女性主義的視角研究國際關係中的和平與安全議題之建構，認為主流國際關係的理論與知識建構潛藏過多作者不自知的性別偏見，主流國際關係理論所建立的實證科學觀與方法論不能曝現其中的性別權力關係，致使國際關係的理論缺乏批判力度，例如國際關係中的現實主義之權力觀就是一種陽剛中心的理解，以此分析國際政治，自然形塑出一種偏頗的世界政治圖像。在 *Gendering World Politics* 一書中，Tickner 認為女性主義能夠洞悉國際關係理論的男性霸權，要彰顯此一性別化的權力結構，就必須與主流保持距離，深刻地反省既存的知識建構規則，從而跳脫其控制。

---

[18] Robert Keohane 曾試圖與女性主義主張對話，特別指出只有符合實證主義研究標準之女性主義國關研究才會被主流國關認可為具有學術價值，而所謂之後現代女性主義則完全不能被接受（Keohane, 1989）。Cynthia Weber 則諷刺 Keohane 以父權心態與標準來分類好女孩、小女孩與壞女孩，亦即服從主流國關規範研究的就是好的女性主義學者，還有待改進努力者則為還在小孩階段之女性主義學者，顛覆主流國關規範者則為壞的女性主義學者（Weber, 1994）。

　　儘管主流國關不願正視女性主義之批判，也沒有興趣與女性主義對話，但因女性主義國關學派已小有份量與存在自我之學術社群，且基於「政治正確」之考量，所以國關學界近年來在書寫介紹國際關係理論之教科書或編輯合集時，從以往完全不收錄女性主義國關理論之主張或三言兩語帶過（如 Rengger, 2000），到至少有一章介紹女性主義國關理論或其代表人物（如 Dunne, Kurki, and Smith, 2007; Neumann and Waver, 1997），甚至有以相對公平之篇幅給予女性主義國關理論之主張（如 Sterling-Folker, 2006）。

■ 關鍵詞

Cynthia Weber

　　現為英國薩塞克斯大學（University of Sussex）國際關係學系教授（2010 年 9 月起）。辛西雅・韋伯主要研究可以廣泛地定義為「批判的世界秩序研究」（Critical World Order Studies），涉及面向包含國際關係學門的核心問題，諸如主權、干預以及全球治理。長期以來她關注的議題為美國如何透過外交政策、大眾文化以及性／性別展現其全球化的霸權論述，以及此霸權論述的運作模式。

　　辛西雅・韋伯由於積極參與女性主義國際關係理論與主流國際關係理論間的辯論而被視為女性主義國際關係理論中的重要人物。1994 年《千禧年雜誌》（*Millennium: Journal of International Studies*）辛西雅・韋伯發表著名的〈好女孩，小女孩和壞女孩：基歐漢對女性主義國際關係批判中之男性偏執病徵〉（Good Girls, Little Girls, and Bad Girls: Male paranoia in Robert Keohane's Critique of Feminist International Relations）一文，挑戰基歐漢（Robert Keohane）對女性主義國際關係理論的觀點。辛西雅・韋伯認為基歐漢表面上似乎展現其對女性主義國際關係理論的興趣和支持，但是實際上則是站在一個權力的高處將女性主義國際關係視為一種分析的對象，並且表現出害怕喪失主體性的「男性偏執病徵」恐懼反應。她認為基歐漢將女性主義國際關係理論中的女性主義立場論、女性主義經驗論以及女性主義後現代主義分別視為好女孩、小女孩以及壞女孩，並且批評基歐漢不過是藉由這種拘束女性身體的分類試圖保全其國際關係理論的權力地位。

（續）

■ **關鍵詞（續）**

辛西雅・韋伯 2005 年出版《想像戰爭中的美國：道德、政治與電影》（*Imagining America at War: Morality, Politics, and Film*）一書，透過國際關係理論、文化研究以及性別與酷兒研究視角，以 911 事件之後美國大眾電影作為研究對象，探討該些大眾電影如何標誌美國外交政策中關於後 911 的道德運動，以及美國國內以及國際上進行中的美國道德重構。

這一趨勢表面看起來似乎代表女性主義國關理論逐漸為主流國關學界所接納，以及年輕一輩國關學者開始重視以其他非主流研究途徑來探究國關議題。但承上所述，主流國關學者並未改變其對女性主義之偏見與漠視，即便在合集中收錄了女性主義國關之介紹，但只是一種類同將女性主義與其他非主流研究途徑「收編」且使之「貧民窟化」[19]之策略。而年輕學者多數仍深受其主流學派指導教授輩之學術影響，且基於在主流國關學界謀教職、投稿期刊論文、升等壓力等考量，仍然是主流國關之追隨者。雖然有少數年輕學者開始認知到性別化之權力與知識結構對國關研究之重要性，但仍因人數有限，只能自我對話，並無法蔚為一種新的氣候。

就連同屬非主流國關陣營之廣義批判理論或建構主義學派，雖同樣主張知識與權力之相互建構，但仍缺乏從性別視角批判與討論文化與社會所長期建構之性別角色與性別層級（Sylvester, 2002: 11），因此也與主流國關學者有相似之「性別盲」問題。

第三節　女性主義國關之研究導向與議程

一、階段性研究導向與議程

Peterson 將女性主義國關理論分成三種研究導向，三者之間不完全互斥，也同時存在（Peterson, 2004: 37-42）：（1）實證主義／經驗主義（positivist/empiricist）之研究——修正或補充現有研究中忽略女性變數之偏差，亦即將女性變數帶進經驗研究中，例如藉由民調研究男性與女性對戰爭與和平之差異態度；（2）建構主義式（constructivist）之研究——將女性經驗與視角納入現有

---

[19] 類同大都市處理貧民窟之方式，即將之與主流社會隔離並任其自生自滅。

缺乏性別視角之框架，並以性別視角解構與批判現有理論與核心概念之偏失；
（3）詮釋主義式（interpretivist）或是後現代／後結構主義式（postmodernist/poststructuralist）之研究——進一步改變主流理論之範圍與研究內容。Peterson
認為前兩種研究導向或多或少仍鞏固現有主流國關研究基礎，不能基進轉變現
有蘊含重大缺失之主流國關理論，唯有第三種研究方向才能將國關理論帶進新
的里程碑（Peterson, 2004: 38-40）。

此種分類方式可以對照 Wibben 將女性主義國際關係研究所分成的三個
階段（Wibben, 2004: 98）：（1）將女性帶進國際關係（'doing' or 'adding'
women in IR）；（2）「性別與國際關係」（gender and IR）——以性別視
角重新檢視國關之核心概念與理論，並探討批判此無所不在之「性別階層秩
序」；（3）「女性主義國際關係」（feminist IR）——主張研究不僅要將女性
帶進國際關係，並以性別視角檢視國關學科，更要以性別視角重構現有之研究
框架，多樣化現有之核心概念，並增添豐富之研究議程。[20]

■ 關鍵詞

女性主義國際關係（Feminist International Relations，簡稱 Feminist IR）

國際關係研究主要關注的議題，如國家、戰爭、衝突、權力政治……
等等，充滿著陽剛氣質的象徵意涵。女性主義的國際關係研究對此種偏頗的
研究立場深表不滿，而欲將性別做為研究的切入點，批判且改善當下的主流
國際關係理論，不僅使得女人能成為研究脈絡中的重要行為者，重新被看見
與重視，同時也拓展國際關係理論的研究範疇，不再只拘泥於民族國家為主
體與軍事經濟結構為分析範疇的框架下，使得以往被隱蔽的眾多面向得以浮
現；一方面以性別做為分析工具，重新檢視過往的國際關係理論，例如全球
化、民主化、人權、安全議題、戰爭與和平……，拆解主流所預設的前提，
指出其中所蘊含的性別化權力運作，因此重構出嶄新的、更具批判力與正義
觀的國際關係理論。另方面則開發出以往被主流國際關係所邊緣化的研究範
疇，在傳統國際政治中隱而不現的日常生活亦充斥著權力運作，將跨國性交
易、全球女性勞動剝削……等問題放置於國際關係理論的研究之中，使國關
研究能更完善地思索一個更正義與平等的世界秩序。

---

[20] 本文即採納此第三種意涵下之名稱來探究女性主義國關之歷史發展、挑戰與展望。

由以上簡要說明可以得知女性主義國際關係之研究導向多元且廣泛，多數女性主義國關學者採取建構主義式之研究／「性別與國際關係」取向之研究為主，但也逐漸朝向詮釋主義式國關研究方向邁進。而「女性主義國際關係」之研究議程亦包羅萬象，例如在理論層面對主流國關本體論與認識論之批判、解構與批判主流國關理論之核心概念——如主權、安全、權力、國家、軍事主義（militarism）（Youngs, 2004）。此外在實踐與個案層面上研究全球化與性別之關係、研究「陽性特質」（masculinities）與「軍事主義」之連結及其與戰爭與和平之關係，以及針對各類區域與國家之個案研究。[21]

如前所述，女性主義之研究方法常是跨領域、跨學科且多元並進，「女性主義國際關係」研究方法亦然（Ackerly, Stern and True, 2006），有從詮釋電影內容來類比主要國際關係學派之概念與主張，深入淺出介紹給初學國際關係之大學生（Weber, 1999b; 2001; 2005）；[22]有從探討 2003 年美國攻打伊拉克後，伊拉克國內珍貴之歷史文物與遺址大量遭受掠奪與破壞所引申對「人道干預」與人權之探討（Sylvester, 2005）。這些研究都說明女性主義國關研究幾乎可以針對任何議題做生動且充滿想像力之詮釋，並將之連結至對主流國關之批判。

二、女性主義國關理論內部主要爭議

一如女性主義本身所面臨內部多元喧嘩與衝突，例如關鍵之「受害者論述」以及「平等與差異」困境，女性主義國關也難逃類似困境與衝突。所謂「受害者論述」，意指女性主義在揭露性別階層與性別權力宰制之同時，無意間也鞏固女性到處是受害者之形象。雖然女性的確是許多現實事件之悲劇受害者，但也同時再度坐實女性是沒有能力並需要保護之性別刻板印象。所謂「平等與差異」困境，類似「差異之兩難」，[23]經常出現在婦女運動爭取女性的

---

[21] 更多之研議內容可參考 Tickner and Sjoberg（2007）。

[22] 例如 Weber 以改編自 William Golding 之著名小說「蒼蠅王」（*Lord of the Flies*）之電影內容，來說明乍看之下，學童在荒島謀生之境遇宛如結構現實主義學者 Kenneth Waltz 所視為當然之霍布斯式國際無政府狀態，但事實上並非如此（Weber, 2005: 13-35）。

[23] Catharine A MacKinnon 即指出纏繞在平等與差異原則之辯論上，是女性主義之死胡同，因以平等原則為考量，則依據的是男性的標準，女性只是在後面苦苦追趕，永

平等待遇策略以及女性主義理論辯論中（Kaminer, 1993）。Drucilla L. Cornell 即指出女性若過份強調擁有「獨特陰性特質」（unique femininity），以此做為與男性區隔之主要差異，並據此要求特殊待遇，常會造成追求平等的反效果，此即所謂的「陰性特質之兩難」（The dilemma of femininity）（Cornell, 1992），類似典型的"Wollstonecraft's dilemma"[24]（Squires, 1999: 125）。此外此種無意或有意強調陰性特質某種程度在道德上優於陽性特質，亦即強調所謂「陰性美德」（feminine virtues）之論述，不僅會陷入性別本質論之指控，同時也繼續強化既有性別分工刻板印象。[25]換言之，女性主義最大困境在於因要闡述建構之「性別化身體」（gendered body）或是「性別化身分」（gendered identity）所造成之負面結果，但在論述批判過程中反而不斷再度強化「生理身體」（sexed body）之本質性與「真實性」。[26]又再加上性別總是與其他變數如種族、階級以及宗教等複雜交會，更增添性別分析之困難。

　　女性主義國關研究也面臨來自自身陣營內之挑戰：亦即對女性做為一個類屬（category）與主體（subjectivity）之問題的多元喧嘩與分歧，以及處於本質主義（essentialism）、建構主義（constructivism）與解構主義（deconstructivism）間之衝突。經常欲避免本質主義，但卻又難以完全脫離。例如女性主義國關常譴責陽性特質／陽性主義與軍事主義之間密不可分，並揭

　　遠也不能是男性；若以差異原則為標準，則差異又成了現存性別刻板分工印象之強化，不僅難達到「差異且平等」（different but equal），而且還可能變得更不平等（MacKinnon, 1998）。

[24] 自由主義女性主義之先驅 Mary Wollsonecraft 以女性做為母職對國家與社會之貢獻來爭取女性之公民權。此困境在於以男性思維建構之公民身分是奠基於普遍平等之原則，而以母職之特殊身分要求公民地位卻是以差異為基礎，因此產生衝突與矛盾（Pateman, 1992: 20）。亦即女性即使以母職身分換得某些公民地位，但也不可能取得與男性一樣有真正平等的公民身分，另一方面也坐實了女性與母職密不可分之性別分工角色，而始作俑者由男性建構之公民身分內容卻完全不受到挑戰。

[25] 例如不少學者批判 Carol Gilligan 提倡「關懷倫理」（an ethic of care）是屬於女性的聲音或是女性的道德觀，其所陷入的危險乃是鞏固既有性別分工刻板印象，而不是倡導激進的社會改革（Squires, 1999: 146）。

[26] 例如 Virginia Woolf 在其曾被英國政府列為禁書之《三枚金幣》（*Three Guineas*）一書中不斷闡明陽性特質與軍事主義以及戰爭之關聯（Woolf, 2001），其雖無意建構並強化性別本質主義，但卻很難不陷入本質主義之指控。

露與之相對應並用來鞏固軍事主義之陰性特質，認為只要顛覆此種性別刻板印象就有可能擺脫傳統戰爭與和平論述之窠臼；此雖然言之成理，但卻還是墜入生理性別與社會性別相互指引之困境（Stern and Zalewski, 2009）。

又女性主義國關中專注討論女性主義國際關係倫理之學者亦面臨上述強調男女有不同特質之困境，有所謂「關懷倫理」對應「正義倫理」來討論和平、國際正義、義戰與人道干預等議題（Hutchings, 2009）。關懷倫理之概念應用到國際關係倫理研究可從女性主義國關學者首先借用 Sara Ruddick 所主張「母性和平」（maternal peace）概念開始。Ruddick 認為女性基於做為母親之角色扮演或認知做為母親或其他照顧者角色之同理心，而特別看重保存生命之價值，此種「保存生命的愛」（preservative love）[27]是一種對所有生命與福祉受到威脅者之關懷（Ruddick, 1983: 479）。因此不只是母親，其他未生育的女性，甚至是認同此價值的男性都可以是母性和平的實踐者，例如一位抱持「保存生命的愛」的軍事長官絕不會隨意置其屬下於險境，並將會善盡保護其士兵生命之承諾，而持同樣價值的士兵也會愛惜自己與他人的性命，不會濫殺無辜（Ruddick, 1983: 480）。

Ruddick 指出其所主張之母性和平並非基於性別本質主義，且與純粹之和平主義（pacifism）有些區隔。她認為母性和平與和平主義兩者皆拒絕將手段與目的分開（亦即皆強調道德判斷之重要性），兩者對所謂的「敵人」（enemies）並不採取不信任且視之為應殲滅的對象，而是將之看待成必須辛苦斡旋之對手（Ruddick, 1983: 482）。但兩者最大的不同在於母性和平仍然承認在極少數特殊狀況下（如人民生命遭受嚴重威脅時），不得不應戰。Ruddick 特別指出其並不贊成義戰的理論，認為義戰的概念過於抽象，容易將焦點從實際人類的身體及其命運轉移至抽象目標與原則之實踐（Peach, 1994: 158）。

儘管 Ruddick 再三強調其由母性和平出發所闡述之關懷倫理並非屬於本質主義論述，但仍難脫本質主義之指控，也成為後續女性主義國際關係倫理學者嘗試修正並避免該困境之努力方向（Hutchings, 2009）。

---

[27] 此價值對照戰爭與軍事主義對生命的摧毀。

第四節　女性主義國關學者之自我評估

與主流國關是若即若離抑或各行其道？

　　女性主義國關在過往二十餘年之深入批判與多元研究議程下，女性主義國關學者如何評估其進程以及與主流國際關係之關聯？

　　在評估女性主義國關理論與主流國關理論是否可以互補、合作與對話上，[28]L. H. M. Ling 以越南「魚與烏龜」之寓言故事[29]來說明主流國際關係學者不應執著其偏見，而應開誠布公與女性主義國關學者對話，才能真正了解真實世界之全貌與提出造福人類之解決方案，雖然這不是容易成就的前景，但仍然可以某種程度予以樂觀期待（Ling, 2002）。Molly Cochran 認為冷戰結束之契機與面臨愈來愈複雜之全球化挑戰，讓主流國關學者更有誘因與必要與女性主義國關學者對話，以超越原有認識論上自我設限與停滯不進（Cochran, 1999）。[30]J. A. Tickner 則以處在不同文化人民做溝通時之挫折來比喻女性主義國關學者與主流國關學者之溝通猶如雞同鴨講（Tickner, 1997），儘管如此仍要努力嘗試。這些學者之觀點雖然清楚認知主流國關很難接納女性主義國關，即便現實常是兩者之間極小幅度若即、極大幅度若離，但仍抱持一點未來雙方可能溝通之希望與期待。

　　而 Marysia Zalewski 則認為所謂的對話早已耗盡（exhausted），並無樂觀前景可言，[31]女性主義國關學者還不如專注其處於國關研究前緣與尖端之研

28　換言之，女性主義國關學者究竟應朝向在國關學科中繼續發問女性主義問題（asking feminist questions in IR）——相信女性主義可以在國關學科中生根，還是朝向在女性主義學科中發問國際關係問題（asking IR questions in feminisms）——決定不再在乎國關學科中是否接納女性主義、轉而在女性主義學科中擴展國際關係議題。

29　在該寓言故事中，從不離開水面之魚完全不能理解可以在陸地上行走之烏龜的世界觀，烏龜嘆息：「如果我們總在舊有之知識偏見上打轉、如何可以看見新的東西？」（Ling, 2002: 283）。

30　Marysia Zalewski 則完全駁斥 Cochran 之樂觀評估，認為愈是在紛亂與不確定的年代，主流國關學者愈會執著於已知熟悉且確定之框架，因此更不可能與女性主義國關學者對話，更遑論接受女性主義之批判與建議（Zalewski, 1999）。

31　Zalewski 即指出在各種學術場合中女性主義國關學者與主流國關學者幾乎是各自參加自己社群的 panels，幾乎沒有越界與溝通（Zalewski, 2002）。以筆者親身參與幾次

究議程，努力從事與傳播女性主義國關之教育，逐步累積成果而能自得其樂（Zalewski, 2002）。V. Spike Peterson 亦認為女性主義國關學者應不在乎被主流國關學者所視而不見，而應能超越現有主流國關之框架，發展自己的理論與研究議程俾能對「社會理論就是實踐」做出實質貢獻（Peterson, 2004）。這類學者之觀點為典型認為女性主義國關與主流國關之間幾乎不可能對話也不必在意能否對話，經過二十餘年來嘗試錯誤與挫折疲累後早已夢醒覺悟，不僅不必再浪費時間與精力企圖卑微取得主流國關之小小青睞，更應堅定轉為走自己的路、行自己的道。此非故意切割與主流國關之關係，而是一種更有效率之教學與研究使命。儘管如此，事實上兩者之間仍難完全切割，主因主流國關學界不可能完全不予理會女性主義國關之真實存在，而女性主義國關仍須站在主流國關研究基礎上從事解構與創新。

　　無論是仍抱持不同樂觀程度評估女性主義國關與主流國關之關係的學者也好，或是對兩者未來關係幾乎不抱任何希望的學者也罷，其實這兩大類女性主義國關學者其同遠大於其異，此處並無意渲染其差異，只是說明西方女性主義國關陣營內普遍感受之疲憊無奈以及相應之策略。

第五節　女性主義國際關係理論之未來發展（代結論）

　　經由過往二十餘年來西方女性主義國關學者之現身與發聲，女性主義國關理論開始與其他非主流國關學派同時爭得一席「化外之地」。女性主義國關不僅開始制度化累積其知識與研究成果，並形成一相對有凝聚力之小規模學術社群，同時也與其他非主流國關學派分進合擊，挑戰主流學派之本體論、認識論與方法論。女性主義國關與主流國關及其他非主流國關學派最大不同在於其以性別視角揭露性別秩序以及性別階層如何在國關領域內形塑其核心概念、發展其伴稱具「普遍性意涵」之理論，以及取得宰制並排他之地位。

　　由於此充滿顛覆現狀之批判立場以及追求正義之政治意圖，且同時不按牌

ISA 年會經驗亦有同樣之觀察結果。Zalewki 更指出針對千禧年請各學派重量級國關學者回顧過去與展望未來所集結之書（Brecher and Harvey, 2002），其中有關女性主義之 section 全安排女性主義學者自己對話，在其他重要 sections 中一位女性主義學者的身影都看不到（Zalewski, 2002: 337）。

理出牌之研究方法與研究議程，使得女性主義國關成為主流國關學界冷漠迴避或反向批判之對象。主流國關學派不願與女性主義國關做實質溝通對話，一直是後者所感受最大之挫折。長期累積之怨懟與不滿，從而使女性主義國關學者更加堅定自己之立場並繼續朝其發展之研究議程邁進。更有甚者，許多女性主義國關學者開始努力紮根教育，向新世代傳播女性主義國關之主張，不再重視是否能與主流國關溝通對話。

　　展望其未來發展，女性主義國關將因大量充滿想像與創意之相關學術著述而豐富國關研究。當傳統主流國關研究理論與議程，愈來愈與現實世界脫節，愈來愈不能處理全球化所帶來之風險與危機，愈來愈不能解決人類社會諸多不公義與悲劇時，屆時或許女性主義國關之主張能派上用場，將其長期所醞釀之另類世界觀與改善方案端上檯面，提供新的可能。

參考文獻

Ackerly, Brooke A., Maria Stern, and Jacqui True. eds. 2006. *Feminist Methodologies for International Relations*. Cambridge: Cambridge University Press.

Brecher, Michael, and Frank P. Harvey. eds. 2002. *Millennial Reflections on International Studies*. Ann Arbor: The University of Michigan Press.

Cochran, Molly. 1999. "Talking with Feminists about What We Can Know in IR," *Cambridge Review of International Affairs* XII(2): 46-55.

Cohen, Carol. 1987. "Sex and Death in the Rational World of Defense Intellectuals," *Signs: Journal of Women in Culture and Society* 14(4): 687-718.

Cornell, Drucilla L. 1992. "Gender, Sex, and Equivalent Rights," *in Feminists Theorize The Political*, eds. Judith Butler and Joan W. Scott. New York: Routledge, 280-96.

Dunne, Tim, Milja Kurki, and Steve Smith. eds. 2007. *International Relations Theories: Discipline and Diversity*. Oxford: Oxford University Press.

Elshtain, Jean Bethke. 1987. *Women and War*. New York: Basic Books.

Enloe, Cynthia. 1990. *Bananas, Beaches and Bases: Making Feminist Sense of International Politics*. Berkeley: University of California Press.

Enloe, Cynthia. 2004. *The Curious Feminist: Searching for Women in a New Age of*

Empire. Berkeley: University of California Press.

Griffiths, Martin, Terry O'Callaghan, and Steven C. Roach. 2008. *International Relations: The Key Concepts*. 2nd ed. New York: Routledge.

Harding, Sandra. 1986. *The Science Question in Feminism*. Ithaca: Cornell University Press.

Hooper, Charlotte. 2001. *Manly States: Masculinities, International Relations, and Gender Politics*. New York: Columbia University Press.

Hutchings, Kimberly. 2009. "Towards a Feminist International Ethics," in *Approaches to International Relations* Volume I, eds. Stephen Chan and Cerwyn Moore. London: SAGE, 376-98.

Kaminer, Wendy. 1993. "Feminism's Identity Crisis," *Atlantic Monthly* 272(4): 51-68.

Keohane, O. Robert. 1989. "International Relations Theory: Contributions of a Feminist Standpoint," *Millennium: Journal of International Studies* 18(2): 245-63.

Ling, L. H. M. 2002. "The Fish and the Turtle: Multiple Worlds as Method," in *Millennial Reflections on International Studies*, eds. Michael Brecher and Frank P. Harvey. Ann Arbor: The University of Michigan Press, 283-88.

MacKinnon, Catharine. 1998. "Difference and Dominance: On Sex Discrimination," in *Feminism and Politics*, ed. Anne Phillips. Oxford: Oxford University Press, 295-313.

Phillips, Anne. ed. 1998. *Feminism and Politics*. Oxford: Oxford University Press.

Neumann, Iver B., and Ole Waver. eds. 1997. *The Future of International Relations: Masters in the Making*? London: Routledge.

Ortner, Sherry B. 1998. "Is Female to Male as Nature Is to Culture?" in *Feminism, the Public and the Private*, ed. Landes Joan B. Oxford: Oxford University Press, 21-44.

Pateman, Carole. 1992. "Equality, Difference, Subordination: the Politics of Motherhood and Women's Citizenship," in *Beyond Equality and Difference: Citizenship, Feminist Politics and Female Subjectivity*, eds. Gisela Bock and Susan James. London: Routledge, 17-31.

Peach, Lucinda J. 1994. "An Alternative to Pacifism? Feminism and Just-War Theory," *Hypatia* 9(2): 152-72.

Peterson, V. Spike. 2004. "Feminist Theories Within, Invisible To, and Beyond IR," *The Brown Journal of World Affairs* X(2): 35-46.

Peterson, V. Spike, and Anne Sisson Runyan. 1993. *Global Gender Issues*. Boulder: Westview Press.

Pettman, Jan Jindy. 2002. "Critical Paradigms in International Studies: Bringing It All Back Home," in *Millennial Reflections on International Studies*, eds. Michael Brecher and Frank P. Harvey. Ann Arbor: The University of Michigan Press, 301-11.

Rengger, N. J. 2000. *International Relations, Political Theory and the Problem of Order: Beyond International Relations Theory*? London: Routledge.

Ruddick, Sara. 1983. "Pacifying the Forces: Drafting Women in the Interests of Peace," *Signs: Journal of Women in Culture and Society* 8(3): 471-89.

Schwarzer, Alice 著，婦女新知編譯組譯，2001，《拒絕做第二性的女人：西蒙‧波娃訪問錄》，台北：女書。

Squires, Judith. 1999. *Gender in Political Theory*. Cambridge: Polity Press.

Stern Maria, and Marysia Zalewski. 2009. "Feminist Fatigue(s): Reflections on Feminism and Familiar Fables of Militarisation," *Review of International Studies* 35: 611-30.

Sterling-Folker, Jennifer. ed. 2006. *Making Sense of International Relations Theory*. Boulder: Lynne Rienner Publishers.

Sylvester, Christine. 1994. *Feminist Theory and International Relations in a Postmodern Era*. Cambridge: Cambridge University Press.

Sylvester, Christine. 2002. *Feminist International Relations: An Unfinished Journey* (Cambridge: Cambridge University Press).

Sylvester, Christine. 2005. "The Art of War/The War Question in (Feminist) IR," *Millennium-Journal of International Studies* 33(3): 855-78.

Tickner, J. Ann. 1992. *Gender in International Relations: Feminist Perspectives on Achieving Global Security*. New York: Columbia University Press.

Tickner, J. Ann. 1995. "Hans Morgenthau's Principles of Political Realism: A Feminist Reformulation (1988)," in *International Theory: Critical Investigations*, ed. Der Derian. Washington Square: New York University Press, 53-71.

Tickner, J. Ann. 1997. "You Just Don't Understand: Troubled Engagements between

Feminists and IR Theorists," *International Studies Quarterly* 41(4): 611-32.

Tickner, J. Ann. 2001. *Gendering World Politics: Issues and Approaches in the Post-Cold War Era*. New York: Columbia University Press.

Tickner, J. Ann, and Laura Sjoberg. 2007. "Feminism," in Dunne et al. (eds.), *International Relations Theories: Discipline and Diversity* (Oxford: Oxford University Press), 185-202.

Weber, Cynthia. 1994. "Good Girls, Little Girls, and Bad Girls-Male Paranoia in Keohane, Robert Critique of Feminist International Relations," *Millennium: Journal of International Studies* 23(2): 337-49.

Weber, Cynthia. 1999a. *Faking It: U.S. Hegemony in a 'Post-phallic' Era*. Minneapolis: University of Minnesota Press.

Weber, Cynthia. 1999b. "IR: the Resurrection or New Frontiers of Incorporation," *European Journal of International Relations* 5(4): 435-50.

Weber, Cynthia. 2001. "The Highs and Lows of Teaching IR Theory: Using Popular Films for Theoretical Critique," *International Studies Perspectives* 2: 281-87.

Weber, Cynthia. 2005. *International Relations Theory: A Critical Introduction*. 2nd ed. New York: Routledge.

Wibben, Annick T. R. 2004. "Feminist International Relations: Old Debates and New Directions," *the Brown Journal of World Affairs* X(2): 97-114.

Woolf, Virginia 著，王葳真譯，2001，《三枚金幣》，台北：天培。

Youngs, Gillian. 2004. "Feminist International Relations: A Contradiction in Terms? Or: Why Women and Gender Are Essential to Understanding the World 'We' Live In," *International Affairs* 80(1): 75-87.

Zalewski, Marysia. 2002. "Feminism and/in International Relations: An Exhausted Conversation? Or Feminists Doing International Relations: The Cut(ting) Edge of Contemporary Critical Theory and Practice?" in *Millennial Reflections on International Studies*, eds. Michael Brecher and Frank P. Harvey. Ann Arbor: The University of Michigan Press, 330-41.

Zalewski, Marysia. & Jane Parpart. eds. 1998. *The 'Man Question' in International Relations*. Boulder: Westview Press.

Cynthia Enloe 著作：Bananas, Beaches and Bases: Making Feminist Sense of International Politics (2000)、Maneuvers: The International Politics of

Militarizing Women's Lives (2004)、Globalization and Militarism: Feminists Make the Link (2007)、Nimo's War, Emma's War: Making Feminist Sense of the Iraq War (2010).

Cynthia Weber 著作：Simulating Sovereighty: Intervention, the State and Symbolic Exchange (1995)、Faking It: U.S. Hegemony in a "Post-Phallic" Era (1999)、Imagining America at War: Morality, Polities and Film (2005)、International Relations Theory: A Critical Introduction (2009).

J. Ann Tickner 著作：Self-Reliance Versus Power Politics: American and Indian Experiences in Building Nation-States (1987)、Gender in International Relotions: Feminist Perspectives on Achieving Global Security (1992)、Gendering World Politics; Issues and Approaches in the Post-Cold War Era (2001).

第十一章　國家與戰爭：歷史社會學與國際關係的邂逅

汪宏倫

第一節　「意外的邂逅」：為什麼是歷史社會學？

　　1970 年代末期以來，社會學與國際關係兩個原本無甚交流的領域開始相互產生影響。首先是歷史社會學開始嘗試將國際關係——尤其是主權國家之間的戰爭——納入研究範疇與理論體系；而到了 1990 年代以降，隨著歷史社會學對國家研究的增加，國際關係學者也對歷史社會學的著作產生興趣，認為歷史社會學的研究足以彌補國際關係理論的不足。例如任教於國際政治學科發祥地 Aberystwyth 的 Stephen Hobden 在 1998 年出版了 *International Relations and Historical Sociology* 一書，有系統地評介了 Theda Skocpol、Charles Tilly、Michael Mann、Immanuel Wallerstein 等社會學者的作品（Hobden, 1998）；兩年後，John M. Hobson 在其 *The State and International Relations* 一書中，將「韋伯學派歷史社會學」（Weberian historical sociology）與現實主義、自由主義、馬克斯主義、建構主義等並列，視其為國際關係理論的一支（Hobson, 2000）。到了 2002 年，Hobden 與 Hobson 兩人更合編了 *Historical Sociology of International Relations* 一書，許多活躍的知名學者如 Andrew Linklater、Barry Buzan、Richard Little、Steve Smith 及 Fred Halliday 等人均在書中為文大談歷史社會學與國際關係的關連與影響，儼然歷史社會學已經成為國際關係學科中一個重要的流派（Hobden and Hobson, 2002）。為什麼這兩個看似不太相干的學科領域會彼此產生交集？這個交集有何意義、又產生什麼樣的影響？由於不同的學科領域原來各有各的知識旨趣與研究議程（research agenda），我們也必須分別從社會學與國際關係各自的發展脈絡才能理解這場邂逅的產生與意義。

　　首先，從知識的發展脈絡來看，社會學從一開始就帶有強烈的「方法論的民族主義」（methodological nationalism）傾向，自覺或不自覺地把民族國家等同於社會，以民族國家的疆界來劃分分析的單位，因此處於民族國家疆

界外的「國際」因素，大部分的社會學並不處理，即使觸及，至多也只是將之視為「外生變數」（exogenous variable）來看待。[1]這種傾向在二次大戰後的 1950 年代與 1960 年代尤其明顯，主流社會學的研究典範被實證主義、結構功能論與現代化理論所主導，即使其中不乏「跨國」或「國際」的比較研究，但在這些比較研究中，民族國家仍舊是預設的社會單位而未受到質疑。在此背景下，歷史社會學對國際因素的關注，毋寧顯得有幾分特殊。[2]作為社會學下面的一個分支領域，歷史社會學關心的是宏觀（macro）、大規模的歷史變遷，並嘗試提供結構性的因果解釋。根據 Skocpol 的說法，歷史社會學的研究共享幾個特徵：首先，他們關切具體時空脈絡中的社會結構或過程；其次，他們強調歷時的過程，在解釋結果時重視時間序列；第三，他們注意到有意義的行動與社會結構之間的互動關聯，以解釋個人生命或社會變遷中的意圖與非意圖後果；最後，他們強調某種特定社會結構或變遷模式的特殊性與變異性（Skocpol, 1984: 1）。從這幾個判準來看，一般所稱的古典三大家——馬克思、涂爾幹、韋伯，其實都算得上「第一代」的歷史社會學者，而「第二代」（或稱「第二波」）的歷史社會學者則出現在 1960 年代中後期以降，主要是針對 1950 與 1960 年代佔據主流地位的結構功能論與現代化理論的反思與批判，包括 Reinhard Bendix（1964）、Perry Anderson（1974）、Barrington Moore（1967）、Immanuel Wallerstein（1974）、Charles Tilly（1975, 1978）、

1　有關「方法論的民族主義」，可參見 Smith（1983），Giddens（1985）。Smith 抱怨方法論的民族主義，使得社會學對民族主義問題渾然不覺甚至有內在盲點，而 Giddens 則是明白指出，社會學以民族國家為預設的社會單位，使得社會學自外於國際關係的分析，無法處理超出國家疆界以外的問題。

2　在此有必要對「歷史社會學」做一點正名討論。此處的「歷史社會學」特別指由美國社會學所建構出來的一個次領域，其特性將在下文詳述。在歐洲學界，社會學本身即隱含歷史的解釋，因此並不特別把歷史社會學當成一個次領域。美國學界（包含受美國影響至深的台灣學界）傾向於把歷史社會學理解為「從事歷史研究的社會學」，背後隱含了一種預設，認為社會學是研究現在，而歷史社會學則是研究過去（歷史），這其實是一種對歷史社會學的狹隘理解，也反映了美國主流學界的偏見。事實上，「歷史社會學」作為一個領域，一開始的時候其實受到主流社會學的排斥；但饒富諷刺意味的是，這個因為偏見而產生的名稱，卻成了這個次領域的自我認同的來源。有關歷史社會學在美國主流學界的位置及其如何被評價的問題，可參見 Adams et al（2005）。

Theda Skocpol（1979）等人都被視為其中代表性人物。[3]

　　另一方面，國際關係的發展軌跡與知識旨趣，與社會學雖有不同，但也有若干相似之處。作為一種規範知識，國際關係與政治學同樣古老，「戰爭」與「和平」可說是國際關係恆久的主題；但作為一門建制化的學科，國際關係甚至比社會學還要年輕。[4]國際關係理論著重探討主權國家之間的衝突與合作，原本應帶有強烈的規範意圖與實用色彩；然而，受到 20 世紀以來實證主義與行為科學的影響，「如何科學地理解國際體系的運作、並解釋其成員之間的互動與關係」反成了主流。從 1948 年摩根索的《國際政治學》（*Politics among Nations*, Morgenthau, 2006 [1948]）到 1979 年 Kenneth Waltz 出版《國際政治理論》（*Theory of International Politics*, Waltz, 1979）的三十多年間，國際關係一直以這兩位作者為代表的現實主義與新現實主義為主流。根據 Hobson 的說法，國際關係學者對歷史社會學開始感到興趣，主要乃是因為國際關係理論——尤其是佔據了主流位置的新現實主義——本身面臨的困境與危機。Hobson 認為主流國際關係理論有四個盲點或缺陷：首先，國際關係理論缺乏一個國家理論，過分誇大了結構對行動者的決定性影響；其次，由於國際關係理論預設了「國際」與「國內」層次的根本區分，因此無法將全球政治（global politics）的整合本質加以理論化；第三，無論現實主義或新現實主義都假設國際體系是靜態的，缺乏國際變遷的理論；第四，由於國際關係理論是靜態的，因此也有強烈的非歷史（ahistorical）取向（2000: 174）。

　　對於主流國際關係理論的非歷史主義（ahistoricism），Hobson 在兩年後更進一步以「年代拜物主義」（chronofetishism）與「現時中心主義」（tempocentrism）兩種謬誤稱之，並認為歷史社會學的取徑可以在這兩個缺陷上提供補救。所謂「年代拜物主義」是指「一組幻覺，把當下呈現為一自主、

---

[3]　在 Skocpol 所編的《歷史社會學的視野與方法》（*Vision and Method in Historical Sociology*, Skocpol, 1984）中，更把較早期的 Marc Bloch（1953）、Karl Polanyi (1944 [1957])、S. N. Eisensdadt（1966）、E. P. Thompson（1966）等人都包括在內；儘管這些人有些在嚴格意義下並不屬於社會學者，但他們的作品對歷史社會學具有重大啟發與影響。

[4]　社會學在 19 世紀末的歐陸即已逐漸脫離其他學科而成為一門獨立的學問，美國芝加哥大學在 1892 年成立了第一個社會學系。國際關係成為獨立的科系，則是出現於 1919 年英國的 Aberystwyth，比起社會學晚了將近三十年。

自然、自發、無可改變的系統，這個系統自我構成且恆久永存，因此必然而然模糊了那些促成當下興起、且不斷再構成當下作為一種內在變動秩序的權力過程、認同／社會排除與規範」。至於「現時中心主義」則是指一種幻覺，「把所有的國際體系都視為等價（equivalent）且同形（isomorphic），以被『年代拜物化』（chronofetishised）的現在之持續而規則的速度為特徵，弔詭地模糊了當前國際體系最為基本的組成特色」（Hobson, 2002: 12）。在這篇充滿詰屈聱牙的自創術語的論文中，Hobson 區分了七種歷史社會學的流派，除了最常被提到的新韋伯學派（neo-Weberian）之外，另外還包含了建構主義、世界體系理論、批判的歷史唯物主義、批判的歷史社會學、後現代主義以及結構現實主義的歷史社會學（structural realist historical sociology），幾乎把所有帶有歷史傾向的國際關係理論與作品全都涵攝進來。[5]我們可以說，此處指涉的歷史社會學有兩種版本：一是社會學中的歷史社會學，一是國際關係領域中的歷史社會學。國際關係版的歷史社會學，是被如此理解與界定的：「一種批判的取徑，這種取徑拒絕將現在當作置身歷史之外的自主實體，而是堅持將之鑲嵌在特定的社會—時間位置（socio-temporal place），從而對（國際關係理論所產生的）非歷史主義幻象提供了社會學的補救」（Hobson, 2002: 13）。本文並不打算對歷史社會學做如此寬鬆的認定，因為如此一來，歷史社會學恐怕將失去其獨特的理論傳承與指涉，而成為一種失去特徵的泛稱；而受限於篇幅，本文的討論也將以社會學中的歷史社會學（尤其「新韋伯學派」）為主軸，並進而探討歷史社會學與國際關係之間的對話。[6]

　　以上的簡要勾勒，讓我們理解歷史社會學與國際關係各自的發展脈絡。然而，為什麼國際關係學者會對歷史社會學——而不是社會學的其他次領域、

---

[5]　這些被視為歷史社會學的著作包括諸如 Reus-Smit（1999）、Frank and Gills（1996）、Cox（1986）、Linklater（1998）、Ashley（1989）、Walker（1993）、Bartelson（1995）、C. Weber（1995）、Buzan, Jones and Little（1993）等學者的作品。

[6]　另外一個也常被提及的歷史社會學流派是以 Wallerstein 為代表的世界體系理論。世界體系理論可說是變形的馬克思主義理論，Wallerstein 以「核心—半邊陲—邊陲」的剝削關係取代馬克思的階級關係，分析世界資本主義體系如何形成，造成國家／地區之間不平等的發展與宰制。儘管 Wallerstein 的理論對於我們理解主權國家之間的互動關係不無參考價值，但它的主要關懷還是在於經濟關係與資本邏輯，國家與戰爭僅是資本邏輯運作下的衍生物，本身並未構成獨立的分析焦點，因此本文暫不列入討論。

甚至社會學以外的學科——產生興趣？歷史社會學對國際關係又發生什麼樣的影響？從表面上看，最顯而易見的理由之一在於歷史社會學與國際關係有著共同的研究興趣，即國家與戰爭。但如果進一步檢視，我們可以發現歷史社會學所能產生的洞見，在於將國家與戰爭重新歷史化，提出重新概念化的可能性。以下，本文將先討論社會學中的「新韋伯學派」，針對其中 Skocpol、Tilly 與 Mann 三位作者的作品作一簡要整理爬梳，並探討他們如何概念化戰爭、國家與國際體系。第三節則將進一步探討歷史社會學對國際關係產生的啟發與影響，並從另一位新韋伯學派的代表人物 Anthony Giddens 的現代性理論，檢討戰爭、國家與現代性（modernity）之間的關係，探索重新概念化的可能性。結論部分，則將探索進一步結合社會學與國際關係，從而研究「全球／國際社會學」的可能性。

第二節　新韋伯學派歷史社會學中的「國際因素」： 戰爭與國家暴力

　　「新韋伯學派」這個標籤大約始於 1980 年代，稱其為「新」，當然要有別於舊的。簡單地說，韋伯的社會學說首先透過帕森思（Talcott Parsons）引進美國學界，被有意無意地加以「調和化」之後成為結構功能論的理論基石之一。1970 年代中期開始，人們重新探討韋伯學說當中對國家權力與現實政治的強調，凸顯其中「衝突」而非「調和」的成分，而有了「新韋伯學派」的產生。我們或可說，新韋伯學派之所以新，在於把「理念主義者韋伯」（Weber the idealist）變成了「現實主義者韋伯」（Weber the realist）（Sanderson, 1988）。新韋伯學派的一大特徵，在於其對國家概念的強調並予以擴張解釋。Randall Collins（1986）在其《韋伯學派社會學理論》（*Weberian Sociological Theory*）便主張，韋伯到了晚年已經不那麼強調新教倫理對現代資本主義形成的影響，而把更多的焦點放在現代理性國家（modern rational state）對形塑現代世界所扮演的關鍵角色。新韋伯學派循著韋伯的理論軌跡，認為現代國家建立在工具理性之上，與浸透著價值理性的公民社會有所不同；而國家與社會在制度上的分化，也正是國家自主性的來源。

　　新韋伯學派的另一特色，是超越單一民族國家的分析框架，把視野擴展到國際的分析層次。這可以說是研究邏輯的必然。一旦我們將國家予以問題化，

對其起源與行動進行考察時，那麼攸關國家生存的戰爭，以及國家作為集體行動者所處的國際社會，便很難不進入研究者的視野中。也正因為如此，歷史社會學與國際關係開始有了共同的研究交集，也逐步展開了對話。

　　Hobson（2002: 174-214）認為，新韋伯學派歷史社會學可分為兩波，第一波以 Skocpol 與 Tilly 為代表，第二波則以 Mann 與 Hobson 本人為代表。本文不擬作此區分，畢竟這些學者間的異同主要存在於他們對國家的處理方式，而不在於時間的先後。另外一位被歸類為新韋伯學派、但較少被國際關係學者提及的社會學者是 Anthony Giddens。Giddens 的《民族國家與暴力》（*The Nation-State and Violence*, Giddens, 1985）一書，其實是系統化地將近代民族國家的形成與組織化暴力加以理論化的一部著作，其分析架構與立場與 Mann 的 IEMP 模型（詳見下文）有不少相似之處。然而，Giddens 比較少被歷史社會學提及，一方面在於他不像 Skocpol、Tilly、Mann 等人從事過實質的歷史研究，而主要以「理論家」知名，二來則在於他的「結構化理論」（structuration theory）著重處理「結構—能動性」（structure-agency）的問題，常被國際關係理論中的建構主義徵引，因此較少被歸類在歷史社會學一派。[7]以下，筆者將先就 Skocpol、Tilly、Mann 三位作者的作品作一簡要摘述與回顧，並探討國際關係學者如何評價他們的作品；至於 Giddens 的作品，則留待下一節檢視國家暴力與現代性時再另作討論。

一、Theda Skocpol：「把國家帶回來」

　　Skocpol 的成名作為出版於 1979 年的《國家與社會革命》（*States and Social Revolutions*, Skocpol 1979）。這部企圖宏大的著作，主要是比較法國大革命、俄國布爾什維克革命與中國共產革命的發生起因與結果。簡要地說，Skocpol 認為當國家積弱，難以應付來自國內外的經濟與軍事挑戰、而國內的農民社會結構又容易引發農民叛亂時，社會革命便會發生。同樣地，對於革命之後的繼起政權來說，能否成功因應這些國內外的結構性危機，也是決定革命結果的關鍵。Skocpol 挑戰過去既有的理論，認為無論從個人心理因素、結構功能論的體系失衡、或是衝突論者所強調的群體利益衝突，均無法滿意地解釋社會革命的發生。相對地，Skocpol 認為必須從三方面來補足過去研究的不

7　如被歸類為建構學派的 Alexander Wendt（1999）在討論到結構與能動性的關係時，便引用了 Giddens 的理論。

足：第一是必須採取非志願性（non-voluntarist）結構分析，第二是帶入國際與世界史的脈絡，第三則是必須把國家當成一個獨立的因素來分析。Skocpol批評過去結構功能論與馬克思主義的研究取向，未能給國家足夠的能動性，把國家僅僅視為群體利益或階級結構的反映；相對地，Skocpol提出「國家自主性」（state autonomy）的概念，認為國家自主於其他社會結構因素而存在，必須獨立加以分析。前述這三個面向（尤其第二與第三點），使得Skocpol的作品受到國際關係學者的青睞。

在1985年出版的《把國家帶回來》（*Bringing the State Back In*）一書導論中，Skocpol更進一步闡述了國家在當時社會科學研究的不足與未來展望。Skocpol指出，在此之前，社會科學的研究大多是「以社會為基礎」（society-based），很少提及國家。無論是多元主義或結構功能論大多只把國家或政府視為是多種利益團體的競逐場或功能分化的組織，政策不過是利益團體競逐的結果或組織功能的反映。Skocpol認為必須把國家視為一個獨立的行動者來加以分析，並再度強調國家自主性與能力（the autonomy and capacity of states）作為分析概念的重要性。這本書結合了社會學者、比較政治學者、政治經濟學者、國際關係學者的研究成果，可說是設定議題（agenda-setting）的一本里程碑之作。

國際關係學者對Skocpol的批評，主要在於下面幾點。首先，Skocpol雖然說要把國際體系帶入分析，但實際上她的研究所觸及的國際體系，除了戰爭，幾無他物。換言之，對Skocpol來說，所謂國際體系也不過就是戰爭而已（Hobden, 1998: 92）。由於Skocpol把國際體系化約成戰爭，她的分析也被認為隱含了現實主義的無政府狀態（anarchy）預設，除戰爭之外無體系可言。其次，國際關係學者對Skocpol的另一個批評，在於認為她雖然聲稱要「把國家帶回來」，但實際上，在她的分析裡，國家只有一半的能動性：國家只有在國內層次具有獨立於階級與社會結構之外的能動性，然而在國際層次，國家無能改變無政府狀態的邏輯與國際結構的限制，只能是個被動的因應者與接受者。Hobson乃據此認為，Skocpol其實並沒有「把國家帶回來」，反倒是「把國家踢出去」（kicking the state back out）了。持平而論，Hobson指出Skocpol概念中的國家缺乏國際層次的能動性，是一針見血的批評；但若因此認為Skocpol的分析是「把國家踢出去」，則難免有譁眾取寵、以偏概全之嫌。如果我們考量到1980年代之後社會科學界對國家研究的重視並產生許多重要的作品，則Skocpol與其他學者呼籲「把國家帶回來」的呼聲，功不可沒。也正

是因為如此，Skocpol 的作品才能獲得國際關係學者的重視。透過「國家自主性」的概念，她的確也賦予國家相當高度的（國內）能動性，這是過去研究所缺乏的面向。如果僅僅因為她未能賦予國家充分的國際能動性，就認為她把國家踢了出去，恐怕有失偏頗。

二、Charles Tilly：國家製造戰爭、戰爭造就國家

Tilly 出道與成名都比 Skocpol 來得早，主要以研究歐洲大規模的長期歷史變遷而知名，時間跨度動輒上百乃至千年。Tilly 一開始也是研究集體行動與暴力動亂，著述甚豐，但他引起國際關係學者關注的作品，主要還是集中在他對國家與戰爭的探討上。

Tilly 對於國家形成與戰爭之間的關係，肇始於他 1975 年編輯的《西歐的國家形成》（*The Formation of National States in Western Europe*）一書（Tilly, 1975）。在這一系列與 Stein Rokkan 等人所共同進行的研究中，Tilly 逐漸發現戰爭與西歐的國家形成之間具有密不可分的關係，並以一句膾炙人口的經典表述總結其關係：「戰爭造就國家，國家製造戰爭」（War made the state, and the state made war. Tilly, 1975: 42）。在其後出版的另一篇知名論文〈製造戰爭與建造國家乃組織化犯罪〉（*"War Making and State Making as Organized Crime,"* 收在 Skocpol 等人合編的《把國家帶回來》一書），Tilly 更以一種諧謔的口吻說，推到極致來看，現代國家以國家安全之名向人民強制徵稅以維持常備軍隊，這種行徑其實與黑社會幫派向地盤內的居民勒索保護費沒有兩樣，如果後者被視為組織性犯罪的話，那麼國家便是最大的組織性犯罪集團（Tilly, 1985）。Tilly 的這種觀點，背後其實延續了韋伯對國家的經典定義，也就是把國家視為「宣稱對合法暴力之行使擁有壟斷的人類社群」（Weber, 1946: 78），這也是「新韋伯學派」的特色之一。[8]

8　Tilly 的主要貢獻之一，在於他將組織化暴力放到國家問題意識的核心，一方面鬆動了社會科學對既有分析單位（國家）的劃分，一方面也修正韋伯的國家定義，認為「合法」與「非合法」的界限是模糊的、甚至不是國家的必要條件。的確，透過 Tilly 對歐洲國家形成的歷史考察，我們發現，在強制、榨取與征戰的過程中，內部（國內）與外部（國際）的界限經常是變動的，而在合法性問題上，所謂「對合法暴力的壟斷」其實也是一個漫長的歷史過程；在早期的國家形成過程中，合法與非合法的區分並不清楚，國王經常與土匪、海盜或擁有武力的封建領主結盟，而對於後三者來說，擁有組織化暴力的工具並不存在所謂「非法」的問題。

　　對 Tilly 來說，國家與戰爭之間的關係，猶如「雞生蛋、蛋生雞」一般，互為因果，循環不已。Tilly 曾經提出兩種理論模型，分別代表他不同階段的思考。在第一個階段，Tilly 主要集中探討國家形成、戰爭製造、資源榨取與資本積累之間的因果關係，這幾個因素之間的關聯，可用圖 11-1 說明：

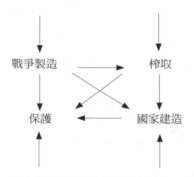

圖 11-1　戰爭製造與國家建造（Tilly, 1985: 183）

　　Tilly 認為，製造戰爭、榨取、建造國家與保護四者是相互依賴的。在理想化的序列中，一個偉大的領主發動戰爭，使其能在領地內稱王，然而發動戰爭導致他需要從當地人口中榨取更多的戰爭工具——人丁、武器、食物、住宿、交通、後勤供給，以及／或能夠買到上述之物的金錢。累積戰爭能力，也意味著榨取能力的提升。而榨取活動若能成功，意味著該領主有能力在其領地中排除其他潛在的競逐者、或獲得競逐者的合作，這個過程便導致了國家的形成。為了遂行榨取，需要創建包含徵稅的代理人、治安警力、法庭、國庫等組織；而至少在戰爭一事，國家也需要常備軍隊、軍需工業、官僚組織以及稍後出現的軍事學校等。這些國家機器的建立遏止了其他競爭者或反對者的出現。國家的管理者與領土內的社會階級結盟，後者提供必要的資源與技術協助以換取保護，防止敵人或其他競爭者的入侵。這一連串的過程解釋了歐洲國家的出現（Tilly, 1985: 182-183）。

　　到了 1990 年，Tilly 出版《強制、資本與歐洲國家》（*Coercion, Capital and European States*）一書時，對於上述模型已經有所修正。他承認過去的模型過於單一線性，背後假設了一條戰爭→榨取→壓制→國家形成的單一路徑，難以解釋歐洲歷史上出現的諸多國家形態之間的巨大變異。為了補足這個缺失，Tilly 提出了新的模型，我們可用圖 11-2 的圖示來說明：

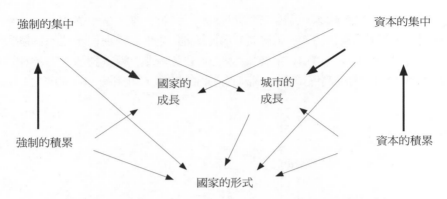

圖 11-2　強制、資本、國家與城市之關係（Tilly, 1990: 27）

　　從這個模型中我們可以發現，Tilly 用「強制」這個統稱概念來涵蓋他先前指稱的戰爭與榨取，而在圖的右半邊，Tilly 增加了資本與城市，為原來的模型所無。一方面，Tilly 發現經濟（資本累積）有其自身運作的邏輯，無法化約到軍事或政治上面；另一方面，由於資本的累積也直接涉及戰爭能力的提昇（換取戰爭所需資源），因此對於國家形成也產生無可忽視的影響。

　　然而，如果仔細考察圖 11-2 的模型，我們也將發現，城市與資本這組變數的加入，其實主要是拿來解釋國家形態的變異性；真正直接促成國家形成的，還是強制。所謂強制，指的包括「所有威脅或實際行動的協調應用，這些行動通常給那些清楚這些行動及其潛在損害的個人或群體的人身或財產帶來傷害」（Tilly, 1990: 19）。正如資本界定了剝削的領域一般，強制界定了宰制的領域。強制的手段包括陸軍、海軍、治安警力、武器、以及其他等價之物；這些手段如資本一般，可以累積，也可以集中。有些地區的強制手段不多，但很集中；有些地區的強制手段很充沛，但相當分散。當強制手段的累積與集中攜手並進、同時增長時，國家便產生了。透過這個模型，Tilly 認為歐洲國家形成可以被集中資本、集中強制、戰爭準備及國際體系中的位置這幾個變數所解釋，而其中最關鍵的，還是在於戰爭與戰爭準備：

> 打敗仗的國家通常變小，而且經常就此滅亡。無論大小，能夠擁有最多強制工具的國家容易贏得戰爭；效率（投入產出比）比不上效能（總產出）。（Tilly, 1990: 28）

Tilly 的理論隱含了濃重的社會達爾文主義的色彩：優勝劣敗，適者生

存，不適者淘汰。能在「戰爭─榨取─強制」的過程中獲勝的就成為國家而留下來，失敗者將被淘汰，從歷史中消失。在歐洲歷史發展過程中，能夠在這場激烈競爭中獲勝而存活下來的，不是帝國、不是城邦、也不是其他擁有組織化暴力的盜匪集團，而是我們今天所看到的民族國家。

如同 Skocpol 一般，國際關係學者對 Tilly 的批評，也是認為他隱含了現實主義的預設：國家只能設法適應無政府狀態，但無法超越或改變之。雖然 Tilly 在後來加入了資本變項，把資本邏輯加入國家創建的過程，但和 Skocpol 一樣，資本也只是被概念化為國家拿來適應無政府狀態的一種工具而已（Hobson, 2000: 191）。另外，Hobden（1998: 114-116）認為 Tilly 比起 Skocpol 更有體系的概念，而非僅把國際關係等同於戰爭，但這恐怕僅是 Hobden 的個人詮釋。Tilly 雖然也討論統治者與競爭者之間的聯盟或網絡關係，但體系的概念，從未在他的分析中出現過。[9]

三、Michael Mann：社會權力的來源與 IEMP 模型

如果 Skocpol 與 Tilly 都有傾向過度化約的危險，過分強調戰爭對社會革命或國家形成的決定性影響，那麼 Mann 所提供的，無疑是較為全面且較無決定論色彩的圖像。和 Skocpol 與 Tilly 比起來，Mann 的研究時間跨度更長（上溯整個人類歷史）、空間分布更廣（遍及世界文明），但他的理論也因此顯得更複雜、更瑣碎。此處的討論，將以《國家、戰爭與資本主義》（*State, War and Capitalism*, Mann 1988）以及兩卷《社會權力的來源》（*The Sources of Social Power*, Mann 1986, 1993）為主。

在《社會權力的來源》第一卷中，Mann 提出了知名的 IEMP 模型作為其

9　另外，值得一提的是，Tilly 有幾分誇張聳動的經典表述：「戰爭造就國家，國家製造戰爭」，在學界有人以「提利命題」（Tilly Thesis）稱之，並嘗試批判或超越之。如歷史社會學者 Philip Gorski（2010）便以「超越提利命題」為題發表論文，認為西歐歷史上的國家並非如 Tilly 所說那麼窮兵黷武，君王對於家族或朝代延續的看重可能更甚於擴張領土與壓榨資源，而透過聯姻等方式，君王其實企圖要避免戰爭而非製造戰爭。Gorski（2003）的研究也指出，除了軍事與資本的影響外，宗教與文化理念所產生的規訓技藝與策略對於歐洲早期現代國家的形成也具有重要影響。下面所要討論的 Mann 所採取的綜合式韋伯派立場，其實也是將文化理念（意識形態）獨立出來分析，避免了 Tilly 過度誇大或片面的分析取向。

理論架構，其中 I 代表意識形態，E 代表經濟，M 代表軍事，P 代表政治。這四種社會權力的來源，各有各的運作邏輯，不能相互化約，但卻又彼此高度交織牽連，構成了複雜的權力網絡圖像（參見圖 11-3）。到了第二卷，Mann 進一步闡釋了他的現代國家理論。Mann 首先檢視了五種國家理論：階級論、多元主義論、菁英論、制度國家論，以及混亂論（cock-up or foul-up theory）。Mann 採取的是一種調和折衷的立場，認為上述五種理論雖均有所不足，但也都有可取之處，而他個人尤其偏向韋伯的傳統，對國家採取制度性的定義（institutional definition of the state）。Mann 對國家的界定為：（1）國家是一組分化的組織與人員；（2）體現了集中性，意為政治關係是輻輳於一個中心，涵蓋了；（3）一個領土界定清楚的區域，在這個區域之上；（4）行使某種程度的權威，制訂必須遵守的規則，並以某些組織化的武力作為後盾。Mann 認為自己和韋伯最大的不同在於，韋伯認為國家壟斷了武力手段，但Mann 認為歷史上許多國家並沒有壟斷武力，而即使是在現代國家，很多武力手段也自主於國家之外，沒有被國家壟斷（Mann, 1993: 54-55）。Mann 的這點歧見與 Tilly 有幾分類似，因為 Tilly 也在其研究中指出，在西歐國家的建造過程中，國家並沒有像韋伯所說的那樣真的壟斷武力；相反地，早期的君王經常要藉助莊園領主甚至海盜土匪的武裝力量來幫忙打仗。但嚴格說來，這也許是對韋伯定義的某種程度的誤讀。韋伯的國家定義強調的是「成功地維持住其對合法使用武力具有壟斷的宣稱」（successfully upholds the claim to the *monopoly* of the *legitimate* use of physical force，斜體為原文所有，Weber, 1978: 54），換言之，國家並不真的壟斷了武力，而是「成功地宣稱其壟斷」，而且國家並不宣稱壟斷所有的武力，而僅有「合法使用的武力」。因此，國家是否在事實上壟斷了所有的武力並不重要，重要的是國家要能夠成功地宣稱壟斷，而其武力行使必須被認為是正當的。

除了強調國家的制度性（而非功能性）定義外，Mann 更進一步強調，國與國之間的關係是理解國家（與政治）的一個重要關鍵；政治與地緣政治是交織纏繞、無法分開的。他進一步引述 Randall Collins 詮釋韋伯政治學時的話說，「政治是從外向內運作的」（politics works from the outside in, Mann, 1993: 56）。將軍事力量（武力）視為獨立的權力來源、結合上對地緣政治的看重，使得戰爭在 Mann 的歷史分析佔了重要的地位，這不只見於兩卷的《社會權力的來源》，也廣見於他的其他著作中。

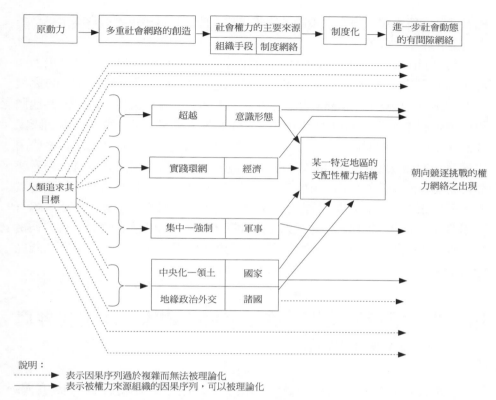

說明：
----------▶ 表示因果序列過於複雜而無法被理論化
――――▶ 表示被權力來源組織的因果序列，可以被理論化

圖 11-3　*社會權力的來源：Mann 的 IMEP 模型*（Mann, 1986: 29）

　　《國家、戰爭與資本主義》一書雖出版於 1988 年，看似比《社會權力的來源》第一卷來得晚，但其實其中所收論文大部分完成於 1976-1986 年間，比起後者來得稍早。這本書中尚未出現 IEMP 架構，但集中在經濟、軍事與政治三種權力來源的分析。在本書的序言中，Mann 特別提及，地緣政治在他的分析中並不構成第五種權力的來源，而是一種運用在外的政治，但通常注入了大量軍事權力在裡面（1988: ix）。和 Skocpol 與 Tilly 不同的是，Mann 的著作並非針對特定的社會或政治現象提出解釋（例如解釋歐洲國家的形成或社會革命的發生），而是嘗試在人類政治社會組織形成的漫長歷史中，給予戰爭與軍事相當重要的解釋地位。雖然 Mann 在其著作中再三強調，這幾個權力來源在不同的時空脈絡下各有其重要性，沒有哪一個權力來源具有決定性的支配地位，然而，在他的著作中，對政治與軍事力量的分析與強調卻佔去了大部分的篇

幅。尤其在解釋現代資本主義體系的興起時，他認為軍事主義與資本主義是攜手共進、相輔相成的。

和前面兩位作者比起來，Mann 的理論較無化約論的傾向，但也正因如此，他在社會學界面臨「龐雜而不夠簡潔」、「缺乏理論簡約性」的批判（Sanderson, 1988）。Mann 也曾經批判國際關係理論的現實主義，認為他們對於國際體系的想像過於簡單化約；現實主義只把國際體系視為是受到國家利益的制約，這樣的觀點從 Mann 的理論來看是遠遠不足的。Mann 拒絕使用「體系」的概念，因為他認為在解釋人類存在的結構時，沒有任何行動者或社會力具有決定性的作用。和大部分的人不同，Mann 不把社會當成封閉的實體，而主張社會是由不同的權力網絡交織而成的。同理，Mann 也不承認有「國際社會」或「世界／全球體系」的存在，主張必須由多重交疊的權力網絡來分析。這開啟了「多形態國家」與「多重因果」分析的可能性，對國際關係學者來說頗有啟發性（Hobson, 2000: 198-203）。

第三節　重新概念化「戰爭」與「國家」：現代性與組織化暴力

透過以上討論，我們發現，國際關係學者對於三位新韋伯學派的歷史社會學者的作品，並不完全滿意。他們都沒有發展出令人滿意的關於國際關係或國際體系的理論，而他們對戰爭的分析，其實隱含了很多新現實主義的預設，或是直接受到新現實主義的影響。從國家的能動性來看，Skocpol 與 Tilly 所概念化的國家，其實都只是國際體系結構的被動接受者，他們在無政府秩序的國際社會中從事戰爭，但卻無能改變國際體系的結構本身。從這點來看，Skocpol 與 Tilly 其實都沒有超越國際關係的「新現實主義」太多。在此情形下，為什麼國際關係學者對歷史社會學的作品仍顯露出如此高度的興趣呢？Hobden 認為，歷史社會學對國際關係有所啟發，主要在以下幾點：首先，是對歷史的強調，或是將歷史納入作為一個新的變項（variable），將國際體系的分析單位（國家）及國際體系本身加以歷史化（historicise）；其次，則是對國際／國內因素的同時強調，考察兩者之間的相互影響或關聯，尤其 Skocpol 的作品，使得國際關係學者開始重視國內政治對一國外交或軍事行動的影響，也使國際關係學者對於社會革命開始產生研究興趣（Hobden, 1998: 186-187）。Hobson

則是更進一步指出，歷史社會學對於新現實主義的國際關係理論可能產生的貢獻，可從下面五個方面來理解。第一，Waltz 的國際體系理論為了達成「科學分析」的目的，假設處於無政府狀態下的國家彼此都是相同或類似的，因此國家被當成「同樣的單位」（like units）來加以分析。然而，透過歷史社會學的考察，我們發現，歷史上大部分國家所面臨的具體情境都是彼此不同的，因此「同樣的單位」的假設若非不存在，也僅能說是異例。其次，新現實主義的理論從一開始便排除國內政治對國際關係可能產生的影響，把每個國家當成彼此區隔、自我構成的實體（self-constituting entities）；然而，歷史社會學則指出國內政治與國際關係之間具有密不可分的關係。第三，新現實主義把各政治單位（國家）之間的疆界視為既定，但歷史社會學則提醒我們必須注意到主權的空間關係或空間分化（spatial differentiation）的過程。第四，Waltz 認為「國際間的無政府狀態」與「國際間的階層體系」是兩個彼此互斥的情境；然而，歷史社會學的研究則是發現，無政府狀態與階層體系並非彼此互斥，而是可以同時共存的。第五，新現實主義假設世界僅存在一個單一的國際體系，忽略了多個國際體系同時並存的歷史事實。歷史社會學則可幫助我們探討體系間（inter-system）與社會間（inter-societal）的關係（Hobson, 2002: 15-19）。

　　另一方面，被稱為「新韋伯學派」的歷史社會學，放在社會學自身的發展脈絡來看，則歸屬於「第二波的歷史社會學」。如果從社會學自身的發展進程來看，在 Skocpol、Tilly、Mann 等第二波之後，歷史社會學是否歷經了「第三波」的發展？而第三波歷史社會學對國際關係理論，是否仍具有任何相關性或啟發性？2005 年，一群直接受到第二波歷史社會學啟蒙或影響的新一代社會學者出版了一本題為《再造現代性》（*Remaking Modernity*）的編輯專書，可說是第三波歷史社會學的標竿（Adams et al., 2005）。在本書的導論中，Julia Adams、Elisabeth Clemens 以及 Shola Orloff 等三位編者標舉出五個第三波歷史社會學的新焦點：（1）制度論；（2）理性選擇；（3）文化轉向；（4）女性主義的挑戰；以及（5）對歐美以外地區的探討，包括對帝國、殖民與後殖民、以及世界體系的重新概念化。上述這五個焦點，前四者大體上屬於理論視角或分析架構的轉換，而這些新的理論視角或架構也同時見於國際關係領域的新興發展趨勢中。而這五個新焦點中，最能夠與國際關係領域產生對話乃至扣連的，還在於第五項，也就是主題與範疇的擴大化。在此，我們有必要對此作進一步的深入考察。

　　從表面上來看，國際關係學者與新韋伯學派歷史社會學之間之所以能夠展

開對話，顯而易見的理由之一在於兩者關注的議題的一致性，即國家與戰爭。然而，除了這個表面上的親近性外，筆者認為還有幾個更根本的問題值得我們進一步思考。歷史社會學如果提供了任何根本的洞見，在於指出國家、戰爭／組織化暴力與現代性之間的緊密關聯。這個關聯，在 Giddens 的現代性理論中得到進一步闡釋（Giddens, 1985, 1990）。Giddens 是少數將國家與組織化暴力——甚至包含國際關係——納入其理論體系的社會學者，[10]他和 Mann 相近，都採取一種制度的分析視角，把軍事權力視為獨立的因素來加以分析。Mann 將人類社會的權力來源區分為四種，彼此交織牽連而不能相互化約，Giddens 則是把現代性視為是四種制度叢結（institutional clusters）共同作用的結果：資本主義、工業主義、軍事權力與社會監控。這四個制度叢結具有自身的發展邏輯，彼此相互影響，但無法彼此化約（參見圖 11-4）。

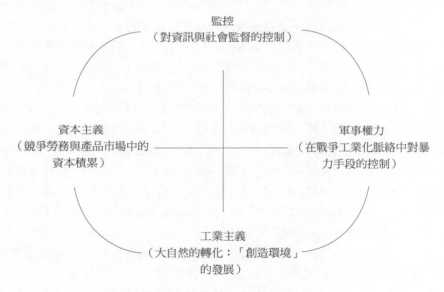

圖 11-4　現代性的制度面向（Giddens, 1990: 71）

---

[10] Giddens 雖然沒有特別針對國際體系加以理論化，但他在談到民族國家的興起時，特別指出民族國家只能存在於與其他民族國家的系統關係（systemic relations）之中；「國際關係」與民族國家的起源是同一時代（coeval）的（Giddens, 1985: 4）。這可說是相當典型的、帶有建構主義意味的社會學者對國際關係的看法。從知識社會學的角度看，Giddens 的這段話也充分說明了為何國際關係作為一門建制化的學科會出現在 1919 年，一個酣戰方歇、民族主義高漲的年代。

和 Tilly 對強制工具的分析相近，Giddens 延續了韋伯式的國家命題，把暴力手段的集中壟斷視為是現代民族國家興起的主要特徵；但和 Tilly 不同的是，Giddens 更注意到暴力手段出現的現代脈絡，亦即戰爭的工業化（industrialization of war）。19 世紀期間，英國（以及其他西歐殖民者）在海外發動了大大小小的殖民地戰爭，採用的是藉由現代工業科技所製造的武器，而其結果是工業化國家一面倒地打敗了農業（或工業較落後）的國家。「機關槍」（machine gun）一詞給戰爭的工業化一個極為簡潔的表述：機器（工業）與武器（軍事）的結合。戰爭的工業化指的不僅是應用新的科技來製造武器，還包括科技所帶來新的交通、通訊等後勤方式的改變、新的戰術出現、軍人的職業化等。兩次大戰所帶來的史無前例的殘暴殺虐與「全體戰」（total war）概念的出現，可說是戰爭工業化的必然後果與極致表現。Giddens 認為，這種發動工業化戰爭手段的全球散布，使得我們今日處於「軍事社會」（military societies）中。[11]Giddens 認為民族國家的暴力壟斷與世界的軍事秩序，雖然都受到資本主義的影響，但我們卻不能把軍事權力的集中視為是資本主義發展的必然結果，畢竟兩者所依循的邏輯與行為者都十分不同（Giddens, 1985: 222-254）。這和 Tilly 與 Mann 的分析，其實是相當一致的。

如果現代社會的出現和國家與戰爭（組織化暴力）無法分割，那麼我們可以追問：這樣的狀態將持續多久？未來又將如何演變？當前「後現代」與「全球化」的口號甚囂塵上，這對國家與戰爭又將可能產生何種影響或改變？以下，筆者將分別從國家與戰爭兩個方面提示一些線索，作為進一步思考的參照：

一、民族國家的角色與未來

當代社會學與國際關係，都建立在民族國家的預設之上，因此社會學以民族國家的疆界作為社會分析的單位，而國際關係則以主權國家的行為及其所形

---

[11] Giddens 的這個論點顯然是要與啟蒙以來的和平進步觀唱反調。19 世紀許多社會思想家，例如孔德（Auguste Comte）與史賓塞（Herbert Spencer）等人都樂觀地相信人類文明已從「軍事社會」進入到「工業社會」，戰爭將會減少，人類社會將會愈來愈趨於和平。然而，19 世紀歐洲人的啟蒙和平觀，卻是建立在一件諷刺的事情上：因為戰爭已經被輸出到歐洲以外的殖民地了，那些成為犧牲在工業主義與軍事主義結合之後「堅船利砲」下的受害者，都是歐洲以外的非白種人。

成的國際社會／國際體系作為研究對象。然而，被當作預設基礎的民族國家，
卻正面臨新的挑戰與改變。從 1990 年代開始，隨著歐盟成形、冷戰解體、新
自由主義全球化浪潮席捲各地，有關「民族國家的終結」或「後國族時代」
（post-national era）的呼聲不斷出現（Held, 1990; Ohmae, 1995; Sassen, 1996;
Appadurai, 1996）。儘管民族國家健在如故、民族主義的浪潮有增無減，但我
們的確看到許多新的力量與行動者浮現於世界舞台（例如跨國的非政府組織與
企業等），而新興議題（生態環保、人權、人道救援，乃至全球金融危機等）
在主權國家之間都形成新的關係與議題領域。過去一般所稱的高政治（high
politics）與低政治（low politics）之間的界線不再涇渭分明，而有彼此相互滲
透影響的趨勢。無論社會學或國際關係，對此都已有不少研究投入其中。[12]此
處值得我們關注的是：這些新的力量與發展，是否足以改變人類政治生活的基
本型態，使得歷史社會學與國際關係預設的國家中心主義（statism）失去顯著
性？從目前的發展看來，恐怕言之過早。根據 Tilly 與 Mann 的分析，國家可
能與這些潛在競爭對手形成新的結盟，造成更多的資源榨取與暴力壟斷。更根
本的是，如果戰爭／組織化暴力乃現代國家之一體兩面，那麼除非我們能夠想
像一個沒有戰爭與組織化暴力的世界，否則侈言（民族）國家的衰亡恐怕只是
痴人說夢。在此，我們有必要進一步檢視戰爭與組織化暴力的未來。

二、關於戰爭與組織化暴力

　　現代性最大的弔詭——或者說，現代化論述最大的謊言——在於，現代性
的興起與包含戰爭在內的各種組織化暴力之間存在密不可分的關係，然而各種
版本的現代化論述若不是忽略戰爭，就是提供人們和平的遠景假象。[13]（從這
個角度看，國際關係比起社會學倒是較為誠實且貼近現實得多。）兩次大戰見
證了人類史上迄今最慘烈殘酷的大規模殺戮，但人們由此學到多少教訓，恐怕
不能太過樂觀。儘管也有學者（例如英國的 Martin Shaw）從歷史社會學的角

---

[12] 例如 Sklair（1995）、Boli and Thomas（1999）、Yearley（1996）、Risse-Kappen
　　（1995）等。另可參見本書有關全球治理的章節討論。

[13] 關於現代性的戰爭與暴力本質如何在主流社會科學論述中被掩蓋，可參見 Lawrence
　　（1997）與 Joas（2003）的討論。除了源於啟蒙理性的和平進步觀之外，現代國家的
　　各種綏靖技藝（pacifying techniques）也是讓人們對當代社會產生和平幻覺的因素之
　　一。

度論證 1945 年以後的國際體系標示了世界史中的一個斷裂，但我們恐怕距離進入其所宣稱「後軍事社會」（post-military society）尚早（Shaw, 1991）。[14] 廣島與長崎或許讓人見識到戰爭可能帶來的終極毀滅，但這卻諷刺地造成了冷戰時期的核武競賽。奧許維茨（Auschwitz）也許讓許多人警覺到國家暴力的可怖、必須加以防範，促進基本人權作為普世價值的共識，也使得狹隘的國族主義一時不敢過於張狂。[15]然而衡諸今世，由國家壟斷的暴力依然存在，且其形式與數量有增無減。尤有甚者，911 之後，新的暴力手段與戰爭被想像出來並被具體實踐，想像無限擴大，戰爭不再限於主權國家之間，而反恐戰爭（war against terror）也深入到日常生活，體現在機場、港口、地下鐵與大型集會的各色各樣安全檢查措施與「小心提防周遭可疑物品與人物」的每日宣傳上。而其結果，是造成國家暴力手段藉由警察、治安、鎮暴、監視／聽、「維穩」等形式更進一步強化與擴大。[16]這似乎反諷意味十足地印證了 Tilly 的論證：國家乃組織化暴力集團，人們現在似乎被迫更加依賴這個暴力集團來保護自己免受其他暴力集團（如恐怖組織）的侵害，而弔詭的是，如果沒有國家，恐怖份子也許根本不會存在。Tilly 的「國家—戰爭」循環相生理論，在 21 世紀的今天以新的形式繼續體現著。從研究的角度看，國際關係學者也許忙著更

---

[14] Shaw 的「後軍事社會」與孔德、史賓塞等人認為現代社會是從「軍事社會」進步到「工業社會」的觀點有所不同；Shaw 與 Giddens 相同，都認為現代社會本質上是軍事社會，但他進一步認為，二戰之後的世界局勢演變，已經使人類歷史進入了「後軍事社會」。但正如「後工業社會」、「後現代社會」等概念一般，後工業／後現代社會的存在一定以工業／現代社會的存在為前提，後工業／後現代並不代表工業或現代的消失；同樣地，後軍事社會也不能理解為軍事社會不復存在，僅能視為後者之新的衍生形式與內涵。

[15] 有關現代性與大屠殺的內在聯繫，可參見 Bauman（1989）。

[16] 在這個問題上，傅柯（Michel Foucault）有關規訓權力（disciplinary power）、生命政治（bio-politics）與治理性（governmentmentality）的分析可說卓具洞見，也在各不同學科領域引發了難以數計的相關研究與討論。參見 Foucault（1979, 1991, 2007, 2008）等。值得一提的是，根據香港《明報》2010 年 3 月 6 日報導，中國在 2008 年奧運之後，投入在公安（含武警與「維穩」——意即「維持穩定」）的經費預算已經與投入在解放軍的國防預算不相上下（參見林和立，2010）。傅柯意義下的「社會內戰」（war within society）已經與主權國家之間的戰爭等量齊觀。利用傅柯的生命政治概念來從事國際關係研究的，可參見 Dillon and Neal（2008）。

新國際或國家安全（international/national security）的定義與理論架構，甚至重新以文明衝突來理解新的世界秩序與衝突所在（Huntington, 1996），然而，如果我們沒有看清現代性與民族國家的暴力本質，則和平的寄託安在？這樣的惡性循環又將伊於胡底？

第四節　結語：邁向「國際關係／全球社會的歷史社會學」

　　Hobson & Hobden 在論及國際關係理論的非歷史主義時，形容國際關係的研究議程（research agenda）由於缺乏歷史縱深，就如同患了天氣風向症候群（weather-vane syndrome）一般，隨著每天陰晴風雨而變易不定。當戰爭看似式微時，就認為自由主義勝過現實主義，惟一旦波灣戰爭爆發，則現實主義又宣布勝利；一下子認為戰略研究（strategic studies）已無必要，但印度與巴基斯坦的核子競賽又使人們開始研究國際安全戰略。如此風風雨雨、陰晴不定，使得國際關係研究只是追隨時事潮流打轉而缺乏自己的設定議題。這一切都歸因於國際關係理論過分囿於以工具化的方式解讀當下歷史（instrumental understanding of present day history）。反之，歷史社會學拒絕以工具化的方式理解當下，退一步反思當下（與過去）的歷史，甚至將國際關係理論的預設加以問題化，因此能夠幫助研究者得到較為寬闊的視野與更堅實的基礎來形成自己的問題意識與研究議題（Hobson & Hobden, 2002: 284-285）。

　　在談到未來的發展方向時，Hobson & Hobden 具體列舉了十個可繼續發展的主題領域：（1）體系間／跨體系與社會間／跨社會分析（inter-systemic/trans-systemic and inter-societal/trans-societal analysis）；（2）體系內與社會內變遷（intra-systemic and intra-societal change）；（3）空間之間的分析（inter-spatial analysis）；（4）空間—時間分析（spatio-temporal analysis）；（5）從國家間到全球的分析架構（from the inter-state to a global analytic framework）；（6）以單位為基礎的分析（unit-base analysis）；（7）以社會權力為基礎的分析（social power-based analysis）；（8）結構化過程的分析（structurationist analysis）；（9）認同形構的分析（identity-formation analysis）；（10）批判與規範的分析（critical and normative analysis）。這串清單雖然看起來企圖宏大、洋洋灑灑，但背後其實缺乏一個根本的思考架構或理論基礎，研究理論的

學者看了恐怕要啞然失笑。從表面上來看，這份清單幾乎無所不包，涵蓋了大部分目前社會科學領域中的研究形態，但也正因為如此，這份焦點模糊的清單反而失卻了提示的力道。再者，Hobson & Hobden 所羅列的這些主題領域，很多是在其他學科早已著手從事的研究，因此，這種包山包海的提案，其實並不切實際，恐怕也未能凸顯出歷史社會學與國際關係結合之後能夠產生的洞見與力量。

　　一言以蔽之，歷史社會學能夠給國際關係理論帶來補充的，一在「歷史」，二在「社會」。換言之，我們必須對歷史敏感，又同時需要對國際社會的「社會學面向」予以關心。進一步說，「社會」與「歷史」也並非不相干或互斥的兩個概念，而應彼此結合。誠如英國學者 Philip Abrams 所說：「社會學的解釋必然是歷史的。因此，歷史社會學並不是某種特殊的社會學；毋寧說，它是這個學科的本質」（Abrams, 1982: 2）。主流的社會學與國際關係理論（現實主義），都因受到實證主義的強烈影響而有非歷史化的傾向，把當下當成恆久不變的現實。歷史社會學的視角帶入時間的面向，使我們認知並反省到主流理論的非歷史預設，終究是站不住腳的。如果國際關係理論必須隨著國際現實的變動而有所調整，那麼我們的確面臨了該重新檢討概念工具與理論架構的時候。歷史社會學可以幫助我們把握這個脈動，這也是歷史社會學能提供啟示之處。

　　廣義來說，社會學與國際關係產生交集，並不始自 1970 年代，也不限於新韋伯學派歷史社會學。早在 1950 年代與 1960 年代，法國社會學者 Raymond Aron 便曾撰寫大量有關國際關係的作品，更以《和平與戰爭》為題發展出其國際關係理論（Aron, 1966[2003]）。[17]雖說不同學科由於預設不同、發展軌跡迥異，往往難以彼此溝通，但學科與學科之間的對話，不僅有助於彼此之間的相互理解，更能給原來的知識領域帶來新的刺激。原來受社會學訓練、後來投入國際關係研究的 Martin Shaw 曾提出如下觀察：「對於來自社會學這個星球的訪客來說，國際關係有種 1950 年代主題樂園的魅力，很多早已被拋開、或是在其他領域似乎已經得到解決的問題，在這裡卻像是新鮮事一般不斷地冒出

---

17 也許因其保守派的立場所致，Aron 這部苦心孤詣的著作，在社會學與國際關係領域皆受到冷落。Aron 從理論、社會學、歷史與實踐學（praxeology）四個方面來探討國際關係，其取徑與本文所討論的歷史社會學有很大不同，但可看出他對當時冷戰結構下的軍備核武競賽的憂慮與對世界局勢的深沈關懷。

來。」（Shaw, 2000: 82）尤其有關結構與行動／能動性、宏觀與微觀、客觀現實與主觀建構等問題，在社會學界可說已是老生常談，在國際關係學界卻似乎仍是個新穎的理論問題，各種爭奇鬥豔的概念術語如雨後春筍一般競相湧現，令人目不暇給。但另一方面，國際關係學者所熟悉的國際結構與事務，例如地緣政治、世界秩序、戰爭與和平等，社會學者卻很少納入視野，即使有也至多只佔據了邊緣的地位。比起國際關係對於社會學的熱衷，社會學界對國際關係這個相鄰領域始終顯得無知且漠不關心，這也使得社會學的分析為此付出了代價。[18]再者，除了透過學科之間的對話以促進跨科際（interdisciplinary）研究外，學科之間的界線可能鬆動模糊，也有可能重組。無論社會學或國際關係，本身也在發展變化當中。例如 1980 年代後期開始在社會科學各領域出現的建構主義、女性主義、後現代主義等風潮，同樣也逐漸流行於國際關係領域。國際關係學界近年來也開始研究起認同與文化治理（cultural governance）的問題，甚至把文化視為「軟實力」（soft power）而納入國際政治的分析（Nye, 2004; Shapiro, 2004; Vandersluis, 2000），而歷史記憶與教科書也成為國際關係學者研究的課題（Callahan, 2006; Gong, 2001），這些在過去幾乎可說是不可想像的。歷史社會學與國際關係的交會，使我們得以將被當成預設背景的民族國家加以歷史化，從而認識到一個「國際關係／全球社會的歷史社會學」（historical sociology of international relations/world society）的可能性與必要性。[19]更重要的是，本文的考察提醒我們：重點不在於學科的界線，也不在知識的系譜，更不在那些繁瑣炫目的理論框架與概念術語。如何面對當前的共同問題（現代性與國家暴力），有效地理解並改變這個世界，才是首要的任務。

---

[18] 關於此點，可參見國際關係學者對歷史社會學的批評，如 Smith（2002）、Halliday（2002）等。

[19] Hobden & Hobson（2002）所編的論文集便是以「國際關係的歷史社會學」而非「國際關係與歷史社會學」為題。關於世界社會（world society）或世界政體（world polity），社會學另有一支制度論（institutionalism）的傳統，可以進一步與國際關係理論（例如新自由制度主義）產生對話。參見 Boli and Thomas（1997, 1999）、Meyer（1987）、Meyer et al（1997）等。

參考文獻

林和立，2010，〈中國成為超級員警國家〉，香港《蘋果日報》，3 月 11 日。

Abrams, Philip. 1982. *Historical Sociology*. New York: Cornell University Press.

Adams, Julia, Elisabeth S. Clemens, and Ann Shola Orloff (eds.). 2005. *Remaking Modernity: Politics, History and Sociology*. Durham: Duke University Press.

Anderson, Perry. 1974. *Lineages of the Absolutist State*. London: NLB.

Appadurai, Arjun. 1996. *Modernity at Large*. Minneapolis: University of Minnesota Press.

Aron, Raymond. 1966[2003]. *Peace & War*. London: Transaction Publishers.

Ashley, Richard K. 1989. "Living on Borderlines: Man, Poststructuralism and War." Pp. 259-321 in *International/Intertextual Relations*, edited by James Der Derian and Michael J. Shapiro. Lexington: Lexington Books.

Bartelson, Jens. 1995. *A Genealogy of Sovereignty*. New York: University of Cambridge.

Bauman, Zigmunt. 1989. *Modernity and the Holocaust*. Ithaca, N.Y.: Cornell University Press.

Bendix, Reinhard. 1964. *Nation-building and Citizenship: Studies of Our Changing Social Order*. Berkeley: University of California Press.

Bloch, Marc. 1953. *The Historian's Craft*. New York: Vintage Books.

Boli, John, and George M. Thomas. 1997. "World Culture in the World Polity: A Century of International Non-Governmental Organization." *American Sociological Review* 62:171-190.

Boli, John, and George M. Thomas. (eds.). 1999. *Constructing World Culture: International Nongovernmental Organizations Since 1875*. Stanford: Stanford University Press.

Buzan, Barry, Charles Jones, and Richard Little. 1993. *The Logic of Anarchy*. New York: Columbia University Press.

Callahan, William A. 2006. *Cultural Governance and Resistance in Pacific Asia*. London: Routledge.

Collins, Randall. 1986. *Weberian Sociological Theory*. New York: Cambridge

University Press.

Cox, Robert W. 1986. "Social Forces, States and World Orders: Beyond International Relations Theory." in *Neo-Realism and its Critics*, edited by Robert O. Keohane. New York: Columbia University Press.

Dillon, Michael G., and Andrew Neal (eds.). 2008. *Foucault on Politics, Security and War*. London: Palgrave.

Eisenstadt, S. N. 1966. *Modernization: Protest and Change*. Englewood Cliffs, New Jersey: Prentice-Hall.

Foucault, Michel. 1979. *Discipline and Punish: The Birth of the Prison*. New York: Pantheon.

Foucault, Michel. 1991. "Governmentality." Pp. 87-104 in *The Foucault Effect: Studies in Governmentality*, edited by Graham Burchell, Colin Gordon, and Peter Miller. Chicago: The University of Chicago Press.

Foucault, Michel. 2007. *Security, Territory, Polulation*. New York: Palgrave Macmillan.

Foucault, Michel. 2008. *The Birth of Biopolitics*. New York: Palgrave Macmillan.

Frank, Andre Gunder. 1996. *The World System: Five Hundred Years or Five Thousand?* London: Rouledge.

Giddens, Anthony. 1985. *The Nation-State and Violence*. Oxford: Polity Press.

Giddens, Anthony. 1990. *The Consequences of Modernity*. Stanford: Stanford University Press.

Gong, Gerrit W. 2001. *Memory and History in East and Southeast Asia: Issues of Identity in International Relations*. Washington, D.C.: Center for Strategic and International Studies.

Gorski, Philip S. 2003. *The Disciplinary Revolution: Calvinism and the Rise of the State in Early Modern Europe*. Chicago: The University of Chicago Press.

Gorski, Philip S. 2010. "Beyond the Tilly Thesis: How States Didn't Make War, and War Didn't Make States." Paper presented at the XVII World Congress of Sociology: Sociology on the Move, Gothenburg, Sweden.

Halliday, Fred. 2002. "For an International Sociology." in *Historical Sociology of International Relations*, edited by Stephen Hobden and John M. Hobson. New York: Cambridge University Press.

Held, David. 1990. "The Decline of the Nation State." in *New Times: The Changing Face of Politics in the 1990s*, edited by Stuart Hall and Martin Jacques. London: Lawrence & Wishart.

Hobden, Stephen. 1998. *International Relations and Historical Sociology: Breaking Down Boundaries*. London: Routledge.

Hobden, Stephen, and John M. Hobson (eds.). 2002. *Historical Sociology of International Relations*. New York: Cambridge University Press.

Hobson, John M. 2000. *The State and International Relations*. New York: Cambridge University Press.

Hobson, John M. 2002. "What's at Stake in 'Bringing Historical Sociology Back into Intenational Relations'? Transcending 'Chronofetishism' and 'Tempocentrism' in International Relations." Pp. 3-41 in *Historical Sociology of International Relations*, edited by Stephen Hobden and John M. Hobson. New York: Cambridge University Press.

Huntington, Samuel P. 1996. *The Clash of Civilizations and the Remaking of World Order*. New York: Simon & Schuster.

Joas, Hans. 2003. *War and Modernity*. Malden, MA: Blackwell.

Lawrence, Philip K. 1997. *Modernity and War: the Creed of Absolute Violence*. New York: St. Martin's Press.

Linklater, Andrew. 1998. *The Transformation of Political Community*. Cambridge: Polity.

Mann, Michael. 1986. *The Sources of Social Power, vol. 1*. Cambridge: Cambridge University Press.

Mann, Michael. 1988. *States, War, and Capitalism: Studies in Political Sociology*. New York: Basil Blackwell.

Mann, Michael. 1993. *The Sources of Social Power, vol. 2*. Cambridge: Cambridge University Press.

Meyer, John W. 1987. "The World Polity and the Authority of the Nation-State." Pp. 41-70 in *Institutional Structure: Constituting State, Society, and the Individual*, edited by George M. Thomas, John W. Meyer, Francisco O. Ramirez, and John Boli. Newbury Park, CA: Sage.

Meyer, John W., John Boli, George M. Thomas, and Francisco O. Ramirez.

1997. "World Society and the Nation-State." *American Journal of Sociology* 103:144-181.

Moore, Barrington. 1967. *Social Origins of Dictatorship and Democracy: Lord and Peasant in the Making of the Modern World*. Boston: Beacon Press.

Morgenthau, Hans Joachim. 2006[1948]. *Politics Among Nations: the Struggle for Power and Peace*. New York: Knopf.

Nye, Joseph S. Jr. 2004. *Soft Power: The Means to Success in World Politics*. New York: Free Press.

Ohmae, Kenichi. 1995. *The End of the Nation State*. New York: Free Press.

Polanyi, Karl. 1944[1957]. *The Great Transformation*. Boston: Beacon Press.

Reus-Smit, Christian. 1999. *The Moral Purpose of the State*. Princeton: Princeton University Press.

Risse-Kappen, Thomas. 1995. *Bringing Transnational Relations Back In: Non-state Actors, Domestic Structures and International Institutions*. New York: Cambridge University Press.

Sanderson, Stephen K. 1988. "The Neo-Weberian Revolution: A Theorical Balance Sheet." *Sociological Forum* 3:307-314.

Sassen, Saskia. 1996. *Losing Control?* New York: Columbia University Press.

Shapiro, Michael J. 2004. *Methods and Nations: Cultural Governance and the Indigenous Subject*. New York: Routledge.

Shaw, Martin. 1991. *Post-military Society: Militarism, Demilitarization and War at the End of the Twentieth Century*. Cambridge: Polity Press.

Shaw, Martin. 2000. *Theory of the Global State: Globality as an Unfinished Revolution*. New York: Cambridge University Press.

Sklair, Leslie. 1995. *Sociology of the Global System*. Baltimore: Johns Hopkins University Press.

Skocpol, Theda. 1979. *States and Social Revolutions: A Comparative Study of France, Russia and China*. Cambridge: Cambridge University Press.

Skocpol, Theda. 1984. *Vision and Method in Historical Sociology*. New York: Cambridge University Press.

Skocpol, Theda. 1985. "Bringing the State Back In: Strategies of Analysis in Current Research." Pp. 3-43 in *Bringing the State Back In: Strategies of Analysis in*

Current Research, edited by Peter Evans, Dietrich Rueschemeyer, and Theda Skocpol. Cambridge: Cambridge University Press.

Smith, Anthony. 1983. "Nationalism and Classical Social Theory." *British Journal of Sociology* 34:19-38.

Smith, Steve. 2002. "Historical Sociology and International Relations Theory." Pp. 223-243 in *Historial Sociology of International Relations*, edited by Stephen Hobden and John M. Hobson. New York: Cambridge University Press.

Thompson, E. P. 1966. *The Making of the English Working Class*. New York: Vintage Books.

Tilly, Charles (ed.). 1975. *The Formation of National States in Western Europe*. Princeton, N. J.: Princeton University.

Tilly, Charles (ed.). 1978. *From Mobilization to Revolution*. Reading, Mass: Addison-Wesley.

Tilly, Charles (ed.). 1985. "War Making and State Making as Organized Crime." in *Bringing the state back in*, edited by Peter B. Evans, Dietrich Rueschemeyer, and Theda Skocpol. New York: Cambridge University Press.

Tilly, Charles (ed.). 1990. *Coercion, Capital and European states, AD 990-1992*. Cambridge, Mass.: Blackwell.

Vandersluis, Sarah Owen. 2000. *The State and Identity Construction in International Relations*. London: Macmillan.

Walker, Rob. 1993. *Inside/ Outside*. New York: Cambridge University Press.

Wallerstein, Immanuel. 1974. *The Modern World System: Capitalist Agriculture and the Origins of the European World-economy in the Sixteenth Century*. New York: Academic Press.

Waltz, Kenneth Neal. 1979. *Theory of International Politics*. Reading, Mass.: Addison-Wesley.

Weber, Cynthia. 1995. *Simulating Sovereignty: Intervention, the State and Symbolic Exchange*. New York: University of Cambridge.

Weber, Max. 1946. *From Max Weber: Essays in Sociology*. New York: Oxford University Press.

Weber, Max. 1978. *Economy and Society: An Outline of Interpretive Sociology*. California: University of California Press.

Wendt, Alexander. 1999. *Social Theory of International Politics*. Cambridge: Cambridge University Press.

Yearley, Steven. 1996. *Sociology, Environmentalism, Globalization: Reinventing the Globe*. London: Sage.

Part 4

社會學批判性理論發展

第十二章 馬克思主義與國際關係的理論：
歷史的回顧與當前的論述

洪鎌德

第一節 導言：馬克思主義不容於主流派國際關係理論的原因

　　傳統的馬克思主義和西方主流的國際關係（包括國際政治、世界政治、環球政治、區域政治，甚至國內政治）的理論，不但少有掛鉤（除非在 1940 年代中至 1990 年代初的東西集團對抗之冷戰時代，把西方集團視為自由民主國家的組合，用來對抗舊蘇聯、中共、越、韓、古巴等信奉馬列主義，並接受共產黨一黨專政的馬列史毛、胡、金、卡斯特羅等主義），而且一向為美、英、法、德等歐美國際關係學界排斥為非實證性的、非經驗性的，而充滿意識形態、玄思、辯證的、非科學之學問（非理論、非方法學用來解釋社會〔social〕、國際之間〔international〕，乃至環球範圍〔global〕的實在〔reality〕之抽象體系）。

　　馬克思主義之受到國際關係學界之這種排斥、摒棄不是沒有原因的。其一、馬克思主義的出發點係人乃為勞動與生產動物，人必須經營社會與集體生活，必須向自然挑戰，克服自然的險阻，然後在改變自然的情況下，開物成務、利用厚生，並建立社會秩序，才能創造一部人類的工業史、文明史。是故採用唯物史觀的歷史哲學來處理自古至今人類生存與演展的問題。這是哲學的、人類學的、心理學的、社會學和歷史學的學說，是接近宏大的、深遠的，從過去演變至今和指向未來發展的大論述（grand narrative）。在西方學者眼中它不適合於對現代局部的、現實的、迫切的國際問題，做細微的觀察和條理的分析，因為這種物化的（reified）國際局勢之現象，不符合馬克思主義者（以下簡稱馬派）之辯證思維和反形式邏輯的推理之緣故。

　　其二、馬派雖然在最終的目標上重視個人、個人才華之落實，以及個人最終的生成變化──個人的解放（洪鎌德，2000：136-157）。人必須要推翻

舊秩序、舊社會組織，而創造新的社會——無階級、無剝削、無異化，自由生產者與消費者的組合（協會）（洪鎌德，2010a：287-288，374-375）。由是看出馬克思最關心的新社會之建立，這個新社會在世界範圍內的各個國家之社會，但馬克思卻預言國家早晚的消亡（*absterben*）。從而不把國家當作是主權獨立的國際政治之主角（actors 行動者）。這也與西方主流派國際關係者視國家為單邊、雙邊或多邊國際或區域關係之主要行動者（而國際機構、非政府組織、個人則為次要行動者）之觀念完全不合（洪鎌德，1977：77-98）。

　　其三、馬克思主義如果可以看成是三個同心圓組合的思想體系，則其最廣包的外環為所謂的辯證唯物主義（*Dialektischer Materialismus*，簡稱 *Diamat*），視天下萬事萬物都是物質，都要因事物內部的矛盾（加上事物所受外頭的壓力）而發生辯證的運動（變化）。把這種宇宙觀、世界觀應用到人類社會的生成演變之歷史上，便得到歷史唯物主義（*historischer Materialismus*）。馬克思本人少用歷史唯物主義，而逕用唯物史觀（*materialistische Geschichtsauffasung*）。這種歷史唯物主義在強調社會是一個兩層樓的結構體。其底層為生產活動，亦即人的經濟生活，馬克思稱它為生產方式（*Produktionsweise*），而生產方式又是生產力（*Produktivkräfte*）與生產關係（*Produktionsverhältnisse*）合組而成，是人類物質生活的用品之生產、交易和消費的場域與表現。在生產方式的基礎上社會形成所謂意識形態的上層建築（*ideologischer Überbau*）。這包括（婚姻、親族制度的）家庭、法律、國家、教育、文化（宗教、哲學、藝術等）在內的人類社會較高的功能和制度。簡言之，亦即向來的中國人所稱呼的典章制度。社會這一結構體在人類時間的長河上每受發展的時間和地點之不同而產生或大或小的變化，變化的原因來自於社會底層的物質生活之改變，牽動社會上層的精神生活跟著變遷。

　　詳言之，生產力的改善，帶動生產關係的變動，使生產方式（下層建築、經濟基礎）發生相適應、相搭配的改變。社會的生產方式一旦轉型，則與其相當、相配合的上層建築之典章制度也跟著起了變化，於是整個社會跟著發展與變化。這是何以在人類四、五千年文明歷史發展中，先有所謂亞細亞社會，與其並排的原始社會（公社）、奴隸社會、封建主義社會與資本主義社會的次第遞嬗之因由。事實上，因為生產方式與上層建築辯證互動的緣故，社會也從早期階級不分的原始公社，發展為奴隸主對抗（控制與剝削）奴隸、地主對抗農奴、資本家階級對抗勞工階級的社會兩大分化（分裂為兩大敵對陣營之階級）的社會。

　　從而馬克思與恩格斯遂在《共產黨宣言》（1848）的開頭斬釘截鐵地說：「至今為止的人類社會乃為階級鬥爭的歷史」（*SC*1: 108）。是故馬克思主義原創者把人類有史以來的衝突擺到與突顯在有產兼消費（奴隸主、地主、資本家）階級與直接從事生產，卻很少享受產品的勞動（奴隸、農奴、勞工）階級之間。這種注重階級以及階級鬥爭的說法，同 17 世紀中葉以來歐洲民族國家（Nation-States）崛起以後，以國家為中心展開的國際殖民、商貿、原料之攫取、地盤擴張的殖民主義、帝國主義等等，亦即以國家為主角的國際商貿、競爭、摩擦、談判、戰爭為主的近現代國際關係的現象之解讀（外交、謀略、戰略等等理論與實踐的經營）大相逕庭。換言之，馬克思與恩格斯強調的是有史（其實是他們心目中的「前史」）以來的社會衝突是圍繞在階級之間，階級對立、階級鬥爭之上。反之，近現代的國際關係則視國家的權力爭取、保持和擴大所引發的國際（及其集團）之爭衡，才是世界政治的主要內容。這也是馬克思主義很少成為歐美國際關係理論的一部分之原因。以下把馬克思主義的體系和歷史唯物主義用圖12-1表述出來：

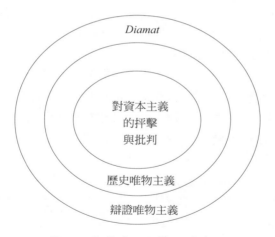

圖 12-1　馬克思主義的體系圖

資料來源：作者自行設計。

　　其四，馬克思主義三個同心圓的中環是把辯證唯物主義應用到西洋（特別是歐洲）的生產史、工業史之上，是屬於對歷史的看法的一種史觀，不認為歐洲史是人的精神、還是上帝、還是統治者所創造的，尤其反對精神（上帝、神明）、心靈創造歷史的唯心主義史觀。反之，整部人類工業史、文明史是勞

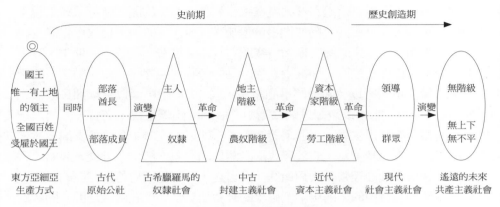

圖 12-2　唯物史觀示意圖

資料來源：作者自行設計。

動人民，尤其是廣大的奴隸（無薪與有薪的奴隸）群落所創造的。勞力與勞心構成勞動的核心，這是人物質生活（首先是「餬口」的生產，其次「養家」的家族繁衍——家族再生產）之營造與物質生活的需要之滿足的活動（生產、交易、消費）。在此物質生活上人才能經營精神的生活（家庭、法律、國家、文化等典章制度及其背後的意識形態）。由此可見物質在先、精神在後，物質為主、精神為副。馬氏遂說：「並非意識決定存有，而是存有決定意識」（*SC*1: 503）。這種講究歷史的過去與預測未來的歷史觀，對專門分析當前各國的複雜商貿、武力衝突、緊張關係，特別是涉及和戰及安全問題、文明衝突、恐怖與反恐、國際金融財政危機等等問題，似乎是問題不妥、時機不對、利害失焦的學說，難怪不為主流派國際關係理論所引用。

　　其五，正如上面所提馬克思主義的三個同心圓說所指出的，這個同心圓之核心部分為馬克思主義對他所處時代，以及當代資本主義體制的大力抨擊、批判和摧毀的企圖。這點與近現代西方藉助資本主義的興起，提升歐美各國菁英與大眾的物質生活水平，從工商業的大幅提升發展到市場經濟、知識經濟、資訊經濟的水漲船高。國際關係的產生是資本主義的對外擴張，挾持國家的力量，大搞殖民和帝國主義的活動所引發的。但一向集中在抨擊早期資本主義制度的馬、恩對資本主義本質的變化（貪婪、營利、冒險、投機仍是資本家的本質，但其手段已圓熟很多，技巧更為細膩，這拜受科學與管理科技進步之賜），資本主義內在韌性的堅強，轉型求取適應的能力很大，都會造成批判與摧毀資本主義為職責的馬克思主義在國際關係的理論上有缺場或失色之虞。尤

其 1990 年代「蘇東波變天」之後，舊蘇聯與東歐的共黨統治崩盤，造成對馬克思主義在思想地位上的岌岌可危。再加上中共、朝鮮、越南、古巴的改革開放，擁抱資本主義、或推動社會主義的市場經濟政策，也是馬派思想走向沒落之原因。

　　其六，為馬克思主義除了馬、恩和普列漢諾夫、考茨基的經典或稱正統馬克思主義（老馬）之外，還有後來列寧、史達林、托洛茨基發展的蘇維埃馬克思主義（俄馬），更有 1920 年代出現在歐洲中部的西方馬克思主義（西馬），存在主義、現象學、結構主義的法、義馬克思主義，以及批判理論（法蘭克福學派），以及 1960 年代出現於歐美的新馬克思主義（新馬，包括世界體系論、依賴理論、低度發展理論、批判理論、女性主義理論、生態的馬克思主義）。最終還出現了後馬克思主義（後馬，包含後結構主義、解構主義、後現代主義、符號學的馬克思主義）（洪鎌德，1996：45-79）。可以說自二戰以來馬克思主義所衍生的批判性理論（Critical Theory）反而可以參與到歐美國際關係的理論上，演出反對者、批判者、補充者的角色（Cox, 1986; Linklater, 1990；洪鎌德，2010C）。之前的老馬、俄馬、西馬反而對國際關係、外交政策、環球政治之理論影響趨小、甚至式微。

■ 關鍵詞

歷史唯物主義

- 強調社會是一個兩層樓的結構體，底下是生產活動，也就是經濟活動。
- 馬克思認為經濟活動包含生產方式和生產關係，是人物質生產交換與消費。
- 在經濟活動的基礎之上有意識形態的上層建築，包括法律、政治、國家、教育、文化（宗教、哲學、藝術），此即典章制度。
- 生產力的改善帶動生產關係的轉變，也牽動生產方式的轉變，上層建築的典章制度也跟著相適應的變化，於是人類社會也跟著發展與變化。
- 人在物質生活（生產、交換）上得到滿足之後，才能經營精神（意識形態、典章制度）上的生活。亦即，物質在先、精神在後，物質為主、精神為輔。

第二節　馬克思和恩格斯對國際關係理論的貢獻

　　馬克思與恩格斯在其成年之後，積極參與各國工人與知識份子代表的團結運動，形成工人國際組織，俾進行普勞階級[1]的訓練、教育和階級意識的啟發、凝聚。在投入這種革命活動之外，對歐美政治和經濟活動特別留意，對時局的發展也有尖銳的觀察與評析，尤其對英國與大陸強權（法、普、奧、俄、波、瑞典等）之間的列強權鬥，以及形成殖民擴張和帝國主義，有深入的分析與批判。特別是在馬氏擔任 10 年（1851-1861）《紐約每日論壇報》駐歐通訊員所撰述的世局變化之通訊稿，令人驚佩他國際局勢知識之豐富，以及觀察力與分析力之敏銳（洪鎌德，1997a：133-138）。可見馬克思對時局的關懷與認識之深刻，有利於他學說對國際關係的深入研析。

　　捨開馬克思對時局細膩而精微的分析，他理論的洞見來自於對資本主義的批判。他並不把資本主義等同為市場與交易。反之，是認為在資本主義體制下，人的勞動力像商品一樣供給買主（雇主、老闆、資本家）的使用，這無疑是勞力的商品化（commodification），也是人心血創造力的物化、疏離、異化。是故馬克思攻擊資本主義不只抨擊資本家的貪婪、自私、驕奢、狂暴，成為金錢的崇拜者、金錢的奴隸，更因為剝削勞工的血汗、成果，而成為嗜血的人狼（werewolf 狼人），這都是資本主義非人化、去人化（*Entmenschlichung*）的敗德罪行。為著恢復人的本質（人性復歸）、人的自由創造力的重新湧現，推翻資本主義制度變成他終身奮鬥不懈的目標和志業（洪鎌德，2010a：152-154，182-183，186-188，190-191）。

　　有異於他同代以及前代的政治經濟學者（亞丹・斯密、李嘉圖、馬爾薩斯、薩伊、約翰・穆勒等人）視資本主義為人類文明社會進步的動力與近現代不斷更新創發的社會組織原理，馬克思認為資本主義雖然是人類至今為止生產力發揮的最高點，但畢竟是歷史進化的一個環節，不是永恆的、不可逾越的社會樣態、或發展終境。反之，它既然是歷史發展的產物，也是可以變動、推翻的社會生活之方式。由於資本主義非人化的過程，使資本家（由於貪婪）和勞

---

[1] 與布爾喬亞（*Bourgeoisie*）之資產階級相對照的是所謂普勞階級（*Proletariat*）。此為無產階級、工人階級、勞工階級之新譯名，係取 Pro 之音義，亦即普遍勞動（勞心與勞力之意）。過去華文譯為普羅階級並不適當，蓋普羅係 Professional（專業前綴詞的音譯）之緣故。

動者（由於被剝削、被壓迫）都變成非人。如何使人利用其理性、前瞻性，改善本身及其社會，尋求資本主義社會之外的另一種社會形態——社會主義、共產主義——都是使人群獲得自由與解放，社會變成平等與民主的可能性出路。

　　有異於亞丹・斯密以個人利益為行為指針，馬克思持人理性的、自我創造的、重視過程的（a rational and processed view）人性觀和社會觀，不以為人類只是追求自利而已，而是在勞動與生產過程中，在營建平等和自由的社群下，發揮人內在的潛能，成就人是社會與政治的動物（亞理士多德的理想）。人不但要利用大自然當其倉庫和舞台，而開物成務、利用厚生，人更要與別人進行貨物與勞務的交易與消費，而交易與消費的社會秩序是建立在相互尊重、取與予公平的基礎之上，是故一個無壓迫、無剝削、無異化的社會只有在私產取消、階級消失、權威（公權力）變成公共服務，「人統治人，變成人管理物與計畫過程」（恩格斯語）才有可能。換言之，人的生產與分配活動應當在社會組織下、理性計畫下進行。當前人類的自私自利乃為資本主義體制下的必然結果，未來新的社會（社會主義或是共產主義的社會）將會產生了謀取公利公益，而又發展本身才華的新社會。由是看出馬克思強調人性是社會關係之總和指標，其本意是人與自然、人與社會、人與自己（轉化為新人）的三重關係得到合理的安排而言，亦即人的社會生活是在這種存活的過程上牽連到自然、社會和本身三者進行辯證發展的結果（Rupert, 2007: 150-151）。馬克思一度指出：「人創造歷史，並非按其喜歡而為之。人並非在其選擇的情況下創造歷史。反之，是在其直接碰到的、給予的和從前所傳授而來的情況下，進行歷史之創造」（*CW* 11: 103; 洪鎌德，2006：403）。這就顯示他務實而可行的遠見與偉景（vision 不僅僅是願景而已）。

　　馬克思上述人的理性與過程觀，也可以看作是行動者與其所處環境的結構之間的辯證關係。做為社會活動者的人離不開其時空特殊點上的脈絡。這個脈絡無他，乃為時間上較為稍久的社會關係，或稱為結構，它形成為社會制度之一環（譬如家庭、學校、職場、協會等）。結構產生了社會認同與活動形式，（在家中為長男，在學校為班長，在職場為主管，在協會為會員等等），這便牽連到角色的問題。須知結構對行動者並非硬性決定，也非自動操作，卻是藉由行動者不斷強化其角色，而使結構得以維持。「個人的行動和範圍他的行動之制度，這兩者之間的互相過招（interplay）便是馬克思所言的辯證」（Schmitt, 1997: 50）。

　　假使吾人理解歷史是尾端為開放的、無盡期的人類自我生產過程的話，那

麼不難理解在歷史長河裡，任何社會結構與人的行動發生齟齬矛盾時，緊張和摩擦的情況必然出現，這種衝突與變化是歷史的辯證運動。這時人應當有理性與能力來解決行動與結構之間的矛盾與衝突，從而導致改良、變革、革命的契機之出現[2]。

馬克思這種過程中關係的辯證架構之說法給予吾人對政治、自由、奴隸等等現象思考的啟示。傳統上把政治當作權威的統治過程、或是權威的價值分配都與馬氏的看法相左。以馬克思的歷史觀來看待政治，是把政治當作社會自我生產的過程之控制，以及對此控制權力的求取與鬥爭。左右這種過程之目的在於型塑新的秩序，包括創造新的環境，以及新的人類。是故政治所關懷者為如何營建未來的新世界和新人類。所謂的自由云云、奴役云云也正表現人的決心與能力來制約與決定未來社會的形式與人類的前程。這種對自由的擴大解釋比起傳統的自由主義者而言，更具活力與新意，因為它突破個人選擇與狹窄自由而言。藉由歷史辯證發展觀，以及政治觀和自由觀，馬克思遂用來批判資本主義的制度（洪鎌德，1997b：258-260；2000：44-111）。

值得注意的是資本家在社會上建立它們私人的王國，把社會力量私有化，把經濟活動從政治活動中脫逸出來，使國家式政權的勢力盡量避免伸進資本家的私人範圍中，從而使生意人、資本家所作所為很少受到公權力的約束，這就美其名為資本家的企業自主。資本家可以賺盡社會的錢，卻不肯、也不必負社會責任。在今天很少資本家肯為公害與環保付出傷害的代價。它們躲在私產的法律保護傘之後，累積其財富、享受其奢華，偶然只做一些表演性的公益、賺取大善人之美名（富士康員工跳樓的悲劇正是資本家在所謂「有中國特色」的社會主義之社會公開表演，赤裸裸的剝削與異化之典例）。

再說，政府的結構就需要靠資本家、財團來發達經濟、減少本國勞工失業率。在很大程度上，國家被資本家所籠絡、所挾持、所控制，造成資本家的驕奢自大，也使公家政策無從以全國上下的利益來盱衡大局，做出合理的決策，俾有利於廣大的民眾。這點看出資本主義制度是非民主的。剛好相反，它是反民主的、反自由的。

資本主義最大的弊端不只是把人的勞力當成商品，把活生生的人之活動變成可供買賣的商品，導致人轉化為物。更可非議的是提倡分工，把對立人的

---

2 關於結構與行動之關係，紀登士的說明更令人折服，參考洪鎌德 1998: 121-134; 2006: 330-340.

非人化。這種分化可以說是配合人類文明史以來社會階級的兩分化（洪鎌德，2010a：278-285）。

　　近世以來，特別是 17 世紀中葉民族國家誕生以來，以歐洲為中心的國家經歷了統一、聯合、獨立、新創等等過程及運動，其背後固然為各國統治者、開國先鋒的野心壯志、雄圖謀略，以及舉國上下的團結意識與民族主義在鼓吹，但進一步分析則不難發現資本家營利的心態，以及政商掛鉤，導致公權力為工商利益服務的寄生關係。這是造成歐洲強權對外發動戰爭、前往海外開拓市場、侵併其他地區的領土、降服其人民的殖民政策之倡行。於是殖民主義和帝國主義完全拜受資本主義興起之賜，而國際關係的展開背後無疑地是資本家的擴充野心（倪世雄，2006：21）。

　　可以斷言的是，近現代國際關係的型塑者與執行者表面上為各國的政要、外交官、將領與士兵，但幕後的推手卻是各國財勢強大的財閥和資本家，這是馬克思第一位看出的，亦即把國際關係不只理解為權力爭霸的政治角力，更是為財富、利益、霸權、優勢的追求之國家行動，也就是說他是第一位思想家把國際政治經濟學融入國際關係的考察當中。今日西方主流派國際政治無不把國際政治經濟學當成國際關係、國際政治、世界政治、環球政治的主要分科、或主要理論派別（Sterling-Folker, 2006: 199-242; Dougherty and Plalzgraff Jr., 2001: 416-504; Griffths *et al.*, 2009: 161-210; Dunne *et al.*, 2007: 148-164）。

　　雖然馬克思本人沒有使用「帝國主義」一詞（Brewer, 1990: 25），但他對歐美強權為爭取領土、屬民、勢力範圍而展開的鬥爭，卻有所析評，儘管殖民主義可以獲取腹地，而使本國獲利，但未必是資本主義的必要成分。不過馬克思卻持資本擴充性動力（expansionary dynamics）的說法。這顯示了他對後世資本主義有可能轉型、可能跨越國界、進到環球的領域，擁有先見之明。甚至他說：

　　　布爾喬亞在迅速改善各種各樣的生產工具之際，在廣泛地開放各種各樣的交通工具之際，把那些絕大多數尚是野蠻未開化的國家納入〔西方〕文明的範圍裡。便宜的商品變成強大的火砲，把中國長城打碎。靠著這些〔商品〕強迫野蠻人把外國人的心態變成降服輸誠。它〔布爾喬亞〕強迫所有的國家〔與民族〕在滅種的痛苦下，採用布爾喬亞的生產方式；它強迫他們引進所謂的文明到他們當中，那就是說讓他們也變成布爾喬亞。一言以蔽之，它創造一個它本身映像的〔新〕世界。（Marx 2003[20]: 248-249; 引自 Rupert, *ibid.*, 155）。

可以想像得到的是馬克思不會把資本主義限縮在國界範圍內，而視為內政問題，這是由於財富競爭的累積迫使布爾喬亞（資產階級）不斷向外擴張其營利活動之緣故。資本主義一方面有其去人化、去政治的經濟氛圍，他方面卻帶有公權力，維持社會法律與秩序的統治機器——國家。對馬克思而言，表面上不涉及政治，而集中在經濟、私人氛圍的資本主義，早已走向全球、邁向環球化。馬氏認為工業資本的國際活動（有異於貿易與商業的資本）在其潛勢力中，有改變世界規模下的社會性生產組織之能力。散播和增強生產的資本主義式之組織，從而在社會方面增強生產力。資本主義這種辯證的發展會產生既進步，但同時退步的過程，造成廣大群眾的受苦受難，也增強少數菁英的富裕發達。

第三節　馬派人士的帝國主義理論之產生與評析

在 20 世紀初，歐洲局勢的發展已醞釀第一次世界大戰山雨欲來風滿樓的風暴。這時馬克思去世已十多年，而恩格斯的逝世也超過五、六年。就在這個世紀轉換之際，馬派思想家中有幾位，像盧森堡、希爾弗定、布哈林、列寧等人開始討論帝國主義這一重大的國際現象。他們都認為資本主義的財富累積之先進過程會驅使主要資本主義的國家走向殖民的擴張主義。特別是紅色帝國的舊蘇聯之開山祖師列寧，他認為帝國主義是資本主義發展至最高峰的階段。驅使資本主義走向帝國主義的機制，儘管各國有異（或追求原料、或尋找新市場、解除生產過剩或資本累積過多而必須把資本輸往海外），馬派理論家都一致指出先進的資本主義的國家被資本累積的無上命令所驅使，必然支持其工業、金融的壟斷集團走向國際膨脹、擴大之途。可是世界有限的領地早已被一個或數個大帝國強權瓜分之後，帝國主義本身的敵對、競爭、摩擦遂告發生，而最終帝國主義者之間爆發軍事衝突、發生國際戰爭成為無法避免之情況。第一次世界大戰的爆發，正證明馬派帝國主義的理論之正確。

其實馬派的帝國主義理論多少受到之前英國學者兼新聞工作人士霍布遜（John A. Hobson, 1858-1940）的影響，他視帝國主義為資本主義體系內部適應不良的怪胎，他也認為資本家牟利是導致國際戰爭的主因。

在各種早期帝國主義的理論中，又以列寧的學說較為精緻，而且他還把帝國主義的崛起、過程與後果分成五期，來加以說明，他的結論是：

帝國主義是資本主義發展的〔最高〕階段，在此階段中，壟斷和金融資本建立起優勢地位；在此階段中資本的輸出達到可以宣示的重要性；在此階段中，國際托拉斯瓜分世界業已開始；在此階段中，全球的領土被壯大的資本主義強權瓜分完成。（Lenin, 1939: 89）

　　換言之，造成帝國主義與世界大戰的流程之幾個時期為：

1. 生產集中於企業結合（combines）、卡特爾（cartels）、企業聯合（syndicates）和托拉斯（trusts）等商業組織之手中；
2. 生產組織追求原料的供應，需要海外殖民地的輸入原料與人工；
3. 生產組織求助於銀行的貸款，形成了金融資本；
4. 舊殖民政策轉化為爭取勢力範圍和經濟利益的鬥爭，從而造成強國剝削弱國的情況；
5. 鬥爭的結果，特別是殖民地的掠奪，導致國際競爭與戰爭，擴大戰爭範圍而成為世界大戰（以上引自 Dougherty and Pfalzgraff 2001: 434, 加上本章作者之第 5 點引申）。在此列寧幾乎把壟斷資本主義視同為帝國主義。

　　列寧的帝國主義有其優勢與缺陷。首先，其理論的長處為：第一，指出帝國主義為殖民主義的延伸，都是產生自經濟利益的奪取，為資本主義發展到壟斷資本主義的最高階段，這等於說明帝國主義的起源。第二，把國內資本主義發展的瓶頸打破。由於國內的資本家爭取原料與市場的困迫，必須把資本移往海外殖民地，把殖民地廉價的勞工與原料引進殖民母國。由於資本家（特別是壟斷的工業資本家）除了與本國的銀行掛鉤，把商家累積的資本，轉成銀行（團）貸出的金融資本之外，還逼迫本國政府大肆搞海外商貿與推動殖民政策，這等於說明帝國主義形成的前身為歐洲列強的殖民主義。第三，由於各國大肆推行強勢的殖民政策，則強權的摩擦、糾紛、爭執成為無法避免的國際關係與外交折衝，甚至以武力衝突來決定利害輸贏，最後釀成第一次世界大戰。等於利用帝國主義理論來說明世界大戰的原因。第四，列寧的國際理論還可以說明馬克思預言資本主義必將崩潰的預言，何以在 19 世紀末與 20 世紀初未能及時兌現之因由。換言之，資本主義的崩潰或是由於普勞階級的覺醒和團結發動、階級鬥爭、世界革命，或是由於資本主義本身的矛盾危機四伏（包括景氣循環）所引起的。不管是馬克思以外在（革命）或內在（危機）因素斷言資本主義的解體或滅亡，最後的事實顯示資本主義像燃燒過的火鳳凰，仍舊從餘燼中振翅高飛，從死亡中復生。這個馬克思主義預言的落空，便要靠列寧的帝國

主義之興衰，來加以補救，而獲得一時的解答與解救。這也可以說是列寧理論的貢獻之一。

如眾所知，帝國主義解釋為資本主義最高的發展毋寧為馬派經濟決定論的引申，而受到西方學者的質疑與挑戰。再說，歐美列強的主政者──國際關係行動者──之志業在於擴大領土的野心，創造國家富強的稱霸心態，或妄圖建立個人歷史功業的雄圖壯志。特別是民族國家的背後推手之種族優越感和擴張的民族主義都是帝國主義形成的意識形態，它指引列強行動的文化力量。更不忘歐美的殖民主義多少與傳播上帝的福音之基督徒傳教活動有密切的關連。另外也與白人「開導」野蠻人的「白人負擔」（Whitemen's burden）之歐洲人（以及北美人）中心主義有關。因之，這些學者不免要指摘列寧把帝國主義類同為壟斷資本主義的偏頗。

無論如何，列寧基本上以討論國內經濟的理論轉變成資本主義國家間國際政治關係的理論，能夠輸出資本的國家就靠剝削窮困海外地區的人民，而獲取經濟利益。這樣可以看出從馬克思的時代之競爭資本主義發展到列寧時代的壟斷資本主義（金融資本控制了工業資本，以及兩者的合併導致壟斷資本主義的出現）。這一資本主義的最高發展便形成了帝國主義（Gilpin, 1987: 40）。

在前蘇聯馬列主義影響下，史達林一度預言資本主義之間的衝突無法避免。毛澤東也提出三個世界的理論，主張第二世界的共黨國家，聯合第三世界的發展中國家，以鄉村來包圍城市之戰略，來對付第一世界的資本主義國家。這是毛澤東著名的「三個世界論」。但在 1953 年史達林死後，蘇聯對社會主義兄弟國的控制與鎮壓（1953 年的東德、1956 年的匈牙利、1968 年的「布拉格之春」）加強證明社會主義陣營內在的傾軋，以及布列茲涅夫對社會主義兄弟國的出兵干涉之「主權有限理論」──布列茲涅夫主義。這種情勢導致中俄共 1970 年代意識形態之爭（也包括領土爭執，以及西方列強的裁軍談判）。其後戈巴契夫的「新思維」（новый мысль）加速舊蘇聯的解體與東歐各國的紛紛自由化與民主化，意即「蘇東波變天」，從而結束正統與官方馬克思主義（馬列主義）在國際關係上的應用。與此站在對立面的則為西方馬克思主義與新馬克思主義，以及其近年間衍生的「批判理論」（Critical Theory）。以上顯示列寧的理論對馬克思的學說有補充與擴大的作用，但應用到國關理論上並非十分周延，這是他帝國主義論的瑕疵。

■ 核心概念

資本主義與帝國主義的關連

- 馬克思認為資本主義是生產力達到高峰的階段，但在歷史遞嬗的過程中，並非達到終局。由於資本家剝削普勞階級，由於資本家與政府相互依恃，加上資本家的汲汲營利，故此拓展海外市場，取得生產原料與勞動力，是民族國家形成後，向海外的擴張成為國家取得財富、利益、霸權、優勢的國家行動，此即帝國主義。

- 近代國際關係中國家武力的展示、軍隊的動員頗為重要，但其背後之推手則為財閥、大企業、資本家。亦即當代之國際關係中，最不可忽視的是政治經濟學在當中所扮演的角色。

第四節　西馬與新馬影響下的國際關係理論：世界體系理論與依賴理論

　　相對於歐洲之東（「東方」）的蘇維埃官方的教條馬克思主義，只注重把馬、恩的學說「科學化」、「教條化」，一批歐洲中部（匈牙利、德國、義大利、法國）的馬克思主義者在 1920 年代初大力鼓吹馬克思的哲學與文化思想（亦即有異於壯年時代馬克思重視社會的經濟基礎及其運作）。這股新思潮便被目為「西方馬克思主義」（Western Marxism，簡稱西馬）。其代表人物有匈牙利的盧卡奇、德國的寇士和卞雅敏，和後來形成法蘭克福學派的霍克海默、阿朵諾、馬孤哲和哈伯瑪斯，義大利共黨創立人葛蘭西和法國存在主義的沙特、現象學的梅樓・蓬第、結構主義的阿圖舍等馬克思主義者（洪鎌德，2010b）。

　　是故西馬的創始人盧卡奇強調政治是手段，文化才是目的，而鼓吹由知識份子形成的共產運動推動者，給廣大的工人群眾灌輸階級意識。德國的革命家與理論家，也是西馬奠基者之一的寇士則指出馬克思的哲學思想儘管是唯物主義的，卻是經典的日耳曼觀念論，尤其是黑格爾的唯心主義的轉型，是故恢復馬克思的哲學（而非實證主義、經驗主義、科學主義的政治經濟學）主導地位更屬當務之急。義大利共黨創立者之一的葛蘭西，更比較俄國布爾塞維克革命

的成功與西歐工人造反的失敗，探討其中原因，在於歐洲傳統社會根深蒂固的思想（特別是宗教）與意識形態（基督教會）對廣大普勞群眾的行為控制。他遂倡導革命首先要革心，要從意識、文化影響最大的民間社會（教會、學校、各級、各類的民間自由組織、俱樂部、協會等）之爭取，才能進一步奪取「政治國家」——國家操作機器的樞紐之政府。要之，西方馬克思主義者有異於經典與教條的馬克思主義在於強調社會的上層建築，亦即意識、意識形態、文化等方面對社會改造的推動力，這也是葛蘭西所鼓吹的文化霸權。

　　法蘭克福學派的前身是指 1923 年成立於法蘭克福大學的社會研究所（本擬稱為「馬克思研究所」，後被迫改名）。這個 1950 年代以後以批判理論和批判社會學著稱的研究機構本應列入西馬範疇，但因為 1960 年代歐洲學運爆發，批判理論取代西馬，而成為新馬克思主義（Neo-Marxism）之標竿，尤其繼承霍克海默、阿朵諾、馬孤哲、賴希等西馬，而帶有馬派的批判與心理分析健將乃為新啟蒙、新批判理論大師的哈伯瑪斯、史密特等人，而後面幾位對當代國際關係理論影響至深，從而我們從西馬而進入新馬的範疇。

　　基本上，西馬是 1920 年代流行在歐洲中部與南部，有別於蘇維埃教條的馬克思主義，除了強調社會上層建築對整個社會的改變，起了關鍵作用以外，對青年馬克思的思想刻意張揚，遂大談階級意識、文化批判。其批判之對象不限於歐美先進的資本主義與法西斯主義，也把矛頭指向經濟決定論的史達林主義之獨裁與壓迫。與此相對，新馬是 1960 年代舉世學潮氾濫（多少受到中國大陸文化大革命，以及反越戰、反種族、反性別不平等，以及破壞生態的影響）之際，西方左派或馬派份子形成的眾說紛紜之各股思潮，其在國際關係的應用方面，出現了世界體系（Terence K. Hopkins, Stephen K. Sanderson, Immanuel Wallerstein）、依賴理論（James A. Caporaso, André Gunder Frank, Harry Magdoff, Paul Sweezy）、國際政治經濟學（Robert Gilpin, Ralph Pettman, Joan Edelman Spero）、女性主義的國際關係說（Spike Peterson, Sara Ruddick, J. Ann Tickner）和「批判理論」（Robert Cox, Jürgen Habermas, Andrew Linklater，參考洪鎌德，2010c）、後殖民主義（Franz Fanon, Edward Said, Gayatri C. Spivak）的國際關係理論等等。

世界體系：其實馬克思與恩格斯的歷史唯物主義和世界市場的理念已有世界體系的說詞之模樣，但在 1970 年代浮現的新馬的國際理論卻強調歷史唯物主義和世界體系論有相同，也有相異之處。這兩種理論派剛好與批判理論形成鼎足為三的新馬國際政治理論。

歷史唯物主義派與世界體系論都從馬克思的主張出發，認為經濟的改變是推動世界政治變化的動力。其中主要的概念仍舊是馬氏所說的「生產方式」。這是指人的勞動「如何」受到控制，為了生產貨物與勞務來滿足人存活的需求（Wallerstein, 1980: 136, 155）。這一生產方式「決定了政治單元之間社會的和政治的關係之性質。一旦新的生產方式發展出來，新的階級便出現，新階級便成為〔社會〕主宰的力量」（Zacher and Matthews, 1995: 108）。在西洋歷史上出現過各種各樣的生產方式，但在 15 世紀初各種因素的作用造成資本主的生產方式一枝獨秀。於是歷史唯物主義論與世界體系論便共同使用世界性資本主義體系一概念來指涉與說明當代資本主義對環球的宰制。因之，這兩派主張者遂指出國際政治只有在這個資本主義體系下才能獲得了解。顯然，資本主義產生了今日世界政治與國際關係顯著的種種面向，這是由於諸民族國家之間經濟發展的不平衡、不對等，以及列強對達成經濟利益，使用和平或暴力的手段之意願的不同，有以致之。

資本主義在其生產方式下，捲入三種的基本因素：1.市場的交易；2.擁有資本者投資於市場的運作上，產生的政治與社會的關係之地位提昇；3.擁有勞力者在進行生產活動時，其政治與社會從屬關係（subordination）之變化。資本主義的生產方式同時也製造了意識形態來正當化其本身，俾合理化參與者（資本家與勞動者）的各得其所與各獲好處。儘管在事實上只服務居於上位的資產階級（與統治階級）之利益而已。主宰的意識形態也好，順從的群眾之社會意識也好，通通受到一大堆政治的、法律的、宗教的、道德的、哲學的和文化的制度，以及社會實踐所型塑、所再製。這些制度與實踐構成了唯物主義的文獻、論述、名詞，可以稱呼為「歷史的集團」（historic bloc 為葛蘭西用語）。把「歷史的集團」揭露的目的，旨在描繪處於特定歷史關頭或處境上的社會建構體（social construct），表示它並非舉世適用的普遍真理、全球的普遍現象。這個「歷史的集團」之概念表現了歷史唯物主義同批判理論，以及同後現代主義有些共通的語言與看法。這也說明新馬這幾派理論不以傳統國際關係的說詞把民族國家當成中心概念——國際關係之主角，不再視民族國家為「行動上協助或阻礙資本主義式累積過程的〔推手〕角色」（Viotti and Kauppi, 1999: 344）。

歐洲自 15、16 世紀以來資本主義脫離封建主義逐漸形成，但做為一個整體，它的發展卻不均衡，特別是在政治、經濟和社會諸面向上，導致個別國家或地區發展的面貌大為不同。華勒斯坦的分析基本上是新馬的方式，不過他

卻把現實主義的因素融入馬克思主義當中。與 Kenneth Waltz 和 Henry Bull 一樣，視國際體系的特徵為無政府、無中心、缺乏單一的世界權威的現象。正因為此一現象的流行，要規劃國界之間的資本主義生產方式是不可能的。其結果出現了國際性的經濟分工，亦即世界體系。這一體系中包括工業先進的資本主義國家構成體系的核心，其餘的弱國則化為邊陲，在科技與經濟發展上較為差勁，只好附庸於強國，成為原料與便宜勞工的供應來源。另外介於強國與弱國之間，亦即居於核心和邊陲之中間為所謂半邊陲的國家，其經濟活動正介於強弱兩類國家的中間，這便是新興工業國家（NICs）。這不是近年間才形成的世界體系，可以說是自 1600 年開始，西北歐便是核心，東歐、拉美便是邊陲，地中海、西、葡、義諸國便是半邊陲國家（Wallerstein, 1974: 126-127）。

華勒斯坦避免像馬派人士強調階級鬥爭。他充分理解在民族國家的資本主義社會中種族、宗教、族群、語言所造成的對立和分歧，他也體會布爾喬亞和普勞階級的鬥爭強化了國家的地位。原因是無論採取改良方式的資產階級，還是傾向訴諸暴力革命的無產階級都企圖奪取政權，影響政府，特別是對市場管理的方式，俾符合其階級之利益。華勒斯坦承認國際權力的分配每隨時期的變化而更易，而在這方面他的態度傾向於馬克思主義，而較疏遠現實主義，主要的原因是他認為權力平衡取決於經濟過程。後者能夠跨越國界、無堅不摧，這也是何以美國在 20 世紀前半便取代了英國，成為全球最大的霸權之原因。國家政治結構之分歧以及不均等、不平衡的經濟發展完全倚賴不同的地理區域如何融入世界體系中，它們資源的性質、政經因素的互動情形（包括國內的與國際的）都是國力大小的表現，特別是當前世界體系不斷擴張之際（Wallerstein, 1972: 403）。

Christopher Chase-Dunn 指出華勒斯坦的世界體系論太重視經濟扮演的角色，而強調政治自主、國家之間形成的體系與地緣政治的重要。他還進一步指出國家間的體系，資本主義生產方式和財富累積不但互相倚賴，而是結合成一體。把政治與經濟分開討論，彷彿視經濟現象更為受到機械性規律的決定（制約），而政治現象的秩序彷彿是受自由意志的影響，且比較不易掌握預斷。這種馬派的說詞與亞丹‧斯密視政府為公共的、市場為私人的分別與分開同樣犯錯。任何國家要採取自由商貿，或保護主義端視該國在資本主義世界體系中的地位而定。不只核心國家擁有生產的優勢，就是邊陲國家擁有便宜的勞動力何嘗不是另一種優勢。比較弱勢的核心國家或半邊陲國家（NICs）靠著本國經濟的集中計畫和指揮，以及保護措施的應用，仍可以與強勢核心國家相抗衡。

總之，反對世界只有一個壟斷的、單一的霸權，來全力控制其他國家的經濟活動，才是資本主義可以繼續存活的國際情勢，這是對華勒斯坦世界體系的批評（Chase-Dunn, 1981）。

依賴理論：新馬國際關係理論中討論第一世界與第三世界關係最重大的學說無過於「依賴理論」。它與資本主義國家世界體系論關聯密切。

　　當代新馬接受列寧等帝國主義的理論，指摘西方殖民主義把那些從殖民地獨立出來的新興國家（第三世界的國家），無論在經濟上、政治上，還是社會上、文化上進行壓迫與宰制，而延宕了後者的發展。這種說詞可以說是呼應赫魯雪夫對西方先進資本主義國家的指摘，認為資本主義國家經濟的先進正是導致亞、非、拉美貧窮落後的主因。西方政府在殖民後進地區未能成功地引進中央監控之計畫經濟，未能使殖民地的產品輸入「內地」──殖民母國。符蘭克（André Gunder Frank）不認為殖民地或新興國家的落後是由於舊制度的殘存與資本的短缺。「相反地，落後乃產自同一歷史的過程，亦即促成經濟發展之過程，資本主義發達的過程」（Frank, 1970: 9；洪鎌德，1995：173-175）。

　　所謂依賴理論者指控先進資本主義國家全力製造一種情況，使第三世界的新興國家處於從屬（附庸）、依賴和綁帶（bondage 拘束）的地位，採用的是開採原料工業的投資加以限制，或是以西化、現代化，心思羈縻、利益籠絡來買收其政治、社會與文化菁英。總之，脫離殖民地位而成為新興獨立國家的第三世界，表面上享有國家主權與獨立，事實上仍要倚賴先進的早期殖民母國。而後者仍緊緊地被資本主義國家鎖住，始終無法跳脫貧窮、無知、落後的陷阱。在某種程度上，舊型帝國主義的政治殖民和軍事控制業已消失，而新型的帝國主義（neo-imperialism）與後殖民主義（post-colonialism）取而代之，不再像之前對海外地區的領土控制，而改以政治經濟的籠絡、政治文化的滲透，來讓「全球的資本主義與新興國家的買辦」菁英勾結，俾後者在商貿上、投資上與勞工輸出上與先進工業國家緊密合作，而謀取國家與個人之利益（Pettman, 1996: 67, 192）。從而看出依賴理論與國際政治經濟學關聯密切，因之與新帝國主義理論和後殖民主義理論，都是新馬批判精神的發揮。

　　我們還可以進一步把造成發展中的國家之貧窮與已開發國家的富裕歸結為下列幾點：

1. 窮困國家地位高升的菁英模仿富國資產階級生活方式，輸入高貴消費品，其結果對本國經濟發展無助；

2. 窮國科學家、工程師、企業人才，以及技術專業者「腦力溢出」（brain drain 知識力外移、人才外流），不但使富國在科技經濟的發展上得到錦上添花的好處，還造成發展落後的國家更為倚賴富國的各方面支援；

3. 私人外資的湧入造成外國資本獨佔本國投資市場的鰲頭，並使外資移入成為必不可少的持續情況，其結果抑制本國知識、科技、技術、激發物（獎勵）之發展，無法達到經貿之獨立；

4. 西方資本家在窮國創造了少數勞動貴族支領高薪（肥貓），而對其技術不佳之廣大勞工則支付極低的工資，造成勞工界貧富懸殊的現象（Weisskopf, 1970: 218-223）。

■ 關鍵詞

世界體系理論

- 馬派的世界體系理論認為經濟的改變是推動世界政治變動的主要力量。在無中央（世界）政府的世界當中，由於經濟生產的分工，而出現世界體系。國際權力的變動取決於經濟生產活動的分配，以此產生核心、邊陲、半邊陲國家。經濟活動能超越國界，而促進國際的經濟資源、政經互動是決定其為世界霸權與否的因素。

依賴理論

- 新馬克思主義者提出依賴理論，認為從殖民母國脫離出來的國家，在文化、經濟、政治、社會上仍然依附殖民母國，這也是導致拉美、非洲貧窮的主因。有別於過去的軍事佔領，如今乃是文化、社會、經濟的宰制。此種對母國的依賴可謂為新帝國主義、後殖民主義之出現。

第五節　結　論

　　歐美社會科學界對國際關係和世界政治的研究至今已近 150 年（洪鎌德，1977），最先是配合英、法、德、荷對外殖民擴張的需要，了解列強爭霸與和戰談判（外交政策〔foreign policy〕與外交使節來往〔diplomacy〕）之國際間事務的演變。但 20 世紀的兩次世界大戰之相繼出現與後果，使學界探討國家利益、權力爭衡和戰爭始末，和平恢復、區域安全和建立新國際政經秩序等

問題，遂有現實主義、自由派的爭奇鬥豔，這些理論所寄生和要支撐的無疑是資本主義。是故主張推翻資本主義的馬克思主義，遂被西方主流派國際關係的學者看作是一個意識形態、一套革命戰略、一種鬥爭手段——革命與戰爭的實踐，這是傳統的老馬、俄馬、西馬在國際關係理論中被視為異數的原因。其中唯一的例外為霍布遜、列寧、盧森堡的帝國主義理論。但此一理論在西方學術界地位不高。這種情勢要到二戰結束後，世界霸權體系重組，從美國單極獨霸，而成為美蘇雙雄對峙，到 1990 年代以後舊蘇聯的瓦解，歐洲聯盟的統一，中國「和平崛起」，世局才進入多極爭雄的新態勢中。配合世局的變遷與推移，國際關係遂轉入世界政治的析述。

　　由於工業、商貿、資訊等等經濟的躍進，加上科技、交通、通訊、資本的流通，全球化的趨勢大幅膨脹、劇烈改變，傳統以維護國家利益的現實主義，以及折衷樽俎的外交活動（包括所謂決策形成流程之博奕論），以注意世界爭霸體系的權力平衡說、裁軍限武、倡導全球和平的理想主義，逐漸讓位給衝突與解決、制度與規範設立的建構主義[3]，關懷環境氣候變化的生態主義、讓性別平等落實在國際的女性主義，甚至後工業主義、後結構主義、後現代主義等等一一冒出，蔚為理論界的奇葩。後面這些學說都可以歸根究柢、溯源於也轉化為馬恩倡導的，也是大力批判的政治經濟學。這一經典的政治經濟學（洪鎌德，1999；2010a）變成為今日全球學界最為矚目的國際政治經濟學。這也成為馬克思主義在 20 世紀後半與 21 世紀前半最受矚目的國際關係之主科或分支。換言之，馬克思主義雖經歷「蘇東波變天」，在東方共產集團瓦解與擁抱市場經濟之際，其影響力大衰。但在西方學界卻因為對世界政治採取批判理論的態度，而使馬派思想死灰復燃。其未來的影響力必然大增，這是可以預期的。

3　建構主義（constructivism）在討論國際規範的建構與影響。它把制度的結構同國家認同與國際利益掛鉤。由於做為主要行動者之國家及其行動的不斷再生、複製，制度和行動者彼此不斷相互制約，是故國際制度既有規定的功能，也有建構的功能，國際規範對行動者之行動有所規約，也使國際行為具有意義，為眾人所知悉。代表人物有 Friedrich Kratochwil, Nicholas Onuf, John Alexander Wendt 等人。參考 Griffths, Martin, Steven C. Roach and M. Scott Solomon 2009, *Fifty Key Thinkers in International Relations*, New York: Routledge, 2nd ed., pp.123-160.

參考文獻

洪鎌德，1977《世界政治新論》，台北：牧童。

洪鎌德，1995《新馬克思主義和現代社會科學》，台北：森大，第二版。

洪鎌德，1996《跨世紀的馬克思主義》，台北：月旦。

洪鎌德，1997a《馬克思》，台北：東大。

洪鎌德，1997b《馬克思社會學說之析評》，台北：揚智，第二版。

洪鎌德，1998《社會學說與政治理論——當代尖端思想之介紹》，台北：揚智。

洪鎌德，1999《當代政治經濟學》，台北：揚智。

洪鎌德，2000《人的解放——21 世紀馬克思學說新探》，台北：揚智。

洪鎌德，2006《當代政治社會學》，台北：五南。

洪鎌德，2007《從唯心到唯物——黑格爾哲學對馬克思主義的衝擊》，台北：人本自然。

洪鎌德，2010a《馬克思的思想之生成與演變——略談對運動哲學的啟示》，台北：五南。

洪鎌德，2010b《西方馬克思主義之興衰》，台北：揚智。

洪鎌德，2010c〈國際關係學說中的批判理論〉，《台灣國際研究季刊》，（2010 年秋季號），6 卷 3 期，頁 1-30.

倪世雄著，包宗和校訂，2006《當代國際關係理論》，台北：五南，初版三刷，首版2003.

Brewer, Anthony. 1990 *Marxist Theories of Imperialism: A Critical Survey*, London: Routledge.

Chase-Dunn, Christopher. 1981 "Interstate System and Capitalist World-Economy: One Logic or Two?" *International Studies Quarterly*, 25: 19-42.

Cox, Robert. 1986 "Social Forces, States and World Orders: Beyond International Relations Theory," Keohane, R. (ed.), *Neorealism and Its Critics*, New York: Columbia University Press, pp.204-254.

Dougherty, James E. and Robert L. Pfalzgraff Jr. 2001 *Contending Theories of International Relations*, New York *et. al.*: Longman, 5th ed..

Dunne, Tim, Milja Kurki, and Steve Smith (eds.) 2007 *International Relations Theories*, 5th ed., Oxford: Oxford University Press.

Frank, André Gunder. 1970 "The Development of Underdevelopment," in Robert L. Rhodes (ed.) *Imperialism and Underdevelopment: A Reader*, New York: Monthly Review Press.

Gilpin, Robert. 1987 *The Political Economy of International Relations*, Princeton NJ: Princeton University Press.

Griffths, Martin, Steven C. Roach and M. Scott Solomon. 2009 *Fifty Key Thinkers in International Relations*, New York: Routledge, 2nd ed..

Habermas, Jürgen. 1968 *Erkenntnisse und Interesse*, Frankfurt a. M.: Suhrkamp.

Habermas, Jürgen. 1984, 1987 *Theory of Communicative Action*, vol.1 and 2, Boston: Beacon.

Habermas, Jürgen. 1996 *Between Facts and Norms*, Cambridge MA: MIT Press.

Habermas, Jürgen. 2001 "Constitutional Democracy: A Paradoxical Union of Contradictory Principle," *Political Theory*, 29: 766-781.

Habermas, Jürgen. 2006 *The Divided West*, London: Polity.

Hutchings, Kimberly. 1999 *International Political Theory*, London: Thousand Oaks and New Delhi: SAGE Publishers.

Lenin, V. I. 1939 *Imperialism: The Highest Stage of Capitalism*, New York: International Publishers.

Linklater, Andrew. 1990 *Beyond Realism and Marxism: Critical Theory and International Relations*, London: Macmillan.

Marx, Karl and Friedrich Engels. 1955 *Selected Correspondence*（簡稱 *SC*），Moscow: Progress Publishers, 1st ed. 1842.

Marx, Karl and Friedrich Engels. 1973 *Selected Works*（簡稱 *SW*），共三卷（1, 2, 3），Moscow: Progress Publishers.

Marx, Karl and Friedrich Engels. 1979 *Collected Works*（簡稱 *CW*），vol.11, Moscow: Progress Publishers.

Marx, Karl and Friedrich Engels. 2003 *Gesamtausgabe*, Hrsg. von der Internationalen Marx-Engels-Stiftung, Amsterdam. Bd. 20, *Werke, Artikel, Entwürfe* September 1864 bis September 1867. Unter Mitw. von Yvonne Becker. Berlin: Akademie-Verlag.

Pettman, Ralph. 1996 *Understanding International Political Economy*, Boulder, CO: Lynne Rienner.

Rupert, Mark. 2007 "Marxism and Critical Theory," in: Dunne, Tim, Minija Kurki, and Steve Smith (eds.), *International Relations Theories*, 5th ed., Oxford: Oxford University Press.

Schmitt, Richard. 1997 *Introduction to Marx and Engels: A Critical Reconstruction*, Boulder CO: Westview, 2nd ed.

Sterling-Folker, Jennifer (ed.) 2006 *Making Sense of International Relations Theory*, Boulder, CO: Lynne Rienner.

Viotti, Paul R. and M. V. Kauppi. 1999 *International Relations Theory: Realism, Pluralism, Globalism, and Beyond*, Boston: Allyn and Bacon, 3rd ed..

Wallerstein, Immanuel. 1972 "The Rise and Future Demise of the World Capitalist System: Concepts for Comparative Analysis," *Comparative Studies in Society and History*, 16: 387-415.

Wallerstein, Immanuel. 1974 *The Modern World System I: Capitalist Agriculture and the Origins of the European World Economy in the Sixteenth Century*, New York: Academic Press.

Wallerstein, Immanuel. 1980 *The Modern World System* II: *Mercantilism and the Consolidation of the European World-Economy 1600-1750*, New York: Academic Press.

Wallerstein, Immanuel. 1991 *Geopolitics and Geoculture: Essays on the Changing World-System*, Cambridge: Cambridge University Press.

Weisskopf, Thomas E. 1970 "Capitalism, Underdevelopment, and the Future of the Poor Countries," in: David Mermelstein (ed.), *Economics: Mainstream Readings and Radical Critique*, New York: Random House, 2nd ed..

Wight, Martin. 1977 *System of States* (ed. by H. Bull), Leicester: Leicester University Press.

Wight, Martin. 1978 *Power Politics* (ed. by H. Bull and C. Holbruad), Leicester: Leicester University Press.

Wight, Martin. 1999 *International Theory: Three Traditions*, Leicester: Leicester University Press.

Zacher, M. W., and R. A. Matthews. 1995 "Liberal International Theory: Common Threads, Divergent Threads," in: C. W. Kegley Jr. (ed.) *Controversies in International Relations Theory: Realism and Neoliberal Challenge*, New York: St. Martin's Press.

第十三章　英國學派

姜家雄

第一節　前　言

英國學派（English School）一詞自 1981 年正式出現，至今已有將近 30 年歷史，而其學術傳統與活動更已超過 50 年之久。但是多數國際關係學者對於英國學派仍是相當陌生，並不知曉其存在，更遑論對英國學派的基本主張有深入的認識。而英國學派名稱問世之際，同時也被宣判終結（closure），但是英國學派不僅未走入此結局，近年來更有中興之勢。許多英國學派學者強調英國學派在國際關係研究的折衷媒介或中間路線（via media），試圖擺脫英國學派長久以來邊陲的角色，爭取國際關係研究社群的青睞。本文將說明英國學派的發展歷程包括緣起、名稱、定位、成員等爭議，及英國學派的核心概念。

第二節　英國學派：源自何方？

「英國學派」這個今日我們所慣用的詞彙是由 Roy Jones 所創造的，Jones（1981）認為，缺乏學術活力的英國學派已全然變成殘舊的學院腐儒（scholasticism），並且即將面臨終結的命運。不過弔詭的是，Roy Jones 認為英國學派會走向土崩瓦解的預言並沒有實現，相反地，因為 Roy Jones 的論述、界定、批判，反而重新激起英國學派的學術生命力。如今英國學派已儼然成為「全球知名品牌」（globally recognized brand name）（Buzan, 2001: 471）。就此而言，英國學派委實需要感謝 Roy Jones 的命名之恩與重生之德（Neumann, 1997: 41）。

有關英國學派的發軔處有兩種不同說法：Jones（1981）宣稱英國學派發源自倫敦政經學院（London School of Economics, LSE）；而 Dunne（1998）則主張英國學派是奠基於 1959 年組成的不列顛委員會（British Committee on the Theory of International Relations）。（參見表 13-1）

Jones（1981）認為英國學派起源於倫敦政經學院，成員包括 Charles Manning、Martin Wight、F. Northedge、Hedley Bull、Michael Donelan、 Robert Purnell 等學者。Roy Jones 認為這些英國學派的學者有三項共同的學術範疇。首先，這些學者共享了源自倫敦政經學院的學術源頭，認為國際關係是獨立自主的學科（autonomous discipline），與政治學及歷史學是有所區別；其次，這些英國學派學者致力於「國際社會」（international society）的研究。不過，Roy Jones 認為關於「國際社會」概念是無意義的，英國學派對這個概念的研究是模糊、不精確。最後，雖然這些學者自認繼承了傳統研究方法，但 Roy Jones 認為所謂傳統途徑的概念也是含混的，在披著反對美國社會科學研究方法的外衣下，英國學派學者仍隱藏著追求科學客觀性的主張。

英國學派起源的另一種說法，則是追溯英國學派至 1959 年成立的不列顛委員會。1954 年由美國的洛克斐勒基金會（Rockefeller Foundation）支持贊助的美國委員會（American Committee）在華盛頓召開第一次會議，與會的有 Reinhold Niebuhr、Hans Morgenthau、Arnold Wolfers、Paul Nitze、William T.R. Fox 及 Kenneth Waltz 等學者，哥倫比亞大學（Columbia University）則是美國委員會的學術基地（institutional home）。美國委員會的目標是發展理論以理解、解釋及導正國際關係研究與外交政策（Fox, 1959）。但在召開幾次會議後，美國委員會由於將理論與實務區分過深而停止運作。

不列顛委員會同樣是由洛克斐勒基金會所贊助，當時擔任洛克斐勒基金會副主席的 Kenneth Thompson 是主要推手。當美國委員會走入歷史，Kenneth Thompson 決定在英國另起爐灶。從 1954 年到 1958 年，Kenneth Thompson 曾經與 Herbert Butterfield 通信四年，而 1956 年 6 月 Herbert Butterfield 也到過美國委員會做專題報告。不列顛委員會於 1959 年在英國劍橋大學（Cambridge University）的彼得浩思（Peterhouse）舉行第一次會議，主要是因為 Kenneth Thompson 堅持邀請時任劍橋大學歷史教授的 Herbert Butterfield 擔任不列顛委員會主席的緣故。獲邀參與不列顛委員會的人士包括外交史學家 Desmond Williams、哲學家 Donald Mackinnon、專研戰爭的 Michael Howard、經濟事務專家 William Armstrong 及記者、外交官等。不列顛委員會宗旨是研究外交行為背後的意涵、國際衝突所涉及的道德後果以及力求以歷史社會學（historical sociology）方法從事國際關係的研究，參與者的任務是提供實務的經驗以助國際關係理論化研究，而非將理論應用於實務（Dunne, 1999: 413）。不列顛委員會的首任主席是 Herbert Butterfield（1900-1979），後續的主席分別

是 Martin Wight（1913-1972）、Adam Watson（1914-2007）及 Hedley Bull
（1932-1985），四人都算是英國學派的元老級學者。Hedley Bull 在 1985 年辭
世後，不列顛委員會就無任何活動。

▌表 13-1

Roy Jones 與 Tim Dunne 關於英國學派歷史發展的比較

	學術基地	代表人物	學說論述	發展
Roy Jones	倫敦政經學院（London School of Economics, LSE）	Charles Manning Martin Wight F. Northedge Hedley Bull Michael Donelan Robert Purnell	1.國際關係是獨立自主的學科 2.「國際社會」的研究 3.傳統研究方法	「終結」
Tim Dunne	劍橋（Cambridge）彼得浩思（Peterhouse）	Herbert Butterfield Martin Wight Adam Watson Hedley Bull R. J. Vincent	1.對特殊研究傳統的認同 2.詮釋的途徑 3.規範性的國際關係理論	「全球知名品牌」

資料來源：Jones (1981), Dunn (1998).

　　與 Tim Dunn 同樣地採用不列顛委員會作為發源地的說法，Wæver（1998:
85-89）對於英國學派的歷史發展有詳盡的敘述，源於不列顛委員會的英國學
派主要歷經了四個階段：

　　第一階段：從 1959 年不列顛委員會的第一次會議至 1966 年 Herbert
Butterfield 及 Martin Wight 所編的 *Diplomatic Investigation*（1966）出版。在
這段期間，不列顛委員會研究焦點鎖定在「國際社會」，以「國際社會」
做為國際關係理論化的途徑。另外一項研究焦點，則是不列顛委員會 1963
年所設定的主題（Dunne, 1999: 415），亦即不列顛委員會自覺與美國行為
主義（Behavioralism）的國際關係研究有所區別，Hedley Bull 的經典論文
「International Theory: The Case for a Classical Approach」（1969）就是這個觀

點之代表作。

第二階段：從 1966 年至 1977 年。這個階段是以 1977 年出版的兩本重要著作為切割：一本是 Hedley Bull 的 *The Anarchical Society*（1977）；另一本則是 Martin Wight 的 Systems of States（1977）。Hedley Bull 討論了西方「國際社會」的本質；Martin Wight 則開啟了在世界歷史脈絡下對「國際社會」的討論。

第三階段：從 1977 年至 1992 年。這階段是英國學派鞏固自身及新舊交替的時期。Hedley Bull 在 1985 年過世後，不列顛委員會的活動就幾乎停擺。不過在此時期英國學派學者的研究成果仍不斷發表，例如 Hedley Bull 及 Adam Watson 合著的 *The Expansion of International Society*（1984）及 Adam Watson 的 *The Evolution of International Society*（1992），這兩本書承繼 Martin Wight 從歷史脈絡對「國際社會」進行研究。R. J. Vincent 的兩本重要著作：*Foreign Policy and Human Rights*（1986）及 Human Rights and International Relations（1986）也都在這個時期出版。此外，英國學派的名稱也是在這個時期出現，由於 Roy Jones 在 1981 年的命名與批判，開啟了英國學派對自身發展的省思，也激發國際關係學界的注意與興趣。

第四階段：從 1992 年至今。這時期出現了許多新生代的英國學派學者，但這些學者與不列顛委員會淵源不深或甚至是毫無直接的關聯。甚且，這些新生代學者擴大了英國學派的研究並將之與主流國際關係理論，如新現實主義（Neorealism）、建構主義（Constructivism）及全球化的研究加以結合。在第四階段中，英國學派成功的改頭換面，添增了許多生力軍，成員逐漸增加，包含許多不同國籍的學者，諸如：Barry Buzan、Martin Ceadel、Ian Clark、Jack Donnelly、Time Dunn、Roger Epp、Murry Forsyth、Gerrit Gong、Christopher Hill、Andrew Hurrell、Robert Jackson、Andrew Linklater、Richard Little、Iver Neumann、Hidemi Suganami、Peter Wilson、Nicholas Wheeler 等人。雖然不若 1985 年之前的不列顛委員會有定期聚會及討論，但是得到許多學者的認同，英國學派在國際關係領域已經據有一席之地。

第三節　英國學派：必也正名乎？

關於英國學派的起源，說法不一。至於英國學派是否為正確的名稱也是頗

有爭議。除了英國學派之外，還有幾個常常提及的不同名稱。首先，為何稱呼為「英國」（English）學派而不是「不列顛」（British）學派？Dunne（1999: 398-399）認為採用英國學派的稱謂有三個原因：第一、如果以「不列顛」作為學派名稱可能會抹殺學派其他國籍成員對該學派的認同，英國學派的學者有來自澳洲、加拿大、南非、挪威甚至美國，其他國籍的成員並不是「英國人」（British）。其次，如果用「不列顛」命名，可能會被認為忽視聯合王國（United Kingdom）中其他成員。最後，使用英國學派一詞只是為了能夠涵蓋所有受到 Martin Wight、Adam Watson、Hedley Bull 及 R. J. Vincent 等英國學派先驅影響的學者。

但是 Finnemore（1996: 17, n.28）認為，「倫敦政經學院學派」（LSE School）比起英國學派應該是更適當的名稱，因為大部分英國學派的學者都來自倫敦政經學院。對於這個說法，Dunne（1999: 412）並不贊同，認為倫敦政經學院不是英國學派的學術基地，只不過是許多英國學派學者的學術發跡地或工作地，英國學派還有學者並非來自倫敦政經學院。「倫敦政經學院學派」的稱呼太過狹窄，如是之說，是否澳洲國立大學（Australian National University）、牛津（Oxford）大學或基爾（Keele）大學都可以取代倫敦政經學院，做為英國學派的名稱。

Suganami（1983）對英國學派的名稱也有不同的意見，他認為以「英國制度主義者」（British Institutionalists）來稱呼 Charles Manning, Martin Wight、F. Northedge、Hedley Bull 等人的思想較為適當，Hidemi Suganami 的理由是要強調這些英國學派學者的研究著重「國際社會」中的制度、社會規則、習俗及實踐。

除了對於英國學派的稱謂存在不同的看法，更強烈的質疑是，英國學派是否可以被視為國際關係研究的獨立學派呢？英國學派的特色為何，為何以要學派（school）統攝這些學者？雖然 Jones（1981）對英國學派提出嚴厲的批判，但卻沒有任何學者即時回應他的觀點，一直要到將近 10 年後，才有 Grader（1988）及 Wilson（1989）撰文加以闡釋。Sheila Grader 及 Peter Wilson 皆同意英國學派眾所周知的特徵，是對於「國際社會」重視。不過，Grader（1988: 38）指出 Charles Manning、Hedley Bull 及 F. Northedge 在「國際社會」概念的陳述上是不一致的，她懷疑這些英國學派學者是否討論同一個概念？Grader（1988: 41）呼應 Roy Jones 的觀點，認為英國學派學者的研究途徑並不足以構成一個學派，並進而挑戰英國學派的存在。但 Wilson（1989）則反駁了 Sheila

Grader 的觀點，認為如果這些學者的思想近似到足以形成一個途徑，為何不能說他們形成一個特定學派呢？

　　早在 1980 年，Hedley Bull 在倫敦政經學院的格蘭蕭俱樂部（Grimshaw Club）的一次談話中表示：「有人提到，不列顛學派（British School）並不存在，真是無聊（nonsense）。」[1]，來駁斥對於英國學派定位的質疑。英國學派之所以自成一格，應該是學者對英國學派研究傳統的認同。Dunne（1998: 5-11）認為三個主要的信條（preliminary articles）界定了英國學派的研究綱領及結合了具有相同信念的研究者。這三個共同的信條將英國學派與其他國際關係社群加以區隔：

一、對特殊研究傳統的認同

　　英國學派的特殊研究傳統形成於不列顛委員會成立的初期三年。在這段時期，不列顛委員會所發表的論文顯現英國學派對國際關係理論是有共同假設的社群（community of assumptions）。這股集體認同的氛圍於 1960 年代中期持續蔓延，英國學派學者發表的文章開始對國際體系的歷史社會學有著高度的熱忱。到了不列顛委員會後期則將研究興趣聚焦於歐洲「國際社會」及全球「國際社會」的擴張。造成英國學派學者對特殊研究傳統的認同的一個重要原因，就是這些學者在學術系譜上幾乎是一脈相傳。如 Martin Wight 是 Hedley Bull 在學術指導者，教導許多 Hedley Bull 在雪梨及牛津求學時所不曾接觸過的國際關係理論訓練。R. J. Vincent 師事 Hedley Bull，並且在 *Human Rights and International Relations* 一書中公開宣稱 Hedley Bull 對其影響甚鉅。這種師生關係在 Herbert Butterfield 及 Adam Watson 身上也可瞥見，Herbert Butterfield 指導 Adam Watson，將 Adam Watson 引入不列顛委員會，並持續對他發揮影響力。

二、詮釋的途徑（interpretative approach）

　　英國學派質疑以科學方法研究國際關係的可能性及其成效。雖然 Hedley Bull 的"International Theory: The Case for a Classical Approach"被認為是英國學派對行為科學革命的回應，但 Martin Wight 早期已經是從事詮釋研究途徑的

---

[1]　Hedley Bull, "The Appalling State of International Relations Studies at the LSE and Elsewhere," 轉引自 Dunne (1998: n.21)。

先驅。為了超越現實主義，Wight（1991: 14-15）回溯尋求古典的歐洲「國際社會」中關於管理國際關係的理念，尤其是關於國際法、外交及權力平衡的著作，認為從「國際社會」中隱含的法則才能理解國家行為的意義。這些傳統的「國際社會」研究被 Martin Wight 及之後的 Bull（1977）稱為格老秀斯者（Grotian）或理性主義者（rationalist）的傳統。英國學派對理性主義（rationalism）的重視是由於理性主義提供英國學派的學術關懷一個極佳的答案，這項關懷就是「何謂『國際社會』？」顯示英國學派的方法論如何與「國際社會」的本體論結合在一起（Dunne, 1998: 8）。

三、規範性的國際關係理論

Martin Wight 不僅是英國學派中從事詮釋途徑研究的先驅，也是將道德規範置於理論核心地位的重要學者。英國學派重視道德、秩序、正義的思想反應在他們的研究焦點——「國際社會」。「國際社會」的特徵就是國家在共同制度（common institutions）下，在國際法、外交行為及國際組織中察覺他們共享若干利益及價值，彼此的關係受到共同規則的約束（Bull, 1977: 13）。而 Hedley Bull 在 *The Anarchical Society* 對於將「國際社會」的建立在規範的層面有相當的陳述，因為有「國際社會」的存在，才有某種程度的秩序存在。儘管「國際社會」及國內社會有所差異，但二者都可以定義是成員為了達成共同利益的合作性安排，二者也都是成員在形式平等的基礎上發展出高度的規則體系。在「國際社會」中，國家間的平等就是各國擁有不受外界干涉的國家主權。

Suganami（2003: 253）也對英國學派的基本信念加以歸納整理，認為 Charles Manning 與他的追隨者，例如 F. Northedge、Hedley Bull 等人的思想有五點相似之處：

一、都追求「價值自由」（Wertfreiheit or "value-freedom"）。
二、都拒絕行為主義及科學主義（scientism）。
三、都依賴社會學方法，如理想類型的分析（ideal-type analysis）及「理解」（Verstehen or understanding）的方法。
四、都認同國家體系（states-system）一致性與特殊性以及國際關係是獨立學科。
五、都對國家體系中的秩序有著正面的評價，而對於體系結構可能的改變並不樂觀。

　　有關英國學派的起源、名稱與學派定位的爭議，引申出一個有趣的討論，亦即到底哪些學者是屬於或是不屬於英國學派的社群。Jones（1981）認為起源於倫敦政經學院的英國學派包括了 Charles Manning、Martin Wight、F. Northedge、Hedley Bull、Michael Donelan、Robert Purnell 等學者。因為具有三點共通性，這些學者理所當然地成為英國學派的成員。首先，承襲倫敦政經學院的學術源頭，這些學者都認為國際關係是獨立自主的學科（autonomous discipline），與政治學及歷史學是有所區別；其次，這些英國學派學者致力於「國際社會」的研究；最後，這些學者自認繼承了傳統研究方法。

　　Dunne（1998）將英國學派的源頭追溯至 1959 年成立的不列顛委員會，並認為沒有參加不列顛委員會活動的學者就不屬於英國學派的一份子。他挑戰倫敦政經學院是英國學派學術基地的論點，雖然許多重要的英國學派學者曾經在倫敦政經學院從事學術工作，但不能因此推定英國學派起源自倫敦政經學院。Tim Dunne 主張因為劍橋的彼得浩思是不列顛委員會多次的召開地點，以其作為英國學派的學術據點有其意義。不列顛委員會的成員雖然來自不同的學科及領域，但他們都將自己定位於從事國際關係理論的研究。Tim Dunne 認為不列顛委員會的三個信條不僅可以界定英國學派的學術範圍，不列顛委員會的參與也可以區分孰是孰不是英國學派的成員。

　　因為將英國學派與不列顛委員會幾乎劃上等號，Tim Dunne 認為 Charles Manning 並不是英國學派的一份子，原因在於 Charles Manning 並未獲邀參加不列顛委員會。儘管 Charles Manning 眾國社會（society of states）概念的研究對 Hedley Bull 有明顯的影響，[2]Charles Manning 的學術成就卻很少得到 Martin Wight 的肯定。（Dunne, 1998: 12）不過如果接受 Tim Dunne 的觀點，將 Charles Manning 排除在英國學派之外，不僅無法追溯英國學派中格老秀斯法理及哲學根源，甚至將不能顯示英國學派中團結主義者（Solidarist）及建構主義者（Constructivist）的色彩。（Knudsen, 2000）

　　除了 Charles Manning 之外，E. H. Carr 是否屬於英國學派的一份子也是另一個極富爭議的問題。Tim Dunne 認為 E. H. Carr 的論述中對人類公平及正義有著明顯企盼，充滿了規範性的意涵，應該符合英國學派的第三信條。但與其他英國學派學者不同的是 E. H. Carr 認為國家逐漸無法分配經濟利益及福

2　在 *The Anarchical Society* 前言裡，Hedley Bull 提到 Charles Manning 及 Martin Wight 是他的主要靈感來源。見 Hedley Bull (1977).

利，而且「國際社會」對引領進步（progress）是沒有一點助益。因此，Tim Dunne 視 E. H. Carr 為英國學派內的異議者（dissident），而 *The Twenty Years' Crisis*（1956）則是異聲之作，旨在提醒後繼英國學派學者意義及秩序並非中立（neutral），而是加諸的（imposed），國際關係研究不僅是追溯現存的意義及秩序，必須隨時注意國家有否濫用權力（Ashley & Walker, 1990: 265）。[3]

　　不過，以參與不列顛委員會為依據，對英國學派的成員加以取捨，似乎只是注重家族相似度（family resemblances），如此，英國學派就只不過是「一群思想者」（a cluster of thinkers），而不列顛委員會就成為一個「俱樂部」（club）。總之，Tim Dunne 的看法引發了英國學派內「正統／非正統」（insider/outsider）的爭議，將 Charles Manning 排除，卻將 E. H. Carr 列入的決定，也是很難令人信服（Suganami, 2000）。

　　近年來，國際關係學界逐漸有共識，Herbert Butterfield、Martin Wight、Adam Watson 及 Hedley Bull 公認是英國學派的創始者（Little, 1995: 32），E. H. Carr 漸有回溫之勢，F. Northedge 幾乎已成昨日黃花，Charles Manning 與英國學派的討論也漸行漸遠。直到今日，英國學派吸引來自國際關係主流理論與非主流理論的關注，例如 Andrew Linklater 的批判理論（Critical Theory）與 Alexander Wendt 的建構主義（Constructivism）。自 1990 年代以來，對英國學派有興趣的學者已不侷限於英倫三島，北美（尤其是加拿大）、挪威、德國、義大利、南非及澳洲，甚至中國大陸都有英國學派的支持者，英國學派已成為「全球知名的品牌」。

第四節　英國學派的核心內涵

　　英國學派的學術核心是「國際社會」，「國際社會」的概念又與「國際體系」（international system）及「世界社會」（world society）緊密相關，對三者的討論不能偏廢。此外，Martin Wight 所揭櫫的三個傳統（Three Traditions）——現實主義（realism）、理性主義（rationalism）和革命主義（revolutionism）也是英國學派積極發揚光大的理念，其中理性主義似乎

---

[3]　Tamara Deutscher 則認為:「E. H. Carr 出自英國傳統，卻未從屬之。」見 Tamara Deutscher (1983:79).

可以與「國際社會」相提並論，足以做為英國學派的兩大基石。英國學派學者對於理性主義的討論，主要是牽涉多元主義（pluralism）和團結主義（Solidarism）兩個重要概念。

一、「國際體系」、「國際社會」與「世界社會」

　　「國際社會」是英國學派的學術核心，也是英國學派與其他學術社群的區別所在。對英國學派來說，「國際社會」的概念又與「國際體系」及「世界社會」的概念緊密相連。所以在討論「國際社會」的概念，又必須同時了解「國際體系」及「世界社會」，並且分析這三者之間的關係。

　　「國際體系」的本質是國家間的權力政治（power politics），其本體地位是以國家為中心（state-centered），主要是著重國際無政府狀態的結構及過程對國家行為的制約。正如霍布斯對無政府狀態（anarchy）下的著墨，「國際體系」是國家為了自身安全而競逐權力、施展權力的場域。因此，在英國學派的論述中，「國際體系」的概念又稱霍布斯主義／馬基維利主義（Hobbesianism / Machiavellianism）。「國際體系」的概念相當於主流現實主義及新現實主義所闡述的無政府狀態的概念，「國際體系」也對應 Wight（1991）所謂國際關係三個傳統中的現實主義。

　　「國際社會」是英國學派的研究中最核心的概念，也是不列顛委員會初期 Martin Wight 所設定的研究方向，論述發展相當完整。Wight（1961: 96-97）明確指出國際社會的本質寓於外交體系中，尤其是國家間有意識的維持權力平衡以確保彼此的獨立性，國際法與功能性的國際組織同樣都是達成此目的的方式。Bull & Watson（1984）將「國際社會」解讀為不僅是國家藉由算計他國行為而設定自身行為的體系，「國際社會」更存在著國家藉由對話及共識來型塑規則及制度，國家的共同利益是維持這些規則及制度的重要力量。這項定義簡潔地說明了英國學派在方法論上的多元主義（methodological pluralism），亦即結合「國際體系」中的霍布斯／現實主義的權力政治及由社會建構所形成的理性主義的秩序（Buzan, 2001: 476）。「國際社會」是國家間共享利益及認同的制度化，在英國學派的討論中，「國際社會」的概念最常以格老秀斯主義（Grotianism）為同義的名詞。

　　「世界社會」將個人、非國家組織視為國際關係的焦點。「世界社會」重視共享規範及價值在個人層面所扮演的角色，亦即「世界社會」超越了「國際體系」及「國際社會」以國家為本體的論點，而轉向以人類為本體論的關懷。

英國學派的論述中「世界社會」的互通名詞是康德主義（Kantianism），並與 Martin Wight 三個傳統中的革命主義相對應。整體而言，「世界社會」的概念是英國學派發展較弱的一環。近期的英國學派學者致力於發展「世界社會」的相關論述，其中尤以 Buzan（2004）為代表。

「國際體系」與「國際社會」兩者之間的關係，以及「國際體系」是如何轉型或進化到「國際社會」，這個問題在英國學派內部有充分的探討。Hedley Bull 認為當兩個或以上國家有足夠的接觸與互動，且有足夠的相互影響力，則「國際體系」就形成。而當國家察覺他們共享若干利益及價值，彼此的交往受到共同規則的約束，並且建構共同的制度，則「國際社會」就出現（Bull, 1977: 10-13）。國家之間有了足夠的互動，就形成「國際體系」，有著「國際體系」並不意味「國際社會」的存在，但是「國際社會」的出現，就可以推論「國際體系」的存在。歐洲的歷史經驗顯示，「國際體系」比起「國際社會」較早產生，「國際社會」的出現是在「國際體系」形成之後。

「國際社會」的產生應該具備什麼條件？關於共同文化的重要性，英國學派學者並無共識。Martin Wight 主張共同文化是「國際社會」形成的必要條件，但是 Hedley Bull 則認為只要國家具有共同利益及價值就足夠。Barry Buzan 也認為「國際社會」不必建立在各國擁有一致的文化的基礎上，「國際社會」可以透過交往而逐漸培養出來的共同利益和整體歸屬感來形塑，此點將新現實主義的無政府狀態與新自由主義（neoliberalism）的制度理論之間建立了連結（Buzan, 1993）。因此英國學派的「國際社會」思想為新現實主義與新自由主義的結合提供了有力的支援。但亦有學者指出，英國學派的「國際社會」強調的是「社會」，共同的利益觀不必然等於社會的整體歸屬感，新自由主義的制度理論用功能性的方法研究國際關係的社會因素，是用錯誤的認識論趨近社會制度此一本體論現象（Ruggie & Kratochwil, 1986）。Wendt & Davall（1989: 51-73）指出英國學派的國際制度研究思路與新自由主義根本不同，前者是社會詮釋論，後者是理性選擇論。

「國際社會」是英國學派的核心概念，「國際體系」主要是與「國際社會」做參考比較，因此英國學派對「國際體系」的論述較多，相對而言，對於「世界社會」的闡釋則較少。關於「國際社會」及「世界社會」的關係，Herbert Butterfield 及 Martin Wight 認為「世界社會」是「國際社會」發展的先決條件。正如 Martin Wight 所言：「若沒有一定程度的文化一統（cultural unity），我們很難設想一個「國際社會」將得以出現」。不僅「世界社會」

及「國際社會」的聯繫有爭議，兩者之間也可能存在對立的關係，「世界社會」及「國際社會」在本體地位上是不相容，「國際社會」是要在國家之間建立共同的規範，而「世界社會」則是要超越國家在個人之間建立共同的規範，也就是「世界社會」關懷的是個人，而「國際社會」維護的則是國家。「世界社會」重視個人權利與福祉，為了彰顯個人地位而進行人道干涉，必然會損及「國際社會」所強調的國家主權。因此，任何想要發展「世界社會」的意圖都會對「國際社會」中的國家造成傷害。Buzan（2001: 478）就認為，若提升個人在本體上的地位與追求正義（justice），不僅會削弱國家也會造成國際秩序（order）的難以維持。換言之，「國際社會」所重視的國際秩序與「世界社會」所強調的人類正義，可能是無法兼顧的。此外，「世界社會」的方法論與「國際體系」、「國際社會」也有所不同。Little（2000）說明英國學派的方法論是多元的，「國際體系」、「國際社會」與「世界社會」在方法論是有所區別:「國際體系」屬於實證主義（positivism）的方法論；「國際社會」屬於詮釋學（hermeneutics）；而「世界社會」則屬於批判理論（critical theory）。

二、國際關係的三個傳統（Three Traditions）

Martin Wight 認為國際關係的研究有三個傳統，分別是現實主義（realism）、理性主義（rationalism）及革命主義（revolutionism）。現實主義的概念等同於國際關係中的現實主義，革命主義則相近於康德的普世主義（cosmopolitanism）。三個傳統具有知識論（epistemology）的意涵，這三個傳統之間不是競爭、對立而是互補、對話。Wight（1991: 260）之所以使用「傳統」，而不使用時下流行的「典範」（paradigm）作為思想的區別，在於不同的典範之間多少都有著「不可共量性」（incommensurability）的問題，而他所提出的三種思想間彼此之間有著交互影響、相互滋養、交織共生的關係。用典範來表示或多或少都有相互競爭甚或難以對話的困擾發生，所以他採用傳統而非是典範來區別這三種思想。另外，Wight（1991: 4）用「傳統」之意在於他對思想史（history of ideas）的重視，尤其是歷史上偉大思想家的思想及政治家的政策。從這些思想沃土，Martin Wight 挖掘了國際關係的傳統，也說明了以 Martin Wight 為代表的英國學派對政治理論（political theory）的青睞。

英國學派所主張國際關係的三個傳統，角色各有不同。現實主義等同主流國際關係的現實主義，著重國際無政府狀態的結構及過程對國家行為的制約，國家為了自身安全而競逐權力、施展權力。而革命主義則呼應康德式的普世主

義，重視共享的規範及價值在個人層面所扮演的角色，亦即革命主義在本體的地位上超越了「國際體系」及「國際社會」以國家為本體優先的論點，而轉向以人類為本體論的關懷。理性主義是指在無政府的國際社會，國家建立規範、規則、制度與國際法，以提供某種程度的國際秩序。在三者中，現實主義與革命主義兩種傳統在內涵上較為清晰，較不具爭議性，理性主義則因為內涵引發較多的討論。Martin Wight 國際關係的三個傳統中，理性主義在維持共享規範及制度上處於核心的地位，相當於建制理論（regime theory），但在意涵上則更為深沈。理性主義著重的是建制對成員的主觀構成（constitutive）效果，而非是被動性的工具制約。因為理性主義被視為現實主義與革命主義的媒介，是兩者之間的溝通橋樑。再加上理性主義與英國學派重視的「國際社會」密切相關，理性主義因而特別受到重視。「國際社會」與理性主義絕對是英國學派旗幟最鮮明的概念，也是最能代表英國學派的理念。許多英國學派的學者經常使用「國際社會」，來表徵他們對國際關係理論的共同信念與興趣，另一方面，猶如 Linklater（1996）所主張，理性主義也可視為英國學派的同義詞。

　　Martin Wight 透過現實主義、理性主義與革命主義這三個國際關係傳統，將英國學派的理念清楚的闡述。三個傳統分別與英國學派「國際體系」、「國際社會」與「世界社會」三個概念相呼應。現實主義、理性主義和革命主義三者分別關注權力、秩序和解放，在方法論上則分別採用實證主義、詮釋學和批判理論。在日後英國學派學者的討論中，這三個傳統的又經常以其代表人物來稱呼，分別是霍布斯主義／馬基維利主義、格老秀斯主義及康德主義。

三、多元主義與團結主義

　　Martin Wight 的理性主義之所以負有現實主義與革命主義之間媒介的角色，是因為「國際社會」概念同時具有多元主義（pluralism）及團結主義（solidarism）的成分。在英國學派中，多元主義與團結主義間的爭辯內容在於「國際社會」的本質，特別是關於共享規範、規則及制度的確切及可能範圍，爭辯的核心在於人權（human rights）、人道干涉（humanitarian intervention）及西方世界對第三世界的責任。Bull（1966）認為多元主義與團結主義有三點重大差別：一、兩者對戰爭起源的看法不同，團結主義認為正義是發動戰爭的原因，多元主義則持反對意見；二、團結主義重視自然法的重要，多元主義則偏重習慣及條約；三、團結主義認為「國際社會」成員應包括個人，多元主義則視主權國家為唯一組成份子。

　　多元主義傾向理性主義中的現實主義面向，認為應該尊重建立在國家間政治差異的國家主權。假若如此，「國際社會」的範圍及意涵就相當狹小。「國際社會」關心的不過是在無政府狀態下對國際秩序的重視，以及在主權、外交及不破壞國際秩序下所達成的國際協議。多元主義抱持著強烈國家中心論，認為國家主宰人類社會是一既定事實，多元的政治文化是人類歷史的產物。多元主義視「國際社會」為維持秩序的工具，關心在無政府狀態下，如何維持國際秩序、主權的承認（recognition）、外交行為的規則及互不干涉的原則。

　　而團結主義則是理性主義中的革命主義色彩，設想的「國際社會」較多元主義寬廣許多。團結主義關懷的是共享規範對使用武力的禁制效應以及國家與普世人權之間的關係。其焦點在於共享道德規範可能性，並討論因為這種普世道德規範所引起人道干預。團結主義者強調「國際社會」中的個人權利，對於國家主權有所貶抑，因為團結主義將非國家行為者與國家相提並論而引發爭議，也造成「國際社會」與「世界社會」之間的邊界不明。

　　英國學派的「國際社會」所隱含的道德規範層面，呈現在多元主義者及團結主義者這兩個重要的概念。多元主義關懷的是細微（thin）的道德，而團結主義則關注濃厚（thick）的道德。「國際社會」中的細微道德認為國家可以為了促進彼此利益而合作並產生國際秩序，細微道德的主體是國家，它重視國家所擁有的主權。另一方面，濃厚道德的主體是個人，它關注的是個人及非國家主體的福祉。簡言之，多元主義與團結主義的爭辯核心在於本體論。多元主義的本體論是國家，因為是以國家為中心，所以多元主義主張的「國際社會」範圍也較為狹窄。團結主義的本體論則為個人，故團結主義擁護共享的規範、價值、體制等普世準則，所主張的「國際社會」範圍也較多元主義寬廣。英國學派的「國際社會」概念，同時含有多元主義及團結主義的成分，這也使得英國學派將「國際社會」視為折衷媒介。

第五節　結　論

　　近年來，復興英國學派做為折衷媒介之努力，吸引國際關係學界廣泛的興趣，也引發了有關誰是英國學派正統代表、學派的核心概念等爭論，這些問題在本文中都有精簡的說明。

　　英國學派未來將何去何從？關於英國學派面臨終結的論證，主要是將英

國學派視為現實主義的一份子。例如，英國學派對秩序（order）、權力平衡（balance of power）的重視，及對安全困境（security dilemma）的論述，都被認為摻有現實主義的成分。更有激進的說法，認為英國學派只是想藉著使用相似的語言偷渡進入現實主義的城堡（Halliday, 1992）。不過英國學派學者也駁斥了這些觀點，強調與主流的國際關係理論是有所區隔，特別是方法論和本體論。英國學派認為他們參與了一場後現實主義（post-realism）的對話；再者，他們也自認為英國學派的研究途徑與現實主義理論是顯然不同。（Dunne, 1998）

英國學派不僅與現實主義的關係曖昧，與其他國際關係理論也是關係複雜。

建構主義和英國學派有許多相似性，英國學派關於「國際社會」文化及規範的主張，就經常被拿來跟建構主義一併討論，建構主義重量級學者 Wendt（1999）也認為英國學派是建構主義的先驅（forerunner），其三個文化論述毫無疑問的是延續 Martin Wight 的三個傳統概念。除了與「新貴」建構主義的重疊性，英國學派與制度理論或建制理論的關聯也是眾所周知，甚且基於同樣對歷史脈絡的重視，英國學派的「國際社會」研究亦被列入國際關係的反思主義陣營（reflectivist）（Rengger, 1992: 364）。

雖早於 1981 年被 Roy Jones 宣判終結，但英國學派似乎有擺脫此一命運詛咒的跡象，1999 年的不列顛國際研究協會（British International Studies Association, BISA）的會議大舉復興（reconvening）英國學派的旗幟，並且設立了專屬於英國學派的網站。英國學派學者內部雖存有差異與爭辯，凝聚支持者的是一些共同擁有的信念，諸如：堅持格老秀斯的理性主義，對「國際社會」概念的倚賴，以及遵循歷史、法律、哲學等傳統研究方法。

具有高度自我認同的英國學派依舊未受到主流國際關係研究的重視，部分原因是因為英國學派的巨擘如 Martin Wight 及 Hedley Bull 等人不屬於美國社會科學研究陣營的一員。英國學派研究方法及理論主張的兼容並蓄或是模稜兩可，也限制其對美國國際關係研究社群的吸引力。但是近二十年來，無可否認在非美國的國際關係社群，英國學派確實引起一些共鳴，無論是認同者與支持者都有成長的趨勢。英國學派的文獻也日益豐碩，在 *Review of International Studies* 期刊就經常有英國學派的專文發表，國際關係理論的基本教科書也開始納入英國學派的專章，例如 Bellamy（2007）、Dunne（2007）、Linklater（2009），而 Bellamy（2005）、Buzan（2004）、Linklater & Suganami

（2006）等英國學派專書的問世，為英國學派開拓新的議題。對於後冷戰時期的國際關係議題，英國學派以多元主義及團結主義討論人道干涉正當性、國際制度所扮演的角色，而以英國學派的觀點檢視歐洲整合的發展與全球化爭議，也得到肯定與重視。展望未來，雖然自命為折衷媒介進行與其他國際關係理論的交流合作，英國學派還是必須思索如何跳脫「英國色彩」（Englishness），以及建構自我理論的特色，才可能對國際關係的發展有更大的貢獻。

參考書目

Ashley, R. & Walker, R.B.J., 1990. "Speaking the Language of Exile: Dissident Thought in International Studies." *International Studies,* Vol. 34, No. 3, pp. 259-268.

Bellamy, Alex J., ed., 2005. *International Society and Its Critics*. Oxford: Oxford University Press.

Bellamy, Alex J., 2007. "The English School." In M. Griffths, ed. *International Relations Theory for the Twenty-first Century*.(pp. 75-87) London: Routledge.

Bull, H., 1977. *The Anarchical Society*. London: Macmillan.

Bull, H., & Watson, A., 1984. *The Expansion of International Society.* Oxford: Clarendon.

Bull, H., 1969. "International Theory: The Case for a Classical Approach." In K. Knorr & J. Rosenau, eds., *Contending Approach to International Politics.(*pp. 21-38.). Princeton: Princeton University Press.

Bull, H., 1966. "The Grotian Conception of International Society." In H. Butterfield & M. Wight, eds., *Diplomatic Investigation*.(pp. 51-73.). London: Allen and Unwin.

Butterfield, H., & Wight, M., eds. 1966. *Diplomatic Investigation*. London: Allen and Unwin.

Buzan, B., 1993. "From International System to International Society: Structural Realism and Regime Theory Meet the English School." *International Organization*, Vol. 47, No. 3, pp. 327-352.

Buzan, B., 2001. "The English School: An Underexploited Resource in IR." *Review of International Studies*, Vol. 27, No. 3, pp. 471-488.

Buzan, B., 2004. *From International to World Society: English School Theory and the Social Structure of Globalization.* Cambridge: Cambridge University Press.

Buzan, B. & Little R., 2000. *International Systems in World History: Remaking the Study of International Relations.* Oxford: Oxford University Press.

Copeland, D., 2003. "A Realist Critique of the English School." *Review of International Studies,* Vol. 29, No. 3, pp. 427-441.

De Almeida, J.M., 2003. "Challenging Realism by Returning to History: The British Committee's Contribution to IR 40 Years On." *International Relations*, Vol. 17, No. 3, pp.271-302.

Deutscher, T., 1983. "E.H. Carr - A Personal Memoir." *New Left Review,* NLR I/137, pp. 78-86.

Dunne, T., 1998. *Inventing International Society: A History of the English School.* London: Macmillan.

Dunne, T., 1999. "A British School of International Relations." In B. Barry, J. Hayward & A. Brown, eds., *The British Study of Politics in the Twentieth Century.(*pp. 395-424.). Oxford: Oxford University Press.

Dunne, T., 2007. "The English School." In T. Dunne, M. Kurki &S. Smith, eds., I*nternational Relations Theories: Discipline and Diversity*.(pp.127-147.) Oxford: Oxford University Press.

Epp, R., 2001. "The English School on the Frontiers of International Relations." *Review of International Studies*, Vol. 27, No. 3, pp. 47-63.

Evans, T., & Wilson P., 1992. "Regime Theory and the English School of International Relations: A Comparison." *Millennium,* Vol. 21, No. 3, pp. 329-351.

Finnemore, M., 1996. *National Interests in International Society.* Ithaca: Cornell University Press.

Finnemore, M., 2001. "Exporting the English School?" *Review of International Studies*, Vol. 27, No. 3, pp. 509-513.

Fox, W., ed. 1959. *Theoretical Aspects of International Relations*. Notre Dame: University of Notre Dame Press.

Grader, S., 1988. "The English School of International Relations: Evidence and Evolution," *Review of International Studies*, Vol. 14, No. 1, pp. 29-44.

Halliday, F., 1994. *Rethinking International Relations*. Vancouver: UBC Press.

Halliday, F., 1992. "International Society as Homogeneity: Burke, Marx and Fukuyama." *Millennium*, Vol. 21, No. 3, pp. 435-461.

Jones, R., 1981. "The English School of International Relations: A Case for Closure." *Review of International Studies*, Vol. 7, No. 1, pp. 1-13.

Knudsen, T., 2000. "Theory of Society or Society of Theorists? with Tim Dunn in the English School." *Cooperation and Conflict*, Vol. 35, No, 2, pp. 193-203.

Linklater, A., 1996. "Rationalism." In S. Burchill, et al., *Theories of International Relations* 2nd ed.(pp. 103-128). New York: Palgrave Macmillan.

Linklater, A., 2009. "The English School." In S. Burchill, et al., *Theories of International Relations* 4th ed.(pp. 86-110). New York: Palgrave Macmillan.

Linklater, A., & Suganami, H., 2006. *The English School of International Relations: A Contemporary Reassessment*. Cambridge: Cambridge University Press.

Little, R., 1995. "Neorealism and the English School: A Methodological, Ontological and Theoretical Reassessment." *European Journal of International Relations*, Vol. 1, No. 1, pp. 9-34.

Little, R., 2000. "The English School's Contribution to the Study of International Relations." *European Journal of International Relations*, Vol. 6, No. 3, pp. 395-422.

Neumann, I., 1997. "John Vincent and the English School of International Relations." In I. Neumann & O. Wæver, eds., *The Future of International Relations: Master in The Making?*(p. 41.). London: Routledge.

Rengger, N.J., 1992. "A City Which Sustains All Things?: Communitarianism and International Society." *Millennium,* Vol. 21, No. 3, pp. 353-369.

Roberson, B.A., ed., 1998. *International Society and the Development of International Relations Theory.* London: Pinter.

Ruggie, J., & Kratochwil, F., 1986. "International Organization: A State of the Art on an Art of an State," *International Organization,* Vol. 40, No. 4, pp. 753-775.

Suganami, H., 1983. "The Structure of Institutionalism: An Anatomy of British Mainstream International Relations," *International Relations*, Vol. 7, No.5, pp. 363-381.

Suganami, H., 2000. "A New Narrative, A New Subject? Tim Dunne on the "English

School." *Cooperation and Conflict*, Vol. 35, No. 2, pp. 217-226.

Suganami, H., 2003. "British Institutionalists, or the English School, 20 Years On," *International Relations*, Vol. 17, No. 3, pp. 253-272.

Wæver, O., 1998. "Four Meaning of International Societies: A Trans-Atlantic Dialogues." In B.A. Roberson, ed., *International Society and the Development of International Relations Theory.(*pp. 85-89.). London: Pinter.

Watson, A., 1992. *The Evolution of International Society.* London: Routledge.

Watson, A., 1998. "The British Committee For the Theory of International Politics", http://www.leeds.ac.uk/polis/englishschool/watson98.doc

Wendt, A., & Davall R., 1989. "Institutions and International Order." In E.O. Czempid & J. Rosenau eds., *Global Changes and Theoretical Changes.(*pp. 51-73.). Lexington: Lexington Book.

Wendt, A., 1999. *Social Theory of International Politics.* Cambridge: Cambridge University Press.

Wight, M., 1977. *Systems of States*. Leicester: Leicester University Press.

Wight, M., 1991. *International Theory: The Three Traditions*. London: Leicester University Press.

Wilson, P., 1989. "The English School of International Relations: A Reply to Sheila Grader," *Review of International Studies*, Vol. 15, No. 1, pp. 51-52.

Vincent, R. J., 1986. *Foreign Policy and Human Rights: Issues and Responses*. Cambridge: Cambridge University Press.

Vincent, R. J., 1986. *Human Rights and International Relations*. Cambridge: Cambridge University Press.

第十四章　文明與國際關係理論：
　　　亞洲學派的不／可行性

石之瑜

第一節　從亞洲開展國際關係的地方性學派

　　日本新銳國際關係學者近來探討建立日本學派國際關係的可能性，整理戰前知識界論及的國際關係，從其中歸納若干彼此相關的課題或關切（Shimizu et al, 2008）。他們與當代主流國際關係理論進行比較與對話，嘗試探究不同於主流國際關係理論，且又可以有助於主流國際關係理論開展的關於國際秩序或原則的主張。中國國際關係學者並不這樣的隱諱，雖然關於中國學派的國際關係理論尚未成形，許多中國國際關係學者已經認定中國學派必然可以存在，展現與歐美主流理論分庭抗禮的願望強烈。（梁守德，2000）中國學派未必是要貢獻於普遍理論法則的建立，而更重視發掘不同於主流理論的法則。不讓中日專美於前，向來以歐美理論為師的南韓國際關係學者間，也開始從韓國的位置探索國際關係理論（Kook and Young, 2009）。不過，同樣以歐美理論為師的台灣國際關係學界，這樣的意圖充其量還只是茶餘飯後的一個引人懷疑為不切實際的話題。

　　不論是調和性的日本學派或韓國學派，甚至是對抗性強的中國學派，其間靈感不能不歸於英國學派的啟發。英國學派的國際關係著重於國際間共享原理原則的研究，這些原理原則深植於歐陸哲學的傳統與歐洲國際政治史的經驗中，因而有別於美國國際關係學界總是追求跨越時空的普遍法則。如果傳統美國國際關係研究的關鍵詞是「體系」（system）（Kaplan, 1957; Singer, 1971; Waltz, 2010），英國學派的關鍵詞就是「社會」（society）（Bull, 1977; Callahan, 2004a；石之瑜，2005; Little, 2005; Navari, 2009）。即令國際間是無政府狀態，英國學派是從歷史與哲學的高度詮釋這樣的狀態，因而儼然容許國際社會繼續開展出不同的原理原則。以此類推，屬於亞洲的國家基於不同的歷史與哲學傳統，當然會實踐出自己的國際關係原則，至少亞洲國家理解主權國

家行為與規範的依據，應該是來自他們在彼次互動的歷史長河中所累積的共同經驗。

　　亞洲地區的群體行為者在成為國家之前，不是以主權身分在行動，甚至在進入主權身分之後，反而可能因為流離於固有文化，產生不出主權身分應有的能動性，這對於自居天下中心的大清朝廷，文化與宗教都高度分化的印度，或以神國自況的日本皆然。追求平等的主權國家身分是他們各自的任務，占據了大部分亞洲國家的建國議程（Panikkar, 1969; Hay, 1970）。如何依照歐美的國際關係原則發奮圖強，並審視自己的表現，爭取歐美國家的認可，成為亞洲國家在近代化進程中共同的經驗。則國際關係理論就不只是客觀分析的框架，而是亞洲國家成為正常國家的教戰手冊。若不根據既有英美理論，而另謀研發屬於自己國家的學派，是否自我揭露仍然異於西方國家典型，故反而牴觸了追求成為正常國家的初始願望，寧非外人驚覺自己仍未達成正常國家的證據？

■ 核心概念

- 探究亞洲學派的努力，無不指向身處於東西文明交會的歷史時空，因而不同於國際關係理論純粹僅出於歐陸的思想脈絡，或僅奠基於泛稱為西方文明的歷史實踐，以致於國際關係理論主流不能掌握處在文明之間的亞洲。

■ 關鍵詞

- 文明政治：根據具有歷史性的某種長期生活與交往模式建立秩序。
- 亞洲學派：根據亞洲文明經驗形成的具有廣泛適用性的研究視野。

　　這些來自亞洲的所謂地方性學派思維，果然有其雷同之處，亦即他們對於文明的關切。所謂文明，指涉的是具有歷史性的某種長期生活與交往模式，這種對文明的關切在主流國際關係理論正在引發好奇（Byrens, 2006; Katzenstein, 2009），似乎是催生亞洲版的國際關係理論。本文以下將指出，這些探究亞洲學派的努力，的確無不指向自己身處於東西文明交會的歷史時空，不同於國際關係理論純粹僅出於歐陸的思想脈絡，或僅奠基於泛稱為西方文明的歷史實踐，因此國際關係理論主流不能掌握處在文明之間的亞洲，亦即亞洲國家是文明的代理者，受到諸多互動的文明力量所節制。反觀主流國際關係理論的知識發展史，主權國家本是宗教戰爭的產物，主權國家率先要保護的就是人民的宗

教自由，故文明力量乃在主權之內形成，後來甚至有主權國家可以促成公民民族主義的理論（Greenfeld, 1993; Tamir, 1995）。1960 年代新興國家大量出現，主流理論以國族建構與國家建構為建國的兩個先後過程（Pye, 1962; Rostow, 1991; Weiner & Huntington, 1994; Fukuyama, 2004; Fukuyama, 2005），亦即假定殖民母國任意切割族群所劃定的國界，終能凝聚異教異族於一爐。相對於主流理論的這種假設，形成中的各個亞洲的國際關係地方性學派有所不同，後者是從文明史與思想史出發，主張國家主權的出現，在時間上後於各地自身的文明，只能存在於某個或各個文明之間，基於這樣的性質，故而不為主流理論所熟稔，則探究彼等的內涵為何，有何異同，與各自的歷史有何關聯，仰賴的思想路徑為何，便有其必要。

由於地方性學派仍不成熟，因此以下從每個社群先歸納一種可行方案，故掛一漏萬在所難免。至於地方性學派，不是特指國家為範疇，可以是國家層次以上，或國家層次以下，或國家間的社群，以某群聚的文明觀所歸納的一種方案，既無排他性，亦非整體性的立場，故揭示的乃是可能性。同時，由於有的方案是從哲學思辨推演而出，而有的則是從政策實踐中推演而出，故在國際關係理論與外交政策之間，不作層次的區隔，重點在於對於亞洲以外的社群在理解國際關係或制定外交政策時，有無普遍適用性、相互類比性或啟發性。

第二節　活躍中的國際關係東亞學派

一、回溯文明──日本學派國際關係的可行選項之一

日本國際關係理論的可能方案之一，是二次戰前發展的京都學派，論者以京都學派哲學致力於身分論述，猶如當代社會建構主義者 Alexander Wendt（1999）在歷史前期的盟友。1940 年代，京都學派在太平洋戰爭爆發後，公開而具體地提出「世界史的立場」（高坂正顯，1943；高山岩男，1942），藉以支持大東亞共榮圈的構想，對向來是歐美中心導向的國際秩序，進行有意識的挑戰與重構。世界史的立場綜合了歷史、神學、哲學與心理學的思維，企圖融合歐陸與東洋的自我觀念，進而發揚成為對國際秩序的主張（Goto-Jones, 2005），競爭中充滿懺悔的意識（Tanabe, 1990）。在知識史的脈絡中，京都學派上承明治時期的興亞論，經由戰前大東亞共榮圈的興衰，到戰後重現的亞洲主義，並下接 21 世紀流行的東亞論，在眾多學派中儼然成其對國際關係一

以貫之的哲學主張（Williams, 2005）。京都學派的開山鼻祖西田幾多郎提出的「場所哲學」（中村，1993），及其延展而來的「無的場所」學說，同時有道德與實踐的意涵，是潛力雄厚的日本學派或東亞學派的國際關係理論基礎。

京都學派要處理的問題，與同期日本知識界共同要處理的問題雷同，均可回溯自黑格爾提出的「東方專制主義」，亦即日本思想家面對東方專制主義的質問，被迫回答是否日本屬於東方（子安宣邦，2004）。在各種可能選項中，所具體回答的問題不外乎二，即日本與歐洲以及與亞洲的關係分別為何（Ikeda, 2009；黃佳甯 & 石之瑜，2009）。脫亞論者視日本應屬於歐洲而不屬於亞洲，興亞論者視日本屬於亞洲而不屬於歐洲，少數論者如津田左右吉認為日本既非歐洲亦非亞洲（劉萍，2004；謝明珊，2009）。無論如何，日本似乎既屬於歐洲又屬於亞洲的自我認識，使得上述三種答案都違反直覺的情感，導致自我定位十分困難，以至於論者經常游移於各種主張之間，被視為人格「斷裂」或「轉向」（葉紘麟，2009）。簡言之，日本知識界既希望日本成為歐洲，也相信日本可以，但又不能否認日本身在亞洲，且否定不了。從大正到昭和，知識界企圖擺脫身在東西之間的努力，孕育了西田那種反璞歸真的知識目標，企圖藉由回溯文明發展軌跡，來重建日本在世界史中獨特而又普遍的地位。

包括東京學派的白鳥庫吉與京都學派的內藤湖南同在對中國研究中找尋答案，白鳥庫吉與他的學生津田左右吉都嫌惡中國（Tanaka, 1993），內藤湖南則以中國文化的繼承人自居（錢婉約，2004; Fogel, 1984），與其他同情或蔑視中國的知識份子一樣的是，他們各自基於自己的理由，對於日本軍閥在滿州國建立皇道樂土充滿熱情（野村浩一，1998），則這個巧合儼然不是巧合，因為甚至到了 21 世紀，後現代的日本藝文界繼續傳承著某種對在滿州建立皇道樂土的憧憬。滿州國建立不久之後，皇道樂土便成為大東亞共榮圈所奠基的論述基礎，京都學派學者在以近代的超克為名來支持戰爭的座談會中，採取了《日本書紀》有關八紘一宇的描述，來勾勒理想中的國際秩序。《日本書紀》與京都學派的聯繫雖然隱晦間接，實則深刻有力。在這樣的聯繫中，日本國際地位的界定有賴於對於文明源起的回溯，這樣的回溯不能只是歷史的，因為歷史的日本甚至對朝鮮都有所依賴，於是這樣的回溯必須是哲學的。

京都學派提出了場所哲學（Heisig, 2002；藤田正勝，2005），來說明為何日本可以與世不同地存在於東西之間，因而既能免於中國天人一體的渾沌靜滯狀態，又能免於黑格爾辯證哲學對正反矛盾必求一合的衝動。據稱日本所處

的位置，在東西文明得以開展之前的無的場所，日本不需要進入到任何具體的場所而自有其基體，這樣的基體出自神的授予，因而不受後來的文明發展所拘束，從而日本得以學習融入任何文明情境，卻又保留退出之後再進入其他文明情境的普遍性身分。此一身分無語言可表達，也不應該有語言加以表達，因此又是一種潛意識的力量，敦促日本不斷吸收學習。根據白鳥的分析，中國的文化保守主義導致中國不能學習，而歐洲不了解東洋，以致誤認自己是普遍，唯有日本真正能貫穿其間（石之瑜 & 葉紘麟，2006）。白鳥利用南滿鐵道部的經費在滿蒙研究，辯稱滿蒙乃是基督教與儒教的共同緣起所在，等於證明滿州國是民族共和的皇道樂土。唯有如此的世界史立場，方能超克近代化所散布的西方偏狹的歷史。準此，國家不是能動性的根源，國家是執行世界史立場的工具。

■ 核心概念

- 所謂世界史的立場所指，就是回溯文明緣起的無的場所，然後才能培養進出文明場域的能力，也才能在東西對立的文明實踐中，掌握真正的世界歷史，而不偏狹於歐洲自己的文明進程。

　　一旦培養了進出文明場域的能力，才能在東西對立的文明實踐中，掌握真正的世界歷史，而不偏狹於歐洲自己的文明進程。這個立場在日本軍閥四處征戰與殖民的政策中證實為殘忍無道，因此戰後繼承亞洲主義的竹內好大加修正，曾經為大東亞戰爭感動不已的他，反省大東亞共榮圈的殺戮，進而提出以自我否定為方法的亞洲主義，藉由轉化成為亞洲的思想過程，抗拒日本成為歐洲、成為中國，或日本被鎖入任何既定軌道。竹內好（2005）受到京都學派啟示，提出以日本自身為對象的反省，並稱之為亞洲方法，使亞洲成為日本可以進入東西不同文明的場域。爾後亞洲主義論者縱使未必採取竹內好的邏輯，但均同在京都學派的思維脈絡中。如溝口雄三（1999）繼續借用基體的概念，主張日本必須先退出日本的情境才能掌握中國的基體，而一旦能夠退出日本自身，便能進入世界；或如子安宣邦（2004）強調東亞絕非實體。一以貫之的，似乎是日本在東西之外的場域獨自享有進出東西的能動性。

■ 關鍵詞

- **場所哲學**：主張人應自我超越以進出各種文明情境。
- **天下哲學**：主張人應自我要求以達到更高文化理想。

與此相較，英國學派以無政府狀態為國際秩序的主張，或社會建構主義以不同形式的無政府狀態，說明何以國家的身分意識若有變遷，足以導致國際秩序的變遷，兩者均視國際治秩序的建構，後於國家的生成，且國際秩序與國家的存在之間相互矛盾，國家與國家之間也是相互矛盾，這些矛盾必須處理。京都學派及其分支主張反是，認為國家間的矛盾存在於具體場所，並非自我的原初意識所在，進而主張無的狀態遠在國家存在之前，先退到無的狀態，才能再進入不同的文明。而能夠進出不同文明，乃是完成世界史立場所必須，則相形之下，以歐美民族國家所建構的無政府狀態為依據，進而改造轉化不同文明成為民族國家，便是違反世界史，並毀滅普遍性的作為。這樣的世界史立場，冥冥中已影響到當代東亞鄰邦知識界對亞洲主義的態度，容或鄰邦知識界切入點各有不同，但無不強調邊陲視野，抗拒民族國家立場，建構並保留差異（白永瑞，2009；陳光興，2004），尤其是珍惜各個群體的自我認識之間有何差異，而不是在同一種身分上主張各自為政的勢力範圍，他們因而將少數民族、離群、同志、移民工，宗教團體等等不同的身分可能，不斷加到以民族國家為主的國際秩序中（Ling, Hwang & Chen, 2010）。

二、自成文明——中國學派國際關係的可行選項之一[1]

中國成為民族國家的過程中，遭遇的國家主體性課題多如牛毛，其中涉及到為建立民國而對滿清進行的種族革命（Fitzgerald, 1998），建國過程中將邊疆異族轉化為少數民族的過程（Harrel, 1996; Shih, 2002），加入國際金融與貿易體系的改造（濱下武志，1999），爭取成為國際法與條約體系中平等的一員（李恩涵，1993），動員農民成為具有政治參與意識的公民（白益華，2006），發展國防武力取代文化正統性的攘外安內課題（Adelman & Shih, 1993）等等方面。不過，其中貫穿的是，因為天下觀轉化為領土疆域為內涵的主權觀後所面臨的主體意識重建（石之瑜，1994）。天下觀的主要課題是一統

---

[1] 中國所指涉的範疇，以漢民族與儒家價值為主，因此不是以領土為範疇。

與振興，主權觀之下理當沒有天下一統或成為天下表率的問題；而以反求諸己，聚養生息為主的天下定於一的思維，更轉變成利害導向，權力是尚的國際叢林法則。儘管從天下觀到主權觀的發展有賴於自我認識的徹底改造，但由於建國的進程是在列強環伺與不平等條約的束縛中被迫開展的，導致中國作為主權國家的努力，其間反映出的工具性遠遠超過了目的性。

　　其結果，以救亡圖存為動機的自立自強，在百餘年的圍城意識下，使主權國家充其量是追求平等與尊嚴的機制，於是與國際關係理論假定的歐美民族國家大為不同。中國作為國家要回答的問題因而有二：如何有效的追趕歐美的主權能力？追趕過程中應如何對待固有文化？1949 年建國之後，中國國力日漸成長，但是上述兩大問題得不到完善的解答，不但在美蘇兩強之間應該採取一邊倒的策略，或是有無左右逢源的可能，一直難以判斷，國內發展路線如何規劃，也與對外政策一樣陷入不斷的路線之爭。1950 年代以降的一邊倒向（前）蘇聯，到了 1960 年代文化大革命時期轉而為聯合第三世界進行世界革命的孤立主義路線，再到 1980 年代提倡等距外交後轉而漸漸親向西方至今（Dittmer & Kim, 1993; Shih, 1993）。21 世紀後中國國力增長，又形成與美國的戰略競爭。如何追趕以及以什麼身分追趕，繼續困擾中國國際關係理論的發展。（秦亞青，2005；郭樹勇，2005）

　　早期以對資產階級鬥爭的世界革命理論專擅，除了藉用馬克思主義分析世界範圍內的階級鬥爭與矛盾，也發展了和平共處五原則，將支持人民革命與維持國家之間的和平兩者，在概念上區分，也把反對帝國主義行為與反對帝國主義國家兩者，在概念上區分，以便和平與批判的並行。同時，因為馬克思主義中國化的思辨，解決不了外交政策在革命外交、不結盟與一邊倒之間的擺盪，難以形成主流國際關係理論以外有系統的其他可能性。由於其時中國勢弱，現實主義國際關係理論與和平共處五原則顯得一致，因此難以判斷有無中國學派的國際關係理論。早期已有海外學者率先探究中國國際關係理論的可能性，如石之瑜（1995）從歷史或固有文化的視野，分析馬克思論述深層的政策思維，提出中國的世界觀受到儒家文化的影響，對外政策中維護顏面的因素特別強烈，以至於中國的戰爭行為強調爭取民心，不以佔領土地、推翻敵人政權、甚或打勝仗為目的，而以表達正確的政治態度為目的（Adelman & Shih, 1993）。如此，中國猶如一種意識或文化心態（Pye, 1990），而非主權國家，但早期論者並無發展中國學派的意識。

　　到了 1990 年代之後，因天安門事件導致歐美各國制裁，適逢美國提出新

世界秩序，主張普世人權，形成爾後和平民主學說與人道干預理論的溫床，才萌生了中國特色的主張以為抗衡。梁守德（1995）率先以對抗西方介入中國內政為動機提出「天賦主權論」，雖未擺脫現實主義的本體論，但開展了爾後藉用現實主義質疑美國的先河，而有 21 世紀之交張睿壯（1999, 2004）詰問美國拒絕接受中國崛起違反現實主義。大陸內部的左右之爭，爆發成針對以自由主義為核心的大國外交的主張或批判，至今綿延不息（Shih, 2005）。這樣的爭辯看似複製了歐美國家內部自由與保守的政策路線之爭，也複製了在歐美國家的中國政策中以圍堵與演變為主的兩條路線，其前提仍是中國積弱，且政治意識形態與政治價值皆與歐美對立，因而是國際關係理論熟悉的異己，雖然處理應對之道各家有所不同，但在現實主義的基礎之上仍然頗可相互對話。

　　21 世紀伊始，中國崛起的分析甚囂塵上（張登及，2003），固然國際關係理論自有掌握之途徑，作為分析對象的中國知識界則萌生另謀國際關係本體論之意志（秦亞青，2006；唐世平 & 綦大鵬，2008）。由於馬克思主義在改革開放之後失去舞台，左派以國家安全為理由對歐美的警告難以為繼，於是轉向中國固有文化尋求不同於歐美國際關係的資源。文化原為左派所批判（潘維 & 瑪雅，2010），至此回歸，顯示真正的問題仍然在於，中國成為主權國家之前的文化意識，是否應該追隨或已經追隨歐美理論而加以徹底自我改造，或歐美體系下的中國仍只是救亡圖存的手段，故左派與右派的區隔僅為暫時的政治現象，並不能真的說明中國的國際關係？固有文化的意識一旦勃興，一度為主權國家取代的天下觀再度成為中國學派的希望所在。趙汀陽（2005）將天下體系的哲學加以整理，說明固有文化以天下觀天下，因而與西方現實主義中主張國家間處於無政府狀態迥然不同。

■ 核心概念

- 天下觀的國家可以說明以社會關係為主導的國際關係，故不是以衝突對立為前提，而是以長遠關係的建立為目的，在天下觀裡的國家，更關心的是自己如何被看待的形象問題，而不是如何維持自己與其他國家的差異，因而是由外而內反躬自省，不是由內而外主張自己。

　　天下觀的國家可以說明以社會關係為主導的國際關係，故不是以衝突對立為前提，而是以長遠關係的建立為目的，故最初提出天賦主權時的對抗性已

有所消解。Johnston（2009）以社會國家的概念說明，中國崛起並進入全球化的過程，是學習多於對抗，可謂是歐美學者中比較接近儒家文化的學說，但仍然不能掌握以韜光養晦為原則的中國對外政策動機。天下觀的中國理當應標誌出與歐美看似針鋒相對的文化模式，[2]但又是在實踐上與歐美廣結善緣的行為模式。如此天下觀與全球華人回歸中國重建身分與生活空間，以及中國公民移向世界模糊了領土與亞洲的疆界（Callahan, 2004b），成為相互呼應的潮流。在天下觀裡的國家，更關心的是自己如何被看待的形象問題，而不是如何維持自己與其他國家的差異，因而是由外而內反躬自省，不是由內而外主張自己（石之瑜 & 張登及，2010）。在與鄰國共同構成區域秩序的願望下，國家不是利益的集合體或主權的維護者，而是接受天下所共同注目的無私之心所在，代表中國人的顏面。從現實主義或後現代主義角度看，天下都像是一種中心與邊陲的分野，象徵中國自居領導高高在上的心態，與對邊陲的忽視（Callahan, 2008）。中國學派的國際關係理論能否就此提出符合天下觀的回應，決定了中國能否有效主張復興固有文化，提供國際關係理論與眾不同的方案。

第三節　探討亞洲其他地方性學派的可能

一、超越文明——印度學派國際關係的可行選項之一

　　印度知識界是後殖民理論的重要淵源，一方面受到英國深刻的影響，另一方面擁有悠久且多元的文明與次文明。或謂，印度作為一個文明正就是英國殖民主義學術的產物（Zaehner, 1962: 1-13），以至於向英國爭取獨立的過程，猶如印度國族建構的過程，使得印度知識界必須思考印度是否與英國是同性質的國家，因此就同樣必須在印度自己難以定於一的固有文化與歐美文化之間思

2　趙汀陽認為，中西方價值觀的排序不一樣，西方把自由民主排在首位，中國把平等和諧排在首位，從而導致面臨相互衝突的價值觀時，中西方會出現不同選擇；評價真正的普世價值有兩個標準：一是被每個人認同，二是被所有人以一種科學的方式論證。按照上述標準，民主和平等就不是普世價值，因為並不是所有人都認同，然而自由、公平、和諧則是得到普世認同的。中國社會科學美國研究所全球治理跨文化國際會議（北京：2008.10.30）見（2010.05.25）http://ias.cass.cn/show/show_events_ls.asp?id=1081

索自我定位（Nandy, 1983）。亦即，印度是否應遵循主權國家的原則，在主流國際關係理論中汲取智慧，並爭取平等。建國之前出現泰戈爾與甘地之間的爭論（KS Gupta, 2004），前者主張透過精神的砥礪，超越東西文明的差異，使每個人都自成文明融會的主體，而甘地則務實地以印度國族主義的建國為政治目標。如此爭論類似於東亞國家面臨的文明抉擇，便也成為印度學派的可能基礎。

　　印度知識界對於身處於東西之間有何意義，有意識的進行探討（Kopf, 1969），進而注意到盛行於東亞的佛教來自印度，而印度參與英語世界的管理與溝通幾無障礙，反而國內語系繁多，國族的完成尚須仰賴以英語為國語（Macaulay, 1957: 729），可見印度之為文明橋樑更勝於其他亞洲國家。與西田幾多郎不同的是，泰戈爾所代表的一種印度思想界的立場主張，認為超越文明的歧異必須仰賴精神的超越，這是每個人自己的靈修，但前者卻從哲學上採取回溯文明緣起的方式，似乎毋須任何努力便可宣稱已經達到普遍性（黃威霖，2010；尹錫南，2003）。包括泰戈爾在內的印度知識界，都能在兩分法的歐美哲學思維之外，建立看待世界的方式，因而國家與國家之間的對立固然難以避免，卻有其他無限豐富的秩序觀整合看似人我二分的主流世界觀（Tagore, 1961: 61-63, Nandy, 1994）。

　　印度學派的國際關係理論可行性於焉誕生，亦即在宏觀與歷史的層面，文明之間的關係總是相互交流，相互學習，而印度在充滿輪迴的歷史長河中貢獻非凡。則國家之間的爭議充其量是短暫的，衝突的化解可以透過時間拉長而無限延遲其必要性。不過，若涉及具體的政策與對象，則永遠存在利益衝突的可能與爾虞我詐的交往模式。換言之，縱使在世俗的競爭中國家之間缺乏信任，印度身為國家不得不採取迎頭趕上的政策，但在精神與靈性的追求上，印度提供了迥然不同的時間觀，不但牽制了動員的效能，也對於在競爭中建立倫理抱持無可無不可。可以說，印度學派的國際秩序中，同時擁有寬容與猜疑，耐性與謀略。

　　不結盟是印度近代國際關係理論的佳作（Pande, 1988），在東西兩大陣營的對峙之下，由亦為知識份子的總理尼赫魯所主導，因而超越了對立。不結盟運動與毛澤東的三個世界理論迥然不同，毛澤東旨在建立世界範圍內的鄉村包圍城市，以籠絡第三世界對抗第一世界；但尼赫魯並無對美蘇兩強進行革命推翻的意圖。他的敗筆是在 1962 年與中國發生邊界戰爭，在具體事務上縱容了主權國家相互猜疑的氛圍，卻又信任中國與印度同是受帝國主義之害的悠久文

明，因而沒有意願從事真實的衝突（Deshingkar, 1998）。超越兩分法的不結盟與陷入兩分法的邊界衝突，是印度學派的兩大參數。

二、解構文明──澳洲學派國際關係的可行選項之一[3]

澳洲本是英國罪犯的流放地，進而演化成海外墾殖之所在，二次大戰之後才開始建立外於英國的主體意識。澳洲原本行使白澳政策，歧視包括華人移民工在內的有色人種，其動機不過是擺脫澳洲過去流放地的形象，以有色人種當成投射自卑而排除的對象（Fitzgerald, 2007）。早期澳洲國際關係文獻的主要內容，原本是如何界定與英國的關係以及控制與亞洲各種族（如日本、中國）之間關係（Cotton, 2009）。1980 年以後，澳洲在身分意識上經歷重大轉變，不再以依附於歐美為滿足，積極追求成為一個亞洲國家與全球國家，排華政策隨之改弦更張，除在國內建立平等的多元文化保障，並吸引包括亞洲移民在內的各國移民前來澳洲定居。澳洲原本做為大英國協的一員，如今澳洲本身形同於一個國協。國協意識可作為澳洲學派的基礎，早期是做為大英國協的成員如何行為方才適當，如今的可行選項是如何將澳洲自身視為某種國協，容納多元族群，增進世界性（黃源深 & 陳弘，1994）。

所謂國協意識，亦即在構成澳洲國家的同時，一改過去排斥種族的態度，經由開放外來移民所建立的全球性，使得澳洲社會與澳洲知識界均能如同國協一般，各國知識份子到了澳洲共同組成一個澳洲社群，但他們又各有文化傳承，各有主體性，同為構成澳洲的次文化，並且其間文化差異受到有意識的尊重與代表。也猶如澳洲是一塊大陸，同時擁有大河與海岸，高山與沙漠，因此又可稱為大陸意識，亦即各種地理環境孕育出不同的人文景觀，共同構成一塊澳洲大陸，雖然大陸不具備一種整體的共性，但卻又無疑同屬於同一塊大陸。差異共容於一體的澳洲社會與澳洲大陸，仰賴與歐亞各地的互通與交往來維繫全球國家的身分意識，便影響到澳洲看待其他國家與國際秩序。故不但澳洲的研究社群猶如國協組成，其研究對象也猶如國協組成。

澳洲學派的可能性反映在（也得利於）澳洲對中國、東南亞與南太平洋群島的研究上（Barme, 2005; Wang, 1981; Dening, 2004），澳洲的東南亞研究

3　一位大陸同仁曾反對將澳洲納入亞洲，本章以澳洲同屬歐洲殖民地，且即使不同時期的澳洲文獻理解亞洲的角度迥異，或貶抑，或共生，均有意識地以亞洲為其身分論述的重要依據。

包括了對土著與華人社群的研究，其間澳洲學者進出東南亞或中國，並無進出民族國家疆界的不便。若以澳洲的中國研究社群為例，其特色在於學者來自各國，對於構成中國的次體系或基層尤其重視（Hendrischke, 1999; Edwards & Roces, 2004; He, 2005; Hillman, 2005; Goodman, 2007; Mackerras, 2009），從其中解讀各種具有當地特性或主體性的理論詮釋。但是澳洲將中國解構成基層區塊，與戰前日本大東亞主義或當代日本右翼將中國解構成統治區塊的意圖迥異，日本論者將中國零碎化，其目的在於解構中國民族國家，以利重新整合成由日本領導的亞洲，進入世界史。而澳洲中國研究者對中國的解構，則僅著眼於對地方主體性的發掘，猶如將中國視為一個多元一體的國協，其中既不如美國知識界流行以中國的地方或基層為案例研究，來驗證普世社會科學法則，亦無重組亞洲的政治意圖，更無中國中央政府查訪民情以建立全國一體化政策的施政考量（曾彥中，2010；陳姿潔，2010）。

重視基層能動性與主體性，包括個人或各社群的基本人權，成為澳洲視野的國際關係基礎，也成為對各國國內事務關懷，遂行人道干預的態度傾向。這種對各國人權與次級社群的關懷，反映了澳洲尊重並保障自身多元文化的警覺性，也促成澳洲學術界中某種解構大文明區塊，深入次級文化或基層社群找尋多元性與主體性的願望。次國家團體因而是構成澳洲學派國際關係理論的一個可行的本體論基礎。則國際關係便不僅止在於目前澳洲國際關係主流文獻關注的主權國家間，而更是在次國家的基層社群之間。

三、溝通文明──韓國學派的國際關係可行選項之一

不論文明衝突的理論是否合理，韓國知識界感受到文明衝突頗為真實，因為韓國一分為二，反映了社會主義與資本主義、東方與西方、中國與日本、中國與美國之間的對立（M. Kim & Hodges, 2006）。另一方面，韓國有深厚的儒家文化與佛教傳統，不過與其他東亞社群相較，基督教相對在南韓最為（且遠為）普遍；韓戰以降，美軍在南韓駐紮超過了 60 年；而且，南韓知識界留美人數名列世界前茅。與其他東亞國家相比，韓國知識界遭遇的國際關係理論課題有同有異。相同的是，不屬於國家範疇的文明問題無所不在，因此與其他東亞國家進行東亞學派的國際關係理論對話頗為可行（Kang, 2007），故對於東西方的對比、優劣之分、融合或分庭等議題，同樣敏感而熟稔。相異的是，文明分界將韓國劃分成了兩個主權國家單位，所以韓國作為正常國家的統一問題，與文明的融合或分化問題，彼此影響（S. Kim, 2003, 2007）。

韓國知識界對於探索韓國學派的可能性興趣日增（Choi, 2007; Chun, 2007; Min, 2007; Kook and Young, 2009），一方面有感於韓國國際關係的知識大量複製美國的理論，因而對於韓國與眾不同的國際處境無法有效呈現，反映韓國情況的理論非常欠缺，這必須透過對韓國學派的開展方可以得到改善。二方面認為建立如英國學派那樣某種具有普遍性理論意涵的韓國學派，是韓國國際關係理論對國際知識提出貢獻並獲得尊敬的法門。三方面是有鑑於韓國面臨了舉世獨一無二的統一問題與安全問題，以及韓國歷史上處理與大國關係的特殊實踐（Cha, 1999），韓國學派的國際關係理論有其遠景。

這些建構地方性學派的動機與中國學派或日本學派相比並無根本不同，中國與日本已經有具體方向，而韓國學派的內涵有待釐清。雖然探究韓國學派是以對既有知識體系有所貢獻，並獲得認可，因而在態度上並未超越美國的普遍理論或英國學派，但有兩個正在形成的方向允為韓國學派真實的起點：一是韓國與大國交往的經驗，包括歷史上與中國，近代又加上與日本（Ku, 1998），以及戰後再加上與美國（Nam, 2005）；二是在文明衝突點上嘗試融合，不但是南韓試圖融合不同文明，而與北韓關係的處理能否或如何超越冷戰遺緒，更是以一個民族分成兩個主權單位之後重建兩者聯帶，來管理文明衝突融合的議題。

韓國學派所意味的，是國際關係理論不應以大國作為理論單位。由於國際形勢受到文明力量的主導，而小國正是其中重要的溝通橋樑或衝突點。從開展文明脈絡的功能性出發，主流國際關係理論中的小國與大國之間，實具有平等地位，而小國的能動性尤其強大。比如過去朝貢關係下，韓國是附屬，則可從與中國的朝貢關係與朝鮮的事大主義中，解讀出各自因應所處的文明間或文明內的位置，進而論述平等的兩國關係（全海宗，1981；李春植，1986；Rossabi, 1983）。或比如韓國在主流國際關係理論中的重要性，充其量是做為大國間的區域平衡者，則韓國學派可在主權國家的框架之外，以文明融合視野探索處理兩韓統一問題的解決之道，在本體論上擺脫主流國際關係理論。

四、佔用文明——台灣學派的國際關係可行選項之一[4]

在日本殖民統治時期，台灣的知識界自感夾在中日之間難為，感嘆台灣如同亞細亞的孤兒（吳濁流，1995）。中國內戰結束後，國民黨戰敗來台經營，使得台灣經歷了代表不同文明力量的統治，包括歐洲的西班牙與荷蘭、滿清、日本與中國。冷戰時期，國民黨政府屬於美國為首的西方陣營，國際關係研究的發展如同南韓，大量仰賴美國的學說與英語媒體所提供的材料。當時根據國際體系理論，台灣不歸美則歸蘇。（蔡政文，1978）即使在 1980 年代短暫出現社會科學中國化的呼籲（楊國樞 & 文崇一，1982），並未及於國際關係研究。一直到 1990 年代中期以後，因為在政治上開始流行追求獨立於中國之外的主張，因而與大國之間的權力均衡需要不符，使得如何藉用主流國際關係理論，來說服國際社會接受台灣平等的國際地位，成為台灣國際關係學界的主要任務。以至於在台灣國際關係研究中主要的課題，是探討與中國及美國的關係，美中台戰略三角關係是近二十年的顯學（王堯鈞，2005）。

但如何在國際上被接受為平等的一員，從日本殖民起就成為台灣知識界的問題意識（石之瑜 & 顏欣怡，2006），長期身在邊陲的無力感，導致國際關係學說得不到知識界信任，一方面國際關係是高高在上的場域，二方面又是台灣沒有影響力的場域。所以知識界對國際關係抱持疏離與犬儒的態度，重視的不是理論的建立，而是如何使理論有助於國際地位的爭取。（Shih, 2007b）在理論主要仰賴輸入，輸入之後主要用於宣傳或辯護政策的情況下，台灣學派的國際關係內容應該乏善可陳。然而，長期排除在主流國際關係之外，無法藉由國際關係學說改善地位的結果，使得台灣知識界對於國際關係理論的批判（Huang, 2010; Chen, 2009；林炫向，2009），有了一定的心理基礎。

既然台灣的主權地位不被承認，如欲為台灣爭取某種國際地位，並不能拘泥在主權的領域中。自從 1990 年代中期以後，對主權理論與實踐的解構或批判，在台灣逐漸流行（宋國誠，2003；莫大華，2003；鄧修倫，2003；黃競涓，2005），儘管批判的依據仍然是來自於英語世界的後現代或後殖民理論（Chen, Hwang and Ling, 2009），但在多元文化與全球化的論述下，以台灣主

---

[4]　一位大陸同仁反對將歐洲、日本或台灣等不同層次的群體並列，但本章所謂地方性社群，並不以領土或人數為導向，而是探究群聚中能否產生新論述的可能性，因而不在有關層次上進行區分。

體性為訴求的理論化努力，主要已經不是在與主流理論對話，且其間主要的文獻並不出自於國際關係學界。這樣的努力表現成各種話語，有的借用亞洲主義來超越兩岸之間的統獨問題（李登輝 & 中嶋嶺雄，2000；柯義耕，2008），有的藉用自由主義來主張台灣超前於中國的文明階段（江宜樺，1998），有的藉用儒家價值證明台灣文化傳承比中國優越（黃俊傑，2001；余英時，2009），有的藉用多元文化主義與和平主義來證明台灣社會比中國成熟（石之瑜，2003；施正鋒，2006），更多的是藉用現實主義來臨摩主權國家的行為。

　　台灣學派國際關係的潛在議程，便是在主權之外找尋並界定能動者的身分，以及如何依附在不同文明脈絡下，以暫時性的身分或名義行動，這類似於西田幾多郎的場所哲學。但是因為亞細亞的孤兒不能選擇自己當下的場所，也就無所謂自由進出場所的能力，故台灣學派不會假定在場所之外的無的場所中，另有更深層次的不可言傳的主體。看似衝突的各種主義學說與文明設想共構成台灣學派的內涵，在主權身分之外，輪流佔用讓台灣加入國際關係之所以可能的各種能動性基礎。

五、迴避文明──東盟學派的國際關係可行選項之一

　　東南亞各國在歷史上與中國互有交往，近代以來均曾為歐洲國家的殖民地，且或為二戰期間遭日本所占領。長期以來，中國與亞洲次大陸移民在此定居者眾，允為世界上最大的華人移民所在。另一方面，世界各大宗教信徒或群聚於特定社群，如天主教的菲律賓或佛教的泰國，或共處於同一主權領土範圍之內，如新加坡或馬來西亞，包括伊斯蘭教、儒家、天主教、佛教等等。其結果，二戰後所獨立的各個東南亞國家內部，出現歐美現代國家不熟悉的多樣性的族群與文明政治（Chong, 2007），其中早在冷戰時期就爆發的，是中國政治變化波及東南亞華人社群，引起反華的風潮，俟後對華人的研究層出不窮，而成其為南洋學的濫觴（王賡武，1959，1994；廖建裕，2007）。

　　在文明成為國際關係的課題之前，華人研究鮮少與國際關係研究對話，由於中國的崛起，引起世界是否面臨中華化（Sinicization）的好奇（王賡武，2005），於是中華化與前此的伊斯蘭化、歐洲化、美國化等文明過程形成可資比較的新現象（Katzenstein, 2005; 2009）。其結果，導致東南亞華人學者對「華人性」的研究具有了國際關係的含意，卻也因此牴觸華人研究之所以勃興的動力，亦即極力建立關於東南亞華人的本土性，尤其著重將華人為因應在地環境而作的各種身分選擇加以分類（廖建裕，2008），使外界不至於再將本

土華人或華族，混淆成實務界或學術界慣稱的所謂華僑或離散華人（李政賢，2009）。簡言之，本土華族之謂，是以當地華人為中心的身分觀念，而華僑或離散華人的概念則是中國中心意識的反射，經驗顯示，後者對於本土華人在本地生存極為不利。

華人學者是故力圖在華人研究中迴避文明含意，此一傾向與東南亞各國對彼此內部文明政治敏感度的相互體諒頗為一致，從而開展出東南亞各國之間迥異於歐洲所熟悉的外交模式，俗稱東盟之道（The ASEAN Way）（Acharya, 2001），意指東盟國家之間彼此交往，絕不干預彼此內部事務，對於既有衝突，不急於求得立即徹底解決的方案，但求先能妥善管理，不使升高（Haacke, 2005）。為能達成這樣的和諧效果，重要決策或協商避免透過召開正式會議，儘量安排在非正式場合舉行，與會者乃以個人身分參加。如此，成員國不致於因為在紀錄上形成多數與少數，而迫使東盟整體採取立場，進而破壞絕不干預成員國內部事務的共識。歐美政府對於東盟之道頗不以為然（Petersson, 2006），認為東盟這種文化無法有效促成行動，如在緬甸軍事強人迫害人權的問題上，東盟拒絕遵循歐美的制裁方案（Katanyuu, 2006; Beeson, 2003）。歐美並有學者以「不自由社會」形容東南亞（Linantud, 2005; Bell, 1996）。但實踐上，東盟與緬甸的溝通管道得以繼續存在，對緬甸發生災害的人道援助也就可以到位。

東盟之道對國際關係的理論含意在於，首先在於在地中心主義，以在地者實際的考量為前提，不以抽象的價值或原則指導政策，或根據身分認同與文明歸屬思辨敵我。其次在於不干涉主義，這與中國長期以來的外交原則類似。再其次在於交往重於改造，認為內部事務無法經由干預獲得完善處理，因而國際關係的功能是提供外部環境，鼓勵當事國家內部對立勢力之間的對話（Katanyuu, 2006）。最後在於國際關係的個人化與非正式化，以求國家間的正式衝突得以化解或緩和，達成區域的和平與穩定。

第四節　省思亞洲國際關係的可行性

如果亞洲國際關係的地方性學派所追求的，是不同於英國學派所發現的國際社會互動準則，則亞洲學派無異於加入英國學派與美國國際關係研究的古典論爭，並仍然只能成為英國學派的奧援。英國學派學者熱心前往亞洲找尋關

於國際社會的多元準則，足以證明美國以普遍法則建立國際體系的研究取向，有其侷限，亦即體系不能脫離歷史與思想而獨自存在。縱使以世界史為內容的日本學派批判了歐陸的國際準則為偏狹的，但在認識論上確認了英國學派以歷史與哲學建構國際關係理論的取向。假如，亞洲的地方性學派關切的不是建立或歸納國際社會的原則，如台灣學派關心的是非主權行為者如何編派或占用理論，以滿足自身對主體意識的渴望，則便非英國學派所可收編的對象。

■ 核心概念

• 主權國家是執行國際關係理論的機制，亞洲成為主權國家互動的區域，是透過國際關係理論轉化亞洲文明的成果。換言之，一旦改從文明的高度審視國際關係理論，並提供主權國家所執行的不同的文明任務，就等於是拒絕歐陸文明的普遍性，也拒絕了從歐陸文明發展而來的國際關係理論。

　　文明成為亞洲國際關係共同的可信選項，但文明是否屬於國際關係理論的範疇？依照英國學派的主張，當前國際關係理論是歐陸文明的的產物。如此一來，文明是高於國際關係理論的場域，國際關係理論是歐陸文明藉以擴展的思想途徑。準此，主權國家是執行國際關係理論的機制，亞洲成為主權國家互動的區域，是透過國際關係理論轉化亞洲文明的成果。換言之，一旦改從文明的高度審視國際關係理論，並提供主權國家所執行的不同的文明任務，就等於是拒絕歐陸文明的普遍性，也拒絕了從歐陸文明發展而來的國際關係理論。這時再談地方性學派或亞洲的國際關係理論，是否已經不屬於國際關係的範疇？

　　甚至包括中國在內，致力於「中體西用」、「東洋文化西洋藝」的文明融合的早期知識份子，無不以加入歐美的主權國際體系為依歸。到底是將東西融於一種標準（如韓國學派的可行選項，是追求在主權統一之外化解韓國統一問題，進而化解文明衝突的願望）？還是東西並立成兩種標準共存（如日本學派的可行選項，即訴諸無的場所，從而在世界史的立場裡對矛盾的文明傳統兼容並包），不求兩者一貫？若已經習於主流國際關係理論，這些在文明層次求妥協的努力，是代表國際關係理論向歐美之外擴張生根的契機呢？還是揭露亞洲國家從文明開化的道路上倒退的警示呢？地方性學派的概念是否與國際關係理論的旨意違背？也與亞洲國家追求平等的主權地位的初衷牴觸？

　　在國際關係理論範疇之內的地方性學派，追求的是完善解釋現有理論所

無法解釋的亞洲國家行為，這也是英國學派對於亞洲的地方性學派充滿濃厚興趣的原因，除了召集組織相關討論與寫作之外，也指導亞洲國家學生就此當作論文課題。不過在發展地方性學派的同時，溢出歐陸傳統而上升到文明層次的對話，進而賦予主權國家不同的文明任務，或開展出主權國家以外的能動者身分，則非英國學派可以事先預期，但亦非英國學派所必須反對。亞洲學派的理論運動方興未艾，中國國際關係學者的投入已經蔚成風氣，而日本國際關係學者更已經有豐富思想脈絡為基礎。但對於仰賴歐美理論甚深的韓國與台灣，或研究資源主要由官方主導的印度國際關係研究，或缺乏學派意識的澳洲或東盟，地方性學派的建立尚難樂觀。

參考書目

子安宣邦，2004，東亞論：日本現代思想批判，趙京華（譯），長春：吉林人民出版社。

中村雄二郎，1993，西田幾多郎，卞崇道，劉文柱等（譯），北京：三聯。

王堯鈞，2005，進入戰略三角：認同台灣的國際政治學，台北：翰蘆。

王賡武，2005，移民與興起的中國（新加坡：八方文化）。

王賡武，1994，中國與海外華人（台北：商務）。

尹錫南，2003，世界文明視野中的泰戈爾，成都：巴蜀書社。

石之瑜，2005，英國學派與兩岸國際關係研究，《國際政治科學》，第 1 期：132-148。

石之瑜，2003，家國之間：開展兩岸關係的能動機緣，台北：新台灣人文教基金會。

石之瑜，1995，近代中國對外關係新論，台北：五南。

石之瑜，1994，後現代國際關係中的兩岸關係，《東亞季刊》，第 26 券，第 1 期：94-112。

石之瑜、張登及，2010，「中國崛起的認識論及其敘事衍生」，《世界經濟與政治》，第 1 期（總 353 期）：37-52。

石之瑜 & 葉紘麟 2006 東京學派的漢學脈絡：白鳥庫吉的科學主張及其思想基礎，《問題與研究》，第 4 期 5，第 5 券：1-16。

石之瑜 & 顏欣怡，2006，作為東亞的台灣：從殖民地收編國家？《政治與哲

學評論》第 18 期：61-92。

白永瑞，2009，思想東亞：韓半島視角的歷史與實踐，台北：台灣社會研究雜誌社。

白益華，2006，如何搞好勳民自治，北京：中國社會出版社。

竹內好，2005，近代的超克，李冬木，趙京華，孫歌（合譯），北京：三聯。

江宜樺，1998 當前台灣國家認同論述之反省台灣社會研究季刊 29: 163-229

余英時，2009，我不是新儒家，http://www.wenhuacn.com/news_article.asp?classid=20&newsid=8241，20103.26 查閱。

吳濁流，1995，亞細亞的孤兒，台北：草根。

宋國誠，2003，後殖民論述：從法農到薩依德，台北：擎松。

李政賢，2009，馬來西亞《光華日報》的中國認識：在華僑與華人兩種身分之間，台北：國立台灣大學政治學系中國大陸暨兩岸關係教學研究中心。

李恩涵，1993，北伐前後的革命外交（1925-1931），台北：中央研究院近代史研究所。

李登輝＆中嶋嶺雄，2000，亞洲的智略駱文森、楊明珠（譯），台北：遠流。

青亞青，2006，國際關係理論中國學派生成的可能與必然，《世界經濟與政治》，第 3 期：7-13。

秦亞青 2005 國際關係理論的核心問題與中國學派的生成，《中國社會科學》，第 3 期：165-176。

施正鋒，2006，國家認同之文化論述，台北：台灣國際研究學會。

柯義耕，2008，台灣政治家李登輝，蕭寶輝（譯），台北：前衛。

唐世平＆綦大鵬，2008，中國外交討論中的中國中心主義與美國中心主義，《世界經濟與政治》，第 12 期：62-70。

張登及，2003，建構中國：不確定世界中的大國定位與大國外交，台北：揚智。

張睿壯，2004，美國霸權的正當性危機，《國際問題論壇》，夏季號：55-67。

張睿壯，1999，中國應選擇什麼樣的外交哲學：評世界秩序與新興大國的歷史抉擇，《戰略與管理》，第 33 期：54-67。

梁守德，1997，論國際政治學理論的中國特色，《外交學院學報》，第 2 期：40-46。

梁守德，2000，國際政治中的權利政治與中國國際政治學的建設，《國際政治

研究》，第 1 期：1-11。

梁守德，1995，邁向二十一世紀的世界與中國的外交戰略，《河北師範學院學報》，（社科版）：1-7。

莫大華，2003，建構主義國際關係理論與安全研究，台北：時英。

陳光興 2004，關於東亞論述的可能性，《書城》，12 月號：35-45。

野村浩一，1998，近代日本的中國認識：走向亞洲的航蹤，張學鋒（譯），北京：中央編譯出版社。

陳姿潔 & 吳昀展，2010，南方中國學：費約翰與當代澳洲特色的中國研究，台北：國立台灣大學政治學系中國大陸暨兩岸關係教學研究中心。

郭樹勇，2005，關於中國崛起的若干理論爭鳴及其學術意義，《國際觀察》，第 4 期：31-38。

曾彥中，2010，澳洲中國研究的多元性：以安戈及何包鋼的學思歷程為例，台北：國立台灣大學政治學系中國大陸暨兩岸關係教學研究中心。

黃佳甯 & 石之瑜，2009，不是東方：日本中國認識中的自我與歐洲性，台北：國立台灣大學政治學系中國大陸暨兩岸關係教學研究中心。

黃威霖，2010，文明差異與現代性——泰戈爾的政治理想及其對中國文明的期盼，台北：國立台灣大學政治學系中國大陸暨兩岸關係教學研究中心。

黃俊傑，2001，儒學與現代台灣，北京：中國社會科學。

黃源深 & 陳弘，1994，從孤立中走向世界－澳大利亞文化簡論，浙江：人民出版社。

黃競涓，2005，「成熟無政府狀態」、「文明衝突論」與全球化：主流國際關係理論之偏狹研究議程，《兩岸與國際事務季刊》，第 2 券，第 1 期：81-106。

楊國樞 & 文崇一，1982，社會與行為科學研究的中國化，台北：中央研究院民族研究所。

溝口雄三，1999，作為方法的中國，林右崇（譯），台北：國立編譯館。

葉紘麟，2009，德富蘇峰的中國認識，台北：國立台灣大學政治學系中國大陸暨兩岸關係教學研究中心。

廖建裕，2008，東南亞與華人族群研究，新加坡：青年書局。

廖建裕，2007，印尼原住民、華人與中國，新加坡：青年書局。

趙汀陽，2005，天下體系，南京：江蘇教育出版社。

劉萍，2004，津田左右吉研究，北京：中華書局。

潘維 & 瑪雅，2010，人民共和國六十年與中國模式，北京：新知三聯。

蔡政文，1978，核子時代國際關係的特質：體系、和平、戰爭，台北；三民。

鄧修倫，2003，女性與聯合國，台北：揚智。

錢婉約，2004，內藤湖南研究，北京：中華書局。

濱下武志，1999，近代中國的國際契機：朝貢貿易體系與近代亞洲經濟圈，北京：中國社會科學出版社。

謝明珊，2009，津田左右吉認識中國的起點，台北：國立台灣大學政治學系中國大陸暨兩岸關係教學研究中心。

藤田正勝，2005，「場所」來自根本處的思索，輯於成中英（編），本體的解構重建──對日本思想史的新詮釋，上海：上海社會科學院出版社。

竹內好，1966，作為方法的亞洲，輯於竹內好，日本與亞細亞，東京：筑摩書房。

高山岩男，1942，世界史の哲學，東京都：岩波。

高坂正顯，1943，世界史的立場と日本，東京都：中央公論社。

全海宗，1981，《韓中關係史研究》，서울：一朝閣。

李春植，1986，〈中國古代朝貢의實體와性格〉，《中國學論叢》，第 3 卷，頁 39-86。

Acharya, Amitav. 2007. *Constructing Security Community in Southeast Asia: ASEAN and the Problem of Regional Order* (London: Routledge).

Adelman, Jonathan and Chih-yu Shih.1993. *Symbolic War: The Chinese Use of Force, 1840-1980.* Taipei: Institute of International Relations.

Barme, Geremie. 2005. "On New Sinology," from the China Heritage Center at http://rspas.anu.edu.au/pah/chinaheritageproject/newsinology/index.php, accessed on March 21, 2010.

Beeson, Mark. 2003. "ASEAN Plus Three and the Rise of Reactionary Regionalism," *Contemporary Southeast Asia* Vol. 25, No. 2: 251-268.

Bell, Daniel Ed. 1996. *Towards Illiberal Democracy in Pacific Asia* (London: Macmillan).

Bull, Hedley. 1977. *The Anarchical Society: A Study of Order in World Politics.* New York: Columbia University Press.

Byrnes, Timothy. Ed. 2006. *Religion in an Expanding Europe.* Cambridge: Cambridge University Press.

Callahan, William. 2008. "Chinese visions of world order," *International Studies Review* Vol. 10: 749-61.

Callahan, William. 2004a. "Nationalizing International Theory: Race, Class and the English School," *Global Society* Vol. 18, No. 4: 305-323.

Callahan, William. 2004b. *Contingent States: Greater China and Transnational Relations*. Minneapolis: University of Minnesota Press.

Cha, Victor. 1999. *Alignment Despite Antagonism: The United States-Korea-Japan Security Triangle*. Stanford: Stanford University Press.

Chen, Boyu, Ching-Chane Hwang and L.H.M. Ling. 2009. "Lust/Caution in IR: Democratising World Politics with Culture as a Method," *Millennium* Vol. 37, No. 3: 739-762.

Chen, Ching-chang. 2009. "When is China's Military Modernization Dangerous? Constructing the Cross-Strait Offense-Defense Balance and U.S. Arms Sales to Taiwan," *Issues & Studies* Vol. 45, No. 3: 69-119.

Choi, Ajin. 2007. "Future Tasks for International Relations Theorizing in South Korea." Mimeo at http://docs.google.com/viewer?a=v&q=cache: UYqnk3tZZBQJ:www.kaisnet.or.kr/board09/download.asp%3Fidx%3D268+Future+Tasks+for+International+Relations +Theorizing+in+South+Korea&hl=zh-TW&gl=us&pid=bl&srcid=ADGEESgHYA2eXp4xpbNtGRTGRENVU lzINzR-C998btW-oRNp7-0mmermUDvIKszLKWXVp3M27s3g3pQ2I17r83_ SEyOqWhGvwhxbAyPfdpnM8AWGk1O PRmuRKx-mJqBp3c _RZ02iBb8m& sig=AHIEtbQoRk0YAYH9T NpiuotOVdAf9-ONFg accessed March 30, 2010.

Chong, Alan. 2007. "Southeast Asia: Theory between Modernization and Tradition," *International Relations of the Asia-Pacific* Vol. 7: 391-425.

Chun, Chaesung. 2007. "Future Tasks for Developing the Field of International Relations in Sough Korea," *The Korean Journal of International Relations* Vol. 46: 227-249.

Cotton, James. 2009. "Realism, Rationalism, Race: On the Early International Relation Discipline in Australia," *International Studies Quarterly* Vol. 53, No. 3: 627-647.

Dening, Greg. 2004. *Beach Crossing: Voyaging Across Time, Cultures and Self*. Philadelphia: University of Pennsylvania Press.

Deshingkar, Giri. 1998. "The Nehru Years Revisited," in Chung Tan ed. *Across the Himalayan Gap: An Indian Quest for Understanding China*. New Delhi: Gyan Pub. House, Indira Gandhi National Centre for the Arts.

Dittmer, Lowell and Samuel Kim. 1993. *China's Quest for National Identity*. Ithaca: Cornell University Press.

Edwards, Louise and Mina Roces. 2004. *Women's Suffrage in Asia: Gender, Nationalism and Democracy*. London: Routledge.

Fitzgerald, John. 2007. *Big White Lie: Chinese Australians and White Australia*. UNSW: University of New South Wales Press.

Fitzgerald, John, 1998. *Awakening China: Politics, Culture and Class in the Nationalist Revolution*. Stanford: Stanford University Press.

Fogel, Joshua. 1984. *Politics of Sinology: The Case of Naito Konan, 1866-1934*. Cambridge, Mass.: Council on East Asian Studies, Harvard University.

Fukuyama, Francis. 2005. *Nation-building: Beyond Afghanistan and Iraq*. Baltimore: The Johns Hopkins University Press.

Fukuyama, Francis. 2004. *State Building: Governance and World Order in the 21st Century*. Ithaca: Cornell University Press 1994.

Goodman, David. 2007. *China Deconstructs: Politics, Trade and Regionalism*. Oxford: Taylor & Francis.

Goto-Jones, Christopher. 2005. *Political Philosophy in Japan: Nishida, the Kyoto School and Co-prosperity*. London: Routledge.

Greenfeld, Feld. 1993. *Nationalism: Five Roads to Modernity*. Cambridge: Harvard University Press.

Gupta, Kalyan Sen. 2004. *The Philosophy of Rabindranath Tagore*: (Surrey: Ashgate).

Haacke, Jürgen. 2005. "Enhanced Interaction with Myanmar and the Project of a Security Community: Is ASEAN Refining or Breaking with Its Diplomatic and Security Culture?" *Contemporary Southeast Asia* Vol. 27, No. 2: 188-216.

Harrel, Stevan ed. 1996. *Cultural Encounters on China's Ethnic Frontier*. Seattle: University of Washington Press.

Hay, Stephen N. 1970. *Asian Ideas of East and West*. Cambridge, Massachusetts: Harvard University Press.

He, Baogang. 2005. "Transnational Civil Society and the National Identity Question in East Asia," *Global Governance* Vol. 10, 2: 227-246.

Heisig, James 2002. *Philosophers of Nothingness: An Essay on the Kyoto School*. Honolulu: University of Hawaii Press.

Hendrischke, Hans, 1999. *The Political Economy of China's Provinces: Competitive and Comparative Advantage*. London: Routledge.

Hillman, Ben/ 2005. "Monasticism and the Local State: Autonomy and Authority in a Tibetan Prefecture," *The China Journal*, No. 54: 22-52.

Ikeda, Josuke. 2009. "Creating the Human Security Discourse and the Role of the Academic-Policy Complex: International Relations as 'Japanese Social Science'?" *Interdisciplinary Information Sciences* Vol. 15, No. 2: 197-209

Johnston, Alastair Iain. 2007, *Social States: China in International Institutions, 1980-2000*. Princeton: Princeton University Press.

Kang, David. 2007. *China Rising: Peace, Power and Order in East Asia*. New York: Columbia University Press.

Kaplan, Mortan. 1957. *System and Process in International Politics*. New York: Wiley.

Katanyuu, Ruukun. 2006. "Beyond Non-interference in ASEAN—the Association's Role in Myanmar's National Reconciliation and Democratization," *Asian Survey* Vol. 46, No. 6: 825-845

Katzenstein, Peter. Ed. 2009. *Civilizations in World Politics: Plural and Pluralist Perspectives*. London: Routledge.

Katzenstein, Peter. 2005. *A World of Religions: Asia and Europe in American Imperium* New York: Columbia University Press.

Kim, Samuel. 2007. *North Korean Foreign Relations in the Post-Cold War World: Demystifying North Korea*. Carlisle, PA: Strategic Studies Institute U. S. Army War Co.

Kim, Samuel. 2003. *The International Relations of Northeast Asia*. Lanham, MD.: Roman & Littlefield.

Kook, Kim Hyung and Cho Yun Young. 2009. "International Relations Studies in Korea: Retrospects and Prospects," *Pacific Focus* Vol. 24, No. 2 (December): 402-421.

Kopf, David (ed.). 1969. *Bengal Regional Identity*. East Lansing, Michigan: Asian

Studies Center, Michigan State University.

Ku, Daeyeol. 1998. "Korean International Relations in the Colonial Period and the Question of Independence," *Korea Journal* Vol. 38, No. 4 (Winter): 90-129.

Linantud, John L. 2005. "The 2004 Philippine Elections: Political Change in an Illiberal Democracy," *Contemporary Southeast Asia* Vol. 27: 80-101.

Ling, L.H.M., Ching-Chane Hwang and Boyu Chen.2010. "Subaltern Straits: 'Exit', 'Voice', and 'Loyalty' in the United States-China-Taiwan Relations," *International Relations of the Asia-Pacific,*" Vol. 10: 33-59.

Little, Richard. 2005. "The English School and World History," in Alex J. Bellamy (ed.), *International Society and Its Critics*. Oxford: Oxford University Press.

Macaulay, Thomas Babington. 1957. "Minute of 2 February 1835 on Indian Education," *Macaulay, Prose and Poetry, selected by G. M. Young*. Cambridge MA: Harvard University Press.

Mackerras, Colin. 2009. *China, Xinjiang and Central Asia: History, Transition and Crossborder Interaction into the 21st Century*. Oxford: Taylor & Francis.

Min, Byung Won. 2007. "International Relations Theories and Korea," *The Korean Journal of International Relations* Vol. 46: 37-66.

Myonsob Kim and Horace Jeffery Hodges. 2006. "Korea as a Clashpoint of Civilizations," *Korea Observer* Vol. 37, No. 3 (Autumn): 513-545.

Nam, Chang-hee. 2005. "Relocating the U.S. Forces on the Korean Peninsula: Strained Alliance and Emerging Partnership in the Changing Defense Posture" *Paper presented at the annual meeting of the International Studies Association, Hilton Hawaiian Village, Honolulu, Hawaii* (March 5) http://www. allacademic.com/meta/p71260_index.html accessed on March 30, 2010.

Nandy, Ashis. 1994. *The Illegitimacy of Nationalism: Rabindranath Tagore and the politics of self*. New Delhi: Oxford University Press.

Nandy, Ashis. 1983. *The Intimate Enemy*. New Delhi: Oxford University Press.

Navari, Cornelia. 2009. *Theorising International Society: English School Methods*. London: Palgrave.

Pande, D. C. 1988. *India's foreign policy as an exercise in non-alignment: Nehru-Indira period, 1946-1976*. Kanpur: Gyanodaya Prakashan.

Panikkar, K.M. 1969. *Asia and Western Dominance*. New York: Collier Books Inc.

Petersson, Magnus. 2006. "Myanmar in EU-ASEAN Relations," *Asia-Europe Journal* Vol. 4, No. 4: 563-581.

Pye, Lucien. 1990. "China: Erratic State, Frustrated Society," *Foreign Affairs* Vol. 69, No. 4: 56-74.

Pye, Lucien. 1962. *Politics, Personality and Nation Building: Burma's Search for Identity*. New Haven: Yale University Press.

Rossabi, Morris. Ed. 1983. *China Among Equals: The Middle Kingdom and Its Neighbors, 10th-14th Centuries*. Berkeley: University of California Press.

Rostow, W. W. 1991. *The Stages of Economic Growth: A Non-Communist Manifesto*. Cambridge: Cambridge University Press.

Shih, Chih-yu, 2007. *Democracy (Made in Taiwan): The "Success State" as a Political Theory*. Lanham: Lexington.

Shih, Chih-yu. 2005. "Breeding a Reluctant Dragon: Can China rise into partnership and away from antagonism?" *Review of International Studies* Vol, 31, No. 4: 755-774.

Shih, Chih-yu. 1993. *China's Just World: The Morality of Chinese Foreign Policy*. Boulder: Lynne Rienner.

Shimizu, Kosuke et al. 2008. *Is There a Japanese IR?: Seeking an Academic Bridge through Japanese History of International Relations, Research Series* 5. Kyoto: Afrasian Centre for Peace and Development Studies, Ryukoku University.

Singer, David. 1971. *Individual Values, National Interests, and Political Development in the International System*. Beverly Hills, Calif: Sage.

Tagore, Rabindranath. 1961. *Towards Universal Man*. New York: Asia Publishing House.

Tamir, Yael. 1995. *Liberal Nationalism*. Princeton: Princeton University Press.

Tanabe, Hajime, 1990. *Philosophy as Metanoetics*. Takeuchi Yoshinori trans. Berkeley: University of California Press.

Tanaka, Stephan. 1993. *Japan's Orient: Rendering Pasts into History*. Berkeley: University of California Press.

Waltz, Kenneth. 2010. *Theory of International Politics*. Long Grove, Illi.: Waveland Press Inc.

Wang, Gungwu. 1981. *Community and Nation: Essays on Southeast Asia and the*

Chinese. Singapore: Heinemann Education Books.

Wang, Gungwu. 1959. *A Short History of Nanyang Chinese* Singapore: Eastern Universities Press.

Weiner, Myron & Samuel Huntington. 1994. *Understanding Political Development* Long Grove, Illi.: Waveland Press, Inc.

Wendt, Alexander. 1999. *Social Theory of International Politics*. Cambridge: Cambridge University Press.

Williams, David. 2005. *Defending Japan's Pacific War: The Kyoto School Philosophers and Post-White Power*. London: Routledge.

Yih-Jye Huang. 2010. "Japan as 'Self' or 'the Other'? - The Turmoil over Yoshinori Kobayashi's On Taiwan" *China Information* (forthcoming).

Zaehner, R. C. 1962. *Hinduism*. New York: Oxford University Press.

林炫向 2009，"Democracy, Teleology, and Regime Pluralism ," 發表於臺灣民主基金會、中山大學政治學研究所「民主化國際關係：新世紀的新思維、新實踐與新願景」國際研討會（高雄）3.11-3.12。

第十五章　社會建構論：Onuf、Kratochwil 和 Wendt 的建構主義世界

第一節　前　言

　　社會建構論產生之際，國際社會業已歷經了包括第一次、第二次大戰以及冷戰等三次戰爭的洗禮，國際關係理論亦歷經了理想與現實、傳統與科學、實證與後實證三次論戰，當國際關係學者奧努夫（Nicholas Onuf）於 1989 年在《我們造就的世界》（*World of Our Making*）一書（Onuf, 1989），正式引介「社會建構論」（Social Constructivism）這個概念之際，國際形勢之發展業已預示了冷戰的終結。一方面，社會建構論所倡議的思潮就恰如其分的把國際社會從冷戰和國際關係學科爭論的雙重焦慮中解放出來。另一方面，社會建構論正式發展成為一個體系的論述，還要經過十年的努力耕耘。1999 年溫特（Alexander Wendt）《國際政治的社會理論》（*Social Theory of International Politics*）一書問世後（Wendt, 1999），社會建構論才為國際關係理論學界普遍認可，正式與現實主義、自由主義形成國際關係理論三足鼎立的新格局（秦亞青，2005，2006）。社會建構論的特點所在就是它的陳義雋永，不同流俗。不過社會建構論理獨樹一幟的風格，很容易把初學者帶入一個相當陌生的抽象世界，初學者要有較大的好奇心與耐心，才不會輕易的被社會建構論博大精深的玄奧論述隔離在外。事實上，社會建構論的代表性學者都明顯表露出深厚人文素養傾向的底蘊，給予人們溫文儒雅氣質的感受，所謂人如其文就是恰如其分的寫照。不過在相當長的一段時間，這些學者的論述，對一般主流國際關係學界成員而言，卻又是相當的陌生。本文所欲介紹的三位社會建構論群體，包括奧努夫和克拉托赫維爾（Friedrich V. Kratochwil）兩位資深學者外，溫特算是較為年輕世代，因而展現出與時俱進的時代特性。此一時代特性攸關國際關係理論外在環境的變化，長達半個世紀的冷戰一旦結束，從而促動了國際關係理論內在本體論、知識論，以及方法論的三種轉向。

　　社會建構論主張的理論立基主要包括了規則、規範與身分等理念範疇（ideational variables）非物質性的元素，也就是主流學派較不重視的解釋項，[1]或者是在冷戰陰影下無從顧及的內容，[2]不過上述的各種傾向基本上反映國際關係理論發展的多種脈絡。一方面，社會建構論興起的時代體現出一個弔詭，這個既有延續又有斷裂的綜合體，錯綜複雜的揉合了時代之特性、知識與權力以及理論與實踐的三種內涵考量。此一理論之問世，具備了窮源探本的批判精神，亦具備了深刻體認的反思，更具備了對未來國際關係發展方向的另類思考。另一方面，社會建構論的興起承續了後實證主義的風潮，這股針對實證主義做為科學哲學之唯一基礎要素的不同理論傾向，社會建構論者或以科學實存論（scientific realism）、批判理論（critical theory）或以後現代論（postmodernism）做為其知識論之依據。[3]準此，國際關係理論一旦注入這股新思潮，學界得以更謙虛的態度來進行理論論述。或許基於這種虛懷若谷的謙沖，社會建構論得以調和了理性主義與反思主義不可共量的知識論，並且與反思主義者共享了共有觀念為主的本體論，從而形成了與現實主義、自由主義等多元理論發展格局（Baylis and Smith, 2008）。

　　以一言蔽之，社會建構論強調國際系統之本質乃為一個社會結構，此結構包括理念以及物質要素，國際體系結構和行為主體之間是一種相互構成的關係。社會建構論主張要將冰冷的物質主義解凍，將單調的無政府狀態多元化，並將規範、身分這些理念性元素注入國際政治的理論範疇內。更重要

---

[1]　理念的最早討論，請參閱 Judith Goldstein and Robert O. Keohane, "Ideas and Foreign Policy: An Analytical Framework," in Judith Goldstein and Robert O. Keohane, eds., *Ideas and Foreign Policy: Beliefs, Institutions, and Political Change* (Ithaca: Cornell University Press, 1993), pp. 3-30.

[2]　有關何以主流派不重視理念的討論，請參閱 K.J. Holsti, "Scholarship in an era of Anxiety: the Study of International Politics during the Cold War," in Tim Dunne, Michael Cox and Ken Booth, eds., *The Eighty Years' Crisis: International Relations 1919-1999* (Cambridge: Cambridge University Press, 1998), pp. 17-46.

[3]　學界最早的相關討論，請參閱 Steve Smith, "Positivism and Beyond," in Steve Smith, Ken Booth and Marysia Zalewski, eds., *International Theory: Positivism and Beyond* (Cambridge: Cambridge University Press, 1996), pp. 25-38. 國內學者亦撰文討論，請參閱 莫大華，「國際關係建構主義理論內部的知識論差異與方法論多元」，問題與研究，48 卷 3 期，2006，頁 63-95。

的是，社會建構論正式且有系統性的提出了國際關係體系乃非全由物質所構成，而是具有觀念本體所構成的新主張。有關知識論，社會建構論主張強調社會事實的互為主體性，也接受社會關係的客觀性（秦亞青，2006）。因而，社會建構的知識論乃是建立在科學實存論的基礎之上，並贊成有限的基礎論（foundationalism）；[4]方法論而言，社會建構論則主張調和方法論之個體主義和整體主義（莫大華，2007）。

第二節　重新閱讀三本社會建構論之代表作：創立與傳承

以下本文將以社會建構論的三位代表性學者奧努夫、克拉托赫維爾及溫特，分別介紹他們的學術生涯以及學術思想精華之所在，並進行系統性的討論，藉以彰顯社會建構論之要義。重新閱讀這三本社會建構論之代表作具有幾種特殊的意義：我們可以從三位學者如何自我看待自己作品的反思中，更清楚地了解社會建構論發展的來龍去脈；我們亦可從三位學者之間的相同與相異之處，來體會社會建構論的整體風貌，透過掌握個別作者不同的側重，有利我們系統性的認識社會建構論之理論內涵。我們更可以從三位學者的研究議題和研究取向，進一步掌握社會建構論的未來走向，藉以彰顯國際關係理論典範發展之真諦。

第三節　奧努夫之《我們造就的世界》

奧努夫可算是國際關係學界使用社會建構論的第一人了，他的代表作《我們造就的世界》早在社會建構論成為顯學之前問世，然而卻乏人問津沒有得到熱烈反應。其實，奧努夫的學術生涯就是如此的曲高和寡。奧努夫的博士學位是在美國約翰霍普金斯大學取得的，他師承當時歷史學、政治學、國際

4　有關基礎論的討論，請參閱 Steve Smith, "The Self-Images of a Discipline: A Genealogy of International Relations Theory," in Ken Booth and Steve Smith, eds., *International Relations Theory* (University Park, Penn.: The Pennsylvania State University Press, 1995), pp. 28-30.

法大師，一如塔克（Robert Tucker）、陶意志（Karl Deutsch）以及麥耶杜科（Myres McDougal），並以「The Conscious Development of International Law」為題撰寫博士論文，為日後奧努夫之學術生涯確立了一種相當獨特的風格。（Neumann and Weaver, 1997）此一風格側重於國際法和法制史，造成他和主流國際關係理論的隔閡，他再度與國際關係理論進行對話要等到 1989 年他的代表作問世後，才重新受到國際關係理論界之重視，此刻的奧努夫已是接近五十歲的知天命歲數了。

　　奧努夫長年浸淫於國際法、史學、哲學與文學的薰陶，他的撰寫風格與主流國際關係理論學者落差甚大，注定只能屈居非主流學術地位。所幸他也能耐得著孤寂，冷靜地體會國際關係的宏觀發展，奧努夫強烈主張國際關係理論與國際法之疆界密不可分，國際關係非主流學派不能只做解構主流理論的角色，因而強調必須建構新的國際關係理論，其範圍如能著眼整個社會科學的範疇則更佳。這也展現了奧努夫立足於跨學科領域的高度，而這個全方位的高度使得奧努夫能有一種見樹又見林的透視力，清楚的捕捉學術時尚波濤起伏下的眾生百態。奧努夫準確的描繪出了國際關係理論學界「識時務者為俊傑」的善變本質，這種冷眼旁觀的功夫在學術界無人能出其左右。也正如此，我們能夠透過奧努夫的眼光，更清晰地了解國際關係理論發展軌跡中的常與變之所在。隨著年歲的增長，奧努夫傾向以更簡單的文字，更為直接的表述來展示他所標榜的社會建構論之要義所在。有著這麼一個明顯的趨勢，我們可以從奧努夫近作中察覺到那種不可多見的學術坦白，這個令人驚豔的真誠也正道出了社會建構論發展過程上的崎嶇。[5]

　　基本上，奧努夫指出社會建構論乃為研究國際社會關係提供了一個分析框架，而國際政治的本質乃奠基於變化多端的疆界，此一疆界不斷地產生社會建構作用。因此，社會建構論不是一種典範，而是一種研究國際社會關係的框架。（Onuf, 2001b）奧努夫冷靜觀察到主流國際關係理論早已顯現出欲振乏力的疲態，實證主義在遭受到批判理論連番無情的肆虐而呈現徬徨無主的態勢，奧努夫抓住了這個機遇，及時的推出了他具有創意的理論觀點，社

5　這個明顯的差異可以很容易的在他的一些著作中發現。請參閱 Nicholas Greenwood Onuf, "Worlds of Our Making: The Strange Career of Constructivism in International Relations," in Donald J. Puchala, ed. *Visions of IR: Assessing An Academic Field* (Columbia, S.C.: University of South Carolina Press, 2002), chapter 7.

會建構論此一概念乃應運而生。奧努夫深受季登斯（Antony Giddens）和哈伯瑪斯（Jurgen Habermas）兩位思想大師，企圖建立起介於實證主義與後實證主義間的橋樑，奧努夫自稱此舉乃是要透過本體論來化解以實證主義做為認識論所產生的僵局。奧努夫企圖賦予行為主體與結構享有本體論上的一致性（ontological parity）（Onuf, 2002），也就是溫特所強調的互構關係，只是奧努夫比溫特足足早了十年就提出了這個重要的理論創見，足以說明了薑是老的辣這個道理。

　　奧努夫的另外一項重要論點就是主張語言具有構成性功能（constitutive function），有別於後現代主義，奧努夫接受方法多元論以及本體開放性的立場。藉此，奧努夫提出了他的三段論述：人建構了社會，社會也建構了人，此乃一種不斷進行的雙向過程。我們須從介乎於人和社會之中間要素切入，藉由將此兩種要素聯繫在一起的第三要素，即規則引入規則建構過程。透過這個過程，人與社會將持續不斷的相互建構對方。（見圖 15-1）為了達到上述目的就必須透過言語來促使他人採取對應行為的作法，也就是所謂的言語行為（speech acts）。言語行為是否奏效，端視聽眾對言語做出回應。為此，奧努夫進一步的將言語行為細分為三種類型：斷言性言語行為（assertive speech acts）、指令性言語行為（directive speech acts）和承諾性言語行為（commissive

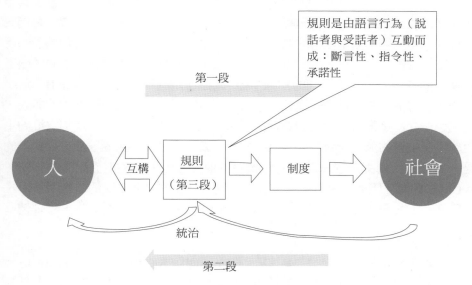

圖 15-1　奧努夫的三段論述

speech acts）。斷言性言語行為體現出類似主權原則的內容；指令性言語行為則具有強制性，一旦忽視將導致不良後果；承諾性言語行為涉及做出承諾之行為主體所具有之權利與義務。（Onuf, 1989; 秦亞青，2005，2006）通過上述三種類型，使得說話者與受話者之間形成了互動關係，而相關的規則也藉由這種關係而具體落實。（Onuf, 2001a）

　　奧努夫主張所有的規則同時兼具建構與規定特性，大體上可以導出以下幾個命題：（一）規則建構出行為主體，行為主體亦構建出規則；（二）規則形成制度，制度構建社會；（三）規則產生統治。（Onuf,1989）國際政治形成霸權（hegemony）、等級（hierarchy）和他治（heteronomy）三種主要的結構關係，這些關係貫穿於國際政治的每個角落。依此，奧努夫推翻了主流國際關係學界慣用的無政府狀態此一概念，提出了一個更為貼切綜合性的概念來描寫國際政治的本質。換言之，奧努夫創造了一種特殊的社會建構理論觀點，所有行為主體都具有自治特性，不過其自治程度或多或少受到其他行為主體的限制，職是之故，這種自治權的行使導致了他治，構成了國際社會的主要特徵。如表 15-1 所示社會建構論概要係由兩組概念組成，國際政治中社會建構的三種結構型態，從低階到高階，從下端到上端，此種屬性關係反覆呈現於各種典範與機制的交集處。（Onuf, 1989）

　　總體而言，奧努夫的規則建構主義包括了自成一體的概念與命題，其出發點乃是以整個社會科學為範疇，具有一定的理論高度，同時亦採取了有別於後現代學派只解構而不建構的激進路線。只是奧努夫的創見並未得到熱烈的反響，造成國際關係學界忽視的原因很多，最主要乃是奧努夫寫作風格過於艱澀難懂，閱讀需要大量跨學門的知識基礎，自然形成了一種曲高和寡的結果。[6]此外，奧努夫所創之社會建構論，使用了國際關係主流學派較不熟悉的概念，主流學派擔心這種轉向會把國際關係引領至一較不確定的方向。奧努夫批判主流學派所主張的無政府狀態此一核心概念，顯示出主流學派的局限，更嚴重的是，奧努夫指責主流學派缺乏一種獨特見地，大大引起了主流學派的不安。（Onuf, 2002）因而，奧努夫以及其學說就被歸類成為非主流的少數派觀點，沉入浩瀚的知識大海。所幸，自 1989 年奧努夫著作問世後的兩年，國際情勢

6　一本較為容易閱讀的介紹性文章，請參閱 Vendulka Kubalkova, "A Constructivist Primer," in Vendulka Kubalkova, ed., *Foreign Policy in a Constructed World* (Armonk, N.Y.: M.E. Sharpe, 2001), chapter 3.

環境丕變，國際關係理論學界走過冷戰的狂飆，也歷經實證主義的宰制，奧努夫所創社會建構的觀點開始漸漸得到學界的認可，主流學派的同行幡然易幟紛紛加入社會建構論的陣營，驗證了「真理只有在被拒絕以後才會被接受」這個定律。

■ 表 15-1

社會建構論概要		
	才能之經驗		
	存在與構成的範疇／ 時空的意義規則	物質與構成的範疇／ 形式控制的規則	自由的範疇／ 行為主體的規則
典範之經驗	斷言性言語行為 指導性規則 監督式建制 霸權	指令性言語行為 指令性規則 行政式建制 層級	承諾性言語行為 承諾性規則 管理式建制 他治

Source: Nicholas Onuf, *World of Our Making: Rules and Rule in Social Theory and International Relations* (Columbia, S.C.:
　　University of South Carolina Press, 1989), p.291.

第四節　克拉托赫維爾之《規則、規範和決策》

　　第二位社會建構論代表性人物是克拉托赫維爾，他與奧努夫同樣經歷類似學術旅程，和奧努夫一樣，他亦於 1989 年發表了《規則、規範和決策》（*Rules, Norms and Decisions*）這本代表作（Kratochwil, 1989），在時間點上這兩位建構論的先行者可謂是英雄所見略同，而在對社會建構論日後之影響力形成方面，這兩位學者亦可謂做了最貼切的歷史見證。

　　克拉托赫維爾出生於德國，在美國普林斯頓大學取得博士學位，和奧努夫一樣，他的主要研究重點是圍繞在國際法與國際關係理論，他先後任教於幾所美國的長春藤大學，1995 年返回歐洲任教（Neumann and Weaver, 1997）。如同奧努夫一樣的遭遇，克拉托赫維爾的社會建構論學說也沒有得到主流學界應有的重視，探究原因主要在於他的論述艱澀深奧，不易理解。這和他的理論來源乃是語言哲學，特別是語言行為，再結合實踐哲學和法理學所形成的一套論

述，因而形成了曲高和寡，其思想概念不易傳播的障礙。不過奧努夫對克拉托赫維爾的見解特別推崇，頗有惺惺相惜的感覺。（Onuf, 2002）克拉托赫維爾的代表作給予讀者最直接感受就是一股莫名的不熟悉語境，造成讀者相當大的閱讀壓力，讀者需要相當大的耐心，才能夠了解他所欲表達的理念以及這些理念所彰顯的意義所在。克拉托赫維爾期待讀者，根據其理論在國際關係現實中尋找到相對應的答案，這個期待看似不易達成，不過我們越來越容易在他的晚近著作中找到應證。[7]

　　克拉托赫維爾因而針對主流國關理論的理性工具論，他認為主流學派沒有處理有關國際政治之規範特徵。並主張國際關係理論應就知識論以及規則探索、規範在國際關係中的角色作用。另外一方面，克拉托赫維爾特別著重於知識論的探討，他主張國際關係應重視支配人類行為的規範。換言之，國際政治必須在規範內容下進行分析，主流學派所習以為常的理性考量，必須要放在互為主體共享規則與規範內容中來討論才會更有意義。為此，克拉托赫維爾支持奧努夫的觀點，社會建構論應重視日常語言，因為規範就是語言行為，規範成功與否當取決於此一要素，這也就是社會建構論所提倡「語言轉向」之所謂。（Kratochwil, 2001）克拉托赫維爾強調處理這個轉向可藉由科際整合的策略，化解主流學派探討規範在國際建制（international regimes）有關知識論與本體

7　請參閱 Friedrich Kratochwil, "Constructing a New Orthodoxy" in Stefano Guzzini, Anna Leander, eds., *Constructivism and International Relations* (London: Routledge, 2006), pp. 21-47; "Evidence, Inference, and Truth as Problems of Theory-Building in the Social Sciences," in Richard Lebow, Mark Lichbach, eds., *Theory and Evidence in Comparative Politics and International Relations* (New York: Palgrave/Macmillan, 2007), pp. 25-54; "Rethinking the "inter" in International Politics," *Millennium*, vol. 35, no.3 (2007), pp. 495-511; "Looking Back from Somewhere: Reflections of what remains 'critical' in Critical Theory", *Review of International Studies*, vol. 33 (2007), pp. 25-45; "Of Communities, Gangs, Historicity, and the Problem of Santa Claus: Replies to my Critics," *Journal of International Relations and Development*, vol. 10 (2007), pp. 57-78; "Of False Promises and Good Bets: A Plea for a Pragmatic Approach to Theory Building," *Journal of International Relations and Development*, vol.10, no.1 (2007), pp. 1-15; "Ten Points to Ponder About Pragmatism: Some Critical Reflections on Knowledge-generation in the Social Sciences," in Harry Baue and Elisabetta Brighi, eds., *Pragmatism and International Relations* (London: Routledge, 2008), pp. 11-25.

論所產生之扞挌，[8]同時亦可對於傳統國際法過於靜態描述規範作用加以強化補充。（Kratochwil, 1993）簡單來說，克拉托赫維爾的主要貢獻在於提出一個聯繫國際關係中有關程序、法律及機構間的概念解釋，他針對規範、規則如何真實具體在國際建制內運作；國際關係中的規範地位如何符合法律要件；國際法的實踐方式以及國際關係決策中規範角色等問題加以系統性的探討。正如他的書名所揭示，其所關切的焦點就是「規則、規範與決策之間的概念連結」。為此，他提出了一套通過了解語言在國際社會互動中功能之新解釋，藉此以展現語言如何巧妙地提供我們掌握規則性活動最關鍵的要素。克拉托赫維爾強調規則本質上都牽涉到語言行為，我們須區別規則（constitutive rules）與一般所指限制性規則之差異所在。如圖 15-2 所示，「限制性規則」通常以命令句方式表示，一如聯合國憲章中的「不得使用武力」，而「構成性規則」則對於基本因素較有參照作用，此種知識需依其規則結構而定，且也只有在這種規範結構中，這些舉動才有其意義。因此，我們所觀察到的事實只有在制度性事實的解釋下才會產生意義，而制度性事實只有建立在構成性規範之上才能合理解釋。（Kratochwil, 1989）

　　另外，克拉托赫維爾針對以個體主義本體論做為基礎的理性主義，認為在國際建制理論中有關國際建制概念內涵的互為主體性知識論，與國際建制理論理性主義所依賴的個體主義本體論存在矛盾。他指出實證主義的一個根本假設，建立在規範的合法效力可以被化約為一個認知的問題，而他則認為任何試圖區別合法規範與其他規範之作為都將無效，因為他們對問題本身存在誤解，這種誤解認為決策都是透過規範與規則的運用而形成，這種把法律視為一個靜態的規範體系，不足以體現原則的應用，明顯需要不同的邏輯流程。克拉托赫維爾重申既然國際政治缺乏權威要素，目前國際政治仍無法被區分為一個完整的法律體系或是一個完全的公共秩序。因而，克拉托赫維爾認為國際建制就可以被理解為一種法律現象，包括具有多重或雙重共識性原則，也就是國際建制所蘊含的規範力量是源自於其共識性質，同時具備單方宣示與行動的特性，因此他主張沒有必要以人類尊嚴為其價值的訴求，因為國際建制所形成的「軟法」（soft law）具備有隱含的共同意圖，得以享有不被挑戰的合法性，即使在不服從的狀況下仍具有法律特性，以及尊重國際建制軟法不得被視為無效的

8　有關國際建制的知識論與本體論問題討論，請參閱 John Gerard Ruggie, *Constructing the World Polity* (London: Routledge, 1998), pp. 85-101.

行為等四種特質。換言之，國際建制所彰顯的軟法，反映了規範創造流程中所
謂弱制度化現象，其目的在於藉由在各方表述企圖的範圍內尋求解決方案，如
此作為可以促使與現有慣例分離，並可為新興的慣例提供一種更為精確規範的
替代方案，使其法律本身更加具體化。（Kratochwil, 1989）

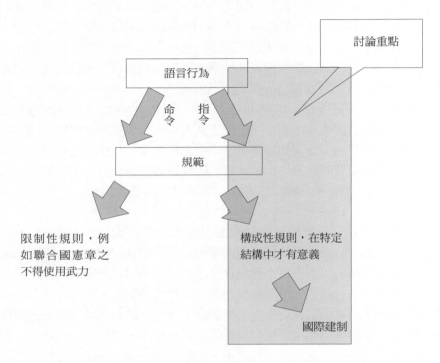

圖 15-2　規範的區分

　　克拉托赫維爾反覆強調實證主義無法區別合法規範和其他規範，而從實踐
與知識論層面看來，這樣的評量標準誠屬必要，如何使合法規範充分概念化，
關鍵就在於通過上述這種推論形式的方法，來克服傳統理論不足以改善這類問
題的缺點。他所欲強調的是澄清法律的概念，辨識法律指令不同於其他型態
規範之所在，批判主流理論處理法律與法律規範之差異。藉由對軟法的研究，
他發現法律應被理解為一種能以規範論述的特殊形式，規範的使用乃是基於
一個特別的論述形式，此一論述不同於司法規則的運用，兩者不應混為一談。
（Kratochwil, 1989）

　　克拉托赫維爾針對言語行為所產生不同影響以合約為例，一般而言合約具有的約束力就如同一種相互的承諾，這種信賴的效力並非源於合約的效力，而是作為一個制度合約本身而言。因此合約的約束性應是建立在相互承諾的非表意（illocutionary act）力量上，而不是言後行為（perlocution act）所產生的影響。此種表意行為（locutionary act）是指說話的行動本身，而言後行為則是指透過話語所表現出的行為，可從其心理上的成效來看，非表意行為乃是指在話語中所表現出的行為。但是言語行為的非表意行為與言後行為其效果無法有效進行分析，他建議我們可以通過掌握語言的三個層面的特質：語言上的句法學層面，透過意義加以限制；語意學的解析，透過事件的相關證據；以及透過規範性保障來營造較為穩定之期待。一般而言，由於語言的實用層面在考量具體情境之際則更顯重要，國際政治中行為主體間的共有期待可能導致共同理解，然而共同理解的媒介並非邏輯一致性或是語意真實性，而是規範效力的主張，在此基礎上行動者可以溝通、協調其行動和調整其偏好。換言之，語言本身就是規範制約的活動，我們可從上述各種脈絡來進行辨識。（見圖 15-3）

　　綜合觀之，克拉托赫維爾的理論開啟了我們了解規範在國際政治行動者決策擬定流程中之角色，他試圖澄清人類行動受制於規則的說法，通過對於客觀世界、主觀世界以及社會世界及其相對應認識論位置之討論，尤其針對過去主流學界所經常忽視日常語言中有關語意和句意的了解，他提出了這麼一個重要的論點。透過此一架構，他找到一個新的方式來解釋規則與規範如何引導決策

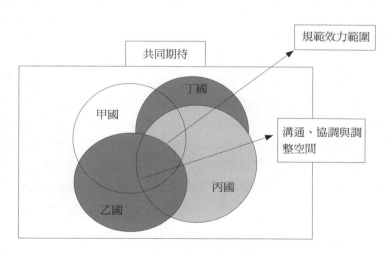

圖 15-3　規範與共同期待

的這個老問題，並且說明規則與規範是如何透過推論過程來塑造決策，最重要的是展現實踐判斷是如何容易受到推論性論述影響，論點的言語力量是如何被概念化，以及透過說服來達成目的。（Kratochwil, 1989）

第五節　溫特之《國際政治的社會理論》

第三位社會建構論代表性學者是溫特，溫特出生於德國，並在德國完成高中教育才到美國就讀於明尼蘇達大學，師承杜瓦爾（Raymond D. Duvall）教授，博士畢業後，先後在耶魯大學、達特茅斯學院、芝加哥大學等校任教，目前於俄亥俄大學擔任講座教授（Neumann and Weaver, 1997）。溫特對社會建構論最大的貢獻在於將社會建構論體系化，他的著作《國際政治的社會理論》一書為社會建構論奠定了劃時代的里程碑，此書的問世也確立了社會建構論以「中間道路」做為其選擇的重要發展指標（Wendt, 2000）。即使溫特日後遭受到來自社會建構論陣營內激進派的撻伐[9]，奧努夫每每對溫特加以聲援及肯定，這些批判都沒有造成對溫特學術地位的減損。

溫特為學正如其人，溫文儒雅，與現實主義學者的陽剛傾向對比明顯，溫特的這個人格特質有利與他人對話，溫特先後與現實主義（Wendt, 1987, 1992）、自由主義（Wendt, 1994, 1995）、英國學派以及社會建構論陣營內的批判者進行筆戰（Wendt, 1991, 莫大華，2010），溫特所言多能切中肯綮、發人深省。溫特所主張的社會建構論，其思想體系之形成歷經一段相當的醞釀時間。溫特文思泉湧、辯才無礙，成名後恐受盛名之累，為文愈顯偏離國際關係的實體內容。反而他稍早作品文思雋永、言之有物，值得再三品味。有別於上述其他兩位社會建構論的前輩，溫特並不強調言語行為所產生不同影響。溫特早年作品多著重於國家身分的解讀以及無政府文化的多樣化，他所撰寫〈無政府乃由國家造成〉（Anarchy is What State Make of It）一文，聲名大噪並為其日後學術發展奠定厚實基礎（Wendt, 1992）。溫特有關身分的論述獨具一格，也是最具特色的社會建構論之所在。依溫特之見，國家具有身分的實體，具有一種主體間特徵，根植於行為主體的領悟，並依賴其他行為主體的領悟，

9　最具代表性的批判，請參閱 Stefano Guzzini and Anna Leander, eds., *Constructivism and International Relations: Alexander Wendt and his Critics* (London: Routledge, 2006).

身分是由內在與外在建構而成。溫特提出了國家具有個體、類屬、角色與集體等四種型態身分，各種身分根據行為主體對其意義的重要性排列成一種等級結構，行為主體並依照其主客觀利益進行自我身分的再造，依此，溫特刻劃出其研究之本體論基礎，也就是國際體系中涉及的國家屬性乃是由國家之間的相互社會關聯所建構的。（Wendt, 1999）

　　其實，溫特所提的三種無政府文化此一概念如圖 15-4 所示，其精神乃與英國學派的國際社會概念有著某種程度的神似。英國學派主張，在現代國際體系的發展中，存在著三種相互競爭的思想傳統：霍布斯主義或現實主義傳統，把國際政治視為戰爭狀態；康德主義或世界主義傳統，認為有一個潛在的人類共同體在國際政治中發揮作用；格老秀斯主義或國際主義傳統，認為國際政治產生於一個國際社會之上。[10] 上述這一段英國學派的理論要義，基本上就為溫特的國際政治之社會理論奠定了重要的基礎，溫特完全同意英國學派扮演了社會建構論先行者的角色。換言之，在英國學派的理論基礎上，溫特提出了三種無政府文化的社會建構論版本，這種青出於藍而勝於藍的表現，幾乎就成了日後溫特建構主義的同義字。

圖 15-4　三種國際無政府文化

---

[10] 社會建構論與英國學派的關係，請參閱 Barry Buzan, *From International to World Society? English School Theory and the Social Structure of Globalization* (Cambridge: Cambridge University Press, 2004), chapter 4.

　　首先，溫特指出國際無政府狀態並非如同現實主義所描繪的單一刻板，其實無政府狀態的結構取決於究竟是敵人、對手或是朋友的角色在國際體系中佔有主導角色。其中霍布斯無政府文化包含以下幾個重點：敵意表現在與他者的關係具有不承認自我存在的權利，敵人根本不承認自我作為自由主體存在的權利，也不會限制對自我使用暴力的程度，上述要件賦予他者侵犯意圖，此一意圖乃為無所限制，敵人之間的暴力使用並不具有內在限制。上述關係產生了幾種可能政策涵義：國家採取強烈手段試圖摧毀或征服敵人、國家決策傾向最壞打算、軍事力量對國家至關重要、國家傾向無限制的使用暴力。換言之，行為主體在霍布斯無政府狀態下，其生存需依靠軍事力量，而非求助於其他行為主體，形成了一種高度競爭的零和遊戲，安全困境的表徵至為尖銳，這種關係進一步形成了四種可能的趨勢：一為常年不斷的無限戰爭，二為不適應的行為體遭到淘汰，三為均勢格局不易維持，四為不結盟和中立不易維持。霍布斯文化通過三種方式或可稱為三種途徑加以內化：武力、代價、或是合法性手段，其中第一等級的途徑存在於行為主體受到外力脅迫情況下而屈從之，屬於不得不屈服於外力壓迫；第二等級的途徑存在於行為主體認為服從會對自己帶來好處，這種選擇具有工具性質，一旦服從的代價超過利益，行為主體極有可能會改變行為模式；第三等級的途徑存在於行為主體考慮遵循規範源於規範之合法性，行為主體願意接受規範對自我的要求，並承擔一種角色。（Wendt, 1999; 秦亞青，2000）

　　其次，溫特指出洛克文化可能取代霍布斯文化的角色，這種文化標榜以競爭而非敵對，它有別於敵人角色，競爭對手期望相互承認主權，這種共享的制度透過國際法得以確立，其競爭的基礎為法制，因而就造成了相互維持主權、絕對收益較相對收益來的更重要、競爭對手會限制暴力行為，在這種文化下國際結構可能有四種趨勢發展：一為戰爭既為接受亦受到制約，二為相對穩定的體系成員存活率較高，三為權力均勢成為保持秩序的一種穩定因素，四為中立和不結盟得到國際認可。上述洛克文化可以通過三種方式加以內化：強迫、利益、或是合理性手段，其中第一等級主張國家遵守主權規範是受制於強國之強迫使然；第二等級則認為國家遵守主權規範乃是由於符合利益使然；第三等級則認為國家遵守規範乃是國家認為規範合理而且認同這些規範。（Wendt, 1999; 秦亞青，2000）

　　第三，溫特指出了第三種無政府文化，亦即康德文化。這種文化基礎是友誼的角色結構，在這種角色結構中，國家期望相互尊重，不使用戰爭和戰爭威

脅方式解決爭端，任何一方的安全受到第三方威脅，雙方將共同作戰。在此文化下產生了多元安全共同體與集體安全兩種趨勢，戰爭不再被認為是解決爭端的合法手段，一旦衝突出現，國家將透過法制、仲裁或訴諸法律等手段來解決爭端，互助構成了集體安全的基礎，一旦體系成員之安全受到威脅，其他體系成員將協助保護此一成員。此一文化並將通過強迫、利益、合法性三種方式加以內化。其中第一等級涉及防止國家之間的相互進攻，第二等級反映了一種工具性利益權衡，國家遵守規範之目的在於獲得利益，第三等級則強調國家的相互認同，視他國的安全視為自己的安全。（Wendt, 1999; 秦亞青，2000）

　　如表 15-2 所示，上述溫特有關三種無政府文化種種論點，溫特論點展示出國家實踐活動的意義所在，也展示出溫特與主流學派的差異所在，更展示出溫特所強調的社會建構論之精華所在。

■ 表 15-2

國際文化的多種實現方式			
文化內化程度　第三等級／合法性　第二等級／利益　第一等級／武力			
	霍布斯文化	洛克文化	康德文化
社會化程度			

資料來源：Alexander Wendt, *Social Theory of International Politics* (Cambridge: Cambridge University Press, 1999), p. 254.

第六節　社會建構論的理論意義

　　綜合上述分析，我們了解社會建構論的異軍突起有其脈絡可循，這個脈絡展現在國際關係這個學科發展的生命週期中。可以這麼說，基本上社會建構論的發展乃是延續國際關係理論第三次論戰的道路，第三次論戰主要是針對實證主義，以考克斯（Robert Cox）代表的批判學派指出實證主義的侷限，在於它只給予國際關係研究一套研究方法，此種知識論限制了國際關係中存在的想像。（Cox, 1996）社會建構論的先驅者奧努夫洞悉了第三次論戰的焦點集中

於知識論上，形成了實證主義與後現代主義彼此不對話的僵局，長此以往將不利於國際關係學科之發展。有鑑於此，奧努夫開創了有別於理性主義主流學派和後現代主義的第三條路，企圖以此「中間道路」來回應實證主義與後現代主義間不可跨越鴻溝所產生之僵局。（Onuf, 2002）社會建構論自我定位於「中間道路」之選擇具有相當的遠見，有利於日後與現實主義、自由主義形成一種新的格局。社會建構論的代表性學者奧努夫與溫特，分別在其代表性著作中表述了這個主要的相同立場，其默契之高值得讚頌。也正因如此，社會建構論得以薪火相傳與時俱進。[11]其實，社會建構論最重要的貢獻在於其學派學者能洞察先機，一舉擺脫第三次論戰有關知識論上的爭辯，進一步指出了本體論轉向的必要性，也就是說社會建構論引導了國際關係理論發展道路上的重要轉折，生成了國際關係理論發展歷史中前所未有的新契機。（Checkel, 1998; Hopf, 1998）

進一步來說，雖然第三次論戰僅觸及有關知識論的討論，不過對於一個長期受到實證主義宰制的國際關係學科而言，這代表著不得不的作為。我們清楚地觀察到，社會建構論另一位代表性學者克拉托赫維爾在有關知識論方面所展現的觀點，藉以凸顯實證主義在解釋規範對行為主體所產生因果關係的侷限性，亦即探討國際建制理論有關本體論地位與知識論實踐間存在之緊張關係，並引發國際關係理論學界有關行為主體與結構等類似的爭論。凡此種種，每位社會建構論學者或有不同的側重，總體來說，他們都大力引導促成國際關係理論多樣性發展的新方向。一類努力乃是針對主流理性主義的缺失，另一類努力則是通過兼容並蓄的折衷方案確保其理論制高點。此一優勢作為通過至少幾代學者的同力合作，每一位代表性學者都參與過無數次的辯論與筆戰，每一位代表性學者都勤於著作撰寫論文，社會建構論的理論勁道得以繼續延展。

於此同時，國際關係外在環境不變，長達五十年之久的冷戰一旦結束，各界對於主流學派未能恰如其分的展現其理論立基大加撻伐，主流學派長久以物質、以國家中心的國際無政府狀態做為論述，充其量只能討論諸如相對收益或絕對收益，國家的意圖或能力，無政府狀態的性質及效果等類似趨同的問題，

---

11 不過社會建構論內部仍然存在歧見，請參閱 Friedrich Kratochwil, "Constructing a New Orthodoxy? Wendt's Social Theory of International Politics and the constructivist challenge," in Stefano Guzzini and Anna Leander, eds., *Constructivism and International Relations: Alexander Wendt and his critics* (London: Routledge, 2006), chapter 2.

（Baldwin, 1993）主流現實主義和自由主義無視一些非物質性的因素，一如觀念、規範、身分等所產生的作用，難怪無法預見冷戰終結的歷史巨變。拜冷戰結束之賜，社會建構論效應突然成為炙手可熱的顯學，社會建構論的相關著作如雨後春筍般的一一問世。（Katzenstein,1996）難怪奧努夫調侃有些知名學者亦痛改前非轉向以社會建構論者自居，唯恐沒法趕上這班學術的時尚列車。（Onuf, 2002）不過這些新加入的社會建構論者，其實在本質上和新自由制度主義較為神似，最為典型的學者包括魯杰（John Gerard Ruggie）、卡贊斯坦（Peter J. Katzenstein）與江憶恩（Alastair Iain Johnston）等。[12]這些學者過去也曾服膺在主流學派之下，社會建構論一旦蔚為風氣，追求時尚的學者大有人在，此乃學術界世態炎涼的常態。只是這些社會建構論的新支持者對於社會建構論的創始宗旨與要義，在精確的掌握與拿捏上恐怕有失準頭而走味失真了。

　　誠如溫特所言：「理論是否有價值，最終取決於它是否能夠對國際政治的具體問題做出有意義的解釋。」（Wendt, 1999）社會建構論始於第三次論戰之際，其理論定位在選擇介於理性主義與後結構主義之間的「中間道路」，這個立場持續的忠實展現在其理論內涵之中，這個「中間道路」就是如何重新思考國際關係的本質並選取一個較為穩重的立場，不過奧努夫和溫特之間有關「中間道路」的立場又有些許的差異。對於奧努夫而言，此一立場的靈感起於1984 年季登斯和哈伯瑪斯結構化與溝通理論這兩種深層結構，國際關係理論的發展可借鏡這兩種宏觀理論，奧努夫受到上述兩位學者啟發，認為國際關係理論不能只進行解構而不建構，更重要的是必須從社會科學的整體發展來自我定位，奧努夫所具備跨學門的視野是極其明顯的，依此提出了國際關係理論之社會建構觀點。（Onuf, 1989）相較奧努夫而言，溫特所提出的「中間道路」足足要晚了十年之久。而溫特做為一位社會建構論的後生晚輩，也能遵循步伍奧努夫所設定的「中間道路」這個方向，進一步把社會建構論如何通過調和理性主義和後現代之間的矛盾，做出更為細緻的解釋工作，這是社會建構論學者努力扮演一個化解國際關係理論學界兩種本體論、知識論歧見之重要貢獻。

---

12 其中，John G. Ruggie 為社會建構論者，Peter Katzenstein 公開表示他雖然不算是社會建構論者，不過卻支持社會建構論的論述立場。另外，Alastair Iain Johnston 則以具體成果協助落實有關社會建構論進行實證研究的方法論，請參閱 Alastair Iain Johnston, *Social States: China in International Institutions, 1980-2000* (Princeton and Oxford: Princeton University Press, 2008).

（Wendt, 1994, 1995, 1998）

　　一旦奧努夫明確地選擇與後結構主義在理論導向上的區隔，從而為社會建構論奠定了一個寬廣的基礎，根本上奧努夫亦懷疑主流學派所聲稱無政府狀態乃為國際關係構成要件這個命題，奧努夫指出規則建構出了過程，通過這個過程，人和社會以持續不斷互動的方式相互建構對方。凡此種種有利於將國際關係導引至一種特殊的社會現實上來，這個社會現實具有規則無所不在的特徵。換言之，行為主體與社會是相互構成，在這種互構過程中，規則起到了至關重要的中介作用。規則指導行為體的社會實踐，規則建構了社會也建構了人。國際社會雖然處於一種無政府狀態，但國際社會卻是一個具有規則的社會，規則造就並維持秩序，國際社會乃是一個有秩序的社會。（Onuf, 2002）溫特將其 1999 年之作直接命名為「國際政治的社會理論」，使用社會共同觀念建構了國際體系的結構，並使這種結構具有動力做為貫穿全書的主要論點，藉此一概念重新定義國際政治的政治結構。此外，克拉托赫維爾亦指出長期以來，我們錯誤的解釋霍布斯的無政府狀態，其實霍布斯之本意並非如同主流國際關係學者所描寫那樣，基於國內與國際環境之大不同，因而導致出所謂產生爭議的誤解，國際關係學者犯了一種自大的健忘症，錯誤把霍布斯所創的「自然法則」帶引到了一種具有神秘色彩的境界。克拉托赫維爾強調通過重新閱讀霍布斯的原典除了可以還原本意真相，同時更進一步了解規範與規則如何存在於國際關係之中運作，國際關係中規範如何符合法律要件等各種哲學思考之外，最主要的是了解規範如何在國際社會互動中扮演的功能角色。其實，一旦通過「制度性保障」，國際政治就可以具有類似國內環境下的個人與國家關係。（Kratochwil, 1989）

　　由此觀之，上述三位社會建構論者都針對國際關係理論主流學派有關無政府狀態的性質提出完全不同於主流學派的理解，共同指出了無政府狀態乃是國際社會建構的結果，通過行為主體之間的互動產生實踐活動，其所建立起的觀念結構就會產生十分穩定的作用。一旦解除了霍布斯無政府狀態的迷思，社會建構論述就寬廣多了，社會建構論就成了研究國際社會關係的另一種分析框架。上述三位社會建構論者一致認為國際關係學者不能僅以解構為職志，而是要能建構一種新的分析觀點，並且希望通過解釋國際政治中的社會關係，來超越存在於國際關係理論學界所謂無意義的爭論，其目的在於引導我們走出國際關係理論的死胡同。藉此，社會建構論者開闢了一條更為寬闊的道路，通過上述三位社會建構論者的引介，包括規則、規範、身分與認同這些理念性概念，

正式有系統地納入了國際關係理論的範疇，有別與主流理論強調國家追求權力的靜態結構，社會建構論者更著眼於了解國際關係的動態變遷，這種變遷的動力來自內生於行為者真實活動實踐之中，透過實踐活動的了解，我們將能夠更貼近國際政治的真實性。

　　三位代表性學者中，溫特尤其強調本體論優先，克拉托赫維爾強調認識論之重要性，奧努夫則介於上述兩者之間，這就形成了一種多層次分析的基本格局，也展現出社會建構論較為開放式的精神元素，溫特主張體系層次的多元無政府文化之特徵，研究者一旦明確的掌握特定國家的身分這條軸線，就可得出國際體系的規範結構建構出體系單元的性質屬性這個命題。相較於奧努夫及克拉托赫維爾，溫特的社會建構論則是不強調語言行為，不強調國際法，也不強調國際建制的作用。不同於溫特「不說話」的社會建構，奧努夫及克拉托赫維爾則大大凸顯社會建構過程的語言行為，兩人都篤信語言具備構成性功能，兩人都強調國際建制的作用，兩人亦都著重於國際法的實踐作用，並透過規則與規範形成重要的聯繫紐帶，進一步展現強韌的活力，兩人特別鍾愛具有實踐參照的國際建制之作用，兩人亦特別著眼於國際政治中默示和明確的各種規則、規範如何展現其主動積極性，進而扮演一種制度性的力量，這些則非通過哲學層次上知識論的語言轉向不為功，通過這個哲學認識，兩人提出了一套相當深奧的理論論述，如果不能掌握這個要理，終將在社會建構論知識論這座高牆外徘徊而不得其門而入。反之，一旦掌握此一要領，社會建構論廣闊的視野就自然呈現。總之，閱讀社會建構論的文本，我們需要一種開放的心胸，跨領域的視野和充沛的想像力。最重要的是掌握社會建構論在本體論上的理念轉向，在認識論上的語言轉向以及在方法論上的社會學這三個關鍵的要素。

第七節　結論：理論與實踐

　　社會建構論自 1989 年正式問世以來，已歷經了二十多個年頭，其間 1999 年溫特《國際政治的社會理論》一書的出版掀起了一股熱潮，至關社會建構論的日後發展。通過透視理性主義和反思主義在本體論與知識論上之歧見，社會建構論得以調和國際關係理論界自第三次辯論以來所面臨的難題。本文所介紹的三位代表性學者分別主張藉由國際法、社會學以及語言哲學等觀點，進而充沛社會建構論的內涵。社會建構論的發展同時亦體現了所謂跨學門整合的具體

成效，過去二十年間，一方面社會建構論業已在國際關係的許多次領域內形成了一股相互對話的風潮。在國際法領域，一股前所未有強烈自發性的跨學科理論對話的倡議業已開展，並展現在廣泛的各種層面：包括社會建構論提供了對於國際社會基本結構之國際法基本原則之解釋、社會建構論提出了有關國家遵循國際法基於對國際法規則合法性認同之解釋、社會建構論提出了有關國際法生成規範形成的生命週期過程之解釋、社會建構論提出了國際法體系在國際系統結構中的作用之解釋、社會建構論提出了明顯提升國際法地位之倡議、社會建構論提出了國際法與國際體系的社會建構之未來趨勢之說等各個方面，氣氛相當熱絡。[13]另一方面，社會建構論亦對國際政治經濟學產生相當大的鼓舞，針對主流學派以物質主義理性抉擇為基本要素的解釋注入了理念的元素，進而對於理性主義所界定利益為結構所給定的假設提出修正，引發學界對上述行為所處的社會內涵的新認識。[14]此外，社會建構論亦對比較政治產生了一些影響，它體現在針對傳統比較政治有關全球化、後設理論、本體論和知識論方面的挑戰，從而進一步的提出了新的研究議程。[15]加之，社會建構論乃與歐陸政治哲學思想之變化密切相關，其理論亦展現了在國際關係理論思想譜系中之脈絡位置與傳承，在在說明了綜凡具有理想色彩的國際關係理論大都汲取其他學科的理論元素，其目的就是要走出不但與主流學派不同的道路，同時也要走出後結構主義的死胡同。

　　當年，奧努夫的野心或許大了些，他不僅提出了國際關係的建構主義，更企圖把建構行為視為一種普遍性通則，一種全方位的社會理論。其實，社會建構論者的理論企圖在本質上可以算是一種想像力。通過想像，國際關係的分析視野變得更多元。通過想像，國際關係的分析變得較不枯燥和武斷。社會建

---

[13] 相關文獻請參閱 Anne-Marie Slaughter, Andrew Tulumello and Stepan Wood, "International Law and International Relations Theory: A New Generation of Interdisciplinary Scholarship," *The American Journal of International Law*, vol.92, no.3(1998), pp. 367-397; 徐崇利，「構建國際法之『法理學』—國際法學與國際關係理論之學科交叉」，比較法研究（北京），2009 年第 4 期，頁 13-25；劉志云，現代國際關係理論視野下的國際法（北京：法律出版社，2006 年）。

[14] 請參閱 Rawi Abdelal, Mark Blyth and Craig Persons, eds., *Constructing the International Economy* (Ithaca: Cornell University Press, 2010).

[15] 請參閱 Daniel Green, ed., *Constructivism and Comparative Politics* (Armonk,N.Y.: M.E. Sharpe, 2002).

構論啟發了一種澎湃的熱情，藉此提供給以國際關係做為職志的研究者一種安身立命的期許。當然，社會建構論者也很清楚地和烏托邦式的理想主義進行區隔，以避免呈現出過度理想化的理論涵義。社會建構論者原本就不是哲學上的理想主義者，而是對文化結構充滿理想的一種理論觀點，主張理論與實踐為具有固定型態之文化結構表徵，通過行為主體者，社會建構的過程不斷進行，通過語言聲明，規範、規則得以間接調和物質條件之作用。溫特具體的指出了建構論重視實踐活動的過程，通過建構集體認同、相互依存、共同命運、同質化與自我約束等方法，國際體系的文化結構才得以再造，並發生變化。克拉托維爾亦具體的強調透過實踐推理這個概念，進而尋求一種新的方式來了解規則與規範如何經過實踐推理來塑造現實，取決於規範能否扮演第三方的作用。奧努夫主張具體意義在於重現語言在國際政治中所產生之建構作用，重視語言與權力間之關係，爭取話語權等具體啟示。

　　基於此，社會建構論者自許其理論立基足以與理性主義一較高下、各領風騷，堪稱國際關係的兩種操作性的理論典範。社會建構論者企圖把哲學上的唯心和唯物兩種立場，通過細緻的功夫加以調和，並以語言哲學做為向前邁進的一個跳板，藉此做為社會建構論的哲學基礎。經過多年的努力，社會建構論從哲學層面切入，終於引起國際關係學界之重視，2007 年溫特已能和基歐漢（Robert O. Keohane）、華爾茲（Kenneth N. Waltz）共列最具影響力的三位國際關係理論家。[16]社會建構論的最大影響力在於促使國際關係學界重新設定研究議程，社會建構論把國際關係理論研究導引至哲學層面的探討，雖然哲學上不存在誰錯或誰對的問題，做為具有應用實踐的學門，國際關係理論每每通過論戰的方式來進行理論較量，並以國際情勢發展做為分斷誰贏誰輸、誰高誰低的參照。冷戰結束正好提供給予學界檢驗舊理論，接受新理論的一個新契機，尤其對於新一代的學者而言，正好處於這個新舊典範交替的當而，社會建構論的發展與茁壯就恰如其分的落在新一代的學者身上。誠如溫特所言，社會建構論是否能為學界所接納取決於這個理論對國際關係實踐的當下意義，通過未來的各國領袖內化了社會建構論的理念要旨，進一步運用在具體實踐中，產生政策指導意義，將會是社會建構論產生作用之最高目標。此目標亦預示了社會建

---

[16] 請參閱 Daniel Maliniak, et al., *The View From the Ivory Tower: TRIP Survey of International Relations Faculty in the United States and Canada*, 2007, http://web.wm.edu/irtheoryandpractice/trip/surveyreport06-07.pdf?svr=www

構論的實用主義轉向，此一波的研究趨勢在克拉托維爾倡議的推動下，特別強調未來的研究應當以問題導向來發展務實的研究議程，從而提供務實的實用知識。[17]準此，我們當拭目以待迎接實用主義主導下社會建構論的到來。

■ 關鍵詞

奧努夫

- **三段論述**：人與社會是相互構成的，是三個不斷循環的階段：人建構社會、社會建構人的行為；第三段則是人與人間的互動形成規則，而社會則透過這些規則規範人的行為。

- **言語行為**：人與人透過言語做互構，促使對方做出回應，而這些言語被稱作言語行為，依照其強度分為：斷言性言語行為、指令性言語行為以及承諾性言語行為。

克拉托赫維爾

- **語言**：語言是形塑規範效力範圍與空間的主要因素之一，透過語言，各方對於規範進行承諾，使規範具有強制力。

- **規範**：國際上的規範使用是基於一種特別的論述形式，在各方表述範圍內，針對共同期待找出一套行為準則。而這套準則共同理解媒介的邏輯並非一致，因此具有解釋的空間。

溫特

- **三種無政府文化**：此一概念源自於英國學派，認為國際體系中存在三種相互競爭的思想傳統：霍布斯無政府文化、洛克無政府文化與康德無政府文化，並認為國際政治是建立在一個國際社會之上。

- **身分**：三種無政府文化的形成取決於一國在另外一國眼中所被認定的身分關係，包括敵人、對手或是朋友；而對於這三種關係的認定，就會型塑出國際政治中不同的文化樣貌。

（續）

---

17 相關討論請參閱莫大華，「國際關係實用建構主義理論的知識論立場：以 Friedrich Kartochwil, Emmuel Adler, Peter M. Haas 和 Ernst B. Hass 的分析」，2009 年於中國政治學會年會發表。

■ 關鍵詞（續）

- **內化**：是指涉主體在進行行為選擇時，外部因素促使主體對於自我要求的程度，程度越高，主體願意接受規範的自我要求也就越高。

社會建構論的理論意義

- **中間道路**：從理論的層面來看，社會建構論以本體論及方法論做為理性主義與後結構主義的連結，企圖解決兩者之間所產生的僵局。
- **社會結構**：社會建構論強調國際系統之本質乃為一個社會結構，此結構包括理念以及物質要素，國際體系結構和行為主體之間是一種相互構成的關係。
- **規範**：規範為主體共享並且共同認可的行為準則，規範支配人類的行為，因此國際政治必須在規範內容下進行分析。
- **身分**：國家具有個體、類屬、角色與集體四種型態身分，各種身分根據行為主體對其意義的重要性排列成一種等級結構，行為主體並依照其主客觀利益進行自我身分再造，而身分也決定了國家自我認知與利益設定，進而型塑國家行為。
- **互為主體性**：指個別行為主體相互之間的認識，分別從意圖的角度解釋，都是通過意願加信念等解釋社會現象。

參考文獻

莫大華，2010，「國際關係建構主義理論的心物二元論」，問題與研究，49 卷 1 期，頁 29-58

莫大華，2009，「國際關係實用建構主義理論的知識論立場：以 Friedrich Kartochwil, Emmuel Adler, Peter M. Haas 和 Ernst B. Hass 的分析」，中國政治學會年會發表。

莫大華，2007，「探索國際關係理論的建橋計畫；理性主義與建構主義的理論綜合」，政治科學論叢，31 期，頁 175-215。

莫大華，2006，「國際關係建構主義理論內部的知識論差異與方法論多元」，問題與研究，48 卷 3 期，2006，頁 63-95。

秦亞青，2006，《文化與國際社會：建構主義國際關係理論研究》，北京：世界知識。

秦亞青，2005，《權力‧制度‧文化》，北京：北京大學出版社。

秦亞青，（譯），2000，溫特《國際政治的社會理論》，上海：世紀出版集團。

徐崇利，2009，「構建國際法之『法理學』—國際法學與國際關係理論之學科交叉」，比較法研究（北京），第 4 期，頁 13-25。

劉志云，2006，《現代國際關係理論視野下的國際法》，北京：法律出版社。

Abdelal, Rawi Mark Blyth and Craig Persons, eds., 2010. *Constructing the International Economy*, Ithaca: Cornell University Press.

Baldwin, David. ed., 1993. *Neorealism and Neoliberalism*, New York: Columbia University Press.

Baylis, John and Steve Smith, eds., 2008. *The Globalization of World Politics*, Oxford: Oxford University Press.

Buzan, Barry. 2004. *From International to World Society: English School Theory and the Social Structure of Globalization*, Cambridge: Cambridge University Press, chapter 4.

Cox, Robert. 1996. *Approaches to World Order*, Cambridge: Cambridge University Press.

Checkel, Jeffery. 1998. "The Constructivist Turn in International Relations Theory," *World Politics*, 50, 324-348.

Green, Daniel. ed., 2002. *Constructivism and Comparative Politics*, Armonk, N.Y.: M.E. Sharpe.

Goldstein, Judith and Robert O. Keohane, 1993. "Ideas and Foreign Policy: An Analytical Framework," in Judith Goldstein and Robert O. Keohane, eds., *Ideas and Foreign Policy: Beliefs, Institutions and Political Change*, Ithaca: Cornell University Press, 3-30.

Guzzini, Stefano and Anna Leander, eds., 2006. *Constructivism and International Relations: Alexander Wendt and his Critics*, London: Routledge.

Holsti, K.J. 1998. "Scholarship in an era of Anxiety: the Study of International Politics during the Cold War," in Tim Dunne, Michael Cox and Ken Booth, eds., *The Eighty Years' Crisis: International Relations 1919-1999*, Cambridge:

Cambridge University Press, 17-46.

Hopf, Ted. 1998. "The Promise of Constructivism in International Relations Theory," *International Security*, vol.23, no.1, 171-200.

Johnston, Alastair Iain. 2008. *Social States: China in International Institutions, 1980-2000,* Princeton and Oxford: Princeton University Press.

Katzenstein, Peter. ed., 1996. *The Culture of National Security*, New York: Columbia University Press.

Kratochwil, Friedrich V. 1989. *Rules, Norms, and Decisions: On the Conditions of Practical and Legal Reasoning in International Relations and Domestic Affairs*, Cambridge: Cambridge University Press.

Kratochwil, Friedrich V. 1993."Norms versus Numbers: Multilateralism and the Rationalist and Reflexivist Approaches to Institutions—A Unilateral Plea for Communicative Rationality," in John Gerard Ruggie., *Multilateralism Matters: The Theory and Praxis of an Institutional Form,* New York: Columbia University Press.

Kratochwil, Friedrich V. 2001. "Constructivism as an Approach to Interdisciplinary Study," in Karin M. Fierke and Knud Erik Jørgensen, eds., *Constructing International Relations: the Next Generation*, Armonk, N.Y.: M.E. Sharpe, 13-35.

Kratochwil, Friedrich V. 2006."Constructing a New Orthodoxy" in Stefano Guzzini, Anna Leander eds., *Constructivism and International Relations*, London: Routledge, 21-47.

Kratochwil, Friedrich V. 2007a."Evidence, Inference, and Truth as Problems of Theory–Building in the Social Sciences," in Richard Lebow, Mark Lichbach, eds., *Theory and Evidence in Comparative Politics and International Relations*, New York: Palgrave/Macmillan, 25-54.

Kratochwil, Friedrich V. 2007b. "Rethinking the "inter" in International Politics," *Millennium*, vol. 35, no.3, 495-511.

Kratochwil, Friedrich V. 2007c."Looking Back from Somewhere: Reflections of what remains 'critical' in Critical Theory", *Review of International Studies*, vol. 33, 25-45.

Kratochwil, Friedrich V. 2007d."Of Communities, Gangs, Historicity, and the

Problem of Santa Claus: Replies to my Critics," *Journal of International Relations and Development*, vol. 10, 57-78.

Kratochwil, Friedrich V. 2007e. "Of False Promises and Good Bets: A Plea for a Pragmatic Approach to Theory Building," *Journal of International Relations and Development,* vol.10, no.1, 1-15.

Kratochwil, Friedrich V. 2008."Ten Points to Ponder About Pragmatism: Some Critical Reflections on Knowledge-generation in the Social Sciences," in Harry Bauer and Elisabetta Brighi, eds., *Pragmatism and International Relations,* London: Routledge, 11-25.

Kubalkova, Vendulka. 2001. "A Constructivist Primer," in Vendulka Kubalkova, ed., *Foreign Policy in a Constructed World*, Armonk, N.Y.: M.E. Sharpe.

Maliniak, Danie. 2007. et al., *The View From the Ivory Tower: TRIP Survey of International Relations Faculty in the United States and Canada*, http://web.wm.edu/irtheoryandpractice/trip/surveyreport06-07.pdf?svr=www.

Neumann, Iver B. and Ole Weaver, eds., 1997. *The Future of International Relations: Masters in the Making*, London: Routledge.

Onuf, Nicholas Greenwood. 1989. *World of Our Making: Rules and Rule in Social Theory and International Relations*, Columbia, S.C.: University of South Carolina Press.

Onuf, Nicholas Greenwood. 1998. "Constructivism: A User's Manual," in Vendulka Kubálková, Nicholas Onuf and Paul Kowert, eds., *International Relations in a Constructed World*, Armonk, N.Y.: M.E. Sharpe, 58-78.

Onuf, Nicholas Greenwood. 2001a. "Speaking of Policy," in Vendulka Kubálková(ed.), *Foreign Policy in a Constructed World*, Armonk, NY: M. E. Sharpe, 77-95.

Onuf, Nicholas Greenwood. 2001b. "The Politics of Constructivism," in Karin M. Fierke and Knud Erik Jørgensen, *Constructing International Relations*, Armonk, NY: M. E. Sharpe, 236-54.

Onuf, Nicholas Greenwood. 2002. "World of Our Making: the Strange Career of Constructivism in International Relations," in Donald J. Puchala, ed., *Visions of IR: Assessing An Academic Field,* Columbia, S.C.: University of South Carolina Press, 119-141.

Ruggie, John Gerard. 1998. *Constructing the World Polity*, London: Routledge, 85-101.

Slaughter, Anne-Marie Andrew Tulumello and Stepan Wood, 1998. "International Law and International Relations Theory: A New Generation of Interdisciplinary Scholarship," *The American Journal of International Law*, vol.92, no.3, 367-397.

Smith, Steve. 1995. "The Self-Images of a Discipline: A Genealogy of International Relations Theory," in Ken Booth and Steve Smith, eds., *International Relations Theory*, University Park, Penn.: The Pennsylvania State University Press.

Smith, Steve. 1996. "Positivism and Beyond," in Steve Smith, Ken Booth and Marysia Zalewski, eds., *International Theory: Positivism and Beyond*, Cambridge: Cambridge University Press.

Wendt, Alexander. 1987. "The Agent-Structure Problem in International Relations Theory," *International Organization* 41, 335-70.

Wendt, Alexander. 1991. "Bridging the Theory / Meta-Theory Gap in International Relations," *Review of International Studies* 17, 383-92.

Wendt, Alexander. 1992. "Anarchy Is What States Make of It: The Social Construction of Power Politics," *International Organization* 46, 391-425.

Wendt, Alexander. 1994. "Collective Identity Formation and the International State," *American Political Science Review* 88, 384-96.

Wendt, Alexander. 1995. "Constructing International Politics," *International Security* 20, 71-81.

Wendt, Alexander. 1998. "On Constitution and Causation in International Relations," *Review of International Studies* 24, special issue, 101-17.

Wendt, Alexander. 1999. *Social Theory of International Politics*, Cambridge: Cambridge University Press.

Wendt, Alexander. 2000. "On the Via Media: A Response to the Critics," *Review of International Studies* 26, 165-80.

Part 5

現實主義與自由主義
的延伸及超越

第十六章　權力轉移理論：悲劇預言？

吳玉山

國際關係理論的發展是和現實國際政治密切結合的。在後冷戰時期，特別是在 21 世紀，國際關係中最重大的變化便是中國大陸的迅速崛起，及其對美中關係和整個國際體系所產生的影響。國際關係理論必須對於此一現象加以理解與掌握，才能維持其當代意義。做為世界上人口最多的國家，中國大陸因為採取了「後極權資本主義發展國家」的模式，摸索到了高速發展的策略，因此在經濟均量和總量的增長上，都躍居世界前列。[1]昔日毛澤東「超英趕美」的豪語，結果在放棄了對社會主義意識形態的堅持、並善於運用資本主義發展機制的情況之下得到了實現，同時其超趕的速度更一再超越了專家的預期。大陸的經濟在 2005 年超越法國、2006 年超越英國，2007 年超越德國，成為世界第三。在 2008-09 年的國際金融危機之後，大陸由於維持高速的經濟成長，已經逼近日本，並且預計可以在 2010 年超過日本，成為世界上僅次於美國的第二大經濟體（World Economic Outlook Database 2009）。學界在過去對於美中競雄的預期，現在已經真實地出現了。在這兩個國家之間是不是會出現權力地位的互換呢？這樣的變動又會不會帶來劇烈的衝突、甚至是戰爭呢？這個重大的議題自然成為國際關係研究的焦點。[2]對於台灣而言，身處於美中權力傾軋的夾縫間，將如何自處，更是值得探究的主題。[3]

在眾多國際關係理論當中，完全針對現狀霸權和新興強權之間的關係加以探討，並且發展成為精密的理論模式的，便是權力轉移理論（Power Transition Theory）。無怪乎在「中國崛起」的聲勢中，權力轉移理論受到極大的注目。在以下的討論當中，將先探討權力轉移理論的發展。由於權力轉移理論是一種層級理論，也是一種現實主義理論，因此接下來會將權力轉移理論和其他的層

---

[1] 關於「後極權資本主義發展國家」的概念，參見吳玉山（2007）。

[2] 討論美中權力轉移的著作眾多，例如 Chan (2008)，Zhu (2006)，呂冠頤（2003）。

[3] 向駿主編的《2050 中國第一？權力轉移理論下的美中臺關係之迷思》便是完全針對此一主題所做的探討（向駿 2006）。

級理論（霸權穩定、東亞層級與權力不對稱理論）和主要的現實主義理論（攻勢現實主義與守勢現實主義）做一個比較。最後本文將探究權力轉移理論如何適用於當代的相關核心議題——美國和中國大陸間的權力轉移，分析在此過程中會不會產生對抗與衝突，探討國家意圖所扮演的重要角色，以及檢討如何改善權力轉移理論。

第一節　權力轉移理論的發展

權力轉移理論的開山鼻祖是 A.F.K. Organski（1958），其核心概念是權力平衡不利於國際關係的穩定，權力不均衡的層級體系才有助於和平的維繫（Organski and Kugler, 1980: 19）。這樣的說法，很明顯是挑戰了傳統的權力平衡理論（Organski, 1958: 292）。在 Organski 的理論架構當中，特別強調國際關係的特質是權力的不均衡分配，因此可以將各國依其權力大小，放置到一個金字塔的全球層級結構中，形成支配性強權（Dominant Power）、一般強國（Great Powers）、中等國家（Middle Powers）和小國（Small Powers）等四個自然的等級。其中支配性強權只有一個，一般強國可能有數個，中等國家的數目較多，而在金字塔底端的小國則數目繁多。因此國家的權力大小和其數目是成反比的。支配性強權決定了國際秩序，管理國際體系，因此它是滿足（satisfied）的。國家的權力愈小，其影響國際秩序的能力也就愈小，因此對於國際現狀也就越不滿意（dissatisfied）。所以國家的權力大小又和國家對國際秩序的滿意程度成反比。這樣的兩組關係（國家權力與國家數目，國家權力與國家滿意程度）可以用下面的圖 16-1 清楚地顯示出來。

像這樣的金字塔式權力結構是穩定的，因為國際秩序被支配性強權所護衛，其他的國家沒有能力、也沒有意願來衝擊現狀。像這樣的體系如果要出現不穩，只可能是當國家的權力分配發生改變，而金字塔的權力結構已經沒有辦法維持之時。此時一個原居於第二層級的強國成功地拉近了它和支配性強權之間的權力差距，並且產生了改變現狀的要求。既然國際體系的穩定主要是靠著支配性強權的優越實力，那麼當這個領先地位逐漸無法維繫的時候，體系的穩定性便受到衝擊，衝突與戰爭便很可能在新興強國挑戰原支配性強權的時候產生。睽諸 19 世紀與 20 世紀的國際關係史，幾次主要的戰爭（例如普法戰爭、

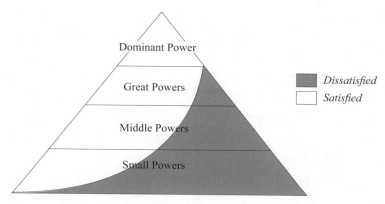

圖 16-1　權力層級金字塔

資料來源：Tammen, et al., 2000, 7.

第一次與第二次世界大戰）都是當支配性強權被新興強國挑戰的時候爆發。[4]
當國際中有一個清楚的支配性強權、而這個強權又有效地衛護著對其有利的國
際秩序之時，國際關係是最穩定的。這樣看起來，傳統的權力平衡理論完全誤
解了權力分配型態和國際體系穩定性之間的因果關係。權力轉移理論在此提出
了全然相反的論述。

　　Organski 在 1958 年所提出的古典權力轉移理論是一套論述框架，並沒
有系統性地運用經驗資料來加以證實。到了 1980 年，在 *The War Ledger* 當
中，Organski 與 Jacek Kugler 順應著政治學與國際關係理論數量化的趨勢，將
古典權力轉移理論中的命題用統計模型加以驗證，確認了權力分配不均時，
戰爭爆發的機率較小，而當戰爭爆發時，都是由於強國間彼此權力分配均
等或是出現了後起者超越了先行者的現象。總而言之，階層性的國際關係是
對體系的穩定有益的，權力平衡才是導致戰爭的罪人。在 *The War Ledger* 出
版 20 年之後，主張權力轉移理論的學者們又匯集其研究成果，出版了 *Power
Transitions: Strategies for the 21st Century* 一書，把前兩代的權力轉移理論再精
緻化（Tammen et al., 2000）。新一代的理論家不認為新興強國必然是現存國

---

[4]　德國的 GDP 在 1907 年趕上當時歐洲的霸主英國，而 1914 年便爆發了第一次世界大
　　戰。德國雖然戰敗，並且割地賠款，但是在戰間期迅速復興，其 GDP 在 1936 年再次
　　超越英國，結果在 1939 年又引發了第二次世界大戰，足見新興強國對國際秩序的衝
　　擊性（陳重成、唐欣偉，2005：122）。

際秩序的挑戰者，而將國家意圖視為變項。如果新興強國對現狀是滿意的，
則即使它的權力趕上了先行的支配性強權（具體地說，是該強國的國力已
經達到支配性強權國力 80% 的地步，也就是進入均勢 parity），或甚且超越
（overtaking），戰爭也不會爆發。因為著重國家意圖的角色，因此新一代的
權力轉移理論家試圖以科學的方法來判定國家是否對於現狀滿意。

　　在把相對權力的變動和國家意圖兩個變項都納入考慮之後，Tammen &
Kugler（2006）把權力、意圖與和戰的關係用一個三維的圖形（圖 16-2）表示
出來。在這個圖形當中，X 軸是意圖（滿意現狀或不滿意現狀），Y 軸是相對
權力（不對稱或均衡），Z 軸則是和戰。在圖形中的深灰色區域 A 代表戰爭，
其所以會發生是由於不滿意現狀的新興強國找到了可以挑戰霸主的機會，也就
是挑戰者的國力已經達到了均衡（parity）或超越（challenger preponderant）霸
主的地步。從圖形上來看，就是造成衝突的權力與意圖兩個條件具備，也就
是在 XY 平面上最靠近原點的四分之一區域，會對應於 Z 軸上高度衝突的位置

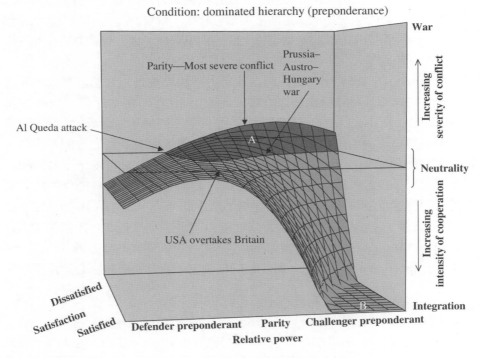

圖 16-2　權力、意圖與和戰

資料來源：Tammen and Kugler 2006.

（超過 neutrality）。圖形中的淺灰色部位代表和平相處。可以看出即使當挑戰者佔有權力的有利位置，只要它是滿足的，便不會發生戰爭（即區域 B）。

　　新一代的權力轉移理論除了注重國家意圖之外，也修正了單一全球層級結構的框架，提出了多個區域層級體系鑲嵌在全球層級體系之中的觀點。在每個區域體系中，皆有其支配性強權、強國與弱國。區域層級體系受到全球層級體系的影響，所有的區域支配國家都受到全球支配國家的制約，但卻不能對全球體系造成重大的影響。區域層級體系和全球層級體系之間的關係有如圖 16-3 所示。

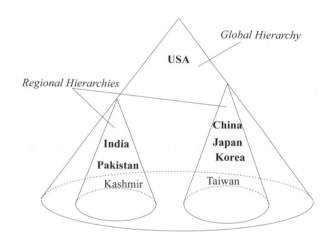

圖 16-3　區域層級鑲嵌在全球層級當中

資料來源：Kugler 2008.

　　總體而言，雖然最新一代的權力轉移理論家對於國家意圖加上了意志論的成分，不認為是由國家的權力地位所決定，因而讓整個理論決定論的色彩降低，但是權力轉移理論終究還是以霸權帶來穩定、均衡導致衝突為其特徵論述。另一方面，新一代理論雖然增加了多個區域層級體系的看法，但是這也沒有改變全球層級體系的基本架構，以及在全球層級體系當中，新興強國和現有支配性強權國力接近時，容易導致衝突的看法。這樣的一個大的理論預測方向，配合上冷戰後中國大陸作為新興強權崛起的態勢，以及它和支配性強權美國之間跌宕起伏的關係，讓權力轉移理論在詮釋當代國際關係上展現了相當大的潛力，並獲得各方的重視。

第二節　權力轉移與其他層級理論

在討論權力分配和體系穩定的眾多國際關係理論當中，和權力轉移理論最為類似的是霸權穩定論（Hegemonic Stability Theory）。其主旨是認為國際秩序的穩定繫於霸權國家的存在，因為霸權國可以提供維繫體系運作不可或缺的公共財。一旦霸權國的權力衰落或是受到挑戰，既有的國際秩序便無法維持穩定。從這個基本的命題來說，霸權穩定論認為權力的均勻分配是和體系穩定倒掛的。此一說法，和權力轉移理論若合符節，而與傳統的權力平衡說大相逕庭。

霸權穩定論是起於國際政治經濟學，而由美國的經濟史家 Charles Kindleberger 創先提出，繼而為國際關係的學者所延續發展（Kindleberger 1973; Gilpin 1987; Keohane 1984）。因為這樣的一個理論源起，霸權穩定論中經常帶有豐富的對於國際經濟的討論，而和傳統的國際政治理論不同。所謂霸權，指的是一個力足以支配國際體系的強權國家，而由霸權所建立與維繫的國際秩序可以為所有的體系成員帶來安全和利益。霸權的具體事例是 19 世紀的英國，和二次大戰之後的美國，他們所推廣的金本位制和布列敦森林體系對於穩定世界經濟體系帶來了極大的效用。在兩次大戰之間缺乏霸權的狀態，就是造成大戰爆發的結構性因素。霸權國在提供公共財（例如供給資金、協調匯率、提供市場，建立國際經濟與金融制度等）之時，其實是著眼於本身的國家利益，但是體系中的其他國家一樣受益，甚且更多，因此霸權制度的維持相當程度上是大小國家一起追求利益的結果，而不是僅靠霸權國施展權力及威脅利誘。霸權的領導帶有一定的正當性，能獲得其他國家非對稱性的合作。此種合作關係通常具有互惠、共識與制度化的特性。既然認定霸權對於穩定的意義，那麼當霸權衰落的時候（不論是絕對衰落或是相對衰落），國際秩序便會失去支撐的力量，而群雄爭霸，各自想要建立一套對自己最有利的新制度，國際競爭與衝突便難以避免。這種不穩定的過渡時期只有在新的霸權興起，並且建立了一套各國願意遵守的新秩序之後才會結束。[5]

霸權穩定論所強調的是當霸權存在的時候，如何藉著提供公共財來鞏固

---

[5]　George Modelski 認為歷史上霸權的興衰有一定的週期，大約在一個世紀左右。參見 Modelski（1987）。

國際經濟秩序。但是對於霸權如何衰落和被新興強權追趕超越，以及在這個過程當中衝突如何產生比較不著重描述與分析。權力轉移理論則著重於新舊強權交替時所產生的結構性衝突，對於支配性強權如何提供國際政經秩序則較少分析。此外，權力轉移理論最著重的是新舊強權之間的雙邊關係，而霸權穩定論則著重於霸權和所有第二級強國之間的關係。[6]總體而言，權力轉移理論與霸權穩定論都是主張層級性的國際體系對於穩定有正面的影響，而支配性強權與霸權的衰微則會動搖體系。在這樣的一個共同觀點之下，權力轉移理論把重心放在層級體系如何崩解、支配性強權如何被超越的一端，霸權穩定論則將焦點集中於層級體系如何建立和鞏固的一端。這兩種論述是互通的。

　　除了權力轉移與霸權穩定理論之外，還有一些國關理論也傾向於把層級體系視為穩定的常態，而將平等的無政府體系視為不穩定的非常態。[7]David Kang 從傳統的東亞國際體系出發，認為在歷史上這個體系便是層級式的，而以中國為核心（Kang, 2001; 2004）。當中國成功地扮演主導的角色，便可維持東亞的穩定，但是當中國的權力衰落，並且出現挑戰者的時候，便會造成體系的不穩定（Kang, 2003）。他並且認為在東亞將會重現此種以中國為支配霸權的體系，而這個發展對於東亞各國是有利的（Kang, 2007）。Kang 的理論不是以全球為範圍，而是突出東亞的經驗，認為層級體系是深植於這個區域的歷史與文化當中的。除了 Kang 的東亞層級論之外，吳本立（Brantly Womack）從中國和越南的不對等關係出發，推演出了一個權力不對稱的國際關係理論，集中於探討大小國之間的關係。他認為從演化的角度來看，大小國關係容易出現幾個典型的發展階段。不對稱的權力關係一開始容易導致衝突，甚至戰爭，但是由於大國並沒有能力真正屈服小國，而小國在對抗中也遭受到巨大的損失，因此雙方會逐漸探索新的相互對待方式。由於大國所在意的是小國對於其權力的尊重（deference），而小國所需要的是大國對於其地位的承認（recognition），因此從長期來看，大小國有可能會相互妥協，二者之間出現尊重和承認的交換，而達到一個均衡，或是「常態」（normalcy），而常態

6　另外權力轉移理論比較著重支配性強權的整體國力，而霸權穩定論比較強調霸權國的國際政治經濟實力，特別是金融、貿易與海洋的力量。前者是傳統意義上的國際關係理論，後者則是國際政治經濟學的理論（劉豐、張睿壯，2005：128-129）。

7　陳欣之（2007）將各種理論及國際層級建構和霸權統治的理論做了一個很完整的析論，其中便提及霸權穩定與權力轉移這兩個理論。

是有持久性的（Womack, 2001, 2003/2004: 547-548, 2006: 256; Womack and Wu, 2007）。[8]

　　不論是權力轉移、霸權穩定、東亞層級體系，或是權力不對稱理論，都是對於主流國際關係理論中強調平等與無政府狀態的批評。它們都認為層級與不對等是國際關係的常態，而一定的霸權秩序是穩定的基礎。衝突與戰爭是當層級體系受到挑戰難以維持的時候才會發生的。像這樣的思考背後，其實帶有一定程度國內政治的邏輯。以往認為國內政治與國際政治是截然兩分的，一為權威與層級，一為分權與無政府（Waltz, 1979: 88）。然而細究國際關係的實際，會發現其實層級與權威處處可見。上述四個理論便是從四個方向捕捉了這個顯著的現象。

■ 核心概念

- **層級理論**：認為國際關係中層級和權威是常態，同時有利於和平穩定，權力平衡反而不利於體系的穩定，是與主流的權力平衡理論相反的論述。
- **權力轉移理論**：國際體系具有金字塔的權力結構，位於塔尖的支配性強權維繫著體系穩定，一旦有新興強國崛起，便會在二者間產生衝突，破壞國際間的和平穩定。
- **霸權穩定理論**：源於國際政治經濟學，強調當霸權存在的時候，可以藉著提供公共財（例如供給資金、協調匯率、提供市場，建立國際經濟與金融制度等）來鞏固國際經濟秩序，因此霸權存在對於國際秩序有利。
- **東亞層級體系理論**：認為在歷史上東亞國際秩序是層級式的，而以中國為核心，並認為東亞將會重現以中國為支配霸權的體系，而這個發展對於東亞各國是有利的。
- **權力不對稱理論**：認為大小國關係是國際關係的主要部分，雖然此種不對稱的權力關係一開始容易導致衝突，但從長期來看，大小國之間會出現尊重和承認的交換，而達到一個持久性的均衡。

8　從某種意義來說，吳本立的模型是一個學習理論，其中描述的是國家如何從權力平衡下的行為模式轉移到霸權穩定下的行為模式。

第三節　權力轉移理論與其他現實主義流派的比較

　　權力轉移理論除了是一種層級理論之外，也是一種現實主義的國際關係理論。現實主義的流派雜多，大體上可以區別為古典現實主義（Morgenthau, 1948）、新現實主義（Waltz, 1979）、攻勢現實主義（Mearsheimer, 2001）、守勢現實主義（Snyder, 1991）與新古典現實主義等。[9]這些現實主義流派固然彼此相互爭論，但是都依循著幾個主要的前提，包括國家作為國際關係的主要行為者、國家是單一實體、國際無政府狀態與自助原則、國家追求安全（但未必僅限於安全）、權力作為主要手段，與權力分配決定國際結構並約制國家行為（鄭端耀，2003：4-6）等。從這幾個標準來看，權力轉移理論都能夠符合現實主義的要求。因此毫無疑義的，權力轉移理論是屬於現實主義的大家庭。

　　在確定了權力轉移理論的基本屬性之後，我們可以進一步來探究這個理論和其他現實主義流派之間的異同。由於在當代現實主義的爭論中，最主要的是集中於攻勢現實主義和守勢現實主義之間的辯論，因此在下面的分析當中，我們將把焦點放在權力轉移理論、攻勢現實主義與守勢現實主義之間的異同。如表 16-1 所示，我們可以把三個理論個別放到兩種不同的情境中來看，一是權力對等，一是權力不對等。在不同情境之下，三個理論對於個別國家的意圖有不同的預設。攻勢現實主義認為在不對等的情境當中，強國有帝國主義的意圖，而弱國有修正主義的意圖。這樣的意圖區別在權力對等的情況之下也會出現。此一設定是基於攻勢現實主義認為國家不論大小都想要極大化本身的權力並尋求擴張（鄭端耀，2003：15），即使是最強大的國家也不會滿意於現狀（朱鋒，2006：39）。守勢現實主義則認為國家基本上不是以權力的擴張為目標，而主要是考慮自身的安全，因此維持現狀是各國的主要意圖（鄭端耀，2003：14）。不論是在對等或是在不對等的情境下都是如此。至於權力轉移理論則認為在權力不對等的情況之下，強國和弱國都願意維持現狀。但是到了權力對等的時候，後起國會懷有修正主義的意圖，想要改變國際秩序。三種現實

9　新古典現實主義由於在國際體系之外添加了國內的因素，以解釋一國的外交政策，因而降低了理論的「純度」，其是否可以作為一個新的現實主義的理論流派還處於爭議的階段（Rose, 1998；鄭端耀，2005；劉豐、左希迎，2009；李巍，2009；王公龍，2006）。關於新古典現實主義和與其最接近的守勢現實主義的異同，參見宋偉（2009）。

主義的理論對於不同國家在不同情境下的意圖有不一致的設定，這樣自然會影響到它們對於國家政策的推估，以及對於結局的判斷。

　　國家的政策和國家意圖有關，但也受到勝算和預期損失的影響。國家意圖如果是擴張性的，勝算如果很高，而預期損失很低，則國家發動戰爭的機率便極高。相反地，如果國家的意圖是防衛性的，戰爭勝算很低，而預期損失很大，則國家發動戰爭的機率便極低。對於攻勢現實主義而言，由於先期認定國家都想要擴張權力，因此在不對等的情況之下強國會懷有帝國主義的意圖，而其勝算也高，預期損失很低，所以國家政策便是開戰攻擊。對於弱國而言，雖然有修正主義的意圖，但是由於勝算低，而預期損失高，所以不會主動求戰。不過因為強國攻擊，因此結局還是戰爭。攻勢現實主義對於對等情況下的結局估計有所不同。此時雖然先行國與後起國仍然維持擴張性的意圖（帝國主義與修正主義），但是勝算和預期損失卻改變了。不論是先行國或是後起國在權力平衡下的勝算都是中等，預期損失是也是中度，這會造成對於是否開戰猶疑不定。結果便是一定程度的均勢和平。如果比較攻勢現實主義在對等和不對等情境下的估計，便會發現為什麼會有權力平衡帶來和平的看法。

　　相對於攻勢現實主義，守勢現實主義對於和戰的估計是比較樂觀的。由於假設國家都是以本身的安全作為主要的考慮，也就是都願意維持現狀，沒有擴張權力的意圖，因此不論是強國弱國、先行或後起，也不論發動戰爭的獲勝勝算或預期損失高低，各國基本上都不會主動求戰，而是針對威脅、求取平衡，同時依情勢加強守勢武力，並探索合作的可能。在此種情況之下，和平共存便是可能的（當然也不是必然）。至於權力轉移理論，則在不對等的情境下，認為強國和弱國都願意維護現狀，因此雖然強國力足以折服弱國，也不會發動戰爭。就這一點而言，是和守勢現實主義相同的。但是到了對等的情境下，權力轉移理論認為先行國會維護現狀，而後起國卻會試圖改變現存秩序，此時先行國固然不會求戰，後起國卻有可能發動戰爭，所以結局是可能戰爭。

■ 表 16-1

現實主義流派基本假設與預期結局

國關理論	情境	國家	意圖	勝算	預期損失	國家政策	結局
攻勢現實主義	不對等	強國	帝國主義	高	低	開戰攻擊	確定戰爭
		弱國	修正主義	低	高	不求戰	
	對等	先行國	帝國主義	中	中	猶疑不定	可能和平
		後起國	修正主義	中	中	猶疑不定	
守勢現實主義	不對等	強國	維持現狀	高	低	不求戰	和平共存
		弱國	維持現狀	低	高	不求戰	
	對等	先行國	維持現狀	中	中	不求戰	
		後起國	維持現狀	中	中	不求戰	
權力轉移理論	不對等	強國	維持現狀	高	低	不求戰	和平共存
		弱國	維持現狀	低	高	不求戰	
	對等	先行國	維持現狀	中	中	不求戰	可能戰爭
		後起國	修正主義	中	中	猶疑不定	

　　從這樣的比較當中，便可以發現以攻勢現實主義為代表的權力平衡理論和權力轉移理論為何對於均勢是否帶來和平有不一樣的看法。權力平衡理論認為在均勢之下才容易產生和平，那是因為預先假定了國家擴張權力的意圖，因此只有在均勢之下靠著不確定的戰爭結局和較高的損失才能夠阻遏戰爭爆發。對權力轉移理論而言，由於預先假定在不對等的情境下強國和弱國都願意維持現狀，因此不會出現權力平衡理論所設想的強國發動戰爭。然而到了權力均衡時，由於假設後起國會有修正主義的意圖，因此對於是否開戰出現了猶疑不定的情況，整個的結局便是可能戰爭。其實權力平衡理論認為均勢可能帶來和平只是相對於權力不對等的情境而言；而權力轉移理論認為均勢可能帶來戰爭也同樣是相對於權力不對等的情境而言。權力轉移理論認為在均勢下發生戰爭的可能性未必就大於權力平衡理論認為在均勢下發生戰爭的可能性。重點是，當權力趨向於均衡時，對權力平衡理論而言，這是有利於和平的，而對權力轉移理論而言，這是危險和趨向戰爭的。由於大家對於各種情境之下的勝算和預期損失都看法一致，因此導致理論判斷不一致的原因便是對國家意圖的假設。

　　現實主義學派的主流是權力平衡理論（或稱均勢現實主義），這是因為多

數的現實主義者視國際體系為扁平的分權競爭場域，沒有層級與權威，所以和平只能出現在各方力量大致均等的情況下。即使是守勢現實主義，雖然認為各國不會主動求戰以擴張權力，還是主張「威脅平衡」與強化守勢武力，不認為權力不對等是有助於和平的。但是權力轉移理論與其他的層級理論（有時又稱做霸權現實主義）卻有完全相反的假設。[10]這個非主流的論述認為層級與權威才是常態，才有利於國際體系的穩定。一旦體系從層級轉向扁平，權力由集中變為分散，則如同國內體系一樣，衝突便會發生，而不利於穩定與和平。權力平衡理論比較能夠解釋冷戰時期的和平，因為當時的情境正是權力對峙下美蘇因為不確定戰爭的勝算、又恐懼核戰的代價，因此節制彼此的敵對行為。但是到了後冷戰時期，國際間的和平便難以用權力平衡理論來解釋。原先用以制衡蘇聯及其盟國的北約在蘇聯解體後並沒有消失（甘逸驊，2003）、美國成為獨霸後並沒有出現各國聯合以制衡美國的情況，同時權力的失衡也沒有導致大規模的戰爭。[11]權力平衡理論顯然遇到了難以解釋的狀況，此時層級理論反而顯得較有解釋力。

我們可以同時承認權力平衡理論和權力轉移理論的識見，而將這兩套模型加以綜合，形成修正的權力轉移理論。其作法就是一方面承認均衡時各國因為勝算難料而戰爭的代價較大，所以不會發動戰爭，另一方面又承認在權力不對等時無論強國弱國都主張維持現狀，因此也不容易出現戰爭，然後將對等和不對等間的過渡區域標為相對不穩定。圖 16-4 便顯示出在此種綜合模式中國際體系的權力分配和體系穩定性之間的關係。其中 BOP 曲線（Balance of Power Curve）顯示傳統的權力平衡理論對於權力分配型態和體系穩定性之間的關係的看法，即穩定性從均衡到不均衡遞減。PT 曲線（Power Transition Curve）則顯示權力轉移理論對於對於權力分配型態和體系穩定性之間的關係的看法，

---

[10] Jack C. Levy 闡述了「均勢現實主義」與「霸權現實主義」的不同。他認為不論是古典現實主義、結構現實主義、攻守現實主義，或是新古典現實主義都是均勢現實主義，而霸權穩定論和權力轉移理論等是霸權現實主義（劉豐、張睿壯，2005：126-129；Levy, 2002: 354-355）。

[11] 對於各國沒有聯盟以制衡美國的現象，有從國內因素加以解釋，走上了新古典現實主義的道路（Schweller, 2006; 劉豐，2007），也有宣稱「軟性制衡」（soft balancing）已經存在（最顯著的例證就是各國對於美國在 2003 年入侵伊拉克的反對），開啟了「硬性制衡」與「軟性制衡」的討論（Pape, 2005；Paul, 2005；Brooks and Wohlforth, 2005; Lieber and Alexander, 2005；Art et al., 2006）。

即穩定性從均衡到不均衡遞增。曲線 MPT（Modified Power Transition Curve）所顯示的為修正的權力轉移理論，其上有三個區間。A 的區間權力分配是均衡分散的，此時各國由於勝算與成本的考慮，不會發動戰爭，體系的穩定性高，符合權力平衡論的看法。B 的區間權力是高度集中的，有一個支配性的霸權，此時大國滿足於現狀，而小國也不會挑戰大國，所以穩定性高，沒有戰爭，符合傳統權力轉移論的看法。C 的區域介於 A 與 B 之間，權力分配屬於中間過渡，不論在意圖面或勝算成本面都缺乏遏阻戰爭的因素，因此體系的穩定性低，較容易產生戰爭。權力轉移理論中所一再提及的新興強國拉近與支配性強權的距離，因而增加摩擦與不穩定，指的便是這個中間地帶。這樣看起來完全的層級是穩定的，真正的均勢也是穩定的，最不穩定的是從層級轉向均勢的過程，或是由單極體系轉化為兩極體系的過程。總體而言，圖 16-4 中的 MPT 曲線可以解釋冷戰時美蘇間的和平（冷和，區域 A）、掌握冷戰後美國獨大下的穩定（Pax Americana 區域 B）、整合權力轉移理論的識見，又可以推斷美中間在權力轉移過程中的結構性矛盾，是足以跨越冷戰前後、並推向未來的理論模型，相對於權力平衡理論和傳統的權力轉移理論具有較強的解釋力和預測力。

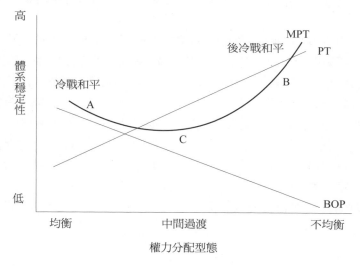

圖 16-4　權力平衡、權力轉移與修正的權力轉移理論

■ 主要論點

- 權力平衡理論認為均衡的權力分配對於國際體系的和平有利,比較能夠解釋冷戰時期美蘇對抗下的穩定,可是無法解釋後冷戰時期美國成為獨霸後並沒有出現各國聯合以制衡美國的情況,同時權力的失衡也沒有導致大規模的戰爭。

- 權力轉移理論認為在國際關係中層級與權威才是常態,才有利於國際體系的穩定,比較能夠解釋後冷戰時期的和平,但是卻無法解釋在冷戰時期為何美蘇之間沒有出現大規模的戰爭。

- 修正的權力轉移理論同時承認權力平衡理論和權力轉移理論的識見,一方面承認權力均衡時各國因為勝算難料而戰爭的代價較大,所以不會發動戰爭,另一方面又承認在權力不對等時無論強國弱國都主張維持現狀,因此也不容易出現戰爭,在對等和不對等間的過渡區域標則為相對不穩定,此一理論具有較強的解釋力。

第四節　美國與中國大陸的權力轉移

　　晚近學界對於權力轉移理論的興趣很大一部分是來自中國大陸的快速興起。如果依照權力轉移理論的估計,當一個新興強國的實力達到支配性強權國力 80% 的時候,二者便進入均勢(parity)。新興強國可能對支配性強權進行挑戰,並因此引發衝突與戰爭。這就是第一次和第二次世界大戰爆發的背景。果真是如此,則權力轉移學者便應該計算中國大陸的實力,比較美中雙方國力的增長速度,估計出均勢來到的時間,並對均勢下雙方如何互動進行預測分析,同時提供政策的建議。[12]台灣的學者也應該根據這樣的預測,設想在未來不同時間的國際體系變化,並綢繆國家的對外政策。

　　由於權力轉移理論對國際關係的分析基礎是國力,因此如何測量國力便

---

12 張雨寧在「以權力轉移理論為核心探討崛起中的中共」中便是完全依照權力轉移理論的邏輯來探討中共的權力增長、均勢與挑戰的時點,與對應之策。參見張雨寧(2004)。

成為分析的第一步。[13]權力轉移理論認為國力有三個組成要素：人口、經濟成長與政治能力。其中人口是指勞動人口與軍力人數，其影響是長期的；經濟成長的改變則較為迅速，對國力的影響是中期的；至於政治能力則是政府為了達成國家目標取得資源的能力，可以在短期之內對國力產生較大影響（張雨寧，2004：99）。如果依據這三個要素來計算世界強國的國家能力，則中國大陸以其全世界最大的人口數目、改革開放以來世界最高的經濟成長率和勞動生產力成長率，以及黨國體制高度的政治能力，無疑會帶來國力的高速增長，並在超越日本之後快速地逼近美國。不過雖然這樣的預測有其一定的理論基礎，但是三個權力要素如何組成整體的國力、其個別權重若干，而組合公式又如何判定不免人各言殊，而要素中的政治能力更是不容易加以客觀測量，即使是從事權力轉移研究的學者也有不同的公式。[14]為了這個原因，若干權力轉移的研究者便以最為確定的單一指標——國民生產毛額（GDP）來作為國力的代表，從而計算出各國國力的相對位置，和權力轉移所可能發生的時間。[15]

　　如果以 GDP 為準來測量國力，便會發現人口的巨大意義。由於世界上各國人口分佈懸殊，而 GDP 是由人口和國民的生產力決定的，因此除非各國的生產力差距比人口的差距還要懸殊，否則要成為世界大國就必須要擁有大量的

---

[13] 如何計算國力一直是國際關係研究中一個基本而又難以取得共識的議題。人口、軍事與經濟指標通常會進入分析者的國力公式當中，而無形的權力要素，例如國家目標、意志力，和政治能力等也不容忽略。往昔 Ray S. Cline 的國力公式為大眾所熟知，但是他對於無形權力要素給予甚大的意義，將其作為物質權力要素的乘數，也引起相當的爭議（Cline 1980, 1994）。現今估計國力常採用 J. David Singer 所發展的戰爭相關國力綜合指標（Composite Index of National Capability of Correlates of War, CINC of COW），其中包含了人口（總人口與城市人口）、工業化程度（煤鐵產量與能源消費）與軍力（軍員與軍費）等三類六項指標（Singer, 1972, 1987）。關於 CINC 指標，可參見 http://www.correlatesofwar.org/。

[14] 例如 Jacek Kugler 便發展出相對政治能力（Relative Political Capacity, RPC）的概念，並且用「國家實際汲取的收入」除以「國家預期可汲取的收入」來加以計算（陳重成、唐欣偉，2005：107）。而 Douglas Lemke 則以「政府收入」除以「人口」來計算一國的政治能力（張雨寧，2004：107）。

[15] 陳重成與唐欣偉（2005）便是採取這個途徑，並且是以購買力平價（PPP）為 GDP 的計算標準。Jacek Kugler 在討論權力轉移理論下的美中台關係時也是採用單一的 GDP 權力指標。

人口。在前工業化時代，人口大國的中國便長期是世界上的最大經濟體，一直
到工業革命拉大了東西方的生產力差距，才形成西方獨霸的局面。而在西方各
國當中，美國的快速崛起並且成為世界霸權也是拜人口之賜。在和西歐各國生
產力差距不大的情況之下，美國的人口優勢保證了它在西方世界中的領導地
位。然而工業革命和生產力的提升終會由西方向世界的其他地區擴散，而非西
方的人口大國只要維持一定的經濟成長率，則藉由其巨大的人口優勢，便可以
逐步縮小和西方與美國的國力差距。也就是說，當各國生產力的差距不再懸殊
的時候，人口大國的國力優勢便會展現出來。

　　自從二次大戰結束以來，一直到冷戰結束，西方霸主的美國曾經受到兩
個國家的挑戰：一個是蘇聯，一個是日本。蘇聯形成嚴重的威脅，不僅因為它
的人口有二億九千萬，大於美國的二億五千萬，而且科技和軍事能力都極為強
大，不過其經濟規模則不及美國，約為其一半。[16]如果蘇聯能在生產力上持續
增進，則靠著其人口優勢，是有可能逼近美國的。但是蘇聯的政治體制無法維
持，而在 1991 年解體，分成了 15 個國家，最大的俄羅斯人口僅及前蘇聯的一
半，而且不斷減少，已經確定無法挑戰美國。另外一個曾經對美國構成威脅
的國家是日本。日本獨特的國家資本主義對於復興其戰後的經濟、推動持續高
速的成長具有顯著的功能，因此到了 1980 年代開始嚴重地挑戰到許多美國產
業的領先地位，使得美國大起恐慌。[17]然而這樣的憂慮是多餘的。由於日本的
人口為一億二千餘萬，不及美國的一半，而且已經不再成長（甚至出現負成
長），因此除非在生產力上大幅超越美國，否則便僅能永遠屈居美國之下。
日本的 GDP 曾在 1995 年達到美國的 71%，其後便一路下滑。以今日的情況來
看，日本和俄羅斯的人口都不及美國的一半，日本雖然有可以與美國相埒的生
產力，但是 GDP 總值瞠乎其後，而俄羅斯的生產力遠為低下，就算達到美日

---

16 這是根據美國 CIA 對 1989 年蘇聯經濟規模的估計。自從蘇聯解體後，許多學者和政
　治人士對於 CIA 當年對蘇聯國力的估計大加抨擊，認為太過誇大，目的在爭取預算。
　參見 Eberstadt（1995）、HPSCI（1991）、MacEachin（2007）。

17 分析日本經濟崛起的文獻浩瀚，例如傅高義（Ezra F. Vogel）的《日本第一》（*Japan
　as Number One: Lessons for America*）（1979），和詹鶽（Chalmers Johnson）的《推
　動日本奇蹟的手—通產省》（*MITI and the Japanese Miracle*）（1982）等。關於美日
　經濟地位的互換，參見 Clyde V. Prestowitz, Jr. 的 *Trading Places: How We Are Giving
　Our Future to Japan and How to Reclaim It*（1988）。

的水準，還是受限於人口，而不可能與美國在經濟總量上一較長短。

　　由於美國的人口有三億，居世界第三，而生產力位於世界前茅，因此能夠對於美國的霸主地位構成威脅的，只可能是人口 13 億的中國大陸或人口接近 12 億的印度。前者由於改革開放以來生產力的高速增長，其經濟實力已經超越英、德，而即將超越日本，僅次於美國。由於中國大陸對美國有 4.3 倍的人口優勢，因此其平均國民所得只要達到美國的 24% 便可以在總量上超越美國。以大陸經濟在過去三十年的表現來看，這個情況是完全有可能在本世紀的前半出現的。對於研究權力轉移的學者而言，美中關係是檢證他們的理論最為重要的案例；而對於關切美中關係的人們而言，權力轉移理論是最能針對這一組支配性強權與新興強國之間的關係演進提供分析和預測工具的學說。我們可以說，權力轉移理論和 21 世紀的美中關係是天然匹配的理論與實例。其他的現實主義理論雖然也是從權力出發，但是大多關注於一定的權力分配會帶來怎麼樣的結果（例如兩極體系和多極體系何者對穩定較為有利），而不是專注於權力分配如何改變，而改變的過程又會產生怎麼樣的影響。在這裡權力轉移理論具有先天而獨特的優勢。

　　根據陳重成與唐欣偉的計算，如果採用 PPP 法來估定 GDP 的數值，則中國大陸將於 2013 年達到美國經濟力量的 80%，而於十年後超越美國，成為世界上最大的經濟體。因此從 2013 年起美中的關係將趨於緊張，兩大強權將進入戰爭危險期（陳重成、唐欣偉，2005：120）。根據 Kugler 的估計，大陸將在 2020 到 2040 年之間和美國達到均勢（Kugler, 2006: 22）。此種觀點無可避免地會帶來「中國威脅論」，甚至於「新圍堵」的思路（向駿，2006；李小華，1999：41）。權力轉移理論不但關注到大陸追趕上美國，更看到一個由中國獨領風騷的時代在 21 世紀的後半葉出現，同時另外一個人口大國印度也快步趕上（Kugler, 2006: 25）。從第二次世界大戰以後國際體系的權力轉移歷史發展可以用下面的圖 16-5 表示出來。

　　在圖 16-5 當中，我們看到美國經濟在全球經濟中所佔的份額（以球點的位置表示）從二次大戰結束後的高峰不斷下滑，但是其平均國民所得則不斷增加（以球點的大小表示）。歐盟靠著不斷的擴張使其份額在 20 世紀不斷增高，到了 21 世紀時達到頂峰，然後就是走和美國一樣的道路（份額下跌而平均所得繼續增高）。至於中國會在 21 世紀的前半葉超越美國，成為世界上最大的經濟體，雖然其平均生產還遠遠落於美國之後。這樣的趨勢在 21 世紀的後半葉會持續發展，而中國在總體經濟規模上領先美歐的幅度也會不斷加大。最

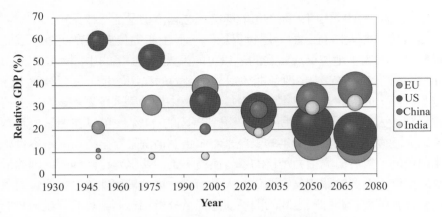

圖 16-5　權力轉移與國際體系的更迭

資料來源：Tammen and Kugler, 2006.

後是另外一個人口大國的印度會異軍突起，緊躡中國大陸之後，而在 21 世紀的後半葉超越美歐，成為世界上第二大的經濟體。在這整個的過程當中，美國會將其世界第一經濟體的地位讓給中國大陸。如果大陸不滿意國際秩序的現狀，將會直接挑戰美國，而引發一場勢均力敵的衝突。大陸的國力快速成長還帶有其他的意義。權力轉移論者認為一國的國力發展可以分為三個階段：醞釀期、過渡期和成熟期。國力發展處於過渡期的國家最具有威脅性。這是因為此一時期的國家特性為高速的工業化與高漲的民族主義，並有強烈的慾望，想要向外宣示國威。中國大陸已經進入了此一發展階段，也因此對外具有高度的威脅性（向駿，2006：26）。

　　權力轉移理論家一致同意中國已經崛起，並極可能在可預見的未來將超越美國成為世界最強大的國家。[18]由於他們認為此種均勢與超越布置了強權對抗的場景，因此預期衝突的機率將隨著美中雙方實力的接近而逐漸增加。面對此種狀況，權力轉移學者構思出了兩種策略來減少戰爭的機率，一是針對權力，一是針對意圖。前者試圖抑制與對抗中國的權力增長，後者期望管理大陸的意圖（陳重成、唐欣偉，2005：122）。這樣的兩種不同的看法導引到兩類的對應策略。第一類型是以權力為導向的政策，其中最為直接的便是遏制中國的權

---

[18] 這個看法當然不只是權力轉移理論家所獨有，許多的現實主義學者也一致同意，甚至俄羅斯的官員與學者也表示贊同。參見 Piadyshev（2006，45）。

力，也就是「新圍堵」（向駿，2006：5）。但是由於中國大陸的國力增長勢不可擋，因此美國應該聯合盟國來協力遏制。這類政策的目的是保持現狀霸權和新興強權之間的權力差距，從而消弭由均勢所帶來的對抗和衝突。這樣的政策本身難度很高，因為聯盟的基礎並不穩固（維護美國的霸權未必符合可能的盟國自身的國家利益），而代價卻可能很高（可能培養出另外一個終將挑戰美國霸權的力量）。這就使得另外一個選項變得更有說服力。

對於第三代的權力轉移學者而言，支配性強權和新興強國之間權力地位的互換是對抗和衝突的必要條件，但不是充分條件（Kugler, 2006: 23-24）。雖然新興強國可能會想要改變國際的秩序現狀，但是此種意圖是可以管理的。只要在權力轉移和新興強國的意圖中有一項可以被控制，戰爭便不會發生。這樣看起來，如何在美中間的重大議題（諸如台灣）上引導中國大陸修正其意圖，使其接受西方所設定的國際秩序，便成為和戰的關鍵。如果能將新興強國的意圖加以妥適管理，則雖有權力轉移，也不會發生戰禍（即自然替代）。然而如果意圖管理失敗，則權力轉移將帶領美中走向劇烈的對抗和衝突（即擴張替代）。[19]因此美國便極力以交往的方式來讓中國大陸接受現有的國際秩序，使其在現狀中獲得既得利益，從而使北京從修正主義者轉為現狀支持者。現在看起來，這樣的方略有其成功之處。中國大陸在美國與西方所設定的世界資本主義體系中獲得了巨大的利益與發展，並成為現狀的維護者。不過，由於相較於權力而言，意圖是難以確認的。因此美方的策略始終是遏抑與交往兼具，也就是「兩手避險」（hedging）。容或一段時間遏抑較為突出，一段時間交往較為顯著，但是兩者始終同時存在，以此保持最大的安全係數。

面對美方的態度，北京的反應先是反擊「中國威脅論」，繼而不斷重申「和平崛起」。後者是由中共中央黨校原常務副校長、中國改革開放論壇理事長鄭必堅在 2003 年博鰲亞洲論壇上正式提出的。和平崛起論的源起，完全是針對權力轉移理論認為後興大國會用武力挑戰國際體系的說法，而針對性地加以反應。鄭必堅認為中國作為一個後興大國，絕對不會走這一條「完全錯誤的、害人終害己的道路」。[20]和平崛起論有兩個面向，一個是中國的崛起是亞

---

19 關於「自然替代」與「擴張替代」，參見沈丁立（2009）。

20 鄭必堅在 2003 年博鰲亞洲論壇的著名講演「中國和平崛起新道路和亞洲的未來」中說到：「近代以來的歷史反覆說明，一個後興大國的崛起，往往導致國際格局和世界秩序的急劇變動，甚至引發大戰。這裡一個重要原因，就是後興大國走了一條依靠發

洲崛起的一部分，其勢自然，無可遏制；一個是「中國絕不稱霸」，因而中國崛起對於各國不構成威脅。如果依據這樣的描述，中國大陸便是一個支持現狀的新興強權，雖然在未來可能和美國之間發生權力轉移，但是由於並不懷有修正主義的意圖，因此不會破壞國際秩序，也就不會和美國進行對抗與衝突。依據權力轉移理論，權力地位的轉移和新興強權的修正主義意圖是構成威脅的充分必要條件（劉凱、王雲海、李峰，2006）。「和平崛起」除去了這兩個條件中的一個，似可保證美中間的權力轉移不會導致兵戎相見，或有可能重複廿世紀初英美間和平權力轉移的範例。

■ 核心概念

- **中國威脅論**：由於中國大陸國力的快速崛起，美國逐漸將中國視為對其利益與價值的威脅，並認為二者之間可能會產生嚴重的衝突，權力轉移理論便是中國威脅論的基礎。
- **新圍堵**：由於擔心中國大陸的崛起和威脅，主張美國應該對於中國進行全面遏制的政策，一如在冷戰初期對於蘇聯共產集團所進行的圍堵，故為新圍堵。
- **和平崛起**：為了回應「中國威脅論」和權力轉移理論，中國大陸的學者和官員提出和平崛起的觀念，認為雖然中國的崛起勢所必然，但絕不會用武力挑戰國際體系，也絕不會稱霸。

第五節　結論：關鍵點在制度彈性

　　國際關係理論的發展永遠和現實政治密切相關。古典的權力平衡理論與 19 世紀的多極國際體系是緊密連結的。二次大戰後的冷戰與兩極體系是結構

動侵略戰爭打破原有國際體系，實行對外擴張以爭奪霸權的道路。而這樣的道路，總是以失敗告終。那麼在今天新的時代條件下，我們亞洲國家包括中國，難道還會重複這種完全錯誤的、害人終害己的道路嗎！？我們的抉擇只能是：奮力崛起，而且是和平的崛起。也就是下定決心，爭取和平的國際環境發展自己，又以自身的發展來維護世界和平」（鄭必堅，2003）。

現實主義興起的背景。冷戰的僵持觸動了新自由主義的勃興，以及對現實主義的批評。後冷戰時期國際體系的解構提供了各式批判主義的舞台，並帶來了各家現實主義（攻勢、守勢、新古典）的回應。權力轉移理論是奠基於對兩次世界大戰的解釋，並且聚焦於支配性霸權和新興強國之間的關係。這樣的理論焦點，在中國大陸快速崛起，逐漸形成僅次於美國的世界第二強權之際，自然快速獲得學術界與政策圈的重視，並且逐漸展現其影響力。由於權力轉移理論的主軸論述是新興強權將以武力挑戰由支配性霸權所設計和維繫的國際秩序，因此一方面刺激出美國的「中國威脅論」和「新圍堵」，一方面又促使中國大陸提出「和平崛起論」，表明中國不會走過去兩次大戰時德國的老路。在這裡我們可以清楚地看到國關理論和國際現實的互動，看到現實（中國大陸興起）如何突出了理論的適用性（權力轉移理論盛行）、而理論又如何引導決策者進行思考和互動（中國威脅論 vs. 和平崛起論）。

　　雖然權力轉移理論預期新興強國會挑戰現狀霸權，但是新一代的權力轉移理論家在權力之外重新發現國家意圖的重要性，從而把意志論帶進了權力分析當中。這樣做的結果明顯地減輕了原來理論中命定衝突的色彩。美國便是順著這個邏輯，試圖透過降低大陸修正主義的意圖，使其接納由美國在二次大戰後所建制的國際秩序，來消弭雙方在利益和價值上的衝突。而中國大陸則是透過宣示，表明本身沒有修正主義的意圖，以降低各國對於中國崛起的疑懼。雙方都期望藉著對意圖的管理和建立維護現狀的共識，以避免彼此間由於權力趨近所可能帶來的緊張和衝突。美國各種和中國大陸交往的動作是指向這個方向，而北京方面所強調的「和平崛起」也是表明中國可以接受國際現存秩序，所以沒有發動戰爭的可能。

　　然而主觀的善意和迴避衝突的渴望不能解決實際的問題。中國大陸對於美國所提倡的自由資本主義和民主體制只是部分接受，因而不能排除它有修正主義的傾向，而美國對於中國大陸的和平承諾也是半信半疑。[21]問題的癥結點在

---

[21] 這裡牽涉到的是承諾可信度的問題。如果後起國在國力尚不足以挑戰先行國的時候宣示不會在將來強力地追求修正主義的目標，先行國是否應該相信？預視到未來可能出現的挑戰，先行國即使只是想要維護現狀，是否有可能發動先制攻擊？還是應該加大力度，在後起國達到挑戰地位之前，將其完全「馴化」，甚至將其整合？關於此一問題，19 世紀日耳曼的關稅同盟和 20 世紀的歐洲統合提供了很好的例證，可以加以理論化（Eilstrup-Sangiovanni 2008）。

哪裡呢？究竟新興強國會不會強力地挑戰現有的制度，要看此一制度本身的彈性。制度彈性是指一套秩序能夠包容和反應基層權力分配變動的能力。制度彈性高則權力變動會較快速地反映在正式的制度安排中，從而減少了擁有權力資源者意圖推翻制度的可能性。另一方面，制度彈性低是表示權力的分配雖然改變，但是制度安排卻非常僵化，因此掌握新興權力者傾向於推翻現制，以建立符合其本身利益的制度。民主就是一套彈性較高的國內政治制度，因為它提供了掌握民意者獲得領導地位的制度性管道。在國際社會，有些制度的彈性高，例如自由開放的國際市場能讓任何有競爭力的國家出頭；有些制度的彈性低，例如聯合國和許多所屬機構的決策機制所反映的是二次大戰後的權力分配，和現實國際社會已經完全脫節。

　　中國大陸在逐漸成為世界第二強國、並且和美國國力逐漸接近之時，是會採取修正主義的立場，強力地的要求改變國際秩序，還是會謹守和平崛起的誓言，在現有秩序下與美國和各國合作，是由國際社會的制度彈性決定。如果制度彈性高則中國大陸只需要依照現存的遊戲規則，便可獲得利益與實現價值。然而如果制度彈性低，則它除了強力衝撞體制外，將無法得到與其實力相稱的利益與價值。因此關鍵點在於美國及其盟友是不是願意提高制度彈性。在這裡美國碰到一個兩難，是讓制度對中國大陸開放並給予其優越地位，從而維護了制度與和平，但丟失了美國的領導角色；還是維持制度僵性，不給中國大陸與其權力相稱的地位與承認，從而維護了本身和盟友的利益，但是讓北京成為修正主義者，並且增加了美中武力衝突的可能？

　　權力轉移時的和戰繫於新興強國的意圖，此意圖又繫於現狀霸權是否願意提高制度彈性，「開門」讓新興強國登堂入室，於是關鍵來到現狀霸權本身的意圖。霸權的意圖受到許多因素的影響，其中新興強國是不是與霸權同一族群與文化，是否二者共享重要的價值體系顯然是非常重要的（呂冠頤，2003）。過去英美間的權力轉移，沒有發生戰爭，權力轉移理論家認為是由於美國對於現狀滿意，其實是英國所布置的秩序有高度的彈性，可以容納美國在其中興起。而英國的「開門」態度，和與美國同為盎格魯薩克遜人、又共享自由民主與市場價值有極大的關係。然而這樣的條件在美國和中國大陸之間卻是不存在的。美國是否願意和服膺一黨專政、帶有東亞集體主義傳統的中國大陸「共治共管」世界事務，或者至少尊重北京在東亞的優越地位呢？

　　權力轉移理論在這裡碰到了瓶頸。此一理論雖然點出了國際緊張與衝突的一個重要根源（均勢與超越），而有其貢獻，但是當引入意圖變項時卻降低了

理論的簡潔與客觀性，並使得和戰繫於現狀霸權與新興強權二者不易捉摸的意圖。當然這樣的架構可能更符合國際社會的現狀。不過這就表示權力轉移學派需要更進一步發展分析和確定意圖的工具，同時解析權力和意圖互動的機制。總而言之，權力轉移理論是完全適應著中國大陸追趕美國的國際現狀，此一高度的適用性使這個理論產生了重大的實際影響。但是就理論本身而言，權力轉移論仍然有極大的改善空間，特別在其意圖分析的部分。如果在這裡加入了一些國內因素的分析（例如意識形態的相合性），則權力轉移理論將會展現新古典現實主義的色彩，將體系和國內因素冶於一爐，增加了解釋力，但也減少了理論的簡約性和必然性，這似乎是一個無可避免的兩難。無論如何，在解析和預測美中關係上，權力轉移理論（特別是修正的權力轉移理論）都還是最有力的理論分析工具。

參考書目

王公龍，「新古典現實主義理論的貢獻與缺失」，《國際論壇》，8(4): 36-41。

甘逸驊，2003，「冷戰結束後的北約與國際關係理論」，《問題與研究》，42(5): 1-23。

向駿，2005，「『中國威脅論』及『新圍堵』」，《美歐月刊》，11(5): 25-38。

向駿主編，2006，《2050 中國第一？權力轉移理論下的美中臺關係之迷思》，台北：博揚文化。

朱鋒，2006，「『權力轉移』理論：霸權性現實主義？」，《國際政治研究》，3: 24-42。

吳玉山，2007，「宏觀中國—後極權資本主義發展國家：蘇東與東亞模式的揉合」，載於徐斯儉、吳玉山主編，《黨國蛻變：中共政權的菁英與政策》，臺北：五南。

呂冠頤，2003，《現狀霸權與崛起強權互動模式之研究：一個理論與歷史的分析途徑》，台北：台灣大學政治學研究所碩士論文。

宋偉，2009，「從國際政治理論到外交政策理論」，《外交評論》，3: 25-47。

李小華，1999，「『權力轉移』與國際體系的穩定」，《世界經濟與政治》，5: 41-44。

李巍，2009，「從體系層次到單元層次—國內政治與新古典現實主義」，《外交評論》，5: 134-150。

沈丁立，2009，「全球與區域階層的權力轉移：兼論中國的和平崛起」，《復旦學報（社會科學版）》，5: 1-9。

張雨寧，2004，「以權力轉移理論為核心探討崛起中的中共」，《中華戰略期刊》，（冬季號）：94-129。

陳欣之，2007，「國際體系層級的建構與霸權統治」，《問題與研究》，46(2): 23-52。

陳重成、唐欣偉，2005，「中國大陸崛起對當前國際體系的衝擊」，《遠景基金會季刊》，6(4): 101-137。

劉凱、王雲海、李峰，2006，「國際體系中的權力轉移與中國和平發展國際戰略展望」，《國際關係學院學報》，4: 52-56。

劉豐，2007，「新古典現實主義的發展及前景—評《沒有應答的威脅：均勢的政治制約》」，《國際政治科學》，11: 155-168。

劉豐、左希迎，2009，「新古典現實主義：一個獨立的研究綱領？」，《外交評論》，4: 127-137。

劉豐、張睿壯，2005，「現實主義國際關係理論流派辨析」，《國際政治科學》，4: 109-131。

鄭必堅，2003，「中國和平崛起新道路和亞洲的未來—在 2003 年博鰲亞洲論壇的講演」，《學習時報》，2003 年 11 月 24 日（http://news.xinhuanet.com/newscenter/2003-11/24/content_1195240.htm, accessed April 12, 2010）。

鄭端耀，2003，「國際關係攻勢與守勢現實主義理論爭辯之評析」，《問題與研究》，42(2): 1-21。

鄭端耀，2005，「國際關係新古典現實主義理論」，《問題與研究》，44(1): 115-140。

Art, Robert, Stephen Brooks, William Wohlforth, Keir Lieber, and Gerard Alexander. 2006. "Correspondence: Striking the Balance." *International Security* 30(3): 177-96.

Brooks, Stephen and William Wohlforth. 2005. "Hard Times for Soft Balancing." *International Security* 30(1): 72-108.

Chan, Steve. 2008. *China, the U.S., and Power-Transition Theory: A Critique.* Abingdon, UK: Routledge.

Cline, Ray S. 1980. *World Power Trends and U.S. Foreign Policy in the 1980s.* Boulder, Colorado: Westview.

Cline, Ray S. 1994. *The Power of Nations in the 1990s.* Lanham, Maryland: University Press of America.

Eberstadt, Nicholas. 1995. *The Tyranny of Numbers: Measurement and Misrule.* Washington, DC: American Enterprise Institute Press.

Eilstrup-Sangiovanni, Mette. 2008. "Uneven Power and the Pursuit of Peace: How Regional Power Transitions Motivate Integration." *Comparative European Politics* 6: 102-142.

Gilpin, Robert. 1987. *The Political Economy of International Relations.* Princeton, New Jersey: Princeton University Press.

House Permanent Select Committee on Intelligence (HPSCI)—Review Committee. 1991. *An Evaluation of CIA's Analysis of Soviet Economic Performance 1970-90,* November 18.

Johnson, Chalmers. 1982. *MITI and the Japanese Miracle.* Stanford, California: Stanford University Press.

Kang, David. 2001. "Hierarchy and Stability in Asian International Relations." *American Asian Review* 14(2): 121-160.

Kang, David. 2003. "Getting Asia Wrong: The Need for New Analytical Framework." *International Security* 27(4): 57-85.

Kang, David. 2004. "The Theoretical Roots of Hierarchy in International Relations." *Australian Journal of International Affairs* 58(3): 337-352.

Kang, David. 2007. *China Rising: Peace, Power and Order in East Asia.* New York, NY: Columbia University Press.

Keohane, Robert. 1984. *After Hegemony: Cooperation and Discord in the World Political Economy.* Princeton, New Jersey: Princeton University Press.

Kindleberger, Charles. 1973. *The World in Depression: 1929-1939.* Berkeley: The University of California Press.

Kugler, Jacek 著，莫大華譯，2006，「2050 年中國第一？美中強權轉移下台灣問題」，載於向駿主編，《2050 中國第一？權力轉移理論下的美中臺關

　　係之迷思》，台北：博揚文化。

Kugler, Jacek 著，唐欣偉譯，2008，「東亞的權力移轉：台灣海峽」。

Levy, Jack S. 2002. "War and Peace." In Walter Carlsnaes, Thomas Risse, and Beth A Simmons, eds., *Handbook of International Relations*. London, UK: Sage.

Lieber, Keir and Gerard Alexander. 2005. "Waiting for Balancing: Why the World Is Not Pushing Back." *International Security* 30(1): 109-39.

MacEachin, Douglas J. 2007. "CIA Assessments of the Soviet Union: The Record Versus the Charges." Washington, DC: Central Intelligence Agency (https://www.cia.gov/contact-cia/index.html, accessed April 10, 2010).

Mearsheimer, J. J. 2001. *The Tragedy of Great Power Politics*. New York: W. W. Norton & Company.

Modelski, George. 1987. *Long Cycles in World Politics*. Seattle: University of Washington Press.

Morgenthau, H. J. 1948. *Politics Among Nations*. New York: Alfred A. Knopf.

Organski, A. F. K. 1958. *World Politics*. New York: Alfred A. Knopf.

Organski, A. F. K. and Jacek Kugler. 1980. *The War Ledger*. Chicago: University of Chicago Press.

Pape, Robert. 2005. "Soft Balancing against the United States." *International Security* 30(1): 7-45.

Paul, T.V. 2005. "Soft Balancing in the Age of U.S. Primacy." *International Security* 30(1): 46-71.

Piadyshev, Boris. 2006. "Russia's Priorities." *International Affairs* 52(4): 8-48.

Prestowitz, Jr., Clyde V. 1988. *Trading Places: How We Are Giving Our Future to Japan and How to Reclaim It*. New York: Basic Books.

Rose, Gideon. 1998. "Neoclassical Realism and Theories of Foreign Policy." *World Politics*, 51:144-172.

Schweller, Randall L. 2006. *Unanswered Threats: Political Constraints on the Balance of Power*. Princeton, New Jersey: Princeton University Press.

Singer, J. David, Stuart Bremer, and John Stuckey. 1972. "Capability Distribution, Uncertainty, and Major Power War, 1820-1965." In Bruce Russett, ed., *Peace, War, and Numbers*. Beverly Hills: Sage.

Singer, J. David. 1987. "Reconstructing the Correlates of War Dataset on Material

Capabilities of States, 1816-1985." *International Interactions* 14: 115-32.

Snyder, Jack. 1991. *Myths of Empire*. Ithaca, New York: Cornell University Press.

Tammen, Ronald L., Jacek Kugler, Douglas Lemke, Allan C. Stam III, Mark Abdollahian, Carole Alsharabti, Brian Efird and A. F. K. Organski. 2000. *Power Transitions: Strategies for the 21st Century*. New York: Chatham House Publishers of Seven Bridges Press.

Tammen, Ronald L. and Jacek Kugler. 2006. "Power Transition and China–US Conflicts." *The Chinese Journal of International Politics* 1(1): 35-55 (http://cjip. oxfordjournals.org/cgi/content/full/1/1/35, accessed April 11, 2010).

Vogel, Ezra F. 1979. *Japan as Number One: Lessons for America*. Cambridge, Mass.: Harvard University Press.

Waltz, K. N. 1979. *Theory of International Politics*. Reading, Massachusetts: Addison-Wesley Publishing Company.

Womack, Brantly. 2001. "How Size Matters: The United States, China and Asymmetry." *Journal of Strategic Studies* 24(4): 123-150.

Womack, Brantly, and Yu-Shan Wu. 2007. "Asymmetric Triangles and the Washington-Beijing-Taipei Relationship." Paper presented at the 36th Taiwan-U. S. Conference on Contemporary China, June 1-2, Denver, Colorado.

Womack, Brantly. 2003/2004. "China and Southeast Asia: Asymmetry, Leadership and Normacy." *Pacific Affairs* 76(4): 529-548.

Womack, Brantly. 2006. *China and Vietnam: The Politics of Asymmetry*. Cambridge, New York: Cambridge University Press.

World Economic Outlook Database. 2009. Washington, DC: International Monetary Fund (http://www.imf.org/external/pubs/ft/weo/2009/02/weodata/index.aspx).

Zhu, Zhiqin. 2006. *US-China Relations in the 21st Century: Power Transition and Peace*. London, UK: Routledge.

第十七章　外交政策理論與制定過程之分析

林碧炤

第一節　前　言

　　外交政策是國際關係的一部分，長期以來並不屬於公共政策或政策科學的研究。至於政策的研究則參考了決策理論和公共行政的研究，和國際關係相比較，它的起步較晚，發展的結果也較為有限。可是最近二十年以來，特別是在冷戰中期以後，外交政策研究成長變得快速，在冷戰結束之後，外交政策的社會科學化或政策科學化更是顯而易見。今天外交政策的了解不但是國際關係專業的一部分，而且是社會科學的一門重要分支學科。

第二節　外交政策的研究

　　雖然外交政策也是政策分析，而公共行政的研究起源很早，但它並不包含外交政策在內。以美國為例，結束第一次世界大戰的威爾遜總統本人就是政治學教授，以研究公共行政起家，但他的著作並沒有運用到外交政策的領域。著名的社會學思想家韋伯對於官僚制度也有代表性的著作，他對於以後外交政策研究有比較大的影響。早期公共行政的經典著作，由史耐德（Richard Snyder）及其他兩位學者在 1954 年出版的《外交決策》（*Foreign Policy Decision Making*）被認為是外交決策的研究起步，在此之前，外交政策屬於國際關係的一部分，而內容是大國的外交史為主。[1]基本上是歷史的敘述和分析。而研究的單元先以個別國家為基礎，所以又稱之為個別國家研究途經

1　最好的例子就是 Morgenthau, Hans 的《國家間政治》（*Politics Among Nations*）。這本經典之作，書中使用的全部是西洋近代史或外交史的個案。Snyder, Richard, H. W. Bruck and Burton Sapin. 1954. *Foreign Policy Decision-making: An Approach to the Study of International Politics*. New York: Free Press.

（the single country approach），比較外交政策的概念和作法是不存在的。以美
國來說，李普曼（Water Lippmann）在 1943 年就出版了《美國外交政策》，
他並沒有使用決策理論，而佛蘭克（Joseph Frankel）在 1963 年出版的《英國
外交政策》也是使用傳統的國際關係理論加以分析。[2]

　　史耐德的分析確實是開風氣之先，可惜在冷戰的高峰時期，現實主義被
奉為金科玉律，外交決策分析得不到重視是很自然的結果。不過，幾乎在同一
時間，心理因素對於決策者，特別是國家領導人的影響，受到特別的注意，原
因是核戰的決定往往為瞬息之間，誤判的情形造成後果太嚴重，於是心理學與
決策的研究太重要。費詩汀格（Leon Festinger）的《認知失諧論》（*A Theory
Of Cognitive Dissonance*）無疑是傑出的研究，以後他出版了《衝突、決策和失
諧》（*Conflict, Decision and Dissonance*）對於以後心理學為基礎的外交決策研
究有很大的幫助（Festinger, 1957）。迪瑞維拉（J. H. De Rivera）的《外交政
策的心理層面》（*The Psychological Dimension of Foreign Policy*）為當時的心
理學所重視的信念體系、態度和價值觀對外交決策的影響作了更詳細的說明
（De Rivera, 1969）。傑尼斯（Irving L. Janis）在 1972 年出版的《集體謬思的
犧牲品》（*Victims of Group Think*）受到更大的重視。[3]學界及政界愈來愈清楚
決策失誤是很平常的事。賈維茲（Robert Jervis）的《國際政治的認知和錯誤
認知》（*Perception and Misperception in International Politics*）問世之後，心理
學不但是外交決策，更是國際關係必須學習的學科（Jervis, 1976）。尤其在如
何處理危機上，喬治（Alexander George）和賀蒙（Charles Hermann）及其夫
人（Margaret Hermann）的貢獻一樣傑出（George, 1991；Hermann, 1972）。
賈維茲的著作有更高的權威性及代表性，幾乎是學習外交決策必讀之作。

　　綜合來說，由史耐德所開創的外交決策分析是第一學派，以後由羅斯諾

---

[2]　Frankel, Joseph.1963. *The Making of Foreign Policy: An Analysis of Decision-making*.
　　Oxford：Oxford University Press. 更為詳細的著作是 Wallace, William. 1976. *The Foreign
　　Policy Process in Britain*. Oxford: Oxford University Press.這本書幾乎成為以後大英國協
　　會員國學界分析各自國家外交政策制定過程的範本。

[3]　Janis, Irving 的書前後有兩本，第一本是 1972. *Victims of Groupthink: A Psychological
　　Study of Foreign-policy Decisions and Fiascoes*. Boston, Houghton, Mifflin. 第二本是 1982.
　　Groupthink: Psychological Studies of Policy Decisions and Fiascoes. Boston: Houghton
　　Mifflin. 他的第三本書是 1989. *Crucial Decisions: Leadership in Policymaking and Crisis
　　Management*. New York: Free Press.

（James Rosenau）加以發揮，成為比較政治應用到外交決策的最佳代表，而羅斯諾的成就超過了史耐德，在 70 及 80 年代的二十年之間，羅斯諾的概念架構幾乎是比較外交政策的典範。

第二學派則是心理學派，賈維茲無疑是最大的貢獻者，以後傑尼斯又把他的《集體謬思》再版，然後再出版了《關鍵的決策》（*Crucial Decisions*）。等到瓦茲博格（Yaacov Y. I. Vertzberger）的《他們心中的世界》（*The World in Their Minds*）以及席爾凡（D. A. Sylvan）及佛思（J. F. Voss）的《外交政策的問題代表》（*Problem Representation in Foreign Policy*）相繼出版之後，外交決策的心理學分析已經包含了認知及神經科學（Vertzberger, 1990; Sylvan and Voss, 1998）。其中又以認知心理學對於外交決策研究的啟發性最大。在此同時，史耐德又將他的舊書加以改版，但新意不多，而羅斯諾在 21 世紀之後已經轉移至「全球治理」的研究。比較外交決策的研究由赫德遜（Valerie Hudson）接棒（2006）。赫氏已經成為新一代的「比較外交政策」的主要代言人。

第三學派是官僚體系的研究，最早受到公共行政的影響很大。在這個學派，哈普林（Morton H. Halperin）的《官僚政治與外交政策》（*Bureaucratic Politics and Foreign Policy*）是最流行的教科書及著作（Halperin et al., 2006）。另外就是席斯曼（Roger Hilsman）的《國防與外交決策的政治》（*The Politics of Policy-Making in Defense and Foreign Policy*）及德斯特勒（I. M. Destler）的《總統、官僚及外交政策》（*Presidents, Bureaucrats, and Foreign Policy*）（Hilsman, 1987; Destler, 1974）。以上這三本專書幾乎是說明美國外交決策的最佳著作，其中又以哈普林的專書最受肯定。

第四學派是由官僚體系分出來針對美國或其他大國的政府部門，特別是情治和國防體系、國家安全會議、國務院或外交部、總統府及其他行政部門，甚至幕僚單位的研究、甚至國家領導人、外交部長、國務卿或國家安全助理都成為研究的對象，尤其是美國總統的研究更是獨出一格。這方面的著作相當多，有些甚至成為電視及電影的劇本材料。

第五學派是由危機處理所延伸出來的外交決策研究一樣可觀。艾里遜（Graham Allison）的《決策的本質》（*Essence of Decision*）是最具代表的著作，也是各主要大學及專業人士使用的教材（Allison and Zelikow, 1999）。這本書經常和傑尼斯的《集體謬思》和哈普林的《官僚政治及外交政策》一起使用，有它的道理。這三本書是了解美國外交決策的必讀之作。

　　第六學派是國內政治和外交決策，最早是由阿爾蒙提出來，他的著作——《美國人與外交政策》（*The American People and Foreign Policy*）是最早的代表作，以後又有史吉摩（David Skidmore）和赫得遜（Valerie Hudson）的《國家自治的限制：社會團體與外交政策形成》（*The Limits of State Autonomy*: *Societal Groups and Foreign Policy Formulation*）（Skidmore and Hudson,1993）、維特柯波夫（Eugene Wittkopf）的《美國外交政策的國內來源》（*The Domestic Sources of American Foreign Policy*）（Wittkopf, 1994）。最近的著作則是杭廷頓（Samuel Huntington）的《誰是美國人》（*Who are We*？）（高德源等譯，Huntington 著，2009）。本書針對國家認同與外交政策相關性有深刻的分析，對於移民社會的美國外交政策提供了完全不同的解釋角度，這在其他大國是不可能出現的。在國內政治和外交政策中還有許多問題成為外交政策研究的重點，但在理論和架構方面，普特南（Robert Putnam）提出的「兩個層次的博奕」（Two-level Games）成為最常用的分析架構，幾乎和社會建構論的溫特齊名。其他相關的遊說活動、智庫、公共外交、媒體、第三部門或非營利組織型塑外交政策的過程和影響一樣是討論西方民主國家的常見議題。

　　第七學派是國際關係理論對於外交決策的影響。在早期，國際關係的典範並不是研究外交決策的依據，可是最近十年以來已經有很大的改變。主要的原因是學界體認到外交政策是國際關係最具體的展現，而現實主義、自由主義或社會建構論既然是最主要典範，外交決策必然會反應出這些典範的內涵。從決策者的信念、價值和態度，一直到決策的環境、過程及選擇，都不可能脫離這些典範而自行運作或單獨存在。在最早的現實主義或理想主義的研究並沒有特別側重外交決策。也就是說，外交和決策是分開處理的。外交當然是追求權力的政治，也是運用權力的政治。至於決策則偏向於行政，於是傳統的看法是兩者應該分開來考慮和研究。決策就從韋伯一路下來，到了第二次世界大戰結束之後，影響力最大的是賽門的「管理行為」（Administrative Behavior），伯萊布魯克（David Braybrooke）以及林德伯隆（Charles Lindblom）的「決策策略」（A Strategy of Decision）（Simon, 1957; Braybrooke and Lindblom, 1963）。賽門的理論被簡稱為「有限理性」，而伯萊布魯克和林德伯隆的主張則被稱之為「漸進主義」，可以說是抓到了重點。有太多的例子可以說明外交決策都是這樣決定的，並不是如一般人所想像的，說變就變，或者大國的領導人是可以呼風喚雨。另外由斯坦布魯納（John Steinbruner）提出的「決策

控制理論」（Cybernetic Theory of Decision）對於賽門、伯萊布魯克和林德伯隆的理論有輔助之效，他主要是強調人類的認知系統在作決策判斷和選擇時，非常的集中及機械式，即使在組織上有各種不同的分工及整合，人類的決策受到認知系統和控制系統的影響，通常只會集中在他認為最重要或最熟悉的地區（Steinbruner, 1974）。從這些理論，我們很容易可以得到一個結論，決策通常不是那麼的完美無缺，而決策者也不是萬能的，失誤不但是不能避免，而且經常發生。

　　在早期國際關係的研究中，以上的決策理論經常被忽略。只有心理學派分析外交決策時才會提及，但那一樣是很少數的意見。傑尼斯的「集體思考的謬思」在美國學界及政界受到重視有特別的原因，因為他的論述和美國直接相關，其他國家則不重視。賈維茲的「國際政治的認知和錯誤認知」一樣是在美國受到推崇，可是在其他國家的外交決策分析及制定過程中，就沒有那麼大的影響力。

　　很長的一段時間，現實主義的影響力太大，即使自由主義的影響也限於歐洲整合及其他議題。美國或其他主要國家的外交決策在大方向上，墨根索、肯楠，甚至於季辛吉的影響太大，也太久。冷戰結束之後，新現實主義又出現了防衛型、攻擊型及新古典現實主義，對於實際外交決策的指導作用更直接，也更明顯。即使美國新保守主義不是攻擊性現實主義的翻版，但兩者的相關性無法切割。同樣的，新自由制度主義和各種地區整合，跨國合作一樣有很直接的形塑作用。歐洲整合、北美自由貿易區、東協自由貿易區，甚至於一連串的自由貿易協定都在理論上受到新自由制度主義的影響。這再度證明，國家不論大小，他們的外交決策都是有理論作為基礎，只是決策者沒有明說而已。正因為如此，社會建構論的影響就受到特別的重視。

　　第八學派，就要談社會建構論。這個理論一開始並不是針對外交政策，可是受到國際關係學界的重視之後就擴展到外交決策。在決策者、社會、政府、國家及國際體系五個層次上，影響最為明顯的就是決策者這個層次。從最早造成冷戰結束的前蘇聯外交新思維開始，社會建構論的影響可以說是愈來愈突出。以後的戰略文化更是反映社會建構論的基本想法，而文化因素對於國家利益、國家安全，甚至於維護國家安全的各種政策影響更是一股新的思潮（Johnston, 1993; Huntington, 1996）。它為早期的心理學派、決策學派注入了太多的新想法。它未來的發展是有相當大的空間。受惠的就不只限於外交決策，即使一般公共政策或安全政策一樣是很有助益。今天我們研究布希總統為

何出兵伊拉克、歐巴馬總統要如何解決這許多的外交問題，甚至於英國的布朗首相或巴西總統羅拉（Luiz Inacio Lula da Silva）的外交決策一樣可以從社會建構論找到部分的解釋。

第九學派是由心理學派、決策學派及社會建構論延伸出來，名氣不太大，但是有它的發展潛力，學界稱它為多元啟發理論（Poliheuristic Foreign Policy Theory）（Mintz, 2004）。它事實上是心理學理論和決策理論的結合，也就是說當一位決策者面對決策環境時，他是先去分析、認知和反應，這是心理學的階段，接著才是比較選擇的階段。這兩個階段合起來就稱為多元啟發理論。這個理論在解釋和處理危機時有特別的參考價值。正因為如此，它將來很可能會被包含在危機處理或認知理論之用，也有可能成為決策理論的分支學派。

第十學派是在金融海嘯的大環境之下，學界對於經濟外交決策的重視，它事實上包含了早期的油元、外債、亞洲金融危機以及 2008 年以後的世界經濟問題而產生的。它是由三個部分組成，一是傳統的大國外交，最好例子就是 2009 年 4 月在倫敦舉行的 G20 會議，二是由公共事務和公共政策轉化而成的新公共管理，三是國際政治經濟學。事實上，它還包含了部分的國際經濟，尤其是國際金融和國際經濟法。大國外交和歷史上的歐洲協調在本質上是相同，只是處理的問題本質不同而已。今天有了國際貨幣基金就更為方便。新公共管理主要是涉及公共政策，不過，外交政策愈來愈和公共政策不可分，新公共管理就有參考的價值。國際政治經濟學本來就是要從外交或政治角度去處理經濟問題，它的理論會受到重視和採用是很自然的結果。

第十一學派是各國的外交政策。這個學派是傳統的「個別國家研究途徑」（Unique Country Approach）的延續。長期以來，西方學界一直努力要建立一個比較外交政策的學科，可是並不成功。「個別國家研究途徑」還受到重視，主要的重點還是以八大工業國為主，而美國的外交政策自然是學界率先研究的對象。不了解美國外交政策就掌控不了國際關係，這是很普通的常識。除了大國之外，中小型國家外交政策也成為新的研究重點，例如新加坡、越南、加拿大、澳洲、南韓、泰國、荷蘭、比利時、芬蘭、瑞典、坦桑尼亞、迦納、委內瑞拉等國。即使沙烏地阿拉伯、伊朗的外交政策也受到重視。

以上十一種學派是目前學界研究外交政策的主要內涵，每一學派各有特色、側重及適用的範圍，如何取捨完全要看研究者或決策者本身的決定，彼此之間並沒有好壞或優劣的問題。大家或許會問如何研究台灣或中華民國的外交政策？這方面的著作及研究確實太少，主要的原因是大部分的西方學者都注

意到中國大陸的外交政策。其實值得開拓的是不同的個案研究，這在企管、法律及公共政策方面已經有很好的研究成果。在外交政策方面有它的學術性及實務性，等待大家的努力。1949 年之後中華民國外交是國際關係史上唯一的個案，其中有很多的個案是值得我們去研究的。不管是聯合國代表權的維護、中美關係、農業援助非洲、中日關係，以及 1979 年之後的各種個案，其中有太多的外交經驗、理論、智慧值得學習。從我們自己的外交個案中，我們可以學習到更深刻，而且最直接相關的外交政策（王文隆，2005；錢復，2005）。

第三節　外交政策的本質

任何決策都有基本的構成部分，它們分別是問題、事件、目標、策略、作法及預期的效果，而研究者注重決策的過程，決策者反而比較重視結果，在意的是他們所面對的問題能否順利解決。長期以來，外交政策最先討論每一國家的基本策略，或國家的大戰略，特別是大國的外交決策通常有大戰略作為指導，要了解它們的外交政策就要從明白大戰略開始（Hill, 2003）。民主國家若英美等國，國家戰略通常是公開的，對於研究者更為方便。國家戰略的形成會反應出不同政府的意識形態，政策考慮及面對的問題，因此政府的更迭是關鍵的因素，但是有些問題無法順利解決，會形成特殊的個案，有些在兩任政府之間就會化解。而國家戰略也有持續不變的部分，民主大國的外交政策不可能在一夕之間全部改變，除非面臨重大的危機，但這個情形少之又少。所以，國家戰略的基本目標在於維護國家利益、保障人民的安全及福祉，細節及側重點縱然有差異，基本的原則通常是不會改變。中國、日本、英國及其他大國莫不如此。小國依然依此制定國家戰略，雖然他們所要處理的外交事務相對更為簡單。

西方國家對於戰略研究的重視是很自然的結果，東方國家沒有例外（Swaine and Tellis, 2000）。中國大陸、日本、南韓、印度、甚至整個東南亞地區都有不同層次的分析研究，實際的政策或區域組織都不相同。中國大陸以革命起家，對於戰略研究尤其重視，融合中國傳統兵學，加上馬克思思想的辯證法，再以中國歷代戰史作為解釋的素材，形成人民戰爭的戰略體系，即使走向核子國家，仍然有很高的參考價值。台灣則從資訊化時期的軍事轉型中，以軟實力、巧實力為基礎，發揮民主體制的優越，從良治中去突出競爭力，這是

柔武戰略的現代意義。

　　不論戰略如何設計及運用，它必然是針對問題及事件。問題的產生必然有根本的原因，大部分是權力和利益的衝突，制度無法解決，只有訴諸武力一途。外交問題的產生都有它的背景，一旦產生，往往出現危機，而危機又以是否會引起戰爭為最根本的衡量指標。因此，化解危機或運用危機達到政治目的是大國外交的核心部分，這在冷戰時期最為頻繁。台海危機中又以 1958 年及 1996 年最受矚目。美中台的外交決策無不以化解爭端，防止戰爭爆發為主要目標。這是危機處理成為外交決策一門次級的顯學的主要原因。在冷戰時期，研究者和決策者都熟悉危機處理，即使進入後冷戰時期，一樣相當重要。原因是引發危機的不僅是軍事原因或工具而已，金融海嘯、疾病、氣候變遷、糧食、能源及電腦系統的被破壞都是危機事項，它的結果可能遠超過戰爭。非傳統安全造成的危機是未來國際社會需要優先處理的問題。

　　國家為外交政策設定的目標通常有短、中、長期之分。今天要為目標定出時間、性質及國家領域的不同已經相當困難。政治和經濟無法切割，外交與內政一樣無法隔開。短期的目標不能沒有長期的考慮。在資訊化的時代，問題的變化太快，人類的知識和期待一樣變化很快，目標要再分出短、中、長期就失去了意義。日俄戰爭宣戰之後，雙方交戰已經是數月之後，鴉片戰爭之時，英軍佔領定海，清廷在二十日之後才知道中英戰事已啟，今天的資訊化社會不再有這種情形。戰爭的發生、流行疾病或金融的風暴在瞬息之間全世界皆知，這是一個無時間、多空間、無距離和無國界的決策環境，傳統的決策方式及過程已經不適用。

　　簡言之，外交政策的議程已經改變，傳統的高層政治還是存在，可是對於高層政治的定義恐怕要重新調整，就像權力由硬實力變成了軟實力，再變成巧實力，將來會有更新的變化。政策議程的擴大與多元是最普遍的描述，這在柯歐亨和奈伊出版《權力與互賴》一書之時就已經明白指出，可是經過冷戰結束，全球化、區域化和資訊化的衝擊，這種擴大化及多元化已經是各國需要共同面對的問題。經濟危機可以使得國家破產，政府垮台，社會動亂。同樣的，流行疾病也會造成重大的危機，如何處理是外交政策，當然也是公共政策。這些問題再加上原本已經很嚴重的國際恐怖主義和其他非軍事性的威脅，危機處理就要重新定義和定位（包宗和編，2009）。

　　艾里遜（Graham Allison）的《決策本質》（*Essence of Decision*）被奉為危機處理的經典之作，可是用在資訊化和全球化的國際社會顯然已經不夠用

（Allison and Zelikow, 1999）。太多的問題不是飛彈引起的，但是可能產生的災禍遠遠超過飛彈。當然，各國國防所要處理的還是戰爭的問題，可是外交及國防的內部化、公共化和透明化是顯而易見的現象。它不是 21 世紀的傭兵化，而是一套建立在國際規則及國際公司的合法運作，不論是武器採購、軍事研究和訓練、外交談判及遊說都可以見到太多的例子，而且相當成功。

　　所以，外交決策和國防、經濟決策結合是必然，台灣又特別要考慮到大陸政策或兩岸關係。更長遠看，台灣的外交決策也會和公共管理或公共政策結合，因為太多的外交事務其實就是公共事務（吳瓊恩，2006；孫本初，2009；陳振明，2005；陳振明，2007；Berkley, 2000; Osborne and Plastrik, 2000）。如果兩岸關係長期的穩定，形成制度化的關係，軍事危機會大幅下降，其他的就是非軍事性的問題，它就需要公共管理來處理。即使台灣和美日歐洲各國的關係也是如此，公共管理的需要性遠超過危機處理，國際經濟超過國際關係，國際私法要比國際公法更為迫切，除非台灣問題在將來出現結構性的根本改變。這些並不是台灣的特有現象，從整個國際關係去看，全球治理的重要性已經超越了傳統的權力政治，外交政策不再是只處理政治的問題，國際政治經濟和國際安全的比重相對增加，今天沒有這兩方面的知識要制定外交政策就力不從心。

　　外交政策的作法一樣會有改變或者已經在快速的改變。傳統的外交受到公共行政的影響，政策的制定和執行是相當的官僚化。重視專業，維持傳統，顯得十分保守，各國都有共同的現象，到今天大國的外交體系還是階層分明，講究禮儀、資歷和輩份。另外一方面，外交政策的環境、問題和國際社會的期待卻不斷的要求外交決策必須轉型，它至少表現在下面各方面：

1.外交政策受到遊說的可能性和必要性不斷提升（Wittkopf et al., 2003）。這在民主工業國家愈來愈明顯，在威權或前社會主義國家還沒有太快速的改變，外交政策不是利益團體或非營利團體，甚至知識份子可以置喙的領域。可是在美國和其他民主國家，遊說團體針對外交問題採取合法的遊說是愈來愈專業、密集和活躍。外交政策的遊說變成了公共外交的一部分，也是民主國家內政的一部分，它和公共政策的制定過程自然就會連接，所以公共管理的知識就成為外交決策和研究的專業項目之一。

2.外交決策透明性的提升（Keohane and Nye, 2001）。傳統上，外交決策以慎密為最優先考量。可是，遊說的頻繁、國會的監督、民意的關注、加上媒體報導和知識社群的研究，外交決策的守密程度自然減弱。即使美國在對伊拉

克採取軍事行動之前，國會、媒體及外交知識社群早有預測，而這些預測也得到了證實。這樣的結果使得外交決策的可預測性增加，意外的情形相對就會下降。因為外交政策引發的衝突和戰爭一樣相對的減少，國家為了維護利益而採取的秘密行動一樣減少。各民主國家情治部門的海外行動受到更多的法律監督。連帶的，聯合國發動的人道干預，處理第三世界國家的種族屠殺及其他違害人權事件愈趨頻繁，也受到國際社會的認同。

3.資訊化對於外交決策的衝擊最大（Nye, 2006; Nye, 2008; Cowan and Cull, 2008）。任何決策最需要的就是完整和正確的資訊，其中包含了情報。古今中外的重大決策成功在於情報和資訊的正確，而在不完整的情資之下，決策者只有依賴自己的判斷，失誤的情形不能避免。資訊化的時代來臨之後，資訊的公開改變外交決策，資訊由獨佔變成了共有，外交決策受到民意的監督就會提升，比這個更重要的是國際連接網絡形成的外交菁英社群成為新的意見提供者或監督者，而有些人成為外交政策利害的當事人，其中又以科技新貴是最佳例子。從美國矽谷到歐洲、亞太及拉丁美洲，他們透過資訊科技的方便，為自己、也為跨國公司謀取最大福利，資訊形成了保護傘、利益的交換、知識的平台，更是聯繫的管道。多少外交決策是在國際網路間完成或改變，將來所涉及的範圍更廣，而且決策的速度更快。當然，重要的決策還是需要決策者面對面的溝通，這是人類最有效的處理問題方法，它不是電腦可以取代的。資訊科技的進步使得這些高峰會議或面對面溝通變得更有效。

4.外交思維的調整與改變成為國際社會的常見現象（Goldstein and Keohane, 1993）。一方面是國際知識的提升，外交思維的改變成為正常，而且是必要的。不論在一般高等教育，就在公共討論之中，外交政策的議題，例如環保、衛生及疾病，受到更廣泛的重視。而在外交專業的領域之中，外交思維的調整不僅反應出政黨輪替，更是面對快速國際社會變化的必要反應。前蘇聯的戈巴契夫以外交新思維而聞名世界，今天類似的外交新思維已經相當普遍。從多邊論壇的倡議一直到個別外交問題的解決，外交思維不斷更新，而且是相互監督。歐洲整合的經驗受到其他地區的模倣就是很好的例子。

5.外交決策的分化和共享（Hill, 2003: 120-138; Wittkopf et al., 2003: 239-278）。超強若美國已經感受到她無法再單獨擁有決定國際秩序的決策，雖然她仍然是目前最強大的國家。國際社會在「美國和平」之下，漸進的走向共同協商，以便形成解決問題的共識。缺乏共同協商的政策往往得不到國際支持，即使不計後果，付諸實行，留下更多的後遺症，美國出兵伊拉克是例證，這

也是北韓核武一直懸而未決的原因之一，因為各主要國家之間缺乏共識。即使在各主要國家內部，外交決策是行政部門的職權，決策一樣是多方參與及多元協調的結果。不過，外交決策受到國家領導人風格、理念及個性很大的影響，如果是自信強、對外交有主見的領導人，共同協商就會變成罕見的例外，重大決策往往就是個人的決定。這在南半球國家是很普遍的現象，即使在先進民主國家，強勢的國家領導人對於外交政策的主導性強，個人因素很自然就會反應在政策之上，只是他的決策必須受到制度及法律的約束。

6. 外交政策還是以處理政治和安全問題為最優先，其中又以可能發生戰爭的問題為最急迫（Kissinger, 1994）。冷戰結束之後，世界大戰的可能性大幅降低，甚至於不存在，可是地區性的衝突、種族迫害、國際恐怖活動，即使大國之間還是有發生誤判和衝突的可能，如何能建立和平機制是一項重大的挑戰，這在歐洲大致上已經解決，可是亞、非、中東地區還是缺乏和平解決爭端的行為準則或有效的機制。從危機處理開始，一直到衝突預防和衝突的解決，這些地區國家的外交政策還是以此為主要的考慮。

但在另外一方面，外交政策的非政治性議題更為多元，也更為重要（Keck and Sikkink, 1998）。傳統上，我們稱這些問題範圍為低層政治，在後冷戰時期已經不能涵蓋這麼多的非政治性和非軍事性的外交議題。我們改稱為外交議程的多元化和複雜化。在國防政策方面已經出現了國防的企業和商業化，主要涉及國防科技的發展、移轉和武器的採購，另外就是國際及安全知識的蒐集、分析和銷售。在外交決策上，外交轉型已經出現，但是速度是很緩慢的，而且不是外交的企業化或私有化，雖然部分的新公共管理的理論或經驗可以運用到外交決策之上。

第四節　外交政策的決策者

外交決策必須透過人的決定，這些人通稱為決策者，就此而言，我們又可以分成為兩大類型。一是以個人為基礎的分析，主要是從生理、心理、知識及觀念四個方面去了解決策者如何作出決定。二是以角色為基礎的分析，主要是從職能、功能兩個方面去觀察不同的行為者在組織、社群或社會之中如何解決、分析問題，同時作出反應和提出意見（Bloomfield, 1982）。

一、以個人作為單位的決策者

先從個人作為決策者的生理層面談起。這是生理學和醫學所探討的學科，也就是正常的人有相同的生理結構，針對不同的情勢，根據生理機能、作出反應，其中以中樞神經的指揮體系最為重要。外交決策是國家領導人的職責，要負擔這個重責大任就必須有健康的身體，才能確保他的生理狀況是正常的。在例外的情況下，有些國家領導人的生理部分出現問題，嚴重當然就不能視事，有時並不讓外界知曉，決策就會出現反常。中外歷史都顯示好戰或孱弱的君王都有生理上的缺陷，有些是當事者本人並不察覺或部屬無法揭穿，造成許多的錯誤決策。根據生理學及醫學的研究，外交決策者在生理方面有固定的共同現象（Festinger, 1958; Janis and Mann, 1977），在此不另贅述。

心理因素的差異遠超過生理因素，心理學家在這方面的研究可以提供相當多的協助，特別是冷戰時期，西方國家為了避免因為誤判、過度反應或認知失諧造成決策的錯誤，以至於引發核子戰爭，在心理因素影響外交決策上的研究相當注意，尤其是在美國。在此之前，政治學從心理學已經得到了很多的協助，國際關係在冷戰時期解釋嚇阻策略的運用以及心理戰或宣傳戰也廣泛的使用心理學的知識和實驗的結果（Hymans, 2006; Jervis, 1976; Jervis et al., 1985; Morgan, 1983）。

每位決策者都有他的心理因素或信念體系，或基本的認知，作為一個解讀外來訊息和作出判斷的基礎，它就像是資訊的過濾網和解讀器。在心理因素之中，有記憶、態度、價值標準、印象所形成。每一位決策者在決策之時都會尋求他心理中的認知和諧，但是認知失諧是不可避免的，尤其是在他主觀的期待和客觀環境出現落差之時。此時，決策者都會為自己找出合理化的藉口，有時會作出妥協，有時則會有錯誤的決定。人作為決策者在決策之時，他都會認為他的決定是對的，等到問題無法解決或者變得更嚴重之時，他才會了解最初的決策是一種判斷的錯誤。

心理學家對於人的態度有很簡單的分類，即悲觀與樂觀、主動與被動、消極和積極、政治學界早已使用這些分類來描述美國總統的外交決策風格，不一定正確，但整體的觀察大致上是吻合的（Barber, 1992）。更為深入的分析是有關決策者的認知與錯誤認知，對於敵友的印象，整體內在的信念體系以及他所擁有的認同。人對於每一件事的認知要看事件的複雜性及緊迫性而定，如果只是例行的事件，決策者的認知過程非常簡單，當然不會出現錯誤的認知，可

是在危機的緊急狀況之下，錯誤認知是不可避免的。決策者對於外在世界，特別是他的同盟國和對手國會有固定的印象，它不是一朝一夕形成的，通常要經過一段政治社會化的時期形成特定的印象。印象一形成之後要去改變它就不容易。

　　國際關係的理論早就指出，人類的政治以權力和利益為基礎，決策者的認知體系必然受到這兩個因素的影響。特別是在社會建構論提出不同的研究之後，利益指導決策的長期看法正在改變，決策者的觀念、認同有的會超越利益，或者更為準確的說，單憑利益並不能改變一個重大的決策。思維、觀念和認同是形成新政策不能缺少的條件。冷戰時期的圍堵政策，國際金融秩序及制度的建立，聯合國和北大西洋公約組織也是需要思維與觀念的調整才能形成大國的政策。新思維和新觀念的提出已經超越了心理學的範疇，也不只是社會建構論的見解而已。任何思維都會有文化及歷史的傳統，而觀念也是會有人類歷史及各別國家的立國理念和文化深層的內涵。作為 21 世紀的外交決策者，不論是國家領導人或者外交體系的文官，最基本的世界觀和國際觀是不能缺少的（Preston, 2001; Hermann, 1977; Cottam, 1986）。

二、以職能作為類別的決策者

　　職能是依照官僚體系和政府的組織而形成的不同決策者，在任何政府的最高層就是總統或總理，其次則是行政機關的各級官員和立法部門的民意代表及其幕僚。數世紀以來，官僚制度在中國和西方國家已經是行政上的典範，它的特質是專業精神、依法行政、行政中立。[4]在各國外交體系中，不論是中國清季的總理事務衙門以來的官僚體系、美國國務院、日本的外務省或英國的外交及大英國協事務部，都有它一貫的傳統，彼此相當類似，但也有各國不同的制度設計。

　　以憲政體制來說，總統制之下的國家領導人對於外交決策的掌控比較有效、直接。總統不但可以透過總統府、國家安全會議，也可以透過其他行政部門或非行政部門來指揮外交政策，除非總統本人對於外交事務毫無興趣，或者採取授權方式，委由相關官員去制定和執行政策。總統制的國家有些有內閣，

4　韋伯被認為是最有代表性的學者，參閱 Weber, Max.1994. *Political Writing*. Cambridge: Cambridge University Press.

但內閣幾乎不會去挑戰總統在外交事務上的決定。總統負起外交政策的成敗是很自然的結果。

內閣制的設計大不相同，基本上它以國會治國、多數黨組閣、總理在內閣中只是閣員之首，以集體責任制來運作。當然，強勢的總理是不可避免，而且一言九鼎，但這是例外。正常的內閣制之下，總理必須得到閣員的共同支持才能順利執政。如果總理所屬的政黨還需要其他黨的支持才能在國會中形成多數，它的地位就更加的不穩固。如果運作得當，聯合政府一樣可以發揮正常的治理功能，在西歐是非常的普遍，甚至成為歐洲政治的傳統。

從國家領導人的職位，決策者依法可以行使外交決策權，有些是象徵性的，例如出訪、接見來訪國賓、簽訂條約、大部分是實質的決策權。總統和總理在行使權利之時，他們一樣受到前述生理及心理因素的影響。現在的研究更重視心理、文化、觀念、認同等因素，這些因素不見諸於文字，可是他們形塑了決策者的決策觀，也就是決策的理念框架，我們會直言他是現實主義者或自由主義者、鷹派或鴿派、實在的情況不是如此簡單。即使是現實主義的總統，他在外交決策時不可能完全不顧自由主義，這兩種典範有他們的學術規範意義，但在決策上是交互使用的。美國的制度是民主、開放的，加上她在國際關係的超權地位，美國總統因此成為外交決策研究的重點，國際社會對於美國總統的外交決策過程與結果也就比較了解，其他國家仍然相當的隱密。[5]

由於國會在民主國家外交決策的角色愈加突出（Hersman, 2000; Lindsay, 1994; Peterson, 1994），國會議員及其幕僚也成為決策圈的一部分，但是他們的功能還是在監督行政機關，有時候會針對特定外交議題提出看法，美中台關係就是最好的例子。依法而言，外交屬於行政部門，立法部門是控制預算、同意人事任命、批准條約、對外宣戰，制定法案。行使這些法定的權力就是以讓立法機關成為重要的外交決策者。以美國國會為例，在行政和立法機關互為制衡的憲政制度之下，國會批評行政部門，或持相反意見是非常正常的現象，更是依法行使不同的職權。以外交決策而論，參議員的角色遠超過眾議員。不過，外交問題的專業性愈來愈高，國會議員通常需要幕僚進行研究、蒐集資訊

---

5 美國外交政策的著作相當多，最被廣泛使用的教科書可能是 Wittkopf, Eugene R.等人所寫的 *American Foreign Policy: Pattern and Process*.一本完全不同的著作是 Gelb, Leslie H. 2009. *Power Rules: How Common Sense Can Rescue American Foreign Policy*. New York：Harper Collins.

和提供建議,這就使得立法助理在國會的外交決策參與和監督中,佔有一定的地位。愈是專業的外交議題,專家型的立法助理就有愈大的影響力。

需要特別說明的是,民主制度不上軌道的國家,國會議員很難成為實質的外交決策者。充其量只是橡皮圖章而已,即使監督作用也談不上。在內閣制的國家、國會議員的外交決策參與和監督和總統制的國家大不相同。執政黨的國會議員必須為政府的政策辯護,而反對黨的議員杯葛、反對、批評都是正常的現象。反對黨的意見有時候會被政府接納,如果民意明顯的支持反對黨的意見。否則,執政黨在國會多數的優勢之下,外交決策不會因為反對黨的反對而輕易改變。

必須強調的是,不論國會議員在外交決策上是如何積極,決策的制定和執行是在行政部門,特別是美國的國務院,日本的外務省或一般國家的外交部。這裡有一個最根本的問題是,任何政策的制定及執行都涉及到預算,依法行政部門是外交政策的負責單位,他們當然就必須對外交預算的爭取、編列和執行負責,國會只負責審查及通過預算。所以,追根究底,國會議員的外交決策只能說是輔助性和監督性的角色,不宜過份的誇大。

三、以功能為分類標準的決策者

(一)外交決策菁英

「外交決策菁英」是比較政治學者用來描述當代國家的外交決策,他們是少數中的少數,有專業訓練及興趣,包括了政府官員、企業界領袖、民意代表、知識份子及媒體(Almond, 1960)。在早期的共產國家和目前的非民主國家,外交菁英人士更為集中,甚至只限於統治國家的政黨高層或國家領導人及其他少數相關人士。在民主開放國家,外交決策菁英人數不斷增加,原因是教育普及,資訊的流通和全球化的結果。他們不但了解及關心國際事務,當然也設法去影響本國的外交決策,這不一定是出自於本身的私人利益,而是作為一個公民社會一份子的很自然行為取向。以前外交決策菁英通常只限於本國,但現在已有逐漸區域化及國際化的趨勢。西歐及北美的外交決策菁英人士所關心的議題就超過本國的利益範圍。專業之間的菁英,特別是文化、企業及科技。他們利用資訊科技所組成的脈絡聯繫已經形成了一種新的跨國外交決策菁英,這在北美、日本及西歐、中東及回教世界、東南亞或某些特定的產業,例如資訊科技、能源、醫學和生物、環保各方面特別的明顯(Saxenian, 2006;

Rothkopf, 2008）。以族群為基礎的跨國聯繫一樣有影響力，但情況不完全相同，例如海外的美國或英國人、印度及以色列人，來自台灣及大陸的華人或韓國人等。

　　外交菁英人士在西方民主國家相當活躍、積極，大部分會參與政治，如果不參與政治，主要是他們各自的專業領域和外交政策密切相關。所以，他們很自然會利用公開或不公開的管道去影響決策，不過手段完全合法。除去少數的外交菁英人士，西方民主國家的外交決策至少還是菁英型的決策，我們不必過分誇大民主化帶來的結果。因此，一般民眾對於外交事務要不是冷漠，就是不了解。即使中東問題、朝鮮半島是美國外交決策的重點，對於一般民眾來說，一般民眾對這兩個地區相當陌生，同樣的情形也是發生在其他先進國家。

（二）知識社群

　　知識社群是科學研究常用的名詞，和知識份子交互使用，但在西方科學研究，特別是高等教育愈趨制度化之後，知識社群被用來描述共同的行為典範、目標及評比的標準，也是指共同使用的研究方法及理論。[6]國際關係、國際法及國際經濟成為社會科學的主要學科之後，知識社群的出現更為明顯。他們的研究成為理論，也成為國際問題被處理時的參考依據，國際法的判例還經常引用法律專家的意見。外交政策制定一樣受到知識社群的影響，尤其是大學和研究機構成為主要外交策略的理念發源地。重大的外交決策和策略幾乎都有理論作為基礎，國際經濟更是如此，知識社群的重要性可以想見。

　　在高等教育的發展過程中，知識社群和大學很難加以區分，但大學則是普遍的用法，至於大學的角色及定位，在高等教育中早有模式可循，即英式的博雅教育，德式的科學研究與博雅的新人文主義和美式的多元化綜合型大學。在這些高等教育的演變之中，國際關係和外交政策的研究與教學只是附屬在社會科學的領域之中。國際政治學系最早在 1919 年在英國威爾斯大學（現已使用它原來的地名，稱之為 Aberystwyth 大學）設立，隨後在牛津大學和倫敦政經學院成立，而以外交專業為主，培養外交官的學院或大學，例如美國喬治城大

6　基本的理念請參考 Kuhn, Thomas. 1962. *The structure of scientific revolutions*. Chicago: University of Chicago Press.；Winch, Peter. 1958. *The Idea of a Social Science and Its Relation to Philosophy*. London: Routledge. 關於「認知社群」的說明，最完整的還是 Haas, Peter. 1992. "Introduction: Epistemic Communities and International Policy Coordination," *International Organization*, 46(1): 1-35.

學的外交學院或佛萊契國際法與外交學院（The Fletcher School of International Law and Diplomacy）在教學和研究就有差異。

除了大學之外，還有許多研究外交議題的智庫，也被稱之為知識社群。但智庫的研究以政策為主，所以又稱之為政策社群（The policy community），他們的功能和大學當然不同，雖然知識的基礎是互通的。社會建構論興起之後，由於理念、文化及態度對於國際關係的影響受到重視，在研究外交決策過程中，就提出「認識社群」（The Epistemic Communities），它的涵義就比原來的知識社群更加側重知識論及本體論的探討，也更確立了國際關係及外交政策的學術性。

智庫在民主先進國家是公共政策制定過程中很關鍵的一部分，它們針對議題進行研究、提出建議，有些還進行遊說（Abelson, 1996; Stone et al., 1998; McGann and Weaver, 2000; Smith, 1991）。智庫的類型大致可以分成：（1）研究型，即所謂的「沒有學生的大學」；（2）遊說型，即企業化的顧問公司；（3）政策型，即代表特定的政黨或利益團體、闡述和宣揚特定的政治和經濟理念；（4）義工型，即以服務社群為宗旨。在外交決策的領域中，智庫的角色和影響力要看國情的不同而定，即使英美民主國家，不是每一智庫都會受到重視。由於外交政策的專業化，智庫的研究功能愈來愈受到倚重，這是很自然的結果。

（三）利益和遊說團體

利益和遊說團體是民主社會的常態，本來民主政治就是政黨政治，而政黨之外，又有不同型式的利益團體，它們為了維護本身的利益，或保存既有的傳統或技藝，組成民間組織，但需要一定的登記的手續，才能取得法定的地位，以後的遊說也是依法行事（趙可金，2005；Goldstein, 1999; Skidmore and Hudson, 1993）。在民主社會，遊說也被認為是正常，毫無遊說反而是一種冷漠，對於政策的制定是不利的。政府不能聽到不同的意見，無法評估政策是否合乎社會的需要，反而是公共利益的損失。

利益團體的遊說原本是以公共政策為主，原因是外交政策既專業，又涉及國家機密，在很多國家不可能進行遊說。早期的民主國家遊說集中在內政，特別是民生議題，而遊說的對象也是以國會為主，目的在加速法案的通過或阻止法案的制定。在外交政策的領域，國際經濟、能源和貿易的問題很早就是遊說的重點，特別是石油、農產品的進出口和關稅。各國的農民團體莫不關切政

府的農業政策，以免本身利益受損，國會及行政部門自然會面對來自農民團體的壓力，有的甚至會演變成為社會運動。由農民團體引申而出的是許多專業團體，例如勞工、教師、律師、建築師、醫師、會計師，在美國或其他民主國家的外交決策中，有一定的影響力。值得一提的是少數族群或特定族群所組成的團體，對於民主國家的外交決策進行不同型式的遊說，最有名的就是美國以色列人公共事務委員會（American Israel Public Affairs Committee, AIPAC），它既是草根性，又是國際性，對於美國的中東政策維持關注，為了維護以色列的利益，進行遊說，當然也引起很多的爭議。

　　遊說在美國已經變成一種專業的企業化經營，有特定的公司、專家進行合法的遊說活動，也受到司法部門的監督。在其他民主國家，遊說則是不必要，或者不可能，完全要看該國的制度及傳統而定。美式的遊說逐漸引進西歐國家，活動的範圍逐漸擴大，特別是國際貿易、武器銷售和跨國的技術轉移。以商用飛機的銷售為例，歐洲的空中巴士及美國的波音公司彼此競爭劇烈，遊說是必然的結果，而且被視為當然。其實說它是外交實務的企業化合乎實情。

（四）媒體

　　媒體不是外交決策者，但是對於外交政策有形塑及影響的作用（Carruthers, 1990; Cohen, 1963; Deibert, 1997; Serfaty, 1990）。當然，媒體也會發揮監督的作用。除此之外，媒體是決策者重要的資源來源，雖然有些資訊需要查證及分析，但以今天資訊科技的快速，媒體的報導為決策者提供了第一手的資訊，這是無庸置疑的。這是美國有線電線及紐約時報受到重視的最基本原因。網路新聞的快速發展一樣使得報紙的地位和銷售下降，不過紐約時報的可信度依然如故，它是主要國家外交決策每天閱讀的報紙。它幾乎是一隻無形的手，影響了美國及其他大國的外交決策。

　　民主國家的輿論自由，媒體監督政策也反映民意的關切，美國歷次對外使用武力都是在民意反對的聲浪之下完成了撤兵，其中扮演關鍵地位的是媒體。許多外交政策的新議題，例如氣候變遷和疾病，也是經由媒體的持續、廣泛和深入的報導及分析，變成國際議題，再成為政策。所以，媒體不僅是守門人（Gate Keeper），而是政策議程的設定者。正因為如此，民主國家的政府特別注意施政滿意度及支持度，雖然這些民意調查不一定完全準確。滿意度及支持度的持續低迷很直接的會影響到選票，這是民主制度下的致命傷，任何政府不能不注意。

　　由此引申出來的問題是，究竟媒體監督政府？還是政府誘導或利用媒體？中立及公正的媒體是不容否定的。它們在外交政策的制定和研究上有專業的貢獻，特別是國際知識的傳播和增進至為明顯。另外一方面，在民主和法治的政府，經由媒體來達到外交政策的目的也是很正常，特別是處理外交危機或戰爭的緊急情況之下，媒體變成危機處理的一部分，而且是很關鍵的一部分，透過媒體來進行消息傳遞、溝通或者防止對手的誤判，甚至於提出交換的條件都被認為是正當的作法。民主國家在處理與非民主國家的談判，正確解讀對方的媒體報導是一件非常必要的工作，任何對比、比擬、暗喻、典故都可能有外交的意涵，不能輕忽。有時候，沒有報導的要比報導出來還重要，成語、詩詞或俗語的使用一樣有關鍵性的外交用意，需要有正確和及時的解讀和反應。

（五）個人及非營利組織或第三部門

　　個人在外交決策過程中的影響力不是以職位來衡量，這些人通常是社會賢達、公共意見領袖、傑出的專業人士或學者。他們對於外交政策的意見往往成為國際輿論，或者個別國家的政策。這在武器管制、環保、氣候變遷、人權和智慧財產權等方面特別突出。學者的看法有時成為各國國內法院或國際法院引述的論證，其影響力就是國際性的。在國際關係和國際法領域中，有太多的判例、組織、政策和作法是由不具官銜的個人率先提出。[7]早期的國際聯盟、今天的聯合國、國際貨幣基金、亞太經合會都得力於某些學者專家的研究，國家的外交政策一樣受惠於這些傑出的個人。

　　非營利組織或稱之為第三部門，在外交決策中一樣發揮發掘議題、導引國際輿論和監督國際組織或各國政府的功能（Adler and Barnett, 1998; Simmons, 1998: 82-96; Simon, 2002: 167-200; Spiro, 1995: 45-56）。由於他們不是官方的機構，只是以志工的精神來服務國際社會，提出的意見只供參考而已，不過一旦形成有力的國際輿論，各國政府很難置之不理。國際知名的「紅十字會」、「綠色和平」、「無國界醫師」及「反地雷組織」在外交政策的影響力遠超過一般政府，雖然他們依法並不是決策者。國際社會許多不公平的現象、自然災害、人權迫害及政府外交政策的缺失都是經由非營利組織的關心和呼籲，才得到合理的解決。

---

[7]　參閱 Goldstein, Judith and Robert O. Keohane, eds. 1993. *Ideas and Foreign Policy: Beliefs, Institutions, and Political Change*. Ithaca, New York: Cornell University Press.

第五節　外交決策的結構及過程

　　結構作為基本的概念架構在社會學和經濟學早已耳熟能詳。現在是社會科學的一項入門架構。為了方便起見，一個國家的外交決策通常要考慮到以下幾個體系：認知體系或個人體系、社會和國內體系、行政體系。台灣還要特別留意兩岸關係。其分別有不同的結構，決策的過程有類似之處，也有差異。

一、認知體系

　　早期的外交政策研究幾乎不顧及認知體系的分析，普遍的看法是沒有這個必要，它是心理學的範圍，和國際關係並無關連。可是，冷戰時期的核戰風險讓認知體系的研究成為國際關係的必備知識，現在更是談判、外交事務、外交決策和衝突預防及解決中不可缺乏的入門指引（Axelrod, 1976; Holsti, 1962; Jervis, 1976）。對於從事外交的專業人士，認知體系不但是了解對手，又重要的是了解自己。因為長期從事外交決策或研究外交決策者不會去注意到原來人是這樣作出決定，而人的決定並不是那麼的完美無缺。

　　人類的認知過程一樣在認知神經科學的研究得到更為完整的了解，不但是腦的結構和功能已經有了科學性的分析，連帶的是人的知覺、記憶、反應、判斷力、創造力和推理能力也都有了系統性的了解（Sternberg, 2003）。一位正常人的處理問題的過程已經被描述為問題解決週期（Problem-solving cycle），雖然每個人的能力不一定相同，可是流程是相同的。甚至於人類的思考方式、對於問題的分類、知識及資訊的解讀和運用一樣在認知神經科學中作出系統化的研究及說明。科學家已經可以了解一個人是如何了解和判斷問題，然後作出決定，雖然他們無法預判是什麼樣的決定，當然更無法客觀的去斷定決定是否正確或合乎國家利益。這個問題連外交政策的研究者都無法答覆。

二、社會體系

　　社會體系的結構是由人口來組成，所以一個國家的人口是否老化、移民人數多少、人力的品質，就會決定社會體系的結構（de Blij, 1996）。人口結構形塑了社會體系、社會變遷，當然也就設定了該國的公共政策，以解決連帶發生的社會問題。教育、社會福利、衛生醫療、婦女、兒童的照顧、青少年問題都和人口結構不可分。這種人口結構也會影響到外交決策的方向、優先順序及國家對於特定問題的反應。例如美國對於中東問題就有特別的敏感度，因為

美國人之中猶太人有相當大的影響力。新加坡對於族群和諧特別敏感，回教國家對於宗教相當重視，許多非洲國家內部不但人口結構特殊，族群問題尤其複雜，種族迫害問題更為嚴重。如何處理少數民族問題是很多國家面臨的共同問題，因為一個民族組成一個國家的例子太少，日本及韓國算是得天獨厚。

不同的族群如果有自己的文化、宗教及語言，如何相處就是難題，有些可以和諧共存在一個國家之下，例如加拿大、前蘇聯、印度、美國及中國大陸。在東南亞，這曾經是一個相當敏感的外交政策問題，不過情況已經和緩很多，特別是在馬來西亞及印尼。在比利時和荷蘭，這個問題也有很合理的解決。但在非洲、中東及中亞地區，這個問題就是很大的外交難題。除了種族屠殺之外，以色列的對外談判和整個中東問題的解決和族群問題幾乎是不可分割。英國的北愛爾蘭、加拿大的魁北克、印尼的亞齊、菲律賓的民答那峨都面對類似的問題。

從積極面來分析，人力資源提供外交政策另外一種活力，特別是科技、管理、藝術和設計人才都會為該國帶來特別的國際地位及影響力，連帶在外交決策上出現軟實力及智慧型力量（Nye, 2006; Nye, 2008），後冷戰時期對於文化創意人才的重視以及大學競爭力的培育可以了解到這個國際的大趨勢。它不但是零污染或綠化的產業，更是國家進步的大動力之一。它也是經濟地理的新方向及新議題（Clark et al., 2003; Dicken, 2003; Lowenthal, 1957）。更是國際政治經濟學和外交政策研究相結合的最好範例。在資訊化、科技化和全球化的新社會體系，國家的外交政策就不能再依照舊有的權力政治理論去思考。它是一種合作型、互利型的社會結構，而且是民間社會更趨活躍的新結構。簡言之，國際社會在法律及政治上依然是無政府的社會，可是先進國家內部的社會已經從工業社會，變成了後工業社會，再變成了資訊社會。在一個手機、個人電腦及網路連接的社會，人的理念及想法已經改變，國際關係一樣隨之改變。

在這樣的社會結構之下，外交決策的過程更加透明化是不可避免的結果。以前只是少數人享用的資訊，今天在網路的普及之下，已經是全球通用。以前的國際社會是在核子傘的保護之下維護安全，今天是在資訊的網路之下，維繫安全。當然，國家還是會基於國家利益的考量，在決策過程上施加必要的保護及保密，目的也防止對資訊體系的破壞。可是，在非軍事性或功能性議題的決策上，資訊社會的透明化決策過程確實提供了太多的便利，當然也提升了國家處理外交問題的能力，這也是當前國際社會面對金融海嘯、疾病和氣候變遷時，先進國家能夠更快速的掌控變化和處理問題的原因之一。傳統外交決策的

「黑箱作業」很顯然需要重新定義。外交決策受到更多的關注，遊說活動會增加，非營利組織參與外交決策一樣會更為積極都是可以預期的。也就是說，外交政策會更加國際化，但同時也會國內化，主要原因在於菁英的國際化是大勢所趨（Keohane and Milner, 1996）。

三、行政體系

　　行政體系一向稱之為官僚體系，在政治史上已經有很長期的傳統和制度。中國的官僚制度建立最早，西方國家也有相同的制度，學界對它有正負兩種評價，但研究上大部分從正面加以解釋，而西方國家均以韋伯的著作為分析的範本，以後公共行政成為社會科學重要的分支學科之後，理論更多，在第一節已經作了分析，不再贅述。不論是公共行政、公共事務、公共管理或公共政策，行政體系在結構上有一定的特質，古今中外並無太大的差異。中國的文官體系和日本、印度或英國的文官體系有太多的類似之處。基本上，行政體系的結構由專業文官依照法律組成，他們非常重視專業、依法行政、人才的晉用、訓練和升遷都有制度可循，自然就會形成本位主義，或者在國家內部形成一個很特殊的利益團體（Simon, 1957）。行政體系不可避免的是，優越感和責任心並存，但保密、慣性、避免犯錯而排斥改革是普遍的現象，特別是外交決策一向重視守密，保守的特質遠超過行政體系的其他部門。

　　在後冷戰時期，外交行政體系開始轉型，不過速度很慢。造成轉型的原因是外交議題的改變，原來的體系無法處理這些問題。二是資訊科技的快速進步一樣改變了外交行政體系，三是原來的公共政策和外交政策分隔，外交與內政分開，民間社會和行政體系分軌被認為是過時的想法。外交政策和其他政策的連接性愈來愈明顯。因此，外交行政體系的結構就會逐漸的產生質變，它已經不可能單獨存在，或單獨運作（Hill, 2003）。

　　外交行政體系的過程還是相當的隱密，這是為了維護國家利益及安全的必要措施。此外，本位主義會繼續存在，即使外交政策和其他政策連接密切，這種情況不會改變。由於外交決策受到外來的關切、遊說和影響愈來愈頻繁，決策過程自然更費時，國內及國際的討論、對話或談判只會增加。以前外交決策比較不重視的問題，例如預算、政策績效、經營及管理、全球及各國的治理等，在將來都會成為必要研究或處理的項目及政務。當 2008 年金融海嘯發生時，國際社會有太多的討論，它是外交還是內政？它是政治還是經濟？事實早已證明，政治和行政不可分，政治和經濟一樣不可分，而外交是內政的延長只

會愈來愈清楚，而且愈有影響力。

第六節　外交文化

從民族特性的角度去討論國家的外交風格及政策起源很早，在後冷戰時期，文化因素特別受到重視有它的原因（Harrison and Huntington, 2000; Wallerstein, 1991）。一是冷戰結束之後，杭廷頓（Samuel Huntington）提出了文明衝突的論述，在「九一一」事件之後成為國際關係的主流意見。二是社會建構論對於文化因素一向重視，外交政策研究和制定連帶也對這個領域有新的體認。外交決策長期以來重視的是物資的力量，可是文化和理念造成的影響可能更大，這是社會建構論得到學界認定的基本原因。現在不但在外交政策，在很多社會科學領域，文化因素是佔優先的地位。三是從哲學的探討開始，人文及社會科學一直就很重視文化的背景、內涵及對於個人、社會以及國家產生的引導作用。所以，政治文化能夠讓我們更了解美國政治，戰略文化讓我們知道東方的守勢及西方的攻勢傾向。「不戰而屈人之兵」代表的就是一種戰略文化。企業文化也是一種管理和經營的理論基礎，不了解企業文化是很難經營成功的。外交文化就是在這個背景之下，有研究的必要。

第一個要探討的問題是什麼是外交文化？在西方國家的學術界，對於戰略文化和政治文化早有系統性的分析，而外交文化受惠於戰略文化的研究最多。外交和戰略本來就不可分，而戰略文化研究提供的理論、見解和論述是外交文化很有用的參考依據（Huck, 1972; Johnston, 1995）。戰略研究在中外都是很古老的學科，可是長期以來並不交集，西方國家早有自己一套的戰略思想，各國有不同的哲學、文化及歷史背景，即使在實際作戰方面也有不同的經驗，英德法俄四國的戰略思想和作戰理念就有差異。不論思想差異何在，兵法是為求勝是不變的道理，而西方國家，特別歐洲與美國的戰略專家並沒有注意到文化差異所帶來的挑戰。即使在第二次大戰期間，他們面對德國的納粹，同盟國一樣沒有留意到戰略文化的重要性。

西方國家在太平洋戰爭結束之前，才明白了文化差異對於日本頑強抵抗的影響。韓戰的衝擊以及隨後冷戰所帶來的不可預測性讓西方戰略學界開始去了解戰略文化的現代意義。越戰一樣有很大的影響，這是重大軍事強國所面對的戰略困境，因為對手雖然不是軍事或工業大國，和納粹的德國或軍國主義的日

本不能同日而語，可是越戰卻是帶來了失敗的經驗。於是，戰略文化有它的啟發性，中國、日本、東方的戰略文化仍然是研究的重點，而西方國家本身的戰略文化，加上對前蘇聯及當今俄羅斯的戰略文化探討就成為必要的學科。

　　戰略文化的探討通常從該國的哲學觀開始，特別是政治哲學，由此而延伸到社會、文化以及軍事方向的分析，尤其是對外使用武力的背景、類型和個案的對比（Baylis et al., 2007: 82-100）。由於每一個國家的歷史不同，時代也不同、要從農業社會的戰略觀去解釋資訊時代和核子時代的戰略觀並不客觀，而且會有錯誤。可是，戰略文化和政治文化一樣，至少可以提供我們一個輪廓及行為類型，讓外界明白一個國家在面對外來威脅或挑戰時，她可能採取的反應，就如同文化因素協助我們了解民主、經濟發展是一樣的。可是，「文化決定論」並非完全正確與可靠，因為人的戰爭或經濟行為，尤其是政府的決策，並非是文化可以完全主宰的。這也就是戰略學家一再強調的，每一次戰後都有不同的時空背景及挑戰，一次的勝利或失敗並不能說明這個國家永遠勝利或失敗。

　　戰略文化和政治文化提供不同角度的分析則是事實。美國如果更早了解武士道，人民解放軍及越南的民族主義，在處理太平洋戰爭、韓戰及越戰可能會更為順手。今天，美中之間之所以能夠防止危機失控，或者雙方溝通更為順暢，戰略文化的研究是提供有用的協助。美國在面對日本的保護市場，東南亞大談「亞洲價值」及拉丁美洲提出的依賴理論或者印度早期的「不結盟運動」的主張，戰略文化的研究成果解決了不少的困惑及謎團。從西方的理性思考中，尼赫魯的「不結盟運動」是無法理解的，可是擺在印度的獨立史及印度的戰略思考上，我們很容易可以明白尼赫魯的戰略文化。當年中國大陸在民生困頓的情況之下，發展核子武器，同時以第三世界領導人自居，要組成全世界的反美聯合陣線，同樣有它的戰略文化。當年的蘇哈托、納瑟、卡斯楚，甚至非洲的恩克努瑪及尼爾義（Julius Nyerere）都有他們特別的戰略觀或戰略文化。

　　戰略文化和哲學觀的關係太深，不容易切割（Lantis, 2005; Hudson, 1997）。西方的哲學建立在理性思考，目的在客觀地了解和有效的掌控這個世界，中國或東方哲學在於發現生活的智慧，以達到人與世界價值的圓融和諧。中國或東方的哲學比較不注意知識系統的建立，而較重視道德人格的修養以及心靈境界的提升，於是中國及東方的哲學頗似宗教，幾乎取代了宗教的地位。這種哲學充分反映在老莊、甚至儒家。而戰略文化之強調守勢、以柔克剛、以德服人自然是有它的道理。

在冷戰時代，戰略文化的研究開始，西方國家從文化中去了解共產世界的思考模式，特別是前蘇聯及中國大陸，也包含了北韓及北越。從越戰開始的一連串民族解放戰爭或游擊戰爭，西方國家了解到戰略文化的不同，作為一個核子大國要在追求獨立的第三世界維護西方國家既有的利益是相當的困難。英法畢竟深刻了解到民族主義的力量不可抵擋，於是非常務實的放棄殖民統治。這當然也是另外一種型式的戰略文化。想當年英法雄心萬丈，企圖從南北獨霸或北西連接在非洲殖民帝國。當他們面對了非洲殖民地的獨立要求之時，撤退速度之快也是難以想像。說這是現實主義的赤裸裸展現一點也不誇張。

戰略文化指導外交文化，兩者幾乎是一體。美國從圍堵政策中發展出來的戰略與外交為的是要削弱共產世界，而中國大陸及前蘇聯的世界革命目標也是相同的戰略及外交文化，只是在當時並沒有社會建構論的主張，也沒有戰略文化的理論架構。

哲學觀、歷史觀和戰略觀構成了一國外交文化的最主要部分，尤其是長期歷史留下的思考模型，民族光榮或仇恨以及其他無法細說的種種遺跡（Elman and Elman, 2001）。外交文化也會反應出一個國家在快速變遷和高度競爭的國際社會中，維護自身利益的方法及行為模式。任何國家的外交文化必然有它的持續性和現代性，畢竟科技的演變會帶動人的想法改變，即使再保守的國家也無法抗拒科技的衝擊。

簡單的說，外交文化就是一個國家在處理外交問題的哲學思考、價值判斷和行為準則，具體化的展現就是外交政策（Lebow, 2008）。所以，外交政策必然展現外交文化，或受到外交文化的形塑。文化有成文和不成文的部分，可是一旦成為政策就會有官方文件，而且訂出明確的目標、策略和作法。政策聲明必然是公開的，但各國開放的尺度不同，民主國家則是相當的透明和可預測。政策形成之後，如果窒礙難行，或者遭到民意及盟國的反對，修改是很平常的事。可是外交文化的調整或轉型比較不容易，甚至於不可能。凡是涉及到意識形態、歷史宿怨、宗教和種族衝突的問題，它必然是外交文化中根深蒂固的部分，需要很長的時間才能化解。

第二個問題是外交文化是否有排他性和針對性？外交涉及到國家利益、傳統和安全，外交文化經過長期的累積，很自然就有排他性（Huntington, 1996）。這種排他性並不完全是以國家為基礎，反而是地區性，或者如同杭廷頓所說，是以文明為區隔，衝突自是無法避免。從另外的角度來觀察，文明的融合也是存在的。歐洲的文明就是長期的融合，中華文明也是如此。外交制度

及體系起源於歐洲，外交文化帶有濃厚的歐洲傳統尤其自然。這也就是為什麼學界會把外交文化分成為西方與非西方的道理。不過，這樣的分類過份簡略，而且帶有文化上的偏頗。歐洲和亞洲國家之間在政治或戰略文化上並非截然不同，而且也不是完全的對立。只是外交文化一旦被限縮在每一個國家的主權範圍之內，排他性和針對性就不能避免。嚴重的話會引起衝突和戰爭，這也就是後冷戰時期，各國重視文化交流、溝通或公共外交的道理，其目的在降低文明衝突和文化誤解。

　　第三個問題是在全球化之下會造成跨國界的外交文化？在全球化的影響之下，世界性的外交文化是不可避免的。[8]大眾文化已經是眾所皆知的現象，電視、歌曲和電影是最好的例子，而外交文化一樣也會有全球的共同標準。長期以來，西方的禮儀就是外交界的共同習慣，而使節制度更是西方國家的習慣演變而成。有些部分已經成為國際法，有些還停留在共同的行為準則或者習慣。跨國界的外交文化有它的共同點，對於人權的重視、環境的保護、疾病的預防、糧食問題的解決都是顯而易見的。這裡不可避免的是文化上的差異，因為西方文化的價值觀和哲學理念長期影響到全球的外交文化，非西方國家並非完全接受。即使人權的定義各國不完全相同，環境保護的措施、疾病預防的急迫性各國的看法也不盡相同。所以，現在只能說有全球外交文化的共同理想，至於外交文化則為時尚早。

第七節　結　語

　　外交政策作為一項學門有無限發展的空間，主要是外交政策的多元化、專業化及內部化。以往外交政策確實是國家大政，而今天的外交政策和民眾的個人利益、企業經營和社團活動的相關性愈來愈高，它不但是受到注意、遊說，更是每個國家對外交涉的重點。從國際關係和社會科學的研究來看，外交政策不止是政策研究的一部分，它和國際關係、國際安全與國際政治經濟學更是不

8　由外交文化轉變而成的外交遊說是美國外交政策的典型個案，參閱 Mearsheimer, John J. and Stephen M. Walt. 2007. *The Israel Lobby and U.S. Foreign Policy*. New York: Farrar, Straus and Giroux.；Newhouse, John. 2009. "Diplomacy, Inc.." Foreign Affairs 88(3): 73-92.

可分。

　　錯誤政策比貪污更可怕，錯誤的外交政策所帶來的結果要比貪污更難處理，也更為嚴重，單從這個角度去看，就足以說明外交政策是不容忽視的學科。本文所討論的比較偏重於外交決策，而非政策的內涵。也就是分析外交政策形成的過程，至於結果則留待以後再討論。我們去觀察各國的外交決策很容易可以明白，沒有一個制度是完美的，也不是每一次的決策都是正確的，因為人不可能是萬能，而國家也不可能是巨靈，政府更不能是 21 世紀的包青天，外交決策需要不斷的調整、學習和研究，國家無論大小，都是如此。

參考書目

王文隆，2005，《外交下鄉、農業出洋》，台北：政治大學歷史系。

包宗和編，2009，《衛生安全的理論建構與實踐》，台北：遠景基金會。

吳瓊恩，2006，《公共管理》，台北：揚智。

孫本初，2009，《新公共管理》，台北：一品。

高德源等譯，2009，《誰是美國人: 族群融合的問題與國家認同的危機》，台北：左岸。譯自 Huntington, Samuel P. *Who are we?: the Challenges to America's National Identity*. New York: Simon & Schuster, 2004.

陳振明，2005，《政策科學》，北京：中國人民大學出版社。

陳振明，2007，《理解公共事務》，北京：北京大學出版社。

趙可金，2005，《營造未來：美國國會游說的制度解讀》，上海：復旦大學。

錢　復，2005，《錢復回憶錄》，台北：天下文化。

Abelson, Donald. 1996. *American Think-Tanks and Their Role in U.S. Foreign Policy*. New York: St. Martin's.

Adler, Emanuel and Michael Barnett. 1998. *Security Communities*. New York: Cambridge University Press.

Allison, Graham and Philip Zelikow. 1999. *Essence of Decision: Explaining the Cuban Missile Crisis*. New York: Longman.

Almond, Gabriel A.1960. *The American People and Foreign Policy*. New York: Praeger.

Axelrod, Robert, ed. 1976. *Structure of Decision: The Cognitive Maps of Political*

Elites. Princeton. New Jersey: Princeton University Press.

Barber, James David.1992. *The Presidential Character: Predicting Performance in the White House*. Englewood-Cliffs, New Jersey: Prentice-Hall.

Baylis, John, James Wirtz, Colin S.Gray and Eliot Cohen, eds. 2007. *Strategy in the Contemporary World: An Introduction to Strategic Studies*. New York: Oxford University Press, 82-100.

Berkley, George. 2000.*The Craft of Public Administration*. New York: McGraw-Hill.

Braybrooke, David and Charles E. Lindblom. 1963. *A Strategy of Decision: Policy Evaluation as a Social Process*. New York: Free Press.

Buzan, Barry and Richard Little. 2000. *International Systems in World History: Remaking the Study of International Relations*. New York: Oxford University Press.

Carruthers, Susan L. 1990. *The Media at War: Communication and Conflict in the Twentieth Century*. London: MacMillan.

Clark, Gordon, Maryann Feldman and Meric Gertler. 2003. *The Oxford Handbook of Economic Geography*. New York: Oxford University Press.

Cohen, Bernard. 1963. *The Press and Foreign Policy*. Princeton, New Jersey: Princeton University Press.

Cottam, M. L. 1986. *Foreign Policy Decision Making: The Influence of Cognition*. Boulder, Colorado: Westview.

de Blij, H. J. 1996. *Human Geography: Culture, Society, and Space*. New York: John Wiley.

De Rivera, J. H. 1969. *The Psychological Dimension of Foreign Policy*. Columbus, Ohio: C.E. Merrill.

Deibert, Ronald J. 1997. *Parchment, Printing, and Hypermedia: Communication in World Order Transformation*. New York: Columbia University Press.

Destler, I. M. 1974. *Presidents, Bureaucrats, and Foreign Policy: The Politics of Organizational Reform*. Princeton, New Jersey: Princeton University Press.

Dicken, Peter. 2003. *Global Shift: Reshaping the Global Economic Map in the 21st Century*. London：Sage.

Elman, Colin and Miriam Fendius Elman, eds. 2001. *Bridges and Boundaries: Historians, Political Scientists, and the Study of International Relations*.

Cambridge, MA.: MIT Press.

Festinger, Leon. 1957. *A Theory of Cognitive Dissonance*. Stanford.: Stanford University Press.

Finnemore, Martha. 1990. "Global Culture :An Introduction." *Theory, Culture and Society* 7: 1-14.

Finnemore, Martha. 1996. *National Interests in International Society*. Ithaca, New York: Cornell University Press.

Frankel, Joseph.1963. *The Making of Foreign Policy: An Analysis of Decision-making*. Oxford：Oxford University Press.

Gelb, Leslie H. 2009. *Power Rules: How Common Sense Can Rescue American Foreign Policy* New York: Harper Collins.

George, Alexander L., ed. 1991. *Avoiding War: Problems of Crisis Management*. Boulder, Lolorado: Westview.

Goldstein, Judith and Robert O. Keohane, eds. 1993. *Ideas and Foreign Policy: Beliefs, Institutions, and Political Change*. Ithaca, New York: Cornell University Press.

Goldstein, Kenneth. 1999. *Interest Groups, Lobbying, and Participation in America*. Cambridge: Cambridge University Press.

Haas, Peter. 1992. "Introduction: Epistemic Communities and International Policy Coordination," *International Organization*, 46(1): 1-35.

Halperin, Morton H. and Priscilla Clapp with Arnold Kanter. 2006. *Bureaucratic Politics and Foreign Policy*. Washington, D. C.: Brookings.

Harrison, Lawrence E. and Samuel P. Huntington. 2000. *Culture Matters: How Values Shape Human Progress*. New York: Basic Books.

Hermann, Charles F., ed. 1972. *International Crises: Insights From Behavioral Research*. New York: Free Press.

Hermann, Margaret.1977. *A Psychological Examination of Political Leaders*. New York: Free Press.

Hersman, Rebecca.2000. *Friends and Foes: How Congress and the President Really Make Foreign Policy*. Washington, D.C.: Brookings.

Hilsman, Roger. 1987. *The Politics of Policy Making in Defense and Foreign Affairs: Conceptual Models and Bureaucratic Politics*. Englewood-Cliffs, New Jersey:

Prentice-Hall.

Holsti, Ole. R. 1962. "The Belief System and National Images: A Case Study." *The Journal of Conflict Resolution* 6: 244-252.

Huck, Arthur. 1972. *The Security of China: Chinese Approaches to Problems of War and Strategy*. New York: Columbia University Press.

Hudson, Valerie M. ed. 1997. *Culture and Foreign Policy*. Boulder, Colorado: Lynne Rienner.

Hudson, Valerie M. 2006. *Foreign Policy Analysis: Classic and Contemporary Theory*. New York: Rowman and Littlefield.

Huntington, Samuel P. 1996. *The Clash of Civilizations and the Remaking of World Order*. New York: Simon and Schuster.

Hymans, Jacques. 2006. *The Psychology of Nuclear Proliferation: Identity, Emotions, and Foreign Policy*. Cambridge: Cambridge University Press.

Janis, Irving and Leon Mann. 1977. *Decision Making: A Psychological Analysis of Conflict, Choice, and Commitment*. New York: Free Press.

Janis, Irving. 1972.*Victims of Groupthink : A Psychological Study of Foreign-policy Decisions and Fiascoes*. Boston, Houghton, Mifflin.

Janis, Irving. 1982. *Groupthink: Psychological Studies of Policy Decisions and Fiascoes*. Boston: Houghton Mifflin.

Janis, Irving. 1989. *Crucial Decisions: Leadership in Policymaking and Crisis Management*. New York: Free Press.

Jervis, Robert, Richard Ned Lebow and Janice Gross Stein, eds. 1985. *Psychology and Deterrence*. Baltimore, Maryland: Johns Hopkins University Press.

Jervis, Robert. 1976. *Perception and Misperception in International Politics*. Princeton, New Jersey: Princeton University Press.

Johnston, Alastair Iain. 1993. *Cultural Realism: Strategic Culture and Grand Strategy in Chinese History*. Princeton, New Jersey: Princeton University Press.

Jordan, Amos A., William J. Taylor, Jr., and Michael J. Mazarr.2009. *American National Security*. Baltimore, Maryland: Johns Hopkins University Press.

Keck, Margaret E. and Kathryn Sikkink. 1998. *Activists Beyond Borders: Advocacy Networks in International Politics*. Ithaca, New York: Cornell University Press.

Keohane, Robert and Helen Milner, eds. 1996. *Internationalization and Domestic*

Politics. Cambridge: Cambridge University Press.

Keohane, Robert and Joseph Nye. 2001. *Power and Interdependence: World Politics in Transition*.New York: Longman.

Kissinger, Henry A. 1994. *Diplomacy*. New York: Simon & Schuster.

Kuhn, Thomas. 1962. *The Structure of Scientific Revolutions*. Chicago: University of Chicago Press.

Lantis, Jeffrey S. 2005. "American Strategy Culture and Transatlantic Security Ties." In *Old Europe, New Europe and the Transatlantic Security Agenda,* eds. Longhurst, Kerry and Marcin Zaborowski. London: Routledge.

Lebow, Richard Ned. 2008. *A Cultural Theory of International Relations*. Cambridge: Cambridge University Press.

Lindsay, James. 1994. *Congress and the Politics of U.S. Foreign Policy*. Baltimore, Maryland：Johns Hopkins University Press.

Lowenthal, *Abraham.* 1957. *Global California: Rising To The Cosmopolitan Challenge*. Stanford, California: Stanford University Press.

McGann, James and R. Kent Weaver, eds. 2000. *Think Tanks and Civil Societies: Catalysts for Ideas and Action*. New Brunswick, New Jersey: Transaction Books.

Mearsheimer, John J. and Stephen M. Walt. 2007. *The Israel Lobby and U.S. Foreign Policy*. New York: Farrar, Straus and Giroux.

Mintz, Alex. 2004. "How Do Leaders Make Decisions? A Poliheuristic Perspective." *Journal of Conflict Resolution* 48(1): 1-9.

Morgan, Patrick.1983. *Deterrence: A Conceptual Analysis*. Beverly Hills, California: Sage.

Newhouse, John. 2009. "Diplomacy, Inc.." *Foreign Affairs* 88(3): 73-92.

Nye, Joseph. 2006. *Soft Power: The Means to Success in World Politics*. New York: Public Affairs.

Nye, Joseph. 2008. *The Power to Lead*. New York: Oxford University Press.

Osborne, David and Peter Plastrik. 2000. *The Reinventor's Fieldbook: Tools for Transforming Your Government*. New York: Wiley.

Peterson, Paul, ed. 1994. *The President, the Congress, and the Making of Foreign Policy*. Norman, Oklahoma: University of Oklahoma Press.

Preston, Thomas.2001. *The President and His Inner Circle: Leadership Style and the*

Advisory Process in Foreign Policy Making. New York：Columbia University Press.

Richelson, Jeffrey T. 1999. *The U.S. Intelligence Community*. Boulder, Colorado: Westview Press.

Rothkopf, David. 2008. *Superclass: The Global Power Elite and the World They are Making*. New York: Farrar, Siraus and Giroux.

Russett, Bruce, ed. 2008. *International Security and Conflict*. London: Ashgate.

Saxenian, Anna-Lee. 2006. *The New Argonauts: Regional Advantage In a Global Economy*. Cambridge, MA.: Harvard University Press.

Serfaty, Simon, ed. 1990. *The Media and Foreign Policy*. London: MacMillan.

Simmons, P. J. 1998. "*Learning to Live with NGOs*." *Foreign Policy* 112：82-96.

Simon, Herbert A. 1957. *Administrative Behavior: A Study of Decision-making Processes in Administrative Organization*. New York: Macmillan.

Simon, Sheldon. 2002. "Evaluating Track II Approaches to Security Diplomacy in the Asia-Pacific: The CSCAP Experience." *The Pacific Review*15(2): 167-200.

Skidmore, David and Valerie M. Hudson, eds. 1993. *The Limits of State Autonomy: Societal Groups and Foreign Policy Formulation*. Boulder, Colorado: Westview.

Smith, James Allen. 1991. *The Idea Brokers: Think Tanks and the Rise of the New Policy Elite*. New York: Free Press.

Snyder, Richard, H. W. Bruck and Burton Sapin. 1954. *Foreign Policy Decision-making*: *An Approach to the Study of International Politics*. New York: Free Press.

Spiro, Peter J. 1995. "*New Global Communities*: *Nongovernmental* Organizations in International Decision-Making Institutions. " *The Washington Quarterly* 18(1): 45-56.

Steinbruner, John D. 1974. *The Cybernetic Theory of Decision: New Dimensions of Political Analysis*. Princeton, New Jersey: Princeton University Press.

Stone, Diane, Andrew Denham and Mark Garnett, eds. 1998. *Think Tanks Across Nations: A Comparative Approach*. Manchester, Manchester University Press.

Swaine, Michael and Ashley Tellis. 2000. *Interpreting China's Grand Strategy: Past, Present, and Future*. Santa Monica, California: RAND.

Sylvan, D. A. and J. F. Voss. 1998. *Problem Representation In Foreign Policy*

Decision Making. Cambridge: Cambridge University Press.

Vertzberger, Yaacov Y. I. 1990. *The World in Their Minds: Information Processing, Cognition, and Perception in Foreign Policy Decision-making*. Stanford：Stanford University Press.

Wallace, Helen and William. 2000. *Policy-making in the European Union*. New York: Oxford University Press.

Wallerstein, Immanuel. 1991.*Geopolitics and Geoculture: Essays on the Changing World-system*. Cambridge: Cambridge University Press.

Weber, Max.1994. *Political Writing*. Cambridge: Cambridge University Press.

Winch, Peter. 1958. *The Idea of a Social Science and Its Relation to Philosophy*. London: Routledge.

Wittkopf, Eugene R., Charles W. Kegley, Jr, and James M. Scott. 2003. *American Foreign Policy: Pattern and Process*. New York: Wadsworth.

Wittkopf, Eugene R., ed. 1994. *The Domestic Sources of American Foreign Policy: Insights and Evidence*. New York: St. Martin.

第十八章　邁向二十一世紀的國際政治經濟學：超越與突破

朱雲漢

第一節　導　言

　　儘管戰後的西方社會科學不斷試圖模仿自然科學，以追求跨越時空的普遍性法則為目標，但實際上社會科學的理論很少經得起時間的考驗，通常都是落後於歷史腳步的前進的速度，也很少能預見歷史演進的方向。尤其在社會結構與全球秩序劇烈變動的時刻，歷史發展的方向與腳步經常超出既有主流理論的想像與理解的範圍，學科內部必然受到刺激而產生突破既有理論困境以及找尋新研究典範的動力，進而帶動學門研究途徑與理論視野的全面修正與更新。

　　國際政治經濟學（IPE）在 70 年代迅速成為國際關係領域的一門顯學，也是因為傳統的國際關係理論無法有效分析與解釋當時世界政治經濟格局所發生的劇烈變化，尤其是西方國家經歷 60 年代末的「尼克森震撼」（Nixon shock）、70 年代的兩次石油危機，以及 70 年代中期到 80 年代初期的兩次世界性經濟衰退。同時，嚴重的停滯性通貨膨脹導致工業先進國家內部有關福利國家體制的社會共識出現鬆動，以柴契爾夫人與雷根政府為代表的新自由主義經濟路線順勢而起，帶動全球範圍的經濟體制變革。這些結構性的變化讓政治學者普遍意識到，國際政治的研究不能侷限於傳統的戰爭與和平，或安全與戰略議題；國際經濟領域的合作與競爭已經成為追求國家利益與維護社會福祉的重大課題；國際經濟相互依存關係與國內政治的因果連結已經讓「比較政治」與「國際關係」這兩個領域間的界線逐漸模糊。IPE 乃應運而生，讓政治學者有效回應新時代的知識需求與挑戰，並重新發展參與社會主流菁英公共議題對話所需要的專業能力。

　　進入 90 年代 IPE 已經成為政治學門的一個成熟次領域，具備所有成熟次領域的特徵。幾乎所有歐美主要大學的政治系都將 IPE 列為國際關係領域內的重要次領域，從研究所課程安排、博士班資格考科目，到教授員額配置，

IPE 都是不可或缺的核心次領域。IPE 的旗艦刊物 *International Organization*，其學術影響力早已明顯超越傳統國際關係理論的核心期刊，例如 *International Security, World Politics, Journal of Conflict Resolution* 等，成為政治學門最頂級的三個期刊之一。*International Studies Quarterly, European Journal of International Relations* 這些主流期刊，也因為出版高比例的 IPE 論文而提升其學術影響力，而 *Millennium, Review of International Political Economy* 這些新興期刊更是拜 IPE 蓬勃發展之賜而有機會建立其學術地位。Robert Keohane 以及 Peter Katzenstein 這兩位 IPE 的先驅學者於 1999 年以及 2008 年分別當選美國政治學會的會長，更意味著 IPE 被公認為過去三十年國際關係理論演進的最重要知識泉源。

　　不過，正當 IPE 成為成熟的政治學次領域之際，美國各大學政治系都開始在研究方法訓練上逐漸向「理論模型的經驗意涵」（Empirical Implications of Theoretical Models）研究途徑靠攏（2010，杜克大學網站），[1]年輕一代的 IPE 學者為了要符合這個新的專業規格要求，都開始從事形式化理論的建構，以及採行嚴格經驗性研究設計要求下的量化分析或比較分析研究策略。過去十幾年美國的 IPE 研究乃明顯的走向高度學院化與抽象化的道路，理論取向與研究方法上也越來越同質化、單一化（McNamara, 2009）。這個發展趨勢讓美國的 IPE 學術研究與實際政策過程之間的隔閡越來越大，也讓美國學者的學術取向與歐洲同行間的鴻溝愈來愈大。第一代的 IPE 者中可以橫跨學術與實務兩個領域，可以同時從事理論建構以及參與主流公共論述的為數不少，例如哈佛大學的 Joseph Nye、哥倫比亞大學的 John Ruggie、史丹佛大學的 Steven Krasner 以及普林斯頓大學的 John Ikenberry，在新一代國際政治經濟學者中此類人物已是鳳毛麟角。

　　在跨入 21 世紀後，這個發展趨勢讓美國的 IPE 面臨了新的危機。一方面美國的 IPE 在表面上愈來愈科學化，愈來愈符合實證主義典範下的演繹因果推論與假設驗證要求；另一方面 IPE 的研究活動在理論與方法上更單一化、研究議程愈來愈窄化，關注的歷史經驗跨度也愈來愈短暫。在人類歷史變遷腳步愈來愈快速的時代，美國的 IPE 者也就愈來愈不具備解釋與分析全球秩序變遷的能力。主流的國際政治經濟學對於重塑 21 世紀全球秩序的幾個最重要趨勢：例

---

[1]　關於 EITM 研究途徑的核心主張見 http://www.poli.duke.edu/eitm/overview.htm

如美國主導的單極體系迅速隕落、非西方世界全面崛起、經濟自由主義式微、多元現代性格局湧現，環境與生態正義論述躍升等等，缺乏知識上的準備。大多數美國 IPE 者均無法預見：G20 的迅速形成與 G8 的沒落、非西方國家在哥本哈根會議挑戰西方國家的「碳正義」話語權、「中國模式」在非洲與拉丁美洲挑戰「華盛頓共識」、傳統南方國家與北方國家不對等的貿易交換條件出現逆轉、網路科技重新塑造國家與非國家行動者的權力關係，特別是賦予弱勢社會團體前所未有的全球動員能量。這意味著，IPE 內部必將產生新的理論重組與典範競爭動力。IPE 要有效回應 21 世紀的知識挑戰，必須重新找回 70 年代草創之初的理論視野多樣性，必須重新連結世界史的研究，重新關注大歷史的分析途徑，必須兼顧人類歷史上不同地域與文化脈絡下的歷史經驗，不再僅僅以近代西方國家的歷史經驗為研究範疇，更必須超越「歐洲中心論」（Eurocentrism）或「西方中心論」的思維窠臼。

第二節　世紀之交的美國國際政治經濟學

在 2006 年 11 月「國際政治經濟學學會」（International Political Economy Society）的成立大會上，首任會長 Benjamin Cohen 在他的主題演講中，對於西方 IPE 晚近發展提出了他的回顧與反省，他特別點出美國與英國學術路線分道揚鑣的趨勢愈來愈明顯，他將此現象稱之為「橫跨大西洋的鴻溝」（The Trans-Atlantic Divide）。他認為「美國學派」（American School）的 IPE 愈來愈獨尊實證主義（positivism）的本體論與經驗主義（empiricism）的認識論，以理性選擇為核心假設的自由主義研究典範，以及量化研究方法。「美國學派」也向主流社會科學的信條靠攏，嚴格區分經驗性研究與規範性研究，將 IPE 定位為立足於客觀觀察的經驗性研究，主要互動的學門為主流政治學與經濟學。而「英國學派」（British School）（以及廣意的歐洲）的學術路線則呈現在方法論與研究典範上更兼容並蓄；有很高比例的學者執著於社會建構主義（social constructivism）的本體論以及質化研究方法；有更強的跨學科傾向，與歷史學、社會學、人類學以及文化研究有更多的理論對話，同時試圖打破經驗研究與規範研究的藩籬（Cohen, 2009）。[2]

2　這篇演講後來經過擴充修改為期刊論文，請見 Benjamin Cohen (2009).

Benjamin Cohen 主題演講的內容並不新穎，哥本哈根大學的 Ole Waever 在 *International Organization* 創刊五十週年的專刊上就曾經對整體國際關係學門的發展提出類似的觀察（Waever, 1998: 687-727）。不過 Benjamin Cohen 的演講呼籲美國學者應該多與英國學派對話與交流，等於間接地對晚近美國 IPE 的研究路線有所質疑，這種質疑出自美國第一代 IPE 元老級學者之口，就產生了一石激起千尺浪的效果，引發了一系列的迴響與辯論。為了深化這場學術路線的討論，Review of International Political Economy 特別邀請多位代表性的學者參與這場辯論，並於 2009 年 11 月出版專輯。這期專輯特別發表了一篇重要的學門發展調查報告，Daniel Maliniak 與 Michael J. Tierney 根據他們在 2006 開始執行的「教學、研究與國際政策」（Teaching, Research, and International Policy）計畫（簡稱 TRIP）。他們持續對於美國與加拿大將近一千多位國際關係學者進行問卷訪問，也針對國際關係學者經常發表論文的十二本政治學頂級期刊，從 1980 到 2007 年所有出版的文章進行分類整理。他們的全面性學門現況調查結果高度吻合 Benjamin Cohen 的觀察。他們發現從 1980 年代中期以後，北美學者發表的 IPE 的期刊論文有九成以上都是屬於實證主義研究，這個比例要比整個國際關係領域的平均值還要高（Maliniak and Tierney, 2009）。

David Lake 雖然對於 Daniel Maliniak 與 Michael J. Tierney 調查的樣本代表性有所質疑，不過也認為 IPE 的「美國學派」的確存在。他認為「美國學派」的面貌在 80 年代末期與 90 年代初期逐漸具備雛形，以「開放經濟體的政治」（open economy politics）研究途徑（簡稱 OEP）為核心（Lake, 2006: 757-77）。[3]追隨 OEP 研究途徑的學者接受理性選擇學派的基本假設，OEP 的基本的分析單元是企業、產業（經濟部門）以及生產要素（土地、資本、勞動、技術）。屬於同一企業、產業或擁有同一類生產要素的經濟行動者在同樣的結構誘因下有固定的利益與政策偏好。OEP 的基本理論取向是以經濟學理論作為解釋經濟行動者政治選擇的起點，也就是以新古典經濟學作為 OEP 理論建構的個體基礎。

OEP 研究途徑將經濟分析與制度分析相結合。在國內的層次，政治制度的安排影響到行動者形成有效集體行動、與特定政黨結盟，與其他政治聯盟進行利益交換，或在政策過程中扮演否決者的可能性。從國內行動者的策略選擇與策略互動為切入點，來解釋國家的對外經濟政策如何形成。在國際層次，國

3　對於「開放經濟體的政治」研究途徑的完整介紹，見 David Lake (2006).

家試圖透過互動與談判來影響其他國家的政策與行為，同時也深受與其他國家策略互動結果的影響，多邊體制與制度安排可以引導國家與國家間的協調與合作，也約束彼此的策略選項。在分析制度引導國內談判與國際談判的過程中，愈來愈多學者運用形式化理論的分析工具，尤其是多層次博奕理論。基本上，OEP 研究途徑是提供一種「局部均衡分析」（partial equilibrium analysis）。不處理行動者偏好的形成與變遷的問題，也暫時不過問國內制度的起源與變遷的問題，也將私有產權制度、自由市場以及國家間處於經濟高度相互依賴視為一組無法擺脫的既定歷史條件。

　　我們從 David Lake 作為 OEP 研究途徑的代表性人物的自我剖析中，可以清楚地看到美國的 IPE 愈來愈獨沽一味。儘管國際關係學門在 90 年代經歷過社會建構論與新自由主義的辯論，也出現過 Robert Keohane and Judith Goldstein 所倡導的「理念轉向」（ideational turn）學術風潮（Blyth, 1997: 229-50），但這些方法論層次的辯論似乎對於主流 IPE 的理論發展，沒有產生任何明顯的作用。90 年代浮現「美國學派」選擇完全忽視理念因素（或廣義的非物質因素）在理論建構中的地位，而完全服膺於新古典經濟學，也就是接受「方法論個體主義」（methodological individualism）的本體論，以及倚賴立基於物質世界的功利主義動機為理論建構起點。例如，一個經濟行動者在面對貿易自由化或關稅保護的政策選擇時，其政策偏好是由自己在生產要素供需結構中的位置，以及自己擁有的資產（技術與資本）可移動性或轉換性的高低所決定，這種由物質世界結構所決定的固定偏好，是放諸四海皆準的、超越時空、也超越文化。

　　從「英國學派」的角度，美國 IPE 的晚近發展屬於知識體系的自我封閉與退化趨勢，值得憂慮。但 David Lake 認為美國主流 IPE 逐漸往 OEP 研究途徑靠攏，而且在方法論與研究策略上愈來愈統一，不但不值得憂慮，反而值得鼓勵，因為他認為這符合孔恩（Thomas Kuhn）所說的單一典範指導下的「常態科學」（normal science）特徵，這是科學知識累積性成長的必經之途。這種說法當然是對孔恩科學革命結構理論的一種誤解，至少是斷章取義。David Lake 完全忽視了孔恩的科學史理論從根本處顛覆了「邏輯實證論」（logic positivism）的核心命題，而「邏輯實證論」卻是他筆下的美國學派所服膺的方法論。對於後孔恩（post-Kuhnian）時代的科學哲學理論演進稍有涉獵的學者都會知道，「邏輯實證論」早已四面楚歌，因為科學史的研究很明確的指出：「邏輯實證論」過去對於自然科學知識活動本質的理解是錯誤的，對於自

然科學家的本體論與認識論建構是象牙塔裡的哲學家閉門造車的結果，與自然科學家社群內部真正共識南轅北轍（Ladyman, 2002; Outhwaite, 1987）。以一個被揚棄的科學哲學理論作為知識建構的上位指導原則，猶如問道於盲。不過這已經不是「美國學派」IPE 所獨有的致命傷，而是美國主流社會科學普遍面臨的問題，我們暫時不予深究。

第三節　蒼白面對歷史結構巨變

自由主義論的開山大師 Robert Keohane 也對 90 年代美國 IPE 的學術路線發展頗有微詞。他一方面恭維 OEP 研究途徑所開展的 IPE 研究，在理論建構、研究設計、量化資料分析上都更為嚴謹與精緻，同時也讚賞 OEP 研究途徑將 IPE 與比較政治經濟學（CPE）整合在一個理論架構下的企圖。但他也坦白的指出，OEP 所採取的經濟學解釋模式，忽視了「利益」如何被建構，忽視政策理念如何在國家間擴散，最不可思議的是 OEP 研究途徑完全無法處理當前世界政治最重要的變遷，特別是非西方世界的快速工業化、中國崛起，國家以外的行動者（non-state actors）對全球事務的與日俱增的影響力，以及網路世界興起對於國際社會權力行使的作用（Keohane, 2009）。

Robert Keohane 的憂慮是顯而易見的，因為當前人類社會正處於一個數百年難遇的歷史分水嶺。我在最近的一篇演講中，把這個重要歷史關頭稱之為「巨變時代」（朱雲漢，2009），[4]這是我們熟悉的歷史座標迅速消失的時代，也是我們視為當然的歷史趨勢出現轉折的時代。在全球政治經濟的層次，至少有兩個重大的結構性變化正在快速展開，這兩重結構轉變將會深刻的重新塑造 21 世紀的全球秩序。

第一重的結構變化是以美國為核心的單極體系之式微。這個歷史結構形成於後冷戰時期開端，到目前不過二十年，所以是一個很短暫的歷史週期。90 年代波斯灣戰爭後，美國被公認為唯一的超級強權，一手主導蘇聯瓦解後的新國際秩序，但是這個單極體系，不到二十年就面臨解體。就近因而言，911 事件和美國發動伊拉克動戰爭這些歷史事件是加速了美國單極體系的頹勢，最近

4　朱雲漢，「身處巨變時代的政治學者」，中國政治學會 2008 年會主題演講。這篇演講改寫後發表於期刊，請參見朱雲漢，2009。

爆發的「次貸危機」更可能是壓垮駱駝的最後一根稻草。

從遠因而言，有多個長期趨勢同時削弱美國的國際主導地位。

首先、美國無法長期維持她的經濟競爭力優勢，她的科技領先力和產業競爭力保持優勢的領域愈來愈有限，在許多核心產業新興工業化國家與美國的差距在快速縮小。反過來說，美國過去十五到二十年，她的高生活水準以及每年 3-4% 的增長率其實很大一部分是靠海外轉包生產以及虛擬財富，也就是靠中國與印度的廉價勞力以及金融資產泡沫。她需要資產泡沫、向未來透支，以及不斷向國外借貸來支撐美國的繁榮。從 1985 年開始，美國就由淨債權國變為淨債務國，到了 2007 年外國機構與個人對美國的淨債權總額已經超過美國的經濟規模。美國私人部門的整體負債，也從 1978 年 GDP 的 118% 增加到 2008 年的 290%。美國聯邦政府的負債總額在 2007 年底就已經達到了 GDP 的 65.5%，經過了 2008 年的金融危機之後，聯邦負債更是直線上升，2009 年第一季已經達到 11 兆美金，而美國的 GDP 大約是 14.2 兆，所以很快就要逼近 GDP 的 100% 大關。然而，這個數字還不能反映美國國債真正的規模，根據美國 The Peter G. Peterson Foundation 執行長 David Walker（曾經擔任美國的財政部次長）的估計，如果將美國政府的各種隱形負債（例如對國民社會保險以及退伍軍人撫卹的支付義務）累加起來，到 2007 年 9 月雷曼兄弟倒閉、美國金融危機急速惡化前，已經高達 53 兆美金，接近 2007 年全球 GDP 54.3 兆的規模（Walker, 2008）。所以說到了今天，美國的三大赤字：國債、貿易赤字和私人借債赤字都已經累積到了極限，難以為繼。

其次，美國經濟結構的長期失衡，也導致美元霸權地位搖搖欲墜，成為加速美國單極體系式微的一個重要機制。長期以來，美國一直未能遵守國際儲備貨幣發行國應有的財政紀律與宏觀經濟均衡，相反的美國經常為了稀釋債務或支付國外軍事行動，而濫用其鑄幣特權（Helleiner and Kirshner, 2009）。[5]尤其，最近十年美國渙散的金融監管與鬆弛的財政紀律，讓美元幣值信用成為威脅全球經濟體系穩定的不定時炸彈。這次美國次貸危機引發全球金融風暴，終於激發世界各國倡議建立新的超主權國際儲備貨幣，來徹底打破美元的獨佔地位。

例如，2009 年聯合國大會成立的「國際貨幣及金融體系改革委員會」，

---

[5] 有關美元國際儲備貨幣前景的辯論，請見 Eric Helleiner and Jonathan Kirshner eds (2009).

提出了一系列相當激進的改革建議。這個委員會的專家小組主席是由諾貝爾經濟學獎得主史第格利茲（Joseph Stiglitz）出任，他一向認為 IMF 在處理亞洲金融危機時嚴重失職，這才導致亞洲國家在過去十年間大量囤積外匯，並加速了全球經濟的結構性失衡。史第格利茲主張，中國與其他新興經濟體未必需要積極回應歐美所提 IMF 增資的要求，他們應該考慮在 IMF 架構外成立一個新的國際貨幣儲備體系。在此之前，他們可以先擴大區域性的貨幣基金，例如「清邁協定」所倡導建立的亞洲區域外匯儲備基金，或是由委內瑞拉等七個南美洲國家組成的「拉丁美洲外匯儲備基金」（FLAR），讓這些區域性機制扮演短期融資與穩定區域金融的功能。這些大膽的提議現在紛紛出籠，因為許多國家都意識到，美國已經不再是一個負責任的全球經濟管理者，必須建立一套新的機制來限制美國濫用其鑄幣特權。

再者，政治上過去十幾年美國的新保守主義當道，尤其是布希政府的單邊主義，獨斷獨行，讓美國的軟實力大幅消退，在全球領導地位的道德基礎受到嚴重的打擊，更必須倚賴軍事投射力量。美國對俄羅斯和中國的安全圍堵，也使它陷入了一種過度擴張，也就是 Paul Kennedy 或 Chalmers Johnson 所說的 imperial overreach（Johnson, 2000）。美國在單極體系下不斷的試圖去擴張海外軍事基地，試圖支配所有地區的安全結構與秩序，並試圖對於它未來所有可能潛在的對手做嚴密的圍堵防範，當然也讓它備多力分，到一個臨界點，就出現捉襟見肘，以及引發其戰略對手的伺機反彈。總之，美國的資源與國內的政治支持的基礎都不足以支撐這種無止境的全球範圍內的圍堵政策。

最後，在意識形態領域，美國向全世界推銷的「自由民主」與「自由市場」，也在最近十年面臨正當性危機。在後冷戰時期的開端，美國打造新國際秩序的核心理念就是經濟自由化與政治民主化，當時全世界心平氣和地接納美國的領導，因為各國人民期待人類社會可以享受「美國盛世下的太平」（*Pax Americana*），起初絕大多數開發中國家的菁英都服膺於西方主流思維的核心假設：民主可以帶來和平，民主可以帶來良治，經濟自由化與全球化可以帶來持續發展與共同富裕。

接下來的發展，與當時的樂觀預期幾乎是南轅北轍。在 21 世紀的開端，美國盛世下的「天下不太平」的徵兆已經昭然若現。許多新興民主國家紛紛陷入嚴峻的治理危機，民主亂象重生。民主愈來愈退化為一種表像，各種劣質的政黨競爭型態成為常態，許多國家的司法機構與軍隊濫權，很多寡頭精英透過民主程序完成權力的獨佔，這些偏離民主法治常軌的嚴重缺失非常普遍，

新興民主國家中產階級對於民主的憧憬開始幻滅，部分國家的民主體制出現明顯倒退，甚至瀕臨崩解。《民主季刊》（*Journal of Democracy*）的主編 Larry Diamond，在 2008 年「外交事務」發表文章，警告美國政策菁英全球正進入民主蕭條期（Diamond, 2008）。

在此同時，在全球各個角落，市場萬能、自由化萬靈的神話開始消退。在東歐地區，經過十多年的市場化改革之後，很多前共黨又以左翼或社會勞工黨名義重新執政，並試圖修正前段時間全面私有化的變革；在拉丁美洲，所謂的「華盛頓共識」遭到普遍的質疑，親美的右派政權紛紛下台，左傾的執政黨開始摸索更均衡、更自主的發展策略。經濟全球化在世界各地遭遇勞工、農民、環保團體，以及其他經濟弱勢群體的強烈反彈。即使在西歐，社會兩極分化也愈來愈嚴重，全球化的利益與風險分擔極不平均，傳統的社會保障體系面臨解體，各國內部支持全球化的政治聯盟開始鬆動。

金融自由化的趨勢也開始面臨逆轉的危機。美國從 90 年代開始全面推動金融全球化，要求每一個國家開放資本市場，讓國際熱錢橫行無阻，並讓各種衍生性金融商品無止境的擴充。在短短二十年內，虛擬經濟的增長達到一種難以想像的規模和速度，國際金融體系變成了無法駕馭的超級賭場，國家、社區、家庭的經濟命脈都變成極少數的的跨國銀行、投資機構、對沖基金賭桌上的籌碼。當 2007 年資產泡沫開始破滅時，這些參與賭博的投資機構的去槓桿化（de-leveraging）過程對各國實體經濟產生巨大的摧毀力量。金融風暴摧毀了全球 50 兆美金以上的財富，讓全球六千萬人跌入貧窮，同時對於各國財政體質造成的嚴重損害，其後遺症至今仍為禍害，可能危及歐元的存亡，甚至引發第二次全球性蕭條。

要對上述這一系列結構性變遷進行分析與理解，需要方法論的整體論（wholism）視野，需要一個能整合物質性因素與非物質性因素（理念與意識型態）相互作用的分析框架（Wendt, 1999），這些都不是 OEP 的局部均衡分析研究框架所能處理，因此在這個當前美國所面臨的最重大國家利益議題上，美國的主流 IPE 學者能夠在公共論述場域裡扮演的角色十分有效，反而是東岸外交政策菁英積極在知識上做出回應。例如美國《新聞週刊》總編輯 Fareed Zakaria 在 2008 年出版的《後美國世界》（*Post-American World*）一書（Zakaria, 2008），以及紐約外交關係協會會長 Richard Haass 在 2008 年 4 月號「外交事務」所提出的「美國主導的單極世界已經結束，21 世紀將是一個無極世界」的論點（Haass, 2008）。

　　在 Richard Haass 的文章發表之後不久，「外交協會」也發表一篇政策分析報告，這篇針對美國與拉丁美洲關係的報告，由 Charlene Barshefsky 與 James T. Hill 主持，報告的結論是「美國在拉丁美洲的霸權已經告終」，同年年底第一屆拉美與加勒比海國家首腦會議，在巴西舉行，有 36 個國家參加，這次會議跟以往所有拉丁美洲首腦會議最大的不同是，美國沒有被邀請，古巴被邀請了。這是拉丁美洲正式向「門羅主義」挑戰的起身炮，為 Richard Haass 的論點提供一個有力的註腳。

　　美國單極體系的式微是鑲嵌在一個更大的歷史結構轉變過程之中，這個過程也就是「非西方世界」的全面崛起。世界經濟的版圖在過去五十年出現一個明顯的重組過程，全球生產力與財富重新分配的腳步，在過去二十年更是加速進行，超越人類歷史上任何時期。尤其是中國的崛起更是人類歷史上最大範圍、最快速的工業化過程，其規模與速度都史無前例。根據最近剛剛去世的麥迪遜（Angus Maddison）對 2030 年全世界 GDP 比重的預測，按照購買力等值計算，美國佔世界經濟的比重將逐漸降到 17.7%，中國將上升到 18.4%，印度將佔 10%，西歐將下降到 13%，日本將萎縮至 4%。對西方國家而言，這是翻天覆地的變化。

　　全球生產力的重分配與財富的重分配，必然帶來權力結構以及意識形態場域裡更多元化的格局。2007 年加州大學教授 Steven Weber 與他的學生在 *National Interest* 雙月刊發表了一篇評論，他們特別提醒讀者，過去西方意見領袖對整個世界秩序的理解，對於全球事務應該遵循什麼樣規則與體制來進行管理，是基於一種西方中心的思考。過去很少探索過，如果西方中心的這種觀點逐漸被淘汰或被迫調整的時候，接下來可能是一個什麼樣的世界。他們認為非西方國家的選項並不是只有融入西方主導的國際體制或是挑戰現存國際秩序這兩種，非西方國家也可以選擇繞過西方建構的體制，而根據不同的世界觀與價值觀另外建構一套國際交往的規則，然後把西方國家建構的國際規範擺在一邊（Barma, Ratner and Weber, 2007）。

　　不久之前，英國《獨立報》前副總編輯馬丁雅克又拋出更震撼的話題，他在《當中國統治世界：天朝的興起與西方世界的終結》一書中預言：中國的興起會重新塑造「現代」的意涵與模式，世人不要期待中國會向西方模式靠攏；相反的，當中國人的文化優越感逐漸恢復以後，中國的文化輻射力量將再度開展，成為帶動世界秩序重組的重要力量。中國的興起將向世界展現不同思維與價值體系，歷史上的朝貢體系也將以某種現代形式在東亞出現，全面衝擊近代

西方所建構的主權國家體系（Jacques, 2009）。最近英國劍橋大學資深研究員哈爾珀推出新書《北京共識：中國的威權模式將如何主導二十一世紀》更將這個話題帶入另一波高潮。他擔心中國的社會主義市場經濟體制將挑戰西方自由市場經濟體制；中國的政體將比西方式民主對於發展中國家更具吸引力。

　　非西方世界的全面崛起將如何牽動全球政治經濟秩序，必然是 IPE 在未來十年、二十年最重大課題，但是美國學派的 IPE 基本上是沒有能力回應這個知識挑戰。IPE 美國學派當前所面臨的困境與主流經濟學如出一轍（Brooks, 2010）。西方的主流經濟學者幾乎沒有人預見 2008 年爆發的全球性的金融海嘯，因為他們所信奉的新古典經濟學典範，讓他們堅信金融市場是有效率的，而且他們真的相信透過一系列新穎的避險工具，金融市場的風險可以徹底的分散與化解。主流經濟學的集體失職現象的癥結在於：過去三十年美國著名經濟學系在培育年輕代學者時，都是導引他們專研艱澀而細微的議題，忽視培育綜合性分析的能力，迴避對「自由市場」進行批判性思考，並將大量精力用於學習尖端數學工具與統計模型。因此絕大多數新生代經濟學者對於經濟史、經濟思想、經濟制度，以及心理學十分陌生（Bessley and Hennessy, 2009; Hodgson, 2009）。[6]

　　同樣的，IPE 美國學派對於新一代學者的訓練，也是將重點放在新古典經濟理論，以及形式理論與統計模型等分析工具。迴避對於「功利主義」解釋模式、主權國家原則，及國家中心研究途徑進行批判性思考，也迴避社會科學哲學深層的本體論與認識論課題。同時，IPE 美國學派都傾向將現代西方社會以及近代國際社會的基本構成原則視為歷史常態，所以他們以為自己建構的理論

6　有關經濟學者集體失職的原因，可以參考英國經濟學者提供給伊莉沙白女王的兩份檢討報告。伊莉沙白女王在 2008 年 11 月蒞臨倫敦政經學院時，拋出了一個很直率的問題：「為何幾乎沒有經濟學家曾預見這場全球性信用市場崩解的來臨？」女王這一大哉問，引發英國經濟學界極大的震動。執英國學術界牛耳的「大英學院」（British Academy）特別在 2009 年 6 月 17 日召集了多位院士級經濟學家、國會議員、內閣官員、金融機構與金融監管機關代表舉行了一場討論會，會後由倫敦政經學院的 Tim Besley 院士與 Peter Hennessy 院士領銜，向白金漢宮遞交了一份會議結論。第二份報告是由 Geoffrey Hodgson 教授領銜提交，他們代表非主流經濟學的觀點，認為「大英學院」的報告避重就輕。前者參見 http://austrianeconomists.typepad.com/files/3e3b6ca8-7a08-11de-b86f-00144feabdc0-1.pdf；後者參見 http://austrianeconomists.typepad.com/files/queen2009b.pdf

具有普遍性，是超越時空的。同時，過去流行的全球趨同化（convergence）的思維，更強化了他們對於自己理論具有普遍性的信念。

　　其實，他們的研究所覆蓋的歷史時期非常短暫、涵蓋的地理範圍也非常有限。年輕世代學者基本上沒有世界史的素養，對於近代以前非西方世界的國家、民族與宗教群體間的經濟與文化交往模式非常陌生，對非西方社會經濟活動與統治關係以及宗教間的關係十分陌生。所以，他們無法回答當參與全球政治經濟秩序建構的行動者出現交替，而新興強國的國內社會秩序建構原則、統治菁英的正當性基礎、歷史記憶以及世界觀與西方國家很不相同時，究竟現存的 IPE 理論，例如霸權穩定論，是否仍舊有效。他們想像中的國際經濟合作體制的規則制訂者都是尊重私有產權、以私營企業為主體的自由市場體制。如果新興的遊戲規則制訂者的國內體制不是典型的西方自由市場經濟，以及來自新興經濟體的多數跨國企業與金融機構的屬性不是典型的民營企業，其實就超越了當前 IPE 主流理論的經驗範疇。

　　一旦參與國際經濟活動的主要行動者不再限於國際關係學者所熟習的西方民主國家，或是以股東利益極大化的美式跨國企業，許多現有的經驗性理論都需要重新修訂。例如，過去 Nathan Jensen 利用跨國資料的量化分析，發現民主政體要比非民主政體更有利於吸引國外直接投資（FDI），因為民主化程度高的國家政治信用比較高（Jensen, 2003: 587-616）。當發展性威權體制（developmental authoritarian regimes）興起、第三波民主開始退潮、非西方國家開始大量對外投資，以及來自非西方世界的主權財富基金成為參與國外直接投資的重角等這些新趨勢出現後，前述的經驗性法則很快就失靈。因為前述經驗法則無法解釋 90 年代末期以後為何中國大陸能成為開發中國家吸引外資第一大國，也無法解釋中國大陸、印度與中東的對外直接投資並未偏好民主國家，中國企業的投資正源源不斷進入緬甸、越南、委內瑞拉、蘇丹、安哥拉、剛果等非民主國家（Miche, Beuret and Woods, 2009）。這個例子說明了，中國與非西方世界的全面崛起意謂著全球秩序將出現結構性的改變，讓許多過去曾經有效的經驗性法則面臨重大修正。

第四節　英國學派的啟示

　　未來 IPE 要如何回應 21 世紀的知識挑戰？如何走出美國學派的困境？

英國學派提供了一些重要的線索。國際關係英國學派的第二代代表性人物
Barry Buzan，[7]近年來對於英語世界的主流國際關係理論有深刻的反省與檢
討，他認為主流理論存在有五種偏差與謬誤：當下主義（Presentism）、非歷
史主義（Ahistoricism）、歐洲中心主義（Eurocentrism）、無政府主義傾向
（Anarchophilia）、國家中心主義（State centrism）（Buzan and Little, 2000:
21）。這種偏差與謬誤也同樣適用於主流的 IPE 理論，尤其是 IPE 的美國學
派。

其中，「當下主義」是指只關注眼前發生的事務，不自覺的將眼前的經
驗視為歷史上長期存在的狀態，並用當下的經驗來理解過去，而犯下「以今為
古、以今論古，以今非古」的謬誤。「非歷史主義」指的是，社會科學家試圖
模仿自然科學追求超越時空的理論，而忽略了社會現象的規律性往往是特定歷
史條件與結構性前提的產物，也忽視歷史是一個連續的過程，不分析歷史事件
演進的脈絡、前因後果，反而執著於行動者互動模式與經驗性共變關係下呈現
的因果規律，而且誤以為這些經驗性規律經常是越時空的，可以從其發生的歷
史脈絡中剝離出來。「無政府主義傾向」是指西方國際關係學者總是傾向在無
政府狀態的前提下研究國際體系，忽視了歷史上曾長期和廣泛存在的其他狀
態，包括帝國體系、階層性國際社會等。

「國家中心主義」是指，將主權國家界定為國際關係的最關鍵行動主體以
及人類社會權力運作的最核心場域，國際組織與國際典則的權力最終來自於主
權國家的讓渡，這個核心假設讓研究者低估或忽視非國家行動者，尤其是能力
穿透主要國家核心決策層、制約各國政府政策選項，以及運作跨國政治聯盟的
行動者，例如華爾街投資銀行、避險基金、信用評等機構、大會計公司、跨國
軍工企業、跨國媒體集團、跨國資訊科技集團，全球議題智庫等；這個核心假
設也窄化了「權力」的範疇，無法有效觀察「社會權力」的精緻運作，也就是
不需要動用威脅利誘卻能設定具有正當性的標準、規範與價值的那種能力，而
這種社會權力卻是國際政治經濟的重要構成部分（Ham, 2010）。

要超越這五種偏差與謬誤，就必須同時從幾方面入手：

---

7 第一代的代表人物是 Martin Wight 與 Hedley Bull，參見 Andrew Linklater and Hidemi
Suganami (2006).

恢復理論視野的多樣性

　　第一，要恢復 IPE 研究途徑與理論視野的多樣性。要認真對待後實證主義的科學哲學理論；要重新找回包含馬克思政治經濟學在內的古典政治經濟學，重新找回被冷落的研究途徑，以及重新連結歷史學、人類學、社會學與文化研究；IPE 的理論發展要維持多樣性，要回到 Susan Strange 在 1980 年代初期所描繪的西部拓荒時期，而告別最近二十年高度同質化的走向（Strange ed, 1984）。

　　這就好像在次貸危機爆發後，經濟學家才重新解凍被忽視已久的 Hyman Philip Minsky 有關自由市場經濟內生資產泡沫化的景氣循環理論（Minsky, 1986）；Minsky 在世的時候是被主流經濟學排擠的異議經濟學者，因為他認為自由市場體制無法避免資產泡沫膨脹與破滅的循環，他主張政府對於資本市場的適度干預，也反對 1980 年代以來美國政府陸續推動的解除金融管制措施。也是在世紀性金融危機爆發之後，經濟學家才開始重視心理因素對經濟活動的重要作用。最近哈佛大學 George A. Akerlof 與耶魯大學 Robert J. Shiller 引用凱因斯的「動物精神」（animal spirits）概念分析眾人信心對市場經濟榮枯循環的關鍵作用。動物精神有時驅動著人們的盲目情緒，把股票與房價炒上了天，有時又跌入谷底，什麼都不再信了，嚴重地影響著經濟的成長。他們兩人擔心動物精神的負面作用正演變成摧毀美國國民財富的巨大力量（Akerlof and Shiller, 2009）。他們直接挑戰了主流經濟學家深信不渝的理性選擇研究途徑的核心假設，引起了廣大的迴響。

　　同樣的，如果想要對當前全球金融風暴的產生原因，進行一種歷史結構性分析，被 IPE 美國學派所忽視的 Giovanni Arrighi 的經典性著作 *The Long Twentieth Century*，提供了一個很重要的分析框架。Giovanni Arrighi 的累積週期理論從長程歷史發展的角度，也是從馬克思分析架構出發，演繹與歸納出這樣一個歷史分期。他把當前這個以美國為核心的擴張週期，相對於之前以義大利城邦及西班牙、荷蘭、英國為核心的三個歷史週期，每一個週期大概都是一百年或者是一百年多一點，而且週期似乎是有縮短的跡象。這四個週期都有類似的特徵，通常都是經過一定的物質資本擴張的時期然後進入金融資本擴張的轉換過程。尤其核心國家，其經濟結構表現非常清楚（Arrighi, 1994）。

　　這種歷史週期現象，後面推動力量主要有兩個，一個是資本要求自由，最自由的資本就是金融資本，因為所有的工業資本會固定在特定的生產活動上，不容易隨時隨地變現。另外一個就是利潤逐漸下滑的必然趨勢。因為這兩個趨

勢，物質資本的擴張在初期可能會產生巨大的增長動力和累積速度，但到愈來愈多商品變成完全競爭市場，它的利潤就會不斷下降。那麼過去累積的資本要尋求新的出路，自然會進入金融資本擴張時期。資本主義擴張時期最終都會由於金融危機的爆發而出現整個累積週期的斷裂，這是過去前三個週期都出現的歷史循環。利用 Giovanni Arrighi 的分析架構，我們可以進一步探討，中國的崛起是否導致全球經濟體系內工業生產能量與勞動供給量的急遽擴張，加速了馬克思與阿里奇所強調的「投資報酬遞減」過程，加速擠壓西方國家的資本累積模式導向金融資本擴張期。同時，中國崛起所帶來的低通貨膨脹效果與全球貿易失衡趨勢，是否誘導了美國聯準會長期採取壓低利率與鼓勵借貸消費的增長模式，最終讓美國的資產泡沫以及「三大赤字」（貿易赤字、財政赤字、與家庭負債）累積到失控的地步。

　　IPE 需要多元的理論視野的另外一個例子是「國際碳政治」的形成與演變。要對從「京都議定書」到後京都時代的「全球氣候變遷架構協定」，這個牽涉到人類生產與消費方式轉變的全球規範架構，不僅僅要運用制度經濟學的產權分配與產權交易理論來理解制度設計的邏輯，也必須從社會建構論的角度分析新的科學知識與價值觀念如何形成主流意見與如何在全球擴散；理念因素如何凝聚跨國聯盟，讓控制溫室氣體排放成為日趨壯大的全球社會運動；西歐與新興工業國家如何在排碳權的分配正義論述場域相互激盪與拔河。也需要從社會學的角度分析全球網路社會的形成與新興全球社會運動之間的相互作用。

重新連結世界史

　　第二，要從世界歷史的視野出發重建 IPE 理論。要將研究視野放大到西方國家躍登人類歷史舞臺主角之前的漫長歷史，以及涵蓋非西方世界不同地區與民族之間交往與交換的歷史經驗。尤其在最近三十年，世界史的研究突飛猛進，大放異彩，新一代的西方史學家早已跳脫出「歐洲中心論」的束縛，非西方學者也擺脫了民族史的框限，為 IPE 理論建構提供了極為豐富的新素材與新視野（Bayly, 2004; Sachsenmaier, 2007: 465-89）。世界史的研究也真正提供 IPE 學者一個全體分析（holistic analysis）的完整框架。對這個問題的思考最為深刻的是 Barry Buzan。他在《世界史中的國際體系》一書中大聲疾呼國際關係研究要走出「西伐利亞情結」（Westphalian complex）。「西伐利亞情結」使西方國際關係理論不知不覺地框限於相對狹隘的歐洲和西方歷史的範圍內，導致了一種狹隘的視野。其結果是，當代西方國際關係的各種理論典範都是建

立在西伐利亞以來歐洲國家間關係的模式之上，沒有一個宏觀和久遠的歷史視野，沒有把歐洲以外和西伐利亞之前人類歷史的經歷包含進去，因而處於一種既不能解釋過去，也不能預測未來的窘境。

「西伐利亞情結」也讓國際關係學者無法擺脫「無政府狀態」的預設前提。其實，這個核心假設是經不起世界歷史的檢驗的。根據 Adam Watson 的研究，人類過去五千的國際關係史大多數時期不是處於無政府狀態，而是在無政府狀態（anarchy）、帝國（empire）為兩端所組成的範圍內搖擺，在這兩端之間有霸權（hegemony）、藩屬（suzerainty）、支配（dominion）等結構（Watson 1992）。從世界史的角度可以讓我們重新檢驗許多國際關係學者過去認為是具有普遍性和必然性的歷史規律。華裔學者許天田（Victoria Tin-bor Hui）的近作比較了戰國時期的東亞大陸和民族國家起源時期的歐洲，有力地論證了孕育現代主權國家體系的歐洲權力均衡狀態並非歷史常態，也非必然趨勢，而具有相當的歷史偶然性，也只是歐洲的特殊歷史經驗（Hui, 2005）。

如果我們借用麥迪遜（Angus Maddison）「世界千年經濟史」這樣一個宏大的架構，我們就會從不同的角度來思考非西方世界全面崛起的歷史意涵。麥迪遜的長程歷史觀點告訴我們，西方國家獨佔人類歷史舞臺可能是過去一千年裡面一個特殊的而不是一個常態的時期。所以西方中心世界的沒落，可以理解為全球的權力與財富分配結構逐漸回復到西方興起之前更長時期的歷史常態。畢竟在過去一千年裡，在大多數的時間，中國、印度與中東這三個板塊一直發揮世界文化與經濟重心的角色，而多半時間西歐在世界舞臺上反而只是配角。根據麥迪遜的估算，在 1400 年前後（明成祖派鄭和下西洋的年代），當時中國與印度兩國的國內生產毛額占全世界 GDP 的 75%。雖然自此以後比重逐步下降，但遲至西元 1700 年，印度和中國仍佔有世界 GDP 的 46% 左右，各自都比今日美國在世界經濟的 21%（購買力等值估計）的份額略高一些（Maddison, 2001）。「康乾盛世」的中國之平均生活水平要明顯高於工業革命初期的英國，而且當時西方國家仍在想方設法學習中國的絲綢、紡織、陶瓷和茶葉種植技術（Elman, 2005）。從這個最寬廣的角度來看，今日中國、印度與中東的崛起，嚴格說起來不是「崛起」，而是這三大文明板塊「恢復」他們歷史上享有的地位。

也唯有結合世界史的研究，我們才能全面理解何以在 18 世紀後期開始，世界上的不同文明板塊在經濟生產力上一度出現如此巨大的差距，為何在 20 世紀後半非西方世界（尤其是東亞國家）能夠快速追趕，也唯有從世界史的角

度才能理解歐洲工業化過程與東亞後起工業化過程的本質差異，以及彼此的互動與結構連結如何塑造近代的世界政治經濟體系。

最近北京大學韓毓海的《五百年來誰著史》一書（韓毓海，2009），藉助日本學者杉原薰（Kaoru Sugihara）提出的東亞的「勤勞革命」（industrious revolution）有別於西歐的工業革命（industrial revolution）的創見（杉原薰，1996），以及濱下武志提出的中國近代經濟崩潰源自於貨幣與金融因素之論點（濱下武志，1990），還有美國彭慕蘭（Kenneth Pomeranz）教授「大分流——歐洲、中國及現代世界經濟的發展」這本重要創作的觀點（Pomeranz, 2001），將近代中國從世界經濟先進體制的高點開始衰落的起點回溯到西歐與東亞從 16 世紀開始的「歷史大分流」，中國和西歐從此走上了不同的發展道路。最簡潔地說：在最近 500 年的世界史上，中國代表著「勤勞革命」和市場經濟的發展模式，而西方則代表著對殖民地的資源掠奪，以及透過「戰爭投資」（或者說以「戰爭金融」）推動資本積累的模式。而導致中國經濟衰落的重要原因是由於明代中期以來採用了白銀貨幣體制，而同時將白銀的來源寄託於進口美洲白銀。正是這一點，使得中國在 19 世紀世界貨幣體系由銀本位向金本位過渡之後，喪失了長期經濟領先的地位，並徹底淪為西方貨幣金融霸權支配下的債務奴隸。而最近六十年東亞的再興，最重要的原因是重建了強大而自主性的國家結構，恢復貨幣主權並發揮強大的社會資源調動能力，讓東亞國家在不藉助掠奪他人資源與戰爭金融的條件下，靠充分發展和利用了人力資源、內部市場分工以及國際市場交換來克服資源短缺，將人口過剩轉化成為促進經濟發展的利基，也就是杉原薰所謂的「勤勞革命」。

不能迴避知識的主體性

第三，國際關係學者不能迴避知識建構的主體性與知識建構的實踐目的這一組核心問題。Robert Cox 提醒我們：「理論總是為特定人和特定目的服務」（Cox, 1981）。女性主義學者早就批評主流的西方國際關係理論代表一種菁英、男性與保守的世界觀（Tickner, 1992）。如果擺在跨文化的角度來看，主流的 IPE 美國學派的理論建構也基本上是反映美國霸權或 G7 國家的知識興趣與政策需要（王義桅，2003）。[8]西方主流的 IPE 理論刻意迴避了歷史上的戰

---

8 最近中國大陸學者開始解剖美國主流國際關係理論的國家性根源，即美國人的思維方式、政治文化、國家使命與國家性格如何塑造其國際關係理論的內涵與外延並提出中

爭投資、殖民掠奪、貨幣戰爭這些重要課題，而突出康德主義架構下「民主和平」理論，或是「開明霸權」（benevolent hegemony）提供不可或缺全球公共財的「霸權穩定論」觀點。西方主流的 IPE 與 CPE 理論也選擇性詮釋西方國家工業化初期的發展策略，膨脹自由市場的角色與掩蓋國家干預的作用，來合理化當前主導全球經濟秩序的新自由經濟主義論述（Chang 2002）。[9]西方主流的 IPE 也沒有興趣從「弱者」或「被支配者」的角度來分析，他們如何可能抵制與抵抗現存全球政治經濟秩序與國際典則對他們的制約與壓迫。這些都是典型的「西方中心論」與「當下主義」相結合下的產物。

同時，絕大多數西方的 IPE 學者是沒有興趣也沒有能力來為 18、19 世紀以前的非西方世界的不同區域與不同民族之間的政治經濟關係進行研究與建構理論。因此，他們對於非西方世界經驗的理解與判斷，總是傾向於將西方經驗硬套在非西方經驗之上，甚至出現「指鹿為馬」的荒謬。最近韓裔美國學者康燦雄（David C. Kang）提醒國際關係學界超越歐洲歷史經驗的重要性，最忌諱的是先是從西歐經驗形成理論，像是基於物質世界分析的結構現實主義，然後又用它來硬套、修剪其他地區或國家的歷史（Kang, 2003: 57-85）。康燦雄特別以 Aaron Frieberg 在 1993 年發表 International Security 的文章為例，Aaron Frieberg 根據結構現實主義分析架構下的權力平衡原則，預測面對中國崛起，東亞國家勢必致力於增加自身的力量，或是積極尋求聯盟以對抗強權，因此東亞地區必然展開權力的競逐與重組（Frieberg, 1993）。David Kang 認為這種說法根本就是以歐洲的歷史經驗來描述與預測亞洲，而忽視了東亞自己的歷史經驗。David Kang 歸納近六百年的東亞國際關係，指出「權力制衡」不是東亞國家常選擇的策略。他認為雖然軍事與經濟實力是國家決定是否威脅的關鍵因素，不過這些物質力量並不必然導致意圖的產生，而應該是國家透過對於自我及他國的認知，包括歷史上以及近來，彼此的互動模式產生的相互理解與預期，才能做出適當的策略選擇。根據歷史經驗，中國一旦陷入國內混亂或國勢走下坡，將會給整個東亞帶來高度的混亂不安，而當中國強盛的時候，整個東亞秩序便會迅速回歸穩定，各國的諸多利益也會得到妥善的保障。這個歷史經驗對於分析 21 世紀的東亞國際秩序是非常重要的參考架構。

更進一步言之，西方的主流 IPE 學者對於非西方世界當前正在發生的重大

國學者必須認真思考國際關係理論的中國性問題，參見王義桅，2003。

9　對選擇性歷史詮釋的檢討，見 Ha-Joon Chang (2002).

變化也沒有興趣與能力進行研究，因為這些新的跨國與跨區域合作體制、交換網路、以及交往模式的發展大多都被英語世界媒體所忽略，或者這些新的發展都是另起爐灶，繞過了西方國家所主導的國際體制。例如，最近蘇格蘭經濟學家貝哲民（Ben Simpfendorfer）在《新絲路》一書中提醒西方讀者：中國和中東互相以中文和阿拉伯文溝通，而且相互的交往及依賴愈來愈強，而西方則被晾在一旁，對此既無參與，也茫然無知，中國和中東這兩個偉大古文明愈來愈重視對方，攜手重新崛起，而西方對此喪失話語權，甚至連可以理解他們對話的人材都缺乏，終致無法應對這兩個偉大古文明攜手復興的挑戰（Simpfendorfer, 2009）。

　　開關這個荒廢的知識園地是亞洲、非洲、拉丁美洲學者的共同責任。發掘非西方的歷史經驗，探討非西方世界全面崛起對全球政治經濟秩序的衝擊，建構非西方的理論觀點，不必是「反西方」，而是超越「西方中心論」，其目的是建構真正的全球性、跨文化的 IPE 理論。非西方學者也應該避免以「中國中心論」或「回教世界中心論」等另外類型的偏頗來替代美國的學術霸權，而是應該參考世界史研究近年來的學術發展路線，開展跨文化的研究觀點或利用多文化的視野相互參照。

　　而非西方學者最需要避免的就是學術上的自我殖民化，將 Buzan 所指出的「當下主義」、「非歷史主義」、「歐洲中心主義」、「無政府主義傾向」與「國家中心主義」的五種偏頗內化為自己的核心信仰。面對 Barry Buzan and Richard Little 對非西方學者的呼籲，鼓勵他們大膽運用近代以前（19 世紀初葉前）的非西方歷史經驗，特別是利用東亞、中東、南亞的歷史經驗，來開展非西方國際關係理論，更應該讓許多被美國知識霸權俘虜而不自覺的東亞國際關係學者感到汗顏。

　　當然，掙脫西方主流 IPE 理論（或廣義的國際關係理論）的知識霸權的束縛，並不是一件容易的事，因為這種非西方社會知識社群對西方知識生產的依賴關係已經結構化、制度化。最近英國學派新秀學者 Amitav Acharya 與他老師 Barry Buzan，邀集了多位來自中國、印度、韓國、印尼及具有中東背景的學者探討開展非西方國際關係理論的可能性，以及所可能面臨的挑戰與障礙。Amitav Acharya 與 Barry Buzan 深知這種突破與超越是十分迫切的與必要的，不過他們無法靠自己的力量來完成這個知識上的創舉，必須與非西方學者攜手共同努力，而且絕非一蹴可及，必須經過幾代學者的共同努力（Acharya and Buzan, 2010）。

必須整合規範性理論

第四，要突破與超越西方主流的 IPE 理論，就要修正邏輯實證論傳統下將「事實」與「價值」嚴格二分的金科玉律。正如當代科學哲學最重要的理論家 Hilary Putnam 所言，這個經驗主義傳統下的教條早已動搖（Putnam, 2004）。現在絕大多數的科學哲學家都接受 Putnam 的主張，也就是幾乎所有的理論與事實命題都無法迴避「價值鑲嵌」（the embeddedness of values）的問題[10]。

過去，主流的 IPE 就像主流的西方社會科學一樣，嚴格遵守這個教條，將經驗性研究與規範性研究作明確的區分，而且基本上排斥規範性 IPE 理論（或廣義的規範性國際關係理論）。這種刻意的排斥，產生了三種後果：第一，主流的 IPE 學術社群迴避了深層的知識實踐目的問題，或將這個問題簡化為真理的追求或滿足知識好奇的需求；第二、讓主流的 IPE 學術社群不自覺的導向保守主義意識型態，對於既存的結構與秩序沒有任何批判與反思的動機，沒有探索「可能的未來世界」的動機，默認一種「存在即合理」的保守思維；第三，讓主流的 IPE 學術社群無法真正深入掌握與分析「理念」與「價值」在社會行動中的關鍵作用，也讓「社會建構論」像擺飾品一樣空無用武之地。其實從反全球化社會運動、公平貿易與自由貿易的政治拔河、網路時代私有版權（copyright）與共有版權（copyleft）的爭論，國際多邊貿易談判中的勞動與環保議題爭議，碳排放的分配正義、文明與宗教衝突，一直到經濟民族主義，這些問題的完整分析都必須採取整合實證與規範分析的途徑，而這些議題更是 21 世紀 IPE 研究的重要新興議題。

要開展真正全球性、跨文化視野的 IPE 理論，更不能迴避規範性理論。事實上在現代國際關係理論出現以前，西方與非西方世界曾經出現的國際關係思想都是將經驗性與規範性問題整合在一起思考的，從中國的孔子、孟子到孫子，希臘的柏拉圖、亞里斯多德到修昔底德（Thucydides），都是如此。古典政治經濟學的開創者也是同時處理經驗性與規範性問題，無論是亞當史密斯、李斯特與馬克思，皆是如此。也誠如 Shahrbanou Tadjbakhsh 所言：如果要理解回教世界的國際關係或是回教世界的經濟往來，是不可能不結合回教教義的研究（Tadjbakhsh, 2010）。

---

[10] 不過，Putnam 也反對後實證主義科學哲學論戰中的後現代論述脈絡下的「絕對相對主義」(absolute relativism)。

　　同時，從社會科學家的終極關懷角度出發，國際關係理論與 IPE 理論都不能迴避國際社會的正義問題和合理的全球政治經濟秩序建構的根本課題。尤其是當前的全球政治經濟秩序對人類社會造成了嚴重的危害與不公，全球化的資本主義讓極少數跨國企業精英取得控制國家、支配社會的無比權力，也顛覆了國家層級的民主體制的基本目的與職能，全球化的資本主義正一步步掏空「國家機構」，讓國家層次的民主政體成為低能的空架子。同時，在資本主義的資源配置邏輯下，全世界的生產活動主要是為滿足地球上少數人的物質需求。但為了滿足這些少數人無止境的物質慾望，資本主義生產體系正將地球的生態平衡快速推向災難性結局（朱雲漢，2006：75-92）。[11]

　　很明顯的，國家層次的民主治理已經不能適應人類發展的需要，亟需在全球層次建立新的民主治理機制，讓所有利害與共的群體都有機會參與全球事物的管理、才能徹底控制資本主義的風險與破壞性、才能有效駕馭全球資本主義的兩極分化傾向、才能全面建構市場與社會、文化、環境共生的規則。也只有用全球範圍的民主管理機制，才能改造當前全球權力運作場域的不合理宰制關係，讓主導資訊、知識、意識形態生產的機構回應人類社會最大數人的生存發展需求。

　　來自非西方的 IPE 學者更是不能迴避國際社會的正義問題和人類和諧共生問題。非西方 IPE 學者更應該思考自己的文化脈絡裡是否可以發展出替代性的世界觀與規範理論。尤其是中國與印度的知識社群更是責無旁貸，因為他們的人口和經濟規模讓他們經濟崛起對地球生態平衡的潛在衝擊將遠大於西方先進工業化國家，因此中國與印度根本無法迴避自己的發展模式對全球帶來的潛在負面外部性問題；也就是說，民族國家體制下國家利益極大化的思考邏輯對中國與印度決策菁英而言是完全不可取的。非西方世界的全面崛起也讓很多第三世界知識份子看的更清楚：西方國家的發展經驗，尤其是西方基於功利主義與個人自由的物質文明，是沒有辦法在全球範圍複製的。尤其是美國的消費主義是不能複製的；因為複製的話，我們需要六個地球，而不是一個地球，來維持這樣一個物質文明。中國與印度沒有其他選擇，他們必須尋找一條不同於過去西方國家的發展道路跟社會發展模式，他們也不得不提出一套追求超越國家利益極大化邏輯的全球和諧共生思路與治理機制安排，來解決地球上絕大多數人的生存問題，社會公正問題，以及可持續發展的問題。

11　更完整的論述，請見朱雲漢（2006）。

　　21 世紀要比任何過去兩百年的任何時期都更需要創新的規範性國際關係理論，非西方世界的全面崛起也為重新塑造現存全球政治經濟秩序創造了必要條件。兩岸政治學者如能善用共享的文化資產，是絕對有機會在規範性國際關係理論領域做出重大貢獻，有機會為打造一個更合理、更公義的 21 世紀全球秩序做出貢獻。

　　總之，非西方世界的全面崛起意味著，人類社會將同時面臨兩種可能的歷史發展情境，一方面全球秩序可能進入一個較長的崩解與重組時期，在這期間一定程度的失序與混亂很難避免，許多全球層次的公共治理議題可能出現巨大的真空；另一方面，我們也可能迎接一個更公正的全球秩序之來臨。一個更符合對等與互惠原則的國際經濟交換模式，一個更尊重文化與宗教多元性的全球公共論述領域；一個更能統籌兼顧地球上絕大多數群體的可持續性發展需要，以及一個更能體現「休戚與共」及「和而不同」理念的全球秩序。

第五節　結　語

　　最近中國大陸社科院哲學所的趙汀陽提出的「天下體系」得到了許多知名的歐洲與印度社會思想家與政治哲學家之高度評價。他的理論一針見血的指出，在西方思想中國家已經是最大的政治單位了，世界只是一個空洞的地理空間，然而從國家利益出發不可能看到並定義屬於世界的長久利益、價值和責任，當然也不可能發展出世界的公正秩序。在西方歷史上，帝國模式是其政治思想的極限，然而其核心仍然不過是基於國家理論的「一國統治世界」，是強國追求自身利益最大化的結果。而在中國有著幾千年傳統的「天下」思想則有著超越國家的維度，表達了關於世界秩序的一種理想。「天下」理論首先要求把世界視為「無外」的整體。假如把世界看作是給定的分裂模式（比如西方所習慣的敵／我、國內／國外、信徒／異教徒等基本政治區分），那麼世界的完整性就只能通過征服他者或「普遍化」自己來獲得。而「無外」原則保證了天下的完整性只能依靠內在的多樣性和諧來維持。趙汀陽的理論建構對重新建立中國自己的思想框架和基本觀念，重新創造中國自己的世界觀、價值觀和方法論，以及重新思考中國思想文化對於建構世界秩序的意義而言，都是一項重要的嘗試（趙汀陽，2005）。

　　最近 Amitav Acharya 在杭州的一場演講會上向中國大陸的國際關係學者提

出懇切的呼籲，中國學者可以試圖結合中國固有的天下大同理念與康德的永久和平理論，來開展新的國際關係思想。他認為中國崛起後試圖在東亞恢復「新朝貢體系」的可能性很低，但是可以從過去東亞階層性國際秩序的歷史經驗提煉出一些對 21 世紀有參考意義的規範性準則。他有這種期待是因為現存的民族國家體制的確是充滿著矛盾與偽善。近代西方所建構的主權國家體系早已背離其孕育的西歐歷史情境。在 18 世紀的西歐，主張以主權國家作為國際社會的基本單元，彼此平等、相互獨立，有其客觀的合理性，因為西歐國際體系的主要成員在國力上大致等量齊觀。但是當主權國家有強大如美國者，有微小如土瓦魯（人口一萬兩千）者，主權國家原則就成為史丹佛大學 Stephen Krasner 所稱的：「用組織堆砌的虛偽」（organized hypocrisy）。虛偽的平等掩飾了強凌弱的真實，國家利益至上的原則讓強者可以名正言順的追求自我利益極大化，可以己所不欲施於人；可以規避對提攜貧弱者齊頭並進的扶持義務、可以擺脫對維護人類社會共同利益的道德責任。

Amitav Acharya 可能不知道康有為這號人物。其實早在九十年前康有為撰寫《大同書》時，就嘗試中西理論接軌的工作，他勾勒出一個兼具儒家與社會主義理想的大同世界圖像，《大同書》的思想蘊含超越國族的天下情懷，從儒家的「仁」和「不忍之心」出發，展現拯救人類苦難的博大胸襟。康有為地下有知可能感嘆自己早生了一百年，但他的思想對於建構 21 世紀的規範性國際關係理論還是深具啟示意義的。

參考文獻

王义桅，2003，〈国际关系理论的国家性〉，《美国研究》，第 4 期。

朱雲漢，2006，〈對民主與市場的反思：一個政治學者在二十一世紀開端的沈痛思考〉，《思想》，No. 3，頁 75-92。

朱雲漢，2009，〈見證人類歷史的大轉折〉，《思想》，12 期。

杉原熏，1996，《アジア間貿易の形成と構造》，ミネルヴァ書房。

赵汀阳，2005，《天下体系：世界制度哲学导论》，南京，江苏教育出版社。

滨下武志，1990，《近代中国的国际契机：朝贡贸易体系与近代亚洲经济圈》，中国社会科学出版社出版。

Acharya, Amitav. and Barry, Buzan. eds., 2010. *Non-Western International Relations*

Theory Perspectives on and beyond Asia. Routelege.

Akerlof, George, A., and Robert J. Shiller., 2009. *How Human Psychology Drives the Economy, and Why It Matters for Global Capitalism.* Princeton and Oxford: Princeton University Press.

Arrighi, Giovanni., 1994. *The Long Twentieth Century: Money, Power and the Origins of Our Times.* London: Verso.

Barma, Naazneen., Ely, Ratner. and Steven, Weber., 2007. "The World without the West." *National Interest,* Jul/Aug.

Bayly, Christopher., 2004. *The Birth of the Modern World 1780-1914: Global Connections and Comparisons.* Oxford: Blackwell.

Besley, Tim., and Peter, Hennessy., 2009. http://austrianeconomists.typepad.com/files/3e3b6ca8-7a08-11de-b86f-00144feabdc0-1.pdf.

Blyth, Mark W., 1997. "Any More Bright Ideas? The Ideational Turn of Comparative Political Economy." *Comparative Politics,* Vol. 29, No.2, pp.229-50.

Brooks, David., 2010. "The Return of History." *New York Times,* March 25.

Buzan, Barry. and Richard, Little., 2000. *International System in World History: Remaking the Study of International Relations.* p.21. Cambridge: Oxford University Press.

Chang, Ha-Joon., 2002. *Kicking Away the Ladder: How the Economic and Intellectual Histories of Capitalism Have Been Re-Written to Justify Neo-Liberal Capitalism.* London: Anthem Press.

Cohen, Benjamin., 2009. "The Transatlantic Divide: Why are American and British IPE So Different?" *Review of International Political Economy.* Vol. 16, No. 1.

Cox, Robert., 1981. "Social Forces, States and World Order: Beyond International Relations Theory." *Millennium,* Volume. 10, No. 2.

Diamond, Larry., 2008. "The Democratic Rollback: The Resurgence of the Predatory State." *Foreign Affairs,* April/May.

Elman, Benjamin., 2005. *On Their Own Terms: Science in China, 1550-1900.* Cambridge: Harvard University Press.

Frieberg, Aaron., 1993. "Ripe for Rivalry: Prospects for Peace in a Multipolar Asia." *International Security.*

Haass, Richard., 2008. "The Age of Nonpolarity: What Will Follow U.S.

Dominance." *Foreign Affairs*, May/June.

Ham, Peter. Van., 2010. *Social Power in International Politics.* London: Routledge.

Helleiner, Eric. and Jonathan, Kirshner., eds. 2009. *The Future of the Dollar.* Chapter 10. Cornell University Press.

Hodgson, Geoffrey., 2009. "Strictly embargoed until Saturday 15 August 2009 at 00:01 hrs GMT." http://austrianeconomists.typepad.com/files/queen2009b.pdf

Hui, Victoria, Tin-bor., 2005. *War and State Formation in Ancient China and Early Modern Europe.* Cambridge University Press.

Jacques, Martin. 2009. *When China Rules the World: The End of the Western World and the Birth of a New Global Order.* Penguin Books.

Jensen, Nathan. M., 2003. "Democratic Governance and Multinational Corporations: Political Regimes and Inflows of Foreign Direct Investment." *International Organization*, Vol. 57, No. 3, pp.587-616.

Johnson, Chalmers., 2000. *Blowback; The Costs and Consequences of American Empire.* New York: Henry Hotl & Co.

Kang, David, C., 2003. "Getting Asia Wrong: The Need for New Analytical Frameworks." *International Security,* Vol. 27, No. 4, Spring, pp. 57-85.

Keohane, Robert. 2009. "The Old IPE and the New." *Review of International Political Economy.* Vol. 16, No. 1.

Ladyman, James., 2002. *Understanding Philosophy of Science.* London: Routledge.

Lake, David., 2006. "International Political Economy: An Emerging Interdiscipline." In B. R.Weingast and D.Wittman, eds., *The Oxford Handbook of Political Economy.* pp. 757-77. New York: Oxford University Press.

Linklater, Andrew. and Hidemi, Suganami., 2006. *The English school of international relations: a contemporary reassessment.* Cambridge: Cambridge University Press.

Maddison, Angus., 2001. *The World Economy: A Millennial Perspective.* Paris: OECD Development Centre.

Maliniak, Daniel., and Michael, J. Tierney., 2009. "The American school of IPE," *Review of International Political Economy.* Vol. 16, No. 1.

McNamara, Kathleen R., 2009. "Of intellectual monocultures and the study of IPE." *Review of International Political Economy.* Vol. 16, No. 1.

Miche, Serge., Michel, Beuret. and Paolo, Woods., 2009. *"China Safari: On the Trail of Beijing's Expansion in Africa."* Nation Books.

Minsky, Philip, Hyman., 1986. *Stabilizing an Unstable Economy*. McGraw-Hill Professional.

Outhwaite, William., 1987. *New Philosophies of Social Science*. London: MacMillan.

Pomeranz, Kenneth., 2001. *The Great Divergence: China, Europe, and the Making of the Modern World Economy.* Princeton University Press.

Political Science, 2010. "Overview." In Website: http://www.poli.duke.edu/eitm/overview.htm

Putnam, Hilary., 2004. *The Collapse of the Fact/Value Dichotomy and Other Essays*. Harvard University Press.

Sachsenmaier, Dominic., 2007. "World History as Ecumenical History?" *Journal of World History*, Vol. 18, No. 4, p.p465-89.

Simpfendorfer, Ben., 2009. *The New Silk Road: How a Rising Arab World is Turning Away from the West and Rediscovering China.* Palgrave Macmillan.

Strange, Susan., ed., 1984. *Paths to International Political Economy.* London: G. Allen & Unwin Press.

Tadjbakhsh, Shahrbanou., 2010. "International Relations Theory and the Islamic Worldview." In Amitav, Acharya. and Barry, Buzan. eds., *Non-Western International Relations Theory Perspectives on and beyond Asia.* Routelege.

Tickner, Ann, J., 1992. *Gender in international relations: feminist perspectives on achieving global security.* Columbia University Press.

Waever, Ole., 1998. "The Sociology of a Not So International Discipline: American and European Developments in International Relations." *International Organization*, Vol. 52, No. 4, pp. 687-727.

Walker, William., 2008. "Washington must heed fiscal alarm bell." *Financial Times*, September 22.

Watson, Adam., 2005. *The Evolution of International Society*. London: Routledge.

Wendt, Alex., 1999. *Social Theory of International Politics*. Cambridge: Cambridge University Press.

Zakaria, Fareed., 2008. *The Post-American World.* W. W. Norton.

第十九章　全球治理下國際關係的新思維：多元治理角色運作機制的分析

曹俊漢

第一節　引言：從國際治理到全球治理

傳統國際關係研究中，民族國家（the nation-states）或主權國家（the sovereign states）是重要的核心運作者。1968 年政治學者 J. P. Nettl [1] 在《世界政治》（*World Politics*）季刊上力陳國家不管在何種形態之下，仍是政治分析的中心（the center of political analysis）（Nettl, 1968: 559）。本質上，近百年來國際關係的發展，都是圍繞在國家作為主體的架構上運作。這種形勢到了 20 世紀的後半期漸漸地發生了改變，國家面臨全球化的挑戰，不再是國際關係中唯一的分析中心，它加入了其他非國家的角色（non-state actors）。James N. Rosenau 指出：國際關係中除了國家以外，尚有跨國企業為中心的私部門以及以非政府組織為中心的第三部門，三類角色合一（a triad of actors）構成一個網絡體系（Rosenau, 1995: 13-43），這是全球治理下國際關係的新系絡。

20 世紀後期，國家在全球化時代究應扮演何種角色引起學術上頗為熱烈的討論。美國加州大學（柏克萊校區）教授 Peter Evans 認為在全球化時代，Nettl 的國家中心概念（stateness）是一項時代錯誤（anachronism），因為他忽略了全球化系絡下一些影響國家發展的重要因素，例如：全球政治經濟、全球化意識形態、公民社會等等。Evans 在 1997 年同一本刊物《世界政治》所發表的一篇專文〈國家是否浸蝕？全球化時代國家何去何從〉的論述可作為代表

1　J. P. Nettl 是約翰霍普金斯大學（The Johns Hopkins University）的教授，國際知名的學者，其專長主要是在國家及國際關係方面，1968 年發表有〈國家是概念的變項〉（The State as a Conceptual Variable）一文，就國家的角色與功能等面向上作出深刻的論述，提供了社會科學的相關分析及研究方法，同時說明了近代國家所面臨的挑戰。

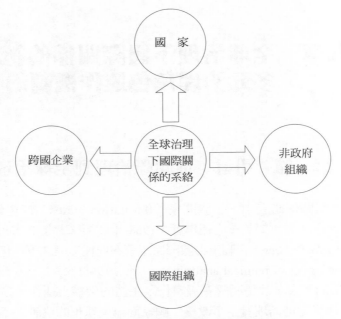

圖 19-1　全球治理下國際關係的系絡

資料來源：筆者自行繪製

（1997: 62-87）。[2]根據 Evans 的論點，未來國家狀態不僅依賴全球經濟的發展趨勢，更須視人民如何看待國家才能決定它的地位。對 Evans 來說，國家在國際關係中固然可以成為一個討論世界大事的概念變項（conceptual variable），成為一個重要的因素（element），但在國家以外卻有太多的因素操控了國際關係的運作，影響全球人類的公共福利與國家的政策。20 世紀的

---

[2] Peter Evans 是美國加州大學柏克萊校區社會學教授。他是國際政治經濟學方面的知名學者，研究領域聚焦於全球化中國家的發展，並側重探討國家發展的比較經濟學。Peter Evans 的著作包括：《鑲嵌的自主性：國家和工業的轉變》（*Embedded Autonomy: States and Industrial Transformation*，1995 年）；《國家與社會的綜合效能：發展中的政府和社會資本》（*State-Society Synergy: Government and Social Capital in Development*，1997），並曾與 H. Jacobson 和 R. Putnam 合著《雙刃外交：國際議價和國內政治》（*Double-Edged Diplomacy: International Bargaining and Domestic Politics*，1993 年）。詳細資料請至加州大學柏克萊社會學系網站點閱：http://sociology.berkeley.edu/faculty/evans/

聯合國體系下，證明了許多世界大事的運作，國家出現無能為力的現象，反而訴求其他非國家的角色，例如私部門（private sector）或第三部門（the third sector）。這點正與 Rosenau 的觀點不謀而合。

　　不過國家是否成為國際關係的主要角色，有些學者認為不能作全面的否定，要視不同的情勢而定。這種觀點以學者 Michael Mann[3] 可作為代表。Mann 認為應從四個不同的指標來看民族國家是否因全球化而遭到終結的命運。他在〈全球化是否終結了民族國家〉（Has globalization ended the rise and rise of the nation-state?）（1997: 472-496）一文中認為：透過地方的、國家的、國家之間的、跨國家的與全球的互動網絡模型，能夠分析四個可能對民族國家造成所謂「威脅」（threats）。他們是：全球資本主義（global capitalism）、環境危機（environmental danger）、認同的政治（identity politics）與後冷戰核子地緣政治（post-nuclear geopolitics）。例如全球資本主義的轉型或多或少弱化了北方的民族國家（在歐盟系統之內特別明顯）；但經濟發展卻強化了南方的民族國家。在他的分析中，四個因素都影響了國家在不同時空環境與條件下的地位（曹俊漢，2009：17-20）。

　　然而當前研究全球治理的學者，包括 Anthony Giddens（1999）、James N. Rosenau（1995）、Robert W. Cox（1997: 111）、James H. Mittelman（1996: 206-209）、Lawrence S. Finkelstein（1995: 369）、Anne-Marie Slaughter（1997: 184）[4]與 David Held 及 Anthony McGrew（1999: 495）等都取得了一項共識，全球問題的研究，除了以國家及跨政府組織（intergovernmental organizations, IGOs）的公部門（public sector）外，尚包括了以跨國公司（multinational corporations, MNCs）或跨國企業（multinational Enterprises, MNEs）為代表的私部門（private sectors）以及以非政府組織（nongovernmental organizations, NGOs）為代表的第三部門（the third sector）。觀諸 1999 年西雅圖 WTO 部長會議的風暴，[5]以及 2009 年在丹麥首都哥本哈根舉行的氣候變化會議 COP15 的亂象（Macey, 2009: 443-449），都明顯地舖陳了當前全球問題下的國際關

---

[3]　Michael Mann 為美國加州大學洛杉磯校區社會學系教授。

[4]　Anne-Marie Slaughter 為美國哈佛大學法學院教授。

[5]　1999 年 11 月，世界貿易組織（WTO）部長級會議在美國西雅圖舉行，成千上萬的反全球化人士抵達當地，舉行了一個大規模的遊行示威，目的是呼籲世貿組織關心貿易環境和勞工福利政策等問題。

係，都形塑成一種以國家、國際組織、跨國公司、非政府組織等不同角色互動的國際關係新結構。21 世紀的時代是一個全球治理的時代，而國際關係實以國家、國際組織、非政府組織與跨國公司為重要角色的系絡。這四個角色構成了全球治理時代國際關係重要的架構，而國際關係的發展也環繞在這四個角色之間的互動。本文的目的在以此這四個角色為架構，分析各類角色的運作機制與重要性，並檢討其面臨的挑戰。

第二節　國家角色的重要性及其面臨挑戰

在全球化的發展中，國家的角色雖然面臨挑戰，但在全球治理的場域中，國家仍是規制建構（regime formation）的重要角色。[6]Pamela S. Chasek、David L. Donnie 與 Janet Welsh Brown 三位教授認為：國家具有四個類型的地位。分別是：領袖國家（lead state）、支援國家（supporting state）、搖擺國家（swing state）與否決國家（veto or blocking state）（Chasek et al., 2006: 41-42）。領袖國家不但在國際談判中遵守國際承諾，具穿針引線的作用，導引其他國家共同對問題達成協議。支援國家則強力支持領袖國家的談判努力，俾能早日達成協議。搖擺國家則永遠為自己的利益要求他國讓步，俾早日達成協議。否決國家則以不同的技倆阻礙議事進行，拖延協議的達成，或雖能達成，但在某一關鍵問題上加以阻礙，削弱協議的最後效力。但國家的地位並不是永不變化的，往往為了特別的國家利益，從否決的立場變化為搖擺的立場。領袖國家往往不是單一國家，而在不同的問題各具領導地位，但又會形成共同陣線領導其他國家同謀問題的解決。在全球治理相關問題的解決上，領導國家的角色可從不同的方法或策略上達成協議的任務：

1.以研究的發現為基礎，指陳問題的嚴重性，喚起其他國家不得不重視共同採取行動的迫切性。例如瑞典科學家提出了酸雨的嚴重性；[7]加拿大科學家

6　有關「regime」一詞的中譯出現了各種不同的版本，國內學術界，特別是國際關係領域的學者，有譯作「建制」、「體制」、「機制」、「典則」、「規則」等多種版本。蔡政文（1989）的翻譯採用「典則」。本人在審閱全球治理的文獻中，學者以其為一種規則或規範而逐漸形成為一種各國遵守的建制或體制，其程度較典則為輕，故簡稱為一種「規制」。

7　瑞典科學家奧登研究了歐洲的氣象和降水，湖水，土壤的化學變化，證實歐洲大陸存

宣示化學物質對環境的破壞性；美國科學家警告人類對地球臭氧層保護的破壞等。

2.針對有問題的指標國家進行民意的教育或宣導。例如加拿大即對美國遊客以不同方式宣導其森林與水源受到污染的傷害，造成對美國的壓力。

3.透過外交手腕要求國際組織對嚴重問題的解決採取優先性。

4.利用非政府組織全球網絡來支持本國在他國或國際會議的立場。

5.使用外交手段阻止正欲威脅援用否決權的國家。

6.答應給予金錢或技術援助俾使問題能夠順利解決（Chasek et al., 2006: 43）。

　　以上的方法不見得能使一個領袖國家能夠保證達成問題的解決，但至少在經驗上，這樣做有助於創造一種國際的規制（regime）。美國便是利用它的龐大科研及國力在 1970 年代促使不少國家在臭氧層保護問題上採取相同的立場。但國家的立場每因其利害關係而不斷改變，有時在一個問題上是領袖國家，但有時在另一個問題上又會成為否決國家。國家為什麼會這樣搖擺不定？主要原因仍在其國內政治因素，或基於成本效益計算的考量。國家每考量提升其國際形象，企圖在國際政治的運作上以不同的角色達到提升的效果。總的來說，國家在全球治理上變得仍相當具有彈性，而不致完全處在邊緣化的地位。

一、從國內政治因素看國家利益

　　國家在全球治理上持何種態度與其國內的政經利益的評估有絕對互為因果的關係。上述國家四類角色的選擇本質上與這種利害關係牽連在一起。政治或經濟力量的大小，以及與議題相關國內產業力量的影響性都決定了國家在全球治理場域角色的扮演。有些國家特別強調政治或宗教的意識形態，這也是全球治理中國家詮釋或關注其利益的關鍵因素。

　　國家每每因為經濟上的利益而行使否決權，使她成為否決國家。在當代的治理經驗中，我們可以看到日本的捕鯨業者與執政的自民黨有密切的關係，日本政府在這個問題始終為其業者說話，凡影響日本利益者皆扮演否決國家的角色。挪威政府為維護其捕鯨漁權也是採取同一的態度。大體說來，在有關海洋

在大面積酸雨，是洲級區域環境問題。1972 年，瑞典政府向聯合國人類環境會議提出報告《穿過國界的大氣污染：大氣和降水中硫的影響》，引起各國政府關注，1973 至 1975 年歐洲經濟合作與發展組織開展了專項研究，證實酸雨地區幾乎覆蓋了整個西北歐。

運輸造成的油輪汙染的問題上，挪威、日本、希臘等海運大國多扮演搖擺國家或否決國家的角色，海運業小國，如德國、義大利、荷蘭、瑞典，在處理這等船舶污染問題上，協商的策略便更靈活而彈性。

　　全球治理牽涉的問題領域極為廣泛，然每個問題領域或多或少都與國內的社經團體或非政府組織的領導菁英涉入的利益有關，也因不同的利益而影響了國家的立場。例如印尼的橡膠業集團控制了全國 63% 的橡膠保護區土地，自然他們的態度決定了國家在全球環境治理上國家的態度，因之在 1990 年代早期有關國際建構有關管理森林規則時，印尼政府即持否決的態度，但在 1997年有關加拿大提議一項森林公約，允諾每一個森林輸出國有自我決定經濟運作體系的權利時，印尼又採支持國家的角色。國家菁英團體每在全球性的問題上，與其他國家菁英作跨國的連繫，形成全球菁英（global elites）團體（曹俊漢，2009：70）。[8]這個全球菁英團體對全球治理有相當的影響力，不容忽視。

　　最明顯的例子是在 1980 年代時，美國官員堅決反對簽訂一項有關大氣臭氧層的蒙特婁議定書（the Montreal Protocol）[9]，原因是足以引起美國經濟利益的傷害，但在國際菁英團體強大壓力下也不得不低頭；美國在 1990 年終於將這項蒙特婁議定書納入在其空氣清潔法修正案內（the Clean Air Act Amendments of 1990）。

　　國家的領導角色有時也靠強大的社會運動支持，政府雖受制於企業的壓力，但仍在某些問題上扮演領導國家的角色。例如德國環境保護運動的影響力，有助於克服強有力的德國煤碳工業的影響，進而有助於支持德國氣候變化會議上成為領導國家的角色。從另一角度來說，一個強勢的環境保護運

8　全球菁英指對全球發展具有影響力的人士，此一概念由國家菁英的跨國活動而產生。

9　鑑於臭氧層遭到破壞攸關全球生態環境，在聯合國環境規劃署（United Nations Environment Programme, UNEP）的召集下各國共同攜手研商對策，共有 28 個國家於 1985 年 3 月在奧地利維也納簽訂保護臭氧層「維也納公約（Vienna Convention）」，並決定研議具體管制措施之國際公約以補該協議之不足，1987 年 9 月 16 日於加拿大蒙特婁市再次召開會議，進一步簽署關於管制臭氧層破壞物質的「蒙特婁議定書」（Montreal Protocol），將 5 種氟氯碳化物（CFCs）及 3 種海龍（Halons）列為管制物質，共有 24 個國家及歐洲經濟體簽署。蒙特婁議定書自 1989 年 1 月 1 日生效，有 191 個國家批准。此後又在 1990（London），1992（Copenhagen），1995（Vienna），1997（Montreal），and 1999（Beijing）作了五次修訂。

動也不能保證國家在某些全球治理的議題上成為領導國家或是支援國家的角色，經驗上不乏失敗的紀錄。美國並不因為國內環境保護運動或強有力的環保菁英的遊說與抗議，最終仍拒絕簽署京都議定書（the Kyoto Protocol），以及批准生物多樣性議定書（the Biodiversity Convention）、巴塞爾公約（Basel Convention）[10]、鹿特丹化學品公約（Rotterdam onvention）[11]與關於持久性有機污染物的斯德哥爾摩公約（Stockholm Convention on Persistent Organic Pollutants）[12]即為明證。

　　相反地，缺乏一個堅實的社會保護運動，使國家更能扮演搖擺不定的角色。例如，日本的非政府組織不如北美洲和歐洲的非政府組織完善，在日本政治制度之下，利益團體如不與高層掛鉤將無以發揮影響政策的功能。因之日本政府在某些問題上諸如非洲象牙、捕鯨及流刺網議題，感到沒有任何國內政治壓力，便難以支持任何國際規制的建立。對照之下，美國在國內大量的壓力支持下，政府面對以上這些議題上能行使強大影響力。

　　國家投入全球治理的機制有另外一個重要的理由，那便是考慮到成本與危機之龐大不成比例的差距。國家不加入這個國際規制的建構，造成的威脅或傷害不是國家採取孤立或不合作政策所能承受得了的。這種情形特別發生在自然災害，如颱風、地震、氣候變化等引起的全球問題時為然。有名的例證可以從四十二個海洋小國因為地球暖化造成海平面上升造成對國家生存發展的威脅可以看出。在 1990 年 11 月她們組成小島國家聯盟（Alliance of Small Islands States）集體向工業化國家要求限制二氧化碳排放量而進入全球氣候會議的談

---

[10] 在 20 世紀 80 年代後期，緊縮的環境法規，導致了工業化國家危險廢棄物處置的成本急劇上升。Searching for cheaper ways to get rid of the wastes, "toxic traders" began shipping hazardous waste to developing countries and to Eastern Europe. 尋找更便宜的方式來擺脫廢物，「有毒交易者」開始向發展中國家和東歐輸出有害廢物。 When this activity was revealed, international outrage led to the drafting and adoption of the Basel Convention. 當這個活動被揭露，國際義憤導致起草和通過了巴塞爾公約（The Basel Convention on the Control of Transboundary Movements of Hazardous Wastes and their Disposal）。該公約於 1992 年生效，172 國加入。

[11] 《鹿特丹公約》於 2004 年 2 月 24 日生效，其目的主要是保護人類健康和環境，免受國際貿易中某些危險化學品及除害劑可能造成的危害。

[12] 《關於持久性有機污染物的斯德哥爾摩公約》旨在減少或消除持久性有機污染物（POPs）的排放，保護人類健康和環境免受其危害。

判。[13]人口稠密的海岸平原國家，諸如孟加拉國、埃及及荷蘭，由於氣候變化，也可能面臨特別嚴重的暴風雨波濤，狂風，和颱風的破壞，他們在評估投入全球治理的成本與效益的因果關係後，大力投入到聯合國氣候變化框架會議的努力上。國家遵守全球治理建構一個共信的規制究竟要花費多少成本，每因國家的考量而有不同，進而影響到他們在談判國際規制時扮演何類的國家角色。我們可以從蒙特婁協定書（Montreal Protocol）談判時便可以看出。聯合國環境計畫署的執行長 Mostafa Tolba 曾經說明這種情形：「蒙特婁議定書談判的困難不是環境破壞了多少，而是比一比誰能夠獲得的利益會比另外一方要來得多。」（Thomas, 1992: 228）世界各國都各因不同的科技與經濟的考慮對含氯氟烴（即破壞臭氧層的 CFC，chlorofluorocarbon）是否單方禁止有不同的考量。美國有這項控制 CFC 的技術積極單方支持禁止，但日本及歐洲國家沒有這項技術的突破便不主張禁止，而俄國、中國或印度則考慮到未來大量工業生產持有無法控制，便亦不願加入禁止的陣營。真是所謂目標雖同一，各走各的路。

二、從國際政治外交的考量看全球治理

本質上，全球治理就是國際政治運作的一環，外交的折衝尊俎更是一種有力的手段。當國家決定在某一全球問題上扮演何種角色：是成為領導國家？抑是為否決國家？每以其利益或國家的聲譽作為考量。不過國家在作成這類決策時，都以能避免國際譴責或損壞與其他國家的關係為考量。

在過去的經驗中，國家的聲譽和地位曾一度侷限於國際安全領域問題。但在 20 世紀 90 年代初少數幾個國家開始就對全球問題，特別是以環境問題爭取領導地位，作為國際社會的領導者，以提高其國際地位。最明顯的例子是，在 1990-1991 年美國和德國企圖取得領導世界有關森林協定的制定。歐洲聯盟的許多國家都努力在關於氣候變化的各項會議，願發揮帶頭作用，以表明其為

---

[13] 2009 年 9 月 22 日 42 個島嶼國家組成的小島嶼國家聯盟（Alliance of Small Island States, AOSIS）因氣候變化面臨毀滅性風暴和洪水的侵襲，集體呼籲，全球溫度不應該比前工業化時代高出攝氏 1.5 度（華氏 2.7 度）以上。自前工業化時期以來，氣溫已經上升了約攝氏 0.8 度。工業化國家設立全球溫度上升的目標，應大幅降低。參閱 http://tw.news.yahoo.com/article/url/d/a/090922/16/1rkn0.html（檢索日期：2010 年 1 月 4 日）

全球大國。1994 年，歐盟環境委員會主席 Yannis Paleokrassas 提出課徵區域性碳稅，期使歐盟能夠主導對氣候變化會議，在世界環境和財務方面發揮領導作用。對他來說，由歐洲聯盟領導氣候會議將獲得一種新的國際威望（Wynne, 1993: 113）。

不過國家在關鍵利益上有時也以國家的聲譽作為犧牲在所不惜。在 1992 年地球高峰會上，[14]美國拒絕在生物多樣性公約（Convention on Biological Diversity）簽字，損害了她的形象。雖德國和日本等國家與美國一致共同表示不滿，但他們卻以國家的形象攸關迴避否決權的使用，以免損害他們的國際聲譽。

國家是否決定使用其否決權也是相當微妙的議題。自然自身形象的考慮相當重要，但在許多形勢不得不考慮國家的集體利益作某些策略的運用。在國際貿易中最易見到這種形勢的出現。例如在危險廢棄物的處理上，法國和英國在 1989 年改變其反對的立場，沒有使用否決權既在考慮到更廣泛的國家利益，以維持前非洲殖民地的關係。日本在 1989 年決定不阻止禁止非洲象牙的貿易，主要的考量，也是因為擔心損害到其最重要的美國和歐洲的貿易夥伴利益關係。加拿大於 2002 年批准了京都議定書部分約文，以保護其環境進步的國際形象。

三、次國家角色在全球治理中扮演的角色

全球治理衍生的一個重要概念，便是國際事務的處理除了中央政府之外，擴及到城市、州省、郡縣等次國家的單位（Rosenau, 1995）。各次國家的機構對全球議題有極為密切的關係，例如環保、衛生、氣候等都納入到其本身的治

---

[14] 1992 高峰會計有 172 國參與，其中 108 國由國家元首或政府首長代表參加。此外，約 2,400 名非政府組織（NGOs）代表參加，17,000 人參加平行的非政府組織論壇，他們具有所謂「諮詢身分」。地球本屆高峰會處理的議題包括：徹底檢查產品的形態——尤其是含有毒元素的產品，例如無鉛汽油，或包括放射性化學製品等有毒廢料、替代能源取代使用與全球氣候變化有關的石化燃料、更多依賴大眾運輸系統以減少車輛排放氣體，城市道路擁塞，以及污染空氣和煙霧引起的健康問題、水資源日益匱乏。本屆地球高峰會簽署了下列文件：里約環境發展宣言、Agenda 21（21 世紀議程）、生物多樣性公約、森林原則、氣候變化公約框架、「生物多樣性公約」和「氣候變化公約框架」兩者皆是具法律拘束力之協議。 然而，評論家指出本屆里約高峰會簽署協議 的許多內容仍未實現，像是打擊貧窮和清理環境等基本議題

理內容中。

　　在過去重要的例子中，次國家團體涉入到全球的議題以美國對拒絕批准京都議定書作出的反應最為強烈。2003 年，九個東北和大西洋中部各州設立了區域溫室氣體的倡議（the Regional Greenhouse Gas Initiative, RGGI），共同合作限制地區發電廠排放二氧化碳的計畫。在 2005 年 5 月，美國兩黨的 132 位市長發起各所屬城市從 1990 年的水平起在 10 年內設法達到京都議定書的主要目標減少 7% 溫室氣體的排放，充分表達了次國家機關在全球治理事務的自主性（Downie, 2006: 50）。美國各州也同樣發起自覺的運動，以不同的因應方法積極回應京都議定書的水平，其中以科羅拉多、加州、德州最為積極。至於城市對溫室效應的反應，以西雅圖、紐約與鹽湖城最為積極，採取相關有效的措施加以因應。[15]全球化的效應反映到城市治理也成為當前的一個趨勢。

　　固然縣市政府的和州級政府不可能取代或剝奪國家中央政府的功能以增強其治理的權力，但他們可能強化或互補中央政府在全球治理的成效，尤其當世界變得越來越走向都市化時，全球治理呈現另一個國際關係的新面貌。

第三節　全球治理中國際組織角色的評量

　　傳統國際關係研究中，國際組織（international organizations, IOs）或政府間組織（intergovernmental organizations, IGOs）都是重要的角色。國際組織的成員國都具有多重的目標加入，最具代表性的是過去的國際聯盟（the League of Nations）與現在的聯合國（the United Nations）。除了全球性的國際組織外，區域性的國際組織（regional organizations）也日益增加，扮演重要的區域發展與整合的任務，像亞洲開發銀行（the Asian Development Bank, ADB）、美洲國家組織（the Organization of American States）。至於具有特定目標而組成的國際組織可以聯合國憲章下所稱的專門組織（specialized agencies）為代表，舉凡國際衛生組織（International Health Organizations）、國際民航

---

[15] 西雅圖規定，凡入港的船隻一定要在重新補給及仰賴城市提供電力時關掉他們的柴油引擎。鹽湖城主動介入防治溫室效應擴散，使該市成為猶他州風力發電的最大買主。紐約市政府方案也進行購買混合動力汽車以減少市內汽車的（溫室氣體）排放的計畫。

組織（International Civil and Aviation Organizations）、糧食與農業組織（the Food and Agriculture Organizations）等都是最佳的代表。國際組織的規模大小每因其經費或資源不同有關，例如世界銀行的工作人員超過 10,000 人，且每年對不同開發中國家的貸款達幾十億美元；相對規模較小的聯合國環境規劃署（United Nations Environmental Program, UNEP）而言，據聯合國統計在 2006-2007 兩年期間，每年的預算僅有 1.44 億美元，而雇用 325 個專任人員。

　　國際組織在全球治理的架構下是相當重要的，起碼他們都是治理工作的啟動者。因之組織成員扮演著舉足輕重的角色。本質上，組織成員都由不同國家選派，但都是跨國性的官員，共同解決任何全球性的問題。雖然組織官員最終向其決策機構負責，但官員或工作人員具有議題操控採取任何行動主動權，影響到全球議題溝通及談判的結果。因之在全球問題的談判中，組織的專業技能便成為一個重要因素。組織人員在議事方面的獨立性每隨組織的屬性而變化。例如在聯合國環境規劃署和糧農組織便具有相當的獨立性，他們可以掌握會議的議程設定、談判起動、執行工作。但在世界銀行卻保有較小的獨立性，這是因為他們的資源主要是依賴捐贈國來獲得。儘管如此，工作人員在計畫和執行計畫上仍有一定的自主權。

　　全球治理的議題極為廣泛，究竟國際組織能扮演何種的影響力？自然需視不同問題在國際層面上牽動的互動性與利害關係來決定。經驗上顯示也有一個脈略可尋，大體說來有列數端：

1. 協助確認是屬於哪類國際社會相關的議題，以扮演在全球行動議程上發揮必要的影響。

2. 主動召集協調與談判的會議，以及影響關於全球議題機制的進行及解決諮商。

3. 在相關議題上發展出不同的行為準則及規範，使之成為一種柔性法律（soft law）。

4. 影響國家未提出在國際談判桌上議題，進而改變國家原有的政策規劃與執行。

　　自然一個國際組織在全球治理的運作上都可以循以上或多或少的策略達到影響談判的目的，但並不是都能逐一行使即可奏效的。但方法之間都有政治上的互動影響力，無論直接或間接，有一定的功能作用。

　　下面我們將對國際組織在全球治理上可能行使的影響力作一剖析：

（一）設置議程以及規制形成的影響

　　國際組織有召集會議進行問題談判的功能，自然議題的擬訂與設置便操在國際組織秘書處手中。在多數情形，大國往往是議題主導的力量來源，特別是那些企圖扮演領袖國家角色者為最。在另一方面，當全球問題具有專業性與科技性時，國際組織的主導力量更為強烈。當前環境問題在全球造成的巨大影響性，聯合國環境規劃署（United Nations Environment Programme, UNEP）幾乎主導了環境問題的議題。環境規劃署的理事會（Governing Council），由聯合國大會選出的 58 個聯合國會員國政府組成，透過理事會的決議，可以作成確認有關危及全球環境的威脅，以及需要國際合作的計畫。例如，在 1976 年，聯合國環境規劃署的理事會選擇了五個優先要處理問題之一的臭氧層破壞問題，並且由聯合國環境規劃署在華盛頓特區召開一個專家會議。1977 年，有關臭氧層全球行動計畫（the World Plan of Action on the Ozone Layer）通過，展開了有關全球氣候變化會議的工作。

　　2009 年在丹麥召開的聯合國氣候變化框架會議（United Nations Framework Convention on Climate Change, UNFCCC），是一次對全球氣候變化因而造成人類生存及發展各種影響國際會議，聯合國環境規劃署扮演相當重要的角色。在過去二十年間，他在為許多次主要的保護環境公約的締結，召開過多次的國際談判，舉其要者約有下列各項：「保護臭氧層維也納公約」（Vienna Convention, 1985）[16]、「蒙特婁破壞臭氧層物質管制議定書」（Montreal Protocol, 1987）[17]、「巴塞爾管制有害廢棄物跨國境移動及處理公約」（Basel

---

16 「保護臭氧層維也納公約」（Vienna Convention for the Protection of the Ozone Layer），簡稱為「維也納公約」，1985 年 3 月 22 日在於奧地利維也納召開的保護臭氧層外交大會上得到簽訂，1988 年 9 月 22 日生效；該公約主要內容，是依《聯合國人類環境發展會議宣言》裡的規定，針對造成全球暖化的各種原因加以約束，以期進一步發展有關臭氧層及其變化可能引起的不利影響方面的科學知識，決心要保護人類健康和環境使免受臭氧層變化所引起的不利影響。詳參閱 http://zh.wikipedia.org。（檢索日期：2009 年 5 月 2 日）

17 「蒙特婁破壞臭氧層物質管制議定書」（Montreal Protocol on Substances that Deplete the Ozone Layer），是由聯合國環境規劃署於 1987 年召集所屬 26 個會員國在加拿大蒙特婁所簽署的環境保護公約，其內容乃根據維也納公約（Vienna Convention for the Protection of the Ozone Layer）的精神及要求而制訂的；蒙特婁議定書全文，包括序文及 20 條條文，外加 5 個附件，該公約自 1989 年 1 月 1 日起生效。詳參閱 http://www.

Convention on the Control of Transboundary Movements of Hazardous Wastes and Their Disposal, 1989）[18]、「生物多樣性公約」（Convention on Biological Diversity, 1992）[19]和「持久性有機污染物斯德哥爾摩公約」（the Stockholm Convention on Persistent Organic Pollutants, 2001）。[20]就當前全球問題極需要解決的清單中，氣候變化會議應是重要的課題之一，國際組織的主動提出議題及建立規制，實具重大的貢獻。

（二）發展非約束性規範（Developing Nonbinding Norms）

　　全球治理建構的規範準則或行為規則並非完全都具有法律拘束力的。這時國際組織便利用政治運作的影響力，成為建構若干不具拘束力的規範與規則的主要發動者。這些非條約（nontreay）形態的規範，稱為「軟性法」。他們在全球治理中各項議題的規範頗有成效。在形式上包括行為典則（codes of

---

saveoursky.org.tw/3_action/montreal.asp?cat。（檢索日期：2009 年 5 月 2 日）

[18] 1989 年 3 月，聯合國環境規劃署在瑞士巴塞爾，召開「管制有害廢棄物跨國境移動及處理公約」的簽訂大會，116 參與國一致同意締結「巴塞爾公約」，公約並於 1992 年 5 月 5 日生效。加入公約之資格限制為必須是國家或政治或經濟一體化之組織，截至 1999 年 11 月止，計有 133 個締約國；旨在遏止越境轉移危險廢料，特別是向發展中國家出口和轉移危險廢料。公約要求各國把危險廢料數量減到最低限度，用最有利於環境保護的方式盡可能就地儲存和處理。詳參閱 http://www.hudong.com/。（檢索日期：2009 年 5 月 2 日）

[19] 「生物多樣性公約」（Convention on Biological Diversity），為目前國際上與生物多樣性相關的最大公約組織，其主要目的是透過締約國的努力，推動並落實公約三大目標：保育生物多樣性、永續利用其組成份子，以及公平合理地分享生物多樣性遺傳資源所產生的利益；1992 年 6 月，全世界一百餘國的政治領袖於巴西里約熱內盧舉行聯合國環境與開發大會，簽署「生物多樣性公約」，主要目標在於促使世界各國保護生物多樣性，達到資源的永續利用，並且公平合理地分享由自然資源所衍生的利益。至 2002 年 12 月，共有 187 個國家簽署，成為該公約的成員。詳參閱 http://e-info.org.tw/column/eccpda/2004/ec04030201.htm。（檢索日期：2009 年 5 月 2 日）

[20] 「持久性有機污染物斯德哥爾摩協定」係於 2001 年 5 月 22 在瑞典斯德哥爾摩通過，它是繼 1987 年「保護臭氧層維也納公約」和 1992 年「氣候變化框架公約」後，第三個具有強制性減排要求的國際公約，是國際社會對有毒化學品採取優先控制行動的重要步驟；本公約的目標是，銘記《關於環境與發展的里約宣言》原則 15 所確立的預防原則，保護人類健康和環境免受持久性有機污染物的危害。詳參閱 http://www.un.org/chinese/documents/decl-con/popsp/introduction.htm。（檢索日期：2009 年 5 月 2 日）

conduct）、原則宣示（declarations of principle）、全球行動計畫（global action plans），以及其他形成國際新規範及預期不具約束力的現有條約之國際協定。這些非條約形式的協議通常在國際組織召集的談判過程中由各國的專家參與談判所定訂，本質上具有專業的性質而賦予權威性。

在經驗上，國際糧農組織（Food and Agriculture Organization, FAO）曾有類似規範制定可為代表。糧農組織在 1986 年起草關於殺蟲劑註冊的環境標準準則，以及關於殺蟲劑散佈和使用的國際行為守則、食品規章標準、食品法典，以及在糧農組織監督下，發展用在貿易障礙糾紛時，宣布一個國家環境衛生標準。此外，糧農組織漁業部的負責任漁業行為守則在 1995 年採用，以保證有效保護、管理和發展水產資源的觀點及課責的行為設定國際行為標準，這些都可說明這類典則的作用。

全球治理難予達成硬性的國際協定，近來關於柔性法的重要性特別引起學者的重視。軟性法協議的好處是可以避免談判、簽字、批准冗長過程，更不需要強制性執行機制。由於各政府的官僚系統對問題有共同見解，因之有相當程度的共識以利問題的解決。自然此類規範的拘束力也相對薄弱。糧農組織從 1982 到 1985 年關於殺蟲劑貿易的行為典則的談判，以及 1985 年開羅關於國際危險的廢棄物貿易準則就是最好說明這類軟性法律的弱點的案例。

軟性法律最大的好處是可以過渡到硬性法（hard law），也就是說成為正式的條約或協定。基本上有兩種方式可能變成拘束性的國際法律：一、本質上包括在一個軟性法律的協商原則，常有可能被廣泛地認定是最適當的一種規範，他們最後在協定制定時往往被引進條約的法律內容；二、在政治壓力之下，那些對軟性法律規範感到不滿者，可以堅持將不具有拘束力的非規範協議，變成具拘束性的協定。

（三）影響國家發展政策

國際組織固然可以在國際談判中影響國家的政策，但也能於各項會議之外同樣影響國家政策的發展。在國際談判中影響的幅度多與具體的目標或執行的細節等技術性項目有關，但對會外的影響則多置於與議題原則性相關的政策目標上。例如在全球人口問題上，可以要求國家在政策決定人口成長率的目標與全球人口的成長或控制。在全球人力資源發展上，政府預算應該分配多少比率到人力資源發展政策上。又如國家應與聯合國環境政策永續發展目標相配合，如何管理森林、如何產生並使用能源供應，以及如何增加農業生產以確定國家

經濟和社會可永續發展。近年來國際組織著重國家的永續發展策略，透過各種
方式或策略鼓勵各國政策達成相關政策的發展。下列方式是經常使用的：

1.對特定發展計畫提供必要資金，以及透過技術援助或專家建議協助國家在經
　濟或社會問題上的發展策略。

2.以特別研究計畫的發現成果為基礎，向某些國家政府或官員勸說制定相宜的
　政策發展。

3.透過道德勸說或使用政治壓力，達到國家就相關問題制定永續發展的政策。

　　在這一策略上，聯合國糧農組織做得相當積極且表現良好。糧農組織最大
的貢獻分別在農業發展、農業研究、科技更新以及永續發展策略各方面對發展
中國家政策都有不少的建樹。例如使用研究替代方案促進可持續的常用的農業
發展模型、1980 年代南亞和東南亞害蟲綜合管控計畫、將植物病害蟲綜合防
治管理技術傳授給農場主人等，對東南亞當地國家政策都有實質的影響。但在
幾個亞洲國家建議對森林和出口作物、大規模灌溉計畫和大量對化學製品的輸
入使用以促進商業開發政策，則遭到負面的批評。近年來，糧農組織在農業科
技研發成果上頗有成效，特別是利用自然的害蟲控制策略優於對化學殺蟲劑的
依賴，對開發中國家農業政策發展有相當的助益。在 1986 年糧農組織幫助印
尼政府官員在政策上採用病害蟲綜合防治管理，取代對殺蟲劑的過度依賴，同
時訓練印尼農場主，有能力做出關於病蟲害管理及使用策略的決定。

（四）區域性國際組織的功能

　　區域治理（regional governance）是全球治理中重要的一環，且當代國際關
係中區域治理更是方興未艾，各種類型的區域組織雨後春筍般的設立，以掌控
區域內的治理事務，包括議題的設定、共同責任的承擔、特定方案或計畫的執
行等。區域國際組織也成為全球治理中重要的角色。

　　區域治理成功的例子首推歐盟。凡是歐盟系統下的成員都有義務承擔責
任，共同促進全區域的治理機制。值得注意的是，歐盟成立的過程可以供區
域組織的借鏡。在 1950 年代，六個歐洲國家決定共用經濟資源，並在經濟問
題上建立了聯合決策系統。為了貫徹這一決定，六國形成了若干次級組織，
其中以歐洲經濟共同體（European Economic Community, EEC）為重要與基礎
的設置，最終更名為簡單的「歐洲共同體」（European Community）。[21]1992

---

21 六個歐洲國家，比利時、西德、盧森堡、法國、義大利與荷蘭組成了三個委員會組

年的馬斯垂克條約（Maastricht Treaty）提供了當時 12 個成員國諸如國防、司法、民政事務，包括環境新的合作形式。以現有的「共同體」（community system）制度，透過增加政府間的合作，最終以馬斯垂克條約創造了現在的歐洲聯盟（the European Union, EU）。歐盟是獨一無二的，在現有的 27 個會員國中已經建立了共同機構，每個會員並讓貸（to delegate）部分國家主權，以便在包括農業、漁業、貿易等具體事項上的決定能從整個歐洲水平來考量與規劃。

在區域治理的共同行動中，環境保護的行動做得有生有色。該一運動由歐洲共同體在 1972 年以生態問題的縱向和部門做法為基礎，開始連續四次的行動計劃。在此期間，共同體通過 200 件法律，主要是有關藉由引進最低標準來限制污染，特別是廢棄物管理，水污染以及空氣污染。今日，可持續發展原則是歐洲共同體的目標之一，而高度保護環境是一個絕對的優先事項。依據馬斯垂克條約，共同體環境政策的目標之一是以國際層級的改進措施來處理區域性或全球性的環境問題。因此共同體與其他國家及國際組織相互合作，自從 20 世紀 70 年代以來，共同體已成為環境保護國際公約的締約國。目前其也是超過 30 個公約及協議的締約國，並積極參與談判，以便通過這些正式的文件。共同體通常也以觀察員的身分參與具有國際機構或程序相關背景，特別是聯合國贊助下的活動、協商。歐盟不僅是區域治理的成功範例，同時也是全球治理下與區域治理結合的成功範例。

經濟合作暨發展組織（Organization for Economic Cooperation and Development, OECD）也是一個成功的區域治理的組織。經濟合作與發展組織在國際環境舞台上也是一位參與者，經濟合作與發展組織在其會員國間消費及生態平衡中扮演重要的角色。也提供了大量的背景資料，並在諸如氣候變化，貿易和環境相關問題，以及運輸及環境等問題上支持其成員國。

經濟合作暨發展組織由全球 30 個市場經濟國家所組成國際經濟合組織，其前身是歐洲經濟合作組織（Organization for European Economic Co-operation, OEEC），成立初衷是為了整體歐洲的整體復興執行第二次世界大戰戰後重建歐洲的馬歇爾計劃，總部設在巴黎的 Châteaude la Muette。

早期組織的成員多為歐、美國家，後來逐漸拓展到非歐洲國家，主要宗旨

織：歐洲經濟體（European Economic Community）、歐洲煤鋼同盟（European Coal and Steel Community）與歐洲原子能委員會（European Atomic Energy Community）。

為：幫助各成員國的政府實現經濟成長、改善就業、提高成員國生活水準，同時保持金融穩定，並對世界經濟發展作出貢獻。

經濟合作組織在環保與氣候變化的治理方面近期曾極積參與各項會議與計畫的執行。

其他進行區域治理的組織亦極多，諸如美洲國家組織（Organization of American States, OAS）、非洲聯盟（African Union）、亞太經濟合作組織（Asia-Pacific Economic Cooperation, APEC）等都對地區的治理工作有卓越的貢獻。其中亞太經濟合作組織更為國人所重視。

亞太經濟合作組織成立之初是一個區域性經濟論壇和磋商機構，經過十幾年的發展，已逐漸演變為亞太地區重要的經濟合作論壇，也是亞太地區最高級別的政府間經濟合作的區域治理機制。在策略上推動區域貿易投資自由化，加強成員間經濟技術合作等方面發揮了不可替代的作用。全球冷戰結束後 20 世紀 80 年代間，全球化的趨勢隨著冷戰的結束快速發展，經濟全球化、貿易投資自由化和區域整合化的趨勢漸成為潮流。更重要的是，亞洲地區的治理在世界經濟中的比重也明顯上升。在此一形勢的強大壓力下，1989 年 1 月，澳大利亞總理霍克提議召開亞太地區部長級會議，討論加強相互間經濟合作問題。1989 年 11 月，澳大利亞、美國、日本、韓國、紐西蘭、加拿大及當時的東協六國在澳大利亞首都坎培拉舉行了亞太經合組織首屆部長級會議，誕生了這一組織。1991 年 11 月，亞太經合組織第三屆部長級會議在韓國當時首都漢城（現稱首爾）舉行，會議通過《漢城宣言》，正式確立了這一組織的宗旨和目標，即「為本地區人民的共同利益保持經濟的增長與發展；促進成員間經濟的相互依存；加強開放的多邊貿易體制；減少區域貿易和投資壁壘」。我國在 1991 年 11 月以「中華台北」名義與中國和香港（1997 年 7 月 1 日起改為「中國香港」）以地區經濟體名義正式加入亞太經合組織。截至 2009 年 11 月，亞太經合組織共有 21 個成員。

1998 年的亞洲金融危機曾給這個地區經濟發展來了相當大的衝擊，區域領袖在同年 11 月吉隆坡集會作出共同振興亞洲經濟與環保的共同宣言與承諾，展現區域治理的力量。[22]

另一代表非洲開發中 77 個國家組成的團體稱之為「77 國集團」（Group

---

[22] 參閱 APEC, "APEC Economic Leaders' Declaration," Kuala Lumpur, Malaysia (November 18, 1998), http://www.apec.org/apec/leaders_declarations/1998.html.

of 77，或稱 G77）亦一個相當有影響力的團體。基本上這個集團不是形式的國際組織，但在維護第三世界地區利益上，採取聯合的立場，與發達國家展開競爭。在區域治理的各項問題上，「77 國集團」是發展中國家在維護自己經濟權益的鬥爭中逐漸形成和發展起來的。由於立場一致，力量集中，自然產生相當的影響力。第二次世界大戰後，亞非拉廣大開發中國家雖然獲得了政治上的獨立，但在經濟上並沒有獲得真正的獨立，依然受國際經濟舊秩序的影響。第18 屆聯合國大會討論召開貿易和發展會議時，73 個亞、非、拉國家和南斯拉夫、紐西蘭共同提出一個聯合宣言，形成「75 國集團」。後來肯亞、韓國、越南加入，紐西蘭宣佈退出。1964 年 6 月 15 日在日內瓦召開的第一屆聯合國貿易和發展會議上，發達國家和發展中國家在一些重大問題上產生尖銳分歧。77 個發展中國家和地區聯合起來，再次發表了《77 國聯合宣言》，要求建立新的、公正的國際經濟秩序，並以此組成一個集團參加聯合國貿易和發展會議的談判，因而該集團被稱為 77 國集團。雖然後來成員國逐漸增加，但集團名稱仍保持不變。該集團組織鬆散，不設總部，也無常設機構，沒有章程和財務預算，議事時採取協商一致的原則作出決定。但在主要的國際經濟機構中都有它的組織。自 1990 年代後，這個組織在全球治理上日益發揮它的影響力，捍衛開發中國家在全球化下蒙受的經濟、政治及文化上的不利地位與形勢。

（五）多邊金融國際組織在全球治理上的功能

在影響全球治理相關政策與發展策略的國際組織中，近半世紀以來，金融性的國際組織較政治性的國際組織更扮演重要的角色。此一多邊性的國際金融組織以世界銀行（World Bank）、國際貨幣基金（International Monetary Fund）及區域銀行影響最大。這個金融體系每年對開發中國家的發展計畫，特別是發展策略、經濟政策與經濟建設，給予相當的挹注，包括正式的貸款與特別基金的貸款。金融性國際組織與一般國際組織不同，其決策並非建構在一國一票，每票等值的基礎上。銀行的決策建構在每個國家的認股比例上；換言之，認股較多者在決策上即取得較大的發言權。美國在世界銀行與泛美洲開發銀行（Inter-American Development Bank），享有最大權力，而亞洲開發銀行（Asian Development Bank）則是美國與日本共同擁有最大的發言權。

開發銀行的治理策略一般都建立在基金提供者的角色，但這種龐大金額的提供是否能達到治理的目的則引起各方的批評。美國國會與全球的非政府組織都表示了不同的聲音。因之自 1980 年代中期以後，世界銀行不再對重大的計

畫，特別是環境保護的發展，直接給予金錢上的幫助。世界銀行拒絕對巴西與印尼的貸款，而在銀行系統之下設立環境部門，直接掌控環境政策的開發計畫（Downie, 2006: 62）。自然這樣做法有干涉國內政治之嫌，但對行政效率不高的國家，這樣治理的策略或可達成治理的成效。

金融組織的治理在運作上近來採取強勢的作法，即所謂「結構調整」（structure adjustment）的策略。金融組織要求借貸國在國內體制上作結構調整計畫，在內容上經常藉解除補貼、裁減政府預算、貨幣貶值及緊縮信用等要求借貸國以減少國內需求；同時，要求借貸國採取步驟增加出口，努力達成貿易盈餘以償還債務。這是對借貸國國內事務的嚴重干預。同時，國際貨幣基金及世界銀行官員常為借貸國造成的經濟扭曲（economic distortion）而產生爭執，例如高估匯率，人為壓低農產價格，以及補貼制度傷害最貧窮的社群的利益，而且創造不當行為的動機以致環境受到破壞（Reed, 1992: 161-178）。而開發銀行則每在發展策略與營運原則之間發生政策的激盪，在對發展中國家的援助信貸多與銀行的運作原則是不合的，亞洲開發銀行即是這樣的例子，故另創開發基金以應實際需要。亞銀以「亞洲開發基金」作為一項特別信貸的來源，與正常基金作區別（Tsao, 1974）。理論上來說，「結構調整」如純為借貸計畫改善的目的沒有什麼不好，但執行這項計畫超過了銀行運作的目的便相當不可取。根據一項研究報告顯示：世界銀行對印尼的貸款所作的「結構調整」策略明顯與印尼短期經濟成長與維持貿易平衡無關（Downie, 2006: 66）。

第四節　非政府組織參與全球治理的重要性

一、發展與成長：非政府組織角色的參與性

在全球治理的場域中另一個重要的非國家參與角色，便是非政府組織（nongovernmental organizations, NGOs）的出現。非政府組織在全球治理中扮演影響性角色可由 1999 年西雅圖事件可以看出。非政府組織之所以能發揮作用是由於其有不營利性、非官方性、獨立性與公共政策取向等特質，非政府組織在全球新自由主義的擴散下、民主理念的深植人心的基礎上，加上全球人權意識的高漲，社群自主理念落實，非政府組織從國內發展，進而形成非政府組織的跨國聯盟，逐漸走向獨立運作的國際非政府組織（international nongovernmental organizations, INGOs）。自從 70 年代全球環境保護運動啟動

以來，非政府組織的影響力迅速成長，對全球議題的發言權愈來愈大。非政府組織成為全球治理任何論壇中不可缺少的角色。

　　非政府組織之所以能擁有全球治理平台上的議題發言權，實有下列三個重要的因素：一、他們在長期的談判經驗中累積了不少的專業知識以及創新的思維，因而使他們對議題的立場或態度受到尊敬；二、他們訴求的目標保有相當中立性與客觀性，在取向上是超越國界的，或是超越某一特有狹窄部門的。寬廣的心靈使他們發言不受到任何的限制，終而贏得尊敬與支持；三、非政府組織的訴求普遍都從國內的利益出發，代表某一產業或地區選民的利益，這種紐帶能產生動員的能力，對國內決策者將直接給予影響，特別是反映在選舉的時刻為甚。

　　他們的影響力主要來自不同的單位，國內的或國外的皆俱。有時他們是以智庫（think tanks）方式，發揮論壇的運作，收集思廣益之效；有時則以學術機構（research institutes）從事研究工作。他們召開的學術會議、研討會、論壇或演講會都能因為參加人員具有專業性，對特定問題產生影響力。而出版的書刊或報告，以及印刷品更是一種宣傳的利器。在已發展的工業化國家，許多活躍於全球性問題的非政府組織可歸屬於下列三個類型之一：一是屬於國際非政府組織，具有跨越國境而分散在多國的分支機構；二是主要專注內部公共問題的全國性組織；三是透過發布有學術權威性研究的報告與出自智庫或研究所的具體行動建議。這些部門在全球治理平台上，分別以不同的策略扮演不同的角色。由於有社會作為支持，他們的動員能力是相當龐大的（曹俊漢，2009：257-259）。

　　雖然非政府組織在全球治理平台上具有影響力，並不是說他們的結構都是相同嚴密的。在許多場合，一些國際非政府組織是國際成員的鬆散分權組合，另一些則有較為中央集權化的結構。例如總部在阿姆斯特丹的國際地球之友（Friends of the Earth International, FOEI）組織，其在 70 個國家都有獨立成員，而其中一半在開發中國家，在召開年會的時候，代表團透過民主程序來決定優先工作並選取五項或更多的合作活動。另外一個頗為大型而嚴密組織的國際非政府組織，「綠色和平」組織（Greenpeace），在超過 41 個國家設有分支辦公室，有超過 280 萬個財務支持者或會員。它的國際活動是由設在阿姆斯特丹總部指揮，並由年會決定的議題及策略來引導會務的進行。[23]

---

[23] 關於國際非政府組織類型分析，參閱曹俊漢，第十一及十二章。

二、規制的形成與影響

　　非政府組織在全球治理過程中對制度的建立具有相當的影響力。特別在國際規制（international regime）的發展（development）、擴散（expansion）與執行（implementation）都能從不同的面向產生作用。規納不同全球問題處理的經驗中，非政府組織取得了下列的成就：

1. 影響全球重要問題的議程設定（agenda setting），包括對新產生問題的界定；或老問題的重新界定；
2. 透過向本國或外國政府遊說的方式，要求採取更為或較為進步或開放的立場。他們或不斷地提出新的方案；或喚起群眾的抵制或杯葛或群眾運動；或提起訴訟用法律解決等；
3. 在全球問題的解決方案提出之前，預為草擬各項正式約文的草本，以為後來討論時重要的參考依據；
4. 在國際談判桌上直接參加討論，發揮遊說的力量；
5. 大力支持重要國際規制在國內的批准程序與執行過程；
6. 對開發中國家因為國際規制的執行產生困難，進而伸出援手作為引導；
7. 監測各項全球協議的執行情形，進而向有實質影響的當事國提出報告。

　　非政府組織對國際規制建構及影響反映在不少的案件上。最有名的是，在美國柯林頓政府時，三個美國的非政府組織用了影響力，迫使柯林頓總統推翻了其前任布希總統對多樣性生物公約的立場，並於 1993 年簽署該公約。[24]

　　照理說為國際公約擬定草約是非政府組織最有效的策略，進而達到影響政策的目的。事實上，並不多見；不過世界自然保護聯盟（International Union for Conservation of Nature and Natural Resources, IUCN）[25]是僅有的例外。它成功地以擬訂一分草約作為協商的基礎。具體的個案反映在 1972 年於巴黎簽訂

---

[24] 這三個重要的非政府組織為：the World Resources Institute, the World Wildlife Fund, 以及 the Environmental and Energy Study Institute.

[25] 世界自然保育聯盟（IUCN）是一獨特的聯盟，成員來自 70 多個國家、100 多個政府機關以及 750 個以上的非政府組織。其下有 6 個全球委員會，志願參與的成員涵蓋 180 多個國家、1 萬名以上國際知名的科學家與專家們，在世界各地有一千名職員，執行計畫約五百項。1999 年，聯合國會員國授與世界自然保育聯盟聯合國大會觀察員的地位。

的「保護世界文化與自然遺產公約」（the Convention Concerning the Protection of the World Cultural and Natural heritage），即是根據 IUCN 的草案作為基礎的。1973 年所簽訂的「瀕臨絕種野生動植物國際貿易公約」（Convention on International Trade in Endangered Species of Wild Fauna and Flora, CITES），也是 IUCN 歷經十年三次草案所創造出來的結果。[26]

　　值得一提的是，非政府組織在國際談判桌上的遊說活動頗有影響力。一般來說，大多數環境公約的締約方所召開的會議都會允許非政府組織以觀察員身分加入，這就保證了非政府組織積極參與到整個過程的影響作用。某些非政府組織專門參與某些特定問題的談判會議，久而久之其就在該領域累積了高水準的技術和法律上的專業見解與知識，產生了列席的慣例。舉例來說，美國人道協會（Humane Society of the United States）從 1973 年開始就一直遊說於國際捕鯨委員會（International Whaling Commission, IWC）所召開的會議中；而綠色和平組織（Greenpeace）早在 20 世紀 80 年代初就活躍在《倫敦公約》（London Convention）的各項會議作遊說的工作。更值得注意是，當前國際最為關注的氣候變化會議，都可看到非政府組織非常積極影響力的一面。特別是「氣候行動網絡」（Climate Action Network）這個團體在《氣候變化框架公約》（Framework Convention on Climate Change）及《京都議定書》（Kyoto Protocol）的談判中尤其地活躍，並且它一直參加與此公約相關的締約方大會（Conference of the Parties）。氣候行動網絡在 2000 年以後的京都議定書的談

---

[26] 瀕臨絕種野生動植物國際貿易公約（或「瀕危野生動植物物種國際貿易公約」，Convention on International Trade in Endangered Species of Wild Fauna and Flora, 簡稱 CITES）是一個在 1963 年時由國際自然與天然資源保育聯盟（已在 1990 年時改名為世界自然保護聯盟，World Conservation Union）的各會員國政府所起草簽署，並在 1975 年時正式執行的一份國際協約。這份協約的目的主要是透過對野生動植物出口與進口限制，確保野生動物與植物的國際交易行為不會危害到物種本身的延續。由於這份公約是在美國的華盛頓市簽署的，因此又常被簡單稱為華盛頓公約。該公約的出現是源於 1963 年 IUCN 的一次集會，由與會會員國共同決議起草。在經過多年的條文制訂後，確切的條約內容在 1973 年 3 月 3 日於美國華盛頓市開放給 80 個國家的官方代表進行簽署，並且自 1975 年 7 月 1 日開始執行。華盛頓公約是世界上迄今為止幾個締約單位數最高的公約之一，參與此公約的單位並不強制要求必須是主權國家，取而代之的是以「團體」（Party）作為締約單位，這些團體之中有些是主權國家，也有一些是區域性的政府組織，截至 2005 年 2 月為止，締約團體的數量高達 167 個。

判過程中下了很大功夫，來遊說締約方能承擔更多的義務，以及減少溫室氣體的排放。

三、非政府組織與國際機構的互動

　　非政府組織最重要的工作便是能發揮影響國際各類型機構的政策與結構。這是一個相當艱困的工作，但也得百折不撓的努力落實成績在對開發中國家的幫助上。過去較多的實例都反映在世界銀行的貸款或技術援助的計畫。尤其是非政府組織在 1991 至 1993 年間對世界銀行操控全球環境基金（Global Environment Facility, GEF）運作大加批評。經過非政府組織的大力努力，最終支持開發中國家的立場，設立一個全球環境基金秘書處的運作體系，使其獨立於世界銀行之外，並且建立一套透明化、民主化的計畫審核程序。

　　1980 年代後期，非政府組織發起銀行改革，開始將焦點放在公共參與和課責的議題上，全世界大約 150 個非政府組織各以不同形式參與活動，希望激發更多開放與責任、鼓勵減少負債、發展更公平的策略，以及減少對環境的破壞。到今天，在全球非政府組織的壓力下，大約半數的銀行借貸方案設有非政府組織介入條款，比 1973 至 1988 年間的 6% 高出許多。有些銀行甚至將國際樂施會（Oxfam International）這類的非政府組織加入多邊債務紓困會議中。

　　經驗顯示，非政府組織在貿易與環境的問題上相當堅定，不惜以壯士斷腕的精神，周旋到底。在歷史上，非政府組織在 1990 年才開始關注降低關稅與減少貿易壁壘這個問題，但早期的關稅暨貿易總協定（General Agreement on Tariffs and Trade, GATT）從未對非政府組織設立觀察員條款，對後來的 WTO 更是嚴加批評。非政府組織激進份子認為 WTO 是一個不夠透明的組織，也缺乏責任感，所以發起增加 WTO 透明度、參與度、責任度的運動。終於在 1999 年西雅圖舉行的第三次 WTO 部長會議前爆發了激烈的示威運動。在這一方面，非政府組織自認透過他們的訴求，將可使得貿易體系採取更開放與透明化，而政府也可能與貿易組織採取較為更開放的政策，讓非政府組織能表達意見。然而，在西雅圖會議期間發生的街頭暴力抗議之後，WTO 決定 2001 年第四屆部長會議在卡達的杜哈市舉行，但透過簽證、安全戒備、更高旅費等的重重限制，更易地限制能參與的非政府組織數量與街頭抗議。但也說明了非政府組織與國際機構之間互動能見度也逐日升高。非政府組織與 WTO 的互動可由表 19-1 看出：

■ 表 19-1

NGO 與 WTO 的互動			
	符合參與資格的非政府組織數	非政府組織出席數	登記與會人數
1996 新加坡會議	159	108	235
1998 日內瓦會議	153	128	362
1999 西雅圖會議	776	686	約 1500
2001 杜哈會議	651	370	370
2003 坎昆會議	961	795	1578

資料來源：參見 WTO 的新聞發布，見 www.wto.org/english/news_e/news03_2/

第五節　私部門對全球治理的協同作用

一、跨國公司的興起與影響

　　在 21 世紀全球治理的時代，跨國公司或跨國企業扮演的角色相重要。在許多的治理領域中，跨國公司較之國家更有影響力。我們可以從 2007 年兩者的歲入比較得知，跨國公司遠較許多國家為高。（參見表 19-2）

■ 表 19-2

2007 年全球國家歲收與跨國企業營收前五十排行表			
排名	國家或企業名稱	總部所在地	主要業務	歲收／營業收入（百萬美元）
1	United States 美國			$2,409,000
2	Japan 日本			$1,411,000
3	Germany 德國			$1,277,000
4	France 法國			$1,150,000
5	United Kingdom 英國			$973,000
6	Italy 義大利			$832,900

（續）

■ 表 19-2（續）

2007 年全球國家歲收與跨國企業營收前五十排行表			
排名	國家或企業名稱	總部所在地	主要業務	歲收／營業收入（百萬美元）
7	Netherlands 荷蘭			$757,900
8	Spain 西班牙			$488,200
9	Canada 加拿大			$446,600
10	埃克森美孚	美國	煉油	$339,938
11	沃爾瑪	美國	一般零售商品	$315,654
12	皇家殼牌石油	英國／荷蘭	煉油	$306,731
13	英國石油	英國	煉油	$267,600
14	Australia 澳洲			$267,000
15	Brazil 巴西			$244,000
16	Russia 俄羅斯			$222,200
17	Swened 瑞典			$222,000
18	Korea,South 南韓			$200,000
19	Mexico 墨西哥			$196,500
20	Norway 挪威			$195,800
21	Belgium 比利時			$195,700
22	雪佛龍	美國	煉油	$189,481
23	Saudi Arabia 沙烏地阿拉伯			$189,200
24	戴姆勒克萊斯勒	美國	汽車	$186,106
25	豐田汽車	日本	汽車	$185,805
26	Canada 加拿大			$183,500
27	福特汽車	美國	汽車	$177,210
28	康菲	美國	煉油	$166,683
29	通用電氣	美國	多元化	$157,153
30	Austria 奧地利			$155,900

資料來源：作者自行匯整編輯

二、規制形成的影響

　　當前全球治理最熱門的領域來自於環境污染，而製造者皆與許多大型的私人企業有關。私人企業夾著其龐大的經濟力量，在國家政策中始終成為經濟發展與環境保護兩股對立的衝擊者，因而其地位與立場在全球治理的平台上也構成一個重要而具影響的角色。在環境治理的政治中，私人企業，尤其是跨國公司，是全球重要的行動者，也是參與者。由於他們的影響力廣泛且深遠，在大多數政府與國際組織中均有良好的管道接近決策者；復藉著他們的科技專業，參雜著企業利益使得他們在協定產生或規範制定上有發言權。

　　但在許多全球問題上，例如臭氧層保護、氣候變遷、捕鯨、國際性毒害廢棄物交易、漁業等，我們發現，私有企業都採取不支持或阻擋國際規制的制定。一般來說，當國際協議的規則約束比企業預期在國內的活動所加諸的負擔較弱時，私有企業有時也會支持國際協議。在 1998 年國際糧農組織的談判中，美國與日本在公海捕魚的問題上，較之其他亞洲漁業國家（如南韓、中國、台灣及印尼）制定的漁業規定，受到較嚴格的法規限制，特別是藍鰭鮪魚及其他高度遷移魚類的配額，因此促使美國與日本政府在 1998 年聯合國農糧組織談判中對公海捕魚數量採取強硬的態度。私有企業的態度一向都以其利益為取向的，故企業之間的立場也並不一致。

　　一般來說，跨國公司在全球治理建構國際規制時，透過下列途徑：
1.對爭議中的議題尋求共識或作成定義，以利其本身企業的發展；
2.遊說本國政府在國際規制建構時採取特定的立場；
3.遊說國際會議中不同國家代表在國際規制問題上採取某一對其有利的立場。

　　在表 19-2 中我們可以看出，跨國經營的石油公司力可敵國，他們在國際規制的訂定上發揮了強大的影響力，這點可由 1954 年制定的防治海洋石油汙染國際公約（the International Convention for the Prevention of Pollution of the Sea by Oil of 1954）看出。[27]當時主要的七家石油公司和全球性與石油相關的運輸同業（多數由石油公司直接或間接地擁有）是唯一以海洋石油汙染專業

---

[27] 防止海洋石油污染國際公約（International Convention for the Prevention of Pollution of the Sea by Oil），防止石油污染海洋國際會議 1954 年 4 月 26 日至 1954 年 5 月 12 日在倫敦舉行，訂定公約形成共識採取共同行動，防止運輸石油的船舶污染海洋，請參閱 http://www.admiraltylawguide.com/conven/oilpol1954.html。

知識提案的成員。技術文章由 30 個國家船東協會組成的國際航運公會（the International Chamber of Shipping）[28]遞交，而代表主要石油公司的利益的石油公司國際海洋論壇（the Oil Companies International Marine Forum）提供討論的公約約本各條文。就全球治理而言，這些公約僅會符合石油和運輸公司的利益，無法達成防治海洋石油污染的目的。不過學者認為，這類私人企業跨國公司的壟斷行為在今日強大環保非政府組織的監督下是難於成功的（Downie, 2006: 89）。

種種跡象顯示，跨國公司的影響力都來自本國的政治力量，透過壓力團體對本國政府在國際規制的談判桌上產生制約的力量。美國對廢棄物的處理、日本對臭氧層的態度等都受到這股力量的制約。而京都議定書在美國參院以 95：0 遭到否決也是這股力量發生反對的作用。2009 年在哥本哈根召開的聯合國氣候框架公約第十五次約方會議沒有顯著的成果，原因即在美國的大型能源公司關於二氧化碳排放量的問題有不同的意見（Huang, 2009: 435-441）。

第六節　結　論

本文從國際治理到全球治理的框架上，舖陳了一個 21 世紀國際關係研究的新思維，也是新風貌。傳統國際關係的系絡中，公部門是重要的角色，而全球治理下的國際關係，國家與國際組織依然重要，但反映在全球治理的平台上，國家、國際組織、非政府組織與跨國公司四個重要的角色則成為 21 世紀全球治理的關鍵性角色。自然 21 世紀國際關係的運作中，這四個關鍵性角色都將因為他們各自的影響力發生在議題建構、規範達成、規制創造與執行誘因上發生作用。但在另一方面，四個角色也將因為各自的目標、利益、壓力、制衡、民意等不同因素的糾結而造成國際關係的錯綜複雜。全球治理首當其衝的平台便是為解決各個全球問題的高峰會，國家仍然是這個平台的主導者，但因

---

28 國際航運公會（International Chamber of Shipping, ICS）的成員包括國家船東協會，代表了世界一半以上的商船隊。ICS 工作重點之一是代表聯合國國際海事組織（International Maritime Organization, IMO）負責海上人員安全和海洋環境的保護。ICS 參與的領域十分廣泛，包括影響商船的技術、法律和業務事項。ICS 代表了全球不同行業的利益：散貨船運營商、油輪運營商、客船運營商等。請參閱 http://www.marisec.org/ics/index.htm。

國家考慮的層面出自整體而多元，考慮國家角色的類型也最彈性，或為領袖型、或為支持型、或為搖擺型、或為否決型，不一而足。

　　一般而論，國家在全球性問題的決策上，仍是扮演政治議題成果的主要角色，但是非國家角色，例如國際組織、非政府組織和跨國公司，往往針對全球性議題和國際談判過程，經常扮演影響各國政治的角色，兩者具有同等的重要性。國家是否採取主導角色，支持角色、或者對於一個特定問題的否決角色，主要取決於國內政治因素和所提規制的相對成本和利益。但是國際政治外交後果也會影響角色的選擇。

　　國際組織在不少的全球問題上，主動而努力地建構問題解決的議題，並促成召開全球論壇進行談判，其成就是有目共睹的。但也不容否認，許多問題的複雜性，雖討論經年，仍沒有具體的成果出現。例如與環境問題相關的 21 世紀議程（Agenda 21），許多方案多流於紙上談兵，迄今難見成效。

　　近年來，非政府組織在全球治理的平台上頗為活躍，展現了對全球問題解決的企圖心與使命感。特別是他們對當前環境問題造成人類生存發展與生活品質的嚴重威脅有深度的敏感性，在國內不但主導政策的發展，同時在全球論壇上進行各方面的遊說，甚至主動提出問題解決的條約約本草案，監控各項方案的執行過程。有關國際機構，例如各開發銀行，對開發中國家的援助政策，非政府組織都發揮了影響政策改弦更張的力量。全球治理平台上，非政府組織角色的重要性逐漸地受到重視。

　　至於私部門中跨國公司的影響力與當前科技更新與升級，以及產業發展而成為另一個主導全球問題能否解決的力量。由於當前全球問題多與科技有關，例如疾病防治、環境保護、節能減碳等，他們在專業上的優勢使其更容易接近政府各部門與立法機關，發揮遊說的效果，主導或參與國際談判。在經濟發展與環境保護的論戰中，跨國公司的立場往往對政策具有相當的影響力。

■ 核心概念 1

領導國家的角色可從不同的方法或策略上達成協議的任務：

- 以研究的發現為基礎，指陳問題的嚴重性，喚起其他國家不得不重視共同採取行動的迫切性。例如瑞典科學家提出了酸雨的嚴重性；加拿大科學家宣示化學物質對環境的破壞性；美國科學家警告人類對地球臭氧層保護的破壞等。

（續）

■ 核心概念 1（續）

- 針對有問題的指標國家進行民意的教育或宣導。例如加拿大即對美國遊客以不同方式宣導其森林與水源受到污染的傷害，造成對美國的壓力。
- 透過外交手腕要求國際組織對嚴重問題的解決採取優先性。
- 利用非政府組織全球網絡來支持本國在他國或國際會議的立場。
- 使用外交手段阻止正欲威脅援用否決權的國家。
- 答應給予金錢或技術援助俾使問題能夠順利解決。

■ 核心概念 2

國際組織在全球治理上可能行使的影響力：

- 設置議程以及規制形成的影響
- 發展非約束性規範（Developing Nonbinding Norms）
- 影響國家發展政策

■ 核心概念 3

非政府組織在國際關係上的成就：

- 影響全球重要問題的議程設定（agenda setting），包括對新產生問題的界定；或老問題的重新界定；
- 透過向本國或外國政府遊說的方式，要求採取更為進步或開放的立場。他們或不斷地提出新的方案；或喚起群眾的抵制或杯葛或群眾運動；或提起訴訟用法律解決等。
- 在全球問題的解決方案提出之前，預為草擬各項正式約文的草本，以為後來討論時重要的參考依據；
- 在國際談判桌上直接參加討論，發揮遊說的力量；
- 大力支持重要國際規制在國內的批准程序與執行過程；
- 對開發中國家因為國際規制的執行產生困難，進而伸出援手作為引導；
- 監測各項全球協議的執行情形，進而向有實質影響的當事國提出報告。

參考文獻

曹俊漢，2009，《全球化與全球治理：理論發展的建構與詮釋》。台北：韋伯。

Albrow, M. 1996. *The Global Age*. Cambridge: Polity.

Alexander, King and Bertrand Schneider. 1991. *The First Global Revolution: A Report of the Council of Rom*e New York: Pantheon Books.

Almond, G. and Powell, G.B. 1965. *Comparative Politics: A Developmental Approach*. Boston: Little Brown.

Anderson, M. and M. den Boer, eds. 1994. *Policing Across National Boundaries*. London: Pinter.

Anderson, A.1997. *Media, Culture and the Environment*. London: UCL Press.

Anderson, Sarah and John Cavenaugh. 2000. *Top 200: The Rise of Corporate Global Power*. Washington DC: Institute for Policy Studies.

McGrew, Anthony G. and Paul G. Lewis, eds. 1992. *Global Politics: Globalization and the Nation-State*. Cambridge: Polity Press.

Archibugi, D. and D. Held, eds. 1995. *Cosmopolitan Democracy: An Agenda for a New World Order*. Cambridge: Polity.

Bales, R.F. 1950. *Interaction Process Analysis*. Cambridge, MA: Addison-Wesley.

Bamberg, E. 1998. *Green Parties and Politics in the European Union*. London: Routledge.

Barnett, A., D. Held and C. Henderson, eds. 2005. *Debating Globalization*. Cambridge: Polity.

Berger, Peter L. and Samuel P. Huntington eds. 2002. *Many Globalizations: Cultural Diversity in the Contemporary World*. Oxford: Oxford University Press.

Bernstein, Peter L. 1996. *Against the Gods: The Remarkable Story of Risk*. New York: John Wiley.

Bhagwati, Jagdish N. and Padma Desai. 1970. *India: Planning for Industrialization*. London: Oxford University Press, for the Organization for Economic Co-operation and Development.

Bhagwati, Jagdish N. 1978. *Anatomy and Consequences of Exchange Control Regimes: Foreign Trade Regimes and Economic Development,* Vol. XI. New

York: Ballinger Publishing Company, for the National Bureau for Economic Research.

Bhagwati, Jagdish N. 1998. "Trade Liberalization and 'Fair Trade' Demands: Addressing the Environmental and Labour Standards Issues." in Jagdish, N. Bhagwati. *A Stream of Windows: Unsettling Reflections on Trade, Immigration and Democracy.* Cambridge, Massachusetts: MIT Press.

Bhagwati, Jagdish N. 2000. *The Wind of the Hundred Days: How Washington Mismanaged Globalization.* Cambridge, Massachusetts: MIT Press.

Bhagwati, Jagdish N. 2002. *Free Trade Today.* Princeton: Princeton University Press.

Bhalla, Surjit S. *Imagine There's No Country: Poverty, Inequality and Growth in the Era of Globalization.* Washington DC: Institute for International Economics, 2002.

Bjorn, Hettne and Andras Inotai, eds. 1994. *The New Regionalism: Implications for Global Development and International Security.* Helsinki: UN World Institute for Development Economics Research.

Block, Fred. 1996. *The Vampire State and Other Stories.* New York: New Press.

Blustein, Paul. 2001. *The Chastening: Inside the Crisis that Rocked the Global Financial System and Humbled the IMF.* New York: Public Affairs.

Boli, John and George M. Thomas, eds. 1999. *Constructing World Culture. International Non-Governmental Organizations since 1875.* Stanford, CA: Stanford University Press.

Borgatti, S.P. and Everett, M.G. 1992. "The notion of position in social network analysis." in P.V. Marsden (ed.) *Sociological Methodology* 1992. Oxford: Blackwell.

Borgatti, S.P., Everett, M.G. and Freeman, L.C. 1992. *UCINET IV.* Columbia: Analytic Technologies.

Borzel, T. 1997. "What's so special about policy networks? An exploration of the concept and its usefulness in studying European governance," Mimeo, European university: Florence.

Brunn, S. and Leinbach, R. eds. 1991. *Collapsing Space and Time: Geographic Aspects of Communications and Information.* London: HarperCollins.

Buchanan, Patrick J. 1998. *The Great Betrayal: How American Sovereignty and*

Social Justice are being Sacrificed to the Gods of the Global Economy. Boston: Little Brown.

Bull, Hedley.1977. *The Anarchical Society: A Study of Order in World Politics.* Columbia University Press.

Burt, R.S.1982. *Toward a Structural Theory of Action.* New York: Academic Press.

Burtless, Gary, Robert Z. Lawrence, Robert E. Litan and Robert J. Shapiro. 1998. *Globaphobia: Confronting Fears about Open Trade.* Washington DC: Brookings Institution.

Byrne, D. 1998. *Complexity Theory and the Social Sciences.* London: Routledge.

Cable, Vincent. 1999. *Globalization and Global Governance.* Chatham House Papers. London: Royal Institute of International Affairs.

Calomiris, Charles.2002. *A Globalist Manifesto for Public Policy.* The Tenth Annual IEA Hayek Memorial Lecture. Occasional Paper 124. London: Institute of Economic Affairs.

Cameron, Maxwell A., Brian W. Tomlin and Bob Lawson, eds. 1998. *To Walk without Fear. The Global Movement to Ban Landmines.* Oxford: Oxford University Press.

Capie, Forrest. 2002. *Capital Controls: A 'Cure' Worse than the Problem?* London: Institute of Economic Affairs.

Capra, F. 1996. *The Web of Life.* London: HarperCollins,1996..

Capra, F. 2002. *The Hidden Connections: A Science for Sustainable Living.* London: HarperCollins.

Carnoy, M. 1993. "Whither the nation-state?" in M. Carnoy ed. *The New Global Economy in the Information Age.* College Park, Penn: Pennsylvania State University Press.

Carson, W.G. 1982. *The Other Price of Britain's Oil.* London: Martin Robertson.

Castells, M. 1993. "The informational economy and the new international division of labor," in M. Carnoy ed., *The New Global Economy in the Information Age.* College Park, Penn.: Pennsylvania State University Press.

Castells, M. 1996. *The Information Age, i. The Rise of the Network Society.* Oxford: Blackwell.

Castells, M. 1997. *The Information Age, ii. The Power of Identity.* Oxford: Blackwell.

Castells, M. 1998. *The Information Age, iii. End of Millennium*. Oxford: Blackwell.

Castells, M. 2001.*The Internet Galaxy*. Oxford: Oxford University Press.

Chandler, Alfred.1977. *The Visible Hand*. Cambridge, Massachusetts: Harvard University Press.

Chang, Ha-Joon. 2002. *Kicking Away the Ladder: Development Strategy in Historical Perspective*. London: Anthem Press.

Chasek, S. Pamela, David L. Donnie, and Janet Welsh Brown. 2006. "Actor in the Environmental Areas." in *Global Governance Politics*. Boulder, Colorado: Westview Press.

Cilliers, P.1998. *Complexity and Post-Modernism*. London: Routledge.

Clifford, J.1992. "Travelling cultures." in L. Grossberg, et al. eds. *Cultural Studies*. Berkeley and Los Angeles: University of California Press.

Cohen, J. and Arato, A.1992. *Civil Society and Political Theory*. Cambridge, Mass., and London: MIT Press.

Cohen, J. and Stewart, I. 1994. *The Collapse of Chaos*. Harmondsworth: Penguin.

Cohen, R.1997. *Global Diasporas*. London: UCL Press.

Cohen, S. 2001. *States of Denial*. Cambridge: Polity.

Coleman, James. 1990.*Foundations of Social Theory*. Cambridge: Belknap Press of Harvard University Press.

Collander, David, ed. 1984.*Neoclassical Political Economy: An Analysis of Rent-Seeking and DUP Activities*. Cambridge, Mass.: Ballinger.

Commission on Global Governance. 1995. *Our Global Neighbourhood: The Report of the Commission on Global Governance*. Oxford: Oxford University Press.

Cook, Gary ed.1998. *The Economics and Politics of International Trade,* Vol. 2 of *Freedom and Trade*. London: Routledge.

Cooper, Richard. 1968.*The Economics of Interdependence: Economic Policy in the Atlantic Community*. New York: McGraw-Hill.

Corden, W. Max. 1971. *The Theory of Protection*. Oxford: Clarendon Press.

Corden, W. Max. 1974. *Trade Policy and Economic Welfare*. Oxford: Clarendon Press.

Corden, W. Max. 1994. *Economic Policy, Exchange Rates, and the International System* Oxford: Oxford University Press, and Chicago: University of Chicago

Press.

Coveney, P. and Highfield, R. 1990. *The Arrow of Time*. London: Flamingo.

Cox, Robert W. 1992. "Global Perestroika." in Ralph Milband and Leo Panitch, eds., *Socialist Register.* London: Merlin Press.

Cox, Robert W. 1997. "An Alternative Approach to Multilateralism for the Twenty-first Century." *Global Governance*. 3(1): 103-116.

Coyle, Diana. 2002. *Paradoxes of Prosperity: Why the New Capitalism Benefits All.* New York: Texere.

Cutler, A. Claire, Virginia Haufler and Tony Porter. Albany, eds.1999. *Private Authority and International Affairs*. NY: State University of New York Press.

Daniel, P. and Jamieson, J. 1992. *Coal Production Prospects in the EC.* London: Institute for Economic Affairs.

Daugbjerg, C.1994.*Policy Networks and Changing Environments. Environmental Regulation and Agricultural Reform: Some Theoretical Considerations.* Aarhus: Department of Political Science, Aarhus University.

De Landa, M.1997. *A Thousand Years of Nonlinear History.* New York: Swerve.

De Soto, Hernando.1989. *The Other Path: The Invisible Revolution in the Third World.* New York: Harper & Row.

Deacon, B. et al. 2003. "Global Social Governance Reform: From Institutions and Policies to Networks, Projects and Partnerships." in B. Deacon, E. Ollida, M. Koivusalo and P. Stubbs, eds. *Global Social Governance.* Helsinki: Hakapainoo.

Delanty, G..2000. *Citizenship in a Global Age.* Buckingham: Open University Press.

Dobson, Wendy and Gary Clyde Hufbauer.2001. *World Capital Markets: Challenge to the G-10.* Washington DC: Institute for International Economics.

Donahue, John D. and Joseph S. Nye Jr., eds.2001. *Governance amid Bigger, Better Markets.* Washington DC: Brookings Institution.

Dore, Ronald.2000. *Stock Market Capitalism: Welfare Capitalism -Japan and Germany versus the Anglo-Saxons.* Oxford: Oxford University Press.

Duffield, M. 2001. *Global Governance and the New Wars*. London and New York: Zed Books.

Easterly, William.2001. *The Elusive Quest for Growth: Economists' Adventures and Misadventures in the Tropics.* Cambridge, Massachusetts: MIT Press.

Eatwell, J. and Taylor, L. 2000. *Global Finance at Risk.* New York: New Press.

Eichengreen, Barry. 2003. *Capital Flows and Crises.* Cambridge, Massachusetts and London: MIT Press.

Eichengreen, Barry. 1999. *Towards a New International Financial Architecture: A Practical Post-Asia Agenda.* Washington DC: Institute for International Economics.

Elliott, Larry and Dan Atkinson. 1998. *The Age of Insecurity.* London: Verso.

Evans, P. D. Rueschemeyer and T. Skocpol eds.1985. *Bringing the State Back In.* Cambridge: Cambridge University Press.

Evans, Peter. 1995. *Embedded Autonomy: States and Industrial Transformation.* Princeton: Princeton University Press.

Evans, Peter. 1997. "The Eclipse of the State: Reflections on Stateness in an Era of Globalization." *World Politics.*50: 62-87.

Evans, Peter. "TNCs and Third World States: From the Old Internationalization to the New." in Richard Kozul-Wright and Robert Rowthorne, eds., *Transnational Corporations and the Global Economy.* London: MacMillan, forthcoming.

Falk, Richard. 1995. *On Humane Governance: Toward a New Global Politics. The World Order Models Report of the Global Civilization Initiativ*e. Cambridge: Polity Press.

Falk, Richard. 1999. *Predatory Globalization. A Critique.* Cambridge: Polity,1999.

Featherstone, M.1993. "Global and local cultures."in J. Bird et al. eds. *Mapping the Futures: Local Cultures, Global Change.* London: Sage.

Forrester, Viviane. 1999. *The Economic Horror.* Cambridge: Polity Press.

Foster, J. and Woolfson, C. 1992. *Trade Unionism and Health Safety Rights in Britain's Offshore Oil Industry.* London: International Centre for Trade Union Rights.

Franklin, S. 1995. "What is Global Governance?" *Global Governance.* 1(3): 367-385.

Franklin, S. Lury, C., and Stacey, J. 2000.*Global Nature, Global Culture.* London: Sage.

Freeman, J.L. 1965. *The Policy Process.* New York: A.A. Knopf.

Friedman, John. 1992. *Empowerment: The Politics of Alternative Development.* Cambridge, Mass.: Blackwell.

Friedmann, R.R. 1992. *Community Policing. Comparative Perspectives and*

Prospects. Hemel Hempstead: Harvester Wheatsheaf.

Gereffi, Gary and Miguel Korzeniewicz, eds.1994. *Commodity Chains and Global Capitalism*. Westport, Conn.: Praeger.

Gellner, Ernest. 1983. *Nations and Nationalism*. Oxford: Basil Blackwell.

Garrett, Geoffrey. 1998. *Partisan Politics in the Global Economy*. Cambridge, UK: Cambridge University Press.

Giddens, A. 1984.*The Constitution of Society*. Cambridge: Polity.

Giddens, A. 1990. *The Consequences of Modernity*. Stanford, Calif.' Stanford University Press.

Giddens, A. 1999. *The Third Way: The Renewal of Social Democracy*. Malden, Massachusetts: Polity Press.

Giddens, A. 1999. *Runaway World: How Globalization is Reshaping Our Lives*. London: Profile.

Gilpin, Robert. 1975. *U.S. Power and the Multinational Corporation: The Political Economy of Foreign Direct Investment*. New York: Basic Books.

Gilpin, Robert. 1987.*The Political Economy of International Relations*. Princeton, N.J.: Princeton University Press.

Gilpin, Robert. 2001.*Global Political Economy: Understanding the International Economic Order*. Princeton: Princeton University Press.

Goldsmith, A.J. ed.1991. *Complaints* Against *the Police: The Trend to External Review*. Oxford: Clarendon.

Goldthorpe, J.2000. *On Sociology*. Oxford: Oxford University Press.

Gordenker, Leon and Thomas G. Weiss1996. "Pluralizing Global Governance: Analytical Approaches and Dimensions." in Leon Gordenker and Thomas G. Weiss, eds., *NGOs, the UN, and Global Governance*. Boulder: Lynne Rienner.

Gowa, Joanne. 1994. *Ailies, Adversaries, and International Trade*. Princeton, NJ.: Princeton University press.

Graham, Edward M. 2000. *Fighting the Wrong Enemy: Antiglobal Activists and Multinational Enterprises*. Washington DC: Institute for International Economics.

Gray, John. 1998. *False Dawn: The Delusions of Global Capitalism*. London: Granta.

Greider, Willam. 1998. *One World, Ready or Not: The Manic Logic of Global*

Capitalism. New York: Touchstone.

Haggard, Stephan and Steven B. Webb, eds.1994. *Voting far Reform: Democracy, Political Liberalization, and Economic Adjustment*. New York: Oxford University Press.

Haggard, Stephan and Robert R. Kaufman. 1995. *The Political Economy of Democratic Transitions*. Princeton, NJ.: Princeton University Press.

Hall, J.A. and Ikenberry, G. J. 1989. *The State*. Milton Keynes: Open University Press.

Hall, P.A. 1986. *Governing the Economy: The Politics of State Intervention in Britain and France*. Cambridge: Polity Press.

Hanf, K. and Scharpf, F.W. eds. 1978. *Interorganizational Policy Making*. London: Sage.

Harold, James. 2001. *The End of Globalization: Lessons from the Great Depression*. Cambridge, Massachusetts: Harvard University Press, 2001.

Havel, Vaclav.1992. *Summer Meditations*. New York: Alfred A. Knopf.

Hawken, P., Lovins, A. and Lovins, L. H. 1999. *Natural Capitalism.*London: Earthscan.

Hawking, S.1988. *A Brief History of Time*. London: Bantam.

Hay, C.1996. *Re-Stating Social and Political Change*. Buckingham: Open University Press.

Hayek, Friedrich A. 1944.*The Road to Serfdom*. London: Routledge & Kegan Paul.

Hayles, N. K. ed. 1991. *Chaos and Order: Complex Dynamics in Literature and Science*. Chicago: University of Chicago Press.

Hayles, N. K. ed. 1999. *How We Became Posthuman*. Chicago: University of Chicago Press.

Heater, D. 2002. *World Citizenship*. London: Continuum.

Heclo, H. and Wildavsky, A. 1974. *The Private Government of Public Money*. London: Macmillan.

Held, D. 1995. *Democracy and the Global Order: From the Modern State to Cosmopolitan Governance*. Cambridge: Polity.

Held, D. and Anthony McGrew. 1995. "Globalization." *Global Governance* 5:495.

Held, D. and Anthony McGrew, David Goldblatt and Jonathan Perraton. 1999. *Global*

Transformations: Politics, Economics and Culture. Cambridge: Polity Press.

Held, D. 2004. *Global Covenant.* Cambridge: Polity.

Held, D. and A. G. McGrew, eds. 2002. *Governing Globalization.* Cambridge: Polity.

Held, D. and A. G. McGrew, eds. 2007. *Globalization Theory.* Cambridge: Polity.

Henderson, David. 2001. *Anti-Liberalism 2000: The Rise of New Millennium Collectivism.* London: Institute of Economic Affairs.

Herbert Kitschelt et al., eds. *Continuity and Change in Contemporary Capitalism.* New York: Cambridge University Press, forthcoming.

Hertz, Noreena.2001. *The Silent Takeover: Global Capitalism and the Death of Democracy.* London: William Heinemann.

Hilton L. Root. 1996. *Small Countries, Big Lessons: Governance and the Rise of East Asia.* Hong Kong: Oxford University Press.

Hines, Colin. 2000. *Localization: A Global Manifesto.* London: Earthscan Publications.

Hirschman, Albert O. [1945] 1980. *National Power and the Structure of Foreign Trade.* Berkeley: University of California Press.

Hirschman, Albert O. 1981.*Essays in Trespassing: Economics to Politics and Beyond.* Cambridge: Cambridge University Press.

Hirst, Paul and Grahame Thompson.1999. *Globalization in Question: The International Economy and the Possibilities of Governance.* Second edition. Cambridge: Polity Press.

Hooghe, Liesbet.1996. "Introduction: Reconciling EU-wide Policy and National Diversity." in Lisbet Hooghe, ed. *Cohesion Policy and European Integration: Building Multi-level Governance.* Oxford: Oxford University Press.

Home Office. 1991.*White Paper on the Government's Proposals for the Police Service in England and Wales, Cmnd 2281.* London: HMSO.

House of Commons Committee of Public Accounts.1991. *Promoting Value for Money in Provincial Forces': Minutes of Evidence.* London: HMSO.

Huang, Jing. 2009. "A Leadership of Twenty (L20) Within the UNFCCC: Establishing a Legitimate and Effective Regime to Improve Our Climate System." *Global Governance.* 15:435-441.

Huntington, Samuel P. 1996. *The Clash of Civilizations and the Remaking of World*

Order. New York: Simon & Schuster.

Ignatieff, M. 2000. *Virtual War.* London: Chatto & Windus.

Imken, O.1999. "The convergence of virtual and actual in the Global Matrix." in M. Crang, P. Crang and J. May eds. *Virtual Geographies.* London: Routledge.

Inge Kaul, Isabelle Grunberg and Marc A. Stern eds.1999. *Global Public Goods: International Cooperation in the 21st Century.* New York: Oxford University Press, for the United Nations Development Programme.

Ingold, T. 1993. "Globes and spheres: The topology of environment." in K. Milton ed., *Environmentalism: The View from Anthropology.* London: Routledge.

Irwin, Douglas A.1996. *Against the Tide: An Intellectual History of Free Trade.* Princeton: Princeton University Press.

Law, J. and A. Mol eds.2002. *Complexities: Social Studies of Knowledge Practices,* Durham, NC: Duke University Press.

Jacobs, Jane.1992. *Systems of Survival:* A *Dialogue on the Moral Foundations of Commerce and Politic.* New York: Vintage Books.

Jasper, J.1997. *The Art of Moral Protest: Culture, Biography and Creativity in Social Movements.* Chicago and London: University of Chicago Press.

Johnson, Hany G. 1965.*The World Economy at the Crossroads: A Survey of Current Problems of Maney. Trade. and Economic Development.* Oxford: Clarendon Press.

Johnson, S. and Corcelle, G.1989. The *Environmental Policy of the European Communities.* London: Graham and Trotman.

Jones, Eric I.2002. *The Record of Global Economic Development.* Cheltenham: Edward Elgar.

Jones, Ronald W. 2000.*Globalization and the Theory of Input Trade.* Cambridge, Massachusetts: MIT Press.

Jones, T., Newburn, T. and Smith, D.J. 1994. *Democracy and Policing.* London: Policy Studies Institute.

Jordan, AG. and Richardson, J.J. 1987. *British Politics and the Policy Process.* London: Unwin Hyman.

Jose Edgardo Campos and Hilton L. Root.1996. *The Key to the Asian Miracle: Making Shared Growth Credible.* Washington, D.C.: Brookings Institution.

Judge, D. 1993. *The Parliamentary State*. London: Sage.

Just, F. *landbruget, staten og eksporten 1930-1950*. Esbjerg: Sydjysk Universitetsforlag, 1992.

Just, F. 1994. "Agriculture and corporatism in Scandinavia." in P. Lowe, T. Marsden and S. Whatmore eds. *Agricultural Regulations*. London: David Fulton.

Kauffman, S.1993. *The Origins of Order*. New York: Oxford University.

Keck, M., and Sikkink, K.1998. *Activists beyond Borders*. Ithaca, NY: Princeton University Press.

Kennedy, Paul.1989. *The Rise and Fall of the Great Powers: Economic Change and Military Conflict from 15000 to 2000*. New York: Vintage Books.

Kenneth, Arrow. 1971. *Essays in the Theory of Risk-Bearing*. Chicago: Markham.

Keohane, Robert O.1984. *After Hegemony: Cooperation and Discord in the World Political Economy*. Princeton, NJ.: Princeton University Press.

Kierzkowski, Henryk, ed.2002. *Europe and Globalization*. Basingstoke: Palgrave Macmillan.

Kindleberger, Charles P. 1973. *The World in Depression, 1929-1939*. Berkeley:. University of California Press.

Kitchen, J.1977. *Labour Law and Offshore Oil*. London: Croom Helm.

Klein, Naomi. 2000. *No Logo*. London: Flamingo.

Knoke, D. and Kuklinski H. 1982. *Network Analysis*. Beverley Hills, CA: Sage.

Knoke, D. 1990. *Political Networks: The Structural Perspective*. Cambridge: Cambridge University Press.

Knoke, D. and Laumann, E.O. *The Organizational State: Social Change in National Policy Domains*. Madison: University of Wisconsin Press, 1987.

Kohler-Koch, Beate and Rainer Eising, eds. 1999. *The Transformation of Governance in the European Union*. London: Routledge.

Koiman, Jon, ed.1993. *Modern Governance: New Government-Society Interactions*. London: Sage.

Kotkin, Joel. 1993. *Tribes: How Race, Religion and Identity Determine Success in the New Global Economy*. New York: Random House.

Krugma, Paul. 1991. *Economic Geography*. Cambridge, Mass.: MIT Press.

Krugma, Paul. 1996. *The Self-Organizing Economy*. Cambridge, Mass.: Blackwell.

Laclau, E. and Mouffe, C. 1985. *Hegemony and Socialist Strategy.* London: Verso.

Lagrove, J. and Wright, V.1979. *Local Government in Britain and France.* London: Allen and Unwin.

Lake, David A.1988. *Power, protection, and Free Trade: International Sources of U.S. Commercial Strategy.* Ithaca, N.Y.: Cornell University Press.

Lal, Deepak. 1997.*The Poverty of 'Development Economics'.* Hobart Paper No. 16. London: Institute of Economic Affairs, second edition.

Landes, David.1998. *The Wealth and Poverty of Nations: Why Some are So Rich and Some So Poor.* London: Little Brown.

Lane,J.-E. and Ersson, S.O.1991. *Politics and Society in Western Europe.*2nd ed. London: Sage.

Lash, S., and Urry, J.1987. *The End of Organized Capitalism.* Cambridge: Polity.

Laumann, E. and Knoke, D. 1987.*The Organizational State: A Perspective on National Energy and Health Domains.* Madison: University of Wisconsin Press.

Lawrence Lessig.1999. *Code and Other Laws of Cyberspace.* Basic Books.

Legrain, Philippe. 2002. *Open World: The Truth about Globalization.* London: Abacus.

Levitt, P. 2001. *The Transnational Villagers.* Berkeley and Los Angeles: University of California Press.

Leyshon, A. and Thrift, N. 1997. *Money/Space.* London: Routledge.

Lindsey, Brink.2002. *Against the Dead Hand: The Uncertain Struggle for Global Capitalism.* Washington DC: John Wiley.

Little, Ian M. D.1982. *Economic Development: Theory, Policy and International Relations.* New York: Basic Books.

Litvin, Daniel.2003. *Empires of Profit: Commerce, Conquest and Corporate Responsibility.* London: Texere.

Lloyd, John. 2001. *The Protest Ethic: How the Anti-globalization Movement Challenges Social Democracy.* London: Demos.

Lodge, D.1983. *Small World.* Harmondsworth: Penguin.

Lomborg, Bjorn.2001. *The Sceptical Environmentalist: Measuring the Real State of the World.* Cambridge: Cambridge University Press.

Loughlin, M.1986. *Local Government in the Modern State.* London: Sweet and

Maxwell.

Lowi, T.1969. The *End* if *Liberalism.* New York: Norton.

Luke, T. 1995. "New world order or neo-world orders: Power, politics and ideology in informationalizing glocalities." in M. Featherstone, S. Lash and R. Robertson eds., *Global Modernities.* London: Sage.

Lukes, S.1973. *Power: A Radical View.* London: Macmillan.

Lustgarten, L.1986. *The Governance* if *Police.* London: Sweet and Maxwell.

Mabileau, A.1991. *Le Systeme Local en France.* Paris: Montchrestien.

Macaulay, Thomas.1824. "On Mitford's History of Greece." *Knights Quarterley Magazine,* November.

Macey, Adrian. 2009. "Climate Change: Governance Challenges for Copenhagen." *Global Governance.* 15: 443-449.

Macnaghten, P. and Urry, J. 1998. *Contested Natures.* London: Sage.

Majone, G. 1996.*Regulating Europe.* London: Routledge.

Makimoto, T. and Manners, D. 1997. *Digital Nomad.* Chichester: John Wiley.

Mann, M. 1993. "Nation-states in Europe and other continents: diversifying, developing, not dying." *Daedalus 122.*

Mann, M. 1997. "Has Globalization has Ended the Rise and Rise of the Nation-state?" *Review of International Political Economy.* 4(3): 472-496.

Marsh, D. and R. Rhodes. 1992. *Policy Networks in British Government.* Oxford: Clarendon.

Marsh, D. and Rhodes, R.A.W., eds.1992. *Policy Networks in British Government.* Oxford: Clarendon.

Marin, Bernd and Marin, Bernd, eds.1991. *Policy Network: Empirical Evidence and Theoretical Considerations.* Frankfurt am Main: Campus Verlag.

Maryann K.2000. Cusimano ed.*Beyond Sovereignty. Issues for a Global Agenda,* Boston, MA: Bedford/St Martin's.

Maskus, Keith E.2000. *Intellectual Property Rights in the Global Economy.* Washington DC: Institute for International Economics.

Maturana, H.1981. "Autopoeisis." in M. Zeleny ed., *Autopoeisis: A Theory of Living Organization.* New York: North Holland.

McCormick John, *The Global Environmental Movement,* 2d ed. Chichester, England:

John Wiley, 1995.

McKay P. John and others. 1991. *A History of Western Society*, 4th ed. Houghton Mifflin.

Mawson, J. et al.1995. The *Single Regeneration Budget:* The *Stocktake.* Birmingham: Centre for Urban and Regional Studies, Birmingham University.

McKay, G. 1998. *DIY Culture: Party and Protest in Nineties Britain.* London and New York: Verso.

McLeay, E.1992. "The state in New Zealand." in H. Gold ed. *New Zealand Politics in Perspective.* Auckland: Longman Paul.

McPherson, A. and Raab, C. 1988. *Governing Education.* Edinburgh: Edinburgh University Press.

Messerlin, Patrick.2001. *Measuring the Costs of Protection in Europe: European Commercial Policy in the 2000s.* Washington DC: Institute for International Economics.

Meyerowitz, J. 1985. *No Sense of Place.* New York: Oxford University Press.

Micklethwait, John and Adrian Wooldridge. 2000. *A Future Perfect: The Challenge and Hidden Promise of Globalization.* New York: Random House.

Migdal, Joel. 1988. *Strong Societies and Weak States: State-Society Relations and State Capabilities in the Third World.* Princeton: Princeton University Press.

Migdal, Joel. Atul Kohli and Vivienne Shue, eds.1994. *State Power and Social Forces: Domination and Transformation.* Cambridge: Cambridge University Press.

Mihaly, Simai 1994.*The Future of Global Governance: Managing Risk and Change in the International System.* Washington, D.C.: United States Institute of Peace Press.

Miljostyrelsen.1984. *NPO-redegerelse.* Copenhagen: Miljostyrelsen.

Mingers, J.1995. *Self-Producing Systems.* New York: Plenum.

Mittelman, H. James. 1996. "Rethink the 'New Regionalism' in the Context of Globalization," *Global Governance.* 2: 206-209.

Mokyr, Joel.1990. *The Lever of Riches: Technological Creativity and Economic Progress.* Oxford: Oxford University Press.

Monbiot, George.2003. *The Age of Consent: A Manifesto for a New World Order.*

London: HarperCollins.

Nettl, P. J. 1968. "The State as a Conceptual Variable." World Politics. 20: 551-592.

North, C. Douglass. 1990. *Institutions, Institutional Change and Economic Performance*. Cambridge: Cambridge University Press.

Nohria, N. and R. Eccles eds.1992. *Networks and Organizations.· Structure, Form and Action*. Harvard: Harvard Business School Press.

Norberg, Johan.2001. *In Defence of Global Capitalism*. Stockholm: Timbro.

Nordhaus, William.1994. "Do Real Output and Real Wage Measures Capture Reality? The History of Lighting Suggests Not." Cowles Foundation Discussion Paper 1078, September.

Nordlinger, E.1981. *On the Autonomy of the Democratic State*. Cambridge, MA: Harvard University Press.

Noreng, O. 1980. The *Oil Industry and Government Strategy in the North Sea*. London: Croom Helm.

Nye, Joseph S., Ir.1971. *Peace in Parts: Integration and Conflict in -Regional Organization*. Boston:Little, Brown.

Nye, Joseph S., Ir. 1990. *Bound to Lead The Changing Nature of American Power*. Basic Books.

O'Brien, Richard.1992. *Global Financial Integration: The End of Geography*. London: Royal Institute of International Affairs/Pinter.

Obstfeld, Maurice and Alan M. Taylor. 2002."Globalization and Capital Markets," National Bureau of Economic Research Working Paper 8846, www.nber.org, March.

Ognedal, M. (undated) *Offihore Safety* -The *Response to Cullen*. NPD Paper.

Ohmae, K.1992.*The Borderless World*. London: Fontana.

OILC. 1991. *Striking Out: New Directions for Offshore Workers and their Unions*. Aberdeen: Offshore Information Centre.

OILC. 1992. *Submission on the Draft Offshore Installations* (*Safety Case*) *Regulations*. Aberdeen: OILC.

OILC. 1993. *Presentation to the Human Factors in Emergency Response Conference*. Aberdeen: OILC.

Oliver, Williamson.1985. *The Economic Institutions of Capitalism*. New York: Free

Press.

Olson, Mancur. 1965. *The Logic of Collective Action.* Cambridge, Massachusetts: Harvard University Press.

Olson, Mancur. 1982. *The Rise and Decline of Nations: Economic Growth, Stagflation, and Social Rigidities.* New Haven, Connecticut: Yale University Press.

Oneal, John and Bruce Russett.2000. *Triangulating Peace: Democracy, Interdependence and International Organizations.* New York: W. W. Norton.

Ong, A., and Nonini, D. eds.1997. *Ungrounded Empires.* London: Routledge.

Oran, Young.1994. *International Governance: Protecting the Environment in a Stateless Society.* Ithaca: Cornell University Press.

Owen, Geoffrey. 1999.*From Empire to Europe: The Decline and Revival of British Industry since the Second World War.* London: HarperCollins.

Page, E.1991. *Localism and Centralism in Europe.* Oxford: OUP.

Panebianco, A.1988. *Political Parties: Organisation and Power.* Cambridge: Cambridge University Press.

Papastergiadis, N.2000. *The Turbulence of Migration.* Cambridge: Polity.

Parsons, T. 1960. *Structure and Process in Modern Societies.* New York: Free Press.

Parsons, T. 1971. *The System of Modern Societies.* New Jersey: Prentice- Hall.

Pascoe, D.2001. *Airspaces.* London: Reaktion Books.

Peters, T.1992. *Liberation Management.* London: Macmillan.

Peterson, J. and Bomberg, E.1996. *Decision-making in the European Union: Reflections on EU governance*, Working Document No 98. Centre for European Policy Studies.

Porter, M. and Fuller, M.B. 1986. "Coalition and global strategy," in M. Porter ed. *Competition in Global Industries.* Harvard, MA: Harvard University Press.

Potter, D., D. Goldblatt, M. Kiloh and P. Lewis, eds. 1997.*Democratization.* Cambridge: Polity Press.

Power, M.1994. *The Audit Explosion.* London: Demos.

Prigogine, I.1997. *The End of Certainty.* New York: Free Press.

Prigogine, I. and Stengers, I. 1984. *Order out of Chaos.* London: Heinemann. Princeton University Press.

Pryce, R.1973. *The Politics of the European Community.* London: Butterworth.

Rasch, W. and Wolfe, C., eds. 2000. *Observing Complexity.* Minneapolis: University of Minnesota Press.

Reed, David, ed., 1992. *Structural Adjustment and the Environment.* Boulder: Westview Press.

Rees, M.2003. *Our Final Century.* London: Arrow Books.

Reich, Robert B.1992. *The Work of Nations.* New York: Vintage Books.

Reiner, R. 1991.*Chief Constables: Bobbies, Bosses or Bureaucrats?* Oxford: Oxford University Press.

Reiner, R. and S. Spencer, eds.1993. *Accountable Policing: Effectiveness, Empowerment and Equity.* London: Institute for Public Policy Research.

Reinicke, Wolfgang H.1998. *Global Public Policy: Governing without Government.* Washington DC: Brookings Institution.

Renate Mayntz, 1993. "Governing Failures and the Problem of Governability: Some Comments on a Theoretical Paradigm." in Jan Koiman, ed., *Modern Governance: New Government-Society Interactions.* London: Sage.

Rescher, N.1998. *Complexity.* New Brunswick, NJ: Transaction Publishers.

Rhodes, C. and S. Mazey eds. 1995. *The State of the European Union Building a European Policy?* Essex: Longman, 1995.

Rhodes, R.A.W. 1986.*The National World of Local Government.* London: Allen and Unwin.

Rhodes, R.A.W.1988. *Beyond Westminster and Whitehall: The Sub-Central Governments of Britain.* London: Unwin Hyman.

Rhodes, R.A.W.1992. *Beyond Westminster and Whitehall.* 2nd ed.London: Routledge.

Richard Rose,1980. "The Nature of the Challenge." in Richard Rose, ed., *Challenges to Governance: Studies in Overloaded Polities.* Beverly Hills: Sage.

Richards, J., Wilson, S. and Woodhead, L., eds. 1999. *Diana: The Making, of a Media Saint.* London: I. B. Tauris.

Richardson, J. and Jordan, G.1979. *Governing Under Pressure.* Oxford: Martin Robertson.

Rifkin, J.2000. *The Age of Access.* Harmondsworth: Penguin.

Ripley, R. and Franklin, G.1980. *Congress, the Bureaucracy and Public Policy.*

Homewood, IL: Dorsey.

Ripley, R. and Franklin, G.1984. *Congress, the Bureaucracy and Public Policy.* 2nd ed. Homewood, IL: Dorsey, 1984.

Rischard, J. F.2002. *High Noon: Twenty Global Problems, Twenty Years to Solve Them.* New York: Basic Books.

Ritchie, E.1992. "Law and order." in M. Harrop (ed.) *Power and Policy in Liberal Democracies.* Cambridge: Cambridge University Press.

Ritzer, G. 1992. *The McDonaldization of Society.* London: Pine Forge.

Ritzer, G. 1998.*The McDonaldization Thesis.* London: Sage.

Robertson, R.1992. *Globalization: Social Theory and Global Culture.* London: Sage.

Roche, M.2000. *Mega-Events and Modernity.* London: Routledge.

Rojek, C. and J. Urry eds. 1997. *Touring Cultures.* London: Routledge.

Rose, R. and E.N. Suleiman eds. *Presidents and Prime Ministers W*ashington: American Enterprise Institute, 1980.

Rosenau, N. James and Ernst-Otto Czempiel, eds. 1992. *Governance Without Government: Order and Change in Worm Politics.* Cambridge: Cambridge University Press.

Rosenau, N. James and Ernst-Otto Czempiel, eds. 1995. "Governance in the Twenty-first Century." *Global Governance.* 1:13-43

Rosenberg, J. 2000. *The Follies of Globalization Theory.* London: Verso.

Rotblat, J., ed.1997. *World Citizenship: Allegiance to Humanity.* London: Macmillan.

Rothenberg, L.S.1992. *Linking Citizens to Government.* Cambridge: Cambridge University Press.

Ruggie, John G.1983. "International Regimes, Transactions and Change: Embedded Liberalism in the Postwar Economic Order."in Stephen D. Krasner, ed., *International Regimes.* Cornell University Press.

Rushkoff, D.1994. *Cyberia: Life in the Trenches of Hyperspace.* London: Flamingo.

Rycroft, R. and Kash, D. 1990.*The Complexity Challenge.* London: Pinter.

Sachs, Jeffrey D. and Andrew Warner.1997. "Natural Resource Abundance and Economic Growth." Harvard Institute for International Development, November.

Sachs, Jeffrey D.1995. "Do We Need an International Lender of Last Resort?" The Frank D. Graham Memorial Lecture presented at Princeton University.

Sampson, Gary P., ed.2001. *The Role of the World Trade Organization in Global Governance.* Tokyo: United Nations University Press.

Sampson, Gary P. and W. Bradnee Chambers, eds. 1999. *Trade, Environment and the Millennium.* Tokyo: United Nations University.

Sampson, Gary P.2000. *Trade, Environment, and the WTO: The Post-Seattle Agenda.* Policy Essay No. 27. Baltimore: Johns Hopkins University Press, for the Overseas Development Council.

Sanderson, J.1995. *Current Issues in Local Government Finance,* research report. London: Commission for Local Democracy.

Saskia, Sassen. 2000. *Cities in a World Economy,* 2d ed. Thousand Oaks: Pine Forge Press.

Saskia, Sassen.1991. *The Global City: New York, London, Tokyo.* Princeton: Princeton University Press, 1991.

Saunders, P.1980. *Urban Politics. A Sociological Interpretation.* Harmondsworth: Penguin.

Saward, M.1992. "The civil nuclear network in Britain." in D. Marsh and R. Rhodes, *Policy Networks in British Government.* Oxford: Clarendon.

Sbragia, A. ed. 1992. *Euro-Politics: Institutions and Policymaking in the New European Community.* Washington, DC: Brookings Institute.

Scannell, P.1996. *Radio, Television and Modern Life.* Oxford: Blackwell.

Schattschneider, E.E.1960. *The Semisovereign People: A Realist's View of Democracy in America.* Hinsdale, IL: Dryden Press.

Scholte, Jan Aart. 1993. *International Relations of Social Change.* Philadelphia: Open University Press.

Scholte, Jan Aart. 2000. *Globalization: A Critical Introduction.* Basingstoke: Macmillan.

Schon, D.A. and Rein, M.1994. *Frame Reflection: Resolving Intractable Policy Issues.* New York: Basic Books.

Schumpeter, Joseph.1976. *Capitalism, Socialism and Democracy.* New York: Harper & Row (first published 1942).

Scott, A.1990. *Ideology and the New Social Movements.* London: Unwin and Hyman.

Scott, J. 1986. *Capitalist Property and Financial Power.* Brighton: Wheatsheaf.

Scott, J. 1991. *Social Network Analysis.* London: Sage.

Scottish Police Federation. 1993. *Joint Central Committee: Annual Report.* Edinburgh: Scottish Policy Federation.

Shaw, M.1994. *Global Society and International Relations: Sociological, Concepts and Political Perspectives.* Cambridge: Polity.

Slaughter, Anne-Marie. 1997. "The Real New World Order." *Foreign Affairs.* (Sep/Oct): 184

Smith, M.J.1993. *Pressure, Power and Policy. State Autonomy and Policy Networks in Britain and the United States.* London: Harvester Wheatsheaf.

Soros, George. 1999. *The Crisis of Global Capitalism.* New York: Little Brown.

Soros, George. 2000. *Open Society: Reforming Global Capitalism.* New York: Public Affairs.

Soros, George. 2002. *George Soros on Globalization.* New York: Public Affairs.

Srinivasan, T. N.2000. *Eight Lectures on India's Economic Reforms.* New York: Oxford University Press.

Stanyer, J. and G. Stoker eds.1997. *Contemporary Political Studies.* Oxford: Blackwell.

Stewart, I.1989. *Does God Play Dice? The Mathematics of Chaos.* Oxford: Blackwell.

Stiglitz, Joseph E.2002. *Globalization and its Discontents.* London: Allen Lane, Penguin Press.

Stoker, Gerry. 2000. "Introduction." in Gerry Stoker, ed. *The New Politics of British Local Governance.* Basingstoke, England: Macmillan.

Strategos Consulting Ltd. 1989. *New Zealand Policy: Resource Management Review.* Wellington: Strategos Consulting Ltd.

Tendler, Judith. 1997. *Good Government in the Tropic*s Baltimore: Johns Hopkins University Press.

Thomas, Carolyn. 1992. *The Environment in the International Relation.* London: Royal Institute of International Affairs.

Thompson, G. et al. 1991. *Markets, Hierarchies and Networks.* London: Sage.

Thompson, J. 1995. *The Media and Modernity.* Cambridge: Polity.

Thompson, J. 2000. *Political Scandal: Power and Visibility in the Media Age.*

Cambridge: Polity.

Thomsen, JP.F.1986. *British Politics and Trade Union Pressures in the 1980s: Governing Against Pressure.* Aldershot: Dartmouth.

Tomlinson, J. 1999. *Globalization and Culture.* Cambridge: Polity.

Tsao, Jinn-Han. 1974. "The Asian Development Bank As a Political System," Ph.D. Dissertation of the University of Oklahoma.

Tracy, James D., ed. 1991. *The Political Economy of Merchant Empires: State Power and· World Trade 1350-1750.* Cambridge: Cambridge University Press.

Tracy, M.1993. *Food and Agriculture in a Market Economy: An Introduction to Theory, Practice and Policy.* La Hutte: Agricultural Policy Studies.

Truman, D.1971. *The Governmental Process.* 2nd ed. New York: Knopf.

Turner, Adair.2001. *Just Capital: The Liberal Economy.* London: Macmillan.

Twomey, Michael.2000. *A Century of Foreign Investment in the Third World.* London: Routledge.

Ulrich, Beck. 1992. *Risk Society.* London: Sage.

Ulrich, Beck. 1998. *World Risk Society.* Cambridge: Polity.

Urry, J. 2000. *Sociology beyond Societies.* London: Routledge.

Urry, J. 2002 ."Globalizing the academy." in K. Robins and E Webster Eds. *The Virtual University? Information, Markets and Managements.*Oxford: Oxford University Press.

Van Loon, J.2002. *Risk and Technological Culture: Towards a Sociology of Virulence.* London: Routledge.

Vasquez, Ian, ed.2000. *Global Fortune: The Stumble and Rise of World Capitalism.* Washington DC: Cato Institute.

Vogel, D. 1989. *Fluctuating Fortunes.* New York: Basic Books.

Wade, R. 1990.*Governing .the Market: Economic Theory and the Rise of the Market in East Asian .Industrialization.* Princeton, NJ: Princeton University Press.

Walby, S. forthcoming. *Global Waves/National Pathways*. London: Sage.

Waldrop, M. 1994. *Complexity*. London: Penguin.

Waldrop, M. Mitchell.1992. *Complexity: The Emerging Science at the Edge of Order and Chaos.* Touchstone Books.

Waltz, Kenneth.1979.*Theory of International Politics*. Reading, Mass.: Addison-

Wesley.

Ward, H.1995. "Rational choice theory." in D. Marsh and G. Stoker eds. *Theories and Methods in Political Science*. London: Macmillan.

Watts, D.1999. *Small Worlds*. Princeton: Princeton University Press.

Weiss, L.1995. "Governed interdependence: rethinking the government business relationship in East Asia." *The Pacific Review* 8.

Weston, J. 1988. The *Mafia and Clientalism: Roads to Rome in Post-War Calabria*. London: Routledge.

White, H.1992. *Identity and Control*. Princeton: Princeton University Press.

William, H. McNeill.1979. *Plagues and Peoples*. London: Scientific Book Club.

Williams, Eric.1944. *Capitalism and Slavery*. Chapel Hill: University of North Carolina Press.

Williamson, Oliver.1985. *The Economic Institutions of Capitalism*. New York: Free Press.

Wood, Adrian.1994. *North-South Trade, Employment and Inequality*. Oxford: Clarendon Press.

World Bank, 1992. *Governance and Development* Washington, D.C.: World Bank.

Wright, Robert.2000. *Nonzero: The Logic of Human Destiny*. New York: Pantheon Books.

Wrong, Michaela. 2000. *In the Footsteps of* Mr. *Kurtz: Living on the Brink of Disaster in the Congo*. London: Fourth Estate.

Wynne, Brian. 1993. "Implementation of Greenhouse Gas Reduction in the European Community: Institutional and Culture Factor." *Global Environment Change Report*. (March)

Yergin, Daniel and Joseph Stanislaw.1998. *The Commanding Heights: The Battle between Government and the Marketplace that is Remaking the Modern World*. New York: Simon & Schuster.

Yin, R.K.1989. *Case Study Research: Design and Methods*. London: Sage Publications.

Zohar, D. and Marshall, I. 1994. *The Quantum Society*. New York: William Morrow

國家圖書館出版品預行編目資料

國際關係理論／蔡政文等著；包宗和主編.--
初版.--臺北市：五南圖書出版股份有限公司,
2011.01
　　面；　　公分

ISBN 978-957-11-6130-3（平裝）

1.國際關係理論

578.01　　　　　　　　　　99020447

1PU9

國際關係理論

主　　　編	包宗和 (444)			
作　　　者	蔡政文	明居正	包宗和	鄭端耀	曾國祥
	徐斯勤	宋學文	林炫向	陳牧民	莫大華
	黃競涓	汪宏倫	洪鎌德	姜家雄	石之瑜
	袁　易	吳玉山	林碧炤	朱雲漢	曹俊漢

發 行 人— 楊榮川

總 經 理— 楊士清

總 編 輯— 楊秀麗

副總編輯— 劉靜芬

封面設計— P.Design視覺企劃

出 版 者— 五南圖書出版股份有限公司

地　　址：106台北市大安區和平東路二段339號4樓

電　　話：(02)2705-5066　　傳　　真：(02)2706-6100

網　　址：https://www.wunan.com.tw

電子郵件：wunan@wunan.com.tw

劃撥帳號：01068953

戶　　名：五南圖書出版股份有限公司

法律顧問　林勝安律師

出版日期　2011年1月初版一刷
　　　　　2023年3月初版六刷

定　　價　新臺幣580元

經典永恆・名著常在

五十週年的獻禮——經典名著文庫

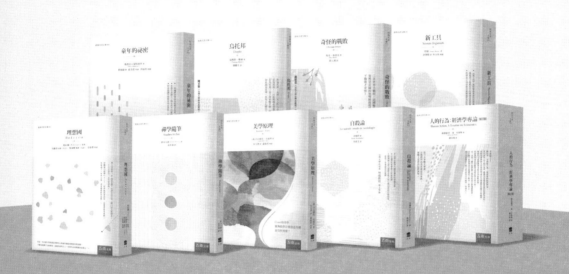

五南，五十年了，半個世紀，人生旅程的一大半，走過來了。

思索著，邁向百年的未來歷程，能為知識界、文化學術界作些什麼？

在速食文化的生態下，有什麼值得讓人雋永品味的？

歷代經典・當今名著，經過時間的洗禮，千錘百鍊，流傳至今，光芒耀人；

不僅使我們能領悟前人的智慧，同時也增深加廣我們思考的深度與視野。

我們決心投入巨資，有計畫的系統梳選，成立「經典名著文庫」，

希望收入古今中外思想性的、充滿睿智與獨見的經典、名著。

這是一項理想性的、永續性的巨大出版工程。

不在意讀者的眾寡，只考慮它的學術價值，力求完整展現先哲思想的軌跡；

為知識界開啟一片智慧之窗，營造一座百花綻放的世界文明公園，

任君遨遊、取菁吸蜜、嘉惠學子！